山东大学中文专刊

钱曾怡文集

第一卷

社会科学文献出版社
SOCIAL SCIENCES ACADEMIC PRESS (CHINA)

图书在版编目（CIP）数据

钱曾怡文集：全十卷／钱曾怡著. -- 北京：社会科学文献出版社，2025. 3
（山东大学中文专刊）
ISBN 978-7-5228-3233-3

Ⅰ. ①钱… Ⅱ. ①钱… Ⅲ. ①钱曾怡-文集 Ⅳ. ①H17-53

中国国家版本馆 CIP 数据核字（2024）第 029875 号

山东大学中文专刊
钱曾怡文集（全十卷）

著　　者／钱曾怡

出 版 人／冀祥德
组稿编辑／李建廷
责任编辑／徐琳琳　刘同辉
责任印制／岳　阳

出　　版／社会科学文献出版社
地址：北京市北三环中路甲 29 号院华龙大厦　邮编：100029
网址：www. ssap. com. cn
发　　行／社会科学文献出版社（010）59367028
印　　装／河北虎彩印刷有限公司

规　　格／开 本：787mm×1092mm　1/16
印 张：297. 5　插 页：0. 75　字 数：850 千字　图片数：3560 幅
版　　次／2025 年 3 月第 1 版　2025 年 3 月第 1 次印刷
书　　号／ISBN 978-7-5228-3233-3
审 图 号／国审鲁字（2024）第 0547 号
定　　价／2098. 00 元（全十卷）

读者服务电话：4008918866

钱曾怡（1932— ）

女，浙江嵊州人。山东大学教授，博士研究生导师。1956年山东大学中文系毕业留校执教，1986年任教授，1993年任博士研究生导师，享受国务院政府特殊津贴。1997年全国语言文字工作先进工作者，中国工会第十一次全国代表大会代表，山东省第六次社会科学突出贡献奖获得者，2018年获山东社会科学名家称号，为第二届山东省优秀研究生指导教师、全国优秀博士学位论文指导教师，2024年获山东大学“育才功勋”称号。1997年受日本学术振兴会资助赴日本学访问、讲学，2004年为香港中文大学2003—2004年度到访杰出学人。曾任全国汉语方言学会一至十六届理事、中国语言学会理事，现任中国语言资源有声数据库山东库建设首席专家、教育部中国语言资源保护工程专家咨询委员会委员。

钱曾怡自20世纪50年代开始致力于汉语方言调查研究，在开发山东方言、促进汉语官话方言研究、探讨汉语方言学方法论等方面做出卓越贡献。已出版著作40多种，发表论文80余篇；主持国家社科基金项目“官话方言内部比较研究”，作为首席专家主持中国语言资源有声数据库山东库建设和教育部中国语言资源保护工程山东语保项目。研究成果获得第六届全国高校科学研究优秀成果奖（人文社会科学）二等奖、山东省第十二次和第二十六次社会科学优秀成果一等奖、第三届中国出版政府奖图书奖提名奖、第四届中华优秀出版物（图书提名）奖等。

汉语方言研究的方法与实践
SHANDONG FANGYANYANJIU
山东方言研究
普通话语音
PUTONGHUA YUYIN
潍坊方言志
济南方言词典
胶东人怎样学习普通话
钱曾怡汉语方言研究文选
长乐镇志
《长乐镇志》编纂委员会编
诸城方言志
济南话音档
JINANHUA YINDANG
莱州方言志
汉语官话方言研究
博山方言研究
山东人学习普通话指南
即墨县志

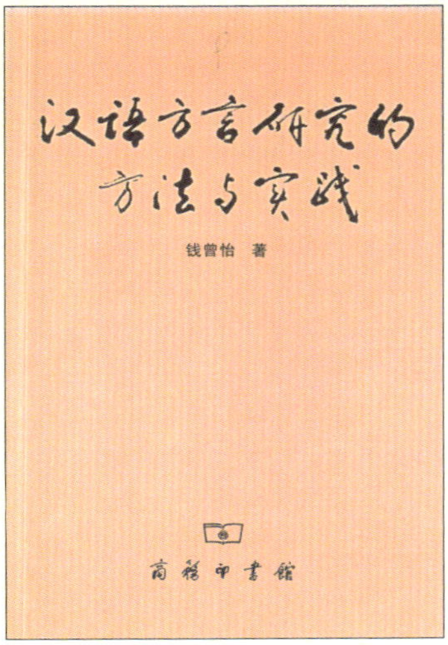
汉语方言研究的方法与实践
钱曾怡 著
商务印书馆

山东方言志丛书
钱曾怡 主编
诸城方言志
钱曾怡 曹志耘 罗福腾
吉林人民出版社

山东方言志丛书
钱曾怡 主编
潍坊方言志
潍坊市史志办公室
钱曾怡 罗福腾
合著

山东方言志丛书
钱曾怡 主编
莱州方言志
钱曾怡 太田斋
陈洪昕 杨秋泽
著
齐鲁书社

钱曾怡部分著作书影（一）

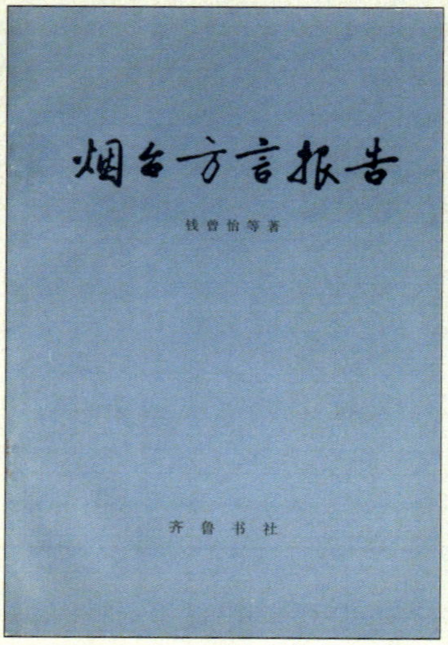
烟台方言报告
钱曾怡等著
齐鲁书社

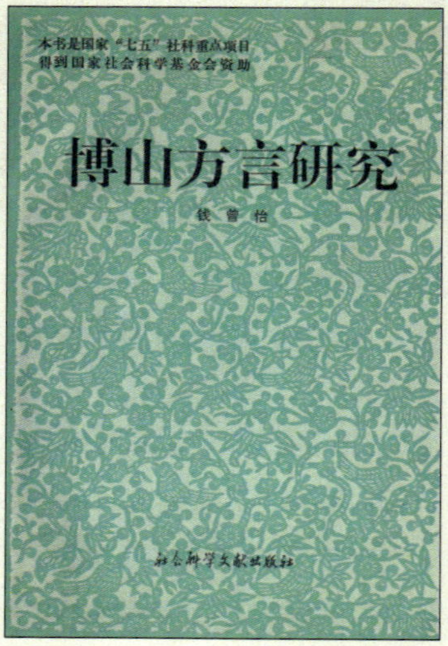
本书是国家"七五"社科重点项目
得到国家社会科学基金会资助
博山方言研究
钱曾怡
社会科学文献出版社

濟南方言詞典
現代漢語方言大詞典·分卷
李榮 主編

现代汉语方言音库
济南话音档
JINANHUA YINDANG
主编 侯精一
编写 钱曾怡
朱广祁
ANG
YAN
上海教育出版社

钱曾怡部分著作书影(二)

SHANDONG
FANGYANYANJIU
山东方言研究
钱曾怡 主编 张树铮 罗福腾 副主编
齐鲁书社

望岳文库
汉语言文字系列
钱曾怡汉语方言研究文选
钱曾怡 著
山东大学出版社

语言学基础知识
普通话语音
PUTONGHUA YUYIN
山东人民出版社

SHANDONGREN XUEXI PUTONGHUA ZHINAN
山东人
学习普通话指南
主编 钱曾怡
编著 曹志耘 罗福腾 武传涛
山东大学出版社

钱曾怡部分著作书影（三）

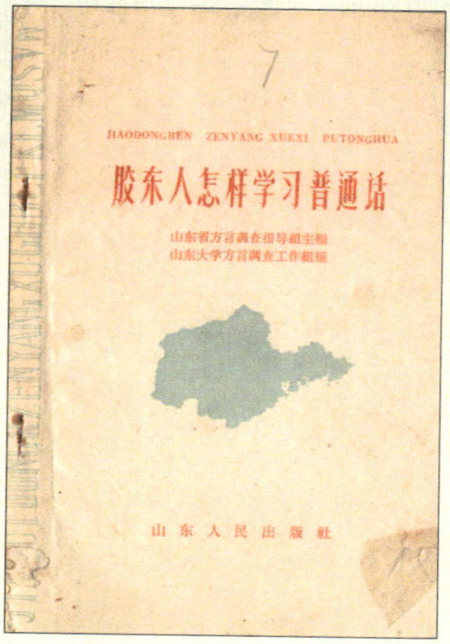
JIAODONGREN ZENYANG XUEXI PUTONGHUA
胶东人怎样学习普通话
山东省方言调查指导组主编
山东大学方言调查工作组编
山东人民出版社

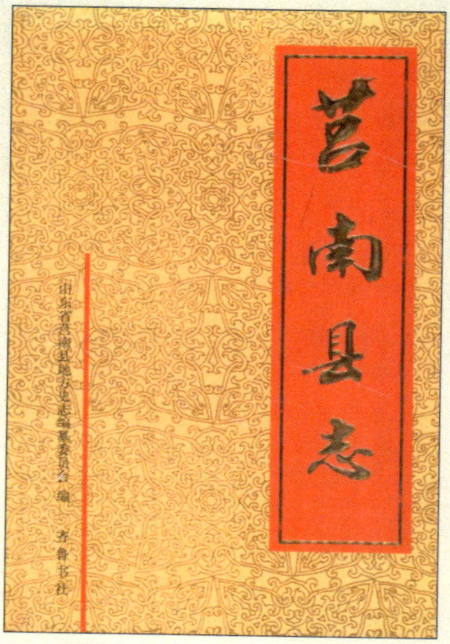
莒南县志
齐鲁书社

即墨縣志
中華人民共和國地方志叢書
即墨縣縣志編纂委員會

肥城縣誌

钱曾怡部分著作书影（四）

中华人民共和国地方志丛书
平度市志
下卷
平度市史志编纂委员会 编
方志出版社
长乐镇志
《长乐镇志》编纂委员会编
浙江人民出版社
增刊
1992
SHANDONGSHIZHI
济南方言志
长岛方言志
曲阜方言志
山東史志丛刊
增刊
1992
SHANDONGSHIZHI
济南方言志
长岛方言志
曲阜方言志
山東史志丛刊

钱曾怡部分著作书影（五）

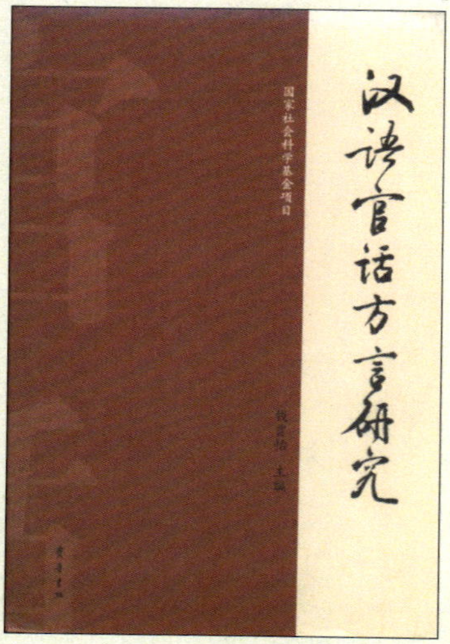

钱曾怡部分著作书影（六）

“山东大学中文专刊”编辑出版说明

“山东大学中文专刊”，是山东大学中文学科学者著述的一套丛书，由山东大学文学院主持编辑，邀请有关专家担任编纂工作，请国内有经验的专业出版社分工出版。山东大学中文学科与山东大学的历史同步，在社会巨变中，屡经分合迁转，是国内历史悠久、名家辈出、有较大影响的中文学科之一。1901年山东大学堂创办之初，其课程设置就包括经史子集等文史课程。1926年省立山东大学在济南创办，设立了文学院，有中国哲学、国文学两系。上世纪30年代至40年代，杨振声、闻一多、老舍、洪深、梁实秋、游国恩、王献唐、张煦、丁山、姜叔明、沈从文、明义士、台静农、闻宥、栾调甫、顾颉刚、胡厚宣、黄孝纾等著名学者、作家在国立山东（青岛）大学、齐鲁大学任教，在学术界享有盛誉。中华人民共和国成立后，山东大学中文学科迎来新的发展时期，华岗、成仿吾先后担任校长，陆侃如、冯沅君先后担任副校长，黄孝纾、王统照、吕荧、高亨、高兰、萧涤非、殷孟伦、殷焕先、刘泮溪、孙昌熙、关德栋、蒋维崧等语言文学名家在山东大学任教，是国内中文学科实力雄厚的学术重镇。改革开放以来，中华人民共和国培养的一代学术名家周来祥、袁世硕、董治安、牟世金、张可礼、龚克昌、刘乃昌、朱德才、郭延礼、葛本仪、钱曾怡、曾繁仁、张忠纲等，以深厚的学术功力和开拓创新精神，谱写了山东大学中文学科新的辉煌。总结历史成就，整理出版几代人用心血和智慧凝结而成的著述，是对学术前辈最大的尊敬，也是开拓未来，创造新知，更上一层楼的最好起点。2018年4月16日，山东大学文学院新一届领导班子奉命成立，20日履任。如何在新的阶段为学科发展做一些有益的工作，是摆在面前的首要课题。编辑出版“山东大学中文专刊”是新举措之一。经过一年的紧张工作，一批成果即将问世。其中既有历史成就的总结，也有新时期的新著。相信这是一项长期的任务，而且长江后浪推前浪，在未来的学术界，山东大学中文学科的学人一定能够创造出无愧于前哲，无愧于当代，无愧于后劲的更加辉煌的业绩。

山东大学文学院

2019年10月11日

《钱曾怡文集》简介

钱曾怡教授，女，浙江省嵊州人，1932 年生。1952 年考入山东大学中文系（时在青岛，1958 年迁至济南），1956 年毕业后留校任教。先后任助教、讲师、副教授、教授。曾兼任全国汉语方言学会理事。1993 年获国务院学位委员会批准担任博士生导师。2005 年退休，但直至 2009 年最后一届博士生毕业才告别教席。至今仍活跃在学术界，主持学术项目，参加学术活动，发表学术论著。钱先生是国内著名的方言学家，在汉语方言学领域辛勤耕耘六十余载，著述闳富，深为国内外同行所重，其著作亦曾获得教育部社科优秀成果奖二等奖，山东省社科优秀成果奖一、二、三等奖。2025 年，获得山东大学杨振声学术贡献奖。她还培养了一批在国内外学术界很有影响的方言学者，"钱门"之盛，为学界所津津称道。2024 年教师节之际，钱先生荣获山东大学"育才功勋"荣誉称号，可谓实至名归。

本文集收入了钱曾怡先生已经发表的主要著作和论文，反映了她对学术的贡献和研究特色。全集凡十卷，470 余万言，按"著作"（第一至七卷，共收著作十三种及四种地方志中的方言篇）和"论文集"（第八至十卷，收论文集三种）顺序编排。从内容来说，大致分为以下几类。

第一类是对山东方言单点和区域方言的研究。第一卷的《烟台方言报告》（1982），是在 20 世纪 60 年代对烟台方言进行实地调查的基础上撰写的，是"文革"后国内最早一批出版的方言研究著作之一。《博山方言研究》(1993)，系国家“七五”社科规划重点项目“汉语方言重点调查”的成果之一。第二卷都是对济南方言的调查研究。其中,《济南方言词典》(1997)为李荣先生主编的《现代汉语方言大词典》的济南点分卷。《济南话音档》(1998)是侯精一先生主编的《现代汉语方言音库》之一，由朱广祁发音，钱先生记音整理为文本。以上是钱先生独立撰写的山东方言三个点的研究著作。钱先生为主与他人合作的单点方言研究成果还有《潍坊方言志》(1992)、《莱州方言志》(2005)(以上第六卷),《诸城方言志》(2002)、《长岛方言志》(1992)和《即墨县志·第三十三篇 方言》(1991)、《肥城县志·第三十五编 方言》(1992)、《莒南县志·第二十六编 方言》(1998)、《平度市志·第二十篇第五章 方言》(2015)(以上第七卷)。以上各点以胶辽官话区方言为主(烟台、潍坊、莱州、诸城、长岛、即墨、莒南、平度)，其次是冀鲁官话区方言(博山、济南)，属于中原官话区的是肥城点。论文《胶东方音概况》(第八卷)和收入第五卷的《胶东人怎样学习普通话》(1960)是在20世纪50年代方言普查的基础上写成的，反映了胶东地区方言的主要的语音特点，属于区域性方言的研究成果。上面提到的《潍坊方言志》是对潍坊地区十二区县方言的分点记录，从整体看也属于区域方言的调查研究。除此之外，第八至十卷所收论文集中也有数篇山东方言的单点研究论文。如《济南话的变调和轻声》(第八卷)原发表于1963年，是国内较早的连读变调报告。

第二类是对山东方言的宏观研究。第三卷的《山东方言研究》(2001)是首部对山东方言进行综合研究的著作，该书由钱先生主编并撰写第一卷“概论编”。收入本文集的三种论文集中有更多的对山东方言进行宏观研究的论文。如《山东方言的分区》(第八卷)、《山东地区的龙山文化与山东方言分区》《古知庄章声母在山东方言中的分化及其跟精见组的关系》(以上第九卷)、《从现代山东方言的共时语音现象看其历时演变的轨迹》(第十卷)等。其中结合历史文献资料与现代山东方言进行研究的成果还有最新发表的《扬雄“蝇，东齐谓之羊”古今考》(2019，第十卷）。收入第五卷的《山东人学习普通话指南》（1988）也是在对山东方言有全局性研究的基础上写成的。

没有收入本文集但也凝聚了钱先生心血的山东方言宏观研究成果还有必要提到三种：一是钱先生任第一副主编的《山东省志·方言志》（山东人民出版社，1993）。在该书的材料调查整理及最后编写阶段，由于主编殷焕先先生体弱多病，钱先生实际上具体负责了调查材料整理、集中编写以及统稿等工作。该书在省级方言志中出版较早，影响较大。二是钱先生主编的《山东方言志丛书》，目前已出版27种（利津、即墨、德州、平度、牟平、潍坊、淄川、荣成、寿光、聊城、新泰、沂水、金乡、诸城、宁津、临沂、莱州、汶上、定陶、郯城、沂南、章丘、苍山、宁阳、泰安、无棣、费县）。除了由钱先生亲自撰写、已收入本文集的《潍坊方言志》《诸城方言志》《莱州方言志》三种，其余二十多种的编写定稿钱先生亦花费了大量心血，其中有些书稿经过了钱先生多次修改、完善甚至是重写部分内容。该丛书为山东方言的深入研究奠定了坚实基础。三是油印本《山东方言语音概况》（1960），该书是在20世纪50年代后期全国汉语方言普查中对山东省内各县市方言调查的基础上于1960年编写的，记录了当时的山东方言语音面貌，是最早的全面反映山东方言语音特点的资料，也是《中国语言地图集》（第一版，1987）和后续山东方言语音研究的重要基础资料。该书为钱先生与高文达、张志静两位先生合作完成，由钱先生总其成。以该书为基础编写的《全国第一次汉语方言普查成果汇编·山东》（张树铮编）即将由商务印书馆出版，读者可由此睹见其基本面貌。

第三类是对官话方言的研究。这方面最集中的成果是收入第四卷的钱先生主编的《汉语官话方言研究》（2010），该书除对官话的各个次方言（含晋方言）有从历史形成到现状的较详尽描写之外，还有对官话方言的总体论述和对官话方言音变现象的综合讨论。该书可谓官话方言研究在当时的集大成者，至今亦无出其右者。实际上，钱先生早在20世纪90

年代就开始把注意力由山东方言扩展及官话方言。1997年，她主持召开了在青岛举行的第一届官话方言国际学术讨论会，在会上作了题为《官话方言调查研究对汉语史研究的意义》的报告，并且在会后与李行杰合作主编了《首届官话方言国际学术讨论会论文集》（青岛出版社，2000）。而长文《官话方言》（第九卷），原为侯精一主编的《现代汉语方言概论》（上海教育出版社，2002）之一章，是对官话方言的整体观照。正是在这些基础之上，钱先生申报了国家社科基金项目，并有了《汉语官话方言研究》的问世。此外，《河北省东南部39县市方音概况》（第八卷）是她带领学生去河北省实地调查后写成的。其中多数点属于冀鲁官话，部分点属于中原官话和晋语。另如《官话方言古知庄章声母的读音类型》（第十卷）专门讨论官话方言的古知庄章声母问题。在为他人著作所作序言中，也有不少地方谈到对官话方言及其他方言的看法（第十卷）。

第四类是对汉语方言学理论和研究方法的探索。钱先生的第一部论文集定名为《汉语方言研究的方法与实践》（2002，第八卷），即反映了她对于从更高层次总结探索汉语方言学理论和方法的追求。其中的论文如《汉语方言学方法论初探》《汉语方言调查中的几个问题》《世纪之交汉语方言学的回顾与展望》《山东方言研究方法新探》《对编写山东省方言志的认识和初步设想》，另如论文《方言研究中的几种辩证关系》《谈谈音类和音值问题》（第九卷）、《口语高频词比较的方言分区意义》（第十卷）等，都体现了她在这一方面的深入思索。此外，如上文提到的《山东地区的龙山文化与山东方言分区》将远古的考古文化分区和现代山东方言分区联系起来考察两者的深层关联，《扬雄"蝇，东齐谓之羊"古今考》对西汉末扬雄《方言》中的记录从现代山东方言角度加以印证、说明，都采用了新的历史研究视角。

第五类是对汉语方言语音现象及吴方言的研究。对汉语方言语音现象的研究主要有论文《从汉语方言看汉语声调的发展》《论儿化》（以上第八卷）、《汉语三个单字调方言的类型及其分布（附：只有两个单字调的方言)》《汉语只有两个或三个单字调的方言资料长编》(以上第十卷)。对吴方言的研究主要是钱先生对母语吴方言浙江嵊州长乐话的研究，包括六篇论文(分见于第八至十卷)以及为故乡《长乐镇志》所撰写的第十一编“方言”章(第十卷)。

第六类是配合推广普通话和汉语汉字规范化、语言资源保护所作的研究和普及性著作。收入本文集的这方面成果主要有第五卷的著作《普通话语音》(1960)、《胶东人怎样学习普通话》(1960)、《山东人学习普通话指南》(1988)和收入第八至十卷的多篇论文。其中如《话剧台词应该说普通话——对舞台上塑造领袖形象的意见》《群众的需要，历史的必然——再谈革命领导人物的台词要说普通话》《朗诵演讲与语体文体——在第二届全国公务员普通话比赛中想到的两个问题》(以上第九卷)，涉及推广普通话中的一些具体问题；《推广普通话和“保护方言”》(第九卷)讨论了普通话和方言的关系问题；《中国语言资源保护工程调查的规范和统一性问题》(第十卷)则是她近些年来参与中国语言资源保护工程中对有关问题进行的思考。此外，《谈“现代汉语”教学中的几个问题》(第十卷)一文主要谈的是对现代汉语语音教学的意见。

除了以上几个大类之外，收入本文集的部分文稿还涉及以下内容。(1)《〈中国语言学要籍解题〉前言》(第十卷)和《扬雄〈方言〉解题》(第九卷)，两者都出于钱先生与刘聿鑫合作主编的《中国语言学要籍解题》(齐鲁书社，1991)。前者是钱先生为该书所写的序言，后者是书中的一篇。该书介绍了186种从先秦到新中国成立的专著(含部分论文)，颇利于初学者参考。(2)《〈商子汇校汇注〉原稿问题及处理意见》(第十卷)，这是钱先生为合著的《商子汇校汇注》(凤凰出版社，2017)一书在整理出版时所提出的修订意见(内有说明)。该书原为钱先生与他人合著的《商君书新注》(山东人民出版社，1976)和《商子译注》(齐鲁书社，1982)的资料基础，最早的撰写是在“文革”的后期。顺便提及，在这个时期，钱先生还参与了山东大学中文系合作编写的《学习字典》(山东人民出版社，1974）的编写工作。当时，字典、词典在国内几乎无处可买，《学习字典》不仅填补了空白，而且与“文革”前的《新华字典》等小型字典相比也很有特色，至今仍为当时的使用者怀念。（3）《段玉裁研究古音的贡献——纪念段玉裁诞生250年》（第九卷）是对段玉裁上古音研究的评论，《〈汉语方言大词典〉的贡献》《读〈汉字三论〉》（以上第十卷）是两篇书评，评论的分别是许宝华、宫田一郎主编的《汉语方言大词典》（中华书局，1999）和殷焕先著的《汉字三论》（齐鲁书社，1981）。这些评论反映了钱先生对上古音研究、方言词典编纂以及汉字性质等问题的看法。（4）纪念丁声树和蒋维崧两位先生的两篇文章（分见第八卷和第十卷）。（5）《朱德熙先生和我关于反复问句的来往信件》（第十卷），除了有朱德熙先生的来信以及殷焕先先生的便笺的影印件，还有钱曾怡先生的说明和复信具体文字。这既是一份学术档案，也是钱先生对山东方言中反复问句材料的整理。

由上可见，钱先生的方言学研究由点及面，由面而里，在广度和深度上步步精进，尤其是对于山东方言和官话方言的研究具有奠基性和标志性的地位。她的著述以事实为主，理论和方法亦依据事实和实践得出，因而材料丰富，立论切实。同时，她的著述也在很大程度上反映了山东方言调查研究由“筚路蓝缕以启山林”到枝繁叶茂的历史进程。在学术日新月异的当今，钱先生的著述虽不能全称不易，但确为治方言学尤其是治官话方言者所必读。今山东大学文学院将钱先生迄今所著汇为一帙，实为学界之幸也。兹简介如上，希望能够有助于读者了解崖略云尔。

受业　张树铮　谨识

2019年初稿　2025年春修订

文集整理说明

《钱曾怡文集》的出版整理工作始于2018年10月，在钱曾怡先生全程指导下，张树铮、岳立静、张燕芬有幸参加了编辑整理工作，历时六年有余。

因卷帙浩繁且国际音标符号众多，重新录入既需大量人力，又恐难以完全避免鲁鱼亥豕，经与出版社协商，已经出版的著作（第一至九卷）以影印的形式呈现，其他新近发表的论文和一些未发表的文章则重新录入整理（第十卷）。为符合国家对出版物中地图的相关规定，书中地图请专业人员根据国家标准进行了重新绘制。

本文集的收编内容、卷次和篇目顺序都是由钱先生确定的。卷一到卷九中各书之末的“订补”，除少数为整理校对者发现的原书的疏漏外，主要的内容是钱先生亲自做的校订和补充。第十卷中，整理校对者发现的疏漏之处，经钱先生审核确定后直接在录入的文本中做了修改。

具体的文集整理校对工作主要由岳立静、张燕芬负责，山东大学汉语言文字学专业在校的部分硕士博士研究生、个别本科生以及博士后先后参加了校对工作。他们是（按音序排列）：艾紫云、安洺芊、薄雨昕、陈欢迪、陈秀青、程宗洋、丁丽萍、霍婧雯、金雯妍、蓝炜宏、吕瑞烨、宓嘉祥、任君敏、商佳颀、宋怡琳、王萌萌、王晴、王一竹、魏鑫、徐琬萍、杨青、于硕、于学莹、禹霁、张怡然、张哲、赵锦秀、赵瑄、赵知雨、周明润。我们对参与校对整理的30位同学表示感谢！

社会科学文献出版社李建廷、刘同辉、徐琳琳、单远举、程丽霞、许文文、公靖靖等编辑对文集整理、校对付出了大量心血，在此一并致谢！

张树铮　岳立静　张燕芬

2025年3月8日

总目录

第一卷

烟台方言报告

博山方言研究

第二卷

济南方言词典

济南话音档

第三卷

山东方言研究

第四卷

汉语官话方言研究

第五卷

普通话语音

胶东人怎样学习普通话

山东人学习普通话指南

第六卷

潍坊方言志

莱州方言志

第七卷

诸城方言志

长岛方言志

即墨县志·第三十三篇　方言

肥城县志·第三十五编　方言

莒南县志·第二十六编　方言

平度市志·第二十篇第五章　方言

第八卷

汉语方言研究的方法与实践

第九卷

钱曾怡汉语方言研究文选

第十卷

《汉语方言研究的方法与实践》续编及其他

本卷目录

烟台方言报告

目　录…………………………………………………………………… 3
说　明…………………………………………………………………… 5
序………………………………………………………………………… 7
引　言…………………………………………………………………… 9
第一章　语音………………………………………………………… 13
第二章　词汇………………………………………………………… 91
第三章　语法………………………………………………………… 246
第四章　烟台方言记音……………………………………………… 264
后　记…………………………………………………………………… 285
订　补…………………………………………………………………… 296

博山方言研究

内容提要……………………………………………………………… 299
目　录…………………………………………………………………… 301
前　言…………………………………………………………………… 305

博山区地图……307
第壹章　导言……309
第贰章　博山方言特点……314
第叁章　博山方言语音分析……330
第肆章　博山方言同音字表……347
第伍章　博山音和北京音的比较……365
第陆章　博山音和古音的比较……372
第柒章　博山话标音举例……385
第捌章　分类词表……419
后　记……503

烟台方言报告

目　录

序
引言……………………………………………………1
第一章　语音………………………………………5
　一　语音特点……………………………………5
　二　单字音系……………………………………7
　三　同音字表……………………………………27
　四　变调、轻声、儿化…………………………66
第二章　词汇………………………………………83
第三章　语法………………………………………238
　一　语法特点……………………………………238
　二　句例…………………………………………247
第四章　烟台方言记音……………………………256
　一　梦……………………………………………256
　二　小孩子唱……………………………………259
　三　故事儿………………………………………267
后记：从一九七九年的复查情况
　看烟台方言的发展………………………………277

说 明

本稿原是“汉语方言学与方言调查”课的实习报告，初稿写于一九六三年。当时我是这门课的任课教师，参加实习的学生有陈洪昕、于中、修敬布、宋爱真四人。一九七九年复核和今年定稿时，都有陈洪昕同志参加。

现在的报告以一九六三年调查的材料为基础，最近的两次虽然作了不少修正和补充，但是原来的体系不变，基本上反映了当时烟台方言老派的语言情况。

一九七九年复查后，我曾写《烟台方言摘记》一文，作为当年在厦门大学召开的方言会议的交流材料。最近定稿，把这篇文章的一小部分补充进报告的正文。因为那次复查把烟台方言十六年后的变化作为重点进行观察，《摘记》的第二部分便是《从十六年的发展看动向》，现在把它略加改动，更题为《从一九七九年的复查情况看烟台方言的发展》作为后记，从中可以看出烟台方言新、老两派的主要不同和这个方言的一些历史演变情况。

深深感谢殷焕先师和蒋维崧师所给予的关怀和支持！

钱曾怡

一九八一年四月

序

这份《烟台方言报告》是一九六三年我校中文系社会实践方言调查小组老师和同学们劳动的成果。一则，全国方言词汇调查工作正待大力开展；一则，就我们观察所及，烟台方言词汇也颇有些可以注意之处，因此向方言工作同志提出这份报告。

这份报告包含四个部分。第一是语音部分，是仔细调查，认真核对的所得，并编成较全面的"同音字表"，力求做到正确可据。第二是词汇部分，是应用事先制成的词汇调查表格，在与调查合作人共同生活、共同生产劳动中逐渐了解一部分词汇加以记录、整理而成，力求做到得其实质。第三是语法部分，这是为对这个方言语法深入调查予先打个谱而作的成果，在北方方言一般语法调查大纲的设计上尽一些微力。第四部分是烟台方言记音，是记录地方色彩的谜语、儿歌、故事，反映了在动态中的方言实际情况，如地名传说、双关语应用等，都是生动的而有特色的。至于前年（一九七九年）复核的结果，写作附编，便于研究同志分别地观察，十六年来方言的发展变化，可据此得其端绪。

全国性的方言调查，必将在学术繁荣的今天提上工作日程，钱曾怡同志为此把经过长期观察、调查、核对所得编成这份报告，因为我比较了解工作情况，要我写两句话，我很高兴地看到这份长期辛劳的成果可以同全国方言工作同志见面，它必将对北方方言调查工作给出有益的借鉴，对语言的研究、社会的研究给出有益的资料。我很高兴地说一下这份报告的概略，作为小引。

一九八一年四月殷焕先写于山东大学

引 言

1. 烟台市在山东半岛北岸，旧属福山县，是山东省的贸易港。在烟台市的北面，隔海有芝罘岛。芝罘岛是烟台地区较早的居民点之一。据《史记》，秦始皇曾三次东临之罘（即芝罘）①，当地至今还流传着有关秦始皇的一些故事。烟台，也曾被称为芝罘。

烟台是我国的海防前沿，为了防备外敌的侵犯，明朝时曾在奇山所驻防军，设墩台狼烟。烟台的名称，由此而来。

2. 烟台市居民的籍贯比较复杂。居民中有许多是来自各地的经商者。其中胶东人占多数；胶东人中，又以牟平、文登、莱阳等就近地区的人居多。来自各地的人带着自己的方音，造成了烟台市内口音比较复杂的情况，这是一方面。另一方面，烟台也有自己的居民。最早的居民点是所城，位于烟台市区的东南，也就是明代驻防军的奇山所。所城里的居民中有张、刘两大姓，住在烟台已有相当长的历史。烟台方言有自己的特点，所城口音可作为代表。

对发音人的选择有比较严格的要求。主要对象是所城里的老住户，以张姓居多。在初步了解所城语言的基础上，选择了发音跟所城居民相一致的同志为中心发音人。在所了解和调查

① 《史记·秦始皇本纪》："二十八年，始皇东行郡县，……过黄、腄，穷成山，登之罘……。""二十九年，始皇东游。……登之罘，刻石。""三十七年……至之罘，见巨鱼，射杀一鱼。"

的发音人中，除去因语言发展所引起的新、老派的必然差别之外，语言情况基本上是一致的。

3。这是我们第一次出来作方言调查的实习。在学校和系领导的关怀下，由于全体同学的积极主动，加上烟台市教育局、烟台市二中、烟台市所城居民委员会街道办事处等各方面的热情支持和帮助，使工作得以顺利进展。但是因为水平所限，经验缺乏，工作中存在不少缺点，所作的调查报告，也存在不少问题。限于时间，没有来得及作语音上的比较研究；词汇的收集，也还很不完备；语法方面更为薄弱。这些，都是我们师生一致感到不足的。

附：发音合作人名单

陈淑芳　女　十八岁　学生　（分尖团）

父亲：烟台珠玑人。

母亲：烟台市内所城人。

本人从未离开烟台市。

王秀英　女　十八岁　学生　（分尖团）

父亲：烟台市市南区人。

母亲：潍县人。

本人从未离开烟台市。

张成德　男　十七岁　学生　（分尖团）

父母都是烟台人，住市中心。

本人从未离开烟台市。

张春渤　男十七岁　学生　（分尖团）

父亲：烟台市市东区人。

母亲：西牟村人。西牟村位于烟台市西南约二十里地。

2

本人从未离开烟台市。

张春和　男　十七岁　学生　（分尖团）

祖父母都在烟台，父母在外地工作。

母亲：姜家疃人。姜家疃位于烟台市南约二十里地。

本人随祖父母在烟台，从未离开烟台市。

牟省先　男　十八岁　学生　（不分尖团）

父亲：桥上人。桥上位于烟台市西约四里地。

母亲：烟台市人。

本人从未离开烟台市。

张淑慧　女　六十四岁　家庭妇女　（分尖团）

烟台市内所城人，本人从未离开烟台市。

徐曰川　男　十八岁　学生　（分尖团）

父亲：牟平人。

母亲：乳山人。

父母来烟台已四十年。本人从未离开烟台市。

张春敬　女　十七岁　学生　（不分尖团）

父母都是烟台人。父亲二十岁去大连，二十年后回烟台。

本人生于大连，五岁时来烟台，以后未离开过烟台市。

张春萼　男　十七岁　学生　（不分尖团）

父亲：烟台市市西区人。

母亲：陈家村人。陈家村位于烟台市南约二十里地。

本人从未离开烟台市。

张新利　男　十七岁　学生　（不分尖团）

父亲：烟台市市西区人。

母亲：上夼人。上夼位于烟台市南约三里地。

本人生在上海，六岁到青岛，十岁以后一直在烟台市。

刘万英　女　四十五岁　家庭妇女　（分尖团）

烟台市内所城人，本人从未离开烟台市。

张谦初　男　八十五岁　（分尖团）

烟台市内所城人，本人从未离开烟台市。

张淑媛　女　三十六岁　小学教师　（分尖团）

烟台市内所城人。父母都是烟台人。

张永绪　男　三十四岁　小学教师　（分尖团）

烟台市内所城人。

父亲：烟台市东门里人。

母亲：胶县人。

单字音主要是根据前三人的发音。词汇以所城里张淑慧老大娘的口语为主。徐曰川以下几人，只作一般了解或个别字音的核对。

第一章　语　　音

一　语 音 特 点

1. 烟台方言的语音系统比较简单。单字音有声母二十二个、韵母三十七个、声调三个。单字音音节约九百五十一个（不计声调的差别则只有三百六十一个）。

烟台方言的声母有ts、tɕ、c三组塞擦音，没有卷舌音。有m、n、ȵ、l四个浊声母，没有浊塞音、浊塞擦音和浊擦音分尖团，尖音读tɕ、tɕ'、ɕ，团音读c、c'、ç。韵母方面，有i、u、y三个介音，-i、-u两个元音尾和-n、-ŋ两个辅音尾。复合元音aɛ、ei、ɑo、ou等，动程都较微小。除去儿化韵外，一般没有鼻化元音，只有u韵母拼在m、n两个鼻音声母后面时，带有鼻音①。

单字音系以外，有一个特殊的轻声音节rə，一般是名词词尾“子”的读音②，也可表示动词的进行式“着”。r是舌尖中闪音，发音方法近似滚音r，但是只滚一下。韵母是中央元音ə③。例如：帽子 mɑo ˥$_{55}$　rə ⊢$_{31}$、椅子 i ˨˩˦$_{214}$　rə ⌈$_{55}$、刀子 tɑo ⊣$_{31}$　rə ⊢$_{21}$、看着了 k'an ˥$_{55}$　rə ⊢$_{31}$　la ⊢$_{21}$、

---

① 例如：母ᶜmũ、农nũˀ、奴nũˀ，ũ韵母在下面单字音系的叙述里归并在u韵母中，不单独立韵。

② 名词词尾“子”，除读“rə”外，有时也读“tsɿ”，例如：“白子”（苍蝇卵），可读po ˥$_{55}$　rə ⊣$_{31}$，也可读po ˥$_{55}$　tsɿ ˨˩˦$_{214}$。

③ 这个轻声音节的声母、韵母，皆未列入声母表和韵母表。

坐着 tsuo ˥$_{55}$ rə ˧˩$_{31}$等。

2. 青年人和成年人、老年人的读音有不一致的地方。就尖团音分不分来说：成年人和老年人绝对都分尖团；青年人大部分也分尖团，但也有少数人不分尖团。不分尖团的，象这次调查的张春敬，也能知道酒≠九，这是因为她在家里说话时常常受到母亲的纠正。

歌、科、和、握等字，成年人和老年人读uo韵母，青年人（特别是学生）读ɤ韵母。例如：

字例	老年人读音	青年人读音
歌	꜀kuo	꜀kɤ
阁	꜂kuo	꜂kɤ
个	kuo꜄	kɤ꜄
科	꜀k‘uo	꜀k‘ɤ
可	꜂k‘uo	꜂k‘ɤ
课	k‘uo꜄	k‘ɤ꜄
何	xuo꜄	xɤ꜄
握	꜂uo	꜂ɤ

有些字在青年人中读得比较乱，有人读uo，有人读ɤ，甚至同一个人读同一个字，前后也可能不同。

3. 有些字有两个读音，可以分几种情况：

①两可的，例如，

给	꜂kei	꜂k‘ei
贼	tsɤ꜄	tsei꜄
模～范	꜀mo	꜀mu
雪	꜂ɕyø	꜂ɕie
绿	꜂lu	꜂ly

②在特定的环境里有特殊的读音，例如：

喜	꜂çi	欢喜	xuan ˧˩ $_{31}$　cʻi ˨˩ $_{21}$
雀	꜂tɕʻyø	雅雀	ia ˥˥ $_{55}$　tɕʻiu ˧˩ $_{31}$
瘪	꜂pie	瘪虱	pi ˨˩˦ $_{214}$　sɿ ˥˥ $_{55}$
尚	ɕiaŋ꜄	和尚	xuo ˥˥ $_{55}$　tɕʻiaŋ ˧˩ $_{31}$
女	꜂ȵy	闺女	kui ˧˩ $_{31}$　ȵiŋ ˨˩ $_{21}$
沫	mo꜄	唾沫	tʻu ˨˩˦˥ $_{55}$　mi ˧˩ $_{31}$
铁	꜂tʻie	烙铁	luo ˨˩˦ $_{214}$　tʻi ˥˥ $_{55}$

二　单　字　音　系

1．声母二十二个：

p	pʻ	m	f	
t	tʻ	n		l
ts	tsʻ		s	
tɕ	tɕʻ	ȵ	ɕ	
c	cʻ		ç	
k	kʻ		x	
o				

音值说明和举例：

p　双唇不送气清塞音，例如：

巴 ꜀pa　布 pu꜄　抱 pɑo꜄　步 pu꜄　别pie꜄

pʻ　双唇送气清塞音，例如：

怕 pʻa꜄　普 ꜂pʻu　盘 pʻan꜄　平 pʻiŋ꜄

m　双唇鼻音，例如：

门 ꜀mən　麻 ꜀ma　买 ꜂maɛ　目 mu꜄

f 齿唇清擦音，例如：

飞 ꜀fei 冯 fəŋ꜄ 反 ꜂fan 乏 fa꜄

t 舌尖中不送气清塞音，例如：

点 ꜂tian 到 tɑo꜄ 道 tɑo꜄ 地 ti꜄ 夺 tuo꜄

t‘ 舌尖中送气清塞音，例如：

太 t‘aɛ꜄ 脱 ꜂t‘uo 同 t‘uŋ꜄ 桃 t‘ɑo꜄

n 舌尖中鼻音，例如：

南 ꜀nan 奴 nu꜄ 怒 nu꜄ 纳 na꜄

l 舌尖中边音，例如：

蓝 ꜀lan 吕 ꜂ly 路 lu꜄ 辣 ꜂la

ts 舌尖前不送气清塞擦音，例如：

糟 ꜀tsɑo 祖 ꜂tsu 在 tsaɛ꜄ 自 ꜂tsɿ 杂 tsa꜄

争 ꜀tsəŋ 捉 ꜂tsuo 篆 tsuan꜄ 助 tsu꜄ 泽 tsɤ꜄

ts‘ 舌尖前送气清塞擦音，例如：

粗 ꜀ts‘u 擦 ꜂ts‘a 曹 ts‘ɑo꜄ 从 ts‘uŋ꜄

初 ꜀ts‘u 插 ꜂ts‘a 巢 ts‘ɑo꜄ 虫 ts‘uŋ꜄

s 舌尖前清擦音，例如：

苏 ꜀su 僧 ꜀səŋ 似 sɿ꜄ 俗（又音）su꜄

梳 ꜀su 生 ꜀səŋ 是 sɿ꜄ 熟（又音）su꜄

tɕ 舌面前不送气清塞擦音，发音部位比普通话的tɕ略为靠前，例如：

焦 ꜀tɕiɑo 接 ꜂tɕie 尽 tɕin꜄ 就 tɕiu꜄ 疾 tɕi꜄

招 ꜀tɕiɑo 主 ꜂tɕy 赵 tɕiɑo꜄ 治 tɕi꜄ 侄 tɕi꜄

tɕ‘ 舌面前送气清塞擦音，发音部位比普通话的tɕ‘略为靠前，例如：

秋 ꜀tɕ‘iu 枪 ꜀tɕ‘iaŋ 全 tɕ‘yan꜄ 情 tɕ‘iŋ꜄

昌 ꜀tɕʻiaŋ　尺 ꜂tɕʻi　除 tɕʻy꜄　潮 tɕʻiao꜄

ɕ　舌面前清擦音，发音部位比普通话的ɕ略为靠前，例如：

线 ɕian꜄　新 ꜀ɕin　徐 ɕy꜄　席 ɕi꜄

书 ꜀ɕy　扇 ɕian꜄　蛇 ɕie꜄　树 ɕy꜄

ȵ　舌面前鼻音，发音部位跟tɕ、tɕʻ、ɕ相同，例如：

牛 ꜀ȵiu　念 ȵian꜄　娘 ȵiaŋ꜄　女 ꜂ȵy

c　舌面中不送气清塞擦音，发音部位比普通话的tɕ靠后，例如：

鸡 ꜀ci　举 ꜂cy　件 cian꜄　倦 cyan꜄　局 cy꜄

cʻ　舌面中送气清塞擦音，发音部位比普通话的tɕʻ靠后，例如：

欺 ꜀cʻi　去 cʻy꜄　穷 cʻyŋ꜄　桥 cʻiao꜄

ç　舌面中清擦音，发音部位比普通话的ɕ靠后，例如：

虚 ꜀çy　胸 ꜀çyŋ　衔 çian꜄　巷 çiaŋ꜄　学 çyø꜄

k　舌根不送气清塞音，例如：

规 ꜀kui　割 ꜂ka　跪 kui꜄　共 kuŋ꜄

kʻ　舌根送气清塞音，例如：

开 ꜀kʻaɛ　克 ꜂kʻɤ　葵 kʻui꜄　狂 kʻuaŋ꜄

x　舌根清擦音，例如：

海 ꜂xaɛ　黑 ꜂xɤ　胡 xu꜄　活 xuo꜄

O　例如：

耳 ꜂ər　安 ꜀an　烟 ꜀ian　然 ian꜄

完 uan꜄　远 ꜂yan　软 ꜂yan

2。韵母三十七个：

a　ia　ua

ɤ　ie

o		uo	yø
ər			
ɿ	i	u	y
aɛ	iaɛ	uaɛ	
ei		ui	
ɑo	iɑo		
ou	iu		
an	ian	uan	yan
ən	in	un	yn
ɑŋ	iɑŋ	uɑŋ	
əŋ	iŋ	uŋ	yŋ

音值说明和举例：

a　央低不圆唇元音，可记作ᴀ。例如：

麻 ꜀ma　答 ꜂ta　查 tsʻa꜄　沙 ꜀sa　割 ꜂ka

ia　主要元音是央低不圆唇元音ᴀ。例如：

俩 ꜂lia　家 ꜀cia　瞎 ꜂çia　牙 ꜀ia　压 ꜂ia

ua　主要元音是央低不圆唇元音ᴀ。例如：

抓 ꜀tsua　刷 ꜂sua　花 ꜀xua　华 xua꜄　瓦 ꜂ua

ɤ　后半高不圆唇元音，但嘴唇稍带圆形。例如：

德 ꜂tɤ　泽 tsɤ꜄　色 ꜂sɤ　革 ꜂kɤ　何（又音）xɤ꜄

ie　主要元音是前半高不圆唇元音，但舌位比标准元音e略为靠后，可记作iə。例如：

别 pie꜄　爹 ꜀tie　车 ꜀tɕʻie　协 çie꜄　野 ꜂ie

o　后半高圆唇元音。例如：

波 ꜀po　伯 ꜂po　破 pʻo꜄　麦 ꜂mo　莫 mo꜄

uo　主要元音是后半高圆唇元音。例如：

多 ꜀tuo　罗 luo꜄　桌 ꜂tsuo　火 ꜂xuo　窝 ꜀uo

yø　主要元音是前半高圆唇元音。例如：

略 ꜂lyø　嚼 tɕyø꜄　脚 ꜂cyø　学 çyø꜄　岳 yø꜄

ər　卷舌元音，舌位比中央元音ə略后、略低，可记作ʌr。例如：

儿 ꜀ər　耳 ꜂ər　二 ər꜄

ɿ　舌尖前不圆唇元音。例如：

支 ꜀tsɿ　子 ꜂tsɿ　翅 ts‘ɿ꜄　思 ꜀sɿ　史 ꜂sɿ

i　前高不圆唇元音。例如：

泥 ꜀mi　力 li꜄　吃 ꜂tɕ‘i　骑 c‘i꜄　一 ꜂i

u　后高圆唇元音。例如：

布 pu꜄　土 ꜂t‘u　素 su꜄　姑 ꜀ku　物 u꜄

y　前高圆唇元音。例如：

律 ly꜄　诸 ꜀tɕy　女 ꜂ɳy　菊 ꜂cy　如 y꜄

aɛ　主要元音是前半低不圆唇元音ɛ，舌位由ɛ向i的方向滑动，但是动程十分微小，只到ᴇ的地方就停住了，可记作 ɛᴇ。例如：

败 paɛ꜄　来 ꜀laɛ　才 ts‘aɛ꜄　海 ꜂xaɛ　哀 ꜀aɛ

iaɛ　由aɛ加i介音的三合元音。例如：

街 ꜀ciaɛ　解 ꜂ciaɛ　界 ciaɛ꜄　鞋 çiaɛ꜄　矮 ꜂iaɛ

uaɛ　由aɛ加u介音的三合元音。例如：

帅 suaɛ꜄　乖 ꜀kuaɛ　快 k‘uaɛ꜄　槐 xuaɛ꜄　歪 ꜀uaɛ

ei　主要元音是前半高不圆唇元音，舌位向i的方向滑动，滑到比i低一些的松元音ɪ的地方停止，可记作eɪ。例如：

悲 ꜀pei　梅 mei꜄　嘴 ꜂tsei　碎 sei꜄　给(又音) ꜂k‘ei

ui　由ei加u介音的三合元音，但是e只在读上声时略为存在，也不十分明显，至于平声、去声，那就更不明显了。例如：

追 ˌtsui 水 ˋsui 鬼 ˋkui 回 xuiˋ 尾 ˋui

ao 主要元音是后低不圆唇元音，但是舌位比 ɑ 略高。舌位由比ɑ稍高一些的地方向u的方向滑动，动程很小，在不到o的地方就停住了，可记作ɑ˔o˖。例如：

毛 ˌmao 桃 tʻaoˋ 草 ˋtsʻao 高 ˌkao 傲 aoˋ

iao 由ao加i介音的三合元音。例如：

标 ˌpiao 条 tʻiaoˋ 焦 ˌtɕiao 晓 ˋçiao 摇 ˌiao

ou 主要元音是后半高圆唇元音，舌位向u的方向滑动，滑到比u低一些的松元音ʊ的地方就停止，可记作oʊ。例如：

否 ˋfou 头 tʻouˋ 搜 ˌsou 厚 xouˋ 欧 ˌou

iu 由ou加i介音的三合元音，但是o只在读上声时略为存在，也不十分明显，至于平声、去声，那就更不明显了。例如：

丢 ˌtiu 柳 ˋliu 周 ˌtɕiu 球 cʻiuˋ 有 ˋiu

an 主要元音是前低不圆唇元音。例如：

半 panˋ 南 ˌnan 蒜 sanˋ 感 ˋkan 岸 anˋ

ian 主要元音是前半低不圆唇元音，可记作iɛn，例如：

边 ˌpian 连 lianˋ 展 ˋtɕian 件 cianˋ 然 ianˋ

uan 主要元音是前低不圆唇元音。例如：

砖 ˌtsuan 船 tsʻuanˋ 关 ˌkuan 患 xuanˋ 碗 ˋuan

yan 主要元音是前半低不圆唇元音，可记作yɛn。例如：

全 tɕʻyanˋ 宣 ˌɕyan 捐 ˌcyan 犬 ˋcʻyan 软 ˋyan

ən 主要元音是中央元音。例如：

本 ˋpən 吞 ˌtʻən 村 ˌtsʻən 肯 ˋkʻən 恩 ˌən

in 主要元音是前高不圆唇元音。例如：

品 ˋpʻin 淋 ˌlin 真 ˌtɕin 近 cinˋ 人 ˌin

un 主要元音是后高圆唇元音。例如：

春 ꜀tsʻun 顺 sun꜄ 捆 ꜂kʻun 昏 ꜀xun 文 un꜄

yn 主要元音是前高圆唇元音。例如：

皴 ꜀tɕʻyn 寻 ɕyn꜄ 均 ꜀cyn 群 cʻyn꜄ 闰 yn꜄

ɑŋ 主要元音是后低不圆唇元音。例如：

忙 ꜀mɑŋ 郎 lɑŋ꜄ 嗓 ꜂sɑŋ 航 xɑŋ꜄ 昂 ꜀ɑŋ

iɑŋ 由ɑŋ加i介音的鼻辅尾韵。例如：

凉 ꜀liɑŋ 丈 tɕiɑŋ꜄ 想 ꜂ɕiɑŋ 江 ꜀ciɑŋ 洋 iɑŋ꜄

uɑŋ 由ɑŋ加u介音的鼻辅尾韵。例如：

庄 ꜀tsuɑŋ 床 tsʻuɑŋ꜄ 狂 kʻuɑŋ꜄ 荒 ꜀xuɑŋ 王 uɑŋ꜄

əŋ 主要元音是中央元音。例如：

梦 məŋ꜄ 灯 ꜀təŋ 粽 tsəŋ꜄ 坑 ꜀kʻəŋ 衡 xəŋ꜄

iŋ 主要元音是前高不圆唇元音。例如：

兵 ꜀piŋ 听 ꜀tʻiŋ 成 tɕʻiŋ꜄ 轻 ꜀cʻiŋ 影 ꜂iŋ

uŋ 主要元音是后高圆唇元音，但舌位略低于u，可记作ʊŋ。例如：

洞 tuŋ꜄ 聋 ꜀luŋ 送 suŋ꜄ 孔 ꜂kʻuŋ 翁 ꜀uŋ

yŋ 主要元音是前高圆唇元音。例如：

松 ꜀ɕyŋ 窘 ꜂cyŋ 熊 çyŋ꜄ 永 ꜂yŋ 荣 yŋ꜄

舌 面 元 音 示 意 图

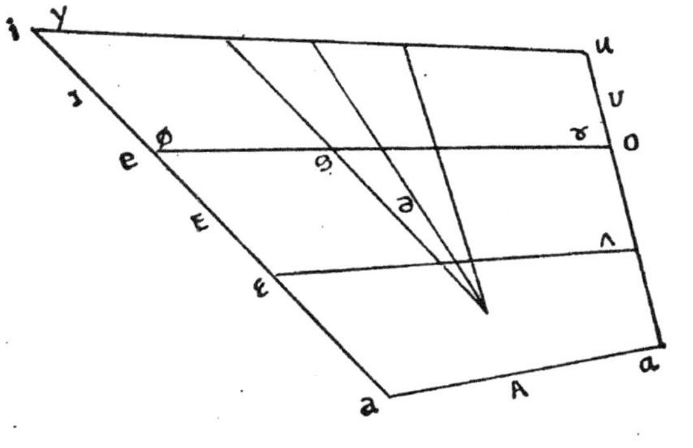

本文韵母所用音标跟实际音值比照：

本文所用音标	实际音值
a	ᴀ
ia	iᴀ
ua	uᴀ
ɤ	ɤ
ie	iə
o	o
uo	uo
yø	yø
i	i
ʉ	u
y	y
aɛ	ɛᴇ
iaɛ	iɛᴇ
uaɛ	uɛᴇ
ei	eɪ
ui	uɪ(ueɪ)
ɑo	ɑ˔o˕
iɑo	iɑ˔o˕
ou	oʊ
iu	iʊ(ioʊ)
an	an
ian	iɛn
uan	uan
yan	yɛn
ən	ən
in	in

un	un
yn	yn
ɑŋ	ɑŋ
iɑŋ	iɑŋ
uɑŋ	uɑŋ
əŋ	əŋ
iŋ	iŋ
uŋ	uŋ
yŋ	yŋ
ər	ʌr
1	1

3. 声调三个：

平声 ˧˩$_{31}$

上声 ˨˩˦$_{214}$

去声 ˥˥$_{55}$

音值说明和举例：

平声 低降调，从三度起音，降到最低，调值 ˧˩$_{31}$。例如：

加 ꜀cia　夫 ꜀fu　烟 ꜀ian

麻 ꜀ma　梨 ꜀li　年 ꜀ȵian

上声 低降升调，从二度起音，降到最低，接着迅速升到半高，调值 ˨˩˦$_{214}$。例如：

草 ꜂tsʻɑo　品 ꜂pʻin　想 ꜂ɕiɑŋ

老 ꜂lɑo　软 ꜂yan　冷 ꜂ləŋ

法 ꜂fa　吃 ꜂tɕʻi　脚 ꜂cyø

辣 ꜂la　日 ꜂i　月 ꜂yø

去声 高平调，从五度起音，平调，调值 ˥˥$_{55}$。有时收尾略上扬，可记˥$_{445}$，但是起音比上声的收尾要高。例如：

架 cia’	告 kɑo’	送 suŋ’
利 li’	帽 mɑo’	用 yŋ’
寿 ɕiu’	倦 cyan’	共 kuŋ’
受 ɕiu’	赵 tɕiɑo’	丈 tɕiɑŋ’
如 y’	元 yan’	娘 ȵiɑŋ’
爬 p‘a’	图 t‘u’	全 tɕ‘yan’
拔 pa’	白 po’	贼 tsɤ’
纳 na’	灭 mie’	弱 yø’

烟台方言三个调类的名称主要参照中古清声母字的类别而定，因为除了古入声以外，清声母字在烟台方言中保持古声调的类别还比较明显。烟台方言在声调上显示了古全浊声母字集中为去声的特点。次浊声母的情况虽有不同，但归去声的，也占多半以上。

中古次浊声母的平声字，烟台读为平声或去声。两类的分读没有什么规律，但有一种情况很值得注意，就是有若干字是平声跟去声两读的，例如：忙 mɑŋ、麻 ma、狼 lɑŋ、羊 iɑŋ 等，可读平声，也可读去声。一些单字音固定为平声或去声的字，在某一个词中则读为另一声，例如：鱼 ꜀y、人 ꜀in、牙 ꜀ia，在“鲤鱼”、“丢人”、“单立人儿”、“牙刷”、“牙膏”中读去声；轮 lun’、连 lian’、炉 lu’，在“轮流”、“连襟”、“炉子”中读平声。还有一些字单字音也是固定读平声或去声的，在某些词里则可以平声或去声随便读而意思不变，例如：

笼 luŋ ˧˩$_{31}$　　鸡笼子 ci ˧˥$_{35}$　luŋ ˧˩$_{31}$　rə ˨˩$_{21}$

　　　　　　　　　　ci ˧˩$_{31}$　luŋ ˥$_{55}$　rə ˧˩$_{31}$

涯	iaɛ	˧˩$_{31}$	河涯儿	xuo	˥$_{55}$	iaɛr	˧˩$_{31}$
				xuo	˥˧˩$_{31}$	iaɛr	˥$_{55}$
门	mən	˧˩$_{31}$	后门儿	xou	˥$_{55}$	mənr	˧˩$_{31}$
				xou	˥˧˩$_{31}$	mənr	˥$_{55}$
油	iu	˧˩$_{31}$	油 菜	iu	˧˩$_{31}$	tsʻaɛ	˥$_{55}$
				iu	˥$_{55}$	tsʻaɛ	˧˩$_{31}$
仁	in	˥$_{55}$	虾仁儿	çia	˧˩$_{31}$	inr	˥$_{55}$
				çia	˧˩˧˥$_{35}$	inr	˧˩$_{31}$
眉	mei	˥$_{55}$	眼眉	ian	˨˩˦$_{214}$	mei	˥$_{55}$
				ian	˨˩˦˧˥$_{35}$	mei	˧˩$_{31}$

由于随意变读而影响到词儿连读的不同变调，例如“鸡笼子”，如果“笼”读平声，就按“平平轻”的规则变，如果读去声，则按“平去轻”的规则变①。

4。声母、韵母拼合关系表

声母＼四呼	开口呼	齐齿呼	合口呼	撮口呼
p pʻ m	麻	边	布（u）	○
f	飞	○	夫（u）	○
t tʻ	刀	爹	东	○
n	南	○	奴	○
l	拉	林	龙	律（y） 略（yø）
ts tsʻ s	沙	○	租	○
tɕ tɕʻ ȵ ɕ	○	车	○	取
c cʻ ç	○	家	○	学

① 变调规则详见本章第四部分。

k k' x	割	○	关	○
O	安	烟	弯	冤

说明：

f，n，ts、ts'、s，k、k'、x等八个声母只拼开口呼和合口呼的韵母，不拼齐齿呼和撮口呼的韵母。其中的f声母只拼合口呼的单韵母u，不拼其他合口呼的韵母。

tɕ、tɕ'、ȵ、ɕ，c、c'、ç等七个声母只拼齐齿呼和撮口呼的韵母，不拼开口呼和合口呼的韵母，正跟上述八个声母相反。

p、p'、m，t、t'等五个声母能拼开口呼、齐齿呼和合口呼的韵母，不拼撮口呼的韵母。其中p、p'、m三个声母只拼合口呼的单韵母u，不拼其他合口呼的韵母，跟f声母的情况相同。

l，O两个声母和开口呼、齐齿呼、合口呼、撮口呼的韵母都相拼。其中l声母只拼撮口呼的y、yø两个韵母，不拼其他撮口呼的韵母。

5．声、韵、调配合关系表

从已调查的单字音统计，烟台方言的音节共有九百五十一个（其中开口呼三百七十六个、齐齿呼二百九十一个、合口呼二百零八个、撮口呼七十六个），不计声调，则是三百六十一个（其中开口呼一百四十二个、齐齿呼一百零九个、合口呼七十六个、撮口呼三十四个）。

开口呼韵母o和ɘ是互补关系：o只拼唇音声母，不拼其他声母；ɘ拼其他声母，不拼唇音声母。ər只有零声母字。ɿ只拼在ts、ts'、s的后面。齐齿呼韵母的iaɛ只拼舌面中音c、ç和零声母，不拼其他声母。

开口呼

声母 \ 韵母	a			ɤ			o			ər			ɿ		
声调	平	上	去	平	上	去	平	上	去	平	上	去	平	上	去
p	巴	八	爸				波	北	白						
p‘	趴		爬				坡	拍	破						
m	麻	马	骂				摩	麦	默						
f		发	乏												
t		打	大		德	夺(又)									
t‘	他	塔			脱(又)	特									
n	拿	纳	钠												
l	拉	腊	蜡	勒	勒										
ts	渣	札	杂		则	泽							支	子	字
ts‘	叉	插	茶	拆	策	测							泚	此	次
s	沙	杀	口①	塞	色								诗	死	是
tɕ															
tɕ‘															
ȵ															
ɕ															
c															
c‘															
ç															
k	疙	割	戒	歌(又)	各	个(又)									
k‘	咯	磕	口	科(又)	可(又)	课(又)									
x	哈	喝	哈	喝(又)	黑	何(又)									
o	阿	腌	啊		额	握(又)				儿	耳	二			

①口表示无字可写，或暂时未查到应写的字。其使用情况，在本章第三部分“同音字表”中有说明，这里不作重复注释。

韵母 / 声调 / 声母	aɛ	ei	ɑo	ou	an
	平上去	平上去	平上去	平上去	平上去
p	口摆拜	杯彼倍	包保报		般板伴
p‘	排	披 配	抛跑袍		藩 盘
m	埋买卖	媒美妹	毛卯帽		迈满漫
f		飞匪肥		否	翻反烦
t	呆歹待	堆得队	刀岛到	兜抖豆	端胆淡
t‘	胎 太	推腿退	滔讨逃	偷口头	贪毯团
n	奶耐	内	孬脑闹		南暖男
l	来口赖	擂累泪	捞老劳	耧搂楼	兰懒乱
ts	栽宰在	嘴最	遭早造	邹走奏	钻斩站
ts‘	猜彩菜	催 翠	操草曹	口瞅愁	餐产残
s	腮洒晒	尿 隋	梢嫂潲	搜口瘦	山伞算
tɕ					
tɕ‘					
ɲ					
ɕ					
c					
c‘					
ç					
k	该改盖	给	高搞告	沟狗够	甘赶干
k‘	开慨	给（又）口	考靠	抠口寇	堪砍看
x	口海害		薅好号	齁吼厚	憨喊汉
o	哀矮（又）爱		熬袄傲	欧藕沤	安俺岸

齐齿呼

韵母／声调／声母	ən	ɑŋ	əŋ	ia
	平上去	平上去	平上去	平上去
p	口本笨	邦榜棒	崩口蹦	
p‘	喷　盆	口旁	烹捧朋	
m	门　闷	忙莽忙(又)	蒙猛孟	
f	分粉愤	方访放	锋　冯	
t	墩口顿	当党当	登等邓	
t‘	吞　屯	汤躺唐	熥口腾	
n		口攮囊	能	
l	轮口论	狼　浪	扔冷棱	俩
ts	尊　咱	脏　葬	争　粽	
ts‘	村碜存	仓　藏	撑　层	
s	孙损渗	桑嗓丧	生省	
tɕ				
tɕ‘				
ȵ				
ɕ				口傻
c				加甲架
c‘				恰卡
ç				虾瞎下
k	根艮	刚港杠	耕庚(又)更	
k‘	肯裉	康　抗	坑	
x	口很恨	夯　杭	哼　横	
o	恩口摁	昂口		牙押压(又)

声母 \ 韵母 / 声调	ie	i	iaɛ	iao	iu
	平上去	平上去	平上去	平上去	平·上去
p	瘪(又)鳖别	比闭		标表鳔	
p'	撇	批劈皮		飘漂票	
m	灭	泥米迷		苗秒妙	
f					
t	爹跌蝶	低底帝		雕吊掉	丢
t'	铁	梯体提		挑挑条	
n					
l	裂列	梨李利		撩了料	留柳刘
ts					
ts'					
s					
tɕ	遮姐截	知挤制		焦口赵	周酒就
tɕ'	车扯妾	妻尺齐		超 瞧	秋丑仇
ȵ	捏聂蹑	你逆		鸟尿	牛扭拗
ɕ	些写社	西洗细		消小笑	收手寿
c	结杰	鸡急记	街解界	骄绞叫	纠九旧
c'	口怯茄	欺起气		敲巧桥	丘口求
ç	血协	希喜系	鞋	枵晓孝	休 嗅
k					
k'					
x					
o	野夜	衣椅意	挨矮崖	妖咬姚	优有幼

韵母 / 声调 / 声母	ian			in			iaŋ			iŋ		
	平	上	去	平	上	去	平	上	去	平	上	去
p	边	贬	变	宾		殡				冰	饼	病
p‘	篇	諞	片	拼	品	贫				乒		平
m	棉	免	面		敏	赁						命
f												
t	颠	点	电							丁	顶	定
t‘	天	舔	田							听	挺	亭
n												
l	镰	脸	联	鳞	檩	林	凉	两	粮	零	领	灵
ts												
ts‘												
s												
tɕ	煎	展	战	珍	枕	进	张	掌	丈	精	整	政
tɕ‘	迁	浅	前	亲	抻	陈	枪	厂	常	清	请	成
ȵ	年	撵	念						娘		拧	凝
ɕ	先	陕	扇	身	沈	信	伤	想	详	声	醒	性
c	坚	俭	见	金	仅	近	姜	讲	降	京	景	敬
c‘	谦		欠			勤	腔	强	强	轻	顷	庆
ç	掀	险	闲	欣		衅	香	响	项	兴		形
k												
k‘												
x												
o	烟	眼	言	音	引	银	央	养	洋	英	影	硬

合口呼

声母 ＼ 韵母 / 声调	ua	uo	u	uaɛ	ui
	平上去	平上去	平上去	平上去	平上去
p			抱(又)补布		
p‘			铺普葡		
m			模母目		
f			夫府父		
t		多躲夺	都堵度		
t‘		拖托驼	突土图		
n		挪懦糯	奴		
l		箩落罗	炉(又)鲁路		
ts	抓爪	桌坐	租祖助		追　拽
ts‘		搓撮错	初楚醋		吹　垂
s	口耍口	蓑所缩	苏数数	衰甩帅	水谁
tɕ					
tɕ‘					
ȵ					
ɕ					
c					
c‘					
ç					
k	瓜刮挂	锅果过	姑古固	乖拐怪	归鬼贵
k‘	夸刮跨	科括阔	枯苦库	扩块	亏　葵
x	花口华	豁火河	呼虎护	怀	灰毁回
o	挖瓦洼	窝我饿	乌五物	歪　外	威委胃

韵母／声调／声母	uan			un			uaŋ			uŋ		
	平	上	去	平	上	去	平	上	去	平	上	去
p												
p'												
m												
f												
t										东	董	动
t'										通	统	同
n										脓		弄
l										聋	拢	龙
ts	专	转	赚	口	准		庄	壮	壮	中	总	众
ts'	穿	喘	船	春	蠢	纯	窗	创	床	充	宠	虫
s	闩		涮			顺	双	爽	双	松	㧐	送
tɕ												
tɕ'												
ȵ												
ɕ												
c												
c'												
ç												
k	关	管	贯		滚	棍	光	广	逛	工	巩	共
k'	宽	款		坤	捆	困	筐	夼	狂	空	孔	空
x	欢	缓	唤	婚	混	魂	荒	谎	黄	轰	哄	红
o	弯	晚	完	温	稳	文	汪	往	王	翁		瓮

撮口呼

韵母 / 声调 / 声母	yø			y			yan			yn			yŋ		
	平	上	去	平	上	去	平	上	去	平	上	去	平	上	去
p															
p‘															
m															
f															
t															
t‘															
n															
l		略	略	驴	旅	律									
ts															
ts‘															
s															
tɕ			嚼	猪	主	住									
tɕ‘		鹊		蛆	取	趣			全	皴					
ȵ					女										
ɕ		削		书	叔	术	宣	选	旋		损	寻	松		
c	掘	脚	绝	驹	举	剧	捐	卷	倦	均	菌			窘	
c‘	□	缺	瘸	区	曲	去	圈	犬	劝			群			穷
ç	靴	□	学	虚	许	恤	喧		玄	熏		训	兄		熊
k															
k‘															
x															
o	郁	月	弱	鱼	语	育	冤	软	元	匀	允	云	融	勇	用

三　同音字表

本表收集单字三千一百多个，按韵序排列。

a

꜀pa	巴芭疤
꜂pa	八叭~狗剥~皮(又)把~握(又)
pa꜄	爸罢霸坝拔雹把~柄
꜀p‘a	趴
p‘a꜄	怕爬耙
꜀ma	妈麻~木(又)
꜂ma	马蚂
ma꜄	骂麻~雀
꜂fa	发法
fa꜄	乏伐罚阀
꜂ta	打答搭达褡
ta꜄	大
꜀t‘a	他它她
꜂t‘a	塔塌
꜀na	拿
꜂na	纳
na꜄	钠哪
꜀la	拉~屎
꜂la	腊辣拉~车邋
la꜄	拉蜡~烛

꜀tsa　渣踷咂

꜂tsa　札紮扎闸咂(又)砸

tsa꜄　炸用油～、～弹诈榨～油乍杂铡咱

꜀tsʻa　叉差～别

꜂tsʻa　擦插

tsʻa꜄　茶搽岔查察

꜀sa　沙纱

꜂sa　杀洒煞靸撒

sa꜄　口～下（挑剩下）

꜀ka　疙～瘩(又)口～着（打篮球时盯着对方）轧～伙(合伙办事，结伴)

꜂ka　割葛生（难缠）嘎

ka꜄　戒金～指蛤

꜀kʻa　咯～出来（卡着了，咯出来，用咳嗽咳出来）

꜂kʻa　磕渴(又)叩～头卡～其布

kʻa꜄　口～lou ꜀sɿ（食物走油）

꜀xa　哈（笑）哈～唬（吓唬）下走～来

꜂xa　喝哈～唬(又)

xa꜄　哈～趴（趴伏）蛤～蟆

꜀a　阿

꜂a　腌～臜

a꜄　啊

ia

꜂lia　俩（两个）

꜀ɕia　口～搭（大个子走路踮踮摇摇不精神）

꜂ɕia　傻～子

˛cia	加家
ˊcia	甲夹角牛～、豆～假放～、真～贾
ciaˋ	价架嫁驾假放～(又)稼佳嘉
ˊcʻia	恰掐卡～片、～克
cʻiaˋ	卡～起来（把投机倒把的人卡起来）
˛çia	虾
ˊçia	瞎
çiaˋ	夏下～山、上～匣霞辖吓
˛ia	牙芽
ˊia	亚哑雅压鸭押
iaˋ	压(又)鸦

ua

˛tsua	抓
ˊtsua	爪
˛sua	口（用爪抓人）
ˊsua	耍刷
suaˋ	口～下（挑剩下）(又)
˛kua	瓜呱
ˊkua	刮寡
kuaˋ	卦褂挂
˛kʻua	夸垮
ˊkʻua	刮括
kʻuaˋ	跨
˛xua	花
ˊxua	口——～ta ˥˧˩（脏而粘的东西摔在身上的形状）

xua˞	华铧画话化划
˛ua	洼～地（低而无水）挖凹
ˋua	袜瓦
ua˞	洼～地（低而有水）蛙(又)瓦～匠

ɣ

ˋtɣ	得德口打～儿（更加）
tɣ˞	夺～东西
ˋt‘ɣ	脱(又)
t‘ɣ˞	特
˛lɣ	勒～搭着（小孩抱小孩，夹在腰部）
ˋlɣ	勒～紧、～索
ˋtsɣ	则窄摘
tsɣ˞	贼择泽宅责
˛ts‘ɣ	拆(又)
ˋts‘ɣ	策册侧拆
ts‘ɣ˞	测厕
˛sɣ	塞～巴（拥挤）
ˋsɣ	骰～子塞～住涩瑟啬色
˛kɣ	歌(又)锅(又)咯～～当子
ˋkɣ	革隔各格疙～瘩阁(又)旮～旯
kɣ˞	鸽个
˛k‘ɣ	科(又)棵(又)颗(又)
ˋk‘ɣ	壳克客刻渴(又)可(又)
k‘ɣ˞	课(又)
˛xɣ	喝(又)

꜂xɤ　黑

xɤ꜄　核~桃和(又)盒(又)何(又)荷(又)禾(又)

꜂ɤ　额

ɤ꜄　握(又)

ie

꜀pie　瘪(又)

꜂pie　鳖憋瘪

pie꜄　别

꜂pʻie　撇~下、~开

mie꜄　灭

꜀tie　爹

꜂tie　跌

tie꜄　叠蝶谍碟迭

꜂tʻie　铁帖贴

꜂lie　裂

lie꜄　烈列劣猎

꜀tɕie　遮

꜂tɕie　者姐折接节蛰辄

tɕie꜄　借截哲浙蛰这

꜀tɕʻie　车

꜂tɕʻie　且扯切彻撤

tɕʻie꜄　妾

꜀ȵie　捏~他一下

꜂ȵie　捏~个小泥人聂(姓)

ȵie꜄　蹑那

꜀ɕie 些
꜂ɕie 写捨赦雪薛
ɕie꜄ 社谢舍射泻卸邪舌蛇涉设泄
꜂cie 结
cie꜄ 杰洁
꜀c‘ie 口～～（躺躺）
꜂c‘ie 怯
c‘ie꜄ 茄
꜂çie 血歇
çie꜄ 协
꜂ie 野也噎～住了叶热惹页
ie꜄ 夜业爷额～勒盖

o

꜀po 波菠玻拨～楞博～士播
꜂po 百伯柏北拨剥驳簸～－～钵尿～子
po꜄ 白薄博渊～簸～箕脖婆～～丁
꜀p‘o 坡颇
꜂p‘o 拍迫泼笸
p‘o꜄ 破婆
꜀mo 魔摩磨～刀摸模～范（又）
꜂mo 墨麦抹脈评～
mo꜄ 磨石～末沫莫没～落、～有默么

uo

꜀tuo 多

꜂tuo 躲朵

tuo꜄ 夺惰剁~墩子垛

꜀tʻuo 拖

꜂tʻuo 妥脱托

tʻuo꜄ 驼驮唾托筐~子

꜀nuo 挪

꜂nuo 懦

nuo꜄ 糯~米

꜀luo 箩萝罗~锅

꜂luo 落酪烙

luo꜄ 洛骆~驼络骡罗(姓)锣乐快~

꜂tsuo 桌捉拙座一~楼左~右(又)

tsuo꜄ 坐座做昨浊镯手~凿着~重作左

꜀tsʻuo 搓

꜂tsʻuo 撮用簸箕~

tsʻuo꜄ 错矬(矮)戳

꜀suo 蓑~雨梭织布~

꜂suo 所锁琐~碎索说(又)

suo꜄ 勺~子缩

꜀kuo 哥歌锅括包~

꜂kuo 果裹国郭阁

kuo꜄ 过个(又)

꜀kʻuo 科棵颗

꜂kʻuo 可括包~(又)

kʻuo꜄ 课骒扩~充阔

꜀xuo 豁~口耠

꜂xuo 火伙霍

xuo˒ 或盒烟～活获(又)合祸贺货河荷和～灰、～气禾

˛uo 窝蛾俄卧

˓uo 我恶握

uo˒ 饿鹅

yø

˓lyø 略掠

lyø˒ 略～去

tɕyø˒ 嚼

˓tɕ'yø 鹊雀

˓ɕyø 削雪(又)薛(又)说

˛cyø 掘

˓cyø 觉感～脚

cyø˒ 绝决

˛c'yø 口(折断)

˓c'yø 壳地～缺确却

c'yø˒ 瘸～腿

˛çyø 靴

˓çyø 口(牲口撒欢地跑)

çyø˒ 学

˛yø 口(折断)郁

˓yø 月药约疟发～子

yø˒ 弱若悦阅越岳乐音～虐钥

ər

˛ər 儿

˓ər 耳而

əʳʼ　二

ɿ

ˌtsɿ　资姿兹滋芝支肢枝之滓渣～辎

ʻtsɿ　子姊紫脂指旨止址只～有纸

tsɿʼ　字志痣自至恣

ˌtsʻɿ　泚～水（水喷射）□牙～了（牙烂了）

ʻtsʻɿ　此刺齿呲

tsʻɿʼ　次瓷糍～巴慈磁～石词祠辞饲（又）寺差参～雌翅匙

ˌsɿ　思撕丝私司诗施西～狮尸屍

ʻsɿ　死矢虱屎史使驶始施～肥

sɿʼ　四肆饲赐斯似是示视士市柿事试侍时祀

i

ʻpi　比逼璧壁臂毕笔避秕～子（不长米的谷子）瘪～虱

piʼ　闭敝弊币毙蔽鄙鼻篦梳头～子必

ˌpʻi　批匹一～马、一～布

ʻpʻi　劈譬

pʻiʼ　屁皮疲脾

ˌmi　泥

ʻmi　米密秘～迷～拉马的

miʼ　秘谜迷蜜觅呢～子

ˌti　低提～溜

ʻti　底抵牴用角～滴

tiʼ　地第弟递帝狄笛的敌籴

ˌtʻi　梯剃

ʻtʻi	体踢剔
tʻiʼ	替涕鼻~堤蹄提题嚏屉
꜀li	离犁黎梨劙
ʻli	李里理鲤礼立
liʼ	利痢吏隶丽美~离不~儿篱厘厉励狸历栗粒例立力
꜀tɕi	只知蜘智
ʻtɕi	挤脊迹绩积质汁执织职笈集~合际济制~造蒺鲫墼
tɕiʼ	制~度致剂置祭治侄值植集~体、赶~直疾即
꜀tɕʻi	妻凄
ʻtɕʻi	七漆沏吃尺赤
tɕʻiʼ	脐迟齐驰池耻赤~色憩
ʻȵi	你
ȵiʼ	尼腻逆~风呢~子(又)
꜀ɕi	西
ʻɕi	洗息惜熄析习式释适室识湿失
ɕiʼ	细席誓世势石食蚀实十拾室教~(又)
꜀ci	鸡基饥机讥击激级妓技
ʻci	几已吉急虮蚂~蚱子
ciʼ	季计继寄纪记忌既极及系~鞋带
꜀cʻi	欺
ʻcʻi	起企
cʻiʼ	气奇骑歧祁鳍其棋期旗淇
꜀çi	希稀溪牺吸
ʻçi	喜
çiʼ	戏系
꜀i	衣依医移姨~夫

‘i 以椅已倚一乙日姨

i’ 夷宜疑遗艺义议意异亿易交～疫役逆(又)亦译益

u

꜀pu 抱～起来(又)

‘pu 补不拨甩头～拉角

pu’ 布佈步部簿埠～头醭～面埻～土

꜀p‘u 铺～排

‘p‘u 普谱捕脯胸～、果～朴扑仆蒲

p‘u’ 葡铺店～扑～克蒲～扇埠沙～

꜀mu 模～子

‘mu 母某亩木莫(又)

mu’ 幕暮慕墓募谋牧目没～有(又)

꜀fu 夫麸

‘fu 斧府附腑俯脯杏～、果～(又)甫腹福符～合

fu’ 付符～号富父妇负傅腐敷孵扶佛浮辅服伏复蝠

꜀tu 都～城嘟

‘tu 赌堵肚猪～

tu’ 度渡镀杜肚～子独牍读毒

꜀t‘u 突冲～

‘t‘u 土吐突～然秃

t‘u’ 兔徒途涂图屠

nu’ 怒努奴农

꜀lu 炉火～(又)噜

‘lu 橹鲁滷绿鹿录蝼辘

lu’ 路卢炉芦露禄辱陆轳

꜀tsu	徂阻租筑
꜂tsu	祖足(又)竹烛组族
tsu꜄	助卒祝
꜀tsʻu	粗初
꜂tsʻu	楚础触族(又)
tsʻu꜄	醋锄畜～牲
꜀su	苏酥梳疏
꜂su	数～一～属
su꜄	素诉塑嗉鸟～子数～字熟(又)俗(又)赎(又)漱～口速
꜀ku	姑孤辜蛄
꜂ku	古估～计股鼓骨谷山～、五～凸凹～不平
ku꜄	故顾雇固核枣～儿
꜀kʻu	枯
꜂kʻu	苦哭
kʻu꜄	库裤
꜀xu	呼
꜂xu	虎忽
xu꜄	胡湖葫～芦煳糊壶狐户护获互
꜀u	乌巫梧屋
꜂u	五伍午武舞捂
u꜄	雾务误悟吴无物勿恶可～、厌～

y

꜀ly	驴
꜂ly	吕旅捋
ly꜄	虑滤律

꜀tɕy	猪诸朱珠蛛株
꜂tɕy	主注~意煮足
tɕy꜄	住蛀柱注驻聚铸著
꜀tɕ‘y	蛆帚扫~㷮~紫（很紫）
꜂tɕ‘y	取娶出储~蓄
tɕ‘y꜄	趣处~理、相~除厨
꜂ȵy	女
꜀ɕy	书舒需须必~、胡~输
꜂ɕy	鼠暑黍粟宿叔秫
ɕy꜄	序叙绪殊树徐竖絮术婿女~续赎熟俗
꜀cy	拘驹
꜂cy	举菊橘
cy꜄	句据具距拒巨居锯渠局剧
꜀c‘y	区驱
꜂c‘y	曲麯酒~屈
c‘y꜄	去渠
꜀çy	虚嘘
꜂çy	许畜~牧蓄储~
çy꜄	恤
꜀y	鱼
꜂y	雨语入乳羽
y꜄	裕喻遇与参~、给予誉预榆愉于盂愚虞娱余域玉狱欲育如褥

aɛ

꜀paɛ	口胡~~（乱说）

꜂paε 摆
paε꜄ 拜败别（又）
p‘aε꜄ 派排牌
꜀m̀aε 埋迈（又）
꜂maε 买
maε꜄ 卖
꜀taε 呆
꜂taε 歹逮
taε꜄ 代袋带贷戴怠待在（又）
꜀t‘aε 胎态
t‘aε꜄ 太泰抬台
꜂naε 乃奶奈
naε꜄ 耐
꜀laε 来
꜂laε 口～下来（撕下来）
laε꜄ 赖癞
꜀tsaε 灾栽斋
꜂tsaε 宰载三年五～崽
tsaε꜄ 再在债载～重
꜀ts‘aε 猜差搋（用手压、揉）
꜂ts‘aε 彩采睬
ts‘aε꜄ 菜蔡才材财柴裁
꜀saε 腮筛～子
꜂saε 洒～水
saε꜄ 晒赛
꜀kaε 该

ˋkaɛ　改

kaɛˋ　概盖

ˏk'aɛ　开

ˋk'aɛ　楷慨凯

ˏxaɛ　□（用棍棒打人）

ˋxaɛ　海

xaɛˋ　害孩核～心还

ˏaɛ　哀挨

ˋaɛ　矮（又）

aɛˋ　爱艾碍

iaɛ

ˏciaɛ　街阶秸

ˋciaɛ　解

ciaɛˋ　介界芥疥皆戒

çiaɛˋ　鞋械蟹

ˏiaɛ　挨～打、～号涯

ˋiaɛ　矮

iaɛˋ　崖涯（又）

uaɛ

ˏsuaɛ　衰

ˋsuaɛ　摔甩

suaɛˋ　帅率

ˏkuaɛ　乖掴（碰、动）蝈

ˋkuaɛ　拐

kuaɛˋ 怪
ˊk‘uaɛ 㧟～痒（搔痒）
k‘uaɛˋ 快筷块会～计
xuaɛˋ 怀淮槐徊坏
ˏuaɛ 歪
uaɛˋ 外蛙青～子

ei

ˏpei 悲杯卑碑背～黑锅
ˊpei 彼伯大～
peiˋ 被备背辈贝倍
ˏp‘ei 披坯土～
p‘eiˋ 配佩赔陪培
ˏmei 媒眉～豆
ˊmei 每美
meiˋ 妹昧眉梅霉枚没～有（又）
ˏfei 非飞
ˊfei 匪
feiˋ 费肺废肥
ˏtei 堆
ˊtei 口～死了（抵销）得
teiˋ 对队兑
ˏt‘ei 推
ˊt‘ei 腿
t‘eiˋ 退
neiˋ 内

꜀lei　擂
꜂lei　蕊累积~
lei꜄　泪类累疲~雷锐肋
꜂tsei　嘴
tsei꜄　罪醉最
꜀ts‘ei　崔催
ts‘ei꜄　脆翠
꜀sei　尿猪~泡
sei꜄　岁穗碎虽隋随
꜂kei　给
꜂k‘ei　给(又)
k‘ei꜄　□~他（比他厉害、超过他。）

ui

꜀tsui　追锥
tsui꜄　拽
꜀ts‘ui　吹炊
ts‘ui꜄　垂锤槌
꜂sui　水
sui꜄　税谁睡
꜀kui　规轨归龟
꜂kui　鬼
kui꜄　桂柜跪贵
꜀k‘ui　亏
k‘ui꜄　愧葵
꜀xui　灰辉徽

ʻxui	悔毁溃挥
xuiʼ	会绘讳慧惠汇贿挥回
꜀ui	威围
ʻui	委伪尾（又）伟畏微违苇芦～
uiʼ	胃谓猬刺～魏未味为～什么、作～卫位维惟桅危喂

ao

꜀pao	包
ʻpao	保饱宝堡褒
paoʼ	抱暴爆豹报雹（又）鲍～鱼
꜀p‘ao	抛
ʻp‘ao	跑
p‘aoʼ	炮泡鲍（姓）袍刨
꜀mao	猫毛羽～
ʻmao	卯毛一元一～
maoʼ	冒帽貌茂贸矛茅锚
꜀tao	刀叨唠～
ʻtao	岛捣祷倒打～
taoʼ	到倒～水稻道导盗
꜀t‘ao	滔掏～出来涛
ʻt‘ao	讨
t‘aoʼ	套陶淘萄逃桃
꜀nao	挠孬（不好）
ʻnao	脑恼挠阻～
naoʼ	闹
꜀lao	捞

꜂lao　老
lao꜄　涝劳牢
꜀tsao　糟遭
꜂tsao　枣早找澡
tsao꜄　灶皂造罩糙躁急～蚤
꜀tsʻao　抄操早～
꜂tsʻao　草吵炒钞
tsʻao꜄　巢曹槽操～场
꜀sao　臊尿～梢捎
꜂sao　嫂扫～地搔骚
sao꜄　扫～帚潲～雨勺后脑～
꜀kao　高膏羔糕
꜂kao　搞稿
kao꜄　告
꜂kʻao　考烤
kʻao꜄　靠铐
꜀xao　薅～田草
꜂xao　好～坏
xao꜄　好喜～号耗豪毫蒿蓬～
꜀ao　熬
꜂ao　袄
ao꜄　傲

iao

꜀piao　标彪口～子（傻子）
꜂piao　表

piao꜄	鳔
꜀pʻiao	飘
꜂pʻiao	漂～白
pʻiao꜄	票瓢嫖～赌漂～亮
꜀miao	苗描喵
꜂miao	秒
miao꜄	庙妙
꜀tiao	刁貂雕钓
꜂tiao	吊～儿浪当
tiao꜄	掉吊调～动、音～
꜀tʻiao	挑
꜂tʻiao	□～白（很白）挑～拨
tʻiao꜄	条跳调～和枭
꜀liao	撩（摆弄惹逗）
꜂liao	了
liao꜄	料疗辽聊撂～下
꜀tɕiao	焦蕉椒昭招朝～夕召
꜂tɕiao	□～衣裳（缝衣裳）□～心（烧心）
tɕiao꜄	照兆赵
꜀tɕʻiao	锹超
tɕʻiao꜄	樵瞧俏潮朝～代嘲
꜂ȵiao	鸟
ȵiao꜄	尿
꜀ɕiao	消霄宵销箫萧烧稍
꜂ɕiao	小少多～
ɕiao꜄	笑少～年绍

꜀ciao	交郊骄娇浇胶教～书
꜂ciao	搅校～对绞铰～衣裳（裁衣裳）狡角三～侥～幸口～瓜
ciao꜄	叫轿窖较觉睡～教～育
꜀c‘iao	敲跷
꜂c‘iao	巧
c‘iao꜄	窍乔桥侨
꜀çiao	枵（薄）
꜂çiao	晓
çiao꜄	效校学～孝酵发面～
꜀iao	妖邀要～求腰幺～二三吆摇谣遥窑饶尧绕
꜂iao	咬舀～水肴扰
iao꜄	姚淆要想～、重～耀

ou

꜂fou	否
꜀tou	兜都～是
꜂tou	抖斗升～陡
tou꜄	豆痘斗
꜀t‘ou	偷
꜂t‘ou	口～衣裳（清洗衣服）口～人家的布袋（掏口袋）
t‘ou꜄	投头透
꜀lou	楼
꜂lou	搂～抱篓～子
lou꜄	漏楼露～头晃旮～
꜀tsou	绉邹皱
꜂tsou	走

tsou’	奏骤做（又）
ˌts‘ou	□（在阴冷的地方凉衣服）
‘ts‘ou	瞅
ts‘ou’	愁凑
ˌsou	搜馊
‘sou	□～面（揉面）
sou’	瘦
ˌkou	苟勾钩沟构瞉往上～媾
‘kou	狗
kou’	够垢购
ˌk‘ou	抠～个洞
‘k‘ou	口
k‘ou’	扣～住寇叩三～九拜
ˌxou	齁
‘xou	□～拾（跟着别人打转，想得到别人的东西）吼
xou’	厚后侯猴候
ˌou	欧
‘ou	偶藕呕～吐
ou’	沤～在水中

iu

ˌtiu	丢
ˌliu	留溜蹓
‘liu	柳
liu’	六流琉硫榴馏～馒头刘
ˌtɕiu	周舟州洲揪昼粥

'tɕiu	酒肘轴
tɕiu'	就
ˌtɕ'iu	秋抽
'tɕ'iu	丑鹊（又）
tɕ'iu'	臭酬仇绸筹售囚（又）
ˌȵiu	牛
'ȵiu	纽扭妞钮
ȵiu'	拗～性子牛（又）
ˌɕiu	修羞收
'ɕiu	手首守
ɕiu'	秀锈绣袖受授寿兽
ˌciu	纠
'ciu	九久韭灸针～
ciu'	救舅旧究
ˌc'iu	丘囚
'c'iu	□木头～了（木头烂了）
c'iu'	求球
ˌçiu	休朽
çiu'	嗅
ˌiu	优尤幽悠油邮揉
'iu	友有
iu'	幼又右祐宥由柚釉酉尤犹游遊肉柔

an

| pan | 班斑般搬颁扳 |
| 'pan | 板扳版 |

pan˞	半伴拌办扮
˛p'an	潘
p'an˞	盼判盘攀
˛man	迈
ˊman	满
man˞	慢蔓馒漫瞒蛮
˛fan	翻番帆
ˊfan	反返
fan˞	犯范贩饭烦繁凡矾
˛tan	丹单端担~任但
ˊtan	胆短
tan˞	旦担挑~弹子~蛋断淡段缎锻石一~米
˛t'an	贪摊滩
ˊt'an	坦~白毯疃（村子）
t'an˞	叹炭探谭潭弹~琴檀痰谈团
˛nan	南
ˊnan	暖口（又）被针~了一下（扎）
nan˞	男难~易、患~
˛lan	蓝
ˊlan	卵懒揽
lan˞	篮兰拦澜滥览乱
˛tsan	钻
ˊtsan	斩盏
tsan˞	站蘸栈暂赞崭咱（又）簪~儿
˛ts'an	参搀餐惨
ˊts'an	产铲

ts'an' 残馋蚕

꜀san 三酸山衫

'san 散鞋带~了伞产(又)山(又)

san' 散蒜算

꜀kan 甘泔柑干~湿竿肝

'kan 赶感杆秆敢

kan' 干~活

꜀k'an 堪看~守

'k'an 坎砍刊

k'an' 看

꜀xan 憨酣

'xan 喊

xan' 汉旱汗含韩寒函

꜀an 安鞍

'an 俺

an' 暗按案岸

ian

꜀pian 边鞭编

'pian 贬扁匾

pian' 变遍辨辩辫便方~

꜀p'ian 篇偏

'p'ian 諞~弄

p'ian' 片骗便~宜

꜀mian 棉绵眠

'mian 免勉

mian꜄	面
꜀tian	颠
꜂tian	点典
tian꜄	电店殿佃
꜀t‘ian	天添
꜂t‘ian	舔
t‘ian꜄	甜田填
꜀lian	镰
꜂lian	脸
lian꜄	练炼恋廉帘敛殓连莲联怜
꜀tɕian	尖煎沾毡
꜂tɕian	煎展拈
tɕian꜄	贱溅～一身水箭荐渐占战
꜀tɕ‘ian	千迁歼～灭签
꜂tɕ‘ian	浅
tɕ‘ian꜄	钱前蝉缠
꜀ȵian	年粘黏拈～起来
꜂ȵian	辇撵碾
ȵian꜄	念
꜀ɕian	先仙鲜扇～火膻
꜂ɕian	陕～西鳝～子（一种蛤）
ɕian꜄	线扇～子善蟮单（姓）
꜀cian	坚肩奸艰兼间监～牢、～视犍
꜂cian	减碱俭检柬拣苋简
cian꜄	见件剑建健间
꜀c‘ian	牵铅谦虔乾～坤

cʻian꜄	欠芡~子钳
꜀çian	掀
꜂çian	险显衔献
çian꜄	陷馅宪苋~菜现县限闲贤嫌
꜀ian	烟研盐颜延~长淹腌
꜂ian	眼演掩染
ian꜄	燕嚥验砚雁厌宴~会晏阎酽檐言严延~安缘然燃炎

uan

꜀tsuan	专砖
꜂tsuan	转~运
tsuan꜄	篆赚传~记转~螺丝、~圆圈
꜀tsʻuan	川钏穿串
꜂tsʻuan	喘
tsʻuan꜄	船椽传~达
꜀suan	拴栓闩门~
suan꜄	涮~洗
꜀kuan	关官棺观冠衣~
꜂kuan	管馆
kuan꜄	贯灌罐惯冠~军
꜀kʻuan	宽
꜂kʻuan	款
꜀xuan	欢
꜂xuan	缓
xuan꜄	换唤焕环患宦还~原幻
꜀uan	弯湾剜豌~豆

ˋuan	晚挽碗
uanˋ	万完丸玩顽腕

yan

tɕʻyanˋ	全泉
ˌɕyan	宣鲜～花
ˋɕyan	选癣
ɕyanˋ	旋
ˌcyan	捐
ˋcyan	卷～起来
cyanˋ	倦卷眷绢圈猪～
ˌcʻyan	圈圆～
ˋcʻyan	犬
cʻyanˋ	劝拳权蜷～腿颧～骨
ˌçyan	暄喧
çyanˋ	玄悬楦鞋～
ˌyan	冤怨
ˋyan	远软
yanˋ	园元愿原源袁辕院员圆援

ən

ˌpən	口～下一块(扳下一块)
ˋpən	本口(约人)
pənˋ	苯奔
ˌpʻən	喷
pʻənˋ	盆

ˌmən	门
mən˺	闷
ˌfən	分芬纷
ˈfən	粉
fən˺	愤忿粪奋份—~、两~坟
ˌtən	敦墩蹲
ˈtən	□（平伸着打或平着往里装东西。）
tən˺	顿钝遁盾矛~
ˌt'ən	吞
t'ən˺	屯褪~下袖子（退下、脱下）□~子（嗓子）饨
ˌlən	轮~流
ˈlən	□~墩（长条形的红肿）
lən˺	论伦轮仑嫩
ˌtsən	尊遵
tsən˺	咱
ˌts'ən	村参~差
ˈts'ən	□~你（批评你）□害~（害羞）碜 真~（不好看、态度不好）
ts'ən˺	寸存衬
ˌsən	孙参人~
ˈsən	笋（又）损（又）森
sən˺	渗肾
ˌkən	根跟
ˈkən	艮（形容韧性大的食物或人的性格不干脆）
ˈk'ən	肯啃垦恳
k'ən˺	□（追）褪
ˌxən	□~搭人（摔摔打打的，给别人不好看）

꜂xən	很狠
xən꜄	恨痕
꜀ən	恩
꜂ən	口～上一棵（种一棵小苗）
ən꜄	摁～一～（压一压）

in

꜀pin	宾彬
pin꜄	嫔殡鬓
꜀p‘in	拼
꜂p‘in	品
p‘in꜄	频贫聘苹（又）
꜂min	敏民
min꜄	赁租～
꜀lin	鳞淋
.lin	檩
lin꜄	林邻临吝燐
꜀tɕin	真针珍
꜂tɕin	枕斟疹诊
tɕin꜄	进尽津俊振震阵镇
꜀tɕ‘in	亲侵
꜂tɕ‘in	抻～开（把有弹性的东西拉长）
tɕ‘in꜄	秦寝趁陈尘辰晨臣沉
꜀ɕin	心新薪辛身申伸深
꜂ɕin	沈审婶
ɕin꜄	信神砷甚慎寻～思

cin	今金巾斤筋襟
꜂cin	紧仅禁～不住
cin꜄	近劲禁～止
c‘in꜄	芹琴勤禽擒
꜀çin	欣
çin꜄	衅
꜀in	音因姻阴人
꜂in	引尹隐瘾饮寅殷忍
in꜄	银印仁认任刃

un

꜀tsun	口～的（杏仁儿，苦的不好吃，口的好吃）
꜂tsun	准
꜀ts‘un	春
꜂ts‘un	蠢
ts‘un꜄	唇纯醇酒味儿～
sun꜄	顺
꜂kun	滚
kun꜄	棍
꜀k‘un	坤
꜂k‘un	捆
k‘un꜄	困
꜀xun	昏婚
꜂xun	混
xun꜄	荤浑魂
꜀un	瘟温纹蚊闻

ˊun 稳
unˋ 文问

yn

ˌtɕʻyn 皴脸～
ˊɕyn 损笋
ɕynˋ 迅讯寻巡循旬
ˌcyn 均钧君军
ˊcyn 菌
cʻynˋ 群裙
ˌçyn 熏薰
çynˋ 训勋
ˌyn 匀均～晕
ˊyn 允
ynˋ 云孕熨韵运闰润

aŋ

ˌpaŋ 帮邦
ˊpaŋ 绑榜
paŋˋ 棒
ˊpʻaŋ 口～了一脚（踏了一脚）
pʻaŋˋ 旁胖螃
ˌmaŋ 忙芒光～
ˊmaŋ 莽蟒盲芒～种
maŋˋ 忙（又）
ˌfaŋ 方芳妨口真～（寡妇命不好把她男人口死了）

꜂faŋ	访仿彷纺倣
faŋ꜄	放防房
꜀taŋ	当应～
꜂taŋ	党档挡
taŋ꜄	当上～
꜀tʻaŋ	汤
꜂tʻaŋ	倘躺
tʻaŋ꜄	烫趟堂唐塘搪糖
꜀naŋ	□馒头泡～了、这个路真～(泥泞)。
꜂naŋ	攮～了一下(扎了一下)
naŋ꜄	囊
꜀laŋ	狼
laŋ꜄	浪郎廊狼(又)
꜀tsaŋ	脏
tsaŋ꜄	葬脏藏西～赃臧
꜀tsʻaŋ	仓苍疮
tsʻaŋ꜄	藏～起来
꜀saŋ	桑
꜂saŋ	嗓
saŋ꜄	丧婚～、～失
꜀kaŋ	刚纲钢缸
꜂kaŋ	港冈肛
kaŋ꜄	杠
꜀kʻaŋ	康糠慷～慨
kʻaŋ꜄	抗炕扛
꜀xaŋ	夯打～

xaŋ˒	杭航行外～
˛aŋ	昂肮～脏
ˋaŋ	口开～（开玩笑，起哄）

iaŋ

˛liaŋ	凉量～长短
ˋliaŋ	两辆
liaŋ˒	良粮梁粱亮谅量度～
˛tɕiaŋ	章樟张将浆
ˋtɕiaŋ	掌奖长生～
tɕiaŋ˒	匠丈杖仗帐账胀涨障保～酱将大～桨
˛tɕʻiaŋ	昌枪呛吃～了饿
ˋtɕʻiaŋ	抢场操～畅偿厂
tɕʻiaŋ˒	常尝墙长～短肠呛烟～人唱倡提～场打～尚和～
ȵiaŋ˒	娘
˛ɕiaŋ	箱厢湘襄镶商伤
ˋɕiaŋ	想赏晌
ɕiaŋ˒	详祥翔相像象橡上在～、～山尚
˛ciaŋ	疆僵姜江刚才～
ˋciaŋ	讲
ciaŋ˒	降下～、～服
˛cʻiaŋ	腔
ˋcʻiaŋ	强～大
cʻiaŋ˒	强（好）
˛çiaŋ	香乡
ˋçiaŋ	享响饷

ɕiaŋ꜄	巷项向降投～
꜀iaŋ	央秧殃杨羊瓤瓜～壤土～攘恙
꜂iaŋ	养痒仰嚷
iaŋ꜄	洋杨阳样让羊(又)蛘蚂口～子

uaŋ

꜀tsuaŋ	庄装桩
꜂tsuaŋ	壮整～(不碎)
tsuaŋ꜄	壮状
꜀tsʻuaŋ	窗疮
꜂tsʻuaŋ	创
tsʻuaŋ꜄	床撞闯
꜀suaŋ	双霜
꜂suaŋ	爽
suaŋ꜄	双一对～(双生)
꜀kuaŋ	光
꜂kuaŋ	广
kuaŋ꜄	逛
꜀kʻuaŋ	筐
꜂kʻuaŋ	夼上～(地名)
kʻuaŋ꜄	狂矿况框
꜀xuaŋ	荒慌
꜂xuaŋ	谎晃～眼
xuaŋ꜄	黄皇蝗搅摇～
꜀uaŋ	汪望
꜂uaŋ	往网枉

uɑŋ꜄	王亡忘旺

əŋ

꜀pəŋ	崩绷
꜂pəŋ	口～着（抱着）
pəŋ꜄	蹦
꜀pʻəŋ	烹
꜂pʻəŋ	捧
pʻəŋ꜄	朋彭膨棚篷蓬碰
꜀məŋ	蒙～着头明～儿
꜂məŋ	猛蒙～古
məŋ꜄	梦孟盟
꜀fəŋ	丰峰锋蜂封风疯讽
fəŋ꜄	逢缝一条～、～衣裳奉俸冯凤
꜀təŋ	灯登
꜂təŋ	等
təŋ꜄	凳邓瞪橙澄
꜀tʻəŋ	熥～干粮
꜂tʻəŋ	口（潮湿）
tʻəŋ꜄	腾髅藤疼
nəŋ꜄	能
꜀ləŋ	扔
꜂ləŋ	冷仍
ləŋ꜄	棱睖楞
꜀tsəŋ	争筝睁曾（姓）增赠
tsəŋ꜄	粽～子

꜀tsʻəŋ	撑
tsʻəŋ꜄	层曾～经蹭
꜀səŋ	生牲笙甥僧
꜂səŋ	省
꜀kəŋ	庚更打～、～改耕粳～米
꜂kəŋ	庚～年羹
kəŋ꜄	更
꜀kʻəŋ	坑
꜀xəŋ	哼
xəŋ꜄	横恒衡

iŋ

꜀piŋ	兵冰丙
꜂piŋ	秉饼
piŋ꜄	病并併合～
꜀pʻiŋ	乒
pʻiŋ꜄	凭平评坪苹萍瓶屏
miŋ꜄	明鸣命名铭
꜀tiŋ	丁钉铁～疔
꜂tiŋ	顶鼎
tiŋ꜄	定腚订盯～住
꜀tʻiŋ	听厅
꜂tʻiŋ	挺停
tʻiŋ꜄	庭艇廷蜓亭
꜀liŋ	零
꜂liŋ	领岭拎

liŋ꜄　灵陵凌菱铃伶令另

꜀tɕiŋ　精蒸贞侦正~月征晶结~旌

꜂tɕiŋ　井整

tɕiŋ꜄　净睛静证症政正郑晶水~

꜀tɕʻiŋ　青清晴蜻称~称、相~

꜂tɕʻiŋ　请

tɕʻiŋ꜄　成城诚盛~满情承丞呈程乘秤~杆称~心亲~家

꜂ȵiŋ　拧~了一下

ȵiŋ꜄　凝宁

꜀ɕiŋ　升声星腥

꜂ɕiŋ　醒省反~

ɕiŋ꜄　性姓绳圣剩胜盛兴~

꜀ciŋ　京惊经

꜂ciŋ　颈景警竞境荆竟

ciŋ꜄　敬镜

꜀cʻiŋ　轻

꜂cʻiŋ　倾顷~刻、后~

cʻiŋ꜄　庆

꜀çiŋ　兴

çiŋ꜄　形刑型行~为幸杏兴高~

꜀iŋ　应~当鹦樱婴缨英鹰蝇盈赢迎

꜂iŋ　影

iŋ꜄　萤营应答~、响~茔硬

uŋ

꜀tuŋ　东冬

‘tuŋ	董懂
tuŋ’	动冻洞东（又）
ˌt‘uŋ	通
‘t‘uŋ	统桶捅～炉子筒
t‘uŋ’	同铜童桐痛
ˌnuŋ	脓
nuŋ’	弄
ˌluŋ	聋
‘luŋ	拢陇垅
luŋ’	笼龙隆弄
ˌtsuŋ	中当～、射～忠盅仲宗棕鬃钟锺
‘tsuŋ	总种～子肿终
tsuŋ’	众重～量种～树纵
ˌts‘uŋ	聪葱囱充冲
‘ts‘uŋ	宠
ts‘uŋ’	虫从丛重～复崇
ˌsuŋ	松～紧
‘suŋ	扨～人（把人用手推出去又拉回来）耸
suŋ’	送宋诵颂讼
ˌkuŋ	恭弓宫躬工功攻～击
‘kuŋ	巩
kuŋ’	供～给共贡拱～手
ˌk‘uŋ	空～虚
‘k‘uŋ	孔恐控
k‘uŋ’	空～闲
ˌxuŋ	烘～干轰

xuŋ　　　哄
xuŋ꜄　　洪鸿弘宏红虹（天上的虹）
꜀uŋ　　　翁
uŋ꜄　　　瓮

yŋ

꜀ɕyŋ　　松～树
꜂cyŋ　　窘
cʻyŋ꜄　　穷琼
꜀çyŋ　　凶胸兄雄
çyŋ꜄　　熊
꜀yŋ　　　融
꜂yŋ　　　永勇拥
yŋ꜄　　　用戎绒荣容蓉熔茸～耳

四　变调、轻声、儿化

（一）变　调

烟台方言的变调情况，一般都是前一个音节发生变化。前一个音节怎么变，决定于后一个音节。变调后产生三个变调调值：˧˥$_{35}$ ˧$_{33}$ ˨˩$_{21}$。

双音节词语共九种，变调后可以归纳为六种：

1. ˧˥$_{35}$＋ ˧˩$_{31}$（平＋平、上＋平）

①平＋平　˧˩$_{31}$＋ ˧˩$_{31}$ ⟶ ˧˩˧˥$_{35}$＋ ˧˩$_{31}$例如：

秋分　tɕʻiu ˧˩˧˥$_{35}$　fən ˧˩$_{31}$
猪鬃　tɕy ˧˩˧˥$_{35}$　tsuŋ ˧˩$_{31}$
山坡　san ˧˩˧˥$_{35}$　pʻo ˧˩$_{31}$

虾仁儿　çia ˧˩˧˥$_{35}$　inr ˧˩$_{31}$

②上＋平　˨˩˦$_{214}$＋ ˧˩$_{31}$⟶˨˩˦˧˥$_{35}$＋ ˧˩$_{31}$例如：

手心　ɕiu ˨˩˦˧˥$_{35}$　ɕin ˧˩$_{31}$

小山　ɕiɑo ˨˩˦˧˥$_{35}$　san ˧˩$_{31}$

麦秸　mo ˨˩˦˧˥$_{35}$　ciaɛ ˧˩$_{31}$

老深　lɑo ˨˩˦˧˥$_{35}$　ɕin ˧˩$_{31}$

2. ˥˥$_{55}$＋ ˧˩$_{31}$（去＋平）

去＋平　˥˥$_{55}$＋ ˧˩$_{31}$（不变）例如：

汽车　c'i ˥˥$_{55}$　tɕ'ie ˧˩$_{31}$

鞋帮　çiaɛ ˥˥$_{55}$　pɑŋ ˧˩$_{31}$

朝南　tɕ'iɑo ˥˥$_{55}$　nan ˧˩$_{31}$

贱材　tɕian ˥˥$_{55}$　ts'aɛ ˧˩$_{31}$

有些次浊声母平声字，在平声前也变 ˥˥$_{55}$。

平＋平　˧˩$_{31}$＋ ˧˩$_{31}$⟶˧˩˥˥$_{55}$＋ ˧˩$_{31}$例如：

牙膏　ia ˧˩˥˥$_{55}$　kɑo ˧˩$_{31}$

棉花　mian ˧˩˥˥$_{55}$　xua ˧˩$_{31}$

邮包　iu ˧˩˥˥$_{55}$　pɑo ˧˩$_{31}$

少数上声字在平声前面，也变 ˥˥$_{55}$。

上＋平　˨˩˦$_{214}$＋ ˧˩$_{31}$⟶˨˩˦˥˥$_{55}$＋ ˧˩$_{31}$例如：

整年　tɕiŋ ˨˩˦˥˥$_{55}$　ȵian ˧˩$_{31}$

母羊　mu ˨˩˦˥˥$_{55}$　iɑŋ ˧˩$_{31}$

虎牙　xu ˨˩˦˥˥$_{55}$　ia ˧˩$_{31}$

3. ˧˩$_{31}$＋˨˩˦$_{214}$（平＋上）

平＋上　˧˩$_{31}$＋˨˩˦$_{214}$（不变）例如：

心口　ɕin ˧˩$_{31}$　k'ou ˨˩˦$_{214}$

虾米　çia ˧˩$_{31}$　mi ˨˩˦$_{214}$

猪血　tɕy ˧˩$_{31}$　çie ˨˩˦$_{214}$

家雀 cia ˧˩$_{31}$ tɕ‘yø ˨˩˦$_{214}$

4. ˥$_{55}$ + ˨˩˦$_{214}$（上＋上、去＋上）

①上＋上 ˨˩˦$_{214}$ + ˨˩˦$_{214}$ ⟶ ˨˩˦˥$_{55}$ + ˨˩˦$_{214}$ 例如：

小麦 ɕiɑo ˨˩˦˥$_{55}$ mo ˨˩˦$_{214}$

雨水 y ˨˩˦˥$_{55}$ sui ˨˩˦$_{214}$

夹袄 cia ˨˩˦˥$_{55}$ ɑo ˨˩˦$_{214}$

手掌 ɕiu ˨˩˦˥$_{55}$ tɕiɑŋ ˨˩˦$_{214}$

②去＋上 ˥$_{55}$ + ˨˩˦$_{214}$（不变）例如：

大麦 ta ˥$_{55}$ mo ˨˩˦$_{214}$

食指 ɕi ˥$_{55}$ tsʅ ˨˩˦$_{214}$

侄女 tɕi ˥$_{55}$ ȵy ˨˩˦$_{214}$

叫喊 ciɑo ˥$_{55}$ xan ˨˩˦$_{214}$

少数平声字在上声前，也变 ˥$_{55}$。

平＋上 ˧˩$_{31}$ + ˨˩˦$_{214}$ ⟶ ˧˩˥$_{55}$ + ˨˩˦$_{214}$ 例如：

乌黑 u ˧˩˥$_{55}$ xɤ ˨˩˦$_{214}$

牙刷 ia ˧˩˥$_{55}$ sua ˨˩˦$_{214}$

5. ˧˩$_{31}$ + ˥$_{55}$（平＋去、去＋去）

①平＋去 ˧˩$_{31}$ + ˥$_{55}$（不变）例如：

喷壶 p‘ən ˧˩$_{31}$ xu ˥$_{55}$

青酱 tɕ‘iŋ ˧˩$_{31}$ tɕiaŋ ˥$_{55}$

金黄 ciŋ ˧˩$_{31}$ xuɑŋ ˥$_{55}$

泥块儿 mi ˧˩$_{31}$ k‘uaɛr ˥$_{55}$

②去＋去 ˥$_{55}$ + ˥$_{55}$ ⟶ ˥˧˩$_{31}$ + ˥$_{55}$ 例如：

地蛋 ti ˥˧˩$_{31}$ tan ˥$_{55}$

树皮 ɕy ˥˧˩$_{31}$ p‘i ˥$_{55}$

唱戏 tɕ‘iɑŋ ˥˧˩$_{31}$ çi ˥$_{55}$

大道儿 ta ˥˧˩$_{31}$ tɑor ˥$_{55}$

个别上声字在去声前，也变 ˧˩$_{31}$。

上＋去 ˨˩˦$_{214}$＋˥˥$_{55}$ → ˧˩$_{31}$＋˥˥$_{55}$ 例如。

雪豆儿 øyø ˧˩$_{31}$ tour ˥˥$_{55}$

6. ˨˩˦$_{214}$＋˥˥$_{55}$（上＋去）

上＋去 ˨˩˦$_{214}$＋˥˥$_{55}$（不变）例如：

手背 øiu ˨˩˦$_{214}$ pei ˥˥$_{55}$

吃面 tø'i ˨˩˦$_{214}$ mian ˥˥$_{55}$

瞎话 çia ˨˩˦$_{214}$ xua ˥˥$_{55}$

喜见 çi ˨˩˦$_{214}$ cian ˥˥$_{55}$

双音节词语变调表

下字＼上字	平	上	去
平	˧˩$_{31}$＋˧˩$_{31}$ → ˧˥$_{35}$＋˧˩$_{31}$	˨˩˦$_{214}$＋˧˩$_{31}$ → ˧˥$_{35}$＋˧˩$_{31}$	˥˥$_{55}$＋˧˩$_{31}$（不变）
	中医 冬天 车厢 天兰	老师 立秋 水车 每天	电灯 头年 贼星 聊天儿
上	˧˩$_{31}$＋˨˩˦$_{214}$（不变）	˨˩˦$_{214}$＋˨˩˦$_{214}$ → ˥˥$_{55}$＋˨˩˦$_{214}$	˥˥$_{55}$＋˨˩˦$_{214}$（不变）
	棉袄 兴许 年底儿 松鼠	粉笔 小米儿 旅馆 老虎	啦呱 豆角 大米 茶碗
去	˧˩$_{31}$＋˥˥$_{55}$（不变）	˨˩˦$_{214}$＋˥˥$_{55}$（不变）	˥˥$_{55}$＋˥˥$_{55}$ → ˧˩$_{31}$＋˥˥$_{55}$
	棉鞋 分配 风匣 天河	府绸 所城 宝盖 表侄儿	大寒 劳力 轮船 退潮

三音节词语共二十七种，变调后可以归纳为三种：

1．末一个音节是平声的，不论前两个是什么调类，变成˧˩$_{31}$ + ˧˥$_{35}$ + ˧˩$_{31}$。

①平平平　˧˩$_{31}$ + ˧˩$_{31}$ + ˧˩$_{31}$ ⟶ ˧˩$_{31}$ + ˧˩˧˥$_{35}$ + ˧˩$_{31}$

例如：拖拉机　t'uo ˧˩$_{31}$　la ˧˩˧˥$_{35}$　ci ˧˩$_{31}$

栽烟苗　tsaɛ ˧˩$_{31}$　ian ˧˩˧˥$_{35}$　miɑo ˧˩$_{31}$

②平上平　˧˩$_{31}$ + ˨˩˦$_{214}$ + ˧˩$_{31}$ ⟶ ˧˩$_{31}$ + ˨˩˦˧˥$_{35}$ + ˧˩$_{31}$

例如：高指标　kɑo ˧˩$_{31}$　tsɿ ˨˩˦˧˥$_{35}$　piɑo ˧˩$_{31}$

背黑锅　pei ˧˩$_{31}$　xɤ ˨˩˦˧˥$_{35}$　kuo ˧˩$_{31}$

③平去平　˧˩$_{31}$ + ˥$_{55}$ + ˧˩$_{31}$ ⟶ ˧˩$_{31}$ + ˥˧˥$_{35}$ + ˧˩$_{31}$

例如：新大衣　ɕin ˧˩$_{31}$　ta ˥˧˥$_{35}$　i ˧˩$_{31}$

三字经　san ˧˩$_{31}$　tsɿ ˥˧˥$_{35}$　ciŋ ˧˩$_{31}$

④上平平　˨˩˦$_{214}$ + ˧˩$_{31}$ + ˧˩$_{31}$ ⟶ ˨˩˦˧˩$_{31}$ + ˧˩˧˥$_{35}$ + ˧˩$_{31}$

例如：美人蕉　mei ˨˩˦˧˩$_{31}$　in ˧˩˧˥$_{35}$　tɕiɑo ˧˩$_{31}$

纺花车　fɑŋ ˨˩˦˧˩$_{31}$　xua ˧˩˧˥$_{35}$　tɕ'ie ˧˩$_{31}$

⑤上上平　˨˩˦$_{214}$ + ˨˩˦$_{214}$ + ˧˩$_{31}$ ⟶ ˨˩˦˧˩$_{31}$ + ˨˩˦˧˥$_{35}$ + ˧˩$_{31}$

例如：五点钟　u ˨˩˦˧˩$_{31}$　tian ˨˩˦˧˥$_{35}$　tsuŋ ˧˩$_{31}$

九九歌儿　ciu ˨˩˦˧˩$_{31}$　ciu ˨˩˦˧˥$_{35}$　kuor ˧˩$_{31}$

⑥上去平　˨˩˦$_{214}$ + ˥$_{55}$ + ˧˩$_{31}$ ⟶ ˨˩˦˧˩$_{31}$ + ˥˧˥$_{35}$ + ˧˩$_{31}$

例如：打离婚　ta ˨˩˦˧˩$_{31}$　li ˥˧˥$_{35}$　xun ˧˩$_{31}$

炒肉丝儿　ts'ɑo ˨˩˦˧˩$_{31}$　iu ˥˧˥$_{35}$　sɿr ˧˩$_{31}$

⑦去平平　˥$_{55}$ + ˧˩$_{31}$ + ˧˩$_{31}$ ⟶ ˥˧˩$_{31}$ + ˧˩˧˥$_{35}$ + ˧˩$_{31}$

例如：教科书　ciɑo ˥˧˩$_{31}$　k'uo ˧˩˧˥$_{35}$　ɕy ˧˩$_{31}$

大公司　ta ˥˧˩$_{31}$　kuŋ ˧˩˧˥$_{35}$　sɿ ˧˩$_{31}$

⑧去上平　˥$_{55}$ + ˨˩˦$_{214}$ + ˧˩$_{31}$ ⟶ ˥˧˩$_{31}$ + ˨˩˦˧˥$_{35}$ + ˧˩$_{31}$

例如：十九天　ɕi ˥˧˩$_{31}$　ciu ˨˩˦˧˥$_{35}$　t'ian ˧˩$_{31}$

闹水灾 nɑo ˥˩$_{31}$ sui ˧˥$_{35}$ tsaɛ ˧˩$_{31}$

⑨去去平 ˥$_{55}$ + ˥$_{55}$ + ˧˩$_{31}$ ⟶ ˥˩$_{31}$ + ˧˥$_{35}$ + ˧˩$_{31}$

例如：婆婆丁 po ˥˩$_{31}$ po ˧˥$_{35}$ tiŋ ˧˩$_{31}$

电话机 tian ˥˩$_{31}$ xua ˧˥$_{35}$ ci ˧˩$_{31}$

2. 末一个音节是上声的，不论前两个是什么调类，变成 ˥$_{55}$ + ˥$_{55}$ + ˨˩˦$_{214}$。第一个音节的高平略短略低于第二个，可记成˥$_{5}$ + ˥$_{55}$ + ˨˩˦$_{214}$。

①平平上 ˧˩$_{31}$ + ˧˩$_{31}$ + ˨˩˦$_{214}$ ⟶ ˥$_{55}$ + ˥$_{55}$ + ˨˩˦$_{214}$

例如：花生米 xua ˥$_{55}$ səŋ ˥$_{55}$ mi ˨˩˦$_{214}$

天花板 t'ian ˥$_{55}$ xua ˥$_{55}$ pan ˨˩˦$_{214}$

②平上上 ˧˩$_{31}$ + ˨˩˦$_{214}$ + ˨˩˦$_{214}$ ⟶ ˥$_{55}$ + ˥$_{55}$ + ˨˩˦$_{214}$

例如：钢笔水 kaŋ ˥$_{55}$ pi ˥$_{55}$ sui ˨˩˦$_{214}$

新品种 ɕin ˥$_{55}$ p'in ˥$_{55}$ tsuŋ ˨˩˦$_{214}$

③平去上 ˧˩$_{31}$ + ˥$_{55}$ + ˨˩˦$_{214}$ ⟶ ˥$_{55}$ + ˥$_{55}$ + ˨˩˦$_{214}$

例如：真冻手 tɕin ˥$_{55}$ tuŋ ˥$_{55}$ ɕiu ˨˩˦$_{214}$

星期五 ɕiŋ ˥$_{55}$ c'i ˥$_{55}$ u ˨˩˦$_{214}$

④上平上 ˨˩˦$_{214}$ + ˧˩$_{31}$ + ˨˩˦$_{214}$ ⟶ ˥$_{55}$ + ˥$_{55}$ + ˨˩˦$_{214}$

例如：八仙桌 pa ˥$_{55}$ ɕian ˥$_{55}$ tsuo ˨˩˦$_{214}$

拉零嘴 la ˥$_{55}$ liŋ ˥$_{55}$ tsei ˨˩˦$_{214}$

⑤上上上 ˨˩˦$_{214}$ + ˨˩˦$_{214}$ + ˨˩˦$_{214}$ ⟶ ˥$_{55}$ + ˥$_{55}$ + ˨˩˦$_{214}$

例如：打雨点儿 ta ˥$_{55}$ y ˥$_{55}$ tianr ˨˩˦$_{214}$

理发馆 li ˥$_{55}$ fa ˥$_{55}$ kuan ˨˩˦$_{214}$

⑥上去上 ˨˩˦$_{214}$ + ˥$_{55}$ + ˨˩˦$_{214}$ ⟶ ˥$_{55}$ + ˥$_{55}$ + ˨˩˦$_{214}$

例如：笔记本儿 pi ˥$_{55}$ ci ˥$_{55}$ pənr ˨˩˦$_{214}$

你大伙 ȵi ˥$_{55}$ ta ˥$_{55}$ xuo ˨˩˦$_{214}$

⑦去平上　˥55 + ˧˩31 + ˨˩˦214 ⟶ ˥55 + ˧˩꜒55 + ˨˩˦214

例如：　大花脸　ta ˥55　xua ˧˩꜒55　lian ˨˩˦214

无花果　u ˥55　xua ˧˩꜒55　kuo ˨˩˦214

⑧去上上　˥55 + ˨˩˦214 + ˨˩˦214 ⟶ ˥55 + ˨˩˦꜒55 + ˨˩˦214

例如：　大海米　ta ˥55　xaɛ ˨˩˦꜒55　mi ˨˩˦214

鼻孔眼儿　pɪ ˥55　k'uŋ ˨˩˦꜒55　ianr ˨˩˦214

⑨去去上　˥55 + ˥55 + ˨˩˦214（不变）

变戏法　pɪan ˥55　çi ˥55　fa ˨˩˦214

毓璜顶　y ˥55　xuɑŋ ˥55　tiŋ ˨˩˦214

3. 末一个音节是去声的，不论前两个是什么调类，变成˧33 + ˨˩21 + ˥55。

①平平去　˧˩31 + ˧˩31 + ˥55 ⟶ ˧˩꜔33 + ˧˩꜖21 + ˥55

例如：　芭蕉扇　pa ˧˩꜔33　tɕiɑo ˧˩꜖21　ɕian ˥55

穿衣镜　ts'uan ˧˩꜔33　ɪ ˧˩꜖21　ciŋ ˥55

②平上去　˧˩31 + ˨˩˦214 + ˥55 ⟶ ˧˩꜔33 + ˨˩˦꜖21 + ˥55

例如：　清早晨　tɕ'iŋ ˧˩꜔33　tsɑo ˨˩˦꜖21　tɕ'in ˥55

干姊妹　kan ˧˩꜔33　tsɿ ˨˩˦꜖21　mei ˥55

③平去去　˧˩31 + ˥55 + ˥55 ⟶ ˧˩꜔33 + ˥꜖21 + ˥55

例如：　新世界　ɕin˧˩꜔33　ɕi˥꜖21　ciaɛ ˥55

鸡蛋黄　ci ˧˩꜔33　tan ˥꜖21　xuaŋ ˥55

④上平去　˨˩˦214 + ˧˩31 + ˥55 ⟶ ˨˩˦꜔33 + ˧˩꜖21 + ˥55

例如：　割裆裤　ka ˨˩˦꜔33　tɑŋ ˧˩꜖21　k'u ˥55

火车站　xuo ˨˩˦꜔33　tɕ'ie ˧˩꜖21　tsan ˥55

⑤上上去　˨˩˦214 + ˨˩˦214 + ˥55 ⟶ ˨˩˦꜔33 + ˨˩˦꜖21 + ˥55

例如：　打嘴仗　ta ˨˩˦꜔33　tsei ˨˩˦꜖21　tɕiɑŋ ˥55

小板凳　ɕiɑo ˨˩˦꜔33　pan ˨˩˦꜖21　təŋ ˥55

⑥上去去 ˨˩˦$_{214}$ + ˥$_{55}$ + ˥$_{55}$ ⟶ ˨˩˦˧$_{33}$ + ˥˨˩$_{21}$ + ˥$_{55}$

例如： 枕头套 tɕin ˨˩˦˧$_{33}$ t'ou ˥˨˩$_{21}$ t'ɑo ˥$_{55}$

拍电报 p'o ˨˩˦˧$_{33}$ tian ˥˨˩$_{21}$ pɑo ˥$_{55}$

⑦去平去 ˥$_{55}$ + ˧˩$_{31}$ + ˥$_{55}$ ⟶ ˥˧$_{33}$ + ˧˩˨˩$_{21}$ + ˥$_{55}$

例如： 成衣铺 tɕ'iŋ ˥˧$_{33}$ i ˧˩˨˩$_{21}$ p'u ˥$_{55}$

汽车站 c'i ˥˧$_{33}$ tɕ'ie ˧˩˨˩$_{21}$ tsan ˥$_{55}$

⑧去上去 ˥$_{55}$ + ˨˩˦$_{214}$ + ˥$_{55}$ ⟶ ˥˧$_{33}$ + ˨˩˦˨˩$_{21}$ + ˥$_{55}$

例如： 堂叔弟 t'ɑŋ ˥˧$_{33}$ ɕy ˨˩˦˨˩$_{21}$ ti ˥$_{55}$

侄儿媳妇 tɕ'ir ˥˧$_{33}$ ɕi ˨˩˦˨˩$_{21}$ fu ˥$_{55}$

⑨去去去 ˥$_{55}$ + ˥$_{55}$ + ˥$_{55}$ ⟶ ˥˧$_{33}$ + ˥˨˩$_{21}$ + ˥$_{55}$

例如： 闹洞房 nɑo ˥˧$_{33}$ tuŋ ˥˨˩$_{21}$ fɑŋ ˥$_{55}$

邮电局 iu ˥˧$_{33}$ tian ˥˨˩$_{21}$ cy ˥$_{55}$

烟台方言三音节词语的连读变调以最末一个音节为条件，第一和第二两个音节服从于第三个音节。如果第一和第二两个音节都以"A"表示（"A"可以任意用平、上、去三种不同的声调代替），那么，烟台方言三音节词语的变调可以列出以下的公式：

A + A + 平 ⟶ ˧˩$_{31}$ + ˧˥$_{35}$ + ˧˩$_{31}$

A + A + 上 ⟶ ˥$_{55}$ + ˥$_{55}$ + ˨˩˦$_{214}$

A + A + 去 ⟶ ˧$_{33}$ + ˨˩$_{21}$ + ˥$_{55}$

此外，也有许多三音节词语的变调不服从上述规律。一般情况有两种：

1. 前两个音节服从双音节词语的变调规律，末一个音节不变。这种三音节词语的组词形式多数是 2 + 1 的。例如：

中秋节 tsuŋ ˧˩˧˥$_{35}$ tɕ'iu ˧˩$_{31}$ tɕie ˨˩˦$_{214}$

鸡毛腚 ci ˧˩˧˥$_{35}$ mɑo ˧˩$_{31}$ tiŋ ˥$_{55}$

三音节词语变调表

第一、二字 \ 第三字	平	上	去
平平	˧˩$_{31}$ + ˧˩$_{31}$ + ˧˩$_{31}$ ⟶ ˧˩$_{31}$ + ˧˩˧˥$_{35}$ + ˧˩$_{31}$	˧˩$_{31}$ + ˧˩$_{31}$ + ˨˩˦$_{214}$ ⟶ ˧˩˥$_{55}$ + ˧˩˥$_{55}$ + ˨˩˦$_{214}$	˧˩$_{31}$ + ˧˩$_{31}$ + ˥$_{55}$ ⟶ ˧˩˧$_{33}$ + ˧˩˨˩$_{21}$ + ˥$_{55}$
	收音机 迎春花	牛毛雨（毛毛雨） 宫家岛（地名）	江菠菜（海带） 香椿树
平上	˧˩$_{31}$ + ˨˩˦$_{214}$ + ˧˩$_{31}$ ⟶ ˧˩$_{31}$ + ˨˩˦˧˥$_{35}$ + ˧˩$_{31}$	˧˩$_{31}$ + ˨˩˦$_{214}$ + ˨˩˦$_{214}$ ⟶ ˧˩˥$_{55}$ + ˨˩˦˥$_{55}$ + ˨˩˦$_{214}$	˧˩$_{31}$ + ˨˩˦$_{214}$ + ˥$_{55}$ ⟶ ˧˩˧$_{33}$ + ˨˩˦˨˩$_{21}$ + ˥$_{55}$
	摩托车 高指标	三点水儿 新品种	双眼皮儿 勾死虫（萤火虫）
平去	˧˩$_{31}$ + ˥$_{55}$ + ˧˩$_{31}$ ⟶ ˧˩$_{31}$ + ˥˧˥$_{35}$ + ˧˩$_{31}$	˧˩$_{31}$ + ˥$_{55}$ + ˨˩˦$_{214}$ ⟶ ˧˩˥$_{55}$ + ˥$_{55}$ + ˨˩˦$_{214}$	˧˩$_{31}$ + ˥$_{55}$ + ˥$_{55}$ ⟶ ˧˩˧$_{33}$ + ˥˨˩$_{21}$ + ˥$_{55}$
	酸梅汤 三轮车	真冻手 星期五	双立人儿 胶皮鞋（胶鞋）

（续表）

第三字 / 第一、二字	平	上	去
上平	$˨˩˦_{214}$ + $˧˩_{31}$ + $˧˩_{31}$ ⟶ $˨˩˦˧˩_{31}$ + $˧˩˧˥_{35}$ + $˧˩_{31}$	$˨˩˦_{214}$ + $˧˩_{31}$ + $˨˩˦_{214}$ ⟶ $˨˩˦˥˥_{55}$ + $˧˩˥˥_{55}$ + $˨˩˦_{214}$	$˨˩˦_{214}$ + $˧˩_{31}$ + $˥˥_{55}$ ⟶ $˨˩˦˧˧_{33}$ + $˧˩˨˩_{21}$ + $˥˥_{55}$
	美人蕉 纺花车	八仙桌 拉零嘴（吃零食）	广播站 割档裤（不开档的裤子）
上上	$˨˩˦_{214}$ + $˨˩˦_{214}$ + $˧˩_{31}$ ⟶ $˨˩˦˧˩_{31}$ + $˨˩˦˧˥_{35}$ + $˧˩_{31}$	$˨˩˦_{214}$ + $˨˩˦_{214}$ + $˨˩˦_{214}$ ⟶ $˨˩˦˥˥_{55}$ + $˨˩˦˥˥_{55}$ + $˨˩˦_{214}$	$˨˩˦_{214}$ + $˨˩˦_{214}$ + $˥˥_{55}$ ⟶ $˨˩˦˧˧_{33}$ + $˨˩˦˨˩_{21}$ + $˥˥_{55}$
	老老蛛（蜘蛛） 夹肘窝（夹肢窝）	黑板擦儿 理发馆	手指头 洗脸盆
上去	$˨˩˦_{214}$ + $˥˥_{55}$ + $˧˩_{31}$ ⟶ $˨˩˦˧˩_{31}$ + $˥˥˧˥_{35}$ + $˧˩_{31}$	$˨˩˦_{214}$ + $˥˥_{55}$ + $˨˩˦_{214}$ ⟶ $˨˩˦˥˥_{55}$ + $˥˥_{55}$ + $˨˩˦_{214}$	$˨˩˦_{214}$ + $˥˥_{55}$ + $˥˥_{55}$ ⟶ $˨˩˦˧˧_{33}$ + $˥˥˨˩_{21}$ + $˥˥_{55}$
	顶头风 要龙灯	演电影 发电厂	月份牌儿 说笑话

（续表）

第一、二字 ╲ 第三字	平	上	去
去 平	˥$_{55}$ + ˧˩$_{31}$ + ˧˩$_{31}$ → ˥˩$_{31}$ + ˧˩˧˥$_{35}$ + ˧˩$_{31}$	˥$_{55}$ + ˧˩$_{31}$ + ˨˩˦$_{214}$ → ˥$_{55}$ + ˧˩˥$_{55}$ + ˨˩˦$_{214}$	˥$_{55}$ + ˧˩$_{31}$ + ˥$_{55}$ → ˥˧$_{33}$ + ˧˩˨˩$_{21}$ + ˥$_{55}$
	逛梨花（春游） 看花灯	奇山所（地名） 连阴雨	汽车道儿 自留地
去 上	˥$_{55}$ + ˨˩˦$_{214}$ + ˧˩$_{31}$ → ˥˩$_{31}$ + ˨˩˦˧˥$_{35}$ + ˧˩$_{31}$	˥$_{55}$ + ˨˩˦$_{214}$ + ˨˩˦$_{214}$ → ˥$_{55}$ + ˨˩˦˥$_{55}$ + ˨˩˦$_{214}$	˥$_{55}$ + ˨˩˦$_{214}$ + ˥$_{55}$ → ˥˧$_{33}$ + ˨˩˦˨˩$_{21}$ + ˥$_{55}$
	乱绞丝儿（汉字偏旁） 白眼珠儿（眼白）	大海米 鼻孔眼儿	转日莲（向日葵） 饲养员
去 去	˥$_{55}$ + ˥$_{55}$ + ˧˩$_{31}$ → ˥˩$_{31}$ + ˥˧˥$_{35}$ + ˧˩$_{31}$	˥$_{55}$ + ˥$_{55}$ + ˨˩˦$_{214}$ → ˥$_{55}$ + ˥$_{55}$ + ˨˩˦$_{214}$	˥$_{55}$ + ˥$_{55}$ + ˥$_{55}$ → ˥˧$_{33}$ + ˥˨˩$_{21}$ + ˥$_{55}$
	世回尧（地名） 电话机	下半月儿 榆树叶儿	大白菜 杂货店

破梦猜　pʻo ˥˩$_{31}$　məŋ ˥$_{55}$　tsʻaɛ ˧˩$_{31}$

压马路　ia ˨˩˦˥$_{55}$　ma ˨˩˦$_{214}$　lu ˥$_{55}$

2。后两个音节服从双音节词语的变调规律，第一个音节不变。这种三音节词语的组词形式多数是 1 + 2 的例如：

围头巾儿　ui ˧˩$_{31}$　tʻou ˥$_{55}$　cinr ˧˩$_{31}$

酱咸菜　tɕiaŋ ˧˩$_{31}$　çian ˥˩$_{31}$　tsʻaɛ ˥$_{55}$

亲姊妹　tɕʻin ˧˩$_{31}$　tsɿ ˨˩˦$_{214}$　mei ˥$_{55}$

白眼珠　po ˥$_{55}$　ian ˨˩˦˧˥$_{35}$　tɕy ˧˩$_{31}$

三个以上的音节，按不同的组词形式服从于双音节词语或三音节词语的变调规律。例如：

人民公社　in ˧˩$_{31}$　min ˨˩˦˧˥$_{35}$　kuŋ ˧˩$_{31}$　ɕie ˥$_{55}$

三十黑夜　san ˧˩$_{31}$　ɕi ˥$_{55}$　xɤ ˨˩˦$_{214}$　ie ˥$_{55}$

二门指头　ər ˥$_{55}$　mən ˧˩$_{31}$　tsɿ ˨˩˦$_{214}$　tʻou ˥$_{55}$①

五黄六月　u ˨˩˦$_{214}$　xuaŋ ˥$_{55}$　liu ˥$_{55}$　yø ˧˩$_{31}$

五月端午　u ˨˩˦$_{214}$　yø ˥$_{55}$　tan ˧˩$_{31}$　u ˨˩$_{21}$

鹅蛋饽饽　uo ˥˩$_{31}$　tan ˥$_{55}$　po ˧˩$_{31}$　po ˨˩$_{21}$

外甥媳妇　uaɛ ˥$_{55}$　səŋ ˧˩$_{31}$　ɕi ˨˩˦$_{214}$　fu ˥$_{55}$

孙女女婿儿　sən ˧˩$_{31}$　ȵy ˨˩$_{21}$　ȵy ˨˩˦$_{214}$

① ˥$_{55}$轻声。轻声的读音及其标写方法，详见本章四（二）。

	øyr꜒ $_{55}$
软绵绵的	yan ˨˩˦꜔ $_{31}$　mian ˧˩꜓ $_{35}$
	mian ˧˩ $_{31}$　ti ꜕ $_{21}$
放老鹞子	faŋ ˥꜔ $_{33}$　lao˨˩˦꜕ $_{21}$　iao ˥ $_{55}$
	rə ꜔ $_{31}$
喷香喷香的	p‘ən ˧˩꜓ $_{35}$　çiaŋ ˧˩ $_{31}$
	p‘ən ˧˩꜓ $_{35}$　çiaŋ ˧˩ $_{31}$　ti ꜕ $_{21}$
老远老远的	lao ˨˩˦꜒ $_{55}$　yan ˨˩˦ $_{214}$
	lao ˨˩˦꜒ $_{55}$　yan ˨˩˦ $_{214}$　ti ꜒ $_{55}$
贫嘴呱啦舌	p‘in ˥ $_{55}$　tsei ˨˩˦ $_{214}$
	kua ˧˩ $_{31}$　la ꜕ $_{21}$　øie ˥ $_{55}$
迷拉马拉的	mi ˨˩˦ $_{214}$　la ꜒ $_{55}$　ma ˨˩˦ $_{214}$
	la ꜒ $_{55}$　ti ꜔ $_{31}$

（二）轻　　声

烟台方言的轻声有三个。一个字读轻声时该读什么调值，不决定于这个字的原调类，而是由在它前面的那个音节来决定的。前一个音节是平声，它后面的轻声是 ꜕ $_{21}$；前一个音节是上声，它后面的轻声是 ꜒ $_{55}$（较去声 ˥ $_{55}$ 略短）；前一个音节是去声，它后面的轻声是 ꜔ $_{31}$。

（本报告轻声一律不标原调，以别于不读轻声的音节。例如：五个　u ˨˩˦ $_{214}$ kɤ ꜒ $_{55}$，kɤ ꜒ $_{55}$ 轻声；小满　øiao ˨˩˦꜒ $_{55}$ man ˨˩˦ $_{214}$，两个音节都不是轻声。）

1. 平＋轻（˧˩ $_{31}$ ＋ ꜕ $_{21}$）例如：

亲戚　tø‘in ˧˩ $_{31}$　tø‘i꜕ $_{21}$

收拾　øiu ˧˩ $_{31}$　øi ꜕ $_{21}$

希罕 çi ˧˩$_{31}$ xan ˨˩$_{21}$

煎饼 tɕian ˧˩$_{31}$ piŋ ˨˩$_{21}$

箱子 ɕiaŋ ˧˩$_{31}$ rə ˨˩$_{21}$

2. 上＋轻（˨˩˦$_{214}$＋˥$_{55}$）例如：

尾巴 ui ˨˩˦$_{214}$ pa ˥$_{55}$

晚了 uan ˨˩˦$_{214}$ la ˥$_{55}$

肘子 tɕiu ˨˩˦$_{214}$ rə ˥$_{55}$

点心 tian ˨˩˦$_{214}$ ɕin ˥$_{55}$

喜事儿 çi ˨˩˦$_{214}$ sɿr ˥$_{55}$

3. 去＋轻（˥$_{55}$＋˧˩$_{31}$）例如：

长虫 tɕʻiaŋ ˥$_{55}$ tsʻuŋ ˧˩$_{31}$

笑话 ɕiao ˥$_{55}$ xua ˧˩$_{31}$

蟹子 çiaɛ ˥$_{55}$ rə ˧˩$_{31}$

寻思 ɕin ˥$_{55}$ sɿ ˧˩$_{31}$

饿了 uo ˥$_{55}$ la ˧˩$_{31}$

有些词语在读轻声时，前一个字的调值变了，则轻声的音高决定于这个字的新调值。例如：

①平变去 炉子 lu ˧˩˥$_{55}$ rə ˧˩$_{31}$

油菜 iu ˧˩˥$_{55}$ tsʻaɛ ˧˩$_{31}$

②上变去 酒窝 tɕiu ˨˩˦˥$_{55}$ uo ˧˩$_{31}$

蚂蚱 ma ˨˩˦˥$_{55}$ tsa ˧˩$_{31}$

轻声的位置，双音节词语在第二个音节（见上面的例子），三音节词语可在末，也可在中。在末的，它的音高由第二个音节决定；在中的，它的音高由第一个音节决定，轻声后面的第三个音节一般不变调。例如：

①轻声在末了一个音节

心慌慌　ɕin ˥˧˥ $_{35}$　xuɑŋ ˧˩ $_{31}$　xuɑŋ ˨˩ $_{21}$

手巴掌　ɕiu ˨˩˦˧˥ $_{35}$　pa ˧˩ $_{31}$　tɕiɑŋ ˨˩ $_{21}$

水斗子　sui ˨˩˦˥˥ $_{55}$　tou ˨˩˦ $_{214}$　rə ˥˥ $_{55}$

香胰子　ɕiɑŋ ˧˩ $_{31}$　i ˥˥ $_{55}$　rə ˧˩ $_{31}$

送信儿的　suŋ˥˧˩ $_{31}$　ɕinr ˥˥ $_{55}$　ti ˧˩ $_{31}$

②轻声在中间一个音节

乡下人　ɕiɑŋ ˧˩ $_{31}$　ɕia ˨˩ $_{21}$　in ˧˩ $_{31}$

烟台市　ian ˧˩ $_{31}$　t'aɛ ˨˩ $_{21}$　sɿ ˥˥ $_{55}$

温和水　un ˧˩ $_{31}$　xuo ˨˩ $_{21}$　sui ˨˩˦ $_{214}$

憋得慌　pie ˨˩˦ $_{214}$　tɤ ˥˥ $_{55}$　xuɑŋ ˧˩ $_{31}$

果木树　kuo ˨˩˦ $_{214}$　mu ˥˥ $_{55}$　ɕy ˥˥ $_{55}$

月季花　yø ˨˩˦˥˥ $_{55}$　ci ˧˩ $_{31}$　xua ˧˩ $_{31}$

少数词语的轻声也可在词语的头一个音节。例如：

不知道　pu ˧˩ $_{31}$　tɕi ˧˩ $_{31}$　tɑo ˥˥ $_{55}$

自个儿的人　tsɿ ˧˩ $_{31}$　kɤr ˨˩˦ $_{214}$　ti ˥˥ $_{55}$　in ˧˩ $_{31}$

三个音节以上的词语还可以有相连的两个以上的轻声音节。一般的情况是前一个轻声高于后一个轻声。例如：

怎么的啦　tsən ˨˩˦ $_{214}$　mo ˥˥ $_{55}$　ti ˧˩ $_{31}$　la ˨˩ $_{21}$

热疙瘩　ie ˨˩˦ $_{214}$　kɤ ˥˥ $_{55}$　ta ˧˩ $_{31}$

噎着了　ie ˨˩˦ $_{214}$　rə ˥˥ $_{55}$　la ˧˩ $_{31}$

新噌噌的　ɕin ˧˩ $_{31}$　ts'əŋ ˥˥ $_{55}$　ts'əŋ ˧˩ $_{31}$　ti ˨˩ $_{21}$

下半晌　ɕia ˥˥ $_{55}$　pan ˧˩ $_{31}$　ɕiɑŋ ˨˩ $_{21}$

轻声的音节读得较弱、较短。

（三）儿　化

烟台方言的三十七个韵母，除去原来的卷舌韵母ər以外，其余的三十六个都可以儿化。儿化韵一般都是元音卷舌，原来是-ŋ韵尾的韵母，儿化时不仅元音卷舌，而且元音还带鼻化。其中yŋ的韵母的情况是例外，儿化时元音只鼻化，不卷舌。

烟台方言的36个韵母，儿化后可归纳为27个：

儿化韵	原韵母	例　子
ʌr	a	哪儿　刀把儿　小马儿
iʌr	ia	豆芽儿
uʌr	ua	花儿　小褂儿　画儿
ɤr	ɤ	格儿　歌儿　眼色儿
or	o	小麦儿　老婆儿
uor	uo	盒儿　活儿　座儿
yør	yø	喜鹊儿　月儿
ur	u	小壶儿　打谱儿　小姑儿
ər	ɿ	肉丝儿　树枝儿　事儿
	ei	刀背儿　百岁儿
		拉零　碎儿
	ən	车轮儿　根儿　盆儿
iər	i	小鸡儿　不离儿　包米儿
	ie	叶儿　这儿
	in	今儿　信儿　人儿
uər	ui	小柜儿　一会儿　胶水儿
	un	小棍儿　作文儿　嘴唇儿
yər	y	金鱼儿　孙女儿　女婿儿

	yn	花裙儿
ʌr	aɛ	小孩儿　牌儿　盖儿
	an	两半儿　名单儿　伴儿
iʌr	iaɛ	穿小鞋儿　河涯儿
	ian	一点儿　尖儿　眼儿
uʌr	uaɛ	一块儿
	uan	罐儿　拐弯儿　撒欢儿
yʌr	yan	花园儿　卷儿　脖圈儿
ɔr	ɑo	小刀儿　袄儿　道儿
iɔr	iɑo	面条儿　票儿　小岛儿
our	ou	老头儿　后儿　猴儿
iur	iu	袖儿　春游儿　车轴儿
ɑ̃r	ɑŋ	帮忙儿 偏旁儿
iɑ̃r	iɑŋ	亮儿　场儿
uɑ̃r	uɑŋ	蛋黄儿
ə̃r	əŋ	小凳儿 破梦儿　打矇儿
iə̃r	iŋ	影儿　瓶儿　钉儿
ũr	uŋ	小虫儿 胡同儿　空儿
ỹ	yŋ	小熊儿

（本报告的儿化韵一律用原韵加“r”表示。例如：侄儿 tɕir ˥55、扣儿 k‘our ˧˩31、出门儿 tɕ‘y ˧˥35 mənr ˧˩31、到底儿 tɑo ˥55 tir ˨˩˦214、抬儿山底下 t‘aɛr ˥55 san ˧˩31 ti ˨˩˦214 çia ˥55等。）

第二章　词　汇

本章共收集词语两千四百多条，其中多数是词，少量短语。全部词语都按音序排列，以一个词的第一个音节的声母为准。排列的次序如下：

p　p'　m　f　　t　t'　n　l

ts　ts　s　　tɕ　tɕ'　ȵ　ɕ

c　c　ç　　k　k'　x

o（开齐合撮）

在同一个声母下的词语又按韵母顺序排列，韵母次序如下：

a　ia　ua　　ɤ　ie

o　uo　yø　　ɿ　i　u　y

aɛ　iaɛ　uaɛ　ei　ui　ɑo　iɑo　ou　iu

an　ian　uan　yan　ən　in　un　yn

ɑŋ　iɑŋ　uɑŋ　　əŋ　iŋ　uŋ　yŋ

在同一个声母和同一个韵母下的词语再按声调排列，声调的次序是平、上、去。

每个词条都有注音。方言词跟普通话相同的，光有注音，不作解释。方言跟普通话不同的，作解释；如有几个义项，也只解释其中方言的特殊部分。有了解释，估计还不足以说明白的，则附以例句。例如：

白天　po ˥ $_{55}$　t'ian ˧˩ $_{31}$

毛衣　mɑo ˧˩˥ $_{55}$　i ˦˧ $_{31}$

白子　po ˥55　tsɿ ˨˩˦214　苍蝇卵。

白眼珠　po ˥55　ian ˨˩˦˧˥35　tøy ˧˩31　眼白。

咂煞　tsa ˧˩31　sa ˨˩21

①吃饭挑挑拣拣。②对生活要求过高、不知足。③哆嗦。

例：①不用他咂煞，饿他三天就好了。

②这样的衣服还嫌不好，看把你咂煞的。

③我叫他吓的一咂煞。

咂煞　tsa ˨˩˦214　sa ˥55

鱼刺、甘蔗等有味儿的东西，在嘴里吸取滋味。

当不了　taŋ ˥55　pu ˨˩31　liao ˨˩˦214　一定，免不了。

例：今晚当不了下大雨。

p

巴望　pa ˧˩31　uaŋ ˨˩21

盼望。

巴着　pa ˧˩31　rə ˨˩21

盼望。

巴结　pa ˧˩31　cie ˨˩21

巴拉　pa ˧˩31　la ˨˩21

拨弄、翻动。

例：你巴拉巴拉这堆脏土，看有没有东西。

巴掌　pa ˧˩31　tɕiaŋ ˨˩21

巴棍子　pa ˧˩31　kun ˨˩21　rə ˨˩21

短的、使用方便的木棍子。

芭蕉扇儿 pa ˥˧ $_{33}$ tɕiɑo ˨˩˦˨˩ $_{21}$ ɕianr ˥ $_{55}$

巴口子 pa ˨˩˦˥ $_{55}$ mei ˧˩ $_{31}$ tsɿ ˨˩˦ $_{214}$

蓖麻子。

八哥 pa ˨˩˦˧˥ $_{35}$ kuo ˧˩ $_{31}$

八月十五 pa ˨˩˦ $_{214}$ yø ˥ $_{55}$ ɕi ˥ $_{55}$ u ˨˩˦ $_{214}$

中秋。

八仙桌 pa ˨˩˦˥ $_{55}$ ɕian ˧˩˥ $_{55}$ tsuo ˨˩˦ $_{214}$

八大蛸 pa ˨˩˦˧˩ $_{31}$ ta ˥ $_{55}$ sɑo ˧˩ $_{31}$

海产，形近乌贼，但没有黑墨。

八宝瓜 pa ˨˩˦˧˩ $_{31}$ pɑo ˨˩˦˧˥ $_{35}$ kua ˧˩ $_{31}$

包瓜。

把 pa ˨˩˦ $_{214}$

一把刀。

把 pa ˥ $_{55}$

把门关上。

爸 pa ˥ $_{55}$

耙 pa ˥ $_{55}$

拔 pa ˥ $_{55}$

①拔。②浸，泡。③往上提。

例：①拔草。

②把豆子用水拔一拔，拔掉那个豆腥味。

③上井上拔水。

拔麦子 pa ˥ $_{55}$ mo ˨˩˦ $_{214}$ rə ˥ $_{55}$

拔尖儿 pa ˥ $_{55}$ tɕianr ˧˩ $_{31}$

最好。

例：他是俺班里学习拔尖儿的一个。

拔罐子 pa ˥˧˩$_{31}$ kuan ˥$_{55}$ rə ˧˩$_{31}$

拔河 pa ˥˧˩$_{31}$ xuo ˥$_{55}$

巴苦 pa ˥$_{55}$ k'u ˨˩˦$_{214}$

很苦。

䨪子 pa ˥$_{55}$ rə ˧˩$_{31}$

鳖 pie ˨˩˦$_{214}$

甲鱼。

憋得慌 pie ˨˩˦$_{214}$ tɤ ˥$_{55}$ xuɑŋ ˧˩$_{31}$

别人 pie ˥$_{55}$ in ˧˩$_{31}$

别针儿 pie ˥$_{55}$ tøinr ˧˩$_{31}$

拨楞 po ˧˩$_{31}$ ləŋ ˨˩$_{21}$

拨拨，翻翻。

例：晒的麦子，你去拨楞拨楞。

饽饽 po ˧˩$_{31}$ po ˨˩$_{21}$

圆形馒头。

波罗盖 po ˧˩$_{31}$ luo ˨˩$_{21}$ kaɛ ˥$_{55}$

膝盖。

北 po ˨˩˦$_{214}$

北屋 po ˨˩˦$_{214}$ u ˥$_{55}$

百岁儿 po ˨˩˦$_{214}$ seir ˥$_{55}$

百米 po ˨˩˦˥$_{55}$ mi ˨˩˦$_{214}$

百公尺 po ˨˩˦˥$_{55}$ kuŋ ˧˩˥$_{55}$ tø'i ˨˩˦$_{214}$

百米。

拨饼 po ˨˩˦˥$_{55}$ piŋ ˨˩˦$_{214}$

烙饼。

脖子 po ˥$_{55}$ rə ˧˩$_{31}$

簸箕 po ˥55 c'i ˧˩31

播种 po ˥55 tsuŋ ˨˩˦214

白 po ˥55

白天 po ˥55 t'ian ˨˩31

白糖 po ˥˧˩31 t'ɑŋ ˥55

白面 po ˥˧˩31 mian ˥55

白露 po ˥˧˩31 lu ˥55

白搭 po ˥55 ta ˨˩˦214

白费。

白子 po ˥55 ɾə ˧˩31

苍蝇卵。

白干儿 po ˥55 kɑnr ˧˩31

白眼珠 po ˥55 ian ˨˩˦˧˥35 tɕy ˨˩31

眼白。

白兰地 po ˥55 lan ˥˧˩31 ti ˥55

脖圈儿 po ˥55 c'yanr ˨˩31

项圈。

婆婆丁 po ˥˧˩31 po ˥˧˥35 tiŋ ˨˩31

蒲公英。

毕业 pi ˨˩˦214 ie ˥55

毕业证 pi ˨˩˦˧33 ie ˥˨˩21 tɕiŋ ˥55

笔头 pi ˨˩˦214 t'ou ˥55

笔尖儿 pi ˨˩˦˧˥35 tɕianr ˨˩31

笔杆儿 pi ˨˩˦˥55 kanr ˨˩˦214

笔记本儿 pi ˨˩˦˥55 ci ˥55 panr ˨˩˦214

瘪虱 pi ˨˩˦214 sɿ ˥55

臭虫（瘪pie ˨˩˦$_{214}$，这里音pi ˨˩˦$_{214}$）。

鼻 pi ˥$_{55}$

鼻涕

鼻子 pi ˥$_{55}$ rə ˧˩$_{31}$

鼻子尖儿 pi ˥$_{55}$ rə ˧˩$_{31}$ tɕianr ˨˩$_{21}$

鼻梁子 pi ˥$_{55}$ liɑŋ ˧˩$_{31}$ rə ˨˩$_{21}$

鼻孔眼儿 pi ˥$_{55}$ k‘uŋ ˨˩˦˥$_{55}$ ianr ˨˩˦$_{214}$

鼻脐 pi ˥$_{55}$ tɕ‘iu ˧˩$_{31}$

肚脐。（也说pi ˥$_{55}$ tɕ‘i ˧˩$_{31}$）

鼻脐眼儿 pi ˥$_{55}$ tɕ‘iu ˧˩$_{31}$ ianr ˨˩˦$_{214}$

肚脐眼儿。

□拉 pu ˧˩$_{31}$ la ˨˩$_{21}$

翻动（参见84页“巴拉”条）。

例：你把草□拉□拉，好快些把它晒干。

补钉 pu ˨˩˦$_{214}$ tiŋ ˥$_{55}$

布 pu ˥$_{55}$

布鞋 pu ˥˧˩$_{31}$ çiaɛ ˥$_{55}$

布扣 pu ˥$_{55}$ k‘ou ˧˩$_{31}$

布店 pu ˥˧˩$_{31}$ tian ˥$_{55}$

布鸽 pu ˥$_{55}$ kɕ ˧˩$_{31}$

布袋儿 pu ˥$_{55}$ taɛr ˧˩$_{31}$

口袋（兜儿）。

步犁 pu ˥$_{55}$ li ˧˩$_{31}$

醭面 pu ˥$_{55}$ mian ˧˩$_{31}$

做面食时用的干面。

不要 pu ˧˩$_{31}$ iɑo ˥$_{55}$

不要了 pu ˧˩$_{31}$ iɑo ˥$_{55}$ la ˧˩$_{31}$

不散 pu ˧˩$_{31}$ san ˥$_{55}$

不依，不放过。

例：他骂我，我不散他，非去找他不行。

不值 pu ˧˩$_{31}$ tɕi ˥$_{55}$

不好。

例：这块布不值，赶不上那块。

不知道 pu ˧˩$_{31}$ tɕi ˧˩$_{31}$ tɑo ˥$_{55}$

不正当 pu ˧˩$_{31}$ tɕiŋ ˥$_{55}$ tɑŋ ˧˩$_{31}$

①歪，东西没放正。②不务正业。

例：这个人不正当，整天干些坏事儿。

不含糊 pu ˧˩$_{31}$ xan ˥$_{55}$ xu ˧˩$_{31}$

①仔细、不马虎。②有本事。

例：①他做事真不含糊。

②产量这么高，你们真不含糊。

不舒心 pu ˧˩$_{31}$ ɕy ˧˥$_{35}$ ɕin ˧˩$_{31}$

心里不痛快，带点嫉妒的意味。

例：人家比他好，他就不舒心。

不放声 pu ˧˩$_{31}$ fɑŋ ˥$_{55}$ ɕiŋ ˧˩$_{31}$

不作声。

不要脸 pu ˧˩$_{31}$ iɑo ˥$_{55}$ lian ˨˩˦$_{214}$

不看见 pu ˧˩$_{31}$ k'an ˥$_{55}$ cian ˧˩$_{31}$

没看见看不见。

不算了 pu ˧˩$_{31}$ san ˥$_{55}$ la ˧˩$_{31}$

作废了，不要了。

例：他夜来（昨天）说的话，今儿又不算了。

不吱声 pu ˧˩31 tsɿ ˨˩˦214 ɕiŋ ˥55

不放声，不说话。

不答腔 pu ˧˩31 ta ˨˩˦˧˥35 c'iaŋ ˧˩31

两人互不答理。

例：他俩打仗了（吵架了），见了面也不答腔。

不耳识 pu ˧˩31 ər ˨˩˦214 ɕi ˥55

不理睬。

例：他怪讨厌的，我从来不耳识他。

不贴谱 pu ˧˩31 t'ie ˨˩˦˥55 p'u ˨˩˦214

不实事求是。

例：他说话一点儿也不贴谱，没影儿。

不好受 pu ˧˩31 xɑo ˨˩˦214 ɕiu ˥55

难过。

不离儿 pu ˧˩31 lir ˥55

好。

例：这件事真不离儿。

不大好 pu ˧˩31 ta ˥55 xɑo ˨˩˦214

有小病。

例：你今天不大好，就不要去上班了。

不中用了 pu ˧˩31 tsuŋ ˧˩31 yŋ ˥55 la ˧˩31

不大离儿 pu ˧˩31 ta ˥˧˩31 lir ˥55

差不多，行了，好。

例：不用再拿了，这些就不大离儿了。

不龙不熊 pu ˧˩31 luŋ ˥55 pu ˧˩31 çyŋ ˥55

没有本事又不老实。

不长眼色儿 pu ˧˩31 tɕiaŋ ˥55 ian ˨˩˦214 sɤr ˥55

垺土　pu ˥$_{55}$　t'u ˧˩$_{31}$

飞扬着的灰尘。

摆　paɛ ˨˩˦$_{214}$

理睬。

例：你不用摆他。

摆置　paɛ ˨˩˦$_{214}$　tɕi ˥$_{55}$

管理。

例：我不摆置你。

摆赛　paɛ ˨˩˦$_{214}$　saɛ ˥$_{55}$

摇摆。

摆划　paɛ ˨˩˦$_{214}$　xuo ˥$_{55}$

铺排。

例：他挣的钱都叫他摆划了。

败坏　paɛ ˥˧˩$_{31}$　xuaɛ ˥$_{55}$

糟踏。

别　paɛ　˥$_{55}$

不要。

拜寿　paɛ ˥˧˩$_{31}$　ɕiu ˥$_{55}$

拜年　paɛ ˥$_{55}$　ȵian ˧˩$_{31}$

拜天地　paɛ ˥$_{55}$　t'ian ˧˩$_{31}$　ti ˨˩$_{21}$

背黑锅　pei ˧˩$_{31}$　xɕ˨˩˦˧˥$_{35}$　kuo ˧˩$_{31}$

被人怨屈。

口希　pei ˥$_{55}$　çi ˧˩$_{31}$

不值得，不愿意。

例：口希理他。

背　pei ˥$_{55}$

背耳，聋。

例：人老了，耳也背了。

背心 pei ˥$_{55}$ ɕinr ˧˩$_{31}$

背后 pei ˥˫$_{31}$ xou ˥$_{55}$

备不住 pei ˥$_{55}$ pu ˫$_{31}$ tɕy ˫$_{21}$

说不定。

例：找不着他，备不住上班去了。

被 pei ˥$_{55}$

被子（盖的被）。

被子 pei ˥$_{55}$ rə ˫$_{31}$

布被，几层布粘起来，晒干，用以制鞋。（盖的被子叫“被”，见“被”条。）

被套 pei ˥˫$_{31}$ tʻɑo ˥$_{55}$

包工 pɑo˧˩˧˥$_{35}$ kuŋ ˧˩$_{31}$

包子 pɑo ˧˩$_{31}$ rə ˫$_{21}$

包米儿 pɑo ˧˩$_{31}$ mir ˨˩˦$_{214}$

玉米。

包园儿 pɑo ˧˩$_{31}$ yanr ˥$_{55}$

全部包下了。

宝盖儿 pɑo ˨˩˦$_{214}$ kaɛr ˥$_{55}$

汉字偏旁“宀”。

饱胀 pɑo ˨˩˦$_{214}$ tɕiaŋ ˥$_{55}$

胀。

报纸 pɑo ˥$_{55}$ tsɿ ˨˩˦$_{214}$

报考 pɑo ˥$_{55}$ kʻɑo ˨˩˦$_{214}$

爆仗 pɑo ˥$_{55}$ tɕiŋ ˫$_{31}$

爆竹。（仗tɕiaŋ ˥55，这里音tɕiŋ ˧˩31）

抱　pao ˥55

①双臂围住。②孵，产。

例：①这棵树有一抱粗。

你把那捆草抱过来。

②母鸡抱小鸡。

母羊抱小羊了。

抱屈　pao ˥55　c'y ˨˩˦214

委屈。

例：我没有做错事，他来训我，我真抱屈。

抱怨　pao ˥55　yan ˧˩31

埋怨。

抱窝　pao ˥55　uo ˧˩31

抱小鸡儿　pao ˥˧˩31　ɕiao ˨˩˦˧˥35　cir ˧˩31

孵小鸡。

彪气　piao ˧˩31　c'i ˥55

不精细，不大懂事。

彪烘烘的　piao ˧˩31　xuŋ ˧˩˧˥35　xuŋ ˧˩31　ti ˨˩21

不精细，不大懂事。

例：他带点儿彪气，成天彪烘烘的。

彪子　piao ˧˩31　rə ˨˩21

神经病患者。

表侄　piao ˨˩˦214　tɕi ˥55

表弟　piao ˨˩˦214　ti ˥55

表姐　piao ˨˩˦˥55　tɕie ˨˩˦214

表哥　piao ˨˩˦˧˥35　kuo ˧˩31

表妹 piɑo ˨˩˦$_{214}$ mei ˥$_{55}$

斑子 pan ˧˩$_{31}$ rə ˨˩$_{21}$

有花的戒指。

般大般儿的 pan ˧˩$_{31}$ ta ˥$_{55}$ panr ˨˩$_{31}$ ti ˨˩$_{21}$

一般大。

例：他兄弟俩般大般儿的，象双胞胎儿。

半夜 pan ˥˧˩$_{31}$ ie ˥$_{55}$

半年 pan ˥$_{55}$ ȵian ˧˩$_{31}$

半朝銮驾 pan ˥˧˩$_{31}$ tɕʻiɑo ˥$_{55}$ lan ˥˧˩$_{31}$ cia ˥$_{55}$

形容人说精不精，说傻不傻。

扳不倒儿 pan ˥$_{55}$ pu ˨˩$_{31}$ tɑor ˨˩˦$_{214}$

不倒翁。

变蛋 pian ˥˧˩$_{31}$ tan ˥$_{55}$

松花。

遍地 pian ˥˧˩$_{31}$ ti ˥$_{55}$

扁担 pian ˨˩˦$_{214}$ tan ˥$_{55}$

变戏法 pian ˥$_{55}$ çi ˥$_{55}$ fa ˨˩˦$_{214}$

辫子 pian ˥$_{55}$ rə ˨˩$_{31}$

扳 pan ˧˩$_{31}$

从后面扒着膀子或肩膀拉人（扯着衣服拉不算）。

口 pən ˨˩˦$_{214}$

约人。

例：别人一口他，他就走，走了就不来了。

本儿 pənr ˨˩˦$_{214}$

一本儿书。

笨 pən ˥$_{55}$

彬服　pin ˧˩$_{31}$　fu ˨˩$_{21}$

佩服。

例：人家样样都行，我真彬服。

殡殡　pin ˧˩$_{31}$　pin ˨˩$_{21}$

出殡。

膀头　paŋ ˨˩˦$_{214}$　t'ou ˥$_{55}$

肩膀。

棒槌　paŋ ˥$_{55}$　ts'ui ˧˩$_{31}$

磅称　paŋ ˧˩$_{31}$　tɕ'iŋ ˥$_{55}$

傍黑　paŋ ˥$_{55}$　xɤ ˨˩˦$_{214}$

傍晚。

傍年儿　paŋ ˥$_{55}$　ȵianr ˧˩$_{31}$

年底。

崩硬　pəŋ ˧˩$_{31}$　iŋ ˥$_{55}$

冰　piŋ ˧˩$_{31}$

冰流子　piŋ ˧˩$_{31}$　liu ˥$_{55}$　tə ˧˩$_{31}$

冰化了　piŋ ˧˩$_{31}$　xua ˥$_{55}$　la ˧˩$_{31}$

冰凉　piŋ ˧˥$_{35}$　liaŋ ˧˩$_{31}$

冰糖　piŋ ˧˩$_{31}$　t'aŋ ˥$_{55}$

冰棍儿　piŋ ˧˩$_{31}$　kunr ˥$_{55}$

冰砖　piŋ ˧˥$_{35}$　tsuan ˧˩$_{31}$

冰糕　piŋ ˧˥$_{35}$　kao ˧˩$_{31}$

冰激淋　piŋ ˧$_{33}$　ci ˨˩$_{21}$　liŋ ˥$_{55}$

病了　piŋ ˥$_{55}$　la ˧˩$_{31}$

病房　piŋ ˧˩$_{31}$　faŋ ˥$_{55}$

病好了　piŋ ˥$_{55}$　xao ˨˩˦$_{214}$　la ˥$_{55}$

病强了　piŋ ˥˨ $_{31}$　c'iaŋ ˥ $_{55}$　la ˨ $_{31}$

p'

口老口　p'a ˥˨ $_{31}$　lɑo˩˦˧ $_{35}$　mu ˨ $_{31}$

捉迷藏。

耙　p'a ˥ $_{55}$

草耙子。

撇下　p'ie ˩˦ $_{214}$　çia ˦ $_{55}$

遗留下。

例：她死时撇下两间房子两个孩子。

拍电报　p'o ˧˦ $_{33}$　tian ˥˨ $_{21}$　pɑo ˥ $_{55}$

泼实　p'o ˩˦ $_{214}$　ɕi ˦ $_{55}$

泼辣。

泼辣　p'o ˩˦ $_{214}$　la ˦ $_{55}$

破　p'o ˥ $_{55}$

①指物体破碎。②并不破，只是旧也叫破。③衣服做坏也叫破袄。

例：①盆子破了。

②你这袄真破啊！（你这袄真旧啊！）

③你怎么做这么个破袄。

破梦儿　p'o ˥˨ $_{31}$　məŋr ˥ $_{55}$

猜谜语。

破梦猜　p'o ˥˨ $_{31}$　məŋ ˥ $_{55}$　ts'aɛ ˨ $_{31}$

猜谜语。

破裆裤　p'o ˥ $_{55}$　taŋ ˨ $_{31}$　k'u ˥ $_{55}$

开裆裤。

婆　p'o ˥$_{55}$

祖母。

婆婆　p'o ˥$_{55}$　p'o ˧˩$_{31}$

丈夫的母亲。

□□　p'o ˥$_{55}$　lou ˧˩$_{31}$

颗粒物如粮食等撒在地上，用手把它们归拢在一堆。

匹　p'i ˧˩$_{31}$

一匹马。

皮　p'i ˥$_{55}$

①皮肤。②调皮。

皮包　p'i ˥$_{55}$　pɑo ˧˩$_{31}$

皮脸　p'i ˥$_{55}$　lian ˨˩˦$_{214}$

脸皮厚，讨人厌。

例：这个人真皮脸。

皮鞋　p'i ˥˧˩$_{31}$　çiaɛ ˥$_{55}$

皮袄　p'i ˥$_{55}$　ɑo ˨˩˦$_{214}$

啤酒　p'i ˥$_{55}$　tɕiu ˨˩˦$_{214}$

铺衬　p'u ˧˩$_{31}$　ts'ən ˨˩$_{21}$

陈旧或破碎的布片。

例：你找点铺衬给我补补衣裳。

蒲扇　p'u ˥$_{55}$　ɕian ˧˩$_{31}$

葡萄　p'u ˥$_{55}$　t'ɑo ˧˩$_{31}$

葡萄酒　p'u ˥$_{55}$　t'ɑo ˧˩$_{31}$　tɕiu ˨˩˦$_{214}$

铺板　p'u ˥$_{55}$　pan ˨˩˦$_{214}$

□□　p'u ˥$_{55}$　lou ˧˩$_{31}$

用手在衣服上或桌椅上掸灰尘。

排行 p'aɛ ˥˧$_{31}$ xaŋ ˥$_{55}$

□□ p'aɛ ˥$_{55}$ laɛ ˧˩$_{31}$

又脏又不利索。

秠面儿 p'ei ˧˩$_{31}$ mianr ˥$_{55}$

高粱面。

秠饭 p'ei ˧˩$_{31}$ fan ˥$_{55}$

高粱面稀饭。

配药 p'ei ˥$_{55}$ yø ˨˩˦$_{214}$

赔本儿 p'ei ˥$_{55}$ pənr ˨˩˦$_{214}$

培起来 p'ei ˥$_{55}$ c'i ˧˩$_{31}$ laɛ ˨˩$_{21}$

把东西埋在地下，土高出地面。

跑肚 p'ɑo ˨˩˦$_{214}$ tu ˥$_{55}$

泻肚。

刨地瓜 p'ɑo ˥˧$_{31}$ ti˥˧$_{35}$ kua ˧˩$_{31}$

盘子 p'an ˥$_{55}$ rə ˧˩$_{31}$

偏旁儿 p'ian ˧˩$_{31}$ p'ɑ̃r ˥$_{55}$

偏松 p'ian˧˩˧$_{35}$ øyŋ ˧˩$_{31}$

柏树。

偏儿 p'ianr ˥$_{55}$

偏偏。

片片 p'ian ˥$_{55}$ p'ian ˧˩$_{31}$

玉米面饼子。

便宜 p'ian ˥$_{55}$ i ˧˩$_{31}$

喷壶 p'ən ˧˩$_{31}$ xu ˥$_{55}$

喷香 p'ən ˧˩˧$_{35}$ çiaŋ ˧˩$_{31}$

贫嘴呱拉舌　pʻin ˥$_{55}$　tsei ˨˩˦$_{214}$　kua ˧˩$_{31}$
la ˨˩$_{21}$　ɕie ˥$_{55}$

多嘴使人讨厌。

例：这个人贫嘴呱拉舌的，成天胡说八道。

□　pʻɑŋ ˨˩˦$_{214}$

使劲儿踩。

胖　pʻɑŋ ˥$_{55}$

旁边儿　pʻɑŋ ˥$_{55}$　pianr ˧˩$_{31}$

螃蟹　pʻɑŋ ˥$_{55}$　ɕiaɛ ˧˩$_{31}$

产于河中，圆形，螯上有毛（海里的一般叫蟹子）。

碰井　pʻəŋ ˥$_{55}$　tɕʻiŋ ˨˩˦$_{214}$

投井。

平地　pʻiŋ ˥˧˩$_{31}$　ti ˥$_{55}$

平辈儿　pʻiŋ ˥$_{55}$　peir ˧˩$_{31}$

同辈。

苹果　pʻiŋ ˥$_{55}$　kuo ˨˩˦$_{214}$

评脉　pʻiŋ ˥$_{55}$　mo ˨˩˦$_{214}$

m

妈　ma ˧˩$_{31}$

妈妈　ma ˧˩$_{31}$　ma ˨˩$_{21}$

妈虎　ma ˧˩$_{31}$　xu ˨˩$_{21}$

狼。

麻　ma ˧˩$_{31}$

麻袋　ma ˧˩$_{31}$　taɛ ˥$_{55}$

马 ma ˨˩˦$_{214}$

马嚼子 ma ˨˩˦$_{214}$ tɕyø ˥$_{55}$ rə ˧˩$_{31}$

马鞍子 ma ˨˩˦˧˥$_{35}$ an ˧˩$_{31}$ rə ˨˩$_{21}$

马鞭子 ma ˨˩˦˧˥$_{35}$ pian ˧˩$_{31}$ rə ˨˩$_{21}$

马车 ma ˨˩˦˧˥$_{35}$ tɕ'ie ˧˩$_{31}$

马路 ma ˨˩˦$_{214}$ lu ˥$_{55}$

马褂 ma ˨˩˦$_{214}$ kua ˥$_{55}$

马虎 ma ˨˩˦$_{214}$ xu ˥$_{55}$

蚂蚱 ma ˨˩˦˥$_{55}$ tsa ˧˩$_{31}$

麻花 ma ˥$_{55}$ xua ˧˩$_{31}$

麻糖 ma ˥$_{55}$ t'ɑŋ ˧˩$_{31}$

油条。

麻汁 ma ˥$_{55}$ tɕi ˧˩$_{31}$

麻疹 ma ˥$_{55}$ tɕin ˨˩˦$_{214}$

麻子 ma ˥$_{55}$ rə ˧˩$_{31}$

麻疯 ma ˥$_{55}$ fəŋ ˧˩$_{31}$

麻烦 ma ˥$_{55}$ fan ˧˩$_{31}$

蚂虮羊子 ma ˥˧$_{33}$ ci ˥˨˩$_{21}$ iɑŋ ˥$_{55}$ rə ˨˩$_{21}$

蚂蚁。

骂人 ma ˥$_{55}$ in ˧˩$_{31}$

抹桌子 ma ˥$_{55}$ tsuo ˨˩˦$_{214}$ rə ˥$_{55}$

□□蛋子 ma ˥$_{55}$ ku ˧˩$_{31}$ tan ˥$_{55}$ rə ˧˩$_{31}$

鹅卵石，被海水冲击后光滑的石头。

摸摸 mo ˧˩$_{31}$ mo ˨˩$_{21}$

摸索 mo ˧˩$_{31}$ suo ˨˩$_{21}$

模范 mo ˧˩$_{31}$ fan ˥$_{55}$

摩托车　mo ˧˩$_{31}$　t'uo ˨˩˦˧˥$_{35}$　tɕ'ie ˧˩$_{31}$

磨蹭　mo ˧˩$_{31}$　ts'əŋ ˨˩$_{21}$

指人做事、干活拖拉。

例：我们干活不能磨磨蹭蹭的。

麦子　mo ˨˩˦$_{214}$　rə ˥$_{55}$

麦秸　mo ˨˩˦˧˥$_{35}$　ciaɛ ˧˩$_{31}$

麦茬　mo ˨˩˦$_{214}$　ts'a ˥$_{55}$

麦穗儿　mo ˨˩˦$_{214}$　seir ˥$_{55}$

麦前　mo ˨˩˦˧˩$_{31}$　tɕ'ian ˥$_{55}$

麦后　mo ˨˩˦˧˩$_{31}$　xou ˥$_{55}$

墨　mo ˨˩˦$_{214}$

墨黑　mo ˨˩˦˥$_{55}$　xɤ ˨˩˦$_{214}$

墨汁　mo ˨˩˦˥$_{55}$　tɕi ˨˩˦$_{214}$

磨　mo ˥$_{55}$

磨盘　mo ˥˧˩$_{31}$　p'an ˥$_{55}$

磨眼　mo ˥$_{55}$　ian ˨˩˦$_{214}$

磨牙　mo ˥$_{55}$　ia ˧˩$_{31}$

说闲话（贬义词）。

例：干活时不能光磨牙。

没看见　mo ˧˩$_{31}$　k'an ˥$_{55}$　cian ˧˩$_{31}$

泥块儿　mi ˧˩$_{31}$　k'uaɛr ˥$_{55}$

泥拉块儿　mi ˧˩$_{31}$　la ˨˩$_{21}$　k'uaɛr ˥$_{55}$

泥块。

泥疙瘩　mi ˧˩˧˥$_{35}$　ka ˧˩$_{31}$　ta ˨˩$_{21}$

泥块。

泥拉垢　mi ˧˩$_{31}$　la ˨˩$_{21}$　kou ˥$_{55}$

泥鳅。

密　mi ˨˩˦$_{214}$

迷拉马拉的　mi ˨˩˦$_{214}$　la ˥$_{55}$　ma ˨˩˦$_{214}$　la ˥$_{55}$　ti ˨˩$_{21}$

迷迷糊糊的。

例：我睡觉时，迷拉马拉的听见窗外有人说话。

迷信　mi ˥˧˩$_{31}$　ɕin ˥$_{55}$

呢子　mi ˥$_{55}$　rə ˧˩$_{31}$

老年人叫。（青年人叫“ȵi ˥$_{55}$　rə ˧˩$_{31}$”，见172页。）

蜜虫子　mi ˥$_{55}$　tsʻuŋ ˥˧˩$_{31}$　rə ˨˩$_{21}$

蚜虫。

模子　mu ˧˩$_{31}$　rə ˨˩$_{21}$

亩产　mu ˨˩˦˥$_{55}$　tsʻan ˨˩˦$_{214}$

牡丹　mu ˨˩˦$_{214}$　tan ˥$_{55}$

木头　mu ˨˩˦$_{214}$　tʻou ˥$_{55}$

木工儿　mu ˨˩˦˥$_{55}$　kuŋr ˧˩$_{31}$

木来人　mu ˨˩˦$_{214}$　laɛ ˥$_{55}$　in ˧˩$_{31}$

闷得慌。

例：老这么阴天虎拉的，真木来死人。

木拉鱼儿　mu ˨˩˦˧$_{33}$　la ˧˩˨˩$_{21}$　yr ˥$_{55}$

木鱼。

母羊　mu ˨˩˦˧˥$_{35}$　iaŋ ˧˩$_{31}$

年轻的多说。（年长的多说　mu ˨˩˦$_{214}$　iaŋ ˥$_{55}$。）

母猪　mu ˨˩˦˧˥$_{35}$　tɕy ˧˩$_{31}$

母鸡　mu ˨˩˦$_{214}$　ci ˥$_{55}$　又：

mu ˨˩˦˧˥$_{35}$　ci ˧˩$_{31}$

母狗子 mu ˨˩˦$_{214}$ kou ˨˩˦˥$_{55}$ rə ˧˩$_{31}$

母狗。

母夜叉 mu ˨˩˦˧˩$_{31}$ ie ˧˩˧˥$_{35}$ ts'a ˧˩$_{31}$

泼妇。

没出歇 mu ˥$_{55}$ tɕ'y ˥$_{55}$ ɕie ˨˩˦$_{214}$

一会儿。

没眨口 mu ˥$_{55}$ tsa ˥$_{55}$ kȧnr ˨˩˦$_{214}$

一会儿，一眨眼。

埋 maɛ ˧˩$_{31}$

埋怨 maɛ ˧˩˥$_{55}$ yan ˧˩$_{31}$

埋死 maɛ ˧˩$_{31}$ sɿ ˨˩˦$_{214}$

埋起来 maɛ ˧˩$_{31}$ c'i ˨˩$_{21}$ laɛ ˥$_{55}$

埋上。

买卖 maɛ ˨˩˦$_{214}$ maɛ ˥$_{55}$

买粮食 maɛ ˨˩˦$_{214}$ liaŋ ˥$_{55}$ ɕi ˧˩$_{31}$

卖小肚 maɛ ˥$_{55}$ ɕiao ˨˩˦$_{214}$ tu ˥$_{55}$

在人面前吃饭，虽能吃很多，但只吃一点儿。

媒人 mei ˧˩$_{31}$ in ˨˩$_{21}$

每天 mei ˨˩˦˧˥$_{35}$ t'ian ˧˩$_{31}$

美人蕉 mei ˨˩˦˧˩$_{31}$ in ˧˩˧˥$_{35}$ tɕiao ˧˩$_{31}$

煤 mei ˥$_{55}$

没道道 mei˥˧˩$_{31}$ tao ˥$_{55}$ tao ˧˩$_{31}$

没什么，平平常常。

例：这个人学习上没道道。

妹 mei ˥$_{55}$

妹夫 mei ˥$_{55}$ fu ˧˩$_{31}$

眉豆 mei ˧˩$_{31}$ tou ˨˩$_{21}$

扁豆。

玫瑰 mei ˥˥˧˩$_{31}$ kui ˥˥$_{55}$

梅花 mei ˥˥$_{55}$ xua ˧˩$_{31}$

猫子头 mao ˧˩$_{31}$ rə ˨˩$_{21}$ t'ou ˥˥$_{55}$

①指猫头鹰。②形容人不稳重。

例：看你嘻嘻哈哈，象个猫子头似的。

毛 mao ˧˩$_{31}$

羽毛。

例：鸡毛，黄毛。

毛笔 mao ˧˩˥˥$_{55}$ pi ˨˩˦$_{214}$

毛毛雨 mao ˧˩$_{31}$ mao ˨˩$_{21}$ y ˨˩˦$_{214}$

毛猴儿 mao ˧˩$_{31}$ xour ˥˥$_{55}$

毛衣 mao ˧˩˥˥$_{55}$ i ˧˩$_{31}$

毛 mao ˨˩˦$_{214}$

货币单位。十毛是一元。

锚 mao ˥˥$_{55}$

帽子 mao ˥˥$_{55}$ rə ˧˩$_{31}$

茅房 mao ˥˥$_{55}$ faŋ ˧˩$_{31}$

满月 man ˨˩˦$_{214}$ yø ˥˥$_{55}$

满小月 man ˨˩˦$_{214}$ ɕiao ˥˥$_{55}$ yø ˨˩˦$_{214}$

生小孩后满十二天。

满意 man ˨˩˦$_{214}$ i ˥˥$_{55}$

慢 man ˥˥$_{55}$

蔓菁 man ˥˥$_{55}$ tɕiŋ ˧˩$_{31}$

蔓茎。

馒头 man ˥$_{55}$ t'ou ᛕ$_{31}$

娶媳妇时，放在箱子里的大馒头。

棉花 mian ˧˩˥$_{55}$ xua ˧˩$_{31}$

棉鞋 mian ˧˩$_{31}$ çiaɛ ˥$_{55}$

棉袄 mian ˧˩$_{31}$ ɑo ˨˩˦$_{214}$

棉裤 mian ˧˩$_{31}$ k'u ˥$_{55}$

棉袍 mian ˧˩$_{31}$ p'ɑo ˥$_{55}$

棉帽子 mian ˧˩$_{31}$ mɑo ˥$_{55}$ rə ᛕ$_{31}$

面 mian ˥$_{55}$

①面条。②一面镜子。

（“面粉”称“白面”。）

面汤 mian ˥$_{55}$ t'ɑŋ ˧˩$_{31}$

带汤的、不过水的面条。

面板 mian ˥$_{55}$ pan ˨˩˦$_{214}$

做面食时用的木板。

面布袋 mian ˥ᛕ$_{31}$ pu ˥$_{55}$ taɛ ᛕ$_{31}$

比口袋小的袋子，一般装面用。

面软 mian ˥$_{55}$ yan ˨˩˦$_{214}$

很软。

例：这东西面软面软的。

门 mən ˧˩$_{31}$

门坎 mən ˧˩$_{31}$ k'an ˨˩˦$_{214}$

门框儿 mən ˧˩$_{31}$ k'uɑŋr ˥$_{55}$

门插贯儿 mən ˧˩˧$_{33}$ ts'a ˧˩ᛕ$_{21}$ kuaur ˥$_{55}$

门栓。

门口后儿 mən ˧˩$_{31}$ k‘ou ˨˩˦$_{214}$ xour ˥$_{55}$

门后。

门页后儿 mən ˧˩$_{31}$ ie ˨˩$_{21}$ xour ˥$_{55}$

门后（同“门口后儿”）。

门鐅后儿 mən ˧˩$_{31}$ tɕi ˨˩$_{21}$ xour ˥$_{55}$

门后（同“门口后儿”）。

门口儿的 mən ˧˩$_{31}$ k‘our ˨˩˦$_{214}$ ti ┌$_{55}$

邻居。

例：他是俺门口儿的。

民校 min ˨˩˦$_{214}$ ɕiɑo ˥$_{55}$

忙活 mɑŋ ˧˩$_{31}$ xuo ˨˩$_{21}$

忙碌。

例：你在那里一天到晚忙活什么？

芒种 mɑŋ ˨˩˦$_{214}$ tsuŋ ˥$_{55}$

猛 məŋ ˨˩˦$_{214}$

勇敢，勇猛。

例：他打仗挺猛的。

明儿 məŋr ˧˩$_{31}$

明天。

梦 məŋ ˥$_{55}$

①做梦。②谜语（猜谜叫“破梦”）。

明天 miŋ ˥$_{55}$ t‘ian ˧˩$_{31}$

明年 miŋ ˥$_{55}$ ȵian ˨˩$_{31}$

明火 miŋ ˥$_{55}$ xuo ˨˩˦$_{214}$

土匪。

f

发糕　fa ˨˩˦˧˥ $_{35}$　kɑo ˧˩ $_{31}$

发热　fa ˨˩˦˥ $_{55}$　ie ˨˩˦ $_{214}$

发面包子　fa ˨˩˦ $_{214}$　mian ˥ $_{55}$　pɑo ˧˩ $_{31}$　rə ˨˩ $_{21}$

（“子rə ˨˩ $_{21}$”可有可无）

发面饼　fa ˨˩˦ $_{214}$　mian ˥ $_{55}$　piŋ ˨˩˦ $_{214}$

发皮汗　fa ˨˩˦ $_{214}$　p‘i ˥ $_{55}$　xan ˧˩ $_{31}$

发疟疾。

斧子　fu ˨˩˦ $_{214}$　rə ˥ $_{55}$

斧头　fu ˨˩˦ $_{214}$　t‘ou ˥ $_{55}$

附近　fu ˨˩˦ $_{214}$　cin ˥ $_{55}$

府绸　fu ˨˩˦ $_{214}$　tɕ‘iu ˥ $_{55}$

付　fu ˥ $_{55}$

一付手套。

副业　fu ˥˧˩ $_{31}$　ie ˥ $_{55}$

伏天　fu ˥ $_{55}$　t‘ian ˧˩ $_{31}$

凫水　fu ˥ $_{55}$　sui ˨˩˦ $_{214}$

游泳。

伏台　fu ˥ $_{55}$　t‘aɛ ˧˩ $_{31}$

造在房子上的烟囱（不用铁做的）。

□□**绒**　fu ˥ $_{55}$　lan ˧˩ $_{31}$　yŋ ˨˩ $_{21}$

两面绒。

肥　fei ˥ $_{55}$

指动植物，不可指人。

例：①猪长得挺肥的。

②草长得挺肥的。

肥头　fei ˥$_{55}$　t'ou ˧˩$_{31}$

形容人肥胖。（贬义，不常用。）

肥料　fei ˥$_{55}$　liɑo ˧˩$_{31}$

翻翻　fan ˧˩$_{31}$　fan ˨˩$_{21}$

搜查。

例：我没拿，不信就翻翻（也可单用“翻”）。

帆船　fan ˧˩$_{31}$　ts'uan ˥$_{55}$

返俗　fan ˨˩˦$_{214}$　su ˥$_{55}$

反口　fan ˨˩˦˥$_{55}$　t'əŋ ˨˩˦$_{214}$

东西受潮湿。

例：被褥反口，得晒晒了。

饭票　fan ˥˧˩$_{31}$　p'iɑo ˥$_{55}$

饭馆儿　fan ˥$_{55}$　kuanr ˨˩˦$_{214}$

分　fən ˧˩$_{31}$

货币单位。十分是一毛。

分配　fən ˧˩$_{31}$　p'ei ˥$_{55}$

粉条　fən ˨˩˦$_{214}$　t'iɑo ˥$_{55}$

粉线　fən ˨˩˦$_{214}$　ɕian ˥$_{55}$

粉皮儿　fən ˨˩˦$_{214}$　p'ir ˥$_{55}$

粉笔　fən ˨˩˦˥$_{55}$　pi ˨˩˦$_{214}$

坟　fən ˥$_{55}$

粪筐　fən ˥$_{55}$　k'uɑŋ ˧˩$_{31}$

粪坑　fən ˥$_{55}$　k'əŋ ˧˩$_{31}$

方　fɑŋ ˧˩$_{31}$

方形。

方方的　fɑŋ ˧˩$_{31}$　fɑŋ ˨˩$_{21}$　ti ˨˩$_{21}$

方的。

方向　fɑŋ ˧˩$_{31}$　çiɑŋ ˨˩$_{21}$

纺线　fɑŋ ˨˩˦$_{214}$　ɕian ˥$_{55}$

纺花车　fɑŋ ˨˩˦˧˩$_{31}$　xua ˧˩˧˥$_{35}$　tɕʻie ˧˩$_{31}$

房子　fɑŋ ˥$_{55}$　ɾə ˧˩$_{31}$

房檐　fɑŋ ˥$_{55}$　ian ˧˩$_{31}$

放工　fɑŋ ˥$_{55}$　kuŋ ˧˩$_{31}$

收工。

放老鹞子　fɑŋ ˥˧$_{33}$　lɑo ˨˩˦˨˩$_{21}$　iɑo ˥$_{55}$　ɾə ˧˩$_{31}$

放风筝。

放假　fɑŋ ˥$_{55}$　cia ˨˩˦$_{214}$

放学　fɑŋ ˥˧˩$_{31}$　çyø ˥$_{55}$

封　fəŋ ˧˩$_{31}$

一封信。

风　fəŋ ˧˩$_{31}$

风衣　fəŋ ˧˩˧˥$_{35}$　i ˧˩$_{31}$

斗蓬。

风车　fəŋ ˧˩˧˥$_{35}$　tɕʻie ˧˩$_{31}$

风匣　fəŋ ˧˩$_{31}$　çia ˥$_{55}$

风箱。

风门子　fəŋ ˧˩$_{31}$　mən ˨˩$_{21}$　ɾə ˨˩$_{21}$

风凉　fəŋ ˧˩$_{31}$　liɑŋ ˨˩$_{21}$

①乘凉。②凉爽。

风脉　fəŋ ˧˩$_{31}$　mo ˨˩˦$_{214}$

太阳穴。

风流 fəŋ ˧˩$_{31}$ liu ˨˩$_{2}$

不安分守己。

例：这个人真风流，不爱干活光爱打扮。

蜂蜜 fəŋ ˧˩$_{31}$ mi ˥˥$_{55}$

蜂窝 fəŋ ˧˩$_{31}$ uo ˨˩$_{21}$

t

口不口儿 ta ˧˩$_{31}$ pu ˨˩$_{21}$ tɕʻiɑor ˥˥$_{55}$

忽然间。

例：他口不口儿病了。（他忽然病了。）

答理 ta ˨˩˦˨˩$_{31}$ li ˨˩$_{21}$

理睬。

例：你不用答理他。

答腔 ta ˨˩˦˥˥$_{55}$ cʻiɑŋ ˧˩$_{31}$

说话，吭声。

例：我连问了他几句，他都不答腔。

打 ta ˨˩˦$_{214}$

买酒、油等流质的东西。

打酣睡 ta ˨˩˦˧˥$_{35}$ xan ˧˩$_{31}$ sui ˨˩$_{21}$

打呼噜 ta ˨˩˦˧˥$_{35}$ xu ˧˩$_{31}$ lu ˨˩$_{21}$

打瞌睡儿 ta ˧˩˧˧$_{33}$ kʻa ˨˩˦˨˩$_{21}$ suir ˥˥$_{55}$

打上门 ta ˨˩˦$_{214}$ ɕiɑŋ ˥˥$_{55}$ mən ˧˩$_{31}$

关死门。

打针 ta ˨˩˦˧˥$_{35}$ tɕin ˧˩$_{31}$

打井 ta ˨˩˦˥$_{55}$ tɕiŋ ˨˩˦$_{214}$

打场 ta ˨˩˦$_{214}$ tɕʻiaŋ ˥$_{55}$

打口斗 ta ˨˩˦˧˥$_{35}$ kou ˧˩$_{31}$ tou ˨˩$_{21}$

小孩打嗝。

打矇儿 ta ˨˩˦˧˥$_{35}$ məŋr ˧˩$_{31}$

公鸡报晓。

例：打矇儿了，起来干活吧。

打球 ta ˨˩˦$_{214}$ cʻiu ˥$_{55}$

打麻将 ta ˨˩˦˧$_{33}$ ma ˥˨˩$_{21}$ tɕiaŋ ˥$_{55}$

打牌 ta ˨˩˦$_{214}$ pʻaɛ ˥$_{55}$

打铁的 ta ˨˩˦˥$_{55}$ tʻie ˨˩˦$_{214}$ ti ˥$_{55}$

打口儿 ta ˨˩˦˥$_{55}$ tɤr ˨˩˦$_{214}$

更加。

例：①他昨天来晚了，今天打口儿晚了。（他昨天来晚了，今天更晚了。）

②这件衣服挺破的，洗了以后打口儿破了。（这件衣服很破的，洗子以后更破了。）

打电话 ta ˨˩˦˧$_{33}$ tian ˥˨˩$_{21}$ xua ˥$_{55}$

打离婚 ta ˨˩˦˧˩$_{31}$ li ˧˩˧˥$_{35}$ xun ˧˩$_{31}$

打春 ta ˨˩˦˧˥$_{35}$ tsʻun ˧˩$_{31}$

立春。

打闪 ta ˨˩˦˥$_{55}$ ɕian ˨˩˦$_{214}$

打雨点儿 ta ˨˩˦˥$_{55}$ y ˨˩˦˥$_{55}$ tianr ˨˩˦$_{214}$

刚开始下雨时。

打嘴仗 ta ˨˩˦˧$_{33}$ tsei ˨˩˦˨˩$_{21}$ tɕiaŋ ˥$_{55}$

吵架。

打嚏喷 ta ˨˩˦$_{214}$ t‘i ˥$_{55}$ p‘ən ˧˩$_{31}$

打阿口 ta ˨˩˦˥$_{55}$ a ˧˩$_{31}$ tɕ‘i ˨˩$_{21}$

打嚏喷。

打谱儿 ta ˨˩˦˥$_{55}$ p‘ur ˨˩˦$_{214}$

打算。

例：明天我打谱儿进城。

打着 ta ˨˩˦$_{214}$ rə ˥$_{55}$

想着、打算。

例：①这块地原来就打着种小麦。

②明儿我打着进城。

打仗 ta ˨˩˦$_{214}$ tɕiaŋ ˥$_{55}$

吵架。

大 ta ˥$_{55}$

大车 ta ˥$_{55}$ tɕ‘ie ˧˩$_{31}$

大鼎 ta ˥$_{55}$ tiŋ ˨˩˦$_{214}$

一种乐器。

大架子 ta ˥˧˩$_{31}$ cia ˥$_{55}$ rə ˧˩$_{31}$

傲慢、架子大。

大妈 ta ˥$_{55}$ ma ˧˩$_{31}$

伯母。

大仙 ta ˥$_{55}$ ɕian ˧˩$_{31}$

对别人的一种很有风趣的称呼，相当于普遍话中的“老兄”。

例：这位大仙在劳动上可真有两下子。

大礼糕 ta ˥˧˩$_{31}$ li ˨˩˦˧˥$_{35}$ kao ˧˩$_{31}$

冰糖葫芦。

大人似象的 ta ˥$_{55}$ in ˧˩$_{31}$ si ˨˩$_{21}$ çiaŋ ˥$_{55}$ ti ˧˩$_{31}$

指小孩带大人腔。

例：那个小孩真有意思，光口儿（tuor ˧˩$_{31}$）说话大人似象的。（那个小孩真有意思，说话老是象个大人。）

大舅子 ta ˥˧˩$_{31}$ ciu ˥$_{55}$ rə ˧˩$_{31}$

大姑姐 ta ˥$_{55}$ ku ˧˩$_{31}$ tɕie ˨˩˦$_{214}$

大伯 ta ˥$_{55}$ pei ˧˩$_{31}$

丈夫的哥哥。

大师傅 ta ˥$_{55}$ si ˧˩$_{31}$ fu ˨˩$_{21}$

炊事员。

大大 ta ˥$_{55}$ ta ˧˩$_{31}$

一般小孩称伯父（泛称）。

大爷 ta ˥$_{55}$ ie ˧˩$_{31}$

伯父（泛称）。

大爷 ta ˥˧˩$_{31}$ ie ˥$_{55}$

伯祖。

大爹 ta ˥$_{55}$ tie ˧˩$_{31}$

伯父。

大腿 ta ˥$_{55}$ tʻei ˨˩˦$_{214}$

大约莫 ta ˥$_{55}$ yø ˨˩˦˥$_{55}$ mu ˨˩˦$_{214}$

大概，估计。

大襟儿 ta ˥$_{55}$ cinr ˧˩$_{31}$

①大襟衣服。②围裙（过去大人带上做菜用的）。

大口绒 ta ˥˧$_{33}$ lian ˨˩$_{21}$ yŋ ˥$_{55}$

一面是绒，一面是斜纹的布。

大呢 ta ˥˧˩$_{31}$ mi ˥$_{55}$

大料 ta ˥˧˩$_{31}$ liɑo ˥$_{55}$

八角。

大米饭 ta ˥$_{55}$ mi ˨˩˦$_{214}$ fan ˥$_{55}$

大卤面 ta ˥$_{55}$ lu ˨˩˦$_{214}$ mian ˥$_{55}$

大衣 ta ˥$_{55}$ i ˧˩$_{31}$

大花脸 ta ˥$_{55}$ xua ˧˩˥$_{55}$ lian ˨˩˦$_{214}$

大红 ta ˥˧˩$_{31}$ xuŋ ˥$_{55}$

大端午 ta ˥$_{55}$ tan ˧˩$_{31}$ u ˨˩$_{21}$

五月初五日（五月初一称小端午）。

大湾 ta ˥$_{55}$ uan ˧˩$_{31}$

老人称“水库”。

大浪 ta˥˧˩$_{31}$ lɑŋ ˥$_{55}$

大年初一 ta ˥$_{55}$ ȵian ˧˩$_{31}$ ts‘u ˧˩$_{31}$ i ˨˩˦$_{214}$

大道儿 ta ˥˧˩$_{31}$ tɑor ˥$_{55}$

大路。

大寒 ta ˥˧˩$_{31}$ xan ˥$_{55}$

大后年 ta ˥˧˩$_{31}$ xou ˧˩˧˥$_{35}$ ȵian ˧˩$_{31}$

大后年 ta ˥$_{55}$ xou ˧˩$_{31}$ ȵian ˨˩$_{21}$

大大后年（以今年为第一年，往前推至第四年。）

大前年 ta ˥˧˩$_{31}$ tɕ‘ian ˧˩˧˥$_{35}$ ȵian ˧˩$_{31}$

大前年 ta ˥$_{55}$ tɕ‘ian ˧˩$_{31}$ ȵian ˨˩$_{21}$

大大前年（以今年为第一年，往后推至第四年。）

大后天 ta ˥˧˩$_{31}$ xou ˥$_{55}$ t‘ian ˧˩$_{31}$

大后天 ta ˥$_{55}$ xou ˧˩$_{31}$ t‘ian ˨˩$_{21}$

大大后天（以今天为第一天，往前推至第四天。）

大前天 ta ˥˧˩$_{31}$ tɕ‘ian˥ $_{55}$ t‘ian ˧˩$_{31}$

大前天　ta ˥$_{55}$　tɕʻian ˧˩$_{31}$　tʻian ˨˩$_{21}$

大大前天（以今天为第一天，往后推至第四天。）

大月　ta ˥$_{55}$　yø ˨˩˦$_{214}$

大暑　ta ˥$_{55}$　ɕy ˨˩˦$_{214}$

大雪　ta ˥$_{55}$　ɕyø ˨˩˦$_{214}$

大水　ta ˥$_{55}$　sui ˨˩˦$_{214}$

大家伙　ta ˥$_{55}$　cia ˨˩˦˥$_{55}$　xuo ˨˩˦$_{214}$

大家。

大海米　ta ˥$_{55}$　xɐɛ ˨˩˦˥$_{55}$　mi ˨˩˦$_{214}$

海米。

大虾仁儿　ta ˥$_{55}$　çia ˧˩$_{31}$　inr ˥$_{55}$

大海米（用对虾去皮晒的）。

大板儿车　ta ˥$_{55}$　panr ˨˩˦˧˥$_{35}$　tɕʻie ˧˩$_{31}$

地排车。

大门指头　ta ˥$_{55}$　mən ˧˩$_{31}$　tsʅ ˨˩˦$_{214}$　tʻou ˥$_{55}$

大拇指。

大麦　ta ˥$_{55}$　mo ˨˩˦$_{214}$

大白菜　ta ˥˧$_{33}$　po ˥˨˩$_{21}$　tsʻaɛ ˥$_{55}$

白菜。

大米　ta ˥$_{55}$　mi ˨˩˦$_{214}$

大麻子苍蝇　ta ˥˧˩$_{31}$　ma ˥$_{55}$　rə ˧˩$_{31}$　tsʻɑŋ ˧˩$_{31}$　iŋ ˨˩$_{21}$

大麻苍蝇。

爹　tie ˧˩$_{31}$

父亲。

迭奶　tie ˥$_{55}$　naɛ ˨˩˦$_{214}$

孩子生下三个月后，母亲又怀孕了，叫迭奶。

多　tuo ˧˩$_{31}$

多少　tuo ˧˩$_{31}$　ɕiao ˨˩$_{21}$

多亏　tuo ˧˩˧˥$_{35}$　k'ui ˧˩$_{31}$

幸亏。

多嘴多舌　tuo ˧˩$_{31}$　tsei ˨˩˦$_{214}$　tuo ˧˩$_{31}$　ɕie ˥$_{55}$

垛　tuo ˥$_{55}$

①一垛砖，一垛石头。②垛起来。

剁蹲子　tuo ˥$_{55}$　tən ˧˩$_{31}$　rə ˨˩$_{21}$

剁菜用的树段。

提溜　ti ˧˩$_{31}$　liu ˨˩$_{21}$

提。

提溜着　ti ˧˩$_{31}$　liu ˥$_{55}$　rə ˧˩$_{31}$

提着。

例：他手里提溜着一个小包。

低　ti ˧˩$_{31}$

滴溜圆　ti ˨˩˦˧$_{33}$　liu ˨˩$_{21}$　yan ˥$_{55}$

很圆的样子。

笛儿　tir ˥$_{55}$

地　ti ˥$_{55}$

地蛋　ti ˥˧˩$_{31}$　tan ˥$_{55}$

土豆。

地瓜　ti ˥$_{55}$　kua ˧˩$_{31}$

地板擦儿　ti ˥$_{55}$　pan ˨˩˦˥$_{55}$　ts'a ˨˩˦$_{214}$　rə ˥$_{55}$

第一　ti ˥$_{55}$　i ˨˩˦$_{214}$

弟　ti ˥$_{55}$

弟兄　ti ˥$_{55}$　ɕyŋ ˧˩$_{31}$

嘟噜 tu ˧˩$_{31}$ lu ˨˩$_{21}$

果实多而集中的样子。

例：他给了我一嘟噜葡萄。

肚子 tu ˥$_{55}$ rə ˧˩$_{31}$

肚子疼 tu ˥$_{55}$ rə ˧˩$_{31}$ tʻəŋ ˥$_{55}$

肚带 tu ˥$_{55}$ taɛ ˧˩$_{31}$

读书 tu ˥$_{55}$ ɕy ˧˩$_{31}$

毒疥巴子 tu ˥˧˩$_{31}$ ciaɛ ˧˩˧˥$_{35}$ pa ˧˩$_{31}$ rə ˨˩$_{21}$

癞蛤蟆。

呆么索的 taɛ ˧˩$_{31}$ mo ˥˧˥$_{35}$ suo ˧˩$_{31}$ ti ˨˩$_{21}$

呆头呆脑。

待人亲 taɛ ˥˧˩$_{31}$ in ˧˩˧˥$_{35}$ tɕʻin ˧˩$_{31}$

惹人爱。

歹毒 taɛ ˨˩˦$_{214}$ tu ˥$_{55}$

①阴险毒辣。②厉害。

例：①敌人没有一个不歹毒的。

②夏天的太阳真歹毒。

他干起活来真歹毒。

□□□□ taɛ ˨˩˦$_{214}$ taɛ ˥$_{55}$

taɛ ˨˩˦$_{214}$ taɛ ˥$_{55}$

形容饶舌。

带大襟的(袄) taɛ ˥˧˩$_{31}$ ta ˥˧˥$_{35}$ cinr ˧˩$_{31}$ ti ˨˩$_{21}$

大襟衣裳。

带孝 taɛ ˥˧˩$_{31}$ ɕiɑo ˥$_{55}$

堆鼓 tei ˧˩$_{31}$ ku ˨˩$_{21}$

很多东西堆集在一起，堆。

例：场上一大堆鼓小麦。

对 tei ˥$_{55}$

一对夫妻。

对襟儿 tei ˥$_{55}$ cinr ˧˩$_{31}$

对心事 tei ˥$_{55}$ ɕin ˧˩$_{31}$ sɿ ˨˩$_{21}$

得意称心。

例：我从来没碰到过对心事的事。

对虾 tei ˥$_{55}$ çia ˧˩$_{31}$

刀 tao ˧˩$_{31}$

一刀纸。

刀螂 tao ˧˩$_{31}$ luŋ ˨˩$_{21}$

螳螂。（螂，这里音 luŋ ˨˩$_{21}$）。

刀鱼 tao ˧˩$_{31}$ y ˨˩$_{21}$

带鱼。

捣古 tao ˨˩˦$_{214}$ ku ˥$_{55}$

弄。

稻子 tao ˥$_{55}$ rə ˨˩$_{31}$

稻秸 tao ˥$_{55}$ ciaɛ ˧˩$_{31}$

道儿 taor ˥$_{55}$

路。

道士 tao ˥$_{55}$ sɿ ˨˩$_{31}$

道姑 tao ˥$_{55}$ ku ˨˩$_{31}$

倒嚼 tao ˥˨˩$_{31}$ tɕyø ˥$_{55}$

牛羊反刍。

到老没动弹 tao ˥$_{55}$ lao ˨˩˦$_{214}$ mo ˧˩$_{31}$ tuŋ ˥$_{55}$ t'an ˨˩$_{31}$

从来未出过远门。也可指小范围，哪儿也没有去。

例：①我从小生在烟台，到老没动弹。

②我坐了一天了，到老没动弹。

掉向了　tiao ˥꜔$_{31}$　çiaŋ ˥$_{55}$　la ꜔$_{31}$

迷失方向了。

掉孩子了　tiao ˥꜔$_{31}$　xaɛ ˥$_{55}$　rə ꜔$_{31}$　la ꜔$_{21}$

小产了。

掉雨星儿　tiao ˥꜔$_{31}$　y ˨˩˦˧˥$_{35}$　ɕiŋr ˧˩$_{31}$

刚开始下雨时。

钓鱼竿儿　tiao ˥꜔$_{31}$　y ˧˩˧˥$_{35}$　kanr ˧˩$_{31}$

豆绿　tou ˥$_{55}$　lu ˨˩˦$_{214}$

嫩绿的颜色，带点黄。

豆秸　tou ˥$_{55}$　ciaɛ ˧˩$_{31}$

豆腐　tou ˥$_{55}$　fu ꜔$_{31}$

豆腐乳　tou ˥$_{55}$　fu ꜔$_{31}$　y ˨˩˦$_{214}$

豆汁　tou ˥$_{55}$　tɕi ˨˩˦$_{214}$

豆腐汤子　tou ˥$_{55}$　fu ꜔$_{31}$　t'aŋ ˧˩$_{31}$　rə ꜔$_{21}$

豆汁。

豆角　tou ˥$_{55}$　cia ˨˩˦$_{214}$

丢了　tiu ˧˩$_{31}$　la ꜔$_{21}$

丢人　tiu ˧˩$_{31}$　in ˧˩˥$_{55}$

单干　tan ˧˩$_{31}$　kan ˥$_{55}$

单裤子　tan ˧˩$_{31}$　k'u ˥$_{55}$　rə ꜔$_{31}$

单褂子　tan ˧˩$_{31}$　kua ˥$_{55}$　rə ꜔$_{31}$

单眼皮儿　tan ˧˩$_{31}$　ian ˨˩˦$_{214}$　p'ir ˥$_{55}$

端量　tan ˧˩ $_{31}$　liaŋ ˨˩ $_{21}$

端相，打量。

例：他媳妇真俊，越端量越好看。

端午　tan ˧˩ $_{31}$　u ˨˩ $_{21}$

短裤　tan ˨˩˦ $_{214}$　k'u ˥ $_{55}$

淡　tan ˥ $_{55}$

淡么索的　tan ˥ $_{55}$　mo ˧˥ $_{35}$　suo ˧˩ $_{31}$　ti ˨˩ $_{21}$

淡而无味。

蛋糕　tan ˥ $_{55}$　kao ˧˩ $_{31}$

颠巴　tian ˧˩ $_{31}$　pa ˨˩ $_{21}$

捶打。

例：①给老人颠巴颠巴腿。

②把他颠巴了一顿。

颠达　tian ˧˩ $_{31}$　ta ˨˩ $_{21}$

颠簸。

点儿　tianr ˨˩˦ $_{214}$

点心　tian ˨˩˦ $_{214}$　ɕin ˥ $_{55}$

点名　tian ˨˩˦ $_{214}$　miŋ ˥ $_{55}$

点蜡　tian ˨˩˦ $_{214}$　la ˥ $_{55}$

点头　tian ˨˩˦ $_{214}$　t'ou ˥ $_{55}$

电灯　tian ˥ $_{55}$　təŋ ˧˩ $_{31}$

电话　tian ˧˩ $_{31}$　xua ˥ $_{55}$

电报　tian ˧˩ $_{31}$　pao ˥ $_{55}$

电话机　tian ˧˩ $_{31}$　xua ˧˥ $_{35}$　ci ˧˩ $_{31}$

电棒子　tian ˧˩ $_{31}$　paŋ ˥ $_{55}$　rə ˧˩ $_{31}$

□　tən ˨˩˦ $_{214}$

平着往布袋里装东西。

例：把信纸口到信封里封好。

顿　tən ˥$_{55}$

骂一顿。

当央　taŋ ˧˩˧˥$_{35}$　iaŋ ˧˩$_{31}$

中间。

当门牙　taŋ ˥$_{55}$　mən ˧˩$_{31}$　ia ˨˩$_{21}$

门牙。

当不了　taŋ ˥$_{55}$　pu ˧˩$_{31}$　liao ˨˩˦$_{214}$

一定，免不了。

例：今晚当不了下大雨。

（今晚一定得下大雨。）

灯　təŋ ˧˩$_{31}$

灯罩　təŋ ˧˩$_{31}$　tsao ˥$_{55}$

灯线绒　təŋ ˧˩˧$_{33}$　ɕian ˥˨˩$_{21}$　yŋ ˥$_{55}$

登记　təŋ ˧˩$_{31}$　ci ˥$_{55}$

钉儿　tiŋr ˧˩$_{31}$

顶　tiŋ ˨˩˦$_{214}$

一顶帽子。

顶针儿　tiŋ ˨˩˦$_{214}$　tɕinr ˥$_{55}$

顶棚　tiŋ ˨˩˦$_{214}$　p'əŋ ˥$_{55}$

天花板。

顶上　tiŋ ˨˩˦$_{214}$　ɕiaŋ ˥$_{55}$

顶头风　tiŋ ˨˩˦˧˩$_{31}$　t'ou ˥˧˥　fəŋ ˧˩$_{31}$

顶风。

定产　tiŋ ˥$_{55}$　ts'an ˨˩˦$_{214}$

定亲　tiŋ ˥$_{55}$　tɕ'in ˧˩$_{31}$

订婚。

腚　tiŋ ˥$_{55}$

屁股。

东　tuŋ ˧˩$_{31}$

东厢　tuŋ ˧˥$_{35}$　ɕiaŋ ˧˩$_{31}$

东屋。

东边　tuŋ ˧˩$_{31}$　pian ˨˩$_{21}$

冬瓜　tuŋ ˧˩$_{31}$　kua ˨˩$_{21}$

冬至　tuŋ ˧˩$_{31}$　tsʅ ˥$_{55}$

冬天　tuŋ ˧˥$_{35}$　t'ian ˧˩$_{31}$

冬青　tuŋ ˧˥$_{35}$　tɕ'iŋ ˧˩$_{31}$

冻冰了　tuŋ ˥$_{55}$　piŋ ˧˩$_{31}$　la ˨˩$_{21}$

结冰。

冻着了　tuŋ ˥$_{55}$　rə ˧˩$_{31}$　la ˨˩$_{21}$

伤风。

冻疮　tuŋ ˥$_{55}$　ts'uaŋ ˧˩$_{31}$

洞房　tuŋ ˥$_{55}$　faŋ ˧˩$_{31}$　又：

tuŋ ˥˧˩$_{31}$　faŋ ˥$_{55}$

动静　tuŋ ˥$_{55}$　tɕiŋ ˧˩$_{31}$

声音。

例：这么大动静，真吓死人。

t'

他　t'a ˧˩$_{31}$

他们　t'a ˧˩$_{31}$　mən ˨˩$_{21}$

脱衣裳　t'uo ˧˥ $_{35}$　i ˧˩ $_{31}$　ɕiaŋ ˨˩ $_{21}$

铁匠　t'ie ˨˩˦ $_{214}$　tɕiaŋ ˥ $_{55}$

铁路　t'ie ˨˩˦ $_{214}$　lu ˥ $_{55}$

铁槌子　t'ie ˨˩˦ $_{214}$　ts'ui ˥ $_{55}$　rə ˧˩ $_{31}$

贴边儿　t'ie ˥ $_{55}$　pianr ˧˩ $_{31}$

拖把　t'uo ˧˩ $_{31}$　pa ˨˩ $_{21}$

拖拉机　t'uo ˧˩ $_{31}$　la ˧˥ $_{35}$　ci ˧˩ $_{31}$

拖倒公带倒婆的　t'uo ˧˩ $_{31}$　tɑo ˧˥ $_{35}$　kuŋ ˧˩ $_{31}$　taɛ ˧ $_{33}$

tɑo ˨˩ $_{21}$　p'o ˥ $_{55}$　ti ˧˩ $_{31}$

行动不小心，碰翻东西。

剃头的　t'i ˧˩ $_{31}$　t'ou ˥ $_{55}$　ti ˧˩ $_{31}$

理发员。

体操　t'i ˧˥ $_{35}$　ts'ɑo ˧˩ $_{31}$

剔蹬了　t'i ˨˩˦ $_{214}$　təŋ ˥ $_{55}$　la ˧˩ $_{31}$

毁坏了，糟踏了。

例：你不要把我的钢笔剔蹬了。

替　t'i ˥ $_{55}$

例：替我拿来。

提手儿　t'i ˥ $_{55}$　ɕiur ˨˩˦ $_{214}$

汉字偏旁“扌”。

土块儿　t'u ˨˩˦ $_{214}$　kuaɛr ˥ $_{55}$

土豆　t'u ˨˩˦ $_{214}$　tou ˥ $_{55}$

土砷　t'u ˨˩˦ $_{214}$　ɕin ˥ $_{55}$

砒霜。

土匪　t'u ˥ $_{55}$　fei ˨˩˦ $_{214}$

秃头　t'u ˨˩˦ $_{214}$　t'ou ˥ $_{55}$

兔子　t'u ˥55　rə ˩31

吐沫　t'u ˥55　mi ˩31

（沫 mo ˥55，这里音 mi ˩31。）

抬　t'aɛ ˥55

抬根　t'aɛ ˥˩31　k'ən ˥55

衣服从肩到腋下的宽度。

抬长　t'aɛ ˥55　tɕiaŋ ˩31

拉扯。

例：他后妈、他婆把他抬长大了。

（比较具体，范围较小，参见131页“拉巴”条）

抬杠的　t'aɛ ˥˩　kaŋ ˥55　ti ˩21

抬棺材的人。

腿　t'ei ˨˩˦214

退潮　t'ei ˥˩31　tɕ'iao ˥55

讨厌　t'ao ˨˩˦214　ian ˥55

讨弄的样子　t'ao ˨˩˦214　luŋ ˥55　ti ˩31　iaŋ ˥55　tsɿ ˩31

要饭的样子。

桃儿　t'aor ˥55

桃子。

桃花　t'ao ˥55　xua ˩31

桃花虾　t'ao ˥˩31　xua ˧˥35　ɕia ˧˩31

开春桃花汛时的虾。

套车　t'ao ˥55　tɕ'ie ˧˩31

挑　t'iao ˧˩31

挑挑　t'iao ˧˩31　t'iao ˩21

拣一拣。

挑挑拣拣　t‘iao ˧˩$_{31}$　t‘iao ˨˩$_{21}$
cian ˨˩˦˥$_{55}$　cian ˨˩˦$_{214}$

挑水　t‘iao ˧˩$_{31}$　sui ˨˩˦$_{214}$

挑拨　t‘iao ˨˩˦$_{214}$　por ˥$_{55}$

搬弄是非。

例：事情已经解决了，他又来挑拨。

口白　t‘iao ˨˩˦$_{214}$　po ˥$_{55}$

很白。

条　t‘iao ˥$_{55}$

一条裤子。

条绒　t‘iao ˥˧˩$_{31}$　yŋ ˥$_{55}$

灯心绒。

跳舞　t‘iao ˥$_{55}$　u ˨˩˦$_{214}$

跳高　t‘iao ˥$_{55}$　kao ˧˩$_{31}$

跳远儿　t‘iao ˥$_{55}$　yanr ˨˩˦$_{214}$

跳箱　t‘iao ˥$_{55}$　ɕiaŋ ˧˩$_{31}$

跳板　t‘iao ˥$_{55}$　pan ˨˩˦$_{214}$

笤帚　t‘iao ˥$_{55}$　tɕ‘y ˧˩$_{31}$

调面　t‘iao ˥˧˩$_{31}$　mian ˥$_{55}$

和面。

头　t‘ou ˥$_{55}$

例：①人头。②一头牛。

头发　t‘ou ˥$_{55}$　fa ˧˩$_{31}$

头顶　t‘ou ˥$_{55}$　tiŋ ˨˩˦$_{214}$

头疼　t‘ou ˥$_{55}$　t‘əŋ ˧˩$_{31}$

头真疼　t‘ou ˥$_{55}$　tɕin ˧˩$_{31}$　t‘əŋ ˥$_{55}$

头很疼。

头年 t'ou ˥$_{55}$ ȵian ˧˩$_{31}$

去年。

头半晌 t'ou ˥$_{55}$ pan ˦˩$_{31}$ ɕiaŋ ˨˩˦$_{214}$

上午。

探丧 t'an ˥$_{55}$ saŋ ˧˩$_{31}$

死人的亲友到死人家去探望。

团团 t'an ˥$_{55}$ t'an ˦˩$_{31}$

圆。

例：团团脸。这个盒是团团的。

团弄 t'an ˥$_{55}$ luŋ ˦˩$_{31}$

①把东西揉成圆形、球形。②打交道。

例：他那人很难团弄。

天 t'ian ˧˩$_{31}$

天，天气。

例：今天天挺好的。（今天天气很好。）

天河 t'ian ˧˩$_{31}$ xuo ˥$_{55}$

银河。

天窗 t'ian ˧˥$_{35}$ ts'uaŋ ˧˩$_{31}$

天旱 t'ian ˧˩$_{31}$ xan ˥$_{55}$

天乾 t'ian ˧˥$_{35}$ kan ˧˩$_{31}$

天旱。

天蓝 t'ian ˧˥$_{35}$ lan ˧˩$_{31}$

添 t'ian ˧˩$_{31}$

生。

例：她昨天添了个孩子。

舔么人 t'ian ˨˩˦$_{214}$ mo ˥$_{55}$ ɹn ˧˩$_{31}$

奉承人。

舔腚 t'ian ˨˩˦$_{214}$ tiŋ ˥$_{55}$

拍马屁。

舔么腚 t'ian ˨˩˦˧˩$_{31}$ mo ˨˩$_{21}$ tiŋ ˥$_{55}$

拍马屁。

填房 t'ian ˥˧˩$_{31}$ fɑŋ ˥$_{55}$

指前房没孩子的。前房有孩子的叫“做后”（参见 147 页“做后”条）。

填还 t'ian ˥$_{55}$ xuan ˧˩$_{31}$

有利于……，答报。

例：①我不愿意填还他。（不愿意把利益或东西给他。）

②这只鸡真填还我，一天下一个蛋。

甜 t'ian ˥$_{55}$

甜瓜 t'ian ˥$_{55}$ kua ˧˩$_{31}$

甜么索的 t'ian ˥˧˩$_{31}$ mo ˥˧˥$_{35}$ suo ˧˩$_{31}$ ti ˨˩$_{21}$

①甜丝丝的，形容有点儿甜，但不大甜。

②形容某种人有求于人时讨好的态度。

口子 t'ən ˥$_{55}$ rə ˧˩$_{31}$

嗓子。

躺下 t'ɑŋ ˨˩˦$_{214}$ çia ˥$_{55}$

烫 t'ɑŋ ˥$_{55}$

烫酒 t'ɑŋ ˥$_{55}$ tɕiu ˨˩˦$_{214}$

温酒。

烫面包儿 t'iɑŋ ˥$_{55}$ mian ˥$_{55}$ paor ˧˩$_{31}$

糖球 t‘ɑŋ ˥˩$_{31}$ c‘iu ˥$_{55}$

冰糖葫芦。

趟 t‘ɑŋ ˥$_{55}$

堂叔弟 t‘ɑŋ ˥˧$_{33}$ ɕy ˨˩$_{21}$ ti ˥$_{55}$

叔伯兄弟。

堂叔姊妹 t‘ɑŋ ˥$_{55}$ ɕy ˧˩$_{31}$ tsɿ ˨˩˦$_{214}$ mei ˥$_{55}$

叔伯姊妹。

疼 t‘əŋ ˥$_{55}$

蜻蜓 t‘iŋ ˧˩$_{31}$ t‘iŋ ˨˩$_{21}$

（蜻 tɕ‘iŋ ˧˩$_{31}$，这里音 t‘iŋ ˧˩$_{31}$。）

听听 t‘iŋ ˧˩$_{31}$ t‘iŋ ˨˩$_{21}$

①用耳朵听。②用鼻子闻。

例：①听听外边有什么动静。

（听听外边有什么声音。）

②听着一股香味。

（闻着一股香味。）

听相声儿 t‘iŋ ˧˩$_{31}$ ɕiaŋ ˥˧$_{35}$ ɕiŋr ˧˩$_{31}$

挺妥 t‘iŋ ˨˩˦$_{214}$ t‘uo ˥$_{55}$

结实。

例：①好挺妥的牲口啊！

②这凳子挺挺妥。

挺好事儿的 t‘iŋ ˧˩$_{33}$ xɑo ˨˩$_{21}$ sɿr ˥$_{55}$ ti ˧$_{3}$

得意。

例：他这次考试挺好事儿的。

通红 t‘uŋ ˧˩$_{31}$ xuŋ ˥$_{55}$

很红。

统共　t'uŋ ˨˩˦$_{214}$　kuŋ ˥$_{55}$

一共。

痛快　t'uŋ ˥$_{55}$　k'uaɛ ˧˩$_{31}$

茼蒿　t'uŋ ˥$_{55}$　xɑo ˧˩$_{31}$

一种蔬菜名。

瞳人儿　t'uŋ ˥$_{55}$　inr ˧˩$_{31}$

（只有少数人这样说。）

铜盆　t'uŋ ˥$_{55}$　p'ən ˧˩$_{31}$

①铜制脸盆。②瓷制脸盆。

n

拿起来　na ˧˩$_{31}$　c'i ˨˩$_{21}$　laɛ ˨˩$_{21}$

哪些　na ˧˥$_{35}$　ɕie ˧˩$_{31}$

哪儿　nar ˨˩˦$_{214}$

□　na ˨˩˦$_{214}$

一扎，由大姆指到中指间的最大距离。

挪　nuo ˧˩$_{31}$

移动。

例：你向那边挪挪。

糯米　nuo ˥$_{55}$　mi ˨˩˦$_{214}$

农民　nu ˥$_{55}$　min ˨˩˦$_{214}$

农具　nu ˥$_{55}$　cy ˧˩$_{31}$

奶子　naɛ ˨˩˦$_{214}$　rə Γ$_{55}$

乳房。

奶妈子 naɛ ˧˥$_{35}$ ma ˧˩$_{31}$ rə ˨˩$_{21}$

乳母。

耐烦儿 naɛ ˧˩$_{31}$ fanr ˥$_{55}$

耐心。

内行 nei ˧˩$_{31}$ xaŋ ˥$_{55}$

内侄 nei ˧˩$_{31}$ tɕi ˥$_{55}$

恼了 nao ˨˩˦$_{214}$ la ˥$_{55}$

生气了。

闹元宵 nao ˧˩$_{31}$ yan ˧˥$_{35}$ ɕiao ˧˩$_{31}$

闹洞房 nao ˧$_{33}$ tuŋ ˨˩$_{21}$ faŋ ˥$_{55}$

南 nan ˧˩$_{31}$

南大道 nan ˧˥$_{35}$ ta ˧˩$_{31}$ tao ˥$_{55}$

烟台市内街名。

难过 nan ˧˩$_{31}$ kuo ˥$_{55}$

难看 nan ˧˩$_{31}$ k'an ˥$_{55}$

难受 nan ˧˩$_{31}$ ɕiu ˥$_{55}$

难过，不好受。

暖瓶 nan ˨˩˦$_{214}$ p'iŋ ˥$_{55}$

男人 nan ˥$_{55}$ in ˧˩$_{31}$

①男人女人。②丈夫。

男方 nan ˥$_{55}$ faŋ ˧˩$_{31}$

□ naŋ ˧˩$_{31}$

①物品被水泡变得松涨。②泥泞。

例：①油条泡□了。

②这个路一下雨就□得不能走人。

l

拉 la ˧˩$_{31}$

拉大便。

例：上茅房去拉。

拉屎 la ˧˩˥$_{55}$ sɿ ˨˩˦$_{214}$

大便。

拉肚子 la ˧˩$_{31}$ tu ˥$_{55}$ rə ˦˩$_{31}$

拉 la ˨˩˦$_{214}$

拉车，拉一把。

拉鼻儿 la ˨˩˦$_{214}$ pir ˥$_{55}$

鸣汽笛儿。

拉巴 la ˨˩˦$_{214}$ pa ˥$_{55}$

拉扯。

例：他家很艰难的，都是他姨家帮他拉巴家口。

（范围较大，比较抽象，参见124页“抬长”条。）

拉倒 la ˨˩˦˥$_{55}$ tɑo ˨˩˦$_{214}$

算了。

例：他不来就拉倒。

拉倒了 la ˨˩˦˥$_{55}$ tɑo ˨˩˦$_{214}$ la ˥$_{55}$

①没有希望了。②不能实现了。

例：①他的病很厉害，看来这人拉倒啦。

②这个计划算拉倒了，白订了。

拉零碎儿 la ˨˩˦˧$_{33}$ liŋ ˧˩˨˩$_{21}$ seir ˥$_{55}$

吃零食（同“拉零嘴”条）。

拉零嘴 la ⅃Γ$_{55}$ liŋ ˧Γ$_{55}$ tsei ⅃$_{214}$

吃零食。

拉大架子 la ⅃ɼ$_{35}$ ta ˥˩$_{31}$ cia ˥$_{55}$ rə ˩$_{21}$

摆架子。

辣 la ⅃$_{214}$

腊月 la ⅃$_{214}$ yø Γ$_{55}$

腊八 la ⅃Γ$_{55}$ pa ⅃$_{214}$

老婆子郁郁的 lɑo ⅃$_{214}$ p‘o ˥$_{55}$ rə ˩$_{31}$ yø ˧ɼ$_{35}$ yø ˧$_{31}$ ti ˩$_{21}$

婆婆妈妈的。

例：这个人老是弄得老婆子郁郁的，什么事儿不能干。（这个人老是婆婆妈妈的，什么事也干不好。）

劳力 lɑo ˥˩$_{31}$ li ˥$_{55}$

涝了 lɑo ˥$_{55}$ la ˩$_{31}$

痨气 lɑo ˥$_{55}$ c‘i ˩$_{31}$

痨病。

痨病 lɑo ˥$_{55}$ piŋ ˩$_{31}$

牢邦 lɑo ˥$_{55}$ paŋ ˧$_{31}$

牢固，稳固。

例：①这东西真牢邦。

②这垛砖垛得挺牢邦，不会倒的。

撩 liɑo ˧$_{31}$

往上扔。

撂 liɑo ˥$_{55}$

放，搁。

撂下 liɑo ˥$_{55}$ çia ˩$_{31}$

放下，丢下，搁下。

聊天儿 liao ˥$_{55}$ t'ianr ˧˩$_{31}$

谈天。

篓子 lou ˨˩˦$_{214}$ rə ˥$_{55}$

篮子。

楼梯 lou ˥$_{55}$ t'i ˧˩$_{31}$

溜达 liu ˧˩$_{31}$ ta ˨˩$_{21}$

散步。

溜枵溜枵的 liu ˧˥$_{35}$ çiao ˧˩$_{31}$ liu ˧˥$_{35}$ çiao ˧˩$_{31}$ ti ˨˩$_{21}$

很薄。

蜡台 la ˨˩˦$_{214}$ t'aɛ ˥$_{55}$

邋糊 la ˨˩˦$_{214}$ xu ˥$_{55}$

脏。

啦呱 la ˥$_{55}$ kua ˨˩˦$_{214}$

谈天。

啦啦呱 la ˥$_{55}$ la ˥$_{55}$ kua ˨˩˦$_{214}$

谈天。

□害 la ˥$_{55}$ xaɛ ˧˩$_{31}$

厉害（褒义的）。

例：这人干事挺□害的。

（这人办事挺不错的，挺好的。）

俩 lia ˨˩˦$_{214}$

肋巴 lɤ ˥$_{55}$ pa ˧˩$_{31}$

肋骨。

箩 luo ˧˩$_{31}$

筛箩。

罗锅 luo ˧˩$_{31}$ kuo ˨˩$_{21}$

动词。

例：罗锅着腰干什么。

罗锅儿 luo ˧˩˧˥$_{35}$ kuor ˧˩$_{31}$

驼背（背上突出一块）。

萝卜缨儿 luo ˧˩$_{31}$ pei ˧˩˧˥$_{35}$ iŋr ˧˩$_{31}$

烙铁 luo ˨˩˦$_{214}$ t'i ˥˥$_{55}$

（铁 t'ie ˨˩˦$_{214}$，这里音 t'i。）

锣 luo ˥˥$_{55}$

乐意 luo ˥˥$_{55}$ i ˧˩$_{31}$

愿意。

例：这件事他乐意去干。

（这件事他愿意去干。）

乐意 luo ˥˥˧˩$_{31}$ i ˥˥$_{55}$

满意。

例：这件事你干得叫人挺乐意的。

（这件事你干得叫人挺满意的。）

落草儿 luo ˥˥$_{55}$ ts'ɑor ˨˩˦$_{214}$

小孩出生。

例：小孩落草儿就是一岁。

骡子 luo ˥˥$_{55}$ rə ˧˩$_{31}$

梨 li ˧˩$_{31}$

劙 li ˧˩$_{31}$

割。

例：用刀劙个口儿。

李子　li ˨˩˦$_{214}$　rə ˥˥$_{55}$

鲤鱼　li ˨˩˦˧˩$_{31}$　y ˧˩˥˥$_{55}$

里屋　li ˨˩˦$_{214}$　u ˥˥$_{55}$

里边儿　li ˨˩˦$_{214}$　pianr ˥˥$_{55}$

立夏　li ˨˩˦$_{214}$　çia ˥˥$_{55}$

立秋　li ˨˩˦˧˥$_{35}$　tɕ'iu ˧˩$_{31}$

立冬　li ˨˩˦˧˥$_{35}$　tuŋ ˧˩$_{31}$

立档　li ˨˩˦˥˥$_{55}$　tɑŋ ˧˩$_{31}$

礼堂　li ˨˩˦$_{214}$　t'ɑŋ ˥˥$_{55}$

理发馆　li ˨˩˦˥˥$_{55}$　fa ˨˩˦˥˥$_{55}$　kuanr ˨˩˦$_{214}$

理发员儿　li ˨˩˦˧˧$_{33}$　fa ˨˩˦˨˩$_{21}$　yanr ˥˥$_{55}$

粒　li ˥˥$_{55}$

一粒米。

栗蓬　li ˥˥$_{55}$　p'əŋ ˧˩$_{31}$

栗子。

痢疾　li ˥˥$_{55}$　tɕi ˧˩$_{31}$

厉害　li ˥˥$_{55}$　xaɛ ˧˩$_{31}$

形容人脾气坏，使别人害怕。（贬义的）

利索　li ˥˥$_{55}$　suo ˧˩$_{31}$

整齐，干净。

炉子　lu ˧˩$_{31}$　rə ˨˩$_{21}$

炉条　lu ˧˩$_{31}$　t'iɑo ˥˥$_{55}$

鹿　lu ˨˩˦$_{214}$

绿　lu ˨˩˦$_{214}$

绿豆　lu ˨˩˦$_{214}$　tou ˥˥$_{55}$

绿豆蝇　lu ˨˩˦$_{214}$　tou ˥˥$_{55}$　iŋ ˧˩$_{31}$

蝼蛄 lu ˨˩˦$_{214}$ ku ꜒$_{55}$

辘轳 lu ˨˩˦$_{214}$ lu ꜒$_{55}$

鲁生子 lu ˨˩˦$_{214}$ səŋ ꜒$_{55}$ rə ꜖$_{21}$

指手艺半生不熟的人，不精通业务。

路东 lu ˥$_{55}$ tuŋ ˧˩$_{31}$

路费 lu ˥ꜗ$_{31}$ fei ˥$_{55}$

录取 lu ˥$_{55}$ tɕʻy ˨˩˦$_{214}$

驴 ly ˧˩$_{31}$

①牲口驴。②指小孩不听话。

例：这个小孩从小就驴，大了就是个二虎。

驴腚上的苍蝇 ly ˧˩$_{31}$ tiŋ ˥$_{55}$ ɕiɑŋ ꜗ$_{31}$ ti ꜖$_{21}$ tsʻɑŋ ˧˩$_{31}$ iŋ ꜖$_{21}$

摆大架子。

旅馆 ly ˨˩˦꜒$_{55}$ kuan ˨˩˦$_{214}$

捋索 ly ˨˩˦$_{214}$ suo ꜒$_{55}$

有顺序地一次接一次的抚摸。

犁具 ly ˨˩˦$_{214}$ cy ꜒$_{55}$

旧式步犁。犁 li ˧˩$_{31}$，这里音 ly ˨˩˦$_{214}$

口了 laɛ ˨˩˦$_{214}$ la ꜒$_{55}$

撕了。

例：我的书叫他给口了。

癞蛤蟆 laɛ ˥ꜗ$_{31}$ xa ˥$_{55}$ ma ꜗ$_{31}$

泪 lei ˥$_{55}$

雷 lei ˥$_{55}$

雷雨 lei ˥$_{55}$ y ˨˩˦$_{214}$

捞不着 lɑo ˧˩$_{31}$ pu ˨˩$_{21}$ tsuo ˥$_{55}$

老家 lɑo ˧˥$_{35}$ cia ˧˩$_{31}$

对父母的背称。

例：这事儿我作不了主，家去跟老家商量商量。

老爷 lɑo ˨˩˦$_{214}$ ie ˥$_{55}$

外祖父。

老娘 lɑo ˨˩˦$_{214}$ ȵiaŋ ˥$_{55}$

外祖母。

老婆 lɑo ˨˩˦$_{214}$ p'o ˥$_{55}$

妻子。

老婆儿 lɑo ˨˩˦$_{214}$ p'or ˥$_{55}$

老年妇女。

老婆子 lɑo ˨˩˦$_{214}$ p'o ˥$_{55}$ rə ˧˩$_{31}$

丈夫称妻子。

老头儿 lɑo ˨˩˦$_{214}$ t'our ˥$_{55}$

老年男子。

老头子 lɑo ˨˩˦$_{214}$ t'ou ˥$_{55}$ rə ˧˩$_{31}$

妻子称丈夫。

老师 lɑo ˧˥$_{35}$ sɿ ˧˩$_{31}$

老牛婆 lɑo ˧˥$_{35}$ ȵiu ˧˩$_{31}$ p'o ˥$_{55}$

接生婆。

老了 lɑo ˨˩˦$_{214}$ la ˥$_{55}$

年老的人死了。

老坟 lɑo ˧˥$_{35}$ fən ˧˩$_{31}$

茔地（不是新坟）。

老茔 lɑo ˨˩˦$_{214}$ iŋ ˥$_{55}$

老秋　lɑo ˧˥$_{35}$　tɕʻiu ˧˩$_{31}$

深秋。

老深　lɑo ˧˥$_{35}$　ɕin ˧˩$_{31}$

很深。

老么深的　lɑo ˨˩˦$_{214}$　mo ˥˥$_{55}$　ɕin ˧˩$_{31}$　ti ˨˩$_{21}$

很深。

老鼠　lɑo ˨˩˦$_{214}$　ɕy ˥˥$_{55}$

老虎　lɑo ˥˥$_{55}$　xu ˨˩˦$_{214}$

老老蛛　lɑo ˧˩$_{31}$　lɑo ˧˥$_{35}$　tɕy ˧˩$_{31}$

蜘蛛。

老些　lɑo ˧˥$_{35}$　ɕie ˧˩$_{31}$

许多。

老鼻子　lɑo ˨˩˦$_{214}$　pi ˥˥$_{55}$　rə ˧˩$_{31}$

很多。

老远　lɑo ˥˥$_{55}$　yan ˨˩˦$_{214}$

很远。

老绿　lɑo ˥˥$_{55}$　lu ˨˩˦$_{214}$

深绿色。

老紫　lɑo ˥˥$_{55}$　tsɿ ˨˩˦$_{214}$

很紫。

老高　lɑo ˧˥$_{35}$　kɑo ˧˩$_{31}$

很高。

老实　lɑo ˨˩˦$_{214}$　ɕi ˥˥$_{55}$

老面儿堆　lɑo ˧˩$_{31}$　mianr ˥˥$_{55}$　tei ˧˩$_{31}$

①面瓜或很面的瓜。②形容人胖得不灵活。

老口子卡察的　lɑo ˨˩˦$_{214}$　mo ˥˥$_{55}$　rə ˧˩$_{31}$　kʻa ˥˥$_{55}$　tsʻa ˧˩$_{31}$

ti ˨˩$_{21}$

形容人粗老。

例：这个人怎么弄得老口子卡察的。

柳罐 liu ˨˩˦$_{214}$ kuan ˥$_{55}$

留神 liu ˧˩$_{31}$ ɕin ˥$_{55}$

留声机 liu ˥˧˩$_{31}$ ɕiŋ ˧˩˧˥$_{35}$ ci ˧˩$_{31}$

流星 liu ˥$_{55}$ ɕiŋ ˧˩$_{31}$

六月六 liu ˥$_{55}$ yø ˧˩$_{31}$ liu ˥$_{55}$

蓝 lan ˧˩$_{31}$

篮子 lan ˥$_{55}$ rə ˧˩$_{31}$

兰花 lan ˥˧˥$_{35}$ xua ˧˩$_{31}$

乱子头 lan ˥˧˩$_{31}$ rə ˨˩$_{21}$ t'ou ˥$_{55}$

祸患、乱子。

例：这一下子可惹出乱子头来了。

乱葬岗 lan ˥˧˩$_{31}$ tsaŋ ˥˧˥$_{35}$ kaŋ ˧˩$_{31}$

没人管理的乱坟堆。

乱绞丝儿 lan ˥˧˩$_{31}$ ciɑo ˧˩˧˥$_{35}$ sɿr ˧˩$_{31}$

汉字偏旁“纟”。

镰 lian ˧˩$_{31}$

脸 lian ˨˩˦$_{214}$

脸皮厚 lian ˨˩˦˧$_{33}$ p'i ˥˨˩$_{21}$ xou ˥$_{55}$

联欢 lian ˥$_{55}$ xuan ˧˩$_{31}$

连襟 lian ˥˧˩$_{31}$ cin ˨˩$_{21}$

连阴雨 lian ˥$_{55}$ in ˧˩$_{31}$ y ˨˩˦$_{214}$又：

lian ˥$_{55}$ in ˧˩˥$_{55}$ y ˨˩˦$_{214}$

练武艺的 lian ˥$_{55}$ u ˨˩˦$_{214}$ i ˥$_{55}$ ti ˧˩$_{31}$

练功夫的。

莲蓬子儿　lian ˧˩$_{31}$　p‘əŋ ˥$_{55}$　tsɿr ˨˩˦$_{214}$

莲子。

轮船　lən ˥˧˩$_{31}$　ts‘uan ˥$_{55}$

淋个饼　liŋ ˧˩$_{31}$　kɤ ˨˩$_{21}$　piŋ ˨˩˦$_{214}$

烙个饼（用调得较稀的面浇在锅里烙成）。

例：我给你淋个饼吃吃吧。

狼　laŋ ˧˩$_{31}$

浪　laŋ ˥$_{55}$

指青年男女穿戴言语举动妖气。

例：这个人真浪啊！

浪花　laŋ ˥$_{55}$　xua ˧˩$_{31}$

凉水　liaŋ ˧˩˥$_{55}$　sui ˨˩˦$_{214}$

凉席子　liaŋ ˧˩$_{31}$　ɕi ˥$_{55}$　rə ˧˩$_{31}$

辆　liaŋ ˨˩˦$_{214}$

一辆车。

两边　liaŋ ˨˩˦˧˥$_{35}$　pianr ˧˩$_{31}$

两个　liaŋ ˨˩˦$_{214}$　kɤ ˥$_{55}$

亮　liaŋ ˥$_{55}$

粮食　liaŋ ˥$_{55}$　ɕi ˧˩$_{31}$

扔　ləŋ ˧˩$_{31}$

冷　ləŋ ˨˩˦$_{214}$

冷清　ləŋ ˨˩˦$_{214}$　tɕ‘iŋ ˥$_{55}$

冷。

例：今天这个天气真冷清，把我的手都冻了。

冷冷清清　ləŋ ˨˩˦$_{214}$　ləŋ ˥$_{55}$　tɕ‘iŋ ˧˩$_{31}$　tɕ‘iŋ ˨˩$_{21}$

冷清。

愣争 ləŋ ˥55 tsəŋ ˦31

指办事没数儿。

例：你这个人儿真愣争，管干什么也不行。

愣儿瓜知的 ləŋr ˥55 kua ˧˥35 tɕi ˧31 ti ˦21

傻乎乎的。

例：他这个人楞儿瓜知的，什么也不懂。

领 liŋ ˨˩˦214

例：①领子。②一领席子。③一领自行车。

聋子 luŋ ˧31 rə ˦21

垅 luŋ ˨˩˦214

笼屉 luŋ ˥55 tʻi ˦31

ts

咂煞 tsa ˧31 sa ˦21

①吃饭挑挑拣拣。

②对生活过高要求，不知足。

③哆嗦。

例：①不用他咂煞，饿他三天就好了。

②这样的衣服还嫌不好，看把你咂煞的。

③我叫他吓得一咂煞。

咂煞 tsa ˨˩˦214 sa ˥55

吃鱼时咂煞鱼刺。

扎固 tsa ˨˩˦214 ku ˥55

①修饰。②治病。③修理小物件。

扎实　tsa ˨˩˦$_{214}$　ɕi ˥˥$_{55}$

①事情做得扎实。

②东西坚固。

例：①这个人办事挺扎实。

②这桌子挺扎实的。

扎人　tsa ˨˩˦˧˥$_{35}$　in ˧˩$_{31}$

拿刀扎人。

扎人　tsa ˨˩˦˥˥$_{55}$　in ˧˩$_{31}$

水冰凉扎人。

扎手　tsa ˨˩˦˥˥　ɕiu ˨˩˦$_{214}$

东西极凉，冷得扎手。

例：这水冰凉得扎手。

扎实　tsa ˨˩˦$_{214}$　ɕi ˥˥$_{55}$

物品结实而又沉甸甸的。

例：“大金鹿”自行车要比“飞鸽”牌的扎实得多。

炸酱面　tsa ˥˧˧$_{33}$　tɕiaŋ ˥˨˩$_{21}$　mian ˥$_{55}$

杂货店　tsa ˥˧˧$_{33}$　xuo ˥˨˩$_{21}$　tian ˥$_{55}$

砸瞎了　tsa ˨˩˦˧˥$_{35}$　ɕia ˧˩$_{31}$　la ˨˩$_{21}$

坏了事了。

例：这可砸瞎了，下了雨明天怎么走？

摘　tsɤ ˨˩˦$_{214}$

摘奶　tsɤ ˨˩˦˥˥$_{55}$　naɛ ˨˩˦$_{214}$

断奶。

窄　tsɤ ˨˩˦$_{214}$

窄巴　tsɤ ˨˩˦$_{214}$　pa ˥˥$_{55}$

狭小。

贼 tsɤ ˥$_{55}$

贼星 tsɤ ˥$_{55}$ ɕiŋ ˧˩$_{31}$

流星。

桌子 tsuo ˨˩˦$_{214}$ rə ˥$_{55}$

拙 tsuo ˨˩˦$_{214}$

笨。

捉摸 tsuo ˨˩˦˥$_{55}$ mo ˧˩$_{31}$

①想。

②想象。

例：①你在这里捉摸什么？

②这件事真不可捉摸。

柞炭 tsuo ˨˩˦$_{214}$ t‘an ˥$_{55}$

一般用松木烧制的炭。

左右 tsuo ˨˩˦$_{214}$ iu ˥$_{55}$

左手 tsuo ˥$_{55}$ ɕiu ˨˩˦$_{214}$

左边 tsuo ˥$_{55}$ pianr ˧˩$_{31}$

昨天 tsuo ˥$_{55}$ t‘ian ˧˩$_{31}$

座 tsuo ˨˩˦$_{214}$

一座桥。

着 tsuo ˥$_{55}$

传染。

例：他这病着人。（他这病传染人。）

着着了 tsuo ˥$_{55}$ tsuo ˧˩$_{31}$ rə ˨˩$_{21}$

传染了。

例：我叫他着着了。（我被他传染了。）

镯子 tsuo ˥55 rə ˧˩31

作文儿 tsuo ˥˧˩31 unr ˥55

坐月子 tsuo ˥55 yø ˨˩˦214 rər55

坐着辣了 tsuo ˥˧˩31 rə ˨˩21 la ˥55 la ˨˩21

遇上棘手的事情，难办。

支 tsɿ ˧˩31

一支笔。

支书 tsɿ ˧˥35 ɕy ˧˩31

芝麻秸 tsɿ ˧˩31 ma ˧˥35 ciaɛ ˧˩31

滋味 tsɿ ˧˩31 ui ˨˩21

味道。

枝枝锅锅的 tsɿ ˧˩31 tsɿ ˨˩21 kuo ˧˥35 kuo ˧˩31 ti ˨˩21

麻烦人，没个完。

例：这人光由着意儿枝枝锅锅地麻烦人家。

（这人老是想没完没了地麻烦人家。）

芝罘岛 tsɿ ˧˩31 u ˨˩21 tɑo ˨˩˦214

在烟台西北的一个岛，离城二十里。

芝罘疃 tsɿ ˧˩31 u ˨˩21 t'an ˨˩˦214

芝罘岛上村庄名。

芝罘大疃 tsɿ ˧˩31 u ˨˩21 ta ˥55 t'an ˧˩31

芝罘岛上村庄名。

芝罘屯儿 tsɿ ˧˩31 u ˨˩21 t'ənr ˥55

地名，在烟台市西，离城约五六里地。

姿势 tsɿ ˧˩31 ɕi ˨˩21

①指人长得标致。②指某些动作行为漂亮。

例：①他长得真姿势。

②哎，这个动作真姿势。

紫　tsɿ ˨˩˦214

纸　tsɿ ˨˩˦214

纸扇子　tsɿ ˨˩˦214　ɕian ˥55　rə ˧˩31

子牛　tsɿ ˨˩˦˧˥35　ȵiu ˧˩31

公牛。

指甲盖儿　tsɿ ˨˩˦˧˥35　cia ˧˩31　kaɛr ˥55

自杀　tsɿ ˥55　sa ˨˩˦214

自个儿　tsɿ ˥55　kɤr ˨˩˦214

自留地　tsɿ ˥˧33　liu ˧˩˨˩21　ti ˥55

自行车　tsɿ ˥˧˩31　ɕiŋ ˥˧˥35　tɕʻie ˧˩31

自个儿的人　tsɿ ˧˩31　kɤr ˨˩˦214　ti ˥55　in ˧˩31

自己人。

竹子　tsu ˨˩˦214　rə ˥55

竹笋　tsu ˨˩˦˥55　sən ˨˩˦214

栽烟苗　tsaɛ ˧˩31　ian ˧˩˧˥35　miɑo ˧˩31

灾荒　tsaɛ ˧˩˧˥35　xuɑŋ ˧˩31

饥荒，灾荒。

在早　tsaɛ ˥55　tsɑo ˨˩˦214

以前。

栽子　tsaɛ ˥55　rə ˧˩31

楔子。

例：削个栽子钉凳子腿。

嘴　tsei ˨˩˦214

嘴巴子　tsei ˨˩˦214　pa ˥55　rə ˧˩31

下巴。

嘴唇儿　tsei ˨˩˦$_{214}$　ts'unı ˥$_{55}$

追肥　tsui ˧˩$_{31}$　fei ˥$_{55}$

坠儿　tsuir ˥$_{55}$

　　耳环。

锥儿牙　tsuir ˥$_{55}$　ia ˧˩$_{31}$

　　犬齿。

早　tsɑo ˨˩˦$_{214}$

早晨　tsɑo ˨˩˦$_{214}$　tɕ'in ˥$_{55}$

早秋　tsɑo ˨˩˦˧˥$_{35}$　tɕ'iu ˧˩$_{31}$

早退　tsɑo ˨˩˦$_{214}$　t'ei ˥$_{55}$

早走了　tsɑo ˨˩˦˥$_{55}$　tsou ˨˩˦$_{214}$　la ˥$_{55}$

　　“早退”也叫“早走了”。

早早儿的　tsɑo ˨˩˦˧˥$_{35}$　tsɑor ˨˩˦˧˩$_{31}$　ti ˨˩$_{21}$

　　早早的。

枣儿　tsɑor ˨˩˦$_{214}$

澡塘子　tsɑo˨˩˦$_{214}$　t'ɑŋ ˥$_{55}$　rə ˧˩$_{31}$

澡盆儿　tsɑo˨˩˦$_{214}$　p'ənr ˥$_{55}$

走字儿　tsou˨˩˦$_{214}$　tsɿr ˥$_{55}$

　　走运。

　　例：他做买卖真走字儿。

走亲戚　tsou ˨˩˦˧˥$_{35}$　tɕ'in ˧˩$_{31}$　tɕ'i ˨˩$_{21}$

做　tsou ˥$_{55}$

　　例：做饭，做什么。

做坟的　tsou ˥˧˩$_{31}$　fən ˥$_{55}$　ti ˧˩$_{31}$

　　掘墓的人。

做媒　tsou ˥$_{55}$　mei ˧˩$_{31}$

做梦　tsou ˥꜔꜖$_{31}$　məŋ ˥$_{55}$

做式　tsou ˥$_{55}$　ɕi ꜔꜖$_{31}$

做作。

做后　tsou ˥꜔꜖$_{31}$　xou ˥$_{55}$

填房，指前房有孩子的（参见127页“填房”条）。

攒粪　tsan ˨˩˦$_{214}$　fən ˥$_{55}$

簪儿　tsanr ˨˩˦$_{214}$

站　tsan ˥$_{55}$

玩儿。

例：①你不上俺家去站了？

②上街去站去。

崭新　tsan ˥$_{55}$　ɕin ˧˩$_{31}$

钻眼儿　tsan ˥$_{55}$　ianr ˨˩˦$_{214}$

栈房　tsan ˥꜔꜖$_{31}$　faŋ ˥$_{55}$

站拦柜的　tsan ˥꜔$_{33}$　lan ˥꜕꜖$_{21}$　kui ˥$_{55}$　ti ꜔꜖$_{31}$

售货员。

砖　tsuan ˧˩$_{31}$

转悠　tsuan ˥$_{55}$　iu ꜔꜖$_{31}$

在一个地方转来转去。

转日莲　tsuan ˥꜔$_{33}$　i ˨˩˦꜕꜖$_{21}$　lian ˥$_{55}$

向日葵。

赚　tsuan ˥$_{55}$

赚头　tsuan ˥$_{55}$　t‘ou ꜔꜖$_{31}$

利润。

例：这个卖卖挺有赚头。

赚钱　tsuan ˥꜔꜖$_{31}$　tɕ‘ian ˥$_{55}$

怎么 tsən ˩˩˦₂₁₄ mo ˥˥₅₅

怎么样 tsən ˩˩˦₂₁₄　mo ˥˥₅₅　iaŋ ˥₅₅

怎么的啦 tsən ˩˩˦₂₁₄　mo ˥˥₅₅　ti ˧˩₃₁　la ˨˩₂₁

怎么啦。

脏 tsɑŋ ˧˩₃₁

脏郁郁 tsɑŋ ˧˩₃₁　yø ˧˥₃₅　yø ˧˩₃₁

脏得令人反感。

藏青 tsɑŋ ˥₅₅　tɕʻiŋ ˧˩₃₁

庄稼 tsuɑŋ ˧˩₃₁　cia ˨˩₂₁

装车 tsuɑŋ ˧˥₃₅　tɕʻie ˧˩₃₁

壮实 tsuɑŋ ˥₅₅　ɕi ˧˩₃₁

结实，指老人。

例：这位老人真壮实。

争执 tsəŋ ˧˩₃₁　tɕi ˨˩₂₁

争吵。

例：他们争执的脸红脖子粗的。

睁眼瞎子 tsəŋ ˧˥₅₅　ian ˧˥₅₅　ɕia ˩˩˦₂₁₄　rə ˥₅₅

文盲。

□猪 tsəŋ ˥₅₅　tɕy ˧˩₃₁

公猪。

□子 tsəŋ ˥₅₅　rə ˧˩₃₁

人脸上小而黑的痣。

正屋 tsiŋ ˥₅₅　u ˧˩₃₁

中指 tsuŋ ˧˩₃₁　tsʅ ˩˩˦₂₁₄

中暑 tsuŋ ˧˩₃₁　ɕy ˩˩˦₂₁₄

中医 tsuŋ ˧˥₃₅　i ˧˩₃₁

中间儿 tsuŋ $_{35}$ cianr $_{31}$

中秋节 tsuŋ $_{35}$ tɕ'iu $_{31}$ tɕie $_{214}$

总产量 tsuŋ $_{33}$ ts'an $_{21}$ liaŋ $_{55}$

种痘儿 tsuŋ $_{31}$ tour $_{55}$

种麦子 tsuŋ $_{55}$ mo $_{214}$ rə $_{55}$

ts'

差池 ts'a $_{31}$ tɕ'i $_{21}$

品德差。

例：这个人真差池，不够朋友。

差起 ts'a $_{31}$ c'i $_{21}$

差于……

例：他学习不差起你。

差没点儿 ts'a $_{31}$ mu $_{55}$ tianr $_{214}$

差点儿。

差没差儿 ts'a $_{31}$ mu $_{35}$ ts'ar $_{31}$

差一点儿。

例：我的小鸡今天差没差儿叫汽车压死。

插秧 ts'a $_{35}$ iaŋ $_{31}$

插嘴 ts'a $_{55}$ tsei $_{214}$

茶水 ts'a $_{55}$ sui $_{214}$

茶叶 ts'a $_{55}$ ie $_{31}$

茶碗 ts'a $_{55}$ uan $_{214}$

茶几儿 ts'a $_{55}$ cir $_{31}$

茬子 ts'a $_{55}$ rə $_{31}$

庄稼割完，留在地里的茎和根。

矬 ts'uo ˥$_{55}$

身材矮。

呲呲牙 ts'ɿ ˧˩$_{31}$ ts'ɿ ˧˥$_{35}$ ia ˧˩$_{31}$

呲出的门牙。

例：大呲呲牙。

刺猬 ts'ɿ ˥$_{55}$ ui ˦˩$_{31}$

次 ts'ɿ ˥$_{55}$

用一次。

翅膀 ts'ɿ ˥$_{55}$ paŋ ˨˩˦$_{214}$

侍候 ts'ɿ ˥$_{55}$ xou ˦˩$_{31}$

招待，侍奉。

例：①侍候客人。

②他把老人侍候得很好。

粗 ts'u ˧˩$_{31}$

锄 ts'u ˥$_{55}$

锄地 ts'u ˥˦˩$_{31}$ ti ˥$_{55}$

醋 ts'u ˥$_{55}$

猜 ts'aɛ ˧˩$_{31}$

搋面 ts'aɛ ˧˩$_{31}$ mian ˥$_{55}$

踩 ts'aɛ ˨˩˦$_{214}$

菜 ts'aɛ ˥$_{55}$

菜刀 ts'aɛ ˥$_{55}$ tɑo ˧˩$_{31}$

菜板子 ts'aɛ ˥˦˩$_{31}$ pan ˨˩˦$_{214}$ rə ˥$_{55}$

裁坊 ts'aɛ ˥$_{55}$ fɑŋ ˦˩$_{31}$

裁缝。

才刚 ts'aɛ ˥$_{55}$ ciɑŋ ˧˩$_{31}$

刚才。

材料　ts'aɛ ˥55　liɑo ˫31

油酱醋的总称。

例：菜里放的什么好材料？这么好吃。

菜豆　ts'aɛ ˥55　tou ˫31

豆角。

菜萝贝　ts'aɛ ˥55　luo ˧˩31　pei ˫21

长的，上青下白的。

炊帚　ts'ui ˧˩31　tɕ'y ˫21

吹了　ts'ui ˧˩31　la ˫21

感情决裂。

例：他俩早吹了，还结的什么婚？

操心　ts'ɑo ˧˩˧˥35　ɕin ˧˩31

草　ts'ɑo ˨˩˦214

草绿　ts'ɑo ˨˩˦˥55　lu ˨˩˦214

草帘子　ts'ɑo ˨˩˦˥55　lian ˥55　rə ˫31又：

ts'ɑo ˨˩˦214　lian ˥55　rə ˫31

草帽　ts'ao ˨˩˦214　mɑo ˥55

吵吵吵吵　ts'ɑo ˨˩˦˫31　ts'ɑo ˫21　ts'ɑo ˨˩˦˥55　ts'ɑo ˫31

吵架。

草驴　ts'ɑo ˨˩˦˧˥35　ly ˧˩31

母驴。

口达　ts'ɑo ˥55　ta ˫31

折磨，折腾。

例：这个人口达的不象样儿了。

凑付　ts'ou ˥55　fu ˫31

将就。

例：饭不好，你凑付着吃点吧。

铲磨 ts'an ˧˩$_{31}$ mo ˥˥$_{55}$

锻磨。

铲子 ts'an ˨˩˦$_{214}$ rə ˥˥$_{55}$

□ ts'an ˥˥$_{55}$

打（人）。

例：你不老实，我就□你。

穿衣裳 ts'uan ˧˥$_{35}$ i ˧˩$_{31}$ ɕiaŋ ˨˩$_{21}$

传丧 ts'uan ˥˥$_{55}$ saŋ ˧˩$_{31}$

报丧。

传嘴舌 ts'uan ˥˥$_{55}$ tsei ˨˩˦$_{214}$ ɕie ˥˥$_{55}$

传话，有拨弄是非的意思。

船 ts'uan ˥˥$_{55}$

船头 ts'uan ˧˩$_{31}$ t'ou ˥˥$_{55}$

船身 ts'uan ˧˥$_{35}$ ɕin ˧˩$_{31}$

船舱 ts'uan ˥˥$_{55}$ ts'aŋ ˧˩$_{31}$

串门 ts'uan ˥˥$_{55}$ mən ˧˩$_{31}$

衬绒 ts'ən ˧˩$_{31}$ yŋ ˥˥$_{55}$

衬衫儿 ts'ən ˥˥$_{55}$ sanr ˧˩$_{31}$

春天 ts'un ˧˥$_{35}$ t'ian ˧˩$_{31}$

春分 ts'un ˧˥$_{35}$ fən ˧˩$_{31}$

春游儿 ts'un ˧˩$_{31}$ iur ˥˥$_{55}$

椿头 ts'un ˧˩$_{31}$ t'ou ˥˥$_{55}$

嫩的香椿芽。

苍蝇 ts'aŋ ˧˩$_{31}$ iŋ ˨˩$_{21}$

窗 tsʻuaŋ ˧˩$_{31}$

窗户。

床 tsʻuaŋ ˥˥$_{55}$

一床被子。

撑了 tsʻəŋ ˧˩$_{31}$ la ˨˩$_{21}$

吃撑了。

层 tsʻəŋ ˥˥$_{55}$

一层皮。

蹭痒儿 tsʻəŋ ˥˥$_{55}$ iaŋr ˨˩˦$_{214}$

在其他物上搔痒儿。

例：驴子在墙上蹭痒儿。

葱 tsʻuŋ ˧˩$_{31}$

葱花 tsʻuŋ ˧˥$_{35}$ xua ˧˩$_{31}$

冲茶 tsʻuŋ ˧˩$_{31}$ tsʻa ˥˥$_{55}$

重孙子 tsʻuŋ ˥˥$_{55}$ sən ˧˩$_{31}$ rə ˨˩$_{21}$

重孙女儿 tsʻuŋ ˥˥$_{55}$ sən ˧˩$_{31}$ ȵyr ˨˩$_{21}$

重阳 tsʻuŋ ˥˥$_{55}$ iaŋ ˧˩$_{31}$

从 tsʻuŋ ˥˥$_{55}$

例：从这儿走。

从根儿 tsʻuŋ ˥˥$_{55}$ kənr ˧˩$_{31}$

从来，根本，天生。

例：我从根儿没见过这个东西。

s

沙 sa ˧˩$_{31}$

纱巾儿　sa ˧˩˧˥$_{35}$　cinr ˧˩$_{31}$

沙糖　sa ˧˩$_{31}$　t'ɑŋ ˥$_{55}$

沙滩儿　sa ˧˩˧˥$_{35}$　t'anr ˧˩$_{31}$

海滩。

沙旺　sa ˧˩$_{31}$　uɑŋ ˥$_{55}$

地名，在烟台市西，离城约十来里地。

洒　sa ˨˩˦$_{214}$

洒利　sa ˨˩˦˥$_{55}$　li ˧˩$_{31}$

指人或办事情干净利索。

例：①这小伙子挺洒利。（男女通用，不用于小孩。）

②他办事真洒利。

洒么　sa ˨˩˦˥$_{55}$　ma ˧˩$_{31}$

往四处看。

例：他一进门就满屋洒么。

撒谎　sa ˨˩˦˥$_{55}$　xuɑŋ ˨˩˦$_{214}$

靸达着　sa ˨˩˦$_{214}$　ta ˥$_{55}$　rə ˨˩$_{21}$

拖着（鞋）。

例：他靸达着鞋出来了。

撒欢儿　sa ˨˩˦˧˥$_{35}$　xuaεr ˧˩$_{31}$

不受约束，欢跃。

例：①小孩撒欢儿的哭。

②马撒欢儿的跑了。

沙沙雨　sa ˧˩$_{31}$　sa ˧˩˨˩$_{21}$　y ˨˩˦$_{214}$

毛毛雨。

耍懒儿　sua ˨˩˦˥$_{55}$　lanr ˨˩˦$_{214}$

偷懒。

154

例：咱们干活可不能光要懒儿啊！

耍龙灯 sua ⋀⊦31 luŋ ˥⊦35 təŋ ˨31

耍把戏儿 sua ⋀Γ55 pa ⋀214 çir Γ55

耍鬼画虎 sua ⋀Γ55 kui ⋀214 xua ˥55 xu ⋀214

耍花招，捣鬼。

例：那人心眼真多，尽耍鬼画虎。

蓑雨 suo ˨31 y ⊦21

蓑衣。

锁 suo ⋀214

勺子 suo ˥55 rə ⊦31

说笑话 suo ⋀⊦33 çiɑo ˥⊦21 xua ˥55

开玩笑。

所城 suo ⋀214 tɕ'iŋ ˥55

烟台市最早的居民点，在市区东南，旧称奇山所。

丝瓜 sɿ ˨31 kua ⊦21

丝丝拉拉的 sɿ ˨31 sɿ ⊦21 la ˥55 la ⊦31 ti ⊦21

犹豫，不痛快。

例：你怎么丝丝拉拉的不痛快点儿？

狮子 sɿ ˨31 rə ⊦21

虱子 sɿ ⋀214 rə Γ55

死了 sɿ ⋀214 la Γ55

年青的人死了。（老年人死了叫“老了”。）

死辣 sɿ ⋀Γ55 la ⋀214

很辣。

死气儿别列的 sɿ ⋀214 c'ir ˥55 pie ˥55 lie ⊦31 ti ⊦21

一般指小孩不高兴，无精打采的。

施粪 sɿ ˨˩˦$_{214}$ fən ˥$_{55}$

施肥。

施肥 sɿ ˨˩˦$_{214}$ fei ˥$_{55}$

饲养员 sɿ ˥˧$_{33}$ iɑŋ ˨˩˦˨˩$_{21}$ yan ˥$_{55}$

饲料 sɿ ˥˧˩$_{31}$ liɑo ˥$_{55}$

饲料地 sɿ ˥˧$_{33}$ liɑo ˥˨˩$_{21}$ ti ˥$_{55}$

四个 sɿ ˥$_{55}$ kɤ ˧˩$_{31}$

四下里 sɿ ˥˧˩$_{31}$ çia ˥$_{55}$ li ˧˩$_{31}$

四面八方。

例：四下里都是人，往哪里跑也跑不脱。

四方四方的 sɿ ˥$_{55}$ fɑŋ ˧˩$_{31}$ sɿ ˥$_{55}$ fɑŋ ˧˩$_{31}$ ti ˨˩$_{21}$

正方的，很方的。

市里 sɿ ˥$_{55}$ li ˧˩$_{31}$

柿子 sɿ ˥$_{55}$ rə ˧˩$_{31}$

柿饼 sɿ ˥$_{55}$ piŋ ˨˩˦$_{214}$

时候 sɿ ˥$_{55}$ xou ˧˩$_{31}$

时气 sɿ ˥$_{55}$ cʻi ˧˩$_{31}$

时运，运气。

例：他挺走时气的，干什么都挺顺利。

梳 su ˧˩$_{31}$

梳头 su ˧˩$_{31}$ tʻou ˥$_{55}$

漱口 su ˥$_{55}$ kʻou ˨˩˦$_{214}$

漱口盂儿 su ˥˧$_{33}$ kʻou ˨˩˦˨˩$_{21}$ yr ˥$_{55}$

漱口杯（玻璃的、瓷的）。

蔬菜 su ˧˩$_{31}$ tsʻaɛ ˥$_{55}$

素菜 su ˥$_{55}$ tsʻaɛ ˧˩$_{31}$

晒晒阳阳儿 saɛ ˥55 saɛ ˧˩31 iɑŋ ˧˩31 iɑŋr ˨˩21

晒晒太阳。

踤了 suaɛ ˧˩31 la ˨˩21

水 sui ˨˩˦214

甩头拨拉角 suaɛ ˨˩˦214 t'ou ˥55 pu ˧˩31 la ˨˩21 cia ˨˩˦214

形容牲口不老实的样子，也用来形容年轻人张狂的样子。

水库 sui ˨˩˦214 k'u ˥55

水车 sui ˨˩˦˧˥35 tɕ'ie ˧˩31

水斗子 sui ˨˩˦˥ tou ˨˩˦214 rə ˥55

“柳罐”的又称。

水利化 sui ˨˩˦˧33 li ˥˨˩21 xua ˥55

水果 sui ˨˩˦˥55 kuo ˨˩˦214

水红 sui ˨˩˦214 xuŋ ˥55

粉红。

谁 sui ˥55

睡了 sui ˥55 la ˧˩31

睡着了 sui ˥55 rə ˧˩31 la ˨˩21

睡觉 sui ˥˧˩31 ciɑo ˥55

嫂子 sɑo ˨˩˦214 rə ˥55

扫地 sɑo ˨˩˦214 ti ˥55

扫盲 sɑo ˨˩˦˥55 mɑŋ ˨˩˦214

□□ sɑo ˥55 tɕi ˧˩31

指人机灵好看（男女通用，不用于小孩）。

□面 sou ˨˩˦214 mian ˥55

揉面。

瘦　sou ˥$_{55}$

可描写人及动、植物。

例：①你最近瘦了。

②瘦肉。

③庄稼长得真瘦啊！

山　san ˧˩$_{31}$

山坡　san ˧˩˧˥$_{35}$　p'o ˧˩$_{31}$

山腰　san ˧˩˧˥$_{35}$　iɑo ˧˩$_{31}$

山尖儿　san ˧˩˧˥$_{35}$　tɕianr ˧˩$_{31}$

山中间儿　san ˧˩˧˧$_{33}$　tsuŋ ˧˩˨˩$_{21}$　cianr ˥$_{55}$

山当间儿　san ˧˩˧˧$_{33}$　tɑŋ ˧˩˨˩$_{21}$　cianr ˥$_{55}$

半山腰。

山半腰　san ˧˩$_{31}$　pan ˥˧˥$_{35}$　iɑo ˧˩$_{31}$

半山腰。

山洪　san ˧˩$_{31}$　xuŋ ˥$_{55}$

山药　san ˧˩$_{31}$　yø ˨˩$_{21}$

山兔子　san ˧˩$_{31}$　t'u ˥$_{55}$　rə ˨˩$_{31}$

山东　san ˧˩˧˥$_{35}$　tuŋ ˧˩$_{31}$

山以东。

山东　san ˨˩˦$_{214}$　tuŋ ˥$_{55}$

山东省（山　san ˧˩$_{31}$，这里音　san ˨˩˦$_{214}$；东　tuŋ ˧˩$_{31}$，这里音　tuŋ ˥$_{55}$。）

酸　san ˧˩$_{31}$

酸楂　san ˧˩˧˥$_{35}$　tsa ˧˩$_{31}$

酸梅汤　san ˧˩$_{31}$　mei ˥˧˥$_{35}$　t'ɑŋ ˧˩$_{31}$

酸溜溜的　san ˧˩$_{31}$　liu ˧˩˧˥$_{35}$　liu ˧˩$_{31}$　ti ˨˩$_{21}$

①味酸。

②形容人酸溜溜的。

酸幺幺的　san ˧˩$_{31}$　iɑo ˧˩˧˥$_{35}$　iɑo ˧˩$_{31}$　ti ˨˩$_{21}$

形容又粗又高的女人穿得鲜艳而不合身。

三个　san ˧˩$_{31}$　kɤ ˨˩$_{21}$

三成儿　san ˧˩$_{31}$　tɕʻiŋr ˥$_{55}$

三点水儿　san ˧˩˥$_{55}$　tian ˨˩˦˥$_{55}$　suir ˨˩˦$_{214}$

汉字偏旁（氵）。

三十黑夜　san ˧˩$_{31}$　ɕi ˥$_{55}$　xɤ ˨˩˦$_{214}$　ie ˥$_{55}$

年除夕。

三轮儿车　san ˧˩$_{31}$　lənr ˥˧˥$_{35}$　tɕʻie ˧˩$_{31}$

算术　san ˥$_{55}$　ɕy ˧˩$_{31}$

算账　san ˥˧˩$_{31}$　tɕiɑŋ ˥$_{55}$

算盘儿　san ˥˧˩$_{31}$　pʻanr ˥$_{55}$

蒜　san ˥$_{55}$

蒜苔　san ˥˧˩$_{31}$　tʻaɛ ˥$_{55}$

蒜苗　san ˥$_{55}$　miɑo ˧˩$_{31}$

孙子　sən ˧˩$_{31}$　rə˨˩$_{21}$

孙子媳妇　sən ˧˩$_{31}$　rə ˨˩$_{21}$　ɕi ˨˩˦$_{214}$　fu ˥$_{55}$

孙女儿　sən ˧˩$_{31}$　ȵyr ˨˩$_{21}$

孙女女婿儿　sən ˧˩$_{31}$　ȵy ˨˩$_{21}$　ȵy ˨˩˦$_{214}$　ɕyr ˥$_{55}$

顺风　sun ˥$_{55}$　fəŋ ˧˩$_{31}$

桑树　sɑŋ ˧˩$_{31}$　ɕy ˨˩$_{21}$

丧事　sɑŋ ˧˩$_{31}$　sɿ ˥$_{55}$

丧门人　sɑŋ ˧˩$_{31}$　mən ˧˩˧˥$_{35}$　in ˧˩$_{31}$

有意地对某人作不好的预言。

例：甲：到明儿你当不了考不及格。

乙：你别丧门人。

嗓子　saŋ ˨˩˦$_{214}$　rə ˥$_{55}$

双　suaŋ ˧˩$_{31}$

一双鞋。

双杠　suaŋ ˧˩$_{31}$　kaŋ ˥$_{55}$

双立人儿　suaŋ ˧˩˧$_{33}$　li ˥˨˩$_{21}$　inr ˥$_{55}$

汉字偏旁（彳）。

双眼皮儿　suaŋ ˧˩˧$_{33}$　ian ˨˩˦˨˩$_{21}$　p‘ir ˥$_{55}$

双口儿　suaŋ ˧˩$_{31}$　paŋr ˥$_{55}$

双胞胎。

霜降　suaŋ ˧˩$_{31}$　ciaŋ ˥$_{55}$

生地　səŋ ˧˩$_{31}$　ti ˨˩$_{21}$

荒地。

生气　səŋ ˧˩$_{31}$　c‘i ˥$_{55}$

生分　səŋ ˧˩$_{31}$　fən ˨˩$_{21}$

生疏、疏远。

例：虽是亲戚，可是都很生分。

生菜　səŋ ˧˩$_{31}$　ts‘aɛ ˨˩$_{21}$

一种蔬菜，叶如同莴苣。

生产队　səŋ ˧˩˧$_{33}$　ts‘an ˨˩˦˨˩$_{21}$　tei ˥$_{55}$

牲口　səŋ ˧˩$_{31}$　k‘ou ˨˩$_{21}$

笙　səŋ ˧˩$_{31}$

送粪　suŋ ˥˧˩$_{31}$　fən ˥$_{55}$

送信的　suŋ ˥˧˩$_{31}$　ɕin ˥$_{55}$　ti ˨˩$_{31}$

邮递员。

tɕ

□□儿　tɕie ˧˩31　liur ˨˩21

蝉。

折　tɕie ˨˩˦214

亏损（蚀本）。

例：这买卖光有挣没有折。

蛰了　tɕie ˨˩˦214　la ˥˥55

姐姐　tɕie ˨˩˦214　tɕie ˥˥55

姐夫　tɕie ˨˩˦214　fu ˥˥55

这儿　tɕier ˥˥55

这个　tɕie ˥˥55　kɤ ˧˩31

这些　tɕie ˥˥55　ɕie ˧˩31

这样　tɕie ˥˥55　iɑŋ ˧˩31

这会儿　tɕie ˥˥55　xuir ˧˩31

现在。

这年　tɕie ˥˥55　ȵian ˧˩31

今年。

这两天儿　tɕie ˥˥55　liɑŋ ˧˩31　t'ianr ˨˩21

近来。

这些日子　tɕie ˥˥55　ɕie ˧˩31　i ˨˩˦214　tsɿ ˥˥55

近来。

只　tɕi ˧˩31

一只手。

知道　tɕ ˧˩31　tɑo ˨˩21

墼坯　tɕi ˨˩˦˧˥ $_{35}$　p‘ei ˧˩ $_{31}$

土坯。

挤巴眼儿　tɕi ˨˩˦ $_{214}$　pa ˥ $_{55}$　ianr ˨˩˦ $_{214}$

挤眉弄眼。

脊梁　tɕi ˨˩˦ $_{214}$　liɑŋ ˥ $_{55}$

背。

鲫鱼　tɕi ˨˩˦ $_{214}$　y ˥ $_{55}$

织布　tɕi ˨˩˦ $_{214}$　pu ˥ $_{55}$

集　tɕi ˥ $_{55}$

侄女儿　tɕi ˥ $_{55}$　ȵyr ˧˩ $_{31}$

侄儿　tɕir ˥ $_{55}$

侄儿媳妇　tɕir ˥˧ $_{33}$　ɕi ˨˩˦˨˩ $_{21}$　fu ˥ $_{55}$

蒺子　tɕi ˨˩˦ $_{214}$　rə ˥ $_{55}$

蒺藜。

猪　tɕy ˧˩ $_{31}$

猪肉　tɕy ˧˩ $_{31}$　iu ˥ $_{55}$

猪油　tɕy ˧˩˧˥ $_{35}$　iu ˧˩ $_{31}$

猪血　tɕy ˧˩ $_{31}$　çie ˨˩˦ $_{214}$

猪鬃　tɕy ˧˩˧˥ $_{35}$　tsuŋ ˧˩ $_{31}$

猪食　tɕy ˧˩ $_{31}$　ɕi ˥ $_{55}$

猪窝　tɕy ˧˩˧˥ $_{35}$　uo ˧˩ $_{31}$

猪圈里的小棚子。

猪槽　tɕy ˧˩ $_{31}$　ts‘ɑo ˥ $_{55}$

主贱　tɕy ˨˩˦ $_{214}$　tɕian ˥ $_{55}$

犯贱（可省用作“主”tɕy ˨˩˦ $_{214}$）。

例：这个贱骨头，真主贱。

162

主囊人 tɕy ˨˩˦$_{214}$ naŋ ˥$_{55}$ in ˧˩$_{31}$

对人唠叨、纠缠不休。

例：要饭的人还不走，真主囊人。

拄 tɕy ˥$_{55}$

擀面条时，擀成的一圆张，叫“一拄面”。

柱子 tɕy ˥$_{55}$ rə ˧˩$_{31}$

□心 tɕiao ˧˥$_{35}$ ɕin ˧˩$_{31}$

烧心。

招呼 tɕiao ˧˩$_{31}$ xu ˨˩$_{21}$

招生 tɕiao ˧˥$_{35}$ səŋ ˧˩$_{31}$

朝饭 tɕiao ˧˩$_{31}$ fan ˨˩$_{21}$

早饭。

朝天价 tɕiao ˧˥$_{35}$ tʻian ˧˩$_{31}$ cia ˨˩$_{21}$

天天，每天。

焦酸 tɕiao ˧˥$_{35}$ san ˧˩$_{31}$

很酸。

焦急 tɕiao ˧˩$_{31}$ ci ˨˩˦$_{214}$

例：你怎么才来，他都等焦急了。

焦黄 tɕiao ˧˩$_{31}$ xuaŋ ˥$_{55}$

很黄。

照量 tɕiao ˥$_{55}$ liaŋ ˧˩$_{31}$

小心，慎重。

例：这事不好办，你照量点。

鬏 tɕiu ˧˩$_{31}$

髻儿（尖的，在脑后）。

酒窝 tɕiu ˨˩˦˥$_{35}$ uo ˧˩$_{31}$

酒杯 tɕiu ⋀ꜗ35 pei ⋁31

高的酒杯。

酒盅 tɕiu ⋀ꜗ35 tsuŋ ⋁31

矮的酒杯。

肘子 tɕiu ⋀214 rə ꜒55

就着 tɕiu ˥55 rə ꜔31

凑付，将就。

例：你就着他那么办吧。

煎饼 tɕian ⋁31 piŋ ꜔21

煎药 tɕian ⋁31 yø ⋀214

剪子 tɕian ⋀214 rə ꜒55

拈布子 tɕian ⋀214 pu ꜒55 rə ꜔31

抹布。

贱材 tɕian ˥55 tsʻaɛ ⋁31

贱骨头。

例：天生这样的贱材骨头，有福不会享。

真冻脚 tɕin ⋁꜒55 tuŋ ˥55 cyø ⋀214

脚很冷。

真冻手 tɕin ⋁꜒55 tuŋ ˥55 ɕiu ⋀214

手很冷。

诊病 tɕin ⋁31 piŋ ˥55

针 tɕin ⋁31

针鼻儿 tɕin ⋁31 pir ˥55

针线笸箩 tɕin ⋁31 ɕian ˥55 pʻo ⋀214 lou ꜒55

针灸 tɕin ⋁31 ciu ⋀214

浸种　tɕin ˥$_{55}$　tsu̯ŋ ˨˩˦$_{214}$

枕头　tɕin ˨˩˦$_{214}$　t‘ou Γ$_{55}$

枕头套　tɕin ˨˩˦˧$_{33}$　t‘ou ˥˨˩$_{21}$　t‘ɑo ˥$_{55}$

阵　tɕin ˥$_{55}$

一阵雨。

俊　tɕin ˥$_{55}$

漂亮。

张　tɕiɑŋ ˧˩$_{31}$

一张桌子。

酱园子　tɕiɑŋ ˧˩$_{31}$　yan ˥$_{55}$　rə ˧˩$_{31}$

章程　tɕiɑŋ ˧˩$_{31}$　tɕ‘iŋ ˨˩$_{21}$

主意，本领。

例：他真有章程，没有办不成的事儿。

长相　tɕiɑŋ ˨˩˦$_{214}$　ɕiɑŋ Γ$_{55}$

模样。

例：看你这穷长相。（看你这穷模样儿。）

长疔　tɕiɑŋ ˨˩˦˧˥$_{35}$　tiŋ ˧˩$_{31}$

长辈　tɕiɑŋ ˨˩˦$_{214}$　pei ˥$_{55}$

将媳妇　tɕiɑŋ ˥$_{55}$　ɕi ˨˩˦$_{214}$　fu Γ$_{55}$

娶亲。

胀　tɕiɑŋ ˥$_{55}$

涨潮　tɕiɑŋ ˨˩˦$_{214}$　tɕ‘iɑo ˥$_{55}$

酱油　tɕiɑŋ ˥$_{55}$　iu ˧˩$_{31}$

（烟台一般用“清酱”，参见171页“清酱”条。）

酱咸菜　tɕiɑŋ ˥$_{55}$　ɕian ˥˧˩$_{31}$　ts‘aɛ ˥$_{55}$

酱瓜等用酱油或面酱泡制的咸菜。

酱黄瓜 tɕiaŋ ˥꜔꜖$_{31}$ xuaŋ ˥$_{55}$ kua ꜔꜖$_{31}$

杖子 tɕiaŋ ˥$_{55}$ rə ꜔꜖$_{31}$

篱笆。

精 tɕiŋ ˧˩$_{31}$

精明。

净梢净梢的 tɕiŋ ˥$_{55}$ ɕiao ˧˩$_{31}$ tɕiŋ ˥$_{55}$ ɕiao ˧˩$_{31}$ ti ꜕꜖$_{21}$

很薄。

井 tɕiŋ ˨˩˦$_{214}$

整天 tɕiŋ ˨˩˦꜓$_{35}$ t‘ian ˧˩$_{31}$

整年 tɕiŋ ˨˩˦꜓$_{35}$ ȵian ˧˩$_{31}$

静 tɕiŋ ˥$_{55}$

安静。

正月 tɕiŋ ˧˩$_{31}$ yø ꜕꜖$_{21}$

正月十五 tɕiŋ ˧˩$_{31}$ yø ꜕꜖$_{21}$ ɕi ˥$_{55}$ u ꜔꜖$_{31}$

正房 tɕiŋ ˥$_{55}$ faŋ ꜔꜖$_{31}$

正派 tɕiŋ ˥$_{55}$ p‘aɛ ꜔꜖$_{31}$

正当 tɕiŋ ˥$_{55}$ taŋ ꜔꜖$_{31}$

东西放得正。

正过的了 tɕiŋ ˥꜔꜖$_{31}$ kuo ˥$_{55}$ ti ꜔꜖$_{31}$ la ꜕꜖$_{21}$

不可能。表示与说话对方相反的意思。

例：甲：你到山上去，当不了有蛇咬你。

乙：正过的了，那〔ȵie〕哪能。

正理八经的 tɕiŋ ˥$_{55}$ li ꜔꜖$_{31}$ pa ˨˩˦꜒$_{55}$ ciŋ ˨˩˦$_{214}$ ti ꜒$_{55}$

正正经经的。

tɕʻ

车　tɕʻie ˧˩31

车厢　tɕʻie ˧˩˧˥35　ɕiaŋ ˧˩31

车架子　tɕʻie ˧˩31　cia ˥55　rə ˨˩31

车轮儿　tɕʻie ˧˩31　lənr ˥55

车轴儿　tɕʻie ˧˩31　tɕiur ˨˩˦214

雀斑　tɕʻyø ˨˩˦˧˥35　pan ˧˩31

妻子　tɕʻi ˧˩31　rə ˨˩21

吃　tɕʻi ˨˩˦214

吃面　tɕʻi ˨˩˦214　mian ˥55

吃药　tɕʻi ˨˩˦˥˥55　yø ˨˩˦214

吃素　tɕʻi ˨˩˦214　su ˥55

吃斋　tɕʻi ˨˩˦˧˥35　tsaɛ ˧˩31

吃素。

吃花斋　tɕʻi ˨˩˦214　xua ˨˩˦˧˥35　tsaɛ ˧˩31

有间断的吃斋。

吃长斋　tɕʻi ˨˩˦214　tɕʻiaŋ ˥55　tsaɛ ˧˩31

吃荤　tɕʻi ˨˩˦214　xun ˥55

尺　tɕʻi ˨˩˦214

沏茶　tɕʻi ˨˩˦214　tsʻa ˥55

黢紫　tɕʻy ˧˩31　tsɿ ˨˩˦214

很紫。

黢黑　tɕʻy ˧˩31　xɤ ˨˩˦214

出家　tɕʻy ˨˩˦˥˥55　cia ˧˩31

出殡 tɕʻy ˨˩˦214 pin ˥55

出门儿 tɕʻy ˧˥35 mənr ˧˩31

出嫁。

出门的了 tɕʻy ˧˥35 mən ˧˩31 ti ˧˩31 la ˨˩21

指妇女结过婚了。

出外 tɕʻy ˨˩˦214 uaɛ ˥55

在外地工作。

例：她男人出外了，家里劳力很缺。

出租 tɕʻy ˧˥35 tsu ˧˩31

厨房 tɕʻy ˧˩31 faŋ ˥55

处暑 tɕʻy ˥55 ɕy ˨˩˦214

悄悄的 tɕʻiao ˧˥35 tɕʻiao ˧˩31 ti ˨˩21

悄没声儿的 tɕʻiao ˧˩31 mu ˥55 ɕiŋr ˧˩31 ti ˨˩21

不言语。

悄没悄儿的 tɕʻiao ˧˩31 mu ˥55 tɕʻiaor ˧˩31 ti ˨˩21

瞧得起 tɕʻiao ˥55 tɤ ˧˩31 cʻi ˨˩˦214

看得起，信赖。

嘲皮 tɕʻiao ˥55 pʻi ˧˩31

讽刺。

例：你又来嘲皮我。

潮水 tɕʻiao ˥55 sui ˨˩˦214

朝南 tɕʻiao ˥55 nan ˧˩31

秋天 tɕʻiu ˧˥35 tʻian ˧˩31

秋半头儿 tɕʻiu ˧˩31 pan ˨˩21 tʻour ˥55

秋天。

秋分 tɕʻiu ˧˥35 fən ˧˩31

抽屉　tɕʻiu ˧˩$_{31}$　tʻi ˨˩$_{21}$

抽烟　tɕʻiu ˧˩˧˥$_{35}$　ian ˧˩$_{31}$

丑　tɕʻiu ˨˩˦$_{214}$

臭　tɕʻiu ˥$_{55}$

臭豆腐　tɕʻiu ˥˧˩$_{31}$　tou ˥$_{55}$　fu ˧˩$_{31}$

浅　tɕʻian ˨˩˦$_{214}$

浅黄　tɕʻian ˨˩˦$_{214}$　xuaŋ ˥$_{55}$

浅蓝　tɕʻian ˧˩˧˥$_{35}$　lan ˧˩$_{31}$

钱　tɕʻian ˥$_{55}$

前天　tɕʻian ˥$_{55}$　tʻian ˧˩$_{31}$

前年　tɕʻian ˥$_{55}$　ȵian ˧˩$_{31}$

前后　tɕʻian ˥˧˩$_{31}$　xou ˥$_{55}$

前头　tɕʻian ˥$_{55}$　tʻou ˧˩$_{31}$

前台　tɕʻian ˥˧˩$_{31}$　tʻaɛ ˥$_{55}$

前门儿　tɕʻian ˥$_{55}$　mənr ˧˩$_{31}$

前七夼　tɕʻian ˥$_{55}$　tɕʻi ˨˩˦$_{214}$　kʻuaŋ ˥$_{55}$

地名，在烟台市东南，离城约二十来里。

全还　tɕʻyan ˥$_{55}$　xuan ˧˩$_{31}$

齐备、完整。

例：①这套东西都配全还了。

②你想的真全还。

亲戚　tɕʻin ˧˩$_{31}$　tɕʻi ˨˩$_{21}$

亲弟兄　tɕʻin ˧˩$_{31}$　ti ˥$_{55}$　ɕyŋ ˧˩$_{31}$

亲叔弟　tɕʻin ˧˩˧$_{33}$　ɕy ˨˩˦˨˩$_{21}$　ti ˥$_{55}$

叔伯兄弟。

亲姊妹　tɕʻin ˧˩˧$_{33}$　tsɿ ˨˩˦˨˩$_{21}$　mei ˥$_{55}$

趁早 tɕʻin ˥$_{55}$ tsɑo ˨˩˦$_{214}$

场 tɕʻiɑŋ ˨˩˦$_{214}$

地方。

例：①这块场。（这个地方。）

②一场戏。

场儿 tɕʻiɑŋr ˨˩˦$_{214}$

地方。

例：①这个场儿可以种蒜。

②这个场儿不好懂。（这部分或这个问题不好懂。）

场 tɕʻiɑŋ ˥$_{55}$

例：打场。

戗着风走 tɕʻiɑŋ ˧˩$_{31}$ rə ˨˩$_{21}$ fəŋ ˧˩$_{31}$ tsou ˨˩˦$_{214}$

迎着风走。

长虫 tɕʻiɑŋ ˥$_{55}$ tsʻuŋ ˧˩$_{31}$

长脖子 tɕʻiɑŋ ˥$_{55}$ po ˧˩$_{31}$ rə ˨˩$_{21}$

鹅。

长凳子 tɕʻiɑŋ ˥˧˩$_{31}$ təŋ ˥$_{55}$ rə ˧˩$_{31}$

长板凳 tɕʻiɑŋ ˥˧$_{33}$ pan ˨˩˦˨˩$_{21}$ təŋ ˥$_{55}$

常不常 tɕʻiɑŋ ˥˧$_{33}$ pu ˨˩$_{21}$ tɕʻiɑŋ ˥$_{55}$

经常。

唱歌 tɕʻiɑŋ ˥$_{55}$ kuo ˧˩$_{31}$

唱戏 tɕʻiɑŋ ˥˧˩$_{31}$ ɕi ˥$_{55}$

尝尝 tɕʻiɑŋ ˥$_{55}$ tɕʻiɑŋ ˧˩$_{31}$

呛着了 tɕʻiɑŋ ˥$_{55}$ rə ˧˩$_{31}$ la ˨˩$_{21}$

吃呛了。

青　tɕʻiŋ ˧˩31

　　例：青布（黑色的布）。

清酱　tɕʻiŋ ˧˩31　tɕiaŋ ˥˥55

　　酱油。

清明　tɕʻiŋ ˧˩31　miŋ ˨˩21

清早晨　tɕʻiŋ ˧˩˧˧33　tsɑo ˨˩˦˨˩21　tɕʻin ˥˥55

　　早晨。

青衣　tɕʻiŋ ˧˩˧˥35　i ˧˩31

清洁　tɕʻiŋ ˧˩31　cie ˨˩21

清鼻儿　tɕʻiŋ ˧˩31　pir ˥˥55

　　稀鼻涕。

青蛙子　tɕʻiŋ ˧˩31　uaɛ ˥˥55　rə ˧˩31

　　青蛙。（又说　tɕʻiŋ ˧˩31　ua ˥˥55　rə ˧˩31。）

青菜　tɕʻiŋ ˧˩31　tsʻaɛ ˥˥55

青萝贝　tɕʻiŋ ˧˩˧˥35　luo ˧˩31　pei ˨˩21

请客　tɕʻiŋ ˨˩˦˥˥55　kʻɤ ˨˩˦214

称　tɕʻiŋ ˥˥55

乘车　tɕʻiŋ ˥˥55　tɕʻie ˧˩31

亲家　tɕʻiŋ ˥˥55　cia ˧˩31

　　兼指亲家公、亲家母。

成衣铺　tɕʻiŋ ˥˥˧˧33　i ˧˩˨˩21　pʻu ˥˥55

盛饭　tɕʻiŋ ˥˥˧˩31　fan ˥˥55

城市　tɕʻiŋ ˥˥55　sɿ ˧˩31

城里　tɕʻiŋ ˥˥55　li ˨˩˦214

城里的人　tɕʻiŋ ˥˥55　li ˨˩˦214　ti ˥˥55　in ˧˩31

　　城里人。

ȵ

那儿 ȵier ˥$_{55}$

那样 ȵie ˥$_{55}$ iaŋ ˧˩$_{31}$

那么 ȵie ˥$_{55}$ mo ˧˩$_{31}$

难道。

例：那么你去了吗？（反问）

那个 ȵie ˥$_{55}$ kɤ ˧˩$_{31}$

那些 ȵie ˥$_{55}$ ɕie ˧˩$_{31}$

那哪能 ȵie ˥$_{55}$ na ˨˩˦$_{214}$ nəŋ ˥$_{55}$

怎么能，不应该。

你 ȵi ˨˩˦$_{214}$

你们 ȵi ˨˩˦$_{214}$ mən Γ$_{55}$

你大伙 ȵi ˨˩˦Γ$_{55}$ ta ˥$_{55}$ xuo ˨˩˦$_{214}$

你们。

呢子 ȵi ˥$_{55}$ rə ˧˩$_{31}$

青年人叫。（老年人叫 mi ˥$_{55}$ rə ˧˩$_{31}$，见102页。）

尼姑 ȵi ˥$_{55}$ ku ˧˩$_{31}$

女猫子 ȵy ˨˩˦Γ$_{35}$ mao ˧˩$_{31}$ rə ˧˩$_{21}$

母猫。

女方 ȵy ˨˩˦$_{214}$ faŋ Γ$_{55}$

女人 ȵy ˨˩˦$_{214}$ in Γ$_{55}$

女婿儿 ȵy ˨˩˦$_{214}$ ɕyr Γ$_{55}$

尿尿 ȵiao ˥˧˩$_{31}$ ȵiao ˥$_{55}$

小便（前一个尿为动词）。

尿钵子 ȵiao ˥˧˩$_{31}$ po ˨˩˦$_{214}$ rə Γ$_{55}$

尿盆。

尿罐子　ȵiɑo ˥˧˩$_{31}$　kuan ˥$_{55}$　rə ˧˩$_{31}$

牛　ȵiu ˧˩$_{31}$

牛犊　ȵiu ˧˩$_{31}$　tu ˨˩˦$_{214}$

牛崽　ȵiu ˧˩$_{31}$　tsaɛ ˨˩˦$_{214}$

牛犊。

牛角　ȵiu ˧˩$_{31}$　cia ˨˩˦$_{214}$

牛肉　ȵiu ˧˩$_{31}$　iu ˥$_{55}$

牛油　ȵiu ˧˩˧˥$_{35}$　iu ˧˩$_{31}$

牛槽　ȵiu ˧˩$_{31}$　ts'ɑo ˥$_{55}$

牛棚儿　ȵiu ˧˩$_{31}$　p'əŋr ˥$_{55}$

牛毛雨　ȵiu ˧˩˥$_{55}$　mɑo ˧˩˥$_{55}$　y ˨˩˦$_{214}$

毛毛雨。

年　ȵian ˧˩$_{31}$

年底儿　ȵian ˧˩$_{31}$　tir ˨˩˦$_{214}$

年底。

年初　ȵian ˧˩˧˥$_{35}$　ts'u ˧˩$_{31}$

年成　ȵian ˧˩$_{31}$　tɕ'iŋ ˨˩$_{21}$

黏　ȵian ˧˩$_{31}$

慢。

例：①他干活真黏。（他干活真慢。）

②他走路真黏。（他走路真慢。）

粘米　ȵian ˧˩$_{31}$　mi ˨˩˦$_{214}$

黍米。

埝儿　ȵianr ˨˩˦$_{214}$

地方。

例：这个埝儿可以种蒜。

撵着走了　ȵian ˨˩˦$_{214}$　ɾə Γ$_{55}$　tsou ˨˩˦$_{214}$　la Γ$_{55}$

赶走了。

撵出去　ȵian ˨˩˦$_{214}$　tɕʻy Γ$_{55}$　cʻy ⊢$_{31}$

碾　ȵian ˨˩˦$_{214}$

碾房　ȵian ˨˩˦$_{214}$　faŋ Γ$_{55}$

碾盘　ȵian ˨˩˦$_{214}$　pʻan ˥$_{55}$

碾台。

碾棍儿　ȵian ˨˩˦$_{214}$　kunr ˥$_{55}$

念书　ȵian ˥$_{55}$　ɕy ˧˩$_{31}$

念经　ȵian ˥$_{55}$　ciŋ ˧˩$_{31}$

念完了　ȵian ˥⊢$_{31}$　uan ˥$_{55}$　la ⊢$_{31}$

毕业了。

ɕ

写字儿　ɕie ˨˩˦$_{214}$　tsɿr ˥$_{55}$

卸车　ɕie ˥$_{55}$　tɕʻie ˧˩$_{31}$

斜　ɕie ˥$_{55}$

斜离　ɕie ˥$_{55}$　li ˧˩$_{31}$

描写人性格犟，使人讨厌。

例：这人挺斜离的，不听人劝。

舌头　ɕie ˥$_{55}$　tʻou ⊢$_{31}$

舌尖　ɕie ˥$_{55}$　tɕian ⊢$_{31}$

雪　ɕyø ˨˩˦$_{214}$

雪白　ɕyø ˨˩˦$_{214}$　po ˥$_{55}$

雪花儿　ɕyø ˧˥$_{35}$　xuar ˧˩$_{31}$

雪豆儿　ɕyø ˧˩$_{31}$　tour ˥$_{55}$

雪珠儿。

西　ɕi ˧˩$_{31}$

西头　ɕi ˧˩$_{31}$　t'ou ˥$_{55}$

西厢　ɕi ˧˥$_{35}$　ɕiaŋ ˧˩$_{31}$

西屋。

西瓜　ɕi ˧˩$_{31}$　kua ˨˩$_{21}$

西甜　ɕi ˧˩$_{31}$　t'ian ˥$_{55}$

很甜。

西医　ɕi ˧˥$_{35}$　i ˧˩$_{31}$

湿　ɕi ˨˩˦$_{214}$

式张　ɕi ˨˩˦$_{214}$　tɕiaŋ ˥$_{55}$

张狂，不老实。（用于年老人）

例：你有什么可式张的。

洗澡　ɕi ˥$_{55}$　tsao ˨˩˦$_{214}$

洗脸　ɕi ˥$_{55}$　lian ˨˩˦$_{214}$

洗脸盆儿　ɕi ˧$_{33}$　lian ˨˩$_{21}$　p'ənr ˥$_{55}$

媳妇儿　ɕi ˨˩˦$_{214}$　fur ˥$_{55}$

妻子（一般称较年轻的，年老的叫“老婆子”）。

媳妇子　ɕi ˨˩˦$_{214}$　fu ˥$_{55}$　rə ˧˩$_{31}$

儿媳妇。

十五　ɕi ˥$_{55}$　u ˧˩$_{31}$

例：正月十五

十五　ɕi ˥$_{55}$　u ˨˩˦$_{214}$

例：十五，十六。

十来个 ɕi ˥˧$_{33}$ lae ˥˨˩$_{21}$ kɤ ˥$_{55}$

十几个 ɕi ˥˧$_{33}$ ci ˨˩˦˨˩$_{21}$ kɤ ˥$_{55}$

十冬腊月 ɕi ˥$_{55}$ tuŋ ˧˩$_{31}$ la ˨˩˦$_{214}$ yø ˥$_{55}$

冬天。

食指 ɕi ˥$_{55}$ tsɿ ˨˩˦$_{214}$

食牙 ɕi ˥$_{55}$ ia ˧˩$_{31}$

大牙。

食堂 ɕi ˥˧˩$_{31}$ tʻaŋ ˥$_{55}$

细 ɕi ˥$_{55}$

细布 ɕi ˥˧˩$_{31}$ pu ˥$_{55}$

细高挑儿 ɕi ˥$_{55}$ kao ˧˩$_{31}$ tʻiaor ˨˩˦$_{214}$

又细又高的人。

拾 ɕi ˥$_{55}$

生（孩子）。

例：她昨天拾了个孩子。

拾粪 ɕi ˥˧˩$_{31}$ fən ˥$_{55}$

拾掇拾掇 ɕi ˥$_{55}$ tuo ˧˩$_{31}$ ɕi ˥$_{55}$ tuo ˧˩$_{31}$

石灰 ɕi ˥$_{55}$ xui ˧˩$_{31}$

石墩儿 ɕi ˥$_{55}$ tənr ˧˩$_{31}$

柱顶石。

石榴 ɕi ˥$_{55}$ liu ˧˩$_{31}$

席 ɕi ˥$_{55}$

世回尧 ɕi ˥˧˩$_{31}$ xui ˥$_{55}$ iao ˧˩$_{31}$

地名，在烟台市南，离城约八里地。

书 ɕy ˧˩$_{31}$

书房 ɕy ˧˩$_{31}$ faŋ ˨˩$_{21}$

学校。

舒索 ɕy ˧˩$_{31}$ suo ˨˩$_{21}$

舒服。

例：①我洗澡洗得很舒索。

②他肚子痛，吃了药后挺舒索的。

黍子 ɕy ˨˩˦$_{214}$ rə ˥$_{55}$

带皮的黍子。

叔 ɕy ˨˩˦$_{214}$

叔伯侄 ɕy ˨˩˦˧$_{33}$ pei ˧˩˨˩$_{21}$ tɕi ˥$_{55}$

树 ɕy ˥$_{55}$

树枝儿 ɕy ˥$_{55}$ tsʅr ˧˩$_{31}$

树枝。

树皮 ɕy ˥˧˩$_{31}$ p‘i ˥$_{55}$

树栽子 ɕy ˥$_{55}$ tsaɛ ˧˩$_{31}$ rə ˨˩$_{21}$

树苗。

树峦子 ɕy ˥$_{55}$ lan ˧˩$_{31}$ rə ˨˩$_{21}$

树林。

树阴凉 ɕy ˥$_{55}$ in ˧˩$_{31}$ liaŋ ˨˩$_{21}$

树阴地。

消肿 ɕiao ˧˩$_{31}$ tsuŋ ˨˩˦$_{214}$

消炎 ɕiao ˧˩$_{31}$ ian ˥$_{55}$

烧酒 ɕiao ˧˩$_{31}$ tɕiu ˨˩˦$_{214}$

白酒。

烧火 ɕiao ˧˩$_{31}$ xuo ˨˩˦$_{214}$

烧香 ɕiao ˧˩˧˥$_{35}$ ɕiaŋ ˧˩$_{31}$

烧七 ɕiao ˧˩$_{31}$ tɕ‘i ˨˩˦$_{214}$

过去人死后第七天、第十四天，第二十一天（以下类推，到四十九天）要上供，烧纸，叫烧七。

烧生日 ɕiɑo ⅃Ⱶ$_{35}$ səŋ ⅃$_{31}$ i Ⱶ$_{21}$

人死了不满三年，活着的人给死者做生日叫烧生日。

烧忌 ɕiɑo ⅃$_{31}$ ci ˥$_{55}$

人死去三年以后，活着的人给死者做生日，叫烧忌。

少 ɕiɑo ⅄$_{214}$

小 ɕiɑo ⅄$_{214}$

小月 ɕiɑo ⅄Γ$_{55}$ yø ⅄$_{214}$

小寒 ɕiɑo ⅄$_{214}$ xan ˥$_{55}$

小雪 ɕiɑo ⅄Γ$_{55}$ ɕyø ⅄$_{214}$

小暑 ɕiɑo ⅄Γ$_{55}$ ɕy ⅄$_{214}$

小满 ɕiɑo ⅄Γ$_{55}$ man ⅄$_{214}$

小端午 ɕiɑo ⅄Ⱶ$_{35}$ tan ⅃$_{31}$ u Ⱶ$_{21}$

五月初一。

小孩儿 ɕiɑo ⅄$_{214}$ xaɛr ˥$_{55}$

小闺女儿 ɕiɑo ⅄Ⱶ$_{35}$ kun ⅃$_{31}$ ɳyr Ⱶ$_{21}$

女孩子。

小叔子 ɕiɑo ⅄$_{214}$ ɕy ⅄Γ$_{55}$ rə Ⱶ$_{31}$

小姑子 ɕiɑo ⅄$_{214}$ ku ⅃Γ$_{55}$ rə Ⱶ$_{31}$

小偷儿 ɕiɑo ⅄Ⱶ$_{35}$ t'our ⅃$_{31}$

小门指头 ɕiɑo ⅄$_{214}$ mən Γ$_{55}$ tsʅ ⅄$_{214}$ t'ou Γ$_{55}$

小拇指。

小辫子 ɕiɑo ⅄$_{214}$ pian ˥$_{55}$ rə Ⱶ$_{31}$

①小头发辫。②人的短处。

小麦 ɕiɑo ⅄Γ$_{55}$ mo ⅄$_{214}$

小米儿　ɕiao ˨˩˦˥$_{55}$　mir ˨˩˦$_{214}$

小米儿饭　ɕiao ˨˩˦˧$_{33}$　mir ˨˩˦˨˩$_{21}$　fan ˥$_{55}$

小米稀饭。（小米做的干饭叫小米干饭。）

小裤　ɕiao ˨˩˦$_{214}$　k'u ˥$_{55}$

老人说短裤。

小板凳儿　ɕiao ˨˩˦˧$_{33}$　pan ˨˩˦˨˩$_{21}$　təŋr ˥$_{55}$

小鸡儿　ɕiao ˨˩˦˧˥$_{35}$　cir ˧˩$_{31}$

小鸡。

小驴儿　ɕiao ˨˩˦˧˥$_{35}$　lyr ˧˩$_{31}$

小山　ɕiao ˨˩˦˧˥$_{35}$　san ˧˩$_{31}$

丘。

小道儿　ɕiao ˨˩˦$_{214}$　taor ˥$_{55}$

小蓬莱儿　ɕiao ˨˩˦$_{214}$　p'əŋ ˥$_{55}$　laɛr ˧˩$_{31}$

烟台名胜之一，在毓璜顶上。

小气　ɕiao ˨˩˦$_{214}$　c'i ˥$_{55}$

小心　ɕiao ˨˩˦$_{214}$　ɕin ˥$_{55}$

小产了　ɕiao ˨˩˦˥$_{55}$　san ˨˩˦$_{214}$　la ˥$_{55}$

小小不然的　ɕiao ˨˩˦˥$_{55}$　ɕiao ˧˩$_{31}$　pu ˨˩$_{21}$　ian ˧˩$_{31}$　ti ˨˩$_{21}$

小事儿，不值得说。

例：小小不然的，病不要紧。

笑　ɕiao ˥$_{55}$

笑话　ɕiao ˥$_{55}$　xua ˧˩$_{31}$

开玩笑。

例：我说了说话，你就生气了。

销货员　ɕiao ˧˩˧$_{33}$　xuo ˥˨˩$_{21}$　yan ˥$_{55}$

售货员。

收工 ɕiu ˨˦35 kuŋ ˧31

收割机 ɕiu˧31 kɤ ˨˦35 ci ˧31

收音机 ɕiu˧31 in ˨˦35 ci ˧31

收拾 ɕiu ˧31 ɕi ˨21

收拾庄稼 ɕiu ˧31 ɕi ˨21 tsuaŋ ˧31 cia ˨21

收割庄稼。

收生 ɕiu ˨˦35 səŋ ˧31

接生。

收生婆 ɕiu ˧33 səŋ ˨21 pʻo ˥55

接生的妇女。

收岁钱 ɕiu ˧31 sei ˥55 tɕʻian ˧31

手 ɕiu ˨214

手心 ɕiu ˨˦35 ɕin ˧31

手背 ɕiu ˨214 pei ˥55

手指头 ɕiu ˧33 tsɿ ˨21 tʻou ˥55

手掌 ɕiu ˥55 tɕiaŋ ˨214

手巴掌 ɕiu ˨˦35 pa ˧31 tɕiaŋ ˨21

手套。

手巾 ɕiu ˨214 cin ˥55

手套 ɕiu ˨214 tʻɑo ˥55

手镏儿 ɕiu ˨˦35 liur ˧31

无花的戒指。

手脖子 ɕiu ˧31 po ˥55 rə ˧31

①毛腕。②把柄。

例：这次我可抓着你的手脖子啦。

守灵　ɕiu ˨˩˦$_{214}$　liŋ ˥$_{55}$

袖　ɕiu ˥$_{55}$

袖子。

搧　ɕian ˧˩$_{31}$

打耳光。

例：狠狠地搧了他一下。

癣　ɕian ˨˩˦$_{214}$

□　ɕian ˥$_{55}$

淡。

线衣　ɕian ˥$_{55}$　i ˧˩$_{31}$

扇子　ɕian ˥$_{55}$　rə ˧˩$_{31}$

鳝鱼　ɕian ˥$_{55}$　y ˧˩$_{31}$

鲜花儿　ɕian ˧˥$_{35}$　xuar ˧˩$_{31}$

新　ɕin ˧˩$_{31}$

新噌噌的　ɕin ˧˩$_{31}$　ts'əŋ ˥$_{55}$　ts'əŋ ˧˩$_{31}$　ti ˨˩$_{21}$

很新（用于形容衣服）。

例：她今天穿得新噌噌的。

新媳妇　ɕin ˧˩$_{31}$　ɕi ˨˩˦$_{214}$　fu ˥$_{55}$

新娘。

新女婿　ɕin ˧˩$_{31}$　ȵy ˨˩˦$_{214}$　ɕy ˥$_{55}$

新郎。

新正大月　ɕin ˧˩$_{31}$　tɕiŋ ˨˩$_{21}$　ta ˥$_{55}$　yø ˨˩˦$_{214}$

正月。

身体　ɕin ˧˩$_{31}$　t'i ˨˩$_{21}$

身量　ɕin ˧˩$_{31}$　liaŋ ˨˩$_{21}$

心焦木乱的　ɕi ˧˥$_{35}$　tɕiao ˧˩$_{31}$　mu ˨˩˦$_{214}$　lan ˥$_{55}$

ti ˨˩$_{31}$

心烦意乱的。

心口　ɕin ˧˩$_{31}$　kʻou ˨˩˦$_{214}$

心口疼　ɕin ˧˧$_{33}$　kʻou ˨˩$_{21}$　tʻəŋ ˥˥$_{55}$

胃痛。

心慌慌　ɕin ˧˥$_{35}$　xuaŋ ˧˩$_{31}$　xuaŋ ˨˩$_{21}$

心慌不安定。

深　ɕin ˧˩$_{31}$

深蓝　ɕin ˧˥$_{35}$　lan ˧˩$_{31}$

婶儿　ɕinr ˨˩˦$_{214}$

信　ɕin ˥˥$_{55}$

信服　ɕin ˥˥$_{55}$　fu ˨˩$_{31}$

佩服。

例：我真信服他的记性好。

寻思　ɕin ˥˥$_{55}$　sɿ ˧˩$_{31}$

想、考虑。

寻无常　ɕin ˧˧$_{33}$　u ˨˩$_{21}$　tɕʻiaŋ ˥˥$_{55}$

自杀。

什么　ɕin ˥˥$_{55}$　mo ˨˩$_{31}$

箱子　ɕiaŋ ˧˩$_{31}$　rə ˨˩$_{21}$

商人　ɕiaŋ ˧˩$_{31}$　in ˨˩$_{21}$

商店　ɕiaŋ ˧˩$_{31}$　tian ˥˥$_{55}$

伤风　ɕiaŋ ˧˥$_{35}$　fəŋ ˧˩$_{31}$

想着　ɕiaŋ ˨˩˦$_{214}$　rə ˥˥$_{55}$

记着。

晌午　ɕiaŋ ˨˩˦$_{214}$　u ˥˥$_{55}$

中午。

晌饭　ɕiaŋ ˨˩˦$_{214}$　fan ˥$_{55}$

午饭。

上地　ɕiaŋ ˥˧˩$_{31}$　ti ˥$_{55}$

到地里去干活。多数人说“上山”。

上山　ɕiaŋ ˥$_{55}$　san ˧˩$_{31}$

到地里去干活，与“上地”同义。

上班　ɕiaŋ ˥$_{55}$　pan ˧˩$_{31}$

上北　ɕiaŋ ˥$_{55}$　po ˨˩˦$_{214}$

往北，向北。

上半月　ɕiaŋ ˥$_{55}$　pan ˥$_{55}$　yø ˨˩˦$_{214}$

上头　ɕiaŋ ˥$_{55}$　t‘ou ˧˩$_{31}$

上吊　ɕiaŋ ˥˧˩$_{31}$　tiao ˥$_{55}$

上坟　ɕiaŋ ˥˧˩$_{31}$　fən ˥$_{55}$

上寿　ɕiaŋ ˥˧˩$_{31}$　ɕiu ˥$_{55}$

做寿。

上眼　ɕiaŋ ˥˧˩$_{31}$　ian ˨˩˦$_{214}$

引人注目，显著。

例：你把标语贴在上眼的地方。

上夼　ɕiaŋ ˥$_{55}$　k‘uaŋ ˨˩˦$_{214}$

地名，在烟台市东南，离城约三、四里地。

橡皮　ɕiaŋ ˥˧˩$_{31}$　p‘i ˥$_{55}$

象棋　ɕiaŋ ˥˧˩$_{31}$　c‘i ˥$_{55}$

相配　ɕiaŋ ˥˧˩$_{31}$　p‘ei ˥$_{55}$

般配。

例：他两个很相配。

相比是 ɕiaŋ ˥$_{55}$ pi ˨˩˦$_{214}$ sɿ ˥$_{55}$

比如，比方。（参见217页“好比”条）

相好的 ɕiaŋ ˥$_{55}$ xɑo ˨˩˦$_{214}$ ti ˥$_{55}$

指有不正当关系男女中的一方。

星儿 ɕiŋr ˧˩$_{31}$

升 ɕiŋ ˧˩$_{31}$

绳子 ɕiŋ ˥$_{55}$ rə ˨˩$_{31}$

松花 ɕyŋ ˧˩$_{31}$ xua ˨˩$_{21}$ 又：

ɕyŋ ˧˩˧˥$_{35}$ xua ˧˩$_{31}$

松树 ɕyŋ ˧˩$_{31}$ ɕy ˨˩$_{21}$

松鼠 ɕyŋ ˧˩$_{31}$ ɕy ˨˩˦$_{214}$

c

家 cia ˧˩$_{31}$

家口 cia ˧˩$_{31}$ k‘ou ˨˩˦$_{214}$

家里的人口，一家老小。

家雀 cia ˧˩$_{31}$ tɕ‘yø ˨˩˦$_{214}$

夹袄 cia ˨˩˦˥$_{55}$ ɑo ˨˩˦$_{214}$

夹裤 cia ˨˩˦$_{214}$ k‘u ˥$_{55}$

夹生 cia ˨˩˦$_{214}$ səŋ ˥$_{55}$

夹肘窝 cia ˨˩˦˨˩$_{31}$ tɕiu ˨˩˦˧˥$_{35}$ uo ˧˩$_{31}$

也称“夹肢窝”cia ˨˩˦˨˩$_{31}$ tsɿ ˧˩˧˥$_{35}$ uo ˧˩$_{31}$

架 cia ˥$_{55}$

一架机器。

角口　cia ˧˥$_{35}$　ku ˧˩$_{31}$

一般指墙角，也说“**墙角口**”。

价钱　cia ˥˥$_{55}$　tɕʻian ˧˩$_{31}$

嫁妆　cia ˥˥$_{55}$　tsuaŋ ˧˩$_{31}$

嫁人家　cia ˥˥$_{55}$　in ˧˩$_{31}$　cia ˨˩$_{21}$

改嫁（第一次结婚叫“出门子”tɕy ˧˥$_{35}$　mən ˧˩$_{31}$　rə ˨˩$_{21}$

或“出门儿”tɕy ˧˥$_{35}$　mənr ˧˩$_{31}$）。

结实　cie ˧˩$_{31}$　ɕi ˨˩$_{21}$

一般指老年人身体健康。

例：这老人还挺结实。

芥末面儿　cie ˥˥$_{55}$　mo ˧˩$_{31}$　mianr ˥˥$_{55}$

芥末。

疥巴子　cie ˥˥$_{55}$　pa ˧˩$_{31}$　rə ˨˩$_{21}$

疥蛤蟆。

脚　cyø ˨˩˦$_{214}$

脚趾头　cyø ˧˧$_{33}$　tsɿ ˨˩$_{21}$　tʻou ˥˥$_{55}$

脚趾盖儿　cyø ˧˧$_{33}$　tsɿ ˨˩$_{21}$　kaɛr ˥˥$_{55}$

脚后跟儿　cyø ˨˩˦$_{214}$　xou ˥˥$_{55}$　kənr ˧˩$_{31}$

口人　cyø ˥˥$_{55}$　in ˧˩$_{31}$

骂人。

例：小孩子不准口人。

鸡蛋　ci ˧˩$_{31}$　tan ˥˥$_{55}$

鸡杂　ci ˧˩$_{31}$　tsa ˥˥$_{55}$

鸡冠子　ci ˧˥$_{35}$　kuan ˧˩$_{31}$　rə ˨˩$_{21}$

鸡毛腚　ci ˧˥$_{35}$　mɑo ˧˩$_{31}$　tiŋ ˥˥$_{55}$

指拍马屁和学舌的人，象鸡毛一样轻浮。

例：××是个鸡毛腚。

鸡布□　ci ↓₃₁　pu ˥₅₅　tsʻ1 ↗₃₁

鸡胗。

鸡笼子　ci ↓₃₁　luŋ ˥₅₅　rə ↗₃₁

鸡毛掸子　ci ↓ᴦ₅₅　mɑo ↓ᴦ₅₅　tan ↙₂₁₄　rə ᴦ₅₅

饥荒　ci ↓₃₁　xuɑŋ ↗₂₁

债。还含"灾荒"、"艰年"义。

例：拉下那么些饥荒，真愁人！

饥困　ci ↓₃₁　kʻun ↗₂₁

饿。

例：他饥困了，我不饥困。

肌肉　ci ↓₃₁　iu ˥₅₅

机谋　ci ↓₃₁　mu ↗₂₁

多此一举的习惯、毛病、顾虑。

例：①看你些机谋，今天桌子干净，你还擦它干什么？

②看你些机谋，吃了怕什么？

机械化　ci ↓ᴦ₃₃　ɕiaɛ ᴦ↗₂₁　xua ˥₅₅

急病　ci ↙₂₁₄　piŋ ˥₅₅

几辈儿　ci ↙₂₁₄　peir ˥₅₅

辈数。

忌讳　ci ˥₅₅　xui ↗₃₁

寄信　ci ᴦ↗₃₁　ɕin ˥₅₅

记着　ci ˥₅₅　rə ↗₃₁

含有想念的意思。

例：你忘了我，我可记着你。

□□　cy ˨˩˦$_{214}$　ci ˥$_{55}$

告诉，嘱咐。

例：①我揪着耳朵□□你，你都忘了。

②你□□好了，别叫他忘了。

菊花　cy ˨˩˦$_{214}$　xua ˥$_{55}$

橘子　cy ˨˩˦$_{214}$　rə ˥$_{55}$

举重　cy ˨˩˦$_{214}$　tsuŋ ˥$_{55}$

街　ciaɛ ˧˩$_{31}$

浇水　ciɑo ˧˩$_{31}$　sui ˨˩˦$_{214}$

交通　ciɑo ˧˩˧˥$_{35}$　t'uŋ ˧˩$_{31}$

□蓝　ciɑo ˧˩˧˥$_{35}$　lan ˧˩$_{31}$

很蓝。

胶水儿　ciɑo ˧˩$_{31}$　suir ˨˩˦$_{214}$

胶轮儿车　ciɑo ˧˩$_{31}$　lənr ˥˧˥$_{35}$　tɕ'ie ˧˩$_{31}$

胶皮鞋　ciɑo ˧˩˧$_{33}$　p'i ˥˨˩$_{21}$　çiaɛ ˥$_{55}$

胶鞋。

胶皮靴子　ciɑo ˧˩$_{31}$　p'i ˥˧˥$_{35}$　çyø ˧˩$_{31}$　rə ˨˩$_{21}$

长筒胶鞋。

铰　ciɑo ˨˩˦$_{214}$

剪。

例：铰一块布。

□瓜　ciɑo ˨˩˦$_{214}$　kua ˥$_{55}$

西葫芦。

叫　ciɑo ˥$_{55}$

被。

例：叫他打了。（被他打了。）

叫驴 ciɑo ˥$_{55}$ ly ˧˩$_{31}$

公驴。

叫喊 ciɑo ˥$_{55}$ xan ˨˩˦$_{214}$

喊叫。

教室 ciɑo ˥˩$_{31}$ ɕi ˥$_{55}$ 又$_{8}$

ciɑo ˥$_{55}$ ɕi ˨˩˦$_{214}$

九八九 ciu ˨˩˦$_{214}$ pa ˨˩˦˥$_{55}$ ciu ˨˩˦$_{214}$

小的。

例：喏，给你个九八九。

韭菜 ciu ˨˩˦$_{214}$ ts'aɛ ˥$_{55}$

旧 ciu ˥$_{55}$

间 cian ˧˩$_{31}$

一间房子。

坚实 cian ˧˩$_{31}$ ɕi ˨˩$_{21}$

坚固。

犍子 cian ˧˩$_{31}$ rə ˨˩$_{21}$

公牛。

艰年 cian ˧˥$_{35}$ ȵian ˧˩$_{31}$

严重的灾荒。

碱 cian ˨˩˦$_{214}$

拣起来 cian ˨˩˦$_{214}$ c'i ˥$_{55}$ laɛ ˧˩$_{31}$

间苗 cian ˧˥$_{35}$ miɑo ˧˩$_{31}$

件儿 cianr ˥$_{55}$

一件儿衣裳。

见天儿 cian ˥$_{55}$ t'ianr ˧˩$_{31}$

每天。

卷子 cyan $_{214}$ rə $_{55}$

用刀切的馒头，多为长方形。

金黄 cin $_{31}$ xuaŋ $_{55}$

金钩寨 cin $_{35}$ kou $_{31}$ tsaɛ $_{55}$

地名，在烟台市东，离城约二十来里。

今儿 cinr $_{31}$

今天。

今天 cin $_{35}$ t'ian $_{31}$

今年 cin $_{31}$ ȵian $_{21}$

近 cin $_{55}$

近便 cin $_{55}$ pian $_{31}$

距离近。

近便道儿 cin $_{55}$ pian $_{31}$ taor $_{21}$

近路。

妗姆 cin $_{55}$ mu $_{31}$

舅母。

姜 ciaŋ $_{31}$

江豆 ciaŋ $_{31}$ tou $_{21}$

缰绳 ciaŋ $_{31}$ ɕiŋ $_{21}$

江菠菜 ciaŋ $_{33}$ po $_{21}$ ts'aɛ $_{55}$

海带。

讲台 ciaŋ $_{214}$ t'aɛ $_{55}$

糨 ciaŋ $_{55}$

浆糊。

犟 ciaŋ $_{55}$

例：光犟（不听劝说又不讲话）。

犟嘴　ciaŋ ˥$_{55}$　tsei ˨˩˦$_{214}$

小孩不听话，顶嘴。

惊蛰　ciŋ ˧˩$_{31}$　tøie ˥$_{55}$

竞走　ciŋ ˨˩˦˥$_{55}$　tsou ˨˩˦$_{214}$

镜子　ciŋ ˥$_{55}$　rə ˨˩$_{31}$

C'

卡克　c'ia ˨˩˦˥$_{55}$　k'ɤ ˨˩$_{31}$

一种上衣。

掐　c'ia ˨˩˦$_{214}$

例：掐花。

口口　c'ie ˧˩$_{31}$　c'ie ˨˩$_{21}$

躺躺。

例：到炕上口口去。

茄子　c'ie ˥$_{55}$　rə ˨˩$_{31}$

缺席　c'yø ˨˩˦$_{214}$　øi ˥$_{55}$

起床　c'i ˨˩˦$_{214}$　ts'uaŋ ˥$_{55}$

起来了　c'i ˨˩˦$_{214}$　laɛ ˥$_{55}$　la ˨˩$_{31}$

汽水儿　c'i ˥$_{55}$　suir ˨˩˦$_{214}$

汽灯　c'i ˥$_{55}$　təŋ ˧˩$_{31}$

汽车　c'i ˥$_{55}$　tø'ie ˧˩$_{31}$

汽车道儿　c'i ˥˧$_{33}$　tø'ie ˧˩˨˩$_{21}$　taor ˥$_{55}$

公路。

棋盘　c'i ˥˨˩$_{31}$　p'an ˥$_{55}$

骑马　c'i ˥$_{55}$　ma ˨˩˦$_{214}$

奇山所　c'i ˥$_{55}$　san ˧˩$_{31}$　suo ˨˩˦$_{214}$

所城的旧称（参见155页“所城”条）。

区区芽　c'y ˧˩$_{31}$　c'y ˧˩˧˥$_{35}$　ia ˧˩$_{31}$

区区菜（一种野菜）。

曲蟮　c'y ˨˩˦$_{214}$　ɕie ˥$_{55}$

蚯蚓。

去年　c'y˥$_{55}$　ȵian ˧˩$_{31}$

去火　c'y˥$_{55}$　xuo ˨˩˦$_{214}$

巧　c'iɑo ˨˩˦$_{214}$

灵巧。

桥　c'iɑo ˥$_{55}$

桥上　c'iɑo ˥$_{55}$　ɕiɑŋ ˧˩$_{31}$

地名，在烟台市西，离城约六里地。

荞麦　c'iɑo ˥$_{55}$　mo ˧˩$_{31}$

球　c'iu ˥$_{55}$

球鞋　c'iu ˥˧˩$_{31}$　çiaɛ ˥$_{55}$

铅笔　c'ian ˧˩$_{31}$　pi ˨˩˦$_{214}$

欠账　c'ian ˥˧˩$_{31}$　tɕiɑŋ ˥$_{55}$

芡子　c'ian ˥$_{55}$　rə ˧˩$_{31}$

炸鱼等食物时用的稀面。

钳子　c'ian ˥$_{55}$　rə ˧˩$_{31}$

颧骨　c'yan ˥$_{55}$　ku ˨˩˦$_{214}$

芹菜　c'in ˥$_{55}$　ts'aɛ ˧˩$_{31}$

裙子　c'yn ˥$_{55}$　rə ˧˩$_{31}$

穷干溜净　c'yŋ ˥$_{55}$　kan ˧˩$_{31}$　liu ˧˩$_{31}$　tɕiŋ ˥$_{55}$

例：我什么也没有，穷干溜净的。

ç

虾 çia ˧˩$_{31}$

虾米 çia ˧˩$_{31}$ mi ˨˩˦$_{214}$

虾皮儿（用小虾晒的，没去皮）。

虾仁儿 çia ˧˥$_{35}$ inr ˧˩$_{31}$

虾仁面儿 çia ˧˥$_{35}$ inr ˧˩$_{31}$ mianr ˥$_{55}$

瞎子 çia ˨˩˦$_{214}$ rə ˥$_{55}$

瞎了 çia ˨˩˦$_{214}$ la ˥$_{55}$

①坏了。②人完了。③丢了。④少了。

例：①今年雨水不好，庄稼都瞎了。

②这个人算瞎了，走上下坡道上去了。

③钢笔瞎了，找不到了。

④这个人管什么事都瞎不了他。

瞎话 çia ˨˩˦$_{214}$ xua ˥$_{55}$

谎话。

瞎大胡疵的 çia ˨˩˦$_{214}$ ta ˥$_{55}$ xu ˥$_{55}$ tsʅ ˧˩$_{31}$ ti ˨˩$_{21}$

傻乎乎的，不长眼色。

例：他干点事儿瞎大胡疵的。

瞎瓜瓜的 çia ˨˩˦$_{214}$ kua ˧˥$_{35}$ kua ˧˩$_{31}$ ti ˨˩$_{21}$

傻乎乎的，爱说话。

例：他这个人瞎瓜瓜的，说起话来没个完。

下 çia ˥$_{55}$

①大批地摘(苹果等)。②动物生产。③动量词，打一下。

例：①今天全体社员在园里下苹果。

②牛下犊，鸡下蛋。

下头 çia ˥55 t'ou ˧˩31

下雨 çia ˥55 y ˨˩˦214

下雨天 çia ˥˧˩31 y ˨˩˦˧˥35 t'ian ˧˩31

下雪了 çia ˥55 øyø ˨˩˦214 la ˥55

下坑了 çia ˥˧˩31 k'ɑŋ ˥55 la ˧˩31

起床了（多指病好了）。

下棋 çia ˥˧˩31 c'i ˥55

下班 çia ˥55 pan ˧˩31

下葬 çia ˥˧˩31 tsɑŋ ˥55

下口儿 çia ˥55 cier ˧˩31

下帖子，换帖子。

下灰 çia ˥55 xui ˧˩31

去污。

例：碱比肥皂下灰。

下货 çia ˥˧˩31 xuo ˥55

①物品售出得很快。②动物的下水。

下半月 çia ˥55 pan ˥55 yø ˨˩˦214

下晚儿 çia ˥55 uanr ˨˩˦214

晚上。

下半晌 çia ˥55 pan ˧˩31 çiɑŋ ˨˩21

下午。

下口 çia ˥55 ts'aɛ ˧˩31

贪吃，眼馋（指小孩儿）。

例：这个小孩真下口，人家吃东西他跟着看。

下口赖 çia ˥55 ts'ɿ ˧˩31 laɛ ˥55

贪，眼馋（指大人，包括贪吃跟贪财物）。

夏至　çia ˥˧˩$_{31}$　tsɿ ˥$_{55}$

歇歇　çie ˨˩˦$_{214}$　çie ˥$_{55}$

歇憩　çie ˨˩˦$_{214}$　tɕʻi ˥$_{55}$

歇歇。

例：干活累了，歇憩歇憩。

蝎子　çie ˨˩˦$_{214}$　rə ˥$_{55}$

蝎虎子　çie ˨˩˦$_{214}$　xu ˥$_{55}$　rə ˧˩$_{31}$

壁虎。

学堂　çyø ˥˧˩$_{31}$　tʻɑŋ ˥$_{55}$

学校。

学生　çyø ˥$_{55}$　səŋ ˧˩$_{31}$

①泛指学生。②指上了学的儿女。

例：他家学生，俺家学生。（他家孩子，我家孩子。）

学徒的　çyø ˥˧˩$_{31}$　tʻu ˥$_{55}$　ti ˧˩$_{31}$

稀　çi ˧˩$_{31}$

希罕　çi ˧˩$_{31}$　xan ˨˩$_{21}$

喜欢。

例：①你看，这个孩子长得挺希罕人的。

②这两个小孩我希罕这个大的，不希罕那个小的。

希绿　çi ˧˩$_{31}$　lu ˨˩˦$_{214}$

很绿。

喜事儿　çi ˨˩˦$_{214}$　sɿr ˥$_{55}$

喜雀　çi ˨˩˦$_{214}$　tɕʻyø ˥$_{55}$

猫头鹰（青年人不叫）。

喜见　çi ˨˩˦˧˩$_{31}$　cian ˥$_{55}$

喜欢。

例：我不喜见你，上一边去。

畦子　çi ˥$_{55}$　rə ˧˩$_{31}$

菜畦子。

戏　çi ˥$_{55}$

在老年人中专指京戏。

虚言假套　çy ˧˩$_{31}$　ian ˨˩$_{21}$　cia ˨˩˦$_{214}$　t‘ɑo ˥$_{55}$

心口不一，言行不一。

许多　çy ˨˩˦˧˥$_{35}$　tuo ˧˩$_{31}$

鞋　çiaɛ ˥$_{55}$

鞋口　çiaɛ ˥$_{55}$　k‘ou ˨˩˦$_{214}$

鞋邦　çiaɛ ˥$_{55}$　pɑŋ ˧˩$_{31}$

鞋底儿　çiaɛ ˥$_{55}$　tir ˨˩˦$_{214}$

鞋带儿　çiaɛ ˥˧˩$_{31}$　taɛr ˥$_{55}$

鞋靸儿　çiaɛ ˥$_{55}$　sar ˨˩˦$_{214}$

拖鞋（编成的）。

鞋拔子　çiaɛ ˥˧˩$_{31}$　pa ˥$_{55}$　rə ˧˩$_{31}$

蟹子　çiaɛ ˥$_{55}$　rə ˧˩$_{31}$

枵　çiɑo ˧˩$_{31}$

薄。

例：①这纸真枵。

②这个棉袄太枵了，不暖和。

孝纯　çiɑo ˥$_{55}$　ts‘un ˧˩$_{31}$

孝顺。

孝子　çiɑo ˥$_{55}$　tsɿ ˨˩˦$_{214}$

孝妇　çiɑo ˥$_{55}$　fu ˧˩$_{31}$

再嫁的寡妇。

休老婆　çiu ˧˩$_{31}$　lɑo ˨˩˦$_{214}$　p‘o ˥$_{55}$

跟妻子离婚。

锨　çian ˧˩$_{31}$

锨板子骨　çian ˧˩$_{31}$　pan ˨˩˦$_{214}$　rə ˥$_{55}$　ku ˨˩˦$_{214}$

肩甲骨。

险　çian ˨˩˦$_{214}$

危险。

例：这件事太险了，你别去。

馅儿　çianr ˥$_{55}$

现金　çian ˥$_{55}$　cin ˧˩$_{31}$

闲拉　çian ˥$_{55}$　la ˧˩$_{31}$

谈天。

闲地　çian ˥˧˩$_{31}$　ti ˥$_{55}$

空地。

咸　çian ˥$_{55}$

咸盐　çian ˥$_{55}$　ian ˧˩$_{31}$

粗盐。

咸菜　çian ˥˧˩$_{31}$　ts‘aɛ ˥$_{55}$

咸鱼　çian ˥$_{55}$　y ˧˩$_{31}$

咸鸭蛋　çian ˥˧$_{33}$　ia ˨˩˦˨˩$_{21}$　tan ˥$_{55}$

楦头　çyan ˥$_{55}$　t‘ou ˧˩$_{31}$

鞋楦子。

玄了　çyan ˥$_{55}$　la ˧˩$_{31}$

了不起，好到不能再好了。

例：这地瓜长得玄了，三年也吃不完。

香 çiaŋ ˧˩

香菜 çiaŋ ˧˩ ts'aɛ ˥˥

香椿 çiaŋ ˧˥ ts'un ˧˩

老的香椿芽。

香椿树 çiaŋ ˧˧ ts'un ˨˩ øy ˥˥

香肠 çiaŋ ˧˩ tø'iaŋ ˥˥

香胰子 çiaŋ ˧˩ i ˥˥ rə ˧˩

香炉 çiaŋ ˧˥ lu ˧˩

乡下 çiaŋ ˧˩ çia ˨˩

农村。

乡下人 çiaŋ ˧˩ çia ˨˩ in ˧˩

兴许 çiŋ ˧˩ çy ˨˩˦

可能。

例：明天我兴许到学校里去。

行 çiŋ ˥˥

层。

例：①地上落了一行树叶。

②脱了一行皮。

行李 çiŋ ˥˥ li ˧˩

杏儿 çiŋr ˥˥

杏核 çiŋ ˧˩ ku ˥˥

杏仁儿。

胸脯 çyŋ ˧˩ p'u ˨˩˦

兄 çyŋ ˧˩

哥哥（面称为“哥哥”；背称为“俺兄”）。

兄媳妇 çyŋ ˧˩ øi ˨˩˦ fu ˥˥

弟媳妇。

兄弟 çyŋ ˧˩ 31 ti ˨˩ 21

弟弟。

k

疙瘩 ka ˧˩ 31 ta ˨˩ 21

①皮肤或肌肉上突起来的小块。②其它球形或块状的东西。

例：蚊子咬了我一口，起了疙瘩。

疙瘩汤 ka ˧˩ 31 ta ˧˥ 35 t'ɑŋ ˧˩ 31

嘎拉 ka ˧˩ 31 la ˨˩ 21

汗尿等留在布类上的痕迹。

例：满被子上尽是一块一块的嘎拉。

嘎达板儿 ka ˥ 55 ta ˥ 55 panr ˨˩˦ 214

拖鞋（木制的）。

嘎答老婆舌头 ka ˧˩ 31 ta ˨˩ 21 lɑo ˨˩˦ 214 p'o ˥ 55 çie ˥ 55 t'ou ˧˩ 31

拨弄是非。

割麦子 ka ˥ 55 mo ˨˩˦ 214 rə ˨˩ 21

轧伙 ka ˥ 55 xuo ˨˩˦ 214

①合伙。②同居。

例：①他俩轧伙去做买卖。

②他俩轧伙过了。

轧伙 ka ˨˩˦ 214 xuo ˥ 55

①交往。②招呼。

例：①他们轧伙得很好。

②我们轧伙齐了再走。

□□　ka ˨˩˦$_{214}$　ts‘a ˥$_{55}$

①鱼腮。②鱼腮的引申义：生命（鱼离了腮不能活）。

例：要了你的□□。（要了你的命。）

割裆裤　ka ˨˩˦˧$_{33}$　taŋ ˨˩˦˨˩$_{21}$　k‘u ˥$_{55}$

不开裆的裤子。

割下来　ka ˨˩˦$_{214}$　çia ˥$_{55}$　laɛ ˧˩$_{31}$

①用锯锯下来。②用刀割下来。

蛤儿　kar ˥$_{55}$

蛤蛎。

□□　ka ˥$_{55}$　ma ˧˩$_{31}$

大概。（也说　kan ˥$_{55}$　ma ˧˩$_{31}$。）

刮风　kua ˨˩˦˧˥$_{35}$　fəŋ ˧˩$_{31}$

寡妇　kua ˨˩˦$_{214}$　fu ˥$_{55}$

挂号　kua ˥˧˩$_{31}$　xao ˥$_{55}$

褂子　kua ˥$_{55}$　rə ˨˩$_{21}$

单的上衣。

挂面　kua ˥$_{55}$　mian ˧˩$_{31}$

挂挂着　kua ˥$_{55}$　kua ˧˩$_{31}$　rə ˨˩$_{21}$

记挂。

例：他病了，真挂挂着他。

□渣　kɤ ˧˩$_{31}$　tsa ˨˩$_{21}$

锅巴。

咯咯当子　kɤ ˧˩$_{31}$　kɤ ˨˩$_{21}$　taŋ ˥$_{55}$　rə ˨˩$_{21}$

蝌蚪。

疙瘩 kɤ ˨˩˦$_{214}$ ta ˥$_{55}$

比“疙瘩ka ˧˩$_{31}$ ta ˨˩$_{21}$”大的叫“kɤ ˨˩˦$_{214}$ ta ˥$_{55}$”。（参见198页“疙瘩 ka ˧˩$_{31}$ ta ˨˩$_{21}$”条。）

虼蚤 kɤ ˨˩˦$_{214}$ tsɑo ˥$_{55}$

旮旯儿 kɤ ˨˩˦$_{214}$ lour ˥$_{55}$

角落。

例：墙旮旯儿，炕旮旯儿。

搁下 kɤ ˨˩˦$_{214}$ çia ˥$_{55}$

放下。

□□人 kɤ ˥$_{55}$ iɑŋ ˨˩$_{31}$ in ˧˩$_{31}$

使人讨厌。（快读为 kɤ ˧$_{33}$ ɑŋ ˨˩$_{21}$ in ˧˩$_{31}$）

例：他就会哭，真□□人！

哥哥 kuo ˧˩$_{31}$ kuo ˨˩$_{21}$

锅台 kuo ˧˩$_{31}$ t'aɛ ˥$_{55}$

锅贴 kuo ˧˩$_{31}$ t'ie ˨˩˦$_{214}$

果木树 kuo ˨˩˦˧$_{33}$ mu ˨˩˦˨˩$_{21}$ ɕy ˥$_{55}$

果树。

个 kuo ˥$_{55}$

一个人儿。

过门 kuo ˥$_{55}$ mən ˧˩$_{31}$

出嫁。

过房 kuo ˥$_{55}$ fɑŋ ˨˩$_{31}$

过继。

过继 kuo ˥$_{55}$ ci ˨˩$_{31}$

过年儿 kuo ˥$_{55}$ ȵianr ˨˩$_{31}$

明年。

过年 kuo ˥$_{55}$ ȵian ˧˩$_{31}$

过春节。

过端午 kuo ˥$_{55}$ tan ˧˩$_{31}$ u ˨˩$_{21}$

过生日 kuo ˥$_{55}$ səŋ ˧˩$_{31}$ i ˨˩$_{21}$

过瘾 kuo ˥$_{55}$ in ˨˩˦$_{214}$

例：今天中午洗了个海澡，真过瘾！

过磅 kuo ˥˧˩$_{31}$ paŋ ˥$_{55}$

过道儿 kuo ˥˧˩$_{31}$ taor ˥$_{55}$

走廊。

姑 ku ˧˩$_{31}$

姑夫 ku ˧˩$_{31}$ fu ˨˩$_{21}$

沽渣 ku ˧˩$_{31}$ tsa ˨˩$_{21}$

水饺。

沽渣汤 ku ˧˩$_{31}$ tsa ˧˩˧˥$_{35}$ tʻaŋ ˧˩$_{31}$

疙瘩汤。

咕咕喵 ku ˧˩$_{31}$ ku ˧˩˧˥$_{35}$ miao ˧˩$_{31}$

猫头鹰。

例：不怕咕咕喵叫，就怕咕咕喵笑。

咕咕头 ku ˧˩$_{31}$ ku ˨˩$_{21}$ tʻou ˥$_{55}$

头顶上有一撮隆起的毛的鸡。

骨碌 ku ˧˩$_{31}$ lu ˨˩$_{21}$

一段，一块。

例：把刀鱼剁成一骨碌一骨碌的。

孤老子 ku ˧˩$_{31}$ lao ˨˩˦$_{214}$ rə ˥$_{55}$

老而无子女。

谷 ku ˨˩˦$_{214}$

谷雨 ku ⅃Γ₅₅ y ⅃₂₁₄

鼓 ku ⅃₂₁₄

骨头 ku ⅃₂₁₄ t'ou Γ₅₅

顾客 ku ˥₅₅ k'ɤ ⅃₂₁₄

鼓鼓囊囊 ku ⅃₂₁₄ ku Γ₅₅ naŋ ˥₅₅ naŋ ⊦₃₁

包或袋装东西很多的样子。

例：你书包里鼓鼓囊囊装的什么东西？

口口 ku ˥₅₅ yŋ ⊦₃₁

①活动。②慢慢地移动。

例：①你坐好，别口口。

②你看那是什么东西在那里口口。

改嫁 kaɛ ⅃₂₁₄ cia ˥₅₅

掴 kuaɛ ⅃₃₁

动，摸，碰。

例：他睡了，你别掴他。

蝈子 kuaɛ ⅃₃₁ rə ⊦₂₁

蝈蝈儿。

拐柱 kuaɛ ⅃₂₁₄ tøy ˥₅₅

胳膊肘儿。

拐棍儿 kuaɛ ⅃₂₁₄ kunr ˥₅₅

一般的手杖。

拐着 kuaɛ ⅃₂₁₄ rə Γ₅₅

挎着。

例：他胳膊上拐着个篮子。

闺女 kui ⅃₃₁ ȵiŋ ⊦₂₁

（女 ȵy ⅃₂₁₄，这里音 ȵiŋ ⊦₂₁。）

鬼画虎　kui ˨˩˦$_{214}$　xua ˥$_{55}$　xu ˨˩˦$_{214}$

把戏，花招。

例：那个人不可共事，鬼画虎太多了。

柜台　kui ˥˧˩$_{31}$　t'aɛ ˥$_{55}$

柜子　kui ˥$_{55}$　rə ˧˩$_{31}$

桂花　kui ˥$_{55}$　xua ˧˩$_{31}$

贵贱　kui ˥˧˩$_{31}$　tɕian ˥$_{55}$

无论如何。

例：这个事儿我贵贱不干。

高　kɑo ˧˩$_{31}$

高粱　kɑo ˧˩$_{31}$　liɑŋ ˨˩$_{21}$

高兴　kɑo ˧˩$_{31}$　ɕiŋ ˥$_{55}$

高跷　kɑo ˧˩˧˥$_{35}$　c'iɑo ˧˩$_{31}$

高跟儿鞋　kɑo ˧˩˧$_{33}$　kənr ˧˩˨˩$_{21}$　ɕiaɛ ˥$_{55}$

高跟儿皮鞋　kɑo ˧˩˧˥$_{35}$　kənr ˧˩$_{31}$　p'i ˥˧˩$_{31}$　ɕiaɛ ˥$_{55}$

高级社　kɑo ˧˩˧$_{33}$　ci ˧˩˨˩$_{21}$　ɕie ˥$_{55}$

膏药　kɑo ˧˩$_{31}$　yø ˨˩$_{21}$

勾死虫　kou ˧˩˧$_{33}$　sɿ ˨˩˦˨˩$_{21}$　ts'uŋ ˥$_{55}$

萤火虫。

够呛　kou ˥˧˩$_{31}$　tɕ'iɑŋ ˥$_{55}$

吃不消。

例：①担子太重，真够呛。

②担子太重，真够我呛的。

狗食　kou ˨˩˦$_{214}$　ɕi ˥$_{55}$

狗的食物。

狗食　kou ˨˩˦$_{214}$　ɕi ˥$_{55}$

小气。

例：这个人真狗食。

狗窝 kou ᐱ˥˧₃₅ uo ˧˩₃₁

狗熊 kou ᐱ₂₁₄ ɕyŋ ˥₅₅

熊。

干 kan ˧˩₃₁

干净 kan ˧˩₃₁ tɕiŋ ˨˩₂₁

干饭 kan ˧˩₃₁ fan ˥₅₅

干饭锅儿 kan ˧˩₃₁ fan ˥₅₅ kɤr ˧˩₃₁

干饭锅巴。

干干 kan ˧˩₃₁ kan ˨˩₂₁

指人瘦。

例：这人真干干啊！

干兄弟儿 kan ˧˩˧₃₃ ɕyŋ ˧˩˨₂₁ tir ˥₅₅

干姊妹儿 kan ˧˩˧₃₃ tsɿ ˧˩˨₂₁ meir ˥₅₅

干腿子 kan ˧˩₃₁ t'ei ᐱ₂₁₄ rə ˥₅₅

小腿。

干腿梁 kan ˧˩₃₁ t'ei ᐱ₂₁₄ liaŋ ˥₅₅

小腿的正面部分。

甘蔗 kan ˧˩₃₁ tɕie ˨˩₂₁

杆 kan ᐱ₂₁₄

一杆枪。

秆草 kan ᐱ₂₁₄ ts'ɑo ˥₅₅

谷秸。

赶海 kan ᐱ˥₅₅ xaɛ ᐱ₂₁₄

退潮时到海边去捕捉海物。

赶快的　kan ˨˩˦ $_{214}$　k'uaɛ ˥ $_{55}$　ti ˧˩ $_{31}$

赶紧儿的　kan ˨˩˦˥ $_{55}$　cinr ˨˩˦ $_{214}$　ti ˥ $_{55}$

快点儿。

赶车　kan ˨˩˦˧˥ $_{35}$　tɕ'ie ˧˩ $_{31}$

赶山　kan ˨˩˦˧˥ $_{35}$　san ˧˩ $_{31}$

赶庙会。

例：正月初九日市民上毓皇顶赶山。

赶集　kan ˨˩˦ $_{214}$　tɕi ˥ $_{55}$

赶明年　kan ˨˩˦ $_{214}$　miŋ ˥ $_{55}$　ȵian ˧˩ $_{31}$

到明年。

例：赶明年，我就中学毕业了。

棺材　kuan ˧˩ $_{31}$　ts'aɛ ˨˩ $_{21}$

关针　kuan ˧˩˧˥ $_{35}$　tɕin ˧˩ $_{31}$

别针。

管闲事儿　kuan ˨˩˦˧ $_{33}$　ɕian ˥˨˩ $_{21}$　sɿr ˥ $_{55}$

管理员　kuan ˨˩˦˧ $_{33}$　li ˨˩˦˨˩ $_{21}$　yan ˥ $_{55}$

管理区　kuan ˨˩˦ $_{214}$　li ˥ $_{55}$　c'y ˧˩ $_{31}$

罐绳　kuan ˥ $_{55}$　ɕiŋ ˧˩ $_{31}$

辘轳上用的或一般打水用的绳子。

根　kən ˧˩ $_{31}$

一根头发。

根儿　kənr ˧˩ $_{31}$

例：树根儿多不多？

艮　kən ˨˩˦ $_{214}$

①做事情不痛快，不干脆。②食物不脆。

例：①这个人真艮，管什么都不痛快。

②花生米一受潮湿就犯艮。

滚热　kun ˩˥₅₅ ie ˩₂₁₄

刚才　kaŋ ˥₃₁ tsʻaɛ ˥₅₅

钢笔　kaŋ ˩˥₅₅ pi ˩₂₁₄

钢笔水　kaŋ ˩˥₅₅ pi ˩˥₅₅ sui ˩₂₁₄

□硬　kaŋ ˥₃₁ iŋ ˥₅₅

　　很硬。

□率　kaŋ ˩₂₁₄ suaɛ ˥₅₅

　　很好，很漂亮。

　　例：这个人口率。

□　kaŋ ˥₅₅

　　好，好到值得赞叹，多指吃的东西。

　　例：这菜真口。

杠子头　kaŋ ˥₅₅ rə ˥₃₁ tʻou ˥₂₁

　　①硬面火烧。②指固执好抬杠的人。

光棍儿　kuaŋ ˥₃₁ kunr ˥₅₅

光□儿　kuaŋ ˩˥₃₅ tuor ˥₃₁

　　老是。

　　例：他光□儿真爱笑。

□□　kuaŋ ˥₃₁ tɕʻia ˥₂₁

　　铍。

广播台　kuaŋ ˩˦₃₃ po ˥˥₂₁ tʻaɛ ˥₅₅

广播站　kuaŋ ˩˦₃₃ po ˥˥₂₁ tsan ˥₅₅

逛梨花儿　kuaŋ ˥˥₃₁ li ˥₃₅ xuar ˥₃₁

　　春游。

耕地　kəŋ ˥₃₁ ti ˥₅₅

耕畜　kəŋ ˧˩$_{31}$　ts‘u ˥$_{55}$

工人　kuŋ ˧˩$_{31}$　in ˨˩$_{21}$

工分儿　kuŋ ˧˥$_{35}$　fənr ˧˩$_{31}$

公公　kuŋ ˧˩$_{31}$　kuŋ ˨˩$_{21}$

丈夫的父亲。

功夫　kuŋ ˧˩$_{31}$　fu ˨˩$_{21}$

武艺。

例：年青时，他学过三年功夫。

□□　kuŋ ˧˩$_{31}$　ian ˥$_{55}$

统共。

例：□□那么一点东西，哪够一车装的。

公鸡　kuŋ ˧˩$_{31}$　ci ˨˩$_{21}$

公羊　kuŋ ˧˥$_{35}$　iaŋ ˧˩$_{31}$

宫家岛　kuŋ ˥$_{55}$　cia ˥$_{55}$　tɑo ˨˩˦$_{214}$

地名，在烟台市西南部，离城约十八里。

□子　kuŋ ˨˩˦$_{214}$　rə ˥$_{55}$

大麦。

k‘

咯出来　k‘a ˧˩$_{31}$　tø‘y ˨˩$_{21}$　laɛ ˨˩$_{21}$

食物在喉部卡着了，用咳嗽把它咳出来。

卡其　k‘a ˨˩˦$_{214}$　ci ˥$_{55}$

（其　c‘i ˥$_{55}$，这里音 ci ˥$_{55}$。）

瞌睡　k‘a ˨˩˦$_{214}$　sui ˥$_{55}$

□□　k‘a ˥$_{55}$　lou ˧˩$_{31}$

带油食品，时间久了走油变味。

例：油条□□了，真不好吃。

刮□　k'ua ˩˥₂₁₄　ts'a ˥₅₅

刮一刮。

例：锨头上有泥，你把它刮□一下。

科巴子　k'ɤ ˩₃₁　pa ˧₂₁　rə ˧₂₁

口吃者。

客栈　k'ɤ ˩˥₂₁₄　tsan ˥₅₅

从前较小的客店。

咳嗽　k'ɤ ˩˥₂₁₄　sou ˥₅₅

棵　k'uo ˩₃₁

一棵树。

颗　k'uo ˩₃₁

一颗炸弹。

□皮　k'uo ˥₅₅　p'i ˧₃₁

苍蝇卵。

骒马　k'uo ˥₅₅　ma ˩˥₂₁₄

母马。

课桌儿　k'uo ˥₅₅　tsuor ˩˥₂₁₄

课外活动　k'uo ˧˥₃₁　uaɛ ˥₅₅　xuo ˥₅₅　tuŋ ˧₃₁

窟窿　k'u ˩₃₁　luŋ ˧₂₁

苦　k'u ˩˥₂₁₄

苦马芽　k'u ˧˥₃₁　ma ˩˥₃₅　ia ˩₃₁

苦菜。

裤叉　k'u ˥₅₅　ts'a ˩˥₂₁₄

裤腰　k'u ˥$_{55}$　iɑo ˧˩$_{31}$

裤裆　k'u ˥$_{55}$　tɑŋ ˧˩$_{31}$

开学　k'aε ˧˩$_{31}$　çyø ˥$_{55}$

开除　k'aε ˧˩$_{31}$　tø'y ˥$_{55}$

开车的　k'aε ˧˩˧˥$_{35}$　tø'ie ˧˩$_{31}$　ti ˨˩$_{21}$

司机。

开方　k'aε ˧˩˧˥$_{35}$　fɑŋ ˧˩$_{31}$

扤　k'uaε ˨˩˦$_{214}$

搔。

例：用手扤扤痒儿。

块　k'uaε ˥$_{55}$

个，块。

例：一块故事、一块肉。

快　t'uaε ˥$_{55}$

快溜的　k'uaε ˥$_{55}$　liu ˧˩$_{31}$　ti ˨˩$_{21}$

马上。

筷子　k'uaε ˥$_{55}$　rə ˧˩$_{31}$

会计　k'uaε ˥$_{55}$　ci ˧˩$_{31}$

剋　k'ei ˧˩$_{31}$

训斥。

例：我叫他剋了一顿。

考试　k'ɑo ˨˩˦$_{214}$　sɿ ˥$_{55}$

考考儿　k'ɑo ˨˩˦˥$_{55}$　k'ɑor ˨˩˦$_{214}$

考试。

考取　k'ɑo ˨˩˦˥$_{55}$　tø'y ˨˩˦$_{214}$

烤火　k'ɑo ˨˩˦˥$_{55}$　xuo ˨˩˦$_{214}$

靠 k'ɑo ˥55

向，往。

例：顺着大道靠北走。

靠近 k'ɑo ˥˧31 cin ˥55

抠 k'ɑu ˧31

挖。

例：抠耳朵、抠个窟窿。

扣儿 k'our ˧31

口 k'ou ˨˩˦214

一口水，一口猪。

口琴 k'ou ˨˩˦214 c'in ˥55

口袋 k'ou ˨˩˦214 taɛ ˥55

用帆布做的长形袋，一般盛粮食用。

口粮 k'ou ˨˩˦214 liɑŋ ˥55

口重 k'ou ˨˩˦214 tsuŋ ˥55

菜咸。

例：今天的菜有点口重。

看着 k'an ˧31 rə ˨21

①监视。②照看。

例：①坏分子不老实，大家要好好地看着他们。

②你要好好的看着小孩，别碰着他。

看看 k'an ˥55 k'an ˧31

看见 k'an ˥55 cian ˧31

看不见 k'an ˥55 pu ˧31 cian ˥55

有东西挡着，看不到。（参见89页“不看见”条）

看书 k'an ˥55 ɕy ˧31

210

看灯　k'an ˥$_{55}$　təŋ ˧˩$_{31}$

看花灯　k'an ˥˧˩$_{31}$　xua ˧˩˧˥$_{35}$　təŋ ˧˩$_{31}$

看电影儿　k'an ˥$_{55}$　tian ˥$_{55}$　iŋr ˨˩˦$_{214}$

看人　k'an ˥$_{55}$　in ˧˩$_{31}$

看不起人儿　k'an ˥$_{55}$　pu ˨˩$_{21}$　c'i ˨˩˦$_{214}$　inr ˧˩$_{31}$

看嘴　k'an ˥$_{55}$　tsei ˨˩˦$_{214}$

嘴馋，看别人吃东西。

宽　k'uan ˧˩$_{31}$

康维爷的后人　k'ɑŋ ˧˩$_{31}$　ui ˨˩$_{21}$　ie ˥$_{55}$　ti ˧˩$_{31}$　xou ˥$_{55}$　in ˧˩$_{31}$

不听话，没出息的后人（一般指快成年的人）。

炕　k'ɑŋ ˥$_{55}$

炕头　k'ɑŋ ˥˧˩$_{31}$　t'ou ˥$_{55}$

炕单儿　k'ɑŋ ˥$_{55}$　tanr ˧˩$_{31}$

床单儿。

炕凉　k'ɑŋ ˥$_{55}$　liɑŋ ˧˩$_{31}$

炕很凉。

炕沿儿　k'ɑŋ ˥$_{55}$　ianr ˧˩$_{31}$

抗旱　k'ɑŋ ˥˧˩$_{31}$　xan ˥$_{55}$

筐驮子　k'uɑŋ ˧˩$_{31}$　t'uo ˥$_{55}$　rə ˧˩$_{31}$

一种专用于牲口驮的筐。

旷课　k'uɑŋ ˥˧˩$_{31}$　k'uo ˥$_{55}$

空　k'uŋ ˧˩$_{31}$

白白地。

例：空走了一趟。

空地　k'uŋ ˥˧˩$_{31}$　ti ˥$_{55}$

X

哈唬 xa ˧˩ 31 xu ˨˩ 21 又₂ xa 214 xu 55

吓唬。

喝汤 xa 35 t'ɑŋ 31

喝面汤 xa 214 mian 55 t'ɑŋ 31

喝茶 xa 214 ts'a 55

喝酒 xa 55 tɕiu 214

哈叭 xa 55 p'a 31

趴伏。

花儿 xuar 31

花心儿 xua 35 ɕinr 31

花瓣儿 xua 31 panr 55

花骨朵儿 xua 31 ku 214 tuor 55

蓓蕾。

花开头 xua 35 k'aɛ 31 t'ou 21

花蕊。

花生 xua 35 səŋ 31

花生油 xua 35 səŋ 31 iu 31

花生豆 xua 33 səŋ 21 tou 55

熟的或少量的生花生米。

花生米 xua 55 səŋ 55 mi 214

大量的生花生米。

花红 xua $_{31}$ xuŋ $_{21}$

花椒 xua $_{35}$ tɕiɑo $_{31}$

花轿 xua $_{31}$ ciɑo $_{55}$

哗啦杨 xua $_{33}$ la $_{21}$ iɑŋ $_{55}$

白杨树。

滑头 xua $_{31}$ t'ou $_{55}$

滑溜 xua $_{55}$ liu $_{31}$

滑学 xua $_{31}$ ɕyø $_{55}$

逃学旷课。

黑 xɤ $_{214}$

黑豆 xɤ $_{214}$ tou $_{55}$

黑夜 xɤ $_{214}$ ie $_{55}$

晚上。

黑板 xɤ $_{55}$ pan $_{214}$

黑眼珠 xɤ $_{31}$ ian $_{35}$ tɕy $_{31}$

黑瞎子 xɤ $_{55}$ ɕia $_{214}$ rə $_{55}$

熊。

黑老娃子 xɤ $_{33}$ lɑo $_{21}$ ua $_{55}$ rə $_{31}$

乌鸦。

黑板擦儿 xɤ $_{55}$ pan $_{55}$ ts'ar $_{214}$

黑郁郁的 xɤ $_{31}$ yø $_{35}$ yø $_{31}$ ti $_{21}$

黑而不大黑。

黑黢黢的 xɤ $_{31}$ tɕ'y $_{35}$ tɕ'y $_{31}$ ti $_{21}$

黑而不大黑。

核桃 xɤ $_{55}$ t'ɑo $_{31}$

黑灯瞎火的 xɤ $_{35}$ təŋ $_{31}$ ɕia $_{55}$ xuo $_{214}$

ti ˥$_{55}$

形容没有灯光的黑夜。

耠子　xuo ˧˩$_{31}$　rə ˨˩$_{21}$

一种一人拉一人扶的很原始的犁。

火车　xuo ˨˩˦˧˥$_{35}$　tɕ‘ie ˧˩$_{31}$

火烧　xuo ˨˩˦$_{214}$　ɕiɑo ˥$_{55}$

火油　xuo ˨˩˦˧˥$_{35}$　iu ˧˩$_{31}$

煤油。

火油灯　xuo ˨˩˦˧˩$_{31}$　iu ˥˧˥$_{35}$　təŋ ˧˩$_{31}$

火盐　xuo ˨˩˦˧˥$_{35}$　ian ˧˩$_{31}$

细白的盐。

霍乱　xuo ˨˩˦$_{214}$　lan ˥$_{55}$

河　xuo ˥$_{55}$

河底　xuo ˥$_{55}$　ti ˨˩˦$_{214}$

河涯儿　xuo ˥˧˩$_{31}$　iaɛr ˥$_{55}$

河岸。

河坝　xuo ˥˧˩$_{31}$　pa ˥$_{55}$

河蟹　xuo ˥$_{55}$　ɕiaɛ ˧˩$_{31}$

生长在河流中的蟹。

荷花　xuo ˥$_{55}$　xua ˧˩$_{31}$

和尚　xuo ˥$_{55}$　tɕ‘iɑŋ ˧˩$_{31}$

虎牙　xu ˨˩˦˥$_{55}$　ia ˧˩$_{31}$

虎口　xu ˨˩˦˥$_{55}$　k‘ou ˨˩˦$_{214}$

大拇指跟食指相连的部分。

忽□□儿　xu ˨˩˦$_{214}$　ta ˥$_{55}$　paŋr ˧˩$_{31}$

忽然。

例：他忽口口儿走了。

壶 xu ˥$_{55}$

护士 xu ˥$_{55}$ sʅ ˧˩$_{31}$

胡子 xu ˥$_{55}$ rə ˧˩$_{31}$

胡秫 xu ˥$_{55}$ ɕy ˧˩$_{31}$

高粱。

胡萝贝 xu ˥˧$_{33}$ luo ˧˩˨˩$_{21}$ pei ˥$_{55}$

护巾儿 xu ˥$_{55}$ cinr ˧˩$_{31}$

围嘴，长的，与小孩衣裳一般大。

胡琴儿 xu ˥$_{55}$ c'inr ˧˩$_{31}$

胡同儿 xu ˥˧˩$_{31}$ t'uŋr ˥$_{55}$

蝴蝶儿 xu ˥$_{55}$ tier ˧˩$_{31}$

狐狸 xu ˥$_{55}$ li ˧˩$_{31}$

胡 xu ˥$_{55}$

胡来。

煳了 xu ˥$_{55}$ la ˧˩$_{31}$

烧焦了，烙焦了。

例：饼烙煳了不好吃。

胡涂 xu ˥$_{55}$ tu ˧˩$_{31}$

（涂 t'u ˥$_{55}$，这里音 tu ˧˩$_{31}$。）

囫囵个儿 xu ˥$_{55}$ lən ˧˩$_{31}$ kər ˥$_{55}$

整个儿，完整。

海 xaɛ ˨˩˦$_{214}$

海水 xaɛ ˨˩˦˥$_{55}$ sui ˨˩˦$_{214}$

海边儿 xaɛ ˨˩˦˧˥$_{35}$ pianr ˧˩$_{31}$

海岸。

海带 xaε ˩214　taε ˥55

海蜇 xaε ˩214　tɕie ˥55

海棠 xaε ˩214　t'ɑŋ ˥55

海军帽 xaε ˧˥35　ɕyn ˩31　mɑo ˥55

害愁 xaε ˧˩31　ts'ou ˥55

　　发愁。

　　例：事情已经这样了，光害愁也没用。

害□ xaε ˧˩31　tan ˥55

　　害羞。

害臊 xaε ˧˩31　sɑo ˥55

害羞 xaε ˥55　ɕiu ˩31

害怕 xaε ˧˩31　p'a ˥55

坏 xuaε ˥55

坏天 xuaε ˥55　t'ian ˩31

　　①阴天。②雨天。

灰 xui ˩31

灰不楞登的 xui ˩31　pu ˧˩21　ləŋ ˧˥35　təŋ ˩31　ti ˧˩21

　　浅淡的灰色。

灰不溜溜的 xui ˩31　pu ˧˩21　liu ˧˥35　liu ˩31　ti ˧˩21

　　浅淡的灰色。

回 xui ˥55

　　这一回，那一回。

□实 xui ˥55　ɕi ˧˩31

　　青壮年人长得粗壮有力的样子。

　　例：这个人真□实。

茴香 xui ˥55　ɕiɑŋ ˧˩31

好　xɑo ˨˩˦$_{214}$

好天　xɑo ˧˥$_{35}$　t‘ian ˧˩$_{31}$

晴天。

好看　xɑo ˨˩˦$_{214}$　k‘an ˥˥$_{55}$

好看儿　xɑo ˨˩˦$_{214}$　k‘anr ˥˥$_{55}$

倒霉，难看儿。

例：他成天什么也不干，有他好看儿的时候。

好不好　xɑo ˨˩˦$_{214}$　pu ˥˥$_{55}$　xɑo ˨˩˦$_{214}$

好几个　xɑo ˧˧$_{33}$　ci ˨˩$_{21}$　kɤ ˥˥$_{55}$

好玄　xɑo ˨˩˦$_{214}$　çyan ˥˥$_{55}$

口头惯用的否定语，有“不是那个样子”、“那哪能”的意思。

例：甲：你明天去劳动，当不了要累病。

乙：好玄哪！

好比　xɑo ˥˥$_{55}$　pi ˨˩˦$_{214}$

比如。

例：好比说。

耗子　xɑo ˥˥$_{55}$　rə ˧˩$_{31}$

老鼠。

齁咸　xou ˧˩$_{31}$　çian ˥˥$_{55}$

很咸。

齁了　xou ˧˩$_{31}$　la ˨˩$_{21}$

咸坏了。

齁病　xou ˧˩$_{31}$　piŋ ˥˥$_{55}$

哮喘病

厚　xou ˥˥$_{55}$

①不薄。②稠，不稀。

例：①这本书真厚。

②这碗小米饭真厚。

厚道 xou ˥55 tɑo ꜔꜖31

后儿 xour ˥55

后天。

后天 xou ˥55 tʻian ˧˩31

后年 xou ˥55 ȵian ꜔꜖31

后头 xou ˥55 tʻou ꜔꜖31

后门儿 xou ˥55 mənr ˧˩31

后台 xou ˥꜔꜖31 tʻaɛ ˥55

后妈 xou ˥55 ma ˧˩31

继母。

后脑勺 xou ˥55 nɑo ˨˩˦214 sɑo ˥55

猴子 xou ˥55 rə ꜔꜖31

旱烟 xan ˥55 ian ꜔꜖31

旱伞 xan ˥55 san ˨˩˦214

阳伞。

寒露 xan ˥꜔꜖31 lu ˥55

憨厚 xan ˧˩31 xou ꜕꜖21

忠厚。

欢喜 xuan ˧˩31 cʻi ꜕꜖21

（喜 çi ˨˩˦214，这里音 cʻi ꜕꜖21。）

欢喜，高兴。

缓缓过来了 xuan ˨˩˦214 xuan ꜒55 kuo ˥55 laɛ ꜔꜖31

la ˨˩21

动植物接近于死亡后，又慢慢地复苏过来。

换工　xuan ˥55　kuŋ ˧˩31

很少　xən ˨˩˦˥55　ɕiao ˨˩˦214

馄饨　xun ˥55　t'ən ˨˩31

混充　xun ˥55　ts'uŋ ˨˩31

假装。

例：他混充知道。

行　xaŋ ˥55

一行树。

行家　xaŋ ˥55　cia ˨˩31

内行人。

荒地　xuaŋ ˧˩31　ti ˥55

慌慌的　xuaŋ ˧˩31　xuaŋ ˨˩21　ti ˨˩21

慌慌张张的。

慌里慌张的　xuaŋ ˧˩31　li ˨˩21　xuaŋ ˧˩˧˥35　tɕiaŋ ˧˩31　ti ˨˩21

黄　xuaŋ ˥55

黄毛　xuaŋ ˥55　mao ˧˩31

胎毛。

黄鼻　xuaŋ ˥55　pi ˨˩31

浓的黄鼻涕。

黄家　xuaŋ ˥55　cia ˨˩31

黄鼠狼。

黄水狼子　xuaŋ ˥55　sui ˨˩˦214　laŋ ˥55　rə ˨˩31

黄鼠狼。

黄香 xuaŋ ˥55 çiaŋ ˧˩31

松香。

黄瓜 xuaŋ ˥55 kua ꜔31

黄烟 xuaŋ ˥55 ian ˧˩31

黄豆 xuaŋ ˥55 tou ꜔31

黄菜缨儿 xuaŋ ˥꜔31 tsʻaɛ ˥55 iŋr ˧˩31

干的萝贝缨子。

黄酒 xuaŋ ˥55 tɕiu ˨˩˦214

皇（黄）历 xuaŋ ˥55 li ꜔31

历书。

黄了 xuaŋ ˥55 rə ꜔31

①倒闭。②没有希望了。

例：①买卖黄了。

②他答应我的那件事，直到如今也没办，我看要黄了。

横竖 xəŋ ˥꜔31 ɕy ˥55

反正。

例：横竖要找人的事儿还不快去找。

横挡 xəŋ ˥55 taŋ ˧˩31

红 xuŋ ˥55

红糖 xuŋ ˥꜔31 tʻaŋ ˥55

红胡子 xuŋ ˥꜔31 xu ˥55 rə ꜔31

土匪。

红根儿菠菜 xuŋ ˥55 kənr ˧˥35 po ˧˩31 tsʻaɛ ꜔21

菠菜。

口许是 xuŋ ˥55 çy ˧˩31 sɿ ꜔21

可能是，或许是。

例：我的书口许是叫他拿去了。

O

开口呼

啊口　a ˧˩$_{31}$　tɕʻi ˨˩$_{21}$

打喷嚏。

腌臜　a ˨˩˦$_{214}$　tsa ˥˥$_{55}$

烦闷、不痛快（带有悔恨的意思）。

例：考的一点也不好，真腌臜人。

艾子　aɛ ˥˥$_{55}$　rə ˧˩$_{31}$

艾。

袄　ɑo ˨˩˦$_{214}$

单褂（夹的、棉的，分别加“夹”、“棉”）。

傲慢　ɑo ˥˥$_{55}$　man ˧˩$_{31}$

骄傲。

熬头儿　ɑo ˥˥$_{55}$　tʻour ˧˩$_{31}$

希望，前途。

例：日子过得有熬头儿。

安顿　an ˧˩$_{31}$　tən ˨˩$_{21}$

安稳。

例：这个小姑娘真安顿。

安安旦旦　an ˧˩$_{31}$　an ˨˩$_{21}$　tan ˧˩$_{31}$　tan ˨˩$_{21}$

老老实实，规规矩矩。

例：看人家姑娘安安旦旦的。

安分守己 an ˧˩$_{31}$ fən ˥$_{55}$ ɕiu ˨˩˦˥$_{55}$ ci ˨˩˦$_{214}$

俺 an ˨˩˦$_{214}$

俺家 an ˨˩˦˧˥$_{35}$ cia ˧˩$_{31}$

我们家。

安家 an ˧˩˧˥$_{35}$ cia ˧˩$_{31}$

按扣 an ˥$_{55}$ k'ou ˧˩$_{31}$

藕 ou ˨˩˦$_{214}$

呕 ou ˨˩˦$_{214}$

呕吐。

沤粪 ou ˥˧˩$_{31}$ fən ˥$_{55}$

儿郎 ər ˧˩$_{31}$ lɑŋ ˨˩$_{21}$

儿马 ər ˧˩$_{31}$ ma ˨˩˦$_{214}$

公马。

耳朵帽子 ər ˨˩˦$_{214}$ tuo ˥$_{55}$ mɑo ˥$_{55}$ rə ˧˩$_{31}$

棉帽子（青年人已不说）。

二十 ər ˥$_{55}$ ɕi ˧˩$_{31}$

二乎 ər ˥$_{55}$ xu ˧˩$_{31}$

糊涂。

例：这个人二乎了。（这个人糊涂了。）

二门指头 ər ˥$_{55}$ mən ˧˩$_{31}$ tsɿ ˨˩˦$_{214}$ t'ou ˥$_{55}$

第二个脚趾（由大到小）。

二虎 ər ˥$_{55}$ xu ˨˩˦$_{214}$

蛮横不讲理。

例：他真二虎，一点理也不讲。

二口子 ər ˥$_{55}$ i ˧˩$_{31}$ rə ˨˩$_{21}$

两性人。

例：这女的，打扮得象个男的，真是个二口子。

摁 ən ˥$_{55}$

按。

例：在腿上一摁一个窝，医生说我有水肿病。

齐齿呼

牙 ia ˧˩$_{31}$

牙花子 ia ˧˩˧˥$_{35}$ xua ˧˩$_{31}$ rə ˨˩$_{21}$

牙床。

牙刷 ia ˧˩˥$_{55}$ sua ˨˩˦$_{214}$

牙膏 ia ˧˩˥$_{55}$ kɑo ˧˩$_{31}$

牙猫子 ia ˧˩˧˥$_{35}$ mɑo ˧˩$_{31}$ rə ˨˩$_{21}$

公猫。

牙狗子 ia ˧˩$_{31}$ kou ˨˩˦$_{214}$ rə ˥$_{55}$

公狗。

鸭巴子 ia ˧˩˧˥$_{35}$ pa ˧˩$_{31}$ rə ˨˩$_{21}$

鸭子。

鸦鹊 ia ˥$_{55}$ tɕʻiu ˧˩$_{31}$

喜鹊。

哑巴 ia ˨˩˦$_{214}$ pa ˥$_{55}$

压腰钱 ia ˨˩˦˧˥$_{35}$ iɑo ˧˩$_{31}$ tɕʻian ˥$_{55}$

①压岁钱。②留在口袋里应付急用的钱。

压马路 ia ˨˩˦˥$_{55}$ ma ˨˩˦$_{214}$ lu ˥$_{55}$

逛大街，常指一对恋人一起散步。

□□儿 ie ˧˩$_{31}$ cʻir ˨˩$_{21}$

侧着身子靠着。

热 ie ˨˩˦$_{214}$

热闹 ie ˨˩˦˥$_{55}$ nɑo ˧˩$_{31}$ 又：

ie ˨˩˦$_{214}$ nɑo ˥$_{55}$

热水 ie ˨˩˦˥$_{55}$ sui ˨˩˦$_{214}$

热疙瘩 ie ˨˩˦$_{214}$ kɤ ˥$_{55}$ ta ˧˩$_{31}$

痱子。

热炕头 ie ˨˩˦˧$_{33}$ kʻɑŋ ˥˨˩$_{21}$ tʻou ˥$_{55}$

叶儿 ier ˨˩˦$_{214}$

叶子。

野兽儿 ie ˨˩˦$_{214}$ ɕiur ˥$_{55}$

噎着了 ie ˨˩˦$_{214}$ rə ˥$_{55}$ la ˧˩$_{31}$

爷 ie ˥$_{55}$

祖父。

夜来 ie ˥$_{55}$ laɛ ˧˩$_{31}$

昨天。

夜饭 ie ˥$_{55}$ fan ˧˩$_{31}$

晚饭。

夜校 ie ˥˧˩$_{31}$ ɕiɑo ˥$_{55}$

额勒盖 ie ˥$_{55}$ lɤ ˧˩$_{31}$ kaɛ ˥$_{55}$

前额。

医生 i ˧˩$_{31}$ səŋ ˨˩$_{21}$

医院 i ˧˩$_{31}$ yan ˥$_{55}$

衣裳 i ˧˩$_{31}$ ɕiɑŋ ˨˩$_{21}$

衣服。

衣裳板儿 i ˧˩$_{31}$ ɕiɑŋ ˥$_{55}$ panr ˨˩˦$_{214}$

洗衣板。

椅子　i ˨˩˦$_{214}$　ʿrə ˥$_{55}$

日子　i ˨˩˦$_{214}$　rə ˥$_{55}$

日头　i ˨˩˦$_{214}$　tʻou ˥$_{55}$

太阳。

日头地儿　i ˨˩˦$_{214}$　tʻou ˥$_{55}$　tir ˥$_{55}$

太阳地儿。

以里　i ˨˩˦˥$_{55}$　li ˨˩˦$_{214}$

以内。

以外　i ˨˩˦$_{214}$　uaɛ ˥$_{55}$

以前　i ˨˩˦$_{214}$　tɕʻian ˥$_{55}$

从前。

以后　i ˨˩˦$_{214}$　xou ˥$_{55}$

以东　i ˨˩˦˧˥$_{35}$　tuŋ ˧˩$_{31}$

一天　i ˨˩˦˧˥$_{35}$　tʻian ˧˩$_{31}$

整天。

一年　i ˨˩˦˧˥$_{35}$　ȵian ˧˩$_{31}$

一个　i ˨˩˦$_{214}$　kɤ ˥$_{55}$

一会儿　i ˨˩˦$_{214}$　xuir ˥$_{55}$

一点儿　i ˨˩˦˥$_{55}$　tianr ˨˩˦$_{214}$

一点儿点儿　i ˨˩˦˥$_{55}$　tianr ˨˩˦˥$_{55}$　tianr ˨˩˦$_{214}$　又：

i ˨˩˦˥$_{55}$　tianr ˨˩˦˧˥$_{35}$　tianr ˧˩$_{31}$

一共　i ˨˩˦$_{214}$　kuŋ ˥$_{55}$

一堆儿　i ˨˩˦˧˥$_{35}$　teir ˧˩$_{31}$

一起。

一块儿　i ˨˩˦$_{214}$　kʻuaɛr ˥$_{55}$

①一块，两块。②一起。

一惊一诈 i ˧˥$_{35}$ ciŋ ˧˩$_{31}$ i ˨˩˦$_{214}$ tsa ˥$_{55}$

大惊小怪的。

例：你别一惊一诈的，吓死人啦！

姨 i ˨˩˦$_{214}$

姨夫 i ˧˩$_{31}$ fu ˨˩$_{21}$

疑心大 i ˧$_{33}$ ɕin ˨˩$_{21}$ ta ˥$_{55}$

多心。

胰子 i ˥$_{55}$ rə ˧˩$_{31}$

肥皂。

胰子 i ˧˩$_{31}$ rə ˨˩$_{21}$

胰脏。

例：猪胰子。

挨邦 iaɛ ˧˥$_{35}$ paŋ ˧˩$_{31}$

排队（买东西、看病等）。

吆喝 iɑo ˧˩$_{31}$ xuo ˨˩$_{21}$

大声喊。

吆儿把火的 iɑor ˧˩$_{31}$ pa ˥$_{55}$ xuor ˨˩˦$_{214}$ ti ˥$_{55}$

大声吵吵。

舀水 iɑo ˥$_{55}$ sui ˨˩˦$_{214}$

要 iɑo ˥$_{55}$

要不 iɑo ˥$_{55}$ pu ˨˩˦$_{214}$

否则，不然。

例：要不不好办。

要紧 iɑo ˥$_{55}$ cin ˨˩˦$_{214}$

要不要 iɑo ˧$_{33}$ pu ˨˩$_{21}$ iɑo ˥$_{55}$

要饭儿的　iɑo ˧˩$_{31}$　fanr ˥˥$_{55}$　ti ˧˩$_{31}$

乞丐。

油饼　iu ˧˩$_{31}$　piŋ ˨˩˦$_{214}$

油菜　iu ˥˥$_{55}$　ts'aɛ ˧˩$_{31}$

油炸糕　iu ˧˩$_{31}$　tsa ˧˥$_{35}$　kɑo ˧˩$_{31}$

油卷儿　iu ˧˩$_{31}$　cyanr ˨˩˦$_{214}$

花卷。

油蜡　iu ˧˩$_{31}$　la ˨˩˦$_{214}$

过年点的蜡烛。

邮票　iu ˧˩$_{31}$　p'iɑo ˥˥$_{55}$

邮差　iu ˧˥$_{35}$　ts'aɛ ˧˩$_{31}$

邮递员。

邮包　iu ˧˥$_{35}$　pɑo ˧˩$_{31}$

有点儿　iu ˥˥$_{55}$　tianr ˨˩˦$_{214}$

稍微。

例：我的耳朵有点儿背。

有意的　iu ˨˩˦$_{214}$　i ˥˥$_{55}$　ti ˧˩$_{31}$

故意的。

有了　iu ˨˩˦$_{214}$　la ˥˥$_{55}$

怀孕。

有小孩儿了　iu ˧˧$_{33}$　ɕiɑo ˨˩$_{21}$　xaɛr ˥˥$_{55}$　la ˧˩$_{31}$

怀孕。

游戏　iu ˥˥$_{55}$　çi ˧˩$_{31}$

游泳　iu ˥˥$_{55}$　yŋ ˨˩˦$_{214}$

柚子　iu ˥˥$_{55}$　rə ˨˩$_{21}$

右手　iu ˥˥$_{55}$　ɕiu ˨˩˦$_{214}$

右边儿 iu ˥$_{55}$ pianr ˧˩$_{31}$

肉饼儿 iu ˥$_{55}$ piŋr ˨˩˦$_{214}$

犹豫 iu ˥$_{55}$ y ˨˩$_{31}$

烟台 ian ˧˩$_{31}$ t'aɛ ˨˩$_{21}$

烟袋 ian ˧˩$_{31}$ taɛ ˥$_{55}$

烟筒 ian ˧˩$_{31}$ t'uŋ ˨˩˦$_{214}$

烟秸儿 ian ˧˩˧˥$_{35}$ ciaɛr ˧˩$_{31}$

烟卷儿 ian ˧˩˥$_{55}$ cyanr ˨˩˦$_{214}$

纸烟。

眼 ian ˨˩˦$_{214}$

①眼睛。②一眼井。

眼睛儿 ian ˨˩˦˧˥$_{35}$ tɕiŋr ˧˩$_{31}$

瞳仁儿。

眼珠 ian ˨˩˦˧˥$_{35}$ tɕy ˧˩$_{31}$

眼毛儿 ian ˨˩˦˧˥$_{35}$ maor ˧˩$_{31}$

眼毛。

眼眉 ian ˨˩˦˧˥$_{31}$ mei ˧˩$_{31}$

眉毛。

眼镜 ian ˨˩˦$_{214}$ ciŋ ˥$_{55}$

演员儿 ian ˨˩˦$_{214}$ yanr ˥$_{55}$

燕儿 ianr˥$_{55}$

燕子。

盐别蝠 ian ˥˧$_{33}$ pie ˥˨˩$_{21}$ fu ˥$_{55}$

蝙蝠。（传说，老鼠吃了盐以后变成蝙蝠。）

沿边儿 ian ˥$_{55}$ pianr ˧˩$_{31}$

砚台 ian ˥$_{55}$ t'aɛ ˨˩$_{31}$

人力车 in ˧˩$_{31}$ li ˥˧˥$_{35}$ tɕʻie ˧˩$_{31}$

人民公社 in ˧˩$_{31}$ min ˨˩˦˧˥$_{35}$ kuŋ ˧˩$_{31}$ ɕie ˥$_{55}$

阴天 in ˧˩˧˥$_{35}$ tʻian ˧˩$_{31}$

阴天虎拉的 in ˧˩˧˥$_{35}$ tʻian ˧˩$_{31}$ xu ˨˩˦$_{214}$ la ˥$_{55}$ ti ˧˩$_{31}$

天微阴。

认得 in ˥$_{55}$ tɤ ˧˩$_{31}$

嚷嚷 iaŋ ˧˩$_{31}$ iaŋ ˨˩$_{21}$

传扬。

羊肉 iaŋ ˧˩$_{31}$ iu ˥$_{55}$

痒痒 iaŋ ˨˩˦$_{214}$ iaŋ ˥$_{55}$

养活 iaŋ ˨˩˦$_{214}$ xuo ˥$_{55}$

养。

例：①养活小鸡。

②他跟人家要了个小孩养活着。

（自己的小孩不叫养活着。）

养羊 iaŋ ˨˩˦˧˥$_{35}$ iaŋ ˧˩$_{31}$

养猪 iaŋ ˨˩˦˧˥$_{35}$ tɕy ˧˩$_{31}$

养老女婿 iaŋ ˨˩˦˥$_{55}$ lao ˨˩˦˥$_{55}$ ȵy ˨˩˦$_{214}$ ɕy ˥$_{55}$

赘婿。

仰棚 iaŋ ˨˩˦$_{214}$ pʻəŋ ˥$_{55}$

天花棚。

羊油 iaŋ ˥$_{55}$ iu ˧˩$_{31}$

羊羔子 iaŋ ˥$_{55}$ kao ˧˩$_{31}$ rə ˨˩$_{21}$

杨树 iaŋ ˥˧˩$_{31}$ ɕy ˥$_{55}$

扬场 iaŋ ˥˧˩$_{31}$ tɕʻiaŋ ˥$_{55}$

洋葱 iaŋ ˥$_{55}$ tsʻuŋ ˧˩$_{31}$

洋柿子 iaŋ ˥꜔$_{31}$ sɿ ˥$_{55}$ rə ꜔$_{31}$

西红柿。

洋火 iaŋ ˥$_{55}$ xuo ˨˩˦$_{214}$

火柴。

洋蜡 iaŋ ˥$_{55}$ la ˨˩˦$_{214}$

蜡烛。

洋扣 iaŋ ˥$_{55}$ k'ou ˧˩$_{31}$

制服上的各色骨、角质的扣子，以区别于传统的布制的扣子。

鹰 iŋ ˧˩$_{31}$

老鹰。

迎头风 iŋ ˧˩$_{31}$ t'ou ꜔$_{21}$ fəŋ ꜔$_{21}$

顶风。

迎春花 iŋ ˧˩$_{31}$ ts'uṇ ˧˩꜒$_{35}$ xua ˧˩$_{31}$

硬 iŋ ˥$_{55}$

合口呼

挖井 ua ˧˩$_{31}$ tɕiŋ ˨˩˦$_{214}$

瓦 ua ˨˩˦$_{214}$

瓦匠 ua ˥$_{55}$ tɕiaŋ ꜔$_{31}$

瓦刀 ua ˥$_{55}$ tao ˧˩$_{31}$

袜子 ua ˨˩˦$_{214}$ rə ꜒$_{55}$

长筒的袜子。

袜套儿 ua ˨˩˦$_{214}$ t'aor ꜒$_{55}$

短袜子。

洼地 ua ˥꜔$_{31}$ ti ˥$_{55}$

洼而无水的地。

洼地 ua ˥$_{55}$ ti ˧˩$_{31}$

洼而有水的地。

蛾儿 uor ˧˩$_{31}$

莴荀 uo ˧˩$_{31}$ sən ˨˩˦$_{214}$

莴苣。

窝窿 uo ˧˩$_{31}$ luŋ ˨˩$_{21}$

地名，在烟台市西南，离城约十七八里。

我 uo ˨˩˦$_{214}$

恶心 uo ˨˩˦$_{214}$ ɕin ˥$_{55}$

饿了 uo ˥$_{55}$ la ˧˩$_{31}$

鹅子 uo ˥$_{55}$ rə ˨˩$_{21}$

鹅。

鹅蛋饽饽 uo ˥˧˩$_{31}$ tan ˥$_{55}$ po ˧˩$_{31}$ po ˨˩$_{21}$

鹅卵形馒头。

乌量 u ˧˩$_{31}$ liaŋ ˨˩$_{21}$

巧。

例：这个人手真乌量。

乌黑 u ˨˩˦˥$_{55}$ xɤ ˨˩˦$_{214}$

乌鱼 u ˧˩$_{31}$ y ˨˩$_{21}$

屋子 u ˧˩$_{31}$ rə˨˩$_{21}$

巫婆 u ˧˩$_{31}$ p‘o ˨˩$_{21}$

口吐水 u ˧˩$_{31}$ t‘u ˨˩$_{21}$ sui ˨˩˦$_{214}$

热而不开的水。

五个 u ˨˩˦$_{214}$ kɤ ˥$_{55}$

五月天 u ˨˩˦$_{214}$ yø ˨˩˦˧˥$_{35}$ t‘ian ˧˩$_{31}$

五黄六月 u ˨˩˦214 xuaŋ ˥55 liu ˥55 yø ˧˩31
夏天。

五月端午 u ˨˩˦214 yø ˥55 tan ˧˩31 u ˨˩21

捂了 u ˨˩˦214 la ˥55
因不透风而霉了。
例：这些面子捂了。

口口 u ˨˩˦214 la ˥55
粗野，泼辣。
例：这个人真口口，杀一个鸡不当会事儿。

蜈蚣 u ˥55 kuŋ ˧˩31

雾 u ˥55

雾露 u ˥55 lu ˧˩31
雾。

歪 uaɛ ˧˩31

外人 uaɛ ˥55 in ˧˩31

外甥 uaɛ ˥55 səŋ ˧˩31

外甥女 uaɛ ˥55 səŋ ˧˩˥55 ȵy ˨˩˦214

外甥媳妇 uaɛ ˥55 səŋ ˧˩31 ɕi ˨˩˦214 fu ˥55

外屋 uaɛ ˥55 u ˧˩31

外皮儿 uaɛ ˥˧˩31 pʻir ˥55

外行 uaɛ ˥˧˩31 xaŋ ˥55

围嘴儿 ui ˧˩31 tseir ˨˩˦214

围脖 ui ˧˩31 po ˥55
围巾（长的）。

围头巾儿 ui ˧˩31 tʻou ˥˧˥35 cinr ˧˩31
方围巾。

尾巴　ui ˨˩˦$_{214}$　pa ˥$_{55}$

苇子　ui ˨˩˦$_{214}$　rə ˥$_{55}$

芦苇。

卫生　ui ˥$_{55}$　səŋ ˧˩$_{31}$

卫生衣　ui ˥˧˩$_{31}$　səŋ ˧˩˧˥$_{35}$　i ˧˩$_{31}$

绒衣。

位　ui ˥$_{55}$

一位客人。

喂大粪　ui ˥˧$_{33}$　ta ˥˨˩$_{21}$　fən ˥$_{55}$

用大粪追肥。

豌豆　uan ˧˩$_{31}$　tou ˨˩$_{21}$

晚　uan ˨˩˦$_{214}$

晚了　uan ˨˩˦$_{214}$　la ˥$_{55}$

“迟到”也叫“晚了”。

晚秋　uan ˨˩˦˧˥$_{35}$　tɕʻiu ˧˩$_{31}$

晚辈儿　uan ˨˩˦$_{214}$　peir ˥$_{55}$

丸子药　uan ˥$_{55}$　rə ˧˩$_{31}$　yø ˨˩˦$_{214}$

顽皮　uan ˥$_{55}$　pʻi ˧˩$_{31}$

调皮。

蚊子　un ˧˩$_{31}$　rə ˨˩$_{21}$

蚊子虫　un ˧˩$_{31}$　rə ˨˩$_{21}$　tsʻuŋ ˥$_{55}$

孑孓。

蚊帐　un ˧˩$_{31}$　tɕiaŋ ˥$_{55}$

瘟病　un ˧˩$_{31}$　piŋ ˥$_{55}$

瘟疫。

温和水　un ˧˩$_{31}$　xuo ˨˩$_{21}$　sui ˨˩˦$_{214}$

温开水。

稳 un ˨˩˦$_{214}$

①放。②稳重。

例：①把书稳在桌子上。

②这个人真稳哪！

稳这场 un ˨˩˦$_{214}$ tɕie ˥˥$_{55}$ tɕ‘iaŋ ˧˩$_{31}$

放这儿。

稳那场 un ˨˩˦$_{214}$ ȵie ˥˥$_{55}$ tɕ‘iaŋ ˧˩$_{31}$

放那儿。

文凭 un ˥˧˩$_{31}$ p‘iŋ ˥˥$_{55}$

毕业证书。

文盲 un ˥˥$_{55}$ maŋ ˨˩˦$_{214}$

文明棍儿 un ˥˥$_{55}$ miŋ ˥˧˩$_{31}$ kunr ˥˥$_{55}$

好的手杖。

往后 uaŋ ˨˩˦$_{214}$ xou ˥˥$_{55}$

将来。

忘了 uaŋ ˥˥$_{55}$ la ˧˩$_{31}$

撮口呼

月亮 yø ˨˩˦$_{214}$ liaŋ ˥˥$_{55}$

月亮地儿 yø ˨˩˦˧$_{33}$ liaŋ ˥˨˩$_{21}$ tir ˥˥$_{55}$

月芽儿 yø ˨˩˦˥$_{35}$ iar ˧˩$_{31}$

月蚀 yø ˨˩˦$_{214}$ ɕi ˥˥$_{55}$

月初 yø ˨˩˦˥$_{35}$ ts‘u ˧˩$_{31}$

月头 yø ˨˩˦$_{214}$ t‘ou ˥˥$_{55}$

月初。

月底儿　yø ˨˩˦˥$_{55}$　tir ˨˩˦$_{214}$

月份牌儿　yø ˨˩˦˧$_{33}$　fən ˥˨˩$_{21}$　pʻaɛr ˥$_{55}$

日历。

月饼　yø ˨˩˦˥$_{55}$　piŋ ˨˩˦$_{214}$

月季花　yø ˨˩˦˥$_{55}$　ci ˧˩$_{31}$　xua ˨˩$_{21}$　又：

yø ˨˩˦$_{214}$　ci ˥$_{55}$　xua ˧˩$_{31}$

约莫点儿　yø ˨˩˦˨˩˦$_{214}$　mo ˥$_{55}$　tianr ˧˩$_{31}$

小心点儿，多考虑点儿。

钥匙　yø ˨˩˦$_{214}$　tsʻɿ ˥$_{55}$

药房　yø ˨˩˦$_{214}$　faŋ ˥$_{55}$

药膏　yø ˨˩˦˧˥$_{35}$　kao ˧˩$_{31}$

药箱　yø ˨˩˦˧˥$_{35}$　øiaŋ ˧˩$_{31}$

药引子　yø ˨˩˦˥$_{55}$　in ˨˩˦$_{214}$　rə ˥$_{55}$

乐队　yø ˥˧˩$_{31}$　tei ˥$_{55}$

鱼　y ˧˩$_{31}$

鱼刺　y ˧˩$_{31}$　tsʻɿ ˥$_{55}$

鱼鳞　y ˧˩˧˥$_{35}$　lin ˧˩$_{31}$

鱼鳔　y ˧˩$_{31}$　piao ˥$_{55}$

鱼钩儿　y ˧˩˧˥$_{35}$　kour ˧˩$_{31}$

鱼网　y ˧˩$_{31}$　uaŋ ˨˩˦$_{214}$

鱼船　y ˧˩$_{31}$　tsʻuan ˥$_{55}$

雨　y ˨˩˦$_{214}$

雨点儿　y ˨˩˦˥$_{55}$　tianr ˨˩˦$_{214}$

雨星儿　y ˨˩˦˧˥$_{35}$　øiŋr ˧˩$_{31}$

雨点儿。

雨水　y ˨˩˦˥$_{55}$　sui ˨˩˦$_{214}$

雨伞 y ˨˩˦˥$_{55}$ san ˨˩˦$_{214}$

入棺 y ˨˩˦˥$_{55}$ kuan ˧˩$_{31}$

儿女叫“入殓”为“入棺”。

例：妈妈呀，不用怕，入棺了。

入殓 y ˨˩˦˨˩$_{214}$ lian ˥$_{55}$

旁人叫“入殓”，儿女叫“入棺”。

玉米 y ˥$_{55}$ mi ˨˩˦$_{214}$

褥子 y ˥$_{55}$ rə ˨˩$_{31}$

榆树 y ˥˨˩$_{31}$ øy ˥$_{55}$

榆树叶儿 y˥˨˩$_{31}$ øy ˥$_{55}$ ier ˨˩˦$_{214}$

榆树钱儿 y˥˧$_{33}$ øy ˥˨˩$_{21}$ tøʻianr ˥$_{55}$

榆钱儿。

毓璜顶 y ˥˨˩$_{31}$ xuɑŋ ˥$_{55}$ tiŋ ˨˩˦$_{214}$

毓璜山顶，烟台名胜之一。

软 yan ˨˩˦$_{214}$

软绵绵的 yan ˨˩˦˨˩$_{31}$ mian ˨˩˦˧˥$_{35}$ mian ˧˩$_{31}$ ti ˨˩$_{21}$

远 yan ˨˩˦$_{214}$

圆 yan ˥$_{55}$

（也说“圆圆”yan ˥$_{55}$ yan ˨˩$_{31}$。）

元旦 yan˥$_{55}$ tan ˧˩$_{31}$

元宵 yan˥$_{55}$ øiɑo ˨˩$_{31}$

院子 yan˥$_{55}$ rə ˨˩$_{31}$

云彩 yn ˧˩$_{31}$ tsʻaɛ ˨˩$_{21}$

云。

芸豆 yn ˧˩$_{31}$ tou ˥$_{55}$

晕船 yn ˧˩$_{31}$ tsʻuan ˥$_{55}$

匀和　yn ˧˩ 31　xuo ˨˩ 21

均匀，整齐。

例：①水泥搅得很匀和。

②地里苗儿出得很匀和。

闰月　yn ˥ 55　yø ˨˩˦ 214

孕妇　yn ˥ 55　fu ˧˩ 31

蛹　yn ˨˩˦ 214

蚕蛹。

第三章 语 法

一 语法特点

按照计划，这次实习对语法只作一般了解。由于在幸福公社的半月劳动及在二中的四十天记音实习，能跟烟台同志朝夕相处，了解到烟台方言的一些语法特点，以下简要介绍几种情况。

1. 构词方面 一些在普通话里是双音节的名词，烟台方言是单音节。例如：

婆（奶奶）	妈（妈妈）
叔（叔叔）	姑（姑姑）
姨（姨母）	舅（舅舅）
哥（哥哥，当面称）	兄（哥哥的背后称，如：俺～）
弟（弟弟）	妹（妹妹）
牙（牙齿）	眼（眼睛）
腚（臀部、屁股）	鼻（鼻涕）
泪（眼泪）	被（被子）
领（领子）	袖（袖子）
席（席子）	袄（单褂儿）
面（面条儿）	梳（梳子）
扣（扣子）	窗（窗户）

灰　（灰尘）　　　　　驴　（驴子）

在胶东方言中，象“叔”、“妹”等亲属称谓用单音节词比较普遍，这是很可注意的。

2．词尾“rə”①的用法　“rə”在烟台方言中的使用频率很高，既可作构词成分，又可作构形成分。

作为构词成分的名词词尾“rə”，其作用相当于普通话的“子”（以下汉字写作“子”）。例如：

妻子　tɕʻi ˧˩31　rə ˨˩21

孩子　xaɛ ˥55　rə ˧˩31

嫂子　sɑo ˨˩˦214　rə ˥55

脑子　nɑo ˨˩˦214　rə ˥55

肚子　tu ˥55　rə ˧˩31

口子　tʻən ˥55　rə ˧˩31　（嗓子）

瞎子　ɕia ˨˩˦214　rə ˥55

鸭子　ia ˨˩˦214　rə ˥55

燕子　ian ˥55　rə ˧˩31

包子　pɑo ˧˩31　rə ˨˩21

果子　kuo ˨˩˦214　rə ˥55　（点心）

卷子　cyan ˨˩˦214　rə ˥55

粽子　tsəŋ ˥55　rə ˧˩31

麦子　mo ˨˩˦214　rə ˥55

豆子　tou ˥55　rə ˧˩31

房子　fɑŋ ˥55　rə ˧˩31

车子　tɕʻie ˧˩31　rə ˨˩21

桌子　tsuo ˨˩˦214　rə ˥55

① “rə”的音读见第一章第一部分“烟台方言的语音特点”。

炉子　lu ˧˩$_{31}$　rə ˨˩$_{21}$

鲁生子　lu ˨˩˦$_{214}$　səŋ ˥˥$_{55}$　rə ˧˩$_{31}$

（指手艺半生不熟的，不精通业务。）

二流子　ər ˥˥$_{55}$　liu ˧˩$_{31}$　rə ˨˩$_{21}$

手脖子　ɕiu ˨˩˦$_{214}$　po ˥˥$_{55}$　rə ˧˩$_{31}$

茶缸子　ts'a ˥˥$_{55}$　kaŋ ˧˩$_{31}$　rə ˨˩$_{21}$

牙刷子　ia ˧˩$_{31}$　sua ˨˩˦$_{214}$　rə ˥˥$_{55}$

马鞭子　ma ˧˥$_{35}$　pian ˧˩$_{31}$　rə ˨˩$_{21}$

电棒子　tian ˧˩$_{31}$　paŋ ˥˥$_{55}$　rə ˧˩$_{31}$

剁墩子　tuo ˥˥$_{55}$　tən ˧˩$_{31}$　rə ˨˩$_{21}$　（剁菜用的树段）

车架子　tɕ'ie ˧˩$_{31}$　cia ˥˥$_{55}$　rə ˧˩$_{31}$

澡堂子　tsao ˧˩$_{31}$　t'aŋ ˥˥$_{55}$　rə ˧˩$_{31}$

树枝子　ɕy ˥˥$_{55}$　tsɿ ˧˩$_{31}$　rə ˨˩$_{21}$

树峦子　ɕy ˥˥$_{55}$　lan ˧˩$_{31}$　rə ˨˩$_{21}$　（树林）

长脖子　tɕ'iaŋ ˥˥$_{55}$　po ˧˩$_{31}$　rə ˨˩$_{21}$　（鹅）

马驹子　ma ˧˥$_{35}$　cy ˧˩$_{31}$　rə ˨˩$_{21}$

青蛙子　tɕ'iŋ ˧˩$_{31}$　ua ˥˥$_{55}$　rə ˧˩$_{31}$

黑老哇子　xɤ ˧˧$_{33}$　lao ˨˩$_{21}$　ua ˥˥$_{55}$　rə ˧˩$_{31}$

（乌鸦）

毒疥巴子　tu ˧˩$_{31}$　ciaɛ ˧˥$_{35}$　pa ˧˩$_{31}$　rə ˨˩$_{21}$

（癞蛤蟆）

哥哥当子　kɤ ˧˩$_{31}$　kɤ ˨˩$_{21}$　taŋ ˥˥$_{55}$　rə ˧˩$_{31}$

（蝌蚪）

蚂虮蛘子　ma ˧˧$_{33}$　ci ˨˩$_{21}$　iaŋ ˥˥$_{55}$　rə ˧˩$_{31}$

（蚂蚁）

电线杆子　tian ˧˩$_{31}$　ɕian ˥˥$_{55}$　kan ˧˩$_{31}$　rə ˨˩$_{21}$

名词词尾“rə”跟词的儿化不相同。其差别主要在语音方面：前者自成音节、轻声；后者则只是词末一个音节的元音卷舌。有时候，同一个词带“rə”尾跟儿化所表示的意思不尽相同。例如：

老头子　lɑo ˨˩˦$_{214}$　t'ou ˥$_{55}$　rə ˧˩$_{31}$

（妻子称丈夫）

老头儿　lɑo ˨˩˦$_{214}$　t'our ˥$_{55}$

（一般称老年男子）

老婆子　lɑo ˨˩˦$_{214}$　p'o ˥$_{55}$　rə ˧˩$_{31}$

（丈夫称妻子）

老婆儿　lɑo ˨˩˦$_{214}$　p'or ˥$_{55}$

（一般称老年妇女）

作为构形成分的“rə”，其作用相当于普通话的“着”（以下汉字写作“着”），一般表示某一动作行为正在进行。例如：

坐着　tsuo ˥$_{55}$　rə ˧˩$_{31}$

立着　li ˨˩˦$_{214}$　rə ˥$_{55}$　（站着）

说着　suo ˨˩˦$_{214}$　rə ˥$_{55}$

笑着　ɕiɑo ˥$_{55}$　rə ˧˩$_{31}$

拐着　kuaε ˨˩˦$_{214}$　rə ˥$_{55}$

（挽着，例如：他胳膊上拐着个篮子）

想着　ɕiɑŋ ˨˩˦$_{214}$　rə ˥$_{55}$　（记着）

打着　ta ˨˩˦$_{214}$　rə ˥$_{55}$

（想着、打算，例如：明儿我打着进城。）

碰着　p'əŋ ˥$_{55}$　rə ˧˩$_{31}$

提溜着　ti ˧˩$_{31}$　liu ˥$_{55}$　rə ˧˩$_{31}$　（提着）

冻着了　tuŋ ˥$_{55}$　rə ˧˩$_{31}$　la ˨˩$_{21}$

着着了　tsuo ˥$_{55}$　rə ˧˩$_{31}$　la ˨˩$_{21}$

（传染。例如：我叫他这病着着了。）

睡着了　sui ˥$_{55}$　rə ˧˩$_{31}$　la ˨˩$_{21}$

看着了　k'an ˥$_{55}$　rə ˧˩$_{31}$　la ˨˩$_{21}$

听着了　t'iŋ ˧˩$_{31}$　rə ˨˩$_{21}$　la ˨˩$_{21}$

巴望着　pa ˧˩$_{31}$　uɑŋ ˥$_{55}$　rə ˧˩$_{31}$

（盼望着，又说“巴着”pa ˧˩$_{31}$　rə ˨˩$_{21}$）

挂挂着　kua ˥$_{55}$　kua ˥˧˩$_{31}$　rə ˨˩$_{21}$

（记挂着）

吃着饭　tɕ'i ˨˩˦$_{214}$　rə ˥$_{55}$　fan ˥$_{55}$

记着你　ci ˥$_{55}$　rə ˧˩$_{31}$　ȵi ˨˩˦$_{214}$

（记得你）

帮着他　pɑŋ ˧˩$_{31}$　rə ˨˩$_{21}$　t'a ˧˩$_{31}$

拿着书　na ˧˩$_{31}$　rə ˨˩$_{21}$　ɕy ˧˩$_{31}$

拿着剪子　na ˧˩$_{31}$　rə ˨˩$_{21}$　tɕian ˨˩˦$_{214}$　rə ˥$_{55}$

3。形容词的程度表示法　烟台方言中，表示形容词程度的普遍方式是用副词“挺”和“真”作修饰来表示。例如：

原级	比较级	最高级
好	挺好	真好
大	挺大	真大
高	挺高	真高
早	挺早	真早
皮（调皮）	挺皮	真皮
凉	挺凉	真凉
浅	挺浅	真浅
粗	挺粗	真粗

利索	挺利索	真利索
厉害	挺厉害	真厉害
难受	挺难受	真难受
泼实（泼辣）	挺泼实	真泼实
牢邦（牢固）	挺牢邦	真牢邦
风凉	挺风凉	真风凉

最高级的“真”也可以用“顶”来代替，例如：“顶利索”、“顶凉”等。

有些单音节形容词的比较级用原级“B”加修饰成分“A”构成；这个偏正式形容词的重复“ABAB”加轻声“的”，构成了它的最高级。例如：

原级	比较级	最高级
好	挺好	挺好挺好的
香	喷香	喷香喷香的
热	滚热	滚热滚热的
苦	巴苦	巴苦巴苦的
硬	崩硬	崩硬崩硬的
白	雪白	雪白雪白的
紫	黢紫	黢紫黢紫的
远	老远	老远老远的
高	老高	老高老高的
枵（薄）	净枵	净枵净枵的
凉	冰凉	冰凉冰凉的
酸	焦酸	焦酸焦酸的
辣	死辣	死辣死辣的
黑	乌黑	乌黑乌黑的

有的修饰成分“A”不限于一个。如：“老高”可以替换成“挺高”，最高级为“挺高挺高的”；“乌黑”可以替换成“墨黑”或“黢黑”，最高级为“墨黑墨黑的”或“黢黑黢黑的”；“净枵”可以替换成“溜枵”，最高级为“溜枵溜枵的”。

4. 选择疑问句 有两种格式：

单音节动词或形容词用肯定和否定相迭的方式表示疑问。例如：

说	说不说	走	走不走
去	去不去	看	看不看
给	给不给	管	管不管
坐	坐不坐	听	听不听
红	红不红	黄	黄不黄
热	热不热	甜	甜不甜
香	香不香	少	少不少
早	早不早	好	好不好
高	高不高	长	长不长

双音节动词、形容词或词组“AB”，用前一个词素加原词的否定，成为“A不AB”式表示疑问。例如：

学习	学不学习	动弹	动不动弹
反对	反不反对	知道	知不知道
喜欢	喜不喜欢	接受	接不接受
需要	需不需要	看见	看不看见
害怕	害不害怕	好看	好不好看
高兴	高不高兴	愉快	愉不愉快
干净	干不干净	热闹	热不热闹

清楚	清不清楚	健康	健不健康
风凉	风不风凉	聪明	聪不聪明
讨厌	讨不讨厌	年轻	年不年轻
头痛	头不头痛	回家	回不回家
看书	看不看书	开会	开不开会
生气	生不生气	吃饭	吃不吃饭

“A不AB”排除了“AB不AB”的格式。这种句式在烟台方言中是带有普遍性的，不论“AB”是属于哪一种结构方式，一般都可以应用，象上述各例，“学习”和“喜欢”是并列式，“风凉”和“难受”是偏正式，“头痛”和“年轻”是主谓式，“看书”和“回家”是动宾式，“看见”是动补式，等等。

如果动词前有助动词，那么就通过助动词肯定与否定相迭的方式来表示疑问。例如：

愿去	愿不愿去	愿学习	愿不愿学习
该去	该不该去	该学习	该不该学习
能去	能不能去	能学习	能不能学习
想去	想不想去	想学习	想不想学习
须去	须不须去	须学习	须不须学习

5. 被动句式　烟台方言中，表示被动的介词只有一个“叫”。表示被动的句式有三种。

（一）“叫＋施事”。例如：

我的书叫他拿去了

我的茶杯叫人打破了。

（二）在“叫＋施事”之后，又有“给＋代名词”出现。代名词与受事之间是领属关系。例如：

我的书叫他给我拿去了

他的茶杯叫人给他打破了。

（三）“给”后的代名词省略。例如：

我的书叫他给拿去了。

我的茶杯叫人给打破了。

这三种句式，都是只能表示有损害或不愉快、不乐意的内容。愉快的、乐意的内容不能用这些句式表示，而用别的句式表示。可以说：

他叫他婆打了。

他叫老师批评了。

而不能说：

他叫他婆夸了。

他叫老师表扬了。

他叫班里评为三好学生了。

这种愉快的、乐意的内容，一般用下列句式表示：

他婆夸他了。

老师表扬他了。

他当上（或“评上”、“成了”）三好学生了。

6. “非A不行”的句式 普通话用作强调的“非A不可”的句式，烟台方言有“非A”、“非A不行”、“非A才行”三种说法。从字面看，第一种和第三种都是否定的意思，第二种否定再否定才是肯定的，但是三种说法的实际含义却相同，都是表示肯定的意思。

例（一）：

我非去。

我非去不行。

我非去才行。

例（二）：

我非看《红楼梦》。

我非看《红楼梦》不行。

我非看《红楼梦》才行。

例（三）：

我非把这事儿办好。

我非把这事儿办好不行。

我非把这事儿办好才行。

例（四）：

非他来请，我不去。

非他来请，我才去。

烟台方言这种“非A不行”的句式，除了上面所说的还有“非A”和“非A才行”这样的不同说法来表达同一意义之外，在语音上还通过“非”字的重读来突出“非A不行”的意义。“非”字不但重读，而且还存在儿化或不儿化的自由变读的现象，即“非”既可读 feir ˧˩$_{31}$，也可读 fei ˧˩$_{31}$，儿化的时候，声音发得还比较长。这种特殊的语音现象，是很值得注意的。

二　句　例

1. sui ˥$_{55}$?
   谁？

2. taɛ ˥$_{55}$ cia ˧˩$_{31}$ ma ˨˩$_{21}$?
   在　家　吗？

3. ȵi ˨˩˦˥$_{55}$ tsən ˨˩˦$_{214}$ mo ˥$_{55}$ xu ˨˩˦$_{214}$ ta ˥$_{55}$
   你　怎　么　忽　口

paŋr ˧˩31 laɛ ˧˩31 la ꜕꜖21， uo ˨˩˦214 i ˨˩˦꜒55
口儿 来 了， 我 一

tianr ˨˩˦214 ie ꜒55 pu ꜕꜖21 tɕi ˧˩31 tɑo ˥55
点儿 也 不 知 道

ȵi ˨˩˦꜔꜒35 laɛ ˧˩31。
你 来。

4. t'a ˧˩31 ta ˧˩31 pu ꜕꜖21 tɕ'iɑor ˥55 piŋ ˥55
他 口 口 口儿 病

la ꜔꜖31。
了。

（他忽然病了。）

5. ȵi ˨˩˦꜒55 tɕ'i ˨˩˦214 la ꜒55 mo ꜔꜖31？
你 吃 了 么？

6. tɕ'i ˨˩˦214 la ꜒55。
吃 了。

7. ȵi ˨˩˦214 ɕiɑŋ ˥55 nar ˨˩˦214 c'y ˥55？
你 上 哪儿 去？

8. uo ˨˩˦214 ɕiɑŋ ˥55 xaɛ ˨˩˦214 c'y ꜒55。
我 上 海 去。

（我到城里去。“海”指烟台城里。）

9. ȵi ˨˩˦꜒55 ta ˨˩˦214 pu ꜒55 ta ˨˩˦214 san ꜔꜖31 c'y ꜕꜖21？
你 打 不 打 算 去？

10. uo ˨˩˦꜒55 ta ˨˩˦214 san ˥55 c'y ꜔꜖31。
我 打 算 去。

11. ȵi ˨˩˦214 t'our ˥55 tsou ˨˩˦214 pa ꜒55， uo ˨˩˦꜒55
你 头儿 走 吧， 我

təŋ ˨˩˦214 i ꜒55 xuir ꜔꜖31。
等 一 会儿。

12. k'ɑo ˥55 nar ˨˩˦꜒55 tsou ˨˩˦214？
靠 哪儿 走？

（往哪儿走？）

13. taɛ 21 ȵie 55 tɕʻiaŋ 31, pu 214 taɛ 55
在 那 场， 不 在
tɕie 55 tɕʻiaŋ 31。
这 场。
（在那儿，不在这儿。）

14. uo 214 ti 55 tsʻa 55 pei 31 ciɑo 55
我 的 茶 杯 叫
tʻa 31 kei 55 uo 214 ta 214 la 55。
他 给 我 打 了。

15. uo 214 ti 55 ɕy 31 ciɑo 55 tʻa 31 na 31
我 的 书 叫 他 拿
cʻy 21 la 21。
去 了。

16. tʻa 31 sui 55 rə 31 la 21。
他 睡 着 了。

17. tʻa 31 sui 55 la 31。
他 睡 了。
（未必睡着了。）

18. ɕiɑo 214 uɑŋ 55 tʻa 33 ma 31 sɿ 214
小 王 他 妈 死
la 55。
了。

19. tʻa 33 tɕi 31 pu 21 tɕi 31 tɑo 21?
他 知 不 知 道？

20. tʻa 33 cin 31 ȵian 21 ɕie 55 mo 31
他 今 年 什 么
sei 55 su 31 la 21?
岁 数 了？
（一般用于问三十岁以上的成年人和老年人。）

21. tʻa 33 cin 31 ȵian 21 tuo 31 ta 55
他 今 年 多 大

la 31?
了？

（用于问青少年。）

22. t'a 33　cin 31　ȵian 21　ci 214　sei 55
他　今　年　几　岁

la 31?
了？

23. kan 55　ma 31　san 31　ɕi 21　laε 31
口　口　三　十　来

seir 55。
岁儿。

（大概三十来岁儿。）

24. tɕie 55　kə 31　t'ɑo 55　xuaε 55　la 31，
这　个　桃　坏　了，

xɑo 55　tɕ'i 214　pu 21　xɑo 55　tɕ'i 214?
好　吃　不　好　吃？

（能不能吃。）

25. uo 214　tɕ'iɑŋ 55　tɕ'iɑŋ 31　u 55　xua 31
我　尝　尝　无　花

kuo 214　xɑo 214　pu 55　xɑo 55　tɕ'i 214。
果　好　不　好　吃。

（味道好不好。注意24、25两句不同的表示法。）

26. tɕie 55　kɤ 31　pi 21　ȵie 55　kɤ 31
这　个　比　那　个

c'iɑŋ 55。
强（好）。

27. tɕie 55　kɤ 31　kan 214　pu 55　ɕiɑŋ 31
这　个　赶　不　上

ȵie 55　kɤ 31。
那　个。

28. tsuo ˥55 rə ˧˩31 pi ˨˩˦214 li ˨˩˦214 rə ˥55
坐 着 比 立 着
xɑo ˨˩˦214。
好。

29. t'aɛ ˥55 tuo ˧˩31 la ˨˩21, yŋ ˥55 pu ˧˩31 liɑo ˨˩˦214
太 多 了，用 不 了
ɳie ˥55 mo ˧˩31 ɕie ˧˩31, tɕie ˥55 mo ˧˩31
那 么 些，这 么
ɕier ˧˩31 tɕiu ˥˧˩31 kou ˥55 la ˧˩31。
些儿 就 够 了。

30. uo ˨˩˦214 ɕie ˥55 mo ˧˩31 ie ˨˩˦214 mu ˥55
我 什 么 也 没
iu ˨˩˦214, c'yŋ ˥55 kan ˧˩31 liu ˧˩31 tɕiŋ ˥55
有，穷 干 溜 净
ti ˧˩31。
的。

31. t'a ˧˩33 cia ˧˩31 t'iŋ ˨˩˦55 cian ˧˩31 nan ˨˩21
他 家 挺 艰 难
ti ˨˩21, tou ˧˩31 ʂʅ ˥55 t'a ˧˩31 i ˨˩˦214 cia ˥55
的，都 是 他 姨 家
pɑŋ ˧˩31 rə ˨˩21 t'a ˧˩31 la ˨˩˦214 pa ˥55 cia ˧˩31
帮 着 他 拉 巴 家
k'ou ˨˩˦214。
口。

32. uo ˨˩˦214 tɕin ˧˥35 pa ˧˩31 uɑŋ ˥55 rə ˧˩31
我 真 巴 望 着
t'a ˧˩31 laɛ ˧˩31 cia ˧˩31。
他 来 家。

33. t'a ˧˩33 tsən ˧˩31 mo ˨˩21 xaɛ ˥55 pu ˧˩31
他 怎 么 还 不
laɛ ˧˩31, tɕin ˨˩21 kua ˥55 kua ˧˩31 rə ˨˩21
来，真 挂 挂 着

t‘a $_{31}$。
他。

34. kua $_{55}$ kua $_{31}$ rə $_{21}$ tɕin $_{31}$ sɿ $_{55}$ kɤ $_{31}$
挂 挂 着 真 是 个

ɕin $_{31}$ sɿ $_{55}$。
心 事。

35. ts‘ɑo $_{31}$ ȵie $_{55}$ mo $_{31}$ ɕie $_{21}$ ɕin $_{31}$
操 那 么 些 心

kan $_{31}$ ɕie $_{55}$ mo $_{31}$?
干 什 么？

36. uo $_{214}$ pu $_{55}$ çi $_{31}$ cian $_{55}$ ȵi $_{31}$,
我 不 希 见 你，

ɕiɑŋ $_{55}$ i $_{31}$ pianr $_{31}$ c‘y $_{21}$。
上 一 边儿 去。

37. ȵi $_{214}$ uɑŋ $_{55}$ la $_{31}$ uo $_{214}$, uo $_{214}$
你 忘 了 我， 我

kɤ $_{55}$ ci $_{55}$ rə $_{31}$ ȵi $_{214}$。
可 记 着 你。

38. ȵi $_{214}$ i $_{35}$ t‘ian $_{31}$ tɑo $_{55}$ uan $_{214}$
你 一 天 到 晚

kuan $_{214}$ ɕie $_{55}$ mo $_{31}$ pu $_{214}$ kan $_{55}$,
管 什 么 不 干，

tɕiu $_{55}$ tɕi $_{31}$ tɑo $_{21}$ ka $_{31}$ ta $_{21}$ lɑo $_{214}$
就 知 道 嘎 答 老

p‘ o $_{55}$ ɕie $_{55}$ t‘ou $_{31}$。
婆 舌 头。

39. uo $_{55}$ paɛ $_{214}$ tɕi $_{55}$ ȵi $_{214}$ ma $_{55}$?
我 摆 置 你 吗？

uo $_{55}$ pu $_{31}$ paɛ $_{214}$ tɕi $_{55}$ ȵi $_{31}$。
我 不 摆 置 你。

40. tɕie $_{55}$ kɤ $_{31}$ in $_{31}$ san $_{55}$ çia $_{214}$
这 个 人 算 瞎

la ˥55， tsou ˨˩˦214　ɕia ˥55　p'o ˧˩31　taor ˥55
了，　走　下　坡　道儿

ɕiaŋ ˧˩31　c'y ˥55　la ˧˩31。
上　去　了。

41. tɕie ˥55　kɤ ˧˩31　ɕiao ˨˩˦214　xaɛr ˥55　ts'uŋ ˥55
这　个　小　孩儿　从

ɕiao ˨˩˦214　tɕiu ˥55　ly ˧˩31， ta ˥55　la ˧˩31
小　就　驴，大　了

tɕiu ˥55　sɿ ˧˩31　kɤ ˨˩21　ər ˥55　xu ˨˩˦214。
就　是　个　二　虎。

42. tao ˥55　məːr ˧˩31　ȵi ˨˩˦214　taŋ ˥55　pu ˧˩31
到　明儿　你　当　不

liao ˨˩˦214　kao ˨˩˦214　pu ˥55　ci ˥55　kɤ ˨˩˦214。
了　考　不　及　格。

43. ȵi ˨˩˦214　paɛ ˥55　saŋ ˧˩31　mən ˧˥35　in ˧˩31。
你　别　丧　门　人。

44. ȵi ˨˩˦214　paɛ ˥55　i ˧˥35　ciŋ ˧˩31　i ˨˩˦214　tsa ˥55
你　别　一　惊　一　诈

ti ˧˩31， ɕia ˨˩˦214　sɿ ˥55　in ˧˩31　la ˨˩21。
的，　吓　死　人　了。

45. lao ˨˩˦214　tɕie ˥55　mo ˧˩31　in ˧˥35　t'ian ˧˩31
老　这　么　阴　天

xu ˨˩˦214　la ˥55　ti ˧˩31， tɕin ˧˩31　mu ˨˩˦214　laɛ ˥55
虎　拉　的，真　木　来

sɿ ˧˩31　in ˧˩31　la ˨˩21。
死　人　了。

46. t'a ˧33　iao ˧˩31　xuo ˨˩21　ȵi ˨˩˦214， t'iŋ ˧˩31
他　吆　喝　你，　听

mo ˨˩21　t'iŋ ˧˩31　cian ˨˩21？
没　听　见？

47. pu ˨˩21　t'iŋ ˧˩31　cian ˥55。
不　听　见。

（没听见。）

48. ȵi $_{214}$ ta $_{55}$ tianr $_{31}$ ɕiŋ $_{31}$ suo $_{214}$,
你 大 点儿 声 说，
t'a $_{33}$ pu $_{31}$ t'iŋ $_{31}$ cian $_{21}$。
他 不 听 见。

49. t'iŋ $_{31}$ mo $_{21}$ t'iŋ $_{31}$ cian $_{21}$ uir $_{55}$?
听 没 听 见 味儿？
（有没有闻到味儿？）

50. mo $_{55}$ t'iŋ $_{31}$ cian $_{21}$。
没 听 见。

51. tsa $_{55}$ tsei $_{55}$ tsuo $_{214}$, suo $_{55}$ pu $_{31}$
咱 嘴 拙，说 不
kuo $_{55}$ t'a $_{31}$。
过 他。

52. t'a $_{31}$ kuaŋ $_{35}$ tour $_{31}$ tɕin $_{31}$ aɛ $_{21}$
他 光 口儿 真 爱
ɕiao $_{55}$。
笑。

53. xao $_{55}$ xaor $_{55}$ tsou $_{214}$, paɛ $_{55}$ p'ao $_{31}$。
好 好儿 走，别 跑。

54. ȵi $_{214}$ tɕin $_{55}$ c'y $_{31}$ ɕiao $_{214}$ ɕin $_{55}$
你 进 去 小 心
tianr $_{31}$, cia $_{31}$ li $_{21}$ ȵie $_{55}$ mo $_{31}$
点儿，家 里 那 么
ɕie $_{21}$ tuŋ $_{31}$ ɕi $_{21}$, paɛ $_{55}$ kuaɛ $_{31}$
些 东 西，别 掴
rə $_{21}$ tɕie $_{55}$ kɤ $_{31}$ p'əŋ $_{55}$ rə $_{31}$
着 这 个 碰 着
ȵie $_{55}$ kɤ $_{31}$, t'uo $_{31}$ tao $_{35}$ kuŋ $_{31}$
那 个，拖 倒 公
taɛ $_{33}$ tao $_{21}$ p'o $_{55}$ ti $_{31}$。
带 倒 婆 的。

55. ci ˨˩˦214 pu ˥55 ci ˨˩˦214 sɿ ˥55 in ˧˩31, ci ˨˩˦214
急　不　急　死　人，急

tɕ‘y ˥55 xuo ˨˩˦˥55 lan ˧˩31 piŋ ˥55 laɛ ˧˩31。
出　霍　乱　病　来。

第四章　烟台方言记音

一　məŋ ˥55 梦①

（一）ian ˨˩˦214　k'an ˥55　nan ˥55　san ˧˩31，u ˥55
　　　眼　　看　　南　　山　　雾

　　　c'i ⊦31　t'əŋ ˥55　t'əŋ ⊦31。
　　　气　　腾　　腾。

　　　　（yn ˥55　nan ⊦31）
　　　　　云　　南

（二）çie ˨˩˦214　rə Γ55　luo ˨˩˦214　taɛ Γ55　ciaŋ ˧˩ɾ35
　　　蝎　　子　　落　　在　　江

　　　ɕin ˧˩31　tsuŋ ⊦21。
　　　心　　中。

　　　　（tɕie ˥55　ciaŋ ˧˩31）
　　　　　浙　　江②

（三）i ˨˩˦ɾ35　tɕi ˧˩31　çyø ˧˩31　rə ⊦21　sɿ ˥55　in ⊦31
　　　一　　只　　靴　　子　　四　　人

　　　təŋ ˧˩31。
　　　蹬。

　　　　（sɿ ˥55　ts'uan ˧˩31）
　　　　　四　　川③

---

① 梦，谜语。

② "浙"tɕie ˥55，跟"蜇"tɕie ˨˩˦214音近。

③ "川"ts'uan ˧˩31，音同"穿"ts'uan ˧˩31。

（四）ɕi ˥55　liɑŋ ˨˩˦214　in ˥55　rə ˦˩31　tɕʻi ˨˩˦214
十　两　银　子　吃

tən Γ55　fan ˥55。
顿　饭。

（kui ˥55　tɕiu ˧˩31）
贵　州①

（五）fəŋ ˧˩31　pʻiŋ ˥55　lɑŋ ˥˦˩31　tɕiŋ ˥55。
风　平　浪　静。

（ȵiŋ ˥55　po ˧˩31）
宁　波

（六）tʻɑo ˥55　xua ˧˩31　yŋ ˨˩˦214　pu Γ55　luo ˨˩˦214。
桃　花　永　不　落。

（tɕʻiɑŋ ˥55　tsʻun ˧˩31）
长　春

（七）i ˨˩˦˧˥35　ȵian ˧˩31　cʻiŋ ˥55　tsu ˦˩31　liɑŋ ˨˩˦214
一　年　庆　祝　两

tsʻɿ Γ55。
次。

（tsʻuŋ ˥55　cʻiŋ ˦˩31）
重　庆

（八）pu ˦˩21　pʻa ˥55　tɕʻiɑŋ ˧˩31，pu ˦˩21　pʻa ˥55
不　怕　枪，不　怕

tɑo ˧˩31，tɕiu ˥˦˩31　pʻa ˥55　fəŋ ˧˩31　kua ˨˩˦214
刀，就　怕　风　刮

tan ˥55　la ˦˩31　iɑo ˧˩31。
断　了　腰。

（tsʻui ˧˩˧˥35　ian ˧˩31）
炊　烟

（九）ta ˥55　tɕie ˨˩˦214　i ˨˩˦˦˩31　lian ˨˩˦˧˥35　pa ˧˩31，
大　姐　一　脸　疤，

（xɤ ˥55　tʻɑo ˦˩31）
核　桃

① “州”tɕiu ˧˩31，音同“粥”tɕiu ˧˩31。

ər ˥55　tɕie ˨˩˦214　ts'ɑo ˨˩˦˧˩31　li ˨˩˦˧˥35　p'a ˧˩31，
二　姐　草　里　趴，

（li ˥55　p'əŋ ˧˩31）
栗　篷①

san ˧˩31　tɕie ˨˩˦214　uaɛ ˧˩˥55　uaɛ ˧˩˥55　tsei ˨˩˦214，
三　姐　歪　歪　嘴，

（t'ɑo ˥55　rə ˧˩31）
桃　子

sɿ ˥55　tɕie ˨˩˦214　ts'ɿ ˨˩˦˧˩31　ts'ɿ ˨˩˦˧˥35　ia ˧˩31。
四　姐　呲　呲　牙。

（ɕi ˥55　liu ˧˩31）
石　榴

（十）çyŋ ˧˩31　ti ˨˩21　liɑŋ ˨˩˦214　kɤ ˥55　i ˨˩˦˧˩31
兄　弟　两　个　一

pan ˧˩˧˥35　kɑo ˧˩31，iɑo ˧˩31　li ˨˩21　t'ou ˨˩21
般　高，腰　里　头

pie ˥55　rə ˧˩31　i ˨˩˦214　pa ˥55　tɑo ˧˩31。
别　着　一　把　刀。

（mən ˧˩31）
门

（十一）tuŋ ˧˩˧˥35　p'o ˧˩31　ɕi ˧˩˧˥35　p'o ˧˩31，i ˨˩˦214
东　坡　西　坡，一

kɤ ˥55　t'u ˥55　rə ˧˩31　lia ˨˩˦˧˥35　uo ˧˩31。
个　兔　子　俩　窝。

（tɕ'ian ˥55　ta ˨˩˦214　rə ˥55）
钱　褡　子

（十二）çyŋ ˧˩31　ti ˨˩21　tɕ'i ˨˩˦˥55　pa ˨˩˦214　kɤ ˥55，
兄　弟　七　八　个，

pəŋ ˨˩˦214　rə ˥55　i ˨˩˦214　k'uaɛ ˥55　la ˨˩˦˥55
口②　着　一　块　辣

① 栗篷，栗子。

② 口pəŋ ˨˩˦214，抱。

kanr ˨˩˦$_{214}$　kuo ˥$_{55}$。
杆儿　过。

（san ˥˧˩$_{31}$　t'ou ˥$_{55}$）
蒜　头

（十三）i ˨˩˦˧˥$_{35}$　k'uo ˧˩$_{31}$　ɕiɑo ˨˩˦$_{214}$　ɕy ˥$_{55}$　pu ˨˩˦$_{214}$
一　棵　小　树　不

ta ˥$_{55}$　kɑo ˧˩$_{31}$，ci ˨˩˦$_{214}$　lou ˥$_{55}$　kua ˧˩$_{31}$
大　高，叽　漏　呱

la ˨˩$_{21}$　cie ˨˩˦˧˩$_{31}$　ɕiɑo ˨˩˦˧˥$_{35}$　tɑor ˧˩$_{31}$。
拉　结　小　刀。

（i ˨˩˦˧˥$_{35}$　k'uo ˧˩$_{31}$　tou ˥$_{55}$）
一　棵　豆

二　ɕiɑo ˨˩˦$_{214}$　xaɛ ˥$_{55}$　rə ˧˩$_{31}$　tɕ'iɑŋ ˥$_{55}$
小孩子唱①

（一）xaɛ ˨˩˦$_{214}$　tɕ'iɑo ˥$_{55}$　kuo ˧˩$_{31}$
海　潮　歌

ts'u ˧˩$_{31}$　i ˨˩$_{21}$　ɕi ˥$_{55}$　u ˨˩˦$_{214}$　liaŋ ˨˩˦$_{214}$
初　一　十　五　两

tɕ'iao ˥$_{55}$　xaɛ ˨˩˦$_{214}$，
潮　海，

ts'u ˧˩˧˥$_{35}$　san ˧˩$_{31}$　tɕ'iɑo ˥$_{55}$，
初　三　潮，

ɕi ˥˧˩$_{31}$　pa ˨˩˦˥$_{55}$　sui ˨˩˦$_{214}$，
十　八　水，

ər ˥$_{55}$　ɕi ˧˩$_{31}$　sɿ ˥$_{55}$　u ˨˩˦$_{214}$　ləŋ ˥$_{55}$　tsəŋ ˥$_{55}$
二　十　四　五　睖　睁

kui ˨˩˦$_{214}$，
鬼②，

① 小孩子唱，儿歌。
② 睖睁鬼，没有数，反复无常。

ɕi ˥˩31　ər ˥˧35　san ˧˩31，
十　二　三，

tɕiŋ ˥55　ɕiaŋ ˨˥55　u ˨˩˦214，
正　晌　午，

ər ˥55　ɕi ˩31　ər ˥55　san ˧˩31　tɕiŋ ˥˩31
二　十　二　三　正

ɕiaŋ ˨˧35　kan ˧˩31。
晌　干。

（二）ɕiu ˨˥55　tsɿ ˨˩˦214　kuor ˧˩31
手　指　歌儿

ta ˥55　mən ˧˩31　tsɿ ˨˩˦214，
大　门　指，

ər ˥55　mən ˧˩31　ȵiaŋ ˥55，
二　门　娘，

tsuŋ ˧˩31　tsɿ ˨˩˦214，
中　指，

mei ˥55　ɕiaŋ ˩31，
梅　香①，

ciu ˨˩˦214　pa ˨˥55　ciu ˨˩˦214，
九　八　九②，

ɕiao ˨˩˦214　xuo ˥55　tɕʻiaŋ ˩31。
小　和　尚③。

（三）ɕiao ˨˥55　pʻaŋ ˥˩31　xaɛr ˥55
小　胖　孩儿

ɕiao ˨˥55　pʻaŋ ˥˩31　xaɛr ˥55，
小　胖　孩儿，

ɕiaŋ ˥55　tsʻuaŋ ˧˩31　tʻaɛ ˥55，
上　窗　台，

---

① 梅香，无名指。

② 九八九，小。例如：“给你个九八九”，意思是：给你个小的。

③ 小和尚，这里指小姆指。

```
tʻou ˧˩31  tʻa ˧˥35  ma ˧˩31  ti ˨˩21  ta ˥55  xua ˧˩31
偷         他        妈       的       大      花
çiaɛ ˥55。
鞋
```

```
tʻa ˧33  ma ˧˩31  ta ˨˩˦214，
他       妈       打，
```

```
tʻa ˧˩31  pʻo ˥55  la ˨˩˦214，
他        婆       拉，
```

```
tʻa ˧33  tie ˧˩31  laɛ ˥55  cia ˧˩31  sua ˨˩˦214
他       爹        来       家        耍
ȵiu ˧˩31  cia ˨˩˦214。
牛        角。
```

（四）ɕiɑo ˨˩˦55 lɑo ˨˩˦214 ɕy ˥55 小老鼠

```
ɕiɑo ˨˩˦55  lɑo ˨˩˦214  ɕy ˥55，
小          老          鼠，
```

```
ɕiɑŋ ˥55  təŋ ˧˩31  tʻaɛ ˥55，
上        灯        台，
```

```
tʻou ˧˥35  iu ˧˩31  xa ˨˩˦214，
偷         油       喝，
```

```
çia ˥55  pu ˨˩31  laɛ ˧˥55，
下       不       来，
```

```
tɕi ˨˩˦214  tɕi ˥55  ku ˧˥35  ku ˧˩31  ciɑo ˥55
唧          唧       咕       咕       叫
naɛ ˨˩˦214  naɛ ˥55。
奶          奶。
```

```
naɛ ˨˩˦214  naɛ ˥55  pu ˨˩31  çi ˧˩31  li ˨˩˦214，
奶          奶       不       希       理，
```

```
mɑor ˧˩31  kɤ ˧˩31  kɤ ˨˩21  pa ˥55  tʻa ˧˩31  pɑo ˥55
猫儿       哥       哥       把      它        抱
çia ˨˩31  laɛ ˨˩21。
下        来。
```

（五）ci ˧˩31 tan ˥55 k'ɤ ˨˩˦214 rə ˥55
鸡 蛋 壳 子

ci ˧˩31 tan ˥55 k'ɤ ˨˩˦214 rə ˥55 uo ˧˩31 uo ˨˩21，

鸡 蛋 壳 子 窝 窝，

li ˨˩˦214 t'ou ˥55 p'a ˧˩31 kɤ ˥55 kuo ˧˩31

里 头 趴 个 哥

kuo ˨˩21。

哥。

kuo ˧˩31 kuo ˨˩21 tɕ'y ˨˩˦214 laɛ ˥55 paɛ ˨˩˦214

哥 哥 出 来 摆

saɛ ˥55，

赛，

li ˨˩˦214 t'ou ˥55 p'a ˧˩31 kɤ ˨˩21 naɛ ˨˩˦214

里 头 趴 个 奶

naɛ ˥55。

奶。

naɛ ˨˩˦214 naɛ ˥55 tɕ'y ˨˩˦214 laɛ ˥55 ɕiao ˧˥35

奶 奶 出 来 烧

ɕiaŋ ˧˩31，

香，

li ˨˩˦214 t'ou ˥55 p'a ˧˩31 kɤ ˨˩21 ku ˧˩31

里 头 趴 个 姑

ȵiaŋ ˨˩21。

娘。

ku ˧˩31 ȵiaŋ ˨˩21 tɕ'y ˨˩˦214 laɛ ˥55 k'a ˨˩˦214

姑 娘 出 来 磕

t'ou ˥55，

头，

li ˨˩˦214 t'ou ˥55 p'a ˧˩31 kɤ ˨˩21 mao ˧˩31

里 头 趴 个 毛

xour ˥$_{55}$。
猴儿①。

mɑo ˧˩$_{31}$ xour ˥$_{55}$ tɕʻy ˨˩˦$_{214}$ laɛ ˥$_{55}$ tian ˨˩˦˧˥$_{35}$
毛 猴儿 出 来 点

təŋ ˧˩$_{31}$，
灯，

ɕiɑo ˧˩$_{31}$ ti ˨˩$_{21}$ pi ˥$_{55}$ rə ˥$_{55}$ ianr ˨˩˦$_{214}$
烧 的 鼻 子 眼儿

tɕʻiŋ ˧˩$_{31}$。
青。

(六) san ˧˩$_{31}$ ia ˥$_{55}$ tɕʻiu ˧˩$_{31}$
山 鸦 鹊

san ˧˩$_{31}$ ia ˨˩˦˥$_{55}$ tɕʻiu ˧˩$_{31}$，
山 鸦 鹊，

ui ˨˩˦$_{214}$ pɑŋ ˥$_{55}$ tɕʻiɑŋ ˥$_{55}$，
尾 膀 长，

tɕʻy ˨˩˦$_{214}$ la ˥$_{55}$ ɕi ˨˩˦$_{214}$ fu ˥$_{55}$ uɑŋ ˥$_{55}$ la ˧˩$_{31}$
娶 了 媳 妇 忘 了

ȵiɑŋ ˥$_{55}$。
娘。

(七) tɕy ˧˩˧$_{33}$ pa ˨˩˦˨˩$_{21}$ ciaɛ ˥$_{55}$
猪 八 戒

tɕy ˧˩˧$_{33}$ pa ˨˩˦˨˩$_{21}$ ciaɛ ˥$_{55}$，
猪 八 戒，

ɕiɑŋ ˥˧$_{33}$ nan ˧˩˨˩$_{21}$ tʻaɛ ˥$_{55}$，
上 南 台，

la ˧˩$_{31}$ sɿ ˨˩˦$_{214}$ tiɑo ˥˧˩$_{31}$ ɕiaɛ ˥$_{55}$。
拉 屎 掉 鞋。

① 毛猴，指一种动物，是用来吓唬小孩的口头语。例如：别哭，毛猴来了。

（八）ɕiɑo $_{214}$ pa $_{55}$ kou $_{214}$
小 叭 狗

ɕiɑo $_{214}$ pa $_{55}$ kou $_{214}$,
小 叭 狗，

ɕiɑŋ $_{55}$ nan $_{35}$ san $_{31}$。
上 南 山。

tɕʻi $_{33}$ cin $_{21}$ tou $_{55}$,
吃 金 豆，

la $_{31}$ cin $_{35}$ tsuan $_{31}$。
拉 金 砖。

tʻɑo $_{31}$ ta $_{55}$ mi $_{214}$,
淘 大 米，

lɑo $_{55}$ kan $_{31}$ fan $_{55}$。
涝 干 饭。

lɑo $_{214}$ tʻour $_{55}$ tɕʻi $_{214}$,
老 头儿 吃，

lɑo $_{214}$ pʻor $_{31}$ kʻan $_{55}$,
老 婆儿 看，

ɕiɑo $_{214}$ xaɛr $_{55}$ tsʻan $_{55}$ ti $_{31}$ tɕi $_{31}$
小 孩儿 馋 的 直

tsuan $_{55}$ tsuan $_{31}$。
转 转。

（九）ɕiɑo $_{214}$ pa $_{55}$ kou $_{214}$
小 叭 狗

pa $_{55}$ kou $_{214}$ pa $_{55}$ kou $_{214}$ ȵi $_{214}$
叭 狗 叭 狗 你

kʻan $_{55}$ cia $_{31}$,
看 家，

uo $_{214}$ ɕiɑŋ $_{55}$ nan $_{35}$ yan $_{31}$ tsɤ $_{214}$
我 上 南 院 摘

xuŋ ˥$_{55}$ xua ˧˩$_{31}$。
红 花。

əɾ ˥$_{55}$ mu ˨˩˦$_{214}$ xuŋ ˥$_{55}$ xua ˧˩$_{31}$ mo ˥$_{55}$
二 亩 红 花 没

tsɤ ˨˩˦˥$_{55}$ liao ˨˩˦$_{214}$,
摘 了,

t'iŋ ˧˩$_{31}$ cian ˨˩$_{21}$ pa ˨˩˦˥$_{55}$ kou ˨˩˦$_{214}$ uaŋ ˥$_{55}$
听 见 叭 狗 汪

uaŋ ˨˩$_{31}$ iao ˨˩˦$_{214}$。
汪 咬。

pa ˨˩˦˥$_{55}$ kou ˨˩˦$_{214}$ pa ˨˩˦˥$_{55}$ kou ˨˩˦$_{214}$ iao ˨˩˦$_{214}$
叭 狗 叭 狗 咬

ɕie ˥$_{55}$ ma ˨˩$_{31}$,
什 么,

liaŋ ˨˩˦$_{214}$ kɤ ˥$_{55}$ mei ˧˩$_{31}$ in ˨˩$_{21}$ tɕin ˥$_{55}$
两 个 媒 人 进

la ˨˩$_{31}$ cia ˧˩$_{31}$。
了 家。

tɕ'iŋ ˥$_{55}$ cia ˧˩$_{31}$ tɕ'iŋ ˥$_{55}$ cia ˧˩$_{31}$ ȵi ˨˩˦$_{214}$
亲 家 亲 家 你

tsuo ˥$_{55}$ ɕia ˨˩$_{31}$。
坐 下。

an ˨˩˦˧˥$_{35}$ cia ˧˩$_{31}$ kui ˧˩$_{31}$ ȵy ˨˩$_{21}$ ɕi ˥$_{55}$
俺 家 闺 女 十

tɕ'i ˨˩˦˥$_{55}$ pa ˨˩˦$_{214}$,
七 八,

sɿ ˥$_{55}$ ier ˨˩˦$_{214}$ ɕiaɛ ˥$_{55}$ paŋ ˧˩$_{31}$ pu ˨˩˦$_{214}$
四 页儿 鞋 帮 不

xui ˥$_{55}$ na ˨˩˦$_{214}$。
会 纳。

an ˨˩˦˧˥$_{35}$ cia ˧˩$_{31}$ kui ˧˩$_{31}$ ȵy ˨˩$_{21}$ ɕi ˥$_{55}$ u ˨˩˦$_{214}$
俺 家 闺 女 十 五

liu ˥55，
六，

sɿ ˥55 ier ˨˩˦214 ɕiaɛ ˥55 paŋ ˧˩31 pu ˨˩˦214
四 页儿 鞋 帮 不

xui ˥˧˩31 tsou ˥55。
会 做。

ɑo ˧˩˧33 p'ei ˧˩˨˩21 fan ˥55，
熬 秠 饭①，

kua ˧˩˧˥35 ku ˧˩31 tsa ˨˩21。
口② 口 口③。

ɑo ˧˩31 mi ˨˩˦214 t'ɑŋ ˥55，
熬 米 汤，

kua ˧˩˧˥35 sa ˧˩31 ka ˨˩21。
口 沙 口④。

tɕ'iŋ ˥55 cia ˧˩31 tɕ'iŋ ˥55 cia ˧˩31 ȵi ˨˩˦214
亲 家 亲 家 你

pu ˨˩21 yŋ ˥˧˩31 ts'ou ˥55，
不 用 愁。

i ˨˩21 uan ˨˩˦˥55 sui ˨˩˦214，
一 碗 水，

i ˨˩21 uan ˨˩˦˧˥35 iu ˧˩31，
一 碗 油，

tsa ˥55 lia ˨˩˦214 tei ˥55 rə ˥55 su ˧˩˧˥35
咱 俩 对 着 梳

iu ˧˩31 t'ou ˥55。
油 头。

iu ˧˩31 t'ou ˥55 su ˧˩31 ti ˨˩21 kuɑŋ ˧˩31 liu ˥55
油 头 梳 的 光 溜

---

① 秠饭，高粱面稀饭。

② 口 kua ˧˩31，光，全是。

③ 口口 ku ˧˩31 tsa ˨˩21，疙瘩。

④ 沙口 sa ˧˩31 ka ˨˩21，沙子。

liu ˫31，
溜，

ɕi ˥˫31　liu ˥55　xuar ˧˩31　taɛ ˥55　man ˨˩˦214
石　榴　花儿　戴　满

t'ou ˥55。
头。

三　ku ˥55　sɿr ˫31
故　事儿

（一）fu ˧˩31　in ˧˩˫35　san ˧˩31
夫　人　山

xən ˨˩Γ55　tsɑo ˨˩˦214　xən ˨˩Γ55　tsɑo ˨˩˦214　ti Γ55
很　早　很　早　的

sɿ ˥55　xou ˫31，tɕ'in ˥˧33　sɿ ˨˩˫21　xuɑŋ ˥55　ciŋ ˧˩31
时　候，秦　始　皇　经

kuo ˥55　tsɿ ˧˩Γ55　u ˥55　tɑo ˨˩˦214，tɑo ˥55　la ˫31
过　芝　罘　岛，到　了

tuŋ ˧˩31　xaɛ ˨˩˫35　pianr ˧˩31　ɕiɑŋ ˫21，taɛ ˥55　luŋ ˥55
东　海　边儿　上，在　龙

ɕy ˧˩31　tɑo ˨˩˦214　ti Γ55　tɕ'iŋ ˥55　san ˧˩31　t'ou ˥55
须　岛　的　成　山　头

ɕiɑŋ ˫31　ɕiu ˧˩31　xaɛ ˨˩˦214。t'a ˧˩31　kɑo ˥55　su ˫31
上　修　海。他　告　诉

t'a ˫21　lɑo ˨˩˦214　p'o Γ55　suo ˨˩˦214，ciɑo ˥55　t'a ˧˩31
他　老　婆　说，叫　他

lɑo ˨˩˦214　p'o Γ55　taɛ ˥55　t'a ˧˩31　ta ˨˩˦214　ti ˥55
老　婆　在　他　打　第

i ˨˩˦214　çia ˥55　tsuŋ ˧˩31　ti ˫21　sɿ ˥55　xou ˫31
一　下　钟　的　时　候

c'i ˨˩˫35　ɕin ˧˩31，ti ˥˫31　ər ˥55　çia ˫31　tsuŋ ˧˩31
起　身，第　二　下　钟

ti ˨˩$_{21}$ sɿ ˥$_{55}$ xou ˧˩$_{31}$ pa ˨˩$_{21}$ fan ˥$_{55}$ tsou ˥$_{55}$
的 时 候 把 饭 做

xɑo ˨˩˦$_{214}$ la ˥$_{55}$, ti ˥$_{55}$ san ˧˩$_{31}$ ɕia ˨˩$_{21}$ tsuŋ ˧˩$_{31}$
好 了， 第 三 下 钟

ti ˨˩$_{21}$ sɿ ˥$_{55}$ xou ˧˩$_{31}$ cʻy ˥$_{55}$ suŋ ˥˩$_{31}$ fan ˥$_{55}$。
的 时 候 去 送 饭。

tʻa ˧$_{33}$ lɑo ˨˩˦$_{214}$ pʻo ˥$_{55}$ tʻianr ˧˥$_{35}$ tʻianr ˧˩$_{31}$
他 老 婆 天儿 天儿

tɕʻiɑo ˥$_{55}$ rə ˧˩$_{31}$ tʻa ˧˩$_{31}$ ɕyø ˨˩˦$_{214}$ ti ˥$_{55}$ cʻy ˥˩$_{31}$
照 着 他 说 的 去

pan ˥$_{55}$。
办。

iu ˨˩˦$_{214}$ ȵie ˥$_{55}$ mo ˧˩$_{31}$ i ˧˥$_{35}$ tʻian ˧˩$_{31}$，
有 那 么 一 天，

i ˨˩˦$_{214}$ kɤ ˥$_{55}$ sɿ ˧˩$_{31}$ kʻɤ ˨˩$_{21}$ lɑŋ ˥$_{55}$ pa ˥$_{55}$
一 个 屎 壳 螂 把

tsuŋ ˧˩$_{31}$ i ˨˩$_{21}$ ɕiar ˥$_{55}$ nuŋ ˥$_{55}$ ɕiɑŋ ˨˩˦$_{214}$ la ˥$_{55}$。
钟 一 下儿 弄 响 了。

tɕie ˥˩$_{31}$ iɑŋ ˥$_{55}$, tʻa ˧$_{33}$ lao ˨˩˦$_{214}$ pʻo ˥$_{55}$ tɕiu ˥$_{55}$
这 样， 他 老 婆 就

cʻi ˧˥$_{35}$ ɕin ˧˩$_{31}$ tsou ˥˩$_{31}$ fan ˥$_{55}$。kan ˧˥$_{35}$ tʻa ˧˩$_{31}$
起 身 做 饭。 赶 他

ta ˨˩˦$_{214}$ ti ˥$_{55}$ i ˨˩˦$_{214}$ ɕia ˥$_{55}$ ti ˧˩$_{31}$ sɿ ˥$_{55}$
打 第 一 下 的 时

xou ˧˩$_{31}$, tʻa ˧$_{33}$ lɑo ˨˩˦$_{214}$ pʻo ˥$_{55}$ tɕiu ˥$_{55}$ pa ˧˩$_{31}$
候， 他 老 婆 就 把

fan ˥$_{55}$ tsou ˥$_{55}$ xɑo ˨˩˦$_{214}$ la ˥$_{55}$。kan ˧˥$_{35}$ tʻa ˧˩$_{31}$
饭 做 好 了。 赶 他

ta ˨˩˦$_{214}$ ti ˥˩$_{31}$ ər ˥$_{55}$ ɕia ˧˩$_{31}$ ti ˨˩$_{21}$ sɿ ˥$_{55}$
打 第 二 下 的 时

xou ˧˩$_{31}$, tʻa ˧$_{33}$ lɑo ˨˩˦$_{214}$ pʻo ˥$_{55}$ tɕiur ˥$_{55}$ cʻy ˧˩$_{31}$
候， 他 老 婆 就 去

suŋ 31　fan 55。
送　饭。

　　tɑo 55　la 31　ȵie 55　tɕʻiɑŋ 214，tɕʻin 33
　　到　了　那　场，　秦

sɿ 21　xuɑŋ 55　tɕiu 31　un 55　tɑo 31　tʻa 31：
始　皇　就　问　道　她：

ȵi 33　taɛ 21　tɑo 55　ɕiɑŋ 31　kʻan 55　cian 31
你　在　道　上　看　见

ɕie 55　mo 31　mo 55　iu 214？tʻa 33　lɑo 214
什　么　没　有？　他　老

pʻo 55　suo 214：kuɑŋ 31　ɕie 55　mo 31　ie 214
婆　说：　光　什　么　也

mo 55　kʻan 55　cian 31，tɕiu 31　kʻan 55
没　看　见，　就　看

cian 31　kɤ 21　ta 55　tɕy 31　taɛ 55　ȵier 55
见　个　大　猪　在　那儿

kuŋ 214　ɕi 55　tʻou 31。
拱　石　头。

　　tɕʻin 33　sɿ 21　xuɑŋ 55　i 35　tʻiŋ 31
　　秦　始　皇　一　听

nɑo 214　la 55，tɕiu 55　pa 55　tʻa 31　lɑo 214
恼　啦，　就　把　他　老

pʻo 55　pa 214　ta 55　ɕie 55　la 31。
婆　八　大　卸①　啦。

　　tsʻuŋ 31　tɕier 55　i 214　xou 55，ȵie 55
　　从　这儿　以　后，　那

tɕʻiɑŋ 31　tɕiu 55　tɕʻy 214　laɛ 55　kɤ 31　san 31。
场　就　出　来　个　山。

san 31　ɕiɑŋ 21　iu 55　tɕʻy 214　miŋ 55　ti 31
山　上　有　出　名　的

① 八大卸，切成八块。

pa 214 ta 55 ciŋ 214。 pa 214 ta 55 ciŋ 214
八 大 景。 八 大 景

li 55 iu 214 fu 31 in 35 ɕiu 31、 fu 31
里 有 夫 人 羞、 夫

in 21 tiŋ 55、 fu 31 in 21 naɛ 214。 tɕie 55
人 腚、 夫 人 奶。 这

kɤ 31 san 31 tɕiu 31 ciɑo 55 fu 31 in 35
个 山 就 叫 夫 人

san 31。
山。

（二）k'ɑŋ 31 ui 21 ie 55
康 维 爷
ti 31 xou 55 in 31
的 后 人①

tsɿ 31 u 21 tɑo 214 ie 214 nəŋ 55
芝 罘 岛 也 能

tɕ'y 214 kɤ 55 ciŋ 31， ie 214 nəŋ 55 iu 214
出 个 京， 也 能 有

kɤ 55 cin 31 lan 31 tian 55。
个 金 銮 殿。

xən 55 tsɑo 214 xən 55 tsɑo 214 ti 55
很 早 很 早 的

sɿ 55 xou 31， iu 214 kɤ 55 k'ɑŋ 31 ui 21
时 候， 有 个 康 维

ie 55。 t'a 31 tɕiu 55 xui 31 ts'aɛ 214 kɤ 55
爷。 他 就 会 踩 个

ti 31 c'ir 55 ɕie 55 mo 31 ti 21， ciar 31
地 气儿② 什 么 的， 家儿

---

① "康维爷的后人"，又称"康家的后人"，烟台通用语，指不争气的、不能干的青年人。一般是家里的长辈说自己的晚辈。

② 旧时迷信，认为住宅基地、坟地等地气的好坏，决定其家族、子孙的盛衰。

li 21　t'ou 55　kuo 55　ti 31　t'iŋ 55　iu 31
里　头　过　的　挺　有

ui 31　uɑŋ 21　ti 21，tɕiu 55　sɿ 31　xou 55
威　望　的，就　是　后

in 31　pu 21　xɑo 214。t'a 33　iu 214　kɤ 55
人　不　好。他　有　个

ər 31　lɑŋ 21，ts'uŋ 55　ɕiɑo 214　mo 55　t'iŋ 31
儿　郎，从　小　没　听

t'a 21　i 31　cy 55　xua 55，t'a 33　tie 31
他　一　句　话，他　爹

ciɑo 55　t'a 31　c'y 55　ta 55　kou 214，t'a 33
叫　他　去　打　狗，他

p'ian 31　c'y 55　kan 35　ci 31，t'a 33　tie 31
偏　去　赶　鸡，他　爹

ciɑo 55　t'a 31　ɕiɑŋ 55　tuŋ 31，t'a 33　p'ian 31
叫　他　上　东，他　偏

tɕ'iɑo 55　ɕi 31。
朝　西。

taɛ 55　t'a 33　tie 31　k'uaɛ 55　xɑo 55
在　他　爹　快　好

lɑo 214　ti 55　sɿ 55　xou 31，t'a 33　tie 31
老①　的　时　候，他　爹

tɕiu 55　ɕiɑŋ 214　la 55：t'a 33　i 31　peir 55
就　想　了：他　一　辈儿

ie 214　mu 55　t'iŋ 31　uo 21　i 214　cy 55
也　没　听　我　一　句

xua 55，tɕiŋ 55　xuo 31　uo 214　tsuo 55　ɕie 31
话，尽　和　我　做　些

fan 214　ti 55。tɕie 55　xuir 31，uo 214　pa 55
反　的。这　会儿，我　把

① 老，去世，死。

iŋ $_{31}$ ti $_{55}$ tɕiu $_{31}$ kɑo $_{55}$ su $_{31}$ t'a $_{21}$
茔 地 就 告 诉 他

taɛ $_{55}$ san $_{31}$ tiŋr $_{214}$ ɕiɑŋ $_{55}$, tɕie $_{55}$ iɑŋ $_{31}$,
在 山 顶儿 上， 这 样，

t'a $_{21}$ tɑŋ $_{55}$ pu $_{31}$ liɑo $_{214}$ pa $_{55}$ uo $_{214}$
他 挡 不 了 把 我

t'aɛr $_{55}$ san $_{31}$ ti $_{214}$ çia $_{55}$。
抬儿 山 底 下。

təŋ $_{214}$ t'a $_{55}$ tie $_{31}$ lɑo $_{214}$ la $_{55}$ ti $_{31}$
等 他 爹 老 了 的

sɿ $_{55}$ xou $_{31}$, t'a $_{33}$ ər $_{31}$ tɕiu $_{55}$ pa $_{214}$
时 候， 他 儿 就 把

t'a $_{33}$ tie $_{31}$ fa $_{214}$ suŋ $_{55}$ la $_{31}$。t'aɛ $_{55}$
他 爹 发 送 了。抬

tɑo $_{31}$ t'a $_{33}$ tie $_{31}$ ts'aɛ $_{214}$ na $_{55}$ kɤ $_{21}$
到 他 爹 踩 那 个

iŋ $_{31}$ ti $_{55}$ ɕiɑŋ $_{31}$, iɑo $_{31}$ kɑŋ $_{55}$ i $_{214}$
茔 地 上， 腰 杠 一

çiar $_{55}$ tan $_{55}$ la $_{31}$。t'a $_{33}$ tie $_{31}$ tɕiu $_{55}$
下儿 断 了。他 爹 就

ɕiɑŋ $_{214}$ la $_{31}$: tɕie $_{55}$ çia $_{31}$ xɑo $_{314}$ la $_{22}$,
想 了： 这 下 好 了，

k'ɤ $_{35}$ t'iŋ $_{31}$ la $_{21}$ uo $_{214}$ ti $_{55}$ xua $_{55}$
可 听 了 我 的 话

la $_{31}$。t'a $_{33}$ ər $_{31}$ tɕiu $_{21}$ ɕiɑŋ $_{214}$ la $_{55}$,
了。他 儿 就 想 了，

t'a $_{31}$ ɕyø $_{214}$ uo $_{55}$ tɕiɑŋ $_{214}$ tɕie $_{55}$ mo $_{31}$
他 说 我 长 这 么

ta $_{55}$ ie $_{214}$ mo $_{55}$ t'iŋ $_{31}$ an $_{35}$ tie $_{31}$
大 也 没 听 俺 爹

i $_{31}$ cy $_{55}$ xua $_{55}$, tɕie $_{55}$ xuir $_{31}$ feir $_{35}$
一 句 话， 这 会 非儿

tʻiŋ 31　tʻa 31　ti 55　pu 31　kʻuo 214,　tɕiu 55
听　他　的　不　可，　就

sɿ 31　cia 31　cʻy 55　ta 55　tʻie 214　ti 55,
是　家　去　打　铁　的，

uo 55　ie 214　tɤ 55　pa 55　tʻa 31　tʻaɛ 55
我　也　得　把　他　抬

ɕiaŋ 31　cʻy 21。　tʻa 31　tɕiu 55　cia 31　cʻy 21
上　去。　他　就　家　去

ta 214　la 55　liaŋ 35　kən 31　ta 55　tʻie 214
打　了　两　根　大　铁

kaŋ 55　rə 31,　fei 55　la 31　xao 214　sɿ 55
杠　子，　费　了　好　事

tao 55　tir 214　pa 55　tʻa 33　tie 31　pan 31
到　底儿　把　他　爹　搬

luŋ 21　ɕiaŋ 55　san 31　tiŋr 214　ɕiaŋ 55　cʻy 55
弄　上　山　顶儿　上　去

la 31。
了。

tʻa 33　cia 31　ɕiŋ 55　kʻaŋ 31,　pan 31
他　家　姓　康，　搬

tao 55　san 31　tiŋr 214　ɕiaŋ 55,　tou 31　ciao 55
到　山　顶　上，　都　叫

fəŋ 31　pa 55　kʻaŋ 31　kua 55　tsou 214　la 55。
风　把　糠　刮　走　了。

tsʻuŋ 31　tɕier 55　i 214　xou 55,　tʻa 33　ciar 31
从　这儿　以　后，　他　家儿

ti 31　cʻir 55　tou 31　kua 55　tsou 214　la 55。
地　气儿　都　刮　走　了。

tɕiu 55　in 31　ui 21　tɕie 55　kɤ 21,　cin 31
就　因　为　这　个，　金

lan 31　tian 55　tɕiu 55　mo 55　tɕʻy 214　laɛ 55,
銮　殿　就　没　出　来，

mo ˥55 nəŋ ˥55 tɕʻy ˨˩˦214 kɤ ˥55 ciŋ ˧˩31。
没 能 出 个 京。

i ˨˩˦214 xou ˥55 ti ˨˩21 inr ˧˩31，tʻa ˧˩31 ti ˨˩21
以 后 的 人儿，他 的

xou ˥55 in ˧˩31 pu ˨˩21 tʻiŋ ˧˩31 xua ˥55 ti ˧˩31
后 人 不 听 话 的

sɿ ˥55 xou ˧˩31，tou ˧˩31 ɕyø ˨˩˦214：ȵi ˨˩˦214 tɕʻiŋ ˥55
时 候， 都 说： 你 成

la ˧˩31 kʻɑŋ ˧˩31 ui ˨˩21 ie ˥55 ti ˧˩31 xou ˥55
了 康 维 爷 的 后

in ˧˩31 la ˨˩21。
人 了。

（三）ɕi ˥˧˩31 xui ˥55 iɑo ˧˩31
世 回 尧①

tɕie ˥˧˩31 sɿr ˥55 iu ˨˩˦214 sɿ ˥55 u ˧˩31 po ˨˩˦˧˥35
这 事儿 有 四 五 百

ȵian ˧˩31 la ˨˩21。
年 了。

cʻi ˥55 san ˧˩˥55 suo ˨˩˦214 pan ˥55 ɕiŋ ˥˧˩31
奇 山 所 办 行

xui ˥55。lɑo ˧˩˧33 mu ˨˩˦˨˩21 cia ˥55 ɕiɑŋ ˧˩31 tʻaɛ ˥55
会②。捞 木 架③ 上 抬

rə ˧˩31 lao ˨˩˦˧˥35 ie ˧˩31，tsa ˨˩˦214 rə ˥55 tʻaɛ ˥55
着 老 爷④，扎 着 抬

kuo ˨˩˦214 kʻɑo ˥55 ɕiɑŋ ˧˩31 ɕia ˨˩21 tsou ˨˩˦214。
阁⑤ 靠 乡 下 走。

① 世回尧，烟台市郊区地名，在市南约八里处。

② 行会，赶会，到时迎神拜佛，是旧时的一种风俗。

③ 捞木架，抬神象的架子。

④ 老爷，神像。旧时迷信，以为神主管天下一切。

⑤ 抬阁，用木头扎起来的架子，上面坐着小孩，赶会时抬着游行。

tsou 214　tɑo 55　ɕi 31　xui 55　iɑo 31　ti 21
走　到　世　回　尧　的

ti 55　fɑŋ 31，ta 31　pu 21　c'iɑor 55　laɛ 31
地　方，口　不　口儿①　来

la 21　ta 55　y 214　la 55，ɕie 35　in 31
了　大　雨　啦，些　人

tou 21　xuɑŋ 31　xuɑŋ 21　lan 55　lan 31　ti 21
都　慌　慌　乱　乱　的

p'ɑo 214　la 55，pa 55　lɑo 33　mu 21　cia 55
跑　了，把　捞　木　架

liɑo 55　la 31　xuo 55　la 31。kan 214　xui 55
撂　了②　河　啦。赶　回

laɛ 31　tɕy 55　y 214　ti 55　sʅ 55　xou 31
来　住　雨　的　时　候

c'y 55　tsɑo 214，ciɑo 55　in 35　cia 31　ɕi 31
去　找，叫　人　家　世

xui 55　iɑo 31　t'anr 214　ti 55　in 31　cian 214
回　尧　疃儿　的　人　拣

c'y 55　la 31。mu 55　iu 214　pan 55　fa 31，
去　啦。没　有　办　法，

tɕiu 55　pa 31　t'aɛ 55　kuo 214、c'i 55　luo 31
就　把　抬　阁、旗　锣

san 214　ɕian 55　ti 31　tou 31　k'ei 214　in 35
伞　扇③　的　都　给　人

cia 31　la 21。
家　啦。

ɕi 31　xui 55　iɑo 31　ɕi 55　c'y 31　ɕiŋ 31
世　回　尧　拾　去　行

① 口不口儿，忽然。
② 撂了，丢弃遗忘。
③ 旗锣伞扇，指仪仗、乐器等物。

xui ˥$_{55}$， ts'uŋ ˥$_{55}$ tɕier ˧˩$_{31}$ çiŋ ˥˩$_{31}$ xui ˥$_{55}$
会， 从 这儿 行 会

tɕiu ˥˩$_{31}$ taɛ ˥$_{55}$ çiaŋ ˧˩$_{31}$ çia ˨˩$_{21}$ çiŋ ˥˧$_{33}$ c'i ˨˩$_{21}$
就 在 乡 下 行 起

laɛ ˥$_{55}$ la ˧˩$_{31}$。 t'a ˧˧$_{33}$ tɕie ˥˩$_{31}$ t'anr ˥$_{55}$ tɕiu ˥˩$_{31}$
来 啦。 他 这 疃儿 就

ciao ˥$_{55}$ ɕi ˥˩$_{31}$ xui ˥$_{55}$ iao ˧˩$_{31}$。 ts'uŋ ˥˩$_{31}$ tɕie ˥$_{55}$
叫 拾 会 尧①。 从 这

i ˨˩˦$_{214}$ xou ˥$_{55}$， c'i ˥$_{55}$ san ˧˥$_{55}$ suo ˨˩˦$_{214}$ tsaɛ ˥$_{55}$
以 后， 奇 山 所 再

tɕiu ˧˩$_{31}$ mu ˨˩$_{21}$ çiŋ ˥˩$_{31}$ xui ˥$_{55}$。
就 没 行 会。

① 拾会尧，"拾会"跟"世回"同音。

后 记

从一九七九年的复查情况看烟台方言的发展

一九六三年，《烟台方言报告》的语音部分在《山东大学学报》（语言文学版）正式发表。自己深知：整个报告还是很粗略的，许多地方有待于审核，初步看到的一些现象，也有待于进行补充的调查和较细的研究。但当时已处于文革前期，六四年后，方言课停开。随之十年动乱，几经沧桑，学校来回搬迁于济南和曲阜之间，许多方言资料也是在劫难逃。值得庆幸的是，《烟台方言报告》（油印本）等属于私人的一批材料，还被不少老师和同学完好地保存着；在我，也许主要还是出于对自己一滴心血的爱惜。

七九年四月，我有了重赴烟台核实《烟台方言报告》的机会。十六年过去了，当时调查的材料准确性如何？十六年来的方言变化情况又是怎么样呢？那时的发音人，老的还健在么？青年人是否还可找到？

到了烟台，住在烟台师范专科学校，因为参加当时实习的同学之一陈洪昕同志现在是该校教师。他除了参加具体的业务讨论外，还为我提供了许多工作上的方便，尤其是顺利地解决了发音人的问题，找到了十六年前的主要发音人陈淑芳。当时，陈淑芳同志是烟台市二中的学生，才十八岁；现在，她已是外贸烟台机械模具厂的工人，两个孩子的母亲了。

观察一种方言的动态，挺有意味。十六年的时间在语言发展的长河中虽说是短暂的，但是语言毕竟还是按着自身的发展规律在变化。十六年前，我们已发现：烟台方言中，存在着少数青年人的口音跟中老年人有些不一致的地方，象尖团分不分、中古果摄一等见系字“哥、可、课、河、禾”等的韵母是读uo还是读ɤ①。以当时的情况来说，分尖团、“哥”等字的韵母读uo的老派是绝对优势，不仅成年人、老年人这样说，就是青年人中，不分尖团、“哥”等字的韵母读ɤ的新派也不算多。可也必须看到，新派的说法虽然在当时还不占优势，却是客观存在了；而且经过这十六年足足够长成新一代学生的时间，它的优势至少在这一代的青年学生中确已逐渐形成了。

是不是可以这样说呢？青年人常常是语言发展中的先行者。在这次烟台方言的复查中，我们把青年学生作为调查的重点，主要想看看烟台方言的发展动向。我们的中心发音人共四个：其中三个青年学生，有两个是烟台市内人，一个是南郊世回尧人，再一个就是十六前的主要发音人陈淑芳。四个人中，两个市内的学生代表新派；陈淑芳的口音未变，跟郊区的学生都属老派。新、老派的语音有明显不同。从这些不同里，我们欣喜地看到普通话语音的影响。

新、老两派在语音上究竟有哪些不同呢？个别字的音读，例如：

磕 ˊk'a（老） ˊk'ɤ（新）
喝 ˊxa（老） ˊxɤ（新）
下 xaˋ（老） ɕiaˋ（新）

① 参见本报告第一章第一部分语音特点2。

那　ȵie'（老）　na'（新）

损　'øyn（老）　'sun（新）

呢　mi'～子（老）　ȵi'（新）

这种例子还可举出一些，这里不再细叙。下面主要介绍新旧读音中能影响到整个烟台方言音系的三个问题。

一、uo韵母字的多少

老派读uo韵母的字多而新派少。老派读uo韵母而新派读ɤ韵母，这样的字主要有下述两类。

一类是，中古果摄一等见系字，老派不论开合口一般读uo韵母。普通话开口字大部读ɤ，个别读uo，合口字多数读uo，少数读ɤ。烟台新派介于两者之间而略近于普通话。见下表：

（一）

<table>
<tr><th>果摄开口一等歌韵</th><th>普通话</th><th>烟台新派</th><th>烟台老派</th></tr>
<tr><td>哥　歌　个</td><td rowspan="6">ɤ</td><td rowspan="4">ɤ</td><td rowspan="7">uo</td></tr>
<tr><td>轲　可</td></tr>
<tr><td>何　河　荷　苛</td></tr>
<tr><td>俄</td></tr>
<tr><td>贺</td><td rowspan="3">uo</td></tr>
<tr><td>蛾　鹅　饿</td></tr>
<tr><td>我</td><td>uo</td></tr>
</table>

（二）

果摄合口一等戈韵	普通话	烟台新派	烟台老派
锅　果　裹　过			
火　货　和～面	uo	uo	
卧　倭　窝			uo
戈			
科　棵　颗　窠　课	ɤ	ɤ	

再一类是少量的入声字，烟台老派读uo，新派跟普通话相同，读ɤ，也限于见系声母字，有以下几个：

咸摄开口一等合韵：鸽、合、盒。

宕摄开口一等铎韵：阁、恶。

上述两类字在烟台方言中不论新老派还都存在着两读的情况。十六年前，学生中的老派虽然习惯上读为uo韵母，却也知道另有一种韵母为ɤ的读音，而且有个别字也读成了ɤ。现在的青年学生一般属于新派，如果把“唱歌”的“歌”说成了˛kuo，就会被认为这个人说话“土气”，要被笑话了。可是虽然单独的“河”字和“黄河”的“河”都读成了xɤ'，日常生活中，“上河洗衣裳”的“河”却还是说成xuo'。

二、尖团分不分

老派分尖团，中古精组细音字声母是tɕ、tɕ'、ɕ，见组细音字的声母的c、c'、ç；新派不分尖团，见组细音字的声母的发音部位较老派靠前，跟精组细音字的声母一样，都读tɕ、tɕ'、ɕ。

例如：

精组字	见组字	老派	新派
精	经	꜀tɕiŋ≠꜀ciŋ	꜀tɕiŋ=꜀tɕiŋ
酒	九	꜂tɕiu≠꜂ciu	꜂tɕiu=꜂tɕiu
焦	骄	꜀tɕiɑo≠꜀ciɑo	꜀tɕiɑo=꜀tɕiɑo
全	权	tɕ‘yan꜃≠c‘yan꜃	tɕ‘yan꜃=tɕ‘yan꜃
千	牵	꜀tɕ‘ian≠꜀c‘ian	꜀tɕ‘ian=꜀tɕ‘ian
秋	丘	꜀tɕ‘iu≠꜀c‘iu	꜀tɕ‘iu=꜀tɕ‘iu
西	希	꜀ɕi≠꜀çi	꜀ɕi=꜀ɕi
修	休	꜀ɕiu≠꜀çiu	꜀ɕiu=꜀ɕiu
箱	香	꜀ɕiɑŋ≠꜀çiɑŋ	꜀ɕiɑŋ=꜀ɕiɑŋ

据说，直到现在，有些语音属于老派的家长仍然要训斥自己的子女，责怪他们把c、c‘、ç说成了tɕ、tɕ‘、ɕ，说这是“咬舌头”。因此，有的学生虽然平时说话不分尖团，却由于受到家庭的影响，也能把老派读c、c‘、ç声母的字从自己习惯说的tɕ、tɕ‘、ɕ声母字中区分出来。当然，许多人是根本不知道象经、轻、兴这类字还跟精、清、星有不同的读音了。

三、声母tɕ、tɕ‘、ɕ跟tʃ、tʃ‘、ʃ

上述尖团问题牵涉到tɕ、tɕ‘、ɕ声母字范围的大小。新派不分尖团，读tɕ、tɕ‘、ɕ声母的字必然比老派要多。但还有另一种情况，即新派特有一套tʃ、tʃ‘、ʃ声母，使得新派读tɕ、tɕ‘、ɕ声母的字数又大为减少，以致烟台方言新老两派在读tɕ、tɕ‘、ɕ声母的具体字上虽有许多不同，而在字数的多少上却并无多大悬殊。另外，我们知道烟台方言是没有卷舌声母tʂ、tʂ‘、ʂ的。普通话tʂ、tʂ‘、ʂ声母的字，烟台老派读ts、ts‘、s或tɕ、tɕ‘、ɕ。例如以下五组字：

（一）资此私　造草扫

（二）辎齿师　罩抄梢

（三）知迟失　照超烧

（四）挤七洗　焦樵消

（五）鸡起喜　交敲枵

普通话（一）组字读ts、ts‘、s；（二）、（三）组读tʂ、tʂ‘、ʂ；（四）、（五）组读tɕ、tɕ‘、ɕ。烟台老派（二）组同于（一）组，读ts、ts‘、s；（三）组同于（四）组，读tɕ、tɕ‘、ɕ；（五）组团音读c、c‘、ç。新派的读法，（一）、（二）、（四）组跟老派相同；（三）组读成了舌叶音tʃ、tʃ‘、ʃ；尖团不分，（五）组同于（四）组。如下表：

<table>
<tr><th>组　别</th><th>普通话</th><th>烟台新派</th><th>烟台老派</th></tr>
<tr><td>（一）</td><td>ts①</td><td rowspan="2">ts</td><td rowspan="2">ts</td></tr>
<tr><td>（二）</td><td rowspan="2">tʂ</td></tr>
<tr><td>（三）</td><td>tʃ</td><td rowspan="2">tɕ</td></tr>
<tr><td>（四）</td><td rowspan="2">tɕ</td><td rowspan="2">tɕ</td></tr>
<tr><td>（五）</td><td>c</td></tr>
</table>

现在主要来看（三）组，普通话读tʂ、tʂ‘、ʂ，烟台老派读tɕ、tɕ‘、ɕ而新派又读tʃ、tʃ‘、ʃ的。这组字，究其来源，绝大多数是中古开口三等知章组字；反过来说，中古开口三等的知、章组字，除去支、脂、之三韵的章组及很少几个入声字外，一

① ts，代表ts、ts‘、s声母，另外tʂ、tɕ、tʃ、c亦各代表同部位的三个声母。

般都是（三）组，见下表：

古声母 例字 古韵母	知　组	章　组	例　外
假开三　麻		遮者车扯蛇社	
蟹开三　祭		制世势誓	
止开三　支	知池		章组“支是”等为（二）组
止开三　脂	致迟		章组“至视”等为（二）组
止开三　之	置治耻持		章组“之诗”等为（二）组
效开三　宵	召赵超潮	招照绍烧少	
流开三　尤	肘宙绸抽丑	周舟丑收受售	
咸开三　盐叶	沾辄	占闪陕涉	
深开三　侵缉	沉	针审执十	
山开三　仙薛	展哲缠彻	毡战蝉善浙舌	
臻开三　真质	珍阵尘趁侄	真晨肾质失	
宕开三　阳药	张账肠丈	章掌昌常上尝	药韵“着勺”等为（二）组
曾开三　蒸职	征惩直	蒸证乘升织食	
梗开三　清昔	贞呈郑掷	正整成声尺石	

（三）组的第二个来源是迁摄合口三等的知、章组字（见下页表）。此外，还有少数几个字象傻（假合二麻韵生母）、叔（通合三屋韵书母）等，也是属于（三）组。个别字象说（山合三薛韵书母）则是ʿsuo、ʿɕyø两读的。

例字 古声母 / 古韵母	知组	章组
迂合三 鱼	猪著除储	诸煮处书鼠暑
迂合三 虞	蛛驻住厨	朱主铸输树竖

从方言普查的资料看，上述（三）组字在胶东方言中跟（二）组的读音不同是共同的特点。这第（三）组字，胶东方言中跟第（四）组混读的，除了烟台老派以外，还有福山、黄县、栖霞、莱阳、莱西等地；跟第（四）组字分读的，主要在烟台的东面那些地方，有牟平、海阳、威海、乳山、文登、荣成等。

烟台方言新派第（三）组跟第（四）组的分读，显然是向普通话语音靠近了一步，受到普通话语音的影响是毋庸置疑的。但就其从tɕ、tɕ'、ɕ变为tʃ、tʃ'、ʃ而不直接转变为tʂ、tʂ'、ʂ这点来说，可能是受到它东面那些方言的影响。从这里，我们看到方言统一为民族共同语的曲折性的一面。

变调的情况也很值得一提：按一九六三年的记音，上声字在去声前，˨˩˦ $_{214}$一般是不变调的；这次复查看到，去声前的上声，后面上升的部分已经减弱或基本消失，这种情况在快读时更为明显。

在词汇方面，七九年未作补充调查，只是在核对旧报告中看到一些变化情况。一九六三年，我们把烟台方言词语调查的中心发音人确定为所城里的一位老大娘，所收集记录的词语中有相当一部分是比较土、比较旧的。这次在青年学生中进行核对就颇费周折。有少量的词语，他们已经是闻所未闻的了；有的虽然已经不用，可还能想起来，知道这个词在老人中还有说的。

随着旧事物的消亡，一些相应的词语在人们的口语中也就逐渐地销声匿迹了。例如：

斑子（有花的戒指）

手镏儿（无花的戒指）

脖圈儿（项圈）

大襟儿（围裙一类衣物，做菜时穿的）

油蜡（过年点的蜡烛，平时点的称洋蜡）

老牛婆（旧时接生的妇女）

烧忌（人死去三年后，亲属为他做生日）

吃花斋（规定在一定的日子吃斋）

红胡子（土匪）

明火（土匪）

逛梨花（春游）

半朝銮驾（形容人说精不精、说傻不傻的）

康维爷的后人（指不争气、不能干的青年人）

词语发展的另一情况是旧的说法逐渐被新的说法所代替。例如：

旧说	新说
爹	爸、爸爸
妈	妈妈
将媳妇（娶亲）	结婚
出门儿（出嫁）	结婚
嫁人家（寡妇改嫁）	结婚

休老婆	离婚
喜雀	猫头鹰
咕咕喵	猫头鹰
寻无常	自杀
大礼糕	冰糖葫芦
犍子	公牛
树栽子	树苗
打嚏喷	打喷嚏

表现在词义的发展变化方面，例如“袜子”这个词，原来专指长的袜子，短的叫“袜套”，跟“袜子”分别使用。现在人们的习惯已由过去的一般穿长袜而变为穿短袜了，“袜子”这个词已概括了“短袜”的意思，“袜套”一词趋于消失。又如“打”的一个意思是“买”，原来只限于购买流质的东西，象“打油”、“打酒”，现在范围扩大，买粮食也可叫“打”，象“打粮”、“打面”、“打米”等。再如：“蜂窝”，现在通常指蜂窝煤，而蜜蜂的窝则叫“蜂子窝”。

词汇的发展也可说是一种新陈代谢，从时间来说是有长有短的，但都有一个渐变的过程，绝非一朝一夕可以完成的。从以上烟台方言词语发展的零碎介绍，我们可以看到，社会生活的变化、科学文化知识的传播，甚至自然条件等等，都是促进词语发展的重要因素。

附：一九七九、一九八一年发音人

马泉照　男　三十岁　学生　（不分尖团）

烟台市内人。

苏洪泰　男　二十六岁　学生　（不分尖团）

烟台市内人。

曲凤家 男 十九岁 学生 （分尖团）

世回尧人。

王立权 男 二十八岁 学生 （不分尖团）

烟台市内人。

订　补

序号	页码	行数	原句	改为
1	5	7	浊塞擦音和浊擦音分尖团……	浊塞擦音和浊擦音。分尖团……
2	7	3	两处“雀”	都改为“鹊”
3	18	倒数 4、3	ç	ɣ
4	30	1	xuaˀ 末尾	加上例字“滑”
5	36	5	粟粒例立力	粟粒例力
6	36	15	熄析	熄媳析
7	37	15	复蝠	复蝠副
8	42	15	meiˀ 末尾	加上例字“煤”
9	51	1	ts‘anˀ 末尾	加上例字“窜”
10	61	2	杨	扬
11	65	倒数 7	恭弓	公恭弓
12	116	8	剁蹲子	剁墩子
13	143	13	松木	柞木
14	148	12	指老人	多指老人
15	161	倒数 1	tç	tçi
16	231	5	莴荀	莴笋
17	235	7	⅃⅃214	⅃214
18	242	16	形容饲	形容词
19	245	倒数 5	句末漏了句号	加上句号
20	280	倒数 2	字的声母的	字的声母是

博山方言研究

内 容 提 要

本书是国家"七五"社科规划重点项目《汉语方言重点调查》成果之一。全书共分捌章，对山东省博山方言的语音、词汇和语法作了可靠、详细的记录和描写。特别是词汇部分，列举了博山方言很有特色的词语五千条左右，按意义分类，注音释义周详，很有价值。本书不但可供一般语言文字工作者、辞书编纂者参考，也是各省市县编写方言志最重要的参考书之一。

目　　录

前　言

博山区地图

第壹章　导言 …… 1

一　汉语方言重点调查与博山方言 …… 1

二　博山地理人文概况 …… 1

三　博山方言的内部异同 …… 2

四　音标符号 …… 4

（一）辅音 …… 4

（二）元音 …… 4

（三）声调符号 …… 5

第贰章　博山方言特点 …… 6

一　博山语音特点 …… 6

（一）音系特点 …… 6

（二）特殊字音 …… 7

二　博山词汇特点 …… 10

三　博山语法特点 …… 14

（一）词缀“ə”的多种语法功能 …… 14

（二）有关人称的名词 …… 15

（三）动词后缀 …… 15

（四）代词 …… 16

（五）“了 liɔ˧”和“哇 liã˧” …… 17

（六）形容词生动形式 …… 18

（七）几种主要句式 …… 19

（八）补语 …… 20

（九）几种特定格式 …… 20

第叁章　博山方言语音分析 …… 22

一　声母 …… 22

二　韵母 …… 22

三　变韵和词缀 ə 的音读 …… 23

（一）变韵 …… 23

（二）词缀 ə 的音读 …… 24

四　声调 …… 25

五 变调和轻声……25
（一）变调……25
（二）轻声……29
（三）固定的四字组和五字组的变调……31
六 单字声韵调配合表……32
七 文白异读和新老异读字表……37
第肆章 博山方言同音字表 附 本字考释……39
第伍章 博山音和北京音的比较……57
一 声母的比较……57
二 韵母的比较……57
三 声调的比较……62
第陆章 博山音和古音的比较……64
一 声母的比较……64
二 韵母的比较……66
三 声调的比较……74
附： 古今字音比较表的例外……74
第柒章 博山话标音举例……77
一 语法例句之一……77
二 语法例句之二……81
三 谚语……83
四 歇后语……88
五 歌谣……90
六 谜语……93
七 故事……95
（一）颜奶奶……95
（二）掩的……97
（三）马行街……104
（四）琉璃球ə故事……107
（五）“五月十三，杀ə徐三”……109
第捌章 分类词表……111
一 天文……112
二 地理 附 本地一些地名、街道名及名胜……113
三 时令 时间……116
四 农事……118
五 植物……120
六 动物……122

七 房屋 器具 …… 125
八 人品 附 詈语 …… 129
九 亲属 …… 132
十 身体 …… 134
十一 病痛 医疗 …… 137
十二 衣服 穿戴 …… 140
十三 饮食 附 本地酒席及常见吃食名 …… 142
十四 红白大事 …… 145
十五 迷信 …… 147
十六 讼事 …… 149
十七 日常生活 …… 149
十八 交际 附 言说 …… 153
十九 商业 …… 156
二十 文化 教育 …… 158
二十一 游戏 …… 159
二十二 动作 …… 161
二十三 位置 …… 167
二十四 代词 …… 168
二十五 形容词 附 生动形式 …… 169
二十六 副词 附 生动形式 …… 181
二十七 次动词、连词、助词、语气词、叹词 …… 184
二十八 数词、量词 附 干支 …… 185
二十九 一般名词 …… 188
三十 自然状态及变化 …… 189
三十一 俗语 …… 191
后记

前　言

汉语方言的调查研究工作分两个方面，一是面的调查，二是点的调查。前者只要求对某地方言作简单的记录，五十年代所作的汉语方言普查工作以及近年来所发表的某地的方言记略等大都属于这一类。后者是要求对某地的方言作深入的调查，在语音、语法、词汇等方面作较详细的记录，如《昌黎方言志》等。这类著作目前发表的还较少。但是，为了进一步研究汉语方言，为了深入的研究汉语的历史演变状况，需要大量的这类研究成果做基础。为此我们制定了《汉语方言重点调查》的工作计划，向国家社会科学领导小组提出了申请，列为国家"七五"社科规划的重点科研项目。

这项工作由中国社会科学院语言研究所方言研究室和部分大专院校的方言工作者共同承担，并于一九八六年底开始。根据汉语的分布状况以及参加这项工作人员的情况，我们确定了河南洛阳，山东博山，湖北武汉，湖南江永，四川西昌、重庆，江西黎川，上海松江、嘉定，浙江定海、温州，福建漳平、福清等地，列为本项目的调查点。希望对各个调查点的语音、语法、词汇作个较详细的记录。为了便于作比较研究，要求各个点所调查的字音和词汇等材料大体上要能对得起来；同时又能反映出本方言的主要特点。为此，我们在语音方面以《方言调查字表》作为各个点的调查表格；在词汇方面编制了两千多条的词汇调查表作为各点的必须调查条目。除此之外，还要求根据各方言的实际情况作补充调查。在语法方面各个点的情况不同，可根据记录的长篇故事、语法例句等，对本方言的语法特点作适当的描写。

汉语方言的重点调查工作，不是短期内所能完成的。除了本项目所列的调查点之外，还有许多地区的方言，需作重点调查。我们希望有更多的人能从事这方面的工作，也希望这类著作有一个大致相同的要求，以便于在今后的研究工作中应用。为此我们规定了本书的体例，各个点的调查报告都分八章来编写。第一章是导言，对调查点的地理人口概况、历史沿革、方言调查经过、方言的内部差别等作简要的叙述；第二章是本方言的特点，从语音、语法、词汇等三方面，分项例举，说明本方言跟其他方言的差别；第三章是本方言的语音系统，从声母、韵母、声调、声韵调配合关系方面，作系统的分析；第四章是同音字表，先按韵母分类，再以声母、声调为序排列，要特别注意有音无字的用法；第五章是本地音和北京音比较，说明本地音和北京音的关系；第六章是本地音和古音比较，说明本方言的历史演变状况；第七章是记音材料，包括儿歌、谚语、对话、故事、语法例句等；第八章是方言词汇，词条按意义分类，和北京话有差别的要加注释。

根据以上的要求，各点的调查与编写工作于一九九〇年底已先后完成。本项目曾得到国家社会科学基金的资助，保证了这项工作的顺利进行；在调查时各点所在地的政府有关部门以及有关人员，都给以大力的支持和帮助，使这项工作有了切实的保证；在付印前，中国社会科学院语言研究所方言研究室的聂建民同志、李琦同志作了大量的编辑事务工作，为出版本书创造了条件。借这个机会对帮助我们的部门和同志表示感谢。同时还要特别感谢社会科学文献出版社的同志和负责排印的北京第二新华印刷厂的同志，没有他们的大力帮助，本书是不可能出版的。

贺　巍　张振兴

一九九二年八月

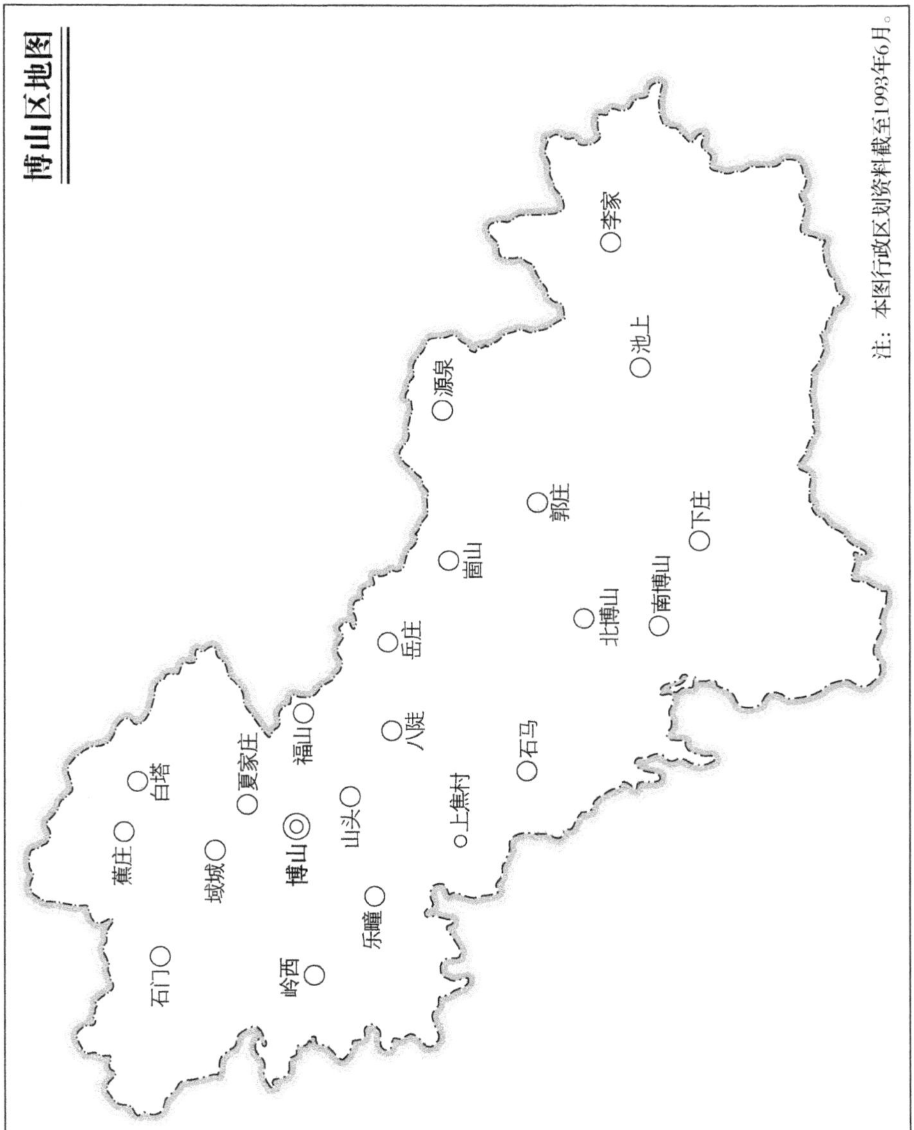
博山区地图
李家
池上
源泉
郭庄
下庄
嵩山
南博山
北博山
岳庄
福山
八陡
石马
夏家庄
白塔
山头
上焦村
蕉庄
域城
博山
乐疃
石门
岭西
注：本图行政区划资料截至1993年6月。

第壹章　导言

一　汉语方言重点调查与博山方言

博山地处山东中部略靠西北。博山方言属于官话方言的北方官话。博山方言音系虽然简单，但很有特色，从语感上能使当地和外地人一听就知道是博山一带方言的主要特征是 [ɑ iɑ uɑ] 的 [ɑ] 发音很后、圆唇，几个成系统的变韵和一个具有多种语法功能的后缀 [ə]。

博山方言的调查开始于 1981 年 5 月，记录了博山城里的 2000 多个单字、1600 余条词语及少量语法材料。1981 年下半年到 1982 年上半年，调查记录了一些特殊词语，并与首次调查的词语合在一起整理成《博山方言词汇》2200 余条。1985 年收集整理了部分语法材料。1986 年 8 月按《山东方言志》的编写要求记录了《山东方言调查提纲》（单字 2571个、词语 1400 条、语法和语料若干）。以上材料陆续写成《博山方音记》（钱曾怡、刘聿鑫、太田斋）、《博山方言词汇》（钱曾怡、刘聿鑫、太田斋）、《博山方言语法特点举要》（钱曾怡、刘聿鑫）、《博山方言志》（简志，钱曾怡、刘聿鑫）。

1986 年底，博山确定为国家社会科学"七·五"重点项目《汉语方言重点调查》的一个调查点。在此之后，先后补充调查了一些字音，记录了统一规定的《汉语方言基本词汇调查表》和较大量的语料、语法素材。1989 年 9 月，还对博山全区方言的地域差异作了一些专题调查。

以上各次调查的主要发音合作人是程洪远（女，1981 年时 51 岁，世居博山，家住博城西冶街，中学教师）、刘聿鑫（男，1981 年时 47 岁，世居博山，老家住博城西关街，大学教师）。

二　博山地理人文概况

博山是山东省淄博市的一个区，位于淄博市的南端。北部和东北部与本市的淄川区相连，尽东一小角接临朐，南邻沂源县，西南是莱芜市，西部靠章丘。全区地形狭长，西起东经 117°44′，东至 118°42′，南起北纬 36°16′、北至 36°31′，东西长 49.4 公里，南北宽 20 公里，总面积 682 平方公里。地势南高北低，西南的原山和绵延于东南部的鲁山都是鲁中一带的重要山峦。

博山历史悠久，旧称颜神，因孝妇颜文姜而得名。① 初只为村，周为齐地；至金时称颜神店，属淄州淄川县；元置颜神镇，属益都路益都县；清雍正十二年（公元 1734 年）建博山县，属青州府辖。1945 年 8 月设博山市，先后归淄博特区、淄博工矿特区管辖。1950 年设淄博市，市政府驻博山城。1955 年后市政府改驻张店，原淄博改为博山区至今。

① 富中修、田士麟纂，乾隆十八年（公元 1753 年）刻本《博山县志》："周末，齐国西南郊长城岭下之北鄙，有孝妇颜文姜居岭下，殁而有神，故后世曰其地为颜神。"

现在的区政府所在地博山城内设城里、税务街、西冶街、大街四个办事处，全区有20个乡镇，自西北往东南的顺序是：石门乡、蕉庄乡、白塔镇、域城镇、夏家庄镇、福山镇、岭西乡、乐疃乡、山头镇、石马乡、八陡镇、岳家庄乡、崮山乡、北博山乡、南博山镇、下庄乡、郭庄乡、源泉乡、池上乡、李家乡。

据1990年7月1日人口普查统计，全区人口470385人，汉族占99%以上，另有回族682人，满族95人，朝鲜族20人，蒙古族15人，白族8人，苗族6人，壮族4人，土家族、彝族各3人，土族、瑶族各2人，哈尼族、藏族、拉祜族、布依族、傣族各1人。各族通用汉语进行交际。

博山矿藏丰富，煤炭、陶瓷、琉璃等工矿业十分发达，促进了经济和文化的繁荣。民情朴厚，富有反抗恶势力的传统。这些，都对博山方言产生极大的影响。

三 博山方言的内部异同

博山方言以博城话为代表。博城东、南、西三面环山，历史上是淄川县的重镇，1945年后

博山方言内部异同比较表之一

	玉米	单数第二人称	了1 吃了饭就来丨掉了魂	了2 吃饭了
博城	棒槌 ə	ŋə̃˥	ə˧	哩 liã˧
石门乡上黄村	棒槌 ə	ŋei˥	ə˧	啊 ɑ˧
焦庄镇焦庄	棒槌 ə	ŋei˥		哩 liã˧
白塔镇国家庄	棒槌 ə	ŋei˥	ə˧	哩 liã˧
域城镇伊家楼	棒槌 ə	ŋə̃˥	ə˧	哩 liã˧
夏家庄镇五龙村	棒槌 ə	ŋə̃˥	ə˧	哩 liã˧
福山镇福山	棒槌 ə	ŋei˥	ə˧	哩 liã˧
岭西乡桃花泉	棒槌 ə	ŋei˥	唠 lɔ˧	勒 lə˧
乐疃乡土门头	棒槌 ə	ŋə̃˥	ə˧	哩 liã˧
山头镇河南东村	棒槌 ə	ŋə̃˥	ə˧	哩 liã˧
石马乡上焦村	秫秫	ŋə̃˥	ə˧	蓝 lã˧
石马乡芦家台村	秫秫	ŋə̃˥	唠 lɔ˧	唠 lɔ˧
八陡镇北河口村	秫秫	ŋə̃˥	ə˧	哩 liã˧
崮山乡东崮山村	秫秫	ŋei˥	ə˧	蓝 lã˧
北博山乡朱家庄	秫秫	ŋei˥	唠 lɔ˧	唠 lɔ˧
南博山镇刘家台	棒槌 ə	ŋə̃˥	唠 lɔ˧	唠 lɔ˧～啦 lɑ˧
下庄乡下庄	棒槌 ə	ŋə̃˥	唠 lɔ˧	唠 lɔ˧～来 lɛ˧
源泉乡南坡村	棒槌 ə	ŋə̃˥	唠 lɔ˧	啦 lɑ˧
源泉乡西山村	棒槌 ə	ŋə̃˥	唠 lɔ˧	唠 lɔ˧
池上乡东陈疃村	棒槌 ə	ŋə̃˥	唠 lɔ˧	蓝 lã˧
池上乡小里村	棒槌 ə	ŋei˥	唠 lɔ˧	唠 lɔ˧
李家乡韩庄村	棒槌 ə	ŋə̃˥	唠 lɔ˧	唠 lɔ˧

曾是淄博市政府所在地，博城方言在鲁中一带有一定代表性。内部差异不大，除了一些字音存在文白不同、有些老人尚保留一些旧词语和老读音、年轻人受些普通话的影响以外，方言情况大体一致。

从博山全区的情况来看，音系也比较一致。了解地域差异的专题调查包括 ts tʂ 的分混和音值、尖团分混、古日母字归类、[ɑ] 的舌位和唇形、调类和调值、清声母入声字的归类，以及“做、牛、日”等一些特殊字音。除了这些以外，全区没有什么大的差别。

词汇差异的调查远远不够深入。明显的不同如“玉米”，全区多数地方说“棒槌 ə”，而中部的八陡、石马、崮山、北博山等地多叫“秫秫”（现在也说“棒槌 ə”）。“秫秫”在博山的多数地方是指“高粱”，八陡等地则称“高粱”为“红秫秫”，以别于当地称“玉米”为“秫秫”，石马乡芦家台人说“砍高粱”为“杀红秫秫”。又如“㜷”，在博山城里只是母亲的又称，用于“哎呀㜷”、“老㜷”等特定的场合，但山头以南一带，“㜷”是母亲的通称，例如山头：“㜷，我来睦!”

语法也略有差异。例如：

① 单数第二人称代词，北部石门、蕉庄、白塔、岭西、福山及淄河一带崮山、北博山、池上的一些地方说 [ŋei]，其余多数地方说 [ŋə̃]。

博山方言内部异同比较表之二

	这样着	那样着	乜样着
博城	tʂaŋ˨˦ tʂuə˧	naŋ˨˦ tʂuə˧	
石门乡上黄村	tʂaŋ˨˦ tʂuə˧	naŋ˨˦ tʂuə˧	
焦庄镇焦庄	tʂaŋ˨˦ tɕia˧	naŋ˨˦ tɕia˧	
白塔镇国家庄	tʂa˨˦ tɕia˧~tʂuə˧		nia˨˦ tɕia˧~tʂ[illegible]ə˧
域城镇伊家楼	tʂaŋ˨˦ tʂuə˧	naŋ˨˦ tʂuə˧	niaŋ˨˦ tʂuə˧
夏家庄镇五龙村	tʂaŋ˨˦	naŋ˨˦	
福山镇福山	tʂaŋ˨˦	naŋ	niaŋ˨˦
岭西乡桃花泉			
乐疃乡土门头	tʂaŋ˨˦ tʂuə˧~təŋ˧	naŋ˨˦ tʂuə˧~təŋ˧	
山头镇河南东村	tʂaŋ˨˦ təŋ˧~tʂuə˧	naŋ˨˦ təŋ˧~tʂuə˧	niaŋ˨˦ təŋ˧~tʂuə˧
石马乡上焦村	tʂaŋ˨˦ təŋ˧	naŋ˨˦ təŋ˧	niaŋ˨˦ təŋ˧
石马乡芦家台村	tʂaŋ˨˦ tʂuə˧~təŋ˧	naŋ˨˦ tʂuə˧~təŋ˧	
八陡镇北河口村	taŋ˨˦ təŋ˧	naŋ˨˦ təŋ˧	niaŋ˨˦ təŋ˧
崮山乡东崮山村	tʂaŋ˨˦ tʂuə˧	naŋ˨˦ tʂuə˧	niaŋ˨˦ tʂuə˧
北博山乡朱家庄	tʂaŋ˨˦ təŋ˧	na˨˦ təŋ˧	niaŋ˨˦ təŋ˧
南博山镇刘家台	tʂaŋ˨˦	naŋ˨˦	niaŋ˨˦
下庄乡下庄	tʂaŋ˨˦ təŋ˧	na˨˦ təŋ˧	niaŋ˨˦ təŋ˧
源泉乡南坡村	tʂaŋ˨˦ təŋ˧	naŋ˨˦ təŋ˧	niaŋ˨˦ təŋ˧
源泉乡西山村	tʂaŋ˨˦ təŋ˧	naŋ˨˦ təŋ˧	niaŋ˨˦ təŋ˧
池上乡东陈疃村	tʂaŋ˨˦ təŋ˧	naŋ˨˦ təŋ˧	niaŋ˨˦ təŋ˧
池上乡小里村	tʂaŋ˨˦ təŋ˧	na˨˦ təŋ˧	niaŋ˨˦ təŋ˧
李家乡韩庄村	tʂaŋ˨˦ təŋ˧	naŋ˨˦ təŋ˧	niaŋ˨˦ təŋ˧

② 了$_1$ 和 了$_2$ [参见贰·二“博山语法特点”（一）、（六）]，以博城为代表的西北部地区，了$_1$ 是 ə（或 liɔ）”，了$_2$ 是“哇”；北博山往东南的地区大体说“唠”。

③ 博城等地“这样着”、“那样着”（“这样、那样”各地都合音）的“着 tʂuə˧”，西北端的蕉庄、白塔说“家 tɕiɑ˧”；从山头往东南都说“等 təŋ˧”。多数地方还有相应的“乜样着、乜样等”的说法。

上述不同请看博山方言内部异同比较表之一、之二。表一包括“玉米”、单数第二人称代词和“了$_1$了$_2$”；表二包括“这样着、那样着、乜样着”，说明“着、等、家”的地域分布。

四　音标符号

（一）辅音

本书所用辅音符号如下表：

		双唇	齿唇	舌尖前	舌尖后	舌面前	舌根	喉
塞	不送气	p		t			k	
	送气	p‘		t‘			k‘	
塞擦	不送气			ts	tʂ	tɕ		
	送气			ts‘	tʂ‘	tɕ‘		
鼻音		m		n		ȵ	ŋ̍	
边音				l	ɭ			
擦	清		f	s	ʂ	ɕ	x	h
	浊		v				ɣ	
半元音		w						

ɣ 和 ŋ̍ 分别表示 v 和 ŋ 自成音节。

（二）元音

本书所用元音，如下列舌面元音图。

舌面元音之外，还有舌尖前不圆唇元音 ɿ 和舌尖后不圆唇元音 ʅ。

鼻化元音在元音上加“～”表示，例如 ã 和 ə̃。表示 a 和 ə 两个元音鼻化。

元音右下角的“˔”表示舌位略高，“˕”表示舌位略低，例如 ɛ˔ e˔ 表示舌位略高于 ɛ e，o˕ 表示舌位略低于 o。

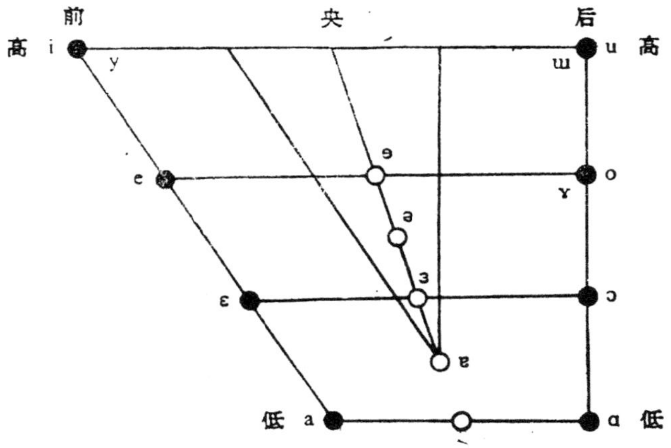

（三）声调符号

调值用五度制声调符号，即把字调的相对音高分为“低、半低、中、半高、高”五度，分别用“1 2 3 4 5”表示。调号用竖线作比较线，比较线左边自左向右的横线表示声调的高低升降变化。本书用到的单字音声调符号有：

˨˩˦ 214 调　　˥ 55 调　　˧˩ 31 调

˧˥ 35 调　　˥˩ 51 调　　（此行为北京音声调，只用于跟北京音比较）

变调调值标在比较线的右边，自左向右的横线表示变调调值的高低升降变化。例如“˨˩˦꜒”表示本调 ˨˩˦ 214，变为 ꜒ 55。本书用到的变调调值有：

꜔꜓ 24 调　　꜒꜔ 53 调　　꜔꜖ 21 调　　꜕ 22 调

꜒ 55 调　　꜔꜖꜔ 313 调　　꜔꜖ 31 调

本书轻声一般都省略记作［˧］，但在语音分析时也在竖线的右边标出调值。其左边的本调调值一概不标，以别于不读轻声的变调。轻声读得短的调值如有高低变化，在数字下加短线表示，例如 ꜔ 23、꜖ 31 都是短调。本书的轻声调值有：

꜔ 23 调　　꜒ 5 调　　꜔ 33 调　　꜖ 31 调

调类符号如下：

平 ꜀□　　上 ꜂□　　去 □꜄

阳平 ꜁□　　（北京阳平调，只用于跟北京比较）

其他符号参看“同音字表”和“分类词表”的凡例及临时应用的说明。

第贰章 博山方言特点

一 博山语音特点

（一）音系特点

博山方言属于官话方言的北方官话，其音系具有北方官话的共同特点，例如：

知庄章三组字的今声母读 tʂ tʂʻ ʂ。比起北京语音，博山的这条规律更为整齐。这三组的庄组和知组澄母有近 30 字北京读 ts tsʻ s，例如：淄（庄母，北京音 ꜀tsɿ）、岑（崇母，北京音 ꜁tsʻən）、涩（生母，北京音 sɤ꜃）、泽（澄母，北京音 ꜁tsɤ）。而博山读 ts tsʻ s 较少，博山上述四字，淄读 ꜀tʂʅ、岑读 ꜂tʂʻə̃、涩读 ꜀ʂʅ、泽读 ꜂tʂei。

古精清从心邪和见溪群晓匣在今齐齿韵和撮口韵前，博山不分。例如：走＝九、秋＝丘、修＝休。

古入声清声母字博山今读平声（相当于北京话阴平），次浊声母字今读去声，全浊声母今读上声（相当于北京话的阳平和上声）。

在上述北方官话共同特点的基础上，博山方言又有自己的一些特点，例如：

有声母 ŋ 和 v。ŋ 只拼开口呼韵母，v 除拼单韵母 u 外，也只拼开口呼韵母。例如：安 ꜀ŋã、五 ꜂vu、万 vã꜃。

没有 ʐ 声母，北京读 ʐ 声母的字，博山读 l 声母。例如：人 ꜂lə̃、如 ꜂lu。在博山，肉＝漏、然＝蓝、若＝落、荣＝聋。这一点博山也跟济南不同：济南有 ʐ 声母，北京读 ʐ 声母的字，济南逢开口呼也读 ʐ（人 ꜁ʐə̃），逢合口呼读 l（如 ꜁lu）。

果摄一等开口和合口的见系字，北京读为 ɤ 和 uo 两个韵母，而博山多读 uə 韵母，例如：哥 ꜀kuə 、科 ꜀kʻuə、何 ꜂xuə。这类字，博山又往往有 ə 韵母的文读音，如上述三字的文读为：꜀kə、꜀kʻə、꜂xə。

古蟹、止两摄合口的来母字，北京读 lei，而博山是 luei，例如：雷 ꜂luei、类 luei꜃。曾摄开口一等入声的“勒”，博山也读 luei꜃。

古曾摄开口一等和梗摄开口二等的入声字，博山读 ei 韵母比较整齐，北京则分化为 o、ei 、ɤ、ai 四个不同的韵母。例如：

	墨曾开一	贼曾开一	德曾开一	迫梗开二	客梗开二	麦梗开二
北京	mo꜃	꜁tsei	꜁tɤ	pʻo꜃	kʻɤ꜃	mai꜃
博山	mei꜃	꜂tsei	꜀tei	꜀pʻei	꜀kʻei	mei꜃

博山只有三个声调，北京读阳平的字，博山并入上声，包括古浊平、古全浊入，例如：麻＝马、凡＝反、石＝史。在北方官话中，只有三个声调的方言还有河北的盐山、孟村，山东的无棣、博兴、莱芜等地，归类情况都跟博山相同。从声调的归类说，博山是这种调类分化情况的

最东部的一个点了。山东东部胶辽方言也有三个声调的方言，如烟台、青岛等，但这些地方是把北京的阳平字归入去声，麻＝骂、凡＝饭、石＝世，完全属于两种不同的类型。

博山是淄博市的一个区，淄博市地处北方官话的东端，东接属于胶辽官话的青州市和临朐县。因此，博山方言还具有胶辽官话的某些特点。古清声母入声字北方官话今读阴平，胶辽官话今读上声，这类字在博山方言中虽然大多数读平声(阴平)，但是据粗略统计，读上声的例外字竟有四十多个(参见本书第伍章"博山音和古音的比较"附：古今字音比较表的例外)。

再如：古蟹摄合口一、三等，止摄合口和山臻两摄合口一等的字，逢端系字，今胶辽方言的烟台等地读开口呼，如：嘴 ᶜtsei、端 ꜀tan、孙 ꜀sən，这种特点部分地一直延伸到与淄博市相邻的昌乐等地。博山方言也有少量在特定的语词中读为开口的，例如：端 ꜀tuã，"五月端午"的"端"读 ꜀tã；团 ᶜt'uã，"糕团 ə、蒲团 ə"的"团"读 ᶜt'ã；乱 luãᵓ、"石头巴乱 ə、乱散岗 ə"的"乱"读 lãᵓ；罪 tsueiᵓ，"得罪"的"罪"读 tseiᵓ。

(二) 特殊字音

本书所谓特殊字音，主要指跟北京音相比是特殊的，或不合古今音演变规律的两项。下面分"个别字音的特殊读法"和"个别字在某些特定语词中的特殊读法"两项列出，有几个字虽然符合古今音变规律但跟北京明显不同，也一并列出。

1. 个别字音的特殊读法

粕 pə˨˩˦

突 tu˥　～然 [tu˥˧ lã˥]

嫩 luə̃˧˩

在 tɛ˥　～家 ə [tɛ˥ tɕiɑ˨˩˧ ə˧]

　tsɛ˧˩　实～ [ʂʅ˥˧ tsɛ˧˩]

厕 sʅ˨˩˦　～所 [sʅ˨˩˦ ʂuə˥]

赐 sʅ˧˩

触 tʂu˨˩˦

深 tʂ'ə̃˨˩˦

瑞 ʂuei˧˩

给 tɕi˥　供～ [kuŋ˧˩ tɕi˥] | ～你 [tɕi˥˧ ni˥]

畦 ɕi˥

孽 iə˧˩

特 tei˥　但"～为 ə"读 [tei˨˩˦ vei˥˧ ə˧]

堤 t'i˨˩˦

蛹 luŋ˥　家蚕～ ə [tɕiɑ˨˩˦ ts'ã˥ luŋ˥˨ ə˧]

日 ɭə˥　读 ɭə 音节的日母字一般限于止摄字

堆 tsuei˨˩˦　但"尖固～地名"读 [tɕiã˨˩˧ ku˧ tuei˨˩˦]，"跍～蹲"读 [ku˨˩˧ tei˧]

踏 tʂɑ˨˩˦

剿 tʂ'ɔ˨˩˦

㩘 ʂu˧˩　～头 [ʂu˧˩ t'əu˥]

骰 ʂei˨˩˦

洽 ɕiɑ˥

淆 iɔ˥

虐疟 yə˧˩

拟倪 i˥

牛 iəu˥

凝 iŋ˥

雹 pɑ˥　～ə [pɑ˥˧ ə˧]

瞌磕 k'ɑ˨˩˦

喝 xɑ˨˩˦

薄 pə˥

药 yə˧˩

履 li˧˩

抱 pu˧˩

牟眸 mu˧˩

没 mu˥　～有 [mu˥˧ iəu˥]

　mə˧˩　沉～ [tʂ'ə̃˥˧ mə˧˩]

妯轴 tʂu˥

铸 tɕy˧˩

别 pɛ˥	笔 pei˨˩˦
披 p'ei˨˩˦	谁 ʂei˥
颓 t'ei˥	获 xuei˥
逆 i˧˩	否 fɔ˥
阮 yã˥	含 xə̃˥ ～ə 嘴 ɔ
蛇 ʂɑ˥	横 xuə̃˥
坷 k'ɑ˨˩˦ ～垃 [k'ɑ˨˩˦˧ lɑ˧]	淋轮 lyə̃˥
角 tɕiɑ˨˩˦ 牛～ [iəu˥ tɕiɑ˨˩˦]	龙垄 lyŋ˥
脚 tɕyə˨˩˦	倾 tɕ'yŋ˨˩˦
卑 pi˨˩˦ ～鄙 [pi˨˩˦˨ pi˧]	松～树 ɕyŋ˨˩˦
屑不～ ɕi˨˩˦	缘 iã˥
谋某 mu˥	闰孕 iə̃˧˩
浮 fu˥	懂 tuə̃˥
农 nu˥	贞侦 tʂə̃˨˩˦
做 tsu˧˩	粽 tɕyŋ˧˩
穫 xu˧˩	从 tɕ'yŋ˥
宿 ɕy˨˩˦ 一～ [i˨˩˦˥ ɕy˨˩˦]	

2. 个别字在某些特定词语中的特殊读法（特殊音下加浪线）

枇杷 p'i˥˦ pɑ˧

北博山地名 pei˨˩˦˥ p'ə ˨˩˦˧ ʂã˧　限于北博山当地人说 p'ə˨˩˦，博城及其他非北博山的人读 pə˨˩˦

恐怕 p'əŋ ˥˦ p'ɑ˧˩

腼䩄 miã˥˨ p'iã ˧　“䩄 ə 脸”读 [t'iã˥˨ ə˧ liã˥]

檐蝙蝠 ə iã˥˦ p'iã˧ xu˧ ə˧

胳膊 kuə˨˩˦˧ p'ə˧

近便 tɕiə̃˧˩˥ miã˧

根本 kə̃˨˩˦ mə̃˥

东域 ə 地名 tuŋ˨˩˦ vei˥˦ ə˧，vei˥ 俗写作“域”

糊涂 xu˥˦ tu˧

蜻蜓 t'iŋ˨˩˦˨ t'iŋ˧　俗写作“蜓蜓”，但前字声调是平声而非上声

鸡毛掸 ə tɕi˨˩˦ mə˥ t'ã˥˨ ə˧

脊梁 tɕi˨˩˦˧ niɑŋ˧

阻挠 tsu˥˦ lɔ˥

遇上架 ə lu˧˩˥ ʂɑŋ˧ tɕiɑ˧˩˥ ə˧　“遇上坏人啦”读 [lu˧˩˥ ʂɑŋ˧ xuɛ˧˩ lə̃˥˦ liã˧]

帮衬 pɑŋ˨˩˦ ts'uə̃˧　“衬”音同“寸”，“衬衣”的“衬”音 tʂ'ə̃˧˩

售货员 tʂ'əu˧˩ xuə˧˩ yã˥

孝顺 ɕiɔ˧˩˥ tʂ'uə̃˧

蛐蟮 tɕ'y˨˩˦˧ tʂ'ã˧

和尚 xuə˥˦ tʂ'ɑŋ˧

特殊 t‘ei˥˦ tʂ‘u˥

时辰 ʂʅ˥˦ ʂə̃˧

答理 tɑ˨˩˦˧ lɕə˧ “不理他”读 [pu˩ lə˥˩ t‘ɑ˧]，“理不着”读 [lə˥˩ pu˧ tʂuə˥]

欢喜 xuã˨˩˦˨˩ tɕ‘i˧ “喜”音同“气”

针线笸箩 tʂə̃˨˩˦ tɕ‘iã˧ p‘ə˨˩˦˨˩ luə˧ “好针线”读 [xɔ˥ tʂə̃˨˩˦ tɕ‘iã˧]

水煎火烧 ʂuei˥˩ ɕiã˧ xuə˥˩ ʂɔ˧

打哈欠 tɑ˥ xɑ˨˩˦˨˩ ɕiə˧

缰绳 kɑŋ˨˩˦ ʂəŋ˥

刮查 k‘uɑ˨˩˦˨˩ tʂ‘ɑ˧

两坪地名 iɑŋ˥˩ p‘iŋ˧

弯弯八斜 ə vã˨˩˦˨˩ vã˧ pɑ˨˩˦˨˩ ɕiɑ˧ ə˧

柴火 tʂ‘ɛ˥˦ xuɑ˧

葡萄 p‘ə˥˦ t‘ɔ˧

额颅骨盖 iə˥˦ ləu˧ ku˨˩˦˦ kɛ˩ “定额”的“额”音 ŋə˩

螃蟹 p‘ɑŋ˥˦ ɕiə˧ “蟹”单字音 ɕiɛ˩

割舍 ə kuə˨˩˦˧ ʂuə˧ ə˧

多少 tuə˨˩˦˨˩ ʂuə˧

松疙瘩 ɕyŋ˨˩˦ kuə˧ tuə˧

磨糊 ə 水 mə˥˦ xuə˧ ə˧ ʂuei˥

邻舍家 liə̃˥˦ ʂʅ˧ tɕiɑ˧

樵岭前地名 tɕ‘iɔ˥˦ li˧ tɕ‘iã˥

粘粥 niã˥˦ tʂu˧ “喝粥”读 [xɑ˨˩˦˦ tʂəu˨˩˦]

落眼包 lu˩ iã˥ pɔ˨˩˦ 未熟掉落的枣子

抽打 ə tʂ‘u˨˩˦ tɑ˥˦ ə˧ 把布条扎在木把上的掸子。“用鞭 ə 抽”也读 [yŋ˩ piã˨˩˦˨˩ ə˧ tʂ‘u˨˩˦]

黑灯瞎火 ə xei˨˩˦˦ təŋ˨˩˦ ɕiɑ˨˩˦˧ xu˧ ə˧

陆续 ə ly˩ ɕy˥˦ ə˧

胳膊肘 ə 肘关节 kuə˨˩˦˧ p‘ə˧ tɕy˨˩˦˧ ə˧

吸铁石 ɕy˨˩˦˨˩ t‘iə˨˩˦˧ ʂʅ˥

乐疃地名 lɔ˨˦ t‘ɛ˧ “东陈疃”地名 音 tuŋ˨˩˦ tʂ‘ə̃˥˦ t‘uã˥

西冶街 ɕi˨˩˦ iɛ˥ tɕiɛ˨˩˦ “冶”假摄开口三等，单字音 iə˥

得罪 tei˨˩˦˦ tsei˩

蛤蟆蝌蚪 ə xɑ˥˦ mɑ˧ k‘uə˨˩˦˨˩ tei˧ ə˧

冯八峪地名 fəŋ˥˦ pɔ˧ y˩

野鹊喜鹊 iə˥˩ tɕ‘iɔ˧ “鹊”单字音 tɕ‘yə˨˩˦

罩络 ə tʂɔ˥˦ lɔ˩ ə˧ 屋顶、墙角等处悬挂成串的灰尘

害羞 xɛ˩ ɕiɔ˨˩˦

酒漏 ə tɕiəu˥˦ liəu˩ ə˧

走势走路的姿势 tsəu˥ ʂəu˧

哪怕 nã˥˧ p'ã˨˩
埋怨 mã˥˧ yã˨˩
五月端午 vu˥˧ yə˨˩ tã˨˩˦ vu˥
糕团 ə kɔ˨˩˦ t'ã˧ ə˧ 用粘米制成的团状食物
蒲团 ə p'u˥ t'ã˥˧ ə˧
乱散岗 ə lã˨˩ sã˨˩ kaŋ˥˨ ə˧
石头巴乱 ə ʂʅ˥˧ t'əu˧ pa˨˩˧ lã˨˩ ə˧
去罢 tɕ'y˨˩˥ pã˧ "好罢"也读 [xɔ˥˨ pã˧]，"罢"又音 pa˧
团圆媳妇 ə 童养媳 t'uã˥ iã˧ ɕi˨˩˧ fu˧ ə˧
场院 tʂ'aŋ˥˧ iã˧
没牙卡 ə mu˥˧ iã˥ k'a˥˨ ə˧
风箱 fəŋ˨˩˦ ɕiã˧ "箱"音同"掀"
姊妹们 tsʅ˥˨ mə˧ mə˧
纫针穿针 iə˨˩ tʂə˨˩ "缝纫"的"纫"音 lə˨˩
亲戚 tɕ'iə˨˩˦ tɕ'iə˧
闺女 kuə˨˩˦ ny˧
茴香 xuə˥˧ ɕiaŋ˧
看不清 k'ã˨˩˥ pu˧ tɕ'yə˨˩˦
裁缝 ts'ɛ˥˧ faŋ˧ 因"裁坊"的"坊"字得音
暖和 naŋ˥˨ xuə˧
南瓜 naŋ˥˧ kua˧
屎壳郎 ʂʅ˥˨ k'aŋ˧ laŋ˥
真果 ə tʂəŋ˨˩ kuə˥˧ ə˧ "真"音同"正"
马公祠村名 ma˥˨ tɕiŋ˧ sʅ˧
扑灯蛾 ə pu˨˩˧ t'uŋ˧ və˥˧ ə˧

二　博山词汇特点

本节摘举博山方言的特殊词语 126 条，包括本地人认为和别处不同的和外地人不易理解的。下节"博山语法特点"举到的此处不列。

□ xɔ˨˩ 女性之间的招呼：～，你上哪？

□ xuã˥ 男性之间的招呼，犹"伙计"：～，～，你过来！又说"老□" lɔ˥˧ xuã˥： 咋着～，不认 ə 唯？

头项 t'əu˥˧ ɕiaŋ˧ 旧指工作：你 ə 小孩找了个啥～？

营生 iŋ˥˧ ʂəŋ˧ 东西：这是个啥～？

动静 tuŋ˨˩˥ tɕiŋ˧ 声音：你听，这是啥～？｜我咋听不见～唯？

饥荒 tɕi˨˩˦ xuaŋ˧ ①乱子：惹～｜打～打架闹别扭。②债：拉～欠债大把 tɑ˩ pɑ˥ 做人处事的基本原则：这人说话行事不离～。
喀节每 k'ɑ˧˦˨ tɕiə˧˦˧ mei˥ 节骨眼：正说到～上，他倒走嗺。
做炉 tsu˩ lu˥ 旧指生产琉璃品的手工业：他家 ə ～。
头艺 t'əu˥˨ i˧ 旧指煤矿上负责生产技术的人。
炭 t'ã˩ 煤。
碘 ə kuŋ˥˨ ə˧ 块煤。
砟 ə tʂɑ˧˦˨ ə˧ 劣质煤，像石头。
窑货 iɔ˥˨ xuə˧ 瓷器。
咕哨 ə ku˧˦ tɑŋ˥˨ ə˧ 一种用琉璃制成的可以吹出咕哨咕哨声响的玩具。
花球 xuɑ˧˦ tɕ'iəu˥ 琉璃球。
熟药 ʂu˥˨ yə˩ 碎玻璃片。
瓦古 ə vɑ˥˨ ku˥ ə˧ 小陶瓷片。
减不残 tɕiã˥˨ pu˧ ts'ã˥ 残品：人家都拣过若干遍嗺，光剩下些～嗺。
背装货 pei˩ tʂuɑŋ˧˦˨ xuə˩ 不合时宜的货物：～卖不出去。
周姑 ə tʂəu˧˦˨ ku˧ ə˧ 五音戏，当地人喜闻乐见的剧种。
直上 tʂʅ˥˨ ʂɑŋ˧ 上头，位置高的地方：公路～就是博山公园。
窝罗罗 və˧˦˨ luə˥˧ luə˥ 小的地方：他住 ə 那点～忒窄住嗺。
逛逛 ə kuɑŋ˩˥ kuɑŋ˧ ə˧ 很小片的土地。
田地 t'iã˥˨ ti˩ 屋子里的地：小三能把从屋 ə～上爬 ə 天井 ə。
栏 lã˥ 厕所。
天气 t'iã˧˦˨ tɕ'i˧ 特指风雪来临的阴霾天：要下～嗺，快把炉 ə 拾掇好。
饭巴拉 ə fã˩˥ pɑ˧ lɑ˧˦˨ ə˧ 雪珠。
冻冻 tuŋ˧˦˨ tuŋ˧ 冰块。
寝寝 tɕ'iə˥˨ tɕ'iə˧ 早晨：～饭早饭。
夜来 iə˩˥ lɛ˧ 昨天。
后晌 xəu˩˥ ʂɑŋ˧ 晚上。
年时 niã˥ ʂʅ˧ 去年：今年比～热。
暖和 nɑŋ˥˨ xuə˧ 又称夏天：屋到～再修吧｜年时～他来 ə。
老福神 lɔ˥ fu˧˦ ʂə˥ 对黄鼠狼的一种迷信叫法。又称"老邻舍家" lɔ˥˨ liə˥˨ ʂʅ˧ tɕiɑ˧。
棒槌 ə pɑŋ˩˥ tʂ'uei˧ ə˧ 借称玉米。
小厮 ɕiɔ˥˨ sʅ˧ 男孩。
团圆媳妇 ə t'uã˥ iã˧ ɕi˧˦˧ fu˧ ə˧ 童养媳。
两乔 liɑŋ˥˨ tɕ'iɔ˥ 连襟：他仨是～。郑重的场合也说"连襟"。
三本 sã˧˦ pə˥ 汉奸因"日本"的"日"音同"二" lə˩：～队｜这人干过～。
滑栏 ə xuɑ˥˨ lã˧ ə˧ 关节。
鼻鼻 pi˥˨ pi˧ 鼻涕。
妈妈水 ə mɑ˧˦˨ mɑ˧ ʂuei˥˨ ə˧ 乳汁。"吃奶"说"吃妈妈" [tʂ'ʅ˧˥ mɑ˧˦˨ mɑ˧]
福上 fu˧˦˧ ʂɑŋ˧ 先天：他脸上这块红记是～带下来 ə。

不济 pu˨˦˥ tɕi˨ 又称不舒服，有病：他这几天～。

不熨贴 pu˨ y˨˦˧ t‘iə˧ 不舒服，病了。

残坏 ts‘ɛ˥˥˦ xuɛ˧ 残废：他～唓｜这个人～。

火晕 xuə˥˨˦ yə̃˥ 指中煤气。

包ə pɔ˨˦˥ ə˧ ①水饺。区 蒸包时称“下包ə” ɕia˨˦ pɔ˨˦˥ ə˧。②蒸包。

糊涂 xu˥˦ tu˧ ①认识模糊，内容混乱。②杂粮面熬成的稀粥：喝～。

送柬 suŋ˨ tɕiɛ˥ 订婚。

送油 suŋ˨ iəu˥ 当地风俗，结婚第二天，新娘的兄弟要送去梳头油之类的礼物。今只存看望新娘的习俗而并不真正携带梳头油了。

油客 iəu˥˦ k‘ei˧ 结婚第二天作客的新娘的兄弟。

扎裹 tʂa˨˦˧ kuə˧ ①打扮：～起来真好看。②治疗：～病。

押 ia˨˦ 倒：～灰倒垃圾。

昂 ŋaŋ˥ 烧：小孩玩火～了衣裳。

免 miã˥ 把衣服的一部分折起来：～起一块来｜～腰。旧式裤子，裤腰很宽，穿时要折进一段再用带子系上，称“～腰裤”。“免腰”常可用于形容土气，背时。

落草 luə˨ ts‘ɔ˥ 指孩子出生。

妨 faŋ˨˦ 迷信称妇女促使丈夫或婆家其他人死亡：有人说张大婶～他男人。

出产 tʂ‘u˨˦˧ tʂ‘ã˧ 借指培养教育：这个人～不出个好孩ə来。

长受气 tʂ‘aŋ˥˦ ʂəu˨˦ tɕ‘i˨ 叹气：老汉心里不痛快，光在那ə～。

丧眼 saŋ˨ kə̃˥ 斥责。

义合 i˨˥ xuə˧ 团结，和睦：人家可～唓！

填还 t‘iã˥˦ xuã˧ 无条件、无限量地有利于人。用于说鸡时，含有报答的意思：这个鸡～，一天一个蛋。

嬎 fã˨ （禽）下蛋；（昆虫）产卵：母鸡～蛋｜蚕妹～子｜苍蝇～蛆。

直站 tʂʅ˥˦ tʂã˧ 动物如人立：动物园的狗熊好～起来向人要东西吃。

告诉 kɔ˨˥ suŋ˧ 说人的坏话：张老娘娘ə好向别人～儿媳妇。

讨换 t‘ɔ˥˦ xuã˨ 设法得来：这些东西没处～。

济着 tɕi˨˥ tʂuə˧ 依着：啥事他都～她。

拉崖头 la˨ iɛ˥˦ t‘əu˥ 比喻负担着生活重担：他三个孩ə，年纪都小，正是～ə时候。

改常 kɛ˥˨˦ tʂ‘aŋ˥ 改变了原来的思想：二奶奶这几年～，不和以前一样了。

莽撞 maŋ˥ tʂuaŋ˧ 梦中不自觉做出一些不正常的动作。

着 tʂuə˥ 传染：这病～人。

使 ʂʅ˥ ①用：～镰割。②疲劳，累：干一天活，真～ə慌。

趄下 tɕ‘iə˨˦˥ ɕia˧ 躺下。

瓦 va˨ 冻结，结冰：这屋太冷唓，住人能～起来｜～冻。

就了筋 tɕiəu˨ liɔ˥ tɕiə̃˨˦ 已经定型，不能改变：“乔瘸ə那腿，～。”

知不道 tʂʅ˨˦˥ pu˧ tɔ˨ 不知道：～他干啥去唓！

猜不方 ts‘ɛ˨˦ pu˧ faŋ˨˦ 猜不着。

待 tɛ˩ 要，想：你～上哪？｜我～家去｜他不～吃。

直立 tʂʅ˥˩ li˧ 直，不弯曲：这棍 ə 岗 ə～。

横立 xuə̃˥˩ li˧ ①横，与竖相对。②比喻小孩好哭闹的脾气：这孩 ə 真～。

直别 tʂʅ˥˩ piə˧ 僵直：手冻～哇。

平分 p'iŋ˥˩ fə̃˧ 平整：这根路很～。

走捷 tsəu˥˩ tɕiə˧ ①木器变形：这张桌 ə ～哇。②比喻小孩哭闹蛮缠：你看你～乜个样，人家笑话你哇。

瓢偏 p'iɔ˥˩ p'iã˩ 木板变形：这块板一干就～哇。

拉磨 la˧˩ mə˧ 拖拉，缓慢：这人太～，三天了书还没拿来。

自本 tʂʅ˥ pə̃˧ 形容人稳重，不浮躁，有涵养：小王年龄不大，但很～。

狼 laŋ˥ 忘恩负义：这个外甥太～哇，十年没上老娘（外祖母）家来。

山 ʂã˧ 土气：她打扮 ə 忒～哇。

孙 suə̃˧ 懦弱无能：他忒～哇，一家人都欺负他｜～哥 suə̃˧˥ kuə˧ 在父母压力下尽量满足出嫁妹妹各种要求的哥哥 。

丧 saŋ˩ 态度生硬：这老汉很～。

苍 ts'aŋ˧ 鱼游、鸟飞迅猛：这种鱼很～｜老雕可～哇！

烧 ʂɔ˧ 因某种原因，忘乎所以，显示自己：这人挺～。也说"烧包" ʂɔ˧˥ pɔ˧。

光棍 kuaŋ˧˩ kuə̃˧ 又作形容词，形容一点亏不吃，稍不如意就大闹的脾性：这人很～，千万别惹他。

各别 kuə˧ piə˥ 特殊，和一般不同：老张就是～，和大伙 ə 弄不到一块。

瞎 ɕia˧ ①浪费：不能～粮食。②乱：这人净～胡闹。③坏：这是个～孩 ə。

点心 tiã˥˩ ɕiə̃˧ 又作形容词，因数量少而使人瞧不起：这么一点，真～人。

石 ʂʅ˥ 形容小：～疙瘩 ə｜～猴 ə｜～螃蟹｜～几 ə｜～蚂蚱。

齉 naŋ˩ 拥挤：大集上人忒～哇，简直走不动。

清容 tɕ'iŋ˧ luŋ˥ 清闲：我一个人在家，多～。

掉腚 tiɔ˩ tiŋ˩ 形容忙或穷：忙～｜穷～。

十不足 ʂʅ˥˧ pu˧ tɕy˧ 什么都不满意：你是～，整天没有高兴 ə 时候。

条 t'iɔ˥ 在…上：带上干粮～路吃。

把 pa˥ 也作"从"：～那儿走。

□ mə̃˧ 以前的：～回前几回｜～天前几天｜～年往年。

到□ tɔ˩ mə̃˧ 将来，以后：这事～再说吧。

先 ɕiã˧ 不单用作"先后"的先，又指已经：他 ə 孩 ə ～五岁哇。

待盼 ə tɛ˩ p'ã˩˥ ə˧ 等一会：～再说。

拢过 luŋ˥˩ kuə˧ 得空：～上俺家 ə 玩。

流流 liəu˥˧ liəu˥ 整整：玩 ə ～一天。

纯眼 tʂ'uə̃˥˧ iã˥ 仅仅：～五毛钱，算了吧，用不着生气。

一堆 i˧˥ tsuei˧ 一齐，一块儿：咱～走｜俺住 ə ～。

几棍 tɕi˧˩ kuə̃˧ 无论：～吃啥都行。

帮 paŋ˨ 用作量词，群：一～羊｜一大～ ə 学生。
性 ɕiŋ˨ 用作量词，层：三～台 ə（台阶）｜两～ ə 砖。
起 tɕi˥ 用作量词，层：二～楼。
末 ə mə˨ ə˧ 用作动量词，次：他来了三～啦。
吧咋 pa˨˦ tsa˧ 表示催促的语气，犹"吧"：走～｜吃～。
夯吗 xaŋ˨ ma˥ 表示催促、叮咛的语气，犹"啊"：快走罢，～！｜过午好好学习，～！

三　博山语法特点

（一）词缀"ə"的多种语法功能

博山方言特殊语缀 ə 使用面很宽，兼有普通话"子、儿、里、着、了、地、得、的、个、到"等作用。这个语缀的读音受前一音节末了一个音素的影响而稍有不同，本书统一记作 ə。下面分类介绍其功能。

1．作为名词后缀用得最多，有些相当于北京话"子"和"儿"。例如：麦 ə｜栗 ə｜狮 ə｜燕 ə｜桌 ə｜椅 ə｜儿 ə｜姑 ə 尼姑｜小舅 ə｜鼻 ə｜黑眼珠 ə｜包 ə｜帽 ə｜馆 ə｜药引 ə｜钻空 ə‖苗 ə｜指甲桃 ə｜牛犊 ə｜蛾 ə｜手套 ə｜车轱轮 ə｜媳妇 ə｜妮 ə｜牙花 ə｜后脑勺 ə｜豆汁 ə｜兜兜 ə｜小铺 ə｜虾皮 ə。

有些 ə 尾词和北京话不对应，下面这些词，北京话都不能带"子"尾和"儿"尾，例如：拔不倒 ə 不倒翁｜饭巴拉 ə 雪珠｜石头巴乱 ə 乱石块｜波豁鱼 ə 木鱼｜香炉 ə 香炉｜顶指 ə 顶针｜牙刷 ə｜半夜 ə｜冬 ə 冬天｜腊月 ə｜月 ə 食 月食｜一半搭 ə 旁边｜蛛蛛 ə 蜘蛛｜北亭 ə 地名｜大庙 ə 地名｜务 ə 地名。

2．用在名词或指示代词后，表示"里面"的意思，例如：家 ə｜心 ə｜地 ə｜大楼 ə｜学校 ə｜仓库 ə｜背地后 ə｜这 ə｜那 ə｜乜 ə｜哪 ə。

3．用在动词后，表示动作正在进行，一般带宾语。ə 也可改用"着 tʂuə˧"，例如：你拽 ə 他走｜用 ə 他啦，他又走啦｜他帮 ə 我干活｜我猜 ə 是你来啦｜我一直挂 ə 他｜你抱 ə 孩 ə｜我看 ə你往哪 ə 跑｜这菜咋 ə 卖怎么卖？｜你坐 ə 说。

4．用在动词后，表示动作完成，带宾语或数量补语。ə 也可改用"了 liɔ˧"。例如：吃 ə 饭就来｜睡 ə 觉啦｜正好打 ə 五更｜他待 ə 一天就走啦｜去 ə 三回｜我买 ə 一本书。

5．用在动词后，ə 后面也可带补语，相当于北京话助词"得"。例如：记 ə｜认 ə｜懂 ə｜觉 ə｜割舍 ə 舍得｜怨不 ə｜扯 ə 忒远｜扫 ə 干净｜吃 ə 香｜改 ə 对｜赵大娘哭 ə 死去活来。

6．用在代词、动词、形容词等的后面。也用在某些词组后表示从事某种行业的人，相当于北京话助词"的"。例如：我 ə｜你 ə｜他 ə｜咱 ə｜别 ə‖拾 ə｜缝 ə｜穿 ə｜吃 ə｜用 ə‖活 ə｜黄 ə｜热 ə｜臭 ə｜大 ə｜破 ə‖要饭 ə｜剃头 ə｜教书 ə｜干工 ə｜送信 ə｜看孩 ə｜玩藏掖 ə。

7．用在副词后，相当于北京话的"地"，例如：特为 ə｜亏 ə｜冒不巧 ə｜陆续 ə｜赶快 ə

走｜慢慢 ə 吃｜老实实 ə 说。

8．用在数词后，相当于"个"，例如：四 ə｜十五 ə｜一百三十 ə｜一千零三十 ə。

9．用在动词后，后面带处所宾语，相当于北京话的"在…，到…"例如：住 ə 家 ə｜放 ə 桌 ə 上｜关 ə 笼 ə｜乜件大衣锁 ə 柜 ə‖跑 ə 北京去｜把他驱拉 ə 一边｜拴 ə 树上再说｜别撂 ə 道上。

10．其他用法，例如：十 ə 路十字路，路名｜平 ə 沟平堵沟，地名｜火 ə 旁火字旁，部首｜多 ə 钱多少钱一斤。

（二）　有关人称的名词

博山方言关于人称的名词除去上述以"ə"为后缀和几个变韵词以外，还有三种形式较为特殊。

1．带有数词"二"的蔑称　有的相当于北京话"半吊子、半瓶醋"。例如：二百五｜二哥半吊子｜二不溜 ə 半吊子｜二五眼一知半解、不通晓事理的人｜二梭梭子第二，大忙人｜扬二疯 ə 说话随便、毫无约束的人。

2．带有"头"的人称　"头"不读轻声，一般含有"……的人"的意思。例如：孙头总吃亏、懦弱的人｜老实头老实人｜敲 ə 头好占便宜的人｜滑头｜把头｜雾露头莽撞不懂事的人　｜离巴头办事不合规律的人｜直巴拉头直性子的人｜拙骨头很扭的人｜家旮旯头不愿出头露面的人。

3．称某些有生理缺陷的人，常带后缀"巴、厮、汉"。例如：

巴　　哑～｜瘸～｜嘲～傻子｜结拉～结巴｜瘫～瘫痪的人

厮　　瞎～｜秃～又称秃 ə

汉　　聋～不论男女，又称聋 ə

4．用神、鬼或动物的名称作后缀，多称品行不良的人，例如：

神　　丧门～带来灾祸的人｜殃～带来祸殃的人｜磨～做事很慢的人

仙　　脏～很脏的人｜窝囊～

鬼　　破家舞～破坏家庭财产的人｜调皮～

精　　山～旧称山里有头脑、善于算计的人

星　　扫帚～旧称败坏家庭的女人

虎　　赖皮～好哭好要赖的孩子｜老狠～脾气暴躁态度生硬的人｜把家～贬称善于持家的人

猴　　石 ə～小猴子，骂人话｜皮～ə 调皮的人｜尖嘴溜～说脸瘦的人

熊　　懒～懒惰的人｜死～无能的人｜馋～馋嘴的人｜狼～忘恩负义的人

老鼠　穷嘴～贪吃不住嘴的人

蚂蚱　石～小蚂蚱，骂人话

狗　　痴～ ə 傻瓜

鱼　　书～ ə 书蠹，书呆子

虫　　妒～妒忌心重的人

（三） 动词后缀

博山单音节动词后缀比较丰富，不仅在语音上使原来的单音节变成了双音节，而且有的还往往重叠使用，经常带有某种附加意义，或某种感情色彩。例如：

1．后缀重叠使用，表示短时间内动作反复多次。

巴　捏～捏～｜砸～砸～｜擦～擦～｜掐～掐～｜洗～洗～｜压～压～

查　刻～刻～｜刮～刮～｜抠～抠～

2．表示动作连续反复。

拉　拨～｜拌～｜绊～｜扒～｜铺～｜扑～｜沐～｜秃～｜则～｜拽～｜漱～｜数～｜夹～｜架～｜骑～｜驱～｜固～｜哈～｜划～｜胡～

悠　窝～｜捂～｜偎～｜剜～｜督～｜捻～｜踟～｜缠～｜犟～｜圈～｜蜷～｜逛～

约　捣～｜掬～｜填～｜抠～

3．表示行为动作令人讨厌。

查　爬～｜摺～｜起～｜滚～

么　捞～｜嘟～｜舔～｜梭～｜咒～

送　筑～｜拱～

索　抠～｜作～

登　搬～｜倒～｜作～

4．表示行为动作正处于某种进行状态。

得　懒～｜撅～｜跕～｜呼～

乎　贴～｜踢～｜招～｜沾～

划　米～｜点～｜搦～｜指～

摸　拧～｜撒～｜找～｜沾～｜觉～｜齐～｜估～

（四） 代词

1．人称代词　博山人称代词较有特点的是"俺"可以表示"我、我们、我的、我们的"，"□ ŋə̃˥"可以表示"你、你们、你的、你们的"。例如：

俺　① 这事～早忘咗！

② ～知不道。

③ ～姊妹俩，这是～妹妹。

④ ～仨今年高中毕业。

⑤ ～庄 ə 今年收成不孬。

⑥ ～学校有一千来 ə 学生。

□ ŋə̃˥　① ～自家去，别人不放心。

② 俺老婆，～待上哪 ə ？

③ ～俩先走罢。

④ ～媳妇 ə 叫你家去。

⑤ ～陶瓷厂工人真多。

⑥ 王老师在～ ə 村住 ə 不？

博山"我、你、他、他们、咱"的用法跟北京话相同。"我、你"与"俺、□ ŋə̃˥"的单数并行，以上六例，①②可用"我、你"代替，其余不能。

博山表复数的"们"用得较少，一般不说"我们、你们、咱们"。一般也不说"大家"，而说"大伙 ə"。通常都用"自家"称说"自己"。"自家"兼指单数复数："他自家去咗"，"咱是自家"。

2．指示代词　博山的指示代词近指"这"，远指"那"，还有一个中指"乜 niə˩"。例如：

这是俺家，也是王朋家（稍远），那是张红家（更远）。

我在这 ə 写，你上乜间 ə（同所房子的另一间），他上那屋 ə（另一所房子）。

“乜”和“那”有时可以通用，两者都跟“这”相对。例如：

这是他 ə 书，那（乜）一本是他哥哥 ə。

可见“那”和“乜”并没有绝对远近的界限，在实际语言中有的甚至很远的地方也可用“乜”，这主要是在话接话的场合。例如：

博山瓷器销 ə 南京多 ə 不？——销 ə 乜 ə 不多。

你上广州来没？——我去来。

你上成都来没？——乜 ə 我没去。

博山的指示代词“这样“和”“那样”是合音词，读为 tʂaŋ˨˦、naŋ˨˦。说得急促时，含有“太、过于”的意思，例如：“这鞋 tʂaŋ˨˦ (naŋ˨˦) 大，不跟脚”；说得舒缓或后面带 ə 时，就是一般的“这样、这么”，“那样，那么”，例如：“有 tʂaŋ˨˦ (tʂaŋ˨˦ ə˧) 回事”、“有 naŋ˨˦ (naŋ˨˦ ə˧) 回事”。

博山不用指示代词“每”，北京话“每天”博山说“天天”，北京话“每人一块糖”博山说 “一人一块糖”。

3．博山的疑问代词“咋”，相当于北京话的“怎、怎么”。例如：

你咋你怎么啦？——不咋没有什么。

咋来怎么啦？——咋着怎么着？

（五）“了 liɔ˧”和“啵 liã˧”

北京话用在动词后面的轻声音节“了 lə˧”分为了₁和了₂。了₁是助词，表示事情已经完成或事态将出现，如果有宾语，宾语在后；了₂是语气词，大多用在句末，表示事情已经完成或将要完成，有成句的作用，如果有宾语，宾语在前。北京话的“了₁”和“了₂”在语音上没有区别。

博山相当于北京话的这两个“了”在语音上是不同的，了₁ 读 liɔ˧，了₂ 读 liã˧，本书分别写作“了”和“啵”。例如：

了 liɔ˧　赵执信看～爹爹一眼。

俺家夜来后晌来～两个客。

我教～三十年书。

吃～饭啵。（已吃）

吃～饭再走。（未吃）

出～门望东走就是大集。

啵 liã˧　他早来～。

他兄弟二十好几～，还没娶上媳妇。

你闺女多大小～？

下雨～。（已下）

“吃饭～！”（叫人吃饭，未吃）

要下雨～！（未下）

“了”、“啵”在用法上的主要差别：一是位置不同，“了”不在句末而“啵” 在句末或在句子停顿处；二是宾语位置不同，“吃了饭”不能说“吃饭了”而“吃饭啵”不能说“吃啵饭”；三是“了”往往可与“ə”通用，“吃了饭、出了门、来了客”等也可以说成“吃 ə 饭、出 ə 门、来 ə 客”，说“ə”时的语气更轻松一些，“哇”则不能与“ə”通用，“吃饭哇”不能说成“吃饭 ə”。

（六） 形容词生动形式

博山的形容词生动形式主要有以下一些类型。

1. “BA”型　由形容词前加副词“挺（很）”或“真”构成比较级或最高级。例如：

原级	好	大	热	厉害	凉快	细发
比较级	挺好	挺大	挺热	挺厉害	挺凉快	挺细发
最高级	真好	真大	真热	真厉害	真凉快	真细发

2. “BA”和“BABAə”型　一些单音节形容词相应的副词构成比较级；比较级再重叠加 ə 构成最高级。例如：

原级	香	硬	烂	热
比较级	喷香	崩硬	稀烂	翻滚热
最高级	喷香喷香 ə	崩硬崩硬 ə	稀烂稀烂 ə	翻滚热翻滚热 ə

3. “大 AA”和“精 AA”型　单音节形容词重叠，前面加副词“大”或“精”，表示形容程度深。此式一般用于在意义上有正反对立的形容词。例如：

大厚厚——精薄薄　　大粗粗——精细细　　大宽宽——精窄窄

大高高——精矮矮　　大深深——精浅浅　　大长长——精短短

4. “多 AB”和“老 AB”型　上述一些有正反对立义的形容词，往往还可用“多 AB”或“老 AB”表示疑问或程度深。例如：“这孩 ə 多大小哇？”“你老大小哇还不听大人话！”属于这一类型的词有：多大小 tuə˨˩˦ ta˧˩ ɕiɔ˥｜多高低 tuə˨˩˦ kɔ˨˩˦ ti˨˩˥｜多长短 tuə˨˩˦ tʂʻɑŋ˥˦ tuã˥｜多沉□ tuə˨˩˦ tʂə̃˥˦ tuŋ˥｜多厚狭 tuə˨˩˦ xəu˧˩ ɕia˥｜多深狭 tuə˨˩˦ tʂʻə̃˨˩˦ ɕia˥。这些“多 AB”都可转换成“老 [lɔ˥˦]AB”表程度深。

“远”不说“多远近”而说“多共远”和“老共远”、“大共远远”。“老 AB”和上文“大 AA”只存在形式上的不同，在意义上则都表示程度深，两者并无差别。

5. 带词缀 ə 的各种形容词生动形式，在口语中经常使用，例如：

ABBə	香喷喷 ə	黑乎乎 ə	结实实 ə	小巧巧 ə	大方方 ə
	咸泽泽 ə	齐双双 ə	麻利利 ə	慢厢厢 ə	死直直 ə
ABCə	酸之赖 ə	松答弛 ə	软古囔 ə	蓝麻萨 ə	齐割得 ə
	黑出溜 ə	热乎拉 ə	薄忽拉 ə	暄扑弄 ə	甜莫索 ə
ABABə	海拜海拜 ə	浮流浮流 ə	忽得忽得 ə	刚将刚将 ə	
	呼拉呼拉 ə	割得割得 ə	踏悠踏悠 ə	忽歇忽歇 ə	
AABBə	奶奶该该 ə	耳耳蒙蒙 ə	嘻嘻里里 ə	木木出出 ə	
ABCDə	黑脂八瞎 ə	半截拉块 ə	歪三截扭 ə	差里罗三 ə	
	踢溜蹚郎 ə	腌而不臜 ə	半片忽拉 ə	稀溜懈晃 ə	
	浓粘窟窣 ə	曲溜拐弯 ə	脏囊不瞎 ə	提溜嘟噜 ə	

这里的“ABABə”式跟本节第 2 项最高级“BABA ə”不同。最高级“BABA ə”式中的“BA”能单独使用，“B”和“A”是修饰和被修饰关系；ABAB ə 的“AB”一般不单独

使用,"A" 和 "B" 非修饰关系。

以上带词缀 ə 的各种格式都较固定,在语音方面,原来的单字调一般失去控制作用。基本服从于几种固定的调型(详见第叁章"博山方言语音分析"中的变调)。这些格式语音协调,十分形象生动,构成了博山方言很富有表现力的一大特色。

(七) 几种主要句式

本节讨论博山方言的选择问句、比较句和被动句。

1. 选择问句　北京话的反复问句在形式上是一种选择问句,选择项目是一件事物的肯定和否定,即"X不X"(如:"去不去"、"好看不好看"),问某件事物是否存在或事情是否已经进行则用"X没X"(如"去没去"、"有没有)"X了没有"(如"去了没有")。

这类内容的问句在博山各有两种形式:前者用甲式"X ə 不"和乙式"X ə 是不 X",后者用甲式"X来(了 ə)没"和乙式"X来(了 ə)是没X"。例如:

甲式　"X ə 不"	乙式　"X ə 是不 X"
去 ə 不?	去 ə 是不去?
干净 ə 不?	干净 ə 是不干净?
写字 ə 不?	写字 ə 是不写字?
你上北京 ə 不?	你上北京 ə 是不上北京?
看电影 ə 不?	看电影 ə 是不看电影?
能来 ə 不?	能来 ə 是不能来?
愿意要 ə 不?	愿意要 ə 是不愿意要?
甲式　"X 来(了 ə)没"	乙式　"X 来(了 ə)是没 X"
去来没?	去来是没去?
扫干净了 ə 没?	扫干净了 ə 是没扫干净?
写完了 ə 没?	写完了 ə 是没写完?
你上回北京来没?	你上回北京来是没上回[北京]?
乜块电影你看来没?	乜电块影你看来是没看?
看见了 ə 没?	看见了 ə 是没看见?
你听见动静来没?	你听见动静来是没听见[动静]?
家 ə 有人 ə 没?	家 ə 有人 ə 是没人?

2. 比较句　博山的比较句可以在两个被比较的事物之间用"比、不比、不如"等以表示两者的不同,例如"他比你高"、"他不如(不比)你高"等,这跟北京话没有什么不同。除此之外,博山较常用的另一种格式是"甲+比较项+起+乙",例如:

肯定比较	他高起你。	绒裤暖和起毛裤。	使钢笔强起使铅笔。
否定比较	他不高起你。	绒裤不暖和起毛裤。	使钢笔不强起使铅笔。
疑问比较	他高起你啊?	绒裤暖和起毛裤啊?	使钢笔强起使铅笔啊?
	他不高起你啊?	绒裤不暖和起毛裤啊?	使钢笔不强起使铅笔啊?

3．被动句 博山表示被动的介词只有一个“叫”，有以下几种形式：
书叫小王拿去唓。
书叫小王给拿去唓。
书叫小王给他拿去唓。
碗叫他打唓。
碗叫他给打唓。
碗叫他给你打唓。
晌午我叫自行车碰了一下 ə。

以上的“叫”相当于普通话的“被”；“给”读 tɕiㄱ. 凡有数量补语的一般不用“给”（末行例）。各式都有施动者出现，普通话不出现施动者的一种简化被动式，像“梅山被围”、“小陈被揍了两下”，博山不说，博山没有“碗叫打唓”、“书叫拿去唓”这样的句式。

（八） 补语

北京话可能补语的通常形式是在动词后加“得”，例如“V 得、V 不得、V 得了、V 不了”（“了”可视动词的不同而代之以“着、动、清楚”等等）。博山只有“V 不了”（如“吃不了”）一式跟北京话相同。北京话动词后用“得”的各式，博山一般都是在动词前加“能”，句式是“能 V、不能 V、能 V 了、能 V ə 不”。例如：

肯定	这驴能骑 （这驴骑得）	这饭能吃了 （这饭吃得了）
	能搬动 （搬得动）	能说清楚 （说得清楚）
	能找着 （找得着）	能上去 （上得去）
否定	食物变质不能吃 （食物变质吃不得）	
	这人可不能小看 （这人可小看不得）	
疑问	这花能晒 ə 不? （这花晒得晒不得?/这花能晒吗?）	
	这些粮食你能拿动 ə 不? （这些粮食你拿得动拿不动?/这些粮食你拿得动吗?）	

北京话还用助词“得”连接副词“很、极了”等充当程度补语，博山不用这种形式。试比较：

北京	好得很	冷得很	能干得很	香极了	窝囊极了
博山	岗 ə 好	岗 ə 冷	岗 ə 能干	岗 ə 香	岗 ə 窝囊
	忒好唓	忒冷唓	忒能干唓	忒香唓	忒窝囊唓

表示心理状态或感觉的，博山还可用“ə”连接“慌”作为程度补语。例如：气 ə 慌｜想 ə 慌｜使 ə 慌｜饿 ə 慌｜冻 ə 慌｜急 ə 慌｜窝囊 ə 慌。

在最前面还可以再加“真、岗 ə”等，如“气 ə 慌、冻 ə 慌”都可以说成“真气 ə 慌、真冻 ə 慌，岗 ə 气 ə 慌、岗 ə 饿 ə 慌”。

以上“ə 慌”只用于表示不舒适的感觉的词后面，不能说“舒服 ə 慌、痛快 ə 慌”等。

（九）　几种特定格式

1. “A 个 B 法”　用于强调某种情况、某个样子。A 是指示代词“这样”的合音 [tʂɑŋ˧˦]或“那样”的合音 [nɑŋ˧˦]；B 是动词或形容词。例如：

天 tʂɑŋ˧˦ 个下法不能走。

没想 ə 这事办 ə tʂɑŋ˧˦ 个快法。

这个人 nɑŋ˧˦ 个能说法。

nɑŋ˧˦ 个脏法，咋着上人跟前？

2. “V 不 V ə 不 B”　V 是“打、骂、劝”一类动词，B是相呼应的动词或词组。这种格式表示“V几遍都不”、“怎么 V 也不”的意思。例如：喊不喊 ə 不挪窝喊几遍都不动｜打不打 ə 不管事怎么打也没用｜劝不劝 ə 不听｜叫不叫 ə 不走｜说不说 ə 不听｜哄不哄 ə 不听｜拉不拉 ə 不走。

3. “V V 着”　动词重叠加“着” tʂuə˨，常与“再”连用，也可以说成“V一V”。例如：

问问着再和你说——问一问再告诉你。

热热着再吃——热一热再吃。

磨眼 ə 粮食下下着再添——磨眼 ə 粮食下一下再添。

你有病，好好着再上班——你有病，好一好再上班。

这事沉沉着再说——这事沉一沉再说这事等平息平息再说。

这里“VV 着”的“着”，不能用 ‘‘ə’’ 代替。

第叁章 博山方言语音分析

一 声母

博山方言有声母二十四个，包括零声母在内。列表如下：

p 布别	p‘ 怕盘	m 麻门	f 飞冯	v 武危
t 到大	t‘ 太逃	n 南奴年女		l 来路人软
ts 走杂	ts‘ 草曹		s 三隋	
tʂ 战赵支助	tʂ‘ 超迟翅柴		ʂ 烧绍诗是	ɭ 儿二
tɕ 焦就加极	tɕ‘ 取齐敲乔		ɕ 笑习希匣	
k 贵跪	k‘ 开葵	ŋ 袄岸	x 灰回	
ø 啊延缘				

v 在 u 韵母的前面有时自成音节，vu 的实际音值是 [ʋ]，有时则是 [w]。

n 开口、合口前是 [n]，齐齿、撮口前是 [ȵ]。

l 拼 ə 时的实际音值是 [ɭ]。

ɭ 发音时本音拉长，除阻时带出轻微的 ə。

x 在 ɑ ã ɔ əu 前面时实际音值是 [h]。

二 韵母

博山方言有韵母三十六个，轻声韵母和变韵不在内。列表如下：

ɿ 字次四	i 毕低基衣	u 乌如租姑	y 吕居雨
ʅ 志翅试			
ɑ 瓦拿杂割	iɑ 俩加牙	uɑ 抓瓜	
ə 波而遮革	iə 憋爹节野	uə 多作桌各	yə 略觉约
ɛ 歪台灾哀	iɛ 阶矮	uɛ 帅乖	
ɔ 包刀早袄	iɔ 标雕交妖		
ei 白墨则黑		uei 对最追归	
əu 兜走周藕	iəu 刘纠优		
ã 弯男山安	iã 边田尖烟	uã 短酸穿官	yã 捐元
ə̃ 温人针恩	iə̃ 宾林今音	uə̃ 吞村春昏	yə̃ 淋均匀
ɑŋ 汪汤昌刚	iɑŋ 娘香央	uɑŋ 庄光	
əŋ 翁灯增庚	iŋ 平丁精英	uŋ 荣宗中公	yŋ 龙穷拥

ɑ iɑ uɑ 的 ɑ、舌位很后，有点圆唇，实际音值是 [ɒ]。

ə、单元音韵母，拼唇音声母时，跟复元音韵母 uə yə 中的 ə 一样，都有点儿圆唇；拼舌根声母时，实际音值是 [ɤ]；拼其他声母时，跟复元音韵母 iə 的 ə 一样，实际音值是 [ʌ]。

u 在 m n 两个声母后面带鼻化，实际音值是 [ũ]；在 f 声母后面是 [v]。

ɛ uɛ 中的 ɛ，是一个动程很小的复合元音，实际音值是 [æɛ]。iɛ yɛ 中的 ɛ，实际音值是 [ᴇ]。

ɔ iɔ 中的 ɔ，也是一个动程十分小的复合元音，实际音值是 [ɔoᵣ]。

ã iã uã yã 中的 ã，实际音值是 [ʌ̃]，而且鼻音比较弱。

ɑŋ iɑŋ uɑŋ 的鼻辅音尾比较弱。

三　变韵和词缀 ə 的音读

（一）变韵

博山的变韵有表示小、轻微的意味，其作用相当于北京的儿化，但是在发音上跟"儿"音的关系不明显，所涉及的韵母也不及北京普遍。博山成系统的变韵有以下十三个：

ã iã uã yã → ɛ iɛ uɛ yɛ

ə̃ iə̃ uə̃ → ei iei uei

ɿ ʅ i → ei

u uŋ y → əu iəu

变韵词如下：

ã → ɛ
伴 pã˩ pɛ˩老～
拌 pã˩ pɛ˩和～
烦 fã˥ fɛ˥耐心～
饭 fã˩ fɛ˩小茬～
弯 vã˨˩˦ vɛ˨˩˦曲溜拐～
湾 vã˨˩˦ vɛ˨˩˦堵～
碗 vã˥ vɛ˥小～
弹 tã˩ tɛ˩～～ə
残 tsʻã˥ tsʻɛ˥～坏
甘 kã˨˩˦ kɛ˨˩˦ kɛ˧奶奶～～ə
汉 xã˩ xɛ˩老汉、聋汉

iã → iɛ
边 piã˨˩˦ piɛ˨˩˦河涯～、～ə上
点 tiã˥ tiɛ˥三～水、一～～、多大～天、快～
埝 niã˨˩˦ niɛ˨˩˦～ə(地方)、这个～ə（这个地方）
肩 tɕiã˨˩˦ tɕiɛ˨˩˦挨～
尖 tɕiã˨˩˦ tɕiɛ˨˩˦猛溜～、鼻子～
柬 tɕiã˥ tɕiɛ˥送～（订婚）
件 tɕiã˩ tɕiɛ˩大～、小～、行～
签 tɕʻiã˨˩˦ tɕʻiɛ˨˩˦抽～
钱 tɕʻiã˥ tɕʻiɛ˥小～
眼 iã˥ iɛ˥不起～、尖鼻ə拉～、鼻孔～ə
沿 iã˥ iɛ˥炕～、锅～

uã → uɛ
官 kuã˨˩˦ kuɛ˨˩˦大～、小～

yã → yɛ
圈 tɕʻyã˨˩˦ tɕʻyɛ˨˩˦圆～
圆 yã˥ yɛ˥包～
院 yã˩ yɛ˩大杂～

ə̃ → ei
闷 mə̃˨˩˦ mei˨˩˦～得～得ə
门 mə̃˥ mei˥出～、临～～
们 mə̃˧ mei˧爷～、娘～
忿 fə̃˩ fei˩不～

	人 lə̃˥	lei˥丢～、没有～哇	
	仁 lə̃˥	lei˥长果～（花生米）	
	本 pə̃˥	pei˥赔～	
	根 kə̃˨˩˦	kei˨˩˦～ə、除～、山～、墙～ə	
	跟 kə̃˨˩˦	kei˨˩˦～前ə	
iə̃ → iei	劲 tɕiə̃˧˩	tɕiei˧˩不得～	
uə̃ → uei	魂 xuə̃˥	xuei˥掉ə～	
ʅ → ei	词 tsʻʅ˥	tsʻei˥没有～	
	刺 tsʻʅ˧˩	tsʻei˧˩说话带～	
	丝 sʅ˨˩˦	sei˨˩˦淡～～ə	
ʅ → ei	侄 tʂʅ˥	tʂei˥～妇媳、大～	
	食 ʂʅ˥	ʂei˥不吃～、吃巧～	
	事 ʂʅ˧˩	ʂei˧˩啥～、有～ə没	
i → ei	壁 pi˧˩	pei˧影～墙	
	的 ti˧	tei˧小～	
	离 li˥	lei˥不～	
u → əu	虏 lu˨˩˦	ləu˨˩˦～住你	
	炉 lu˥	ləu˥香～ə	
	颅 lu˥	ləu˥额～骨盖（额头）	
	蛄 ku˥	kəu˧蝼～	
uŋ → əu	笼 luŋ˥	ləu˥灯～、灯～裤	
y → iəu	女 ny˥	niəu˥孙～ə	

博山变韵产生新韵母两个：yɛ iei，新的音节十六个：ᶜfɛ（烦）ᶜvɛ（碗）、꜀piɛ（边）、ᶜtiɛ（点）、ᶜniɛ（埝）、꜀tɕʻiɛ（签）、ᶜtɕʻiɛ（钱）、ᶜiɛ（沿）、꜀yɛ（圈）ᶜyɛ（圆）、yɛᵓ（院）、ᶜlei（人）、ᶜtsʻei（词）、tsʻeiᵓ（刺）、ʂeiᵓ（事）、tɕieiᵓ（劲）。

本书对变韵的记音一律在音下加浪线"﹏﹏"表示。

（二）词缀 ə 的音读

博山方言的词缀 ə 有多种语法功能（详见第贰章第三节"博山语法特点"）。ə 读轻声，其音值受前字韵母的影响而不同，详见下表，本书一律记作 [ə˧]。

前字韵母	ə 缀音值	例 词
ɑ iɑ uɑ	ʌ	麻 ə｜袜 ə｜背搭 ə｜黑板擦 ə｜大 ə｜发 ə‖夹 ə｜车架 ə｜一下 ə｜豆角 ə｜假 ə｜夹 ə‖爪 ə｜牙刷 ə｜褂 ə｜升花 ə某种容器的容量
ə iə uə yə	ə	蛾 ə｜酒窝 ə｜脖 ə｜棉花车 ə纺车｜热 ə‖碟 ə｜褯 ə｜蝎 ə｜茄 ə｜坐憋 ə坐蜡‖戳 ə｜勺 ə｜香油果 ə｜多 ə｜错 ə｜河 ə‖瘸 ə｜靴 ə｜橛 ə｜月 ə做月子
ɿ ʅ	ɤ	四四 ə席‖池 ə｜狮 ə｜枝 ə｜顶指 ə顶针｜拾 ə｜吃 ə
i	ɘ	椅 ə｜妮 ə｜茶儿 ə｜针鼻 ə｜细 ə｜记 ə
u	ɤ	媳妇 ə｜蝎虎 ə｜姑 ə尼姑｜脚拐骨 ə｜抱 ə
y	ø	橘 ə｜须 ə｜曲 ə｜小驴驹 ə｜绿 ə
ɛ iɛ uɛ	ɛ˖	布袋 ə衣服口袋｜孩 ə｜带 ə｜猜 ə‖蟹 ə｜矮 ə｜挨 ə 你｜街 ə‖筷 ə
ei uei	e	杯 ə｜被 ə｜麦 ə｜半辈 ə｜白 ə｜谁 ə‖干腿 ə小腿｜棒槌 ə｜妈妈水 ə奶水｜对 ə
ɔ iɔ	ɤ	夜猫 ə｜头枕套 ə｜下包 ə饺子｜蒜毫 ə｜烧 ə‖大庙 ə｜半吊 ə｜两乔 ə连襟｜学校 ə
əu iəu	ɤ	豆 ə｜肘 ə｜刀口 ə｜滋泥垢 ə泥鳅｜大楼 ə‖袖 ə｜柚 ə｜瘤 ə 小舅 ə｜有 ə 人

ã iã uã yã　ə　　盘 ə｜丸 ə｜马鞍 ə｜钓鱼竿 ə｜赶 ə…赶 ə…‖剪 ə｜燕 ə｜雨点 ə｜榆钱 ə｜埝 ə地方‖管 ə｜乱 ə｜罐 ə｜缎 ə｜短 ə｜穿 ə‖院 ə｜馋 ə｜菜园 ə｜筦 ə一种篮子｜圆 ə

ə̃ iə̃ uə̃ yə̃　ə̃˞　　蚊 ə｜疹 ə｜凉枕 ə｜尿盆 ə｜真 ə｜认 ə‖芯 ə｜妗 ə｜药引ə｜树林 ə｜引 ə 你‖村 ə｜孙 ə｜轮 ə｜棍 ə｜炖 ə‖裙 ə｜打轮 ə旧指磨玻璃器皿的人

ɑŋ iɑŋ uɑŋ　ʌ̃　　胖 ə｜糨 ə｜电棒 ə｜公鸭嗓 ə｜乱散岗 ə‖箱 ə｜摆样 ə｜老娘娘 ə老年妇女‖筐 ə｜窗 ə｜半装 ə半大男孩

əŋ iŋ uŋ yŋ　ŋɤ~ɣɤ~ŋ̍　　疯 ə｜凳 ə｜绳 ə｜双生 ə‖瓶 ə｜钉 ə｜北亭 ə｜罗卜缨 ə｜青 ə｜领 ə‖笼 ə｜聋 ə｜种 ə｜酒盅 ə｜巧二古冬 ə‖粽 ə｜用 ə

ʅ 后的 ɤ,略带卷舌。

四　声调

博山方言声调三个(轻声在外),以下举例字,把古四声来历不同的字用竖线分开。

平声　[˨˩˦]　214　　他渣沙家虾哀｜鸭八发挖搭拉擦察割磕喝

上声　[˥]　55　　爬台拿来查蛇茄毫牙｜马瓦草考搞袄｜拔乏闸匣

去声　[˧˩]　31　　坝怕肺太菜戏告靠骂夜大号｜在善近｜袜纳辣

五　变调和轻声

(一) 变调

1.两字组连调　博山方言三个单字调,双音词或双音词组的组合当有九种连调类,其中一种有两类读法,三对合并,实为七类。请看表一。表端表示前字调类,表左表示后字调类。

表一　博山方言两字组连读变调

	平声　˨˩˦ 214	上声　˥ 55	去声　˧˩ 31
平声　˨˩˦ 214	①　˨˩˦꜒　˨˩˦	①　˥　˨˩˦	②　˧˩　˨˩˦
上声　˥ 55	③　˨˩˦　˥	④　˥˥˧　˥ ③　˥˨˦　˥	⑤　˧˩　˥
去声　˧˩ 31	⑥　˨˩˦˨˦　˧˩	⑥　˥˨˦　˧˩	⑦　˧˩　˧˩

从表一可以看到,变调以后产生两个新的调值:[˥˧]53调和[˨˦]24调。七种变调类型是:

①　˥55　˨˩˦214　读这一类的是:平平、上平(不变)。后字 ˨˩˦214,快读时只降不升,实为

˩21，慢读时收尾上升，但升不到4，仍按不变处理，记作 ˩˨˦214。

平平 东关 tuŋ˩˨˦˥˩ kuã˩˨˦ 刮风 kua˩˨˦˥˩ fəŋ˩˨˦ 春分 tʂ'uə̃˩˨˦˥˩ fə̃˩˨˦

上平 城关 tʂ'əŋ˥ kuã˩˨˦ 圆葱 yã˥ ts'uŋ˩˨˦ 洋灰 iaŋ˥ xuei˩˨˦

平声在上声前变为上声，跟上声在上声前同音。例如：

青≠晴 青天＝晴天 tɕ'iŋ˥ t'iã˩˨˦ 班≠板 班车＝板车 pã˥ tʂ'ə˩˨˦

穿≠传 穿针＝传真 tʂ'uã˥ tʂə̃˩˨˦ 尖≠剪 尖刀＝剪刀 tɕiã˥ tɔ˩˨˦

百≠白 百花＝白花 pei˥ xua˩˨˦ 肩≠简 肩章＝简章 tɕiã˥ tʂaŋ˩˨˦

接≠截 接枝＝截肢 tɕiə˥ tʂʅ˩˨˦ 搭≠打 搭腔＝打枪 ta˥ tɕ'iaŋ˩˨˦

② ˧˩31 ˩˨˦214 读这一类的是：去平（不变）。后字 ˩˨˦214，不论快读慢读，末尾明显上升。

去平 酱瓜 tɕiaŋ˧˩ kua˩˨˦ 路东 lu˧˩ tuŋ˩˨˦ 道德 tɔ˧˩ tei˩˨˦

③ ˩˨˦214 ˥55 读这一类的有：平上（不变）、上上。前字 ˩˨˦214，读同①类后字。

平上 鲜鱼 ɕiã˩˨˦ y˥ 西头 ɕi˩˨˦ t'əu˥ 博城 pə˩˨˦ tʂ'əŋ˥

上上 手术 ʂəu˥˨˦ ʂu˥ 粉条 fə̃˥˨˦ t'iɔ˥ 坦白 t'ã˥˨˦ pei˥

少部分上声字在上声前，跟平声字在上声前同音。这部分上声字限于古上声来源的字，但并不是所有古上声来源的上声字都变［˨˦］214调，参看下条④。例如：

分≠粉 分红＝粉红 fə̃˩˨˦ xuŋ˥ 标≠表 标明＝表明 piɔ˩˨˦ miŋ˥

④ ˥˥˧53 ˥55 读这一类的是：上上。

上上 咸鱼 ɕiã˥˥˧ y˥ 围脖 vei˥˥˧ pə˥ 打扫 ta˥˥˧ sɔ˥

来源于中古上声的，除少部分读为③类以外，相当多的仍读⑤类。例如：

土＝涂 土改＝涂改 t'u˥˥˧ kɛ˥ 起＝骑 起码＝骑马 tɕ'i˥˥˧ ma˥

赌＝读 赌本＝读本 tu˥˥˧ pə̃˥

⑤ ˧˩31 ˥55 读这一类的是：去上（不变）。

去上 上火 ʂaŋ˧˩ xuə˥ 大米 ta˧˩ mi˥ 左手 tsuə˧˩ ʂəu˥

⑥ ˨˦24 ˧˩31 读这一类的是：平去、上去。

平去 鲜货 ɕiã˩˨˦˨˦ xuə˧˩ 乡下 ɕiaŋ˩˨˦˨˦ ɕia˧˩ 骨棒 ku˩˨˦˨˦ paŋ˧˩身体骨架

上去 城市 tʂ'əŋ˥˨˦ ʂʅ˧˩ 图画 t'u˥˨˦ xua˧˩ 窑货 iɔ˥˨˦ xuə˧˩瓷器

平声在去声前跟上声在去声前同音。例如：

荒≠皇 荒地＝皇帝 xuaŋ˨˦ ti˧˩ 包≠保 包票＝保票 pɔ˨˦ p'iɔ˧˩

圈≠全 圈套＝全套 tɕ'yã˨˦ t'ɔ˧˩ 嫡≠底 嫡系＝底细 ti˨˦ ɕi˧˩

鲜≠咸 鲜肉＝咸肉 ɕiã˨˦ ləu˧˩ 光≠广 光大＝广大 kuaŋ˨˦ ta˧˩

支≠直 支路＝直路 tʂʅ˨˦ lu˧˩ 僵≠讲 僵化＝讲话 tɕiaŋ˨˦ xua˧˩

这种类型还包括少量的去去。例如：

去去 半夜 pã˧˩˨˦ iə˧˩ 腊月 la˧˩˨˦ yə˧˩ 忌炉 tɕi˧˩˨˦ tu˧˩

⑦ ˧˩31＋˧˩31 读这一类的是：去去（不变）。后字读音略低于前字，仍记 ˧˩31。

去去 议价 i˧˩ tɕia˧˩ 对象 tuei˧˩ ɕiaŋ˧˩ 护夏 xu˧˩ ɕia˧˩苦夏

2．三字组连调 博山方言三音词或三音词组的组合当有二十七种连调类。三字组变调后也出现新的调值，除［˨˦］24、［˥˧］53调外，还有［˨˩］21、［˨˨］22两个。三字组连调表请看表二。表端是前字调类，表左是中字、后字调类。

表二　博山方言三字组连读变调

	平声　˨˩˦ 214	上声　˥ 55	去声　˧˩ 31
平＋平	⑧　˨˩˦꜒ ˨˩˦꜒ ˨˩˦	⑧　˥ ˨˩˦꜒ ˨˩˦	①　˧˩ ˨˩˦꜒ ˨˩˦
平＋上	②　˨˩˦꜒ ˨˩˦ ˥	②　˥ ˨˩˦ ˥	④　˧˩ ˨˩˦ ˥
	③　˨˩˦꜕꜖ ˨˩˦꜕ ˥	③　˥꜕꜖ ˨˩˦꜕ ˥	
平＋去	⑤　˨˩˦꜒ ˨˩˦꜔꜓ ˧˩	⑤　˥ ˨˩˦꜔꜓ ˧˩	⑥　˧˩ ˨˩˦꜔꜓ ˧˩
	⑬　˨˩˦ ˨˩˦꜒ ˧˩		
上＋平	⑦　˨˩˦ ˥ ˨˩˦	⑧　˥ ˥ ˨˩˦	⑨　˧˩ ˥꜔꜓ ˨˩˦
		⑨　˥꜖꜔ ˥ ˨˩˦	
上＋上	⑩　˨˩˦ ˥꜓꜒ ˥	⑪　˥ ˥꜓꜒ ˥	⑫　˧˩ ˥꜓꜒ ˥
		②　˥ ˥꜖꜔ ˥	
	③　˨˩˦꜕꜖ ˥꜕ ˥	⑩　˥꜖꜔ ˥꜓꜒ ˥	④　˧˩ ˥꜖꜔ ˥
		③　˥꜕꜖ ˥꜕ ˥	
上＋去	⑬　˨˩˦ ˥ ˧˩	⑤　˥ ˥꜔꜓ ˧˩	⑥　˧˩ ˥꜔꜓ ˧˩
		⑬　˥꜖꜔ ˥ ˧˩	
去＋平	⑭　˨˩˦꜔꜓ ˧˩ ˨˩˦	⑭　˥꜔꜓ ˧˩ ˨˩˦	⑮　˧˩ ˧˩ ˨˩˦
去＋上	⑯　˨˩˦꜔꜓ ˧˩ ˥	⑯　˥꜔꜓ ˧˩ ˥	⑰　˧˩ ˧˩ ˥
去＋去	⑱　˨˩˦꜔꜓ ˧˩꜔꜓ ˧˩	⑱　˥꜔꜓ ˧˩꜔꜓ ˧˩	⑲　˧˩ ˧˩ ˧˩
			⑥　˧˩ ˧˩꜔꜓ ˧˩

从表二可以看出，博山方言三字组的连读变调共十九种类型，其中八种类型实际上不变调，可以理解为连调以后的调值和单字调相同。下面分别举例说明。

①˧˩31　꜒55　˨˩˦214　读这一类的是：去平平。

去平平　　录音机 lu˧˩ iə̃˨˩˦꜒ tɕi˨˩˦　　　　教科书 tɕiɔ˧˩ k'ə˨˩˦꜒ ʂu˨˩˦

②　˥55　˨˩˦214　˥55　读这一类的有：上平上(不变)、平平上、上上上。中字 ˨˩˦214，快读时只降不升，慢读时收尾上升，但升不到4，仍记为 ˨˩˦214。

上平上　　糖瓜糖 t'ɑŋ˥ kuɑ˨˩˦ t'ɑŋ˥　　　　拾干鱼 ʂʅ˥ kã˨˩˦ y˥(比喻坐享其成)

平平上　　灯心绒 təŋ˨˩˦꜒ ɕiə̃˨˩˦ luŋ˥　　　　北京人 pei˨˩˦꜒ tɕiŋ˨˩˦ lə̃˥

上上上　　长果仁 tʂ'ɑŋ˥ kuə˥꜖꜔ lei˥花生米　　　　管理员 kuã˥ li ˥꜖꜔ yã˥

③　꜕꜖21　꜕22　˥55　读这一类的有：平平上、平上上、上平上、上上上。

平平上　香椿芽 ɕiaŋ˨˩˦꜖ tʂʻuə̃˨˩˦꜔ ia˥　　吸铁石 ɕy˨˩˦꜖ tʻiə˨˩˦꜔ ʂʅ˥
平上上　招口舌 tʂɔ˨˩˦꜖ kʻəu˥꜔ ʂə˥　　双眼皮 ʂuaŋ˨˩˦꜖ iã˥꜔ pʻi˥
上平上　眼眨毛 iã˥꜖ tʂʅ˨˩˦꜔ mɔ˥　　仰嘎牙 iaŋ˥꜖ ka˨˩˦꜔ ia˥仰面朝天
上上上　讨财迷 tʻɔ˥꜖ tsʻɛ˥꜔ mi˥好捞取财物的人　火煤虫 xuə˥꜖ mei˥꜔ tʂʻuŋ˥萤火虫

此外还有个别其他组合，如：

上去上　五月银 vu˥꜖ yə˧˩꜔ iə̃˥
去上上　过晌午 kuə˧˩꜖ ʂaŋ˥꜔ vu˥下午

④ ˧˩31 ˨˩˦214 ˥55　读这一类的有：去平上（不变）、去上上。中字 ˨˩˦214，读同②类中字。

去平上　腚巴骨 tiŋ˧˩ pa˨˩˦ ku˥尾骨　　派出所 pʻɛ˧˩ tʂʻu˨˩˦ ʂuə˥
去上上　饲养员 sʅ˧˩ iaŋ˥˨˩˦ yã˥　　大扫除 ta˧˩ sɔ˥˨˩˦ tʂʻu˥

⑤ ˥55 ˨˦24 ˧˩31　读这一类的有：平平去、上平去、上上去。

平平去　穿衣镜 tʂʻuã˨˩˦꜒ i˨˩˦˨˦ tɕiŋ˧˩　　工商业 kuŋ˨˩˦꜒ ʂaŋ˨˩˦˨˦ iə˧˩
上平去　白公事 pei˥ kuŋ˨˩˦˨˦ ʂʅ˧˩　　农作物 nu˥ tsuə˨˩˦˨˦ vu˧˩
上上去　城隍庙 tʂʻəŋ˥ xuaŋ˥˨˦ miɔ˧˩　　长颈鹿 tʂʻaŋ˥ tɕiŋ˥˨˦ lu˧˩

⑥ ˧˩31 ˨˦24 ˧˩31　读这一类的有：去平去、去上去、去去去。

去平去　重工业 tʂuŋ˧˩ kuŋ˨˩˦˨˦ iə˧˩　　住家户 tʂu˧˩ tɕia˨˩˦˨˦ xu˧˩
去上去　自留地 tsʅ˧˩ liu˥˨˦ ti˧˩　　豆枕布 təu˧˩ tʂə̃˥˨˦ pu˧˩枕巾
去去去　六月六 liəu˧˩ yə˧˩˨˦ liəu˧˩

⑦ ˨˩˦214 ˥55 ˨˩˦214　读这一类的有：平上平（不变）、上上平。前字 ˨˩˦214，读同②类中字。

平上平　煎饼汤 tɕiã˨˩˦ piŋ˥ tʻaŋ˨˩˦　　北极阁 pei˨˩˦ tɕi˥ kuə˨˩˦
上上平　手提箱 ʂəu˥˨˩˦ tʻi˥ ɕiaŋ˨˩˦　　打油诗 ta˥˨˩˦ iəu˥ ʂʅ˨˩˦

⑧ ˥55 ˥55 ˨˩˦214　读这一类的有：上上平（不变）、平平平、上平平。

上上平　白眼珠 pei˥ iã˥ tʂu˨˩˦　　强行军 tɕʻiaŋ˥ ɕiŋ˥ tɕyə̃˨˩˦
平平平　西沟街 ɕi˨˩˦꜒ kəu˨˩˦꜒ tɕiɛ˨˩˦　　收音机 ʂəu˨˩˦꜒ iə̃˨˩˦꜒ tɕi˨˩˦
上平平　南关街 nã˥ kuã˨˩˦꜒ tɕiɛ˨˩˦　　鬼吹灯 kuei˥ tʂʻuei˨˩˦꜒ təŋ˨˩˦鬼把戏

⑨ ˧˩31 ˨˦24 ˨˩˦214　读这一类的是：去上平。

去上平　万年青 vã˧˩ niã˥˨˦ tɕʻiŋ˨˩˦　　避雷针 pi˧˩ luei˥˨˦ tʂə̃˨˩˦

⑩ ˨˩˦214 ˥˧53 ˥55　读这一类的有：平上上、上上上。前字 ˨˩˦214，读同②类中字。

平上上　拉零食 la˨˩˦ liŋ˥˥˧ ʂʅ˥　　标准粉 piɔ˨˩˦ tʂuə̃˥˥˧ fə̃˥
上上上　普及本 pʻu˥˨˩˦ tɕi˥˥˧ pə̃˥　　草鞋底 tsʻɔ˥˨˩˦ ɕiɛ˥˥˧ ti˥

⑪ ˥55 ˥˧53 ˥55　读这一类的是：上上上。

上上上　抬头纹 tʻɛ˥ tʻəu˥˥˧ və̃˥　　洗脸水 ɕi˥ liã˥˥˧ ʂuei˥

⑫ ˧˩31 ˥˥˧53 ˥55　读这一类的是：去上上。

去上上　拉崖头 la˧˩ iɛ˥˥˧ tʻəu˥比喻挑着生活重担　大海碗 ta˧˩ xɛ˥˥˧ vã˥

⑬ ˨˩˦214 ˥55 ˧˩31　读这一类的是：平上去（不变）、上上去、平平去。

平上去　兴隆巷 ɕiŋ˨˩˦ luŋ˥ ɕiaŋ˧˩　　灯笼裤 təŋ˨˩˦ ləu˥ kʻu˧˩
上上去　土霉素 tʻu˥˨˩˦ mei˥ su˧˩　　指甲盖 tʂʅ˥˨˩˦ tʂia˥ kɛ˧˩
平平去　香椿树 ɕiaŋ˨˩˦ tʂuə̃˨˩˦꜒ ʂu˧˩　　豁裆裤 xuə˨˩˦ taŋ˨˩˦꜒ kʻu˧˩开裆裤

第叁章　博山方言语音分析　29

⑭ ˨˦24 ˧˩31 ˨˩˦214　读这一类的有：平去平、上去平。后字 ˨˩˦214，读同②类中字。

平去平　观世音 kuã˨˩˦˨˦ ʂʅ˧˩ iə˨˩˦　　鸡蛋糕 tɕi˨˩˦˨˦ tã˧˩ kɔ˨˩˦

上去平　草木灰 tsʻɔ˥˨˦ mu˧˩ xuei˨˩˦　　人造丝 lə̃˥˨˦ tsɔ˧˩ sʅ˨˩˦

⑮ ˧˩31 ˧˩31 ˨˩˦214　读这一类的是：去去平（不变）

去去平　变戏法 piã˧˩ ɕi˧˩ fɑ˨˩˦　　信号灯 ɕiə̃˧˩ xɔ˧˩ təŋ˨˩˦

⑯ ˨˦24 ˧˩31 ˥55　读这一类的有：平去上、上去上。

平去上　单立人 tã˨˩˦˨˦ li˧˩ lə̃˥　　笔记本 pei˨˩˦˨˦ tɕi˧˩ pə̃˥

上去上　糊弄局 xu˥˨˦ luŋ˧˩ tɕy˥　　罗汉床 luə˥˨˦ xã˧˩ tʂʻuɑŋ˥

⑰ ˧˩31 ˧˩31 ˥55　读这一类的是：去去上（不变）。

去去上　孝妇河 ɕiɔ˧˩ fu˧˩ xuə˥　　看电影 kʻã˧˩ tiã˧˩ iŋ˥

⑱ ˨˦24 ˨˦24 ˧˩31　读这一类的有：平去去、上去去。

平去去　春大麦 tʂuə̃˨˩˦˨˦ tɑ˧˩˨˦ mei˧˩　　工业化 kuŋ˨˩˦˨˦ iə˧˩˨˦ xuɑ˧˩

上去去　马后炮 mɑ˥˨˦ xəu˧˩˨˦ pʻɔ˧˩　　长受气 tʂʻɑŋ˥˨˦ ʂəu˧˩˨˦ tɕʻi˧˩

⑲ ˧˩31 ˧˩31 ˧˩31　读这一类的是：去去去（不变）。

去去去　自动化 tsʅ˧˩ tuŋ˧˩ xuɑ˧˩　　变电站 piã˧˩ tiã˧˩ tʂã˧˩

（二）轻声

博山方言的轻声，本书一律加以简化记作 [˧]30调。三个非轻声声调在轻声前都要发生变化。请看表三，表左表示后字轻声，表端是前字平声、上声、去声三个声调。

表三　博山方言后字为轻声的两字组连读变调

	平声 ˨˩˦214	上声 ˥55	去声 ˧˩31
轻　声	① ˨˩˦˧˩31 ˧˨˧23	③ ˥˨˦24 ˧˥˦54	⑤ ˧˩˥55 ˧˧˩31
	② ˨˩˦˨˨22 ˧˧˧33	④ ˥˨˩˦214 ˧˥55	

从表三可以看出，前字平声、上声在轻声前的两字组各有两种不同的变调类型，这多半跟前字的来历有关。前字是古清声母平声的，一般按第①类的规律变调；少量前字是古入和今去声的，也按①类变调。前字是古清声母入声字的，一般按第②类的规律变调；少量前字是古清声母平声字的，也按②类变调。前字是古浊声母平声字和全浊声母入声字的，一般按第③类的规律变调。前字是古清声母和次浊声母上声字的，一般按第④类的规律变调。今读前字是去声的，多数按第⑤类的规律变调，少量今读前字是上声的，也按⑤类变调。下面分类举例。

① ˨˩˦˧˩31 ˧˨˧23　前字平声，实际读音略高于 ˧˩31，接近 ˦˨42，后字 ˨˧23，读得很短。

平轻　庄稼 tʂuɑŋ˨˩˦˧˩ tɕiɑ˧˨˧　　山药 ʂã˨˩˦˧˩ yə˧˨˧　　家 ə tɕiɑ˨˩˦˧˩ ə˧˨˧

哥哥 kuə˨˩˦˧˩ kuə˧˨˧　　东西 tuŋ˨˩˦˧˩ ɕi˧˨˧　　钉 ə tiŋ˨˩˦˧˩ ə˧˨˧

丫头 iɑ˨˩˦˧˩ tʻəu˧˨˧　　各别 kuə˨˩˦˧˩ piə˧˨˧　　吃才 tʂʻʅ˨˩˦˧˩ tsʻɛ˧˨˧

去轻　后日 xəu˧˩ ɭə˧˨˧　　见天 tɕiã˧˩ tʻiã˧˨˧

② ˨˩˦˨˨22 ˧˧˧33　前字平调，实际读音收尾略微上扬；后字 ˧˧33，读得较长。

平轻　博山 pəʌ⊦ ʂã˧⊦　恶心 vəʌ⊦ ɕiə̃˧⊦　骨头 kuʌ⊦ t'əu˧⊦

媳妇 ɕiʌ⊦ fu˧⊦　咳嗽 k'uəʌ⊦ suə˧⊦　桌 ə tʂuəʌ⊦ ə˧⊦

脊梁 tɕiʌ⊦ niɑŋ（～ liɑŋ）˧⊦　玻璃 pəʌ⊦ li˧⊦　他 ə t'ɑʌ⊦ ə˧⊦

③ ˥ʏ24　˧Γ54　后字 Γ54，读得轻短。

上轻　裁缝 ts'ɛ˥ʏ fɑŋ（或 fəŋ）˧Γ　黄瓜 xuɑŋ˥ʏ kuɑ˧Γ　石头 ʂʅ˥ʏ t'əu˧Γ

棉花 miã˥ʏ xuɑ˧Γ　萝卜 luə˥ʏ pei˧Γ　鼻 ə pi˥ʏ ə˧Γ

爷爷 iə˥ʏ iə˧Γ　来过 lɛ˥ʏ kuə˧Γ

④ ˥ᴠ214　˧Γ55

上轻　耳朵 ɭə˥ᴠ tuə˧Γ　小心 ɕiɔ˥ᴠ ɕiə̃˧Γ　省下 ʂəŋ˥ᴠ ɕiɑ˧Γ

眼睛 iã˥ᴠ tɕiŋ˧Γ　里头 li˥ᴠ t'əu˧Γ　我的 və˥ᴠ ə˧Γ

奶奶 nɛ˥ᴠ nɛ˧Γ　挡住 tɑŋ˥ᴠ tʂu˧Γ

⑤ ɹΓ55　˧ʟ　后字 ʟ31，读得轻短。

去轻　力气 liɹΓ tɕ'i˧ʟ　告诉 kɔɹΓ suŋ˧ʟ　剩下 ʂəŋɹΓ ɕiɑ˧ʟ

豆腐 təuɹΓ fu˧ʟ　下来 ɕiɑɹΓ lɛ˧ʟ　豆 ə təuɹΓ ə˧ʟ

进去 tɕiə̃ɹΓ tɕ'y˧ʟ　记着 tɕiɹΓ ə˧ʟ

上轻　年时 niã˥ ʂʅ˧ʟ　啃淡 k'ə̃˥ tã˧ʟ嘴里无味发馋

带有轻声的多字组，仍以两字组变调和轻声的变化为基础，末字为轻声的三音节结构，其变化顺序不外 a b c、a b c 两种。例如：

a b c

翻跟头 fãʌΓ kə̃ʌʟ t'əu˧

踢毽 ə t'iʌʏ tɕiãɹΓ ə˧

吃妈妈 tʂ'ʅʌΓ mɑʌʟ mɑ˧吃奶

长神病 tʂɑŋ˥ᴠ ʂə̃˥ʏ piŋ˧突然得病

鞋拔 ə ɕiɛ˥ʏ pɑ˥ʏ ə˧

罩络 ə tʂɔɹʏ luəɹ ə˧悬挂成串的灰尘

a b c

双生 ə ʂuɑŋʌʏ ʂəŋʌʟ ə˧

打饥荒 tɑ˥ʏ tɕiʌʟ xuɑŋ˧吵架

草帽 ə ts'ɔ˥ᴠ mɔɹΓ ə˧

小布 ə ɕiɔ˥ᴠ puɹΓ ə˧ 手绢

鞋帮 ə ɕiɛ˥ʏ pɑŋʌʟ ə˧

大白夜 tɑɹ pei˥ʏ iə˧白天

三字组的轻声有的在中，则前两字按两字组轻声规则变化，末字不变。例如：

跟头虫 kə̃ʌʟ t'əu˧ tʂ'uŋ˥孑孑

麻豆蝇 mɑ˥ʏ təu˧ iŋ˥麻苍蝇

丈母娘 tʂɑŋɹΓ mu˧ niɑŋ˥

蚂蚱菜 mɑ˥ᴠ tʂɑ˧ ts'ɛɹ蚂齿苋

脖 ə 梗 pə˥ʏ ə˧ kəŋ˥后脖子

下半截 ɕiɑɹΓ pã˧ tɕiɛ˥

三字组以上的结构还有很多是两字以上读轻声的，酌举数例：

老生 ə lɔ˥ᴠ ʂəŋ˧ ə˧

红秫秫 xuŋ˥ʏ ʂu˧ ʂu˧高粱

蝎虎 ə ɕiəʌ⊦ xu˧ ə˧壁虎

大门指头 tɑɹΓ mə̃˧ tʂʅ˧ t'əu˧大拇指

人棒槌 ə lə̃˥ʏ pɑŋɹΓ tʂ'uei˧ ə˧个子矮小的人

蛤蟆蝌蝌 ə xɑ˥ʏ mɑ˧ kuəʌʟ tei˧ ə˧

鼻窟窿眼 ə pi˥ʏ k'u˧ luŋ˧ iɛ˥ᴠ ə˧鼻孔

条帚枯渣 ə t'iɔ˥ʏ tʂu˧ k'uʌʟ tʂ'ɑ˧ ə˧用秃了的条帚

（三）固定的四字组和五字组的变调

本书所说的固定的四字组和五字组，主要是指“ABB ə”、“ABC ə”和“ABAB ə”、“AABB ə”、“ABCD ə”几种格式。

1．四字组“ABB ə”跟“ABC ə”，这一类形式的词语不论四个单字调是什么，一般读为 ˧˩31 ˨˦24 ˧˩31 ˨˧23。例如：

A B B ə
香喷喷 ə ɕiaŋ˨˩˦˧˩ p‘ə̃˨˩˦˨˦ p‘ə̃˨˩˦˧˩ ə˧˨˧　　黑乎乎 ə xei˨˩˦˧˩ xu˨˩˦˨˦ xu˨˩˦˧˩ ə˧˨˧
齐楚楚 ə tɕ‘i˥˧˩ tʂ‘u˥˨˦ tʂ‘u˥˧˩ ə˧˨˧　　死直直 ə sɿ˥˧˩ tʂʅ˥˨˦ tʂʅ˥˧˩ ə˧˨˧
瘦溜溜 ə ʂəu˧˩ liəu˨˩˦˨˦ liəu˨˩˦˧˩ ə˧˨˧

A B C ə
松耷弛 ə suŋ˨˩˦˧˩ ta˨˩˦˨˦ tʂ‘ʅ˥˧˩ ə˧˨˧　　黑出溜 ə xei˨˩˦˧˩ tʂ‘u˨˩˦˨˦ liəu˨˩˦˧˩ ə˧˨˧
齐乎拉 ə tɕ‘i˥˧˩ xu˨˩˦˨˦ la˨˩˦˧˩ ə˧˨˧　　火不即 ə xuə˥˧˩ pu˨˩˦˨˦ tɕi˨˩˦˧˩ ə˧˨˧
木嘎枝 ə mu˧˩ ka˥˨˦ tʂʅ˨˩˦˧˩ ə˧˨˧

还有少量的四字组名词也读以上的四字调型，例如：

脚巴丫 ə tɕyə˨˩˦˧˩ pa˨˩˦˨˦ ia˨˩˦˧˩ ə˧˨˧　　心口窝 ə ɕiə̃˨˩˦˧˩ k‘əu˥˨˦ və˨˩˦˧˩ ə˧˨˧

②五字组“ABAB ə、AABB ə、ABCD ə”，这一类形式的词语不像四字组那么一致，大多数读为 ˧˩31 ˨˧23 ˧˩31 ˨˧23 ˦4。例如：

A B A B ə
浮流浮流 ə fu˥˧˩ liəu˧˨˧ fu˥˧˩ liəu˧˨˧ ə˧˦　　呼得呼得 ə xu˨˩˦˧˩ tei˧˨˧ xu˨˩˦˧˩ tei˧˨˧ ə˧˦
蹀躞蹀躞 ə tiə˥˧˩ ɕiə˧˨˧ tiə˥˧˩ ɕiə˧˨˧ ə˧˦　　纷扬纷扬 ə fə̃˨˩˦˧˩ iaŋ˧˨˧ fə̃˨˩˦˧˩ iaŋ˧˨˧ ə˧˦
滴溜滴溜 ə ti˨˩˦˧˩ liəu˧˨˧ ti˨˩˦˧˩ liəu˧˨˧ ə˧˦　　溻哈溻哈 ə t‘a˨˩˦˧˩ xa˧˨˧ t‘a˨˩˦˧˩ xa˧˨˧ ə˧˦

A A B B ə
得得乎乎 ə tei˨˩˦˧˩ tei˨˩˦˨˧ xu˨˩˦˧˩ xu˧˨˧ ə˧˦　　丝丝拉拉 ə sɿ˨˩˦˧˩ sɿ˧˨˧ la˨˩˦˧˩ la˧˨˧ ə˧˦
凄凄凉凉 ə tɕ‘i˨˩˦˧˩ tɕ‘i˧˨˧ liaŋ˥˧˩ liaŋ˧˨˧ ə˧˦　　旮旮旯旯 ə ka˥˧˩ ka˧˨˧ la˥˧˩ la˧˨˧ ə˧˦

A B C D ə
漓流漉拉 ə li˥˧˩ liəu˧˨˧ lu˨˩˦˧˩ la˧˨˧ ə˧˦　　巧二古冬 ə tɕ‘iɔ˥˧˩ ɭə˧˨˧ ku˥˧˩ tuŋ˧˨˧ ə˧˦
血糊淋拉 ə ɕiə˨˩˦˧˩ xu˧˨˧ liə̃˥˧˩ la˧˨˧ ə˧˦　　脏囊不瞎 ə tsaŋ˨˩˦˧˩ naŋ˧˨˧ pu˨˩˦˧˩ ɕia˧˨˧ ə˧˦

此外，还有两种读法：

˥55 ˧˩31 ˧˩31 ˨˧23 ˦4：

嘀嘀咕咕 ə ti˥ ti˧˧˩ ku˨˩˦˧˩ ku˧˨˧ ə˧˦　　提溜嘟噜 ə ti˥ liəu˧˧˩ tu˨˩˦˧˩ lu˧˨˧ ə˧˦
离离苟苟 ə li˥ li˧˧˩ kəu˥˧˩ kəu˧˨˧ ə˧˦　　急脸急齿 ə tɕi˨˩˦˦ liã˧˧˩ tɕi˨˩˦˧˩ tʂʅ˧˨˧ ə˧˦

˧˩31 ˨˦24 ˧˩31 ˨˧23 ˦4：

冷冷哈哈 ə ləŋ˥˧˩ ləŋ˥˨˧ xa˨˩˦˧˩ xa˧˨˧ ə˧˦　　滴溜当啷 ə ti˨˩˦˧˩ liəu˨˩˦˨˧ taŋ˨˩˦˧˩ laŋ˧˨˧ ə˧˦
耳耳蒙蒙 ə ɭə˨˩˦˧˩ ɭə˨˩˦˨˧ məŋ˨˩˦˧˩ məŋ˧˨˧ ə˧˦

由三字以上组成的词语，变调情况比较复杂，在实际语言中也比较灵活，不同的人甚至同一个人，发音也常有不同。以上介绍的只是已经接触到的一些通常情况，还有许多例外现象不计在内，也有不少问题尚待作进一步的调查和研究。

六 单字声韵调配合表

据现已查得的材料，博山有单字音节 1016 个(开齐合撮的分配为: 开 474、齐 224、合 258、撮 60)，不计声调则 397 个(开齐合撮的分配为: 开 186、齐 87、合 99、撮 25)。另有变韵超出单字音的音节 16 个(详见上文第三节"变韵")。

博山二十四个声母可以大致分为以下七组: p p‘ m f v, t t‘ n l, ts ts‘ s, tʂ tʂ‘ ʂ ɭ, tɕ tɕ‘ ɕ, k k‘ ŋ x, ∅。各组跟韵母的配合关系如下:

p p‘ m 拼开口、齐齿，合口只拼单韵母 u，不拼撮口。

f v 拼开口，合口只拼单韵母 u，不拼齐齿、撮口。

t t‘ 拼开口、齐齿、合口，不拼撮口。

n l 开齐合撮都拼，但是有明显不同: l 能拼的 ə ə̃ iə̃ uei uə̃ yə yə̃ yŋ 八个韵母，n 都不拼; 而 n 能拼的 ei 韵母，l 一般不拼，只是变韵有 lei 音节出现。n 虽然能与撮口拼，但只限于单韵母 y，而且只有"女"一字。

ts ts‘ s、tʂ tʂ‘ ʂ、k k‘ x 九个声母只拼开口、合口，不拼齐齿、撮口。

ɭ 只拼开口的 ə 韵母，不拼开口的其他韵母，也不拼合口、齐齿、撮口。

tɕ tɕ‘ ɕ 只拼齐齿、撮口，不拼开口、合口。

ŋ 只拼开口，不拼齐齿、合口、撮口。

∅ 只拼齐齿、撮口，除 ɑ、ɛ 两个韵母的很少几个字以外，一般不拼开口，也不拼合口。

ɿ 韵母只拼 ts ts‘ s 三个声母。ʅ 韵母只拼 tʂ tʂ‘ ʂ 三个声母。

齐齿韵只拼 p p‘ m, t t‘ n l, tɕ tɕ‘ ɕ, ∅ 十一个声母。

撮口韵只拼 n l, tɕ tɕ‘ ɕ, ∅ 六个声母。其中 yə̃ 不拼 n l; 除单韵母 y 以外，其他的撮口韵母也不和 n 声母拼。

博山方言单字声韵调配合表请看表四(33—36页)。表中圆圈码表示写不出字的音节，黑体字表示需要加以说明的音节，都在表下加注。

表四　博山方言声韵调配合表之一

	ɑ	ə	ɿ	ʅ	ɛ	ei	ɔ	əu	ã
	平上去 声声声 ᴧ ˥ ˩	平上去 声声声 ᴧ ˥ ˩	平上去 声声声 ᴧ ˥ ˩	平上去 声声声 ᴧ ˥ ˩	平上去 声声声 ᴧ ˥ ˩	平上去 声声声 ᴧ ˥ ˩	平上去 声声声 ᴧ ˥ ˩	平上去 声声声 ᴧ ˥ ˩	平上去 声声声 ᴧ ˥ ˩
p pʻ m f v	八拔坝 趴爬怕 妈麻骂 法乏 挖瓦袜	波薄簸 坡婆破 **磨**摹莫 　佛 窝我饿			剞摆败 　排派 　埋卖 歪踒外	杯白备 拍赔配 [illegible]眉妹 飞肥肺 威尾胃	包宝报 抛跑炮 **冒**矛帽 　否 ②	 剖　、 　**否**	班板半 潘盘盼 　满慢 翻凡饭 弯完万
t tʻ n l	搭打大 塔遢挞 　拿纳 拉啦腊	德 　特 　惹热			呆歹代 胎台太 　奶耐 **赖**来癞	 　颓 　馁内	刀岛到 掏讨套 孬脑闹 唠老涝	兜陡豆 偷头透 **虏**柔漏	丹胆淡 贪谈叹 　男难 　染烂
ts tsʻ s	咂杂咋 擦 仨洒	择 **测**	资子字 泚辞次 思死四		灾宰在 猜才菜 腮　赛	则贼**罪** 塞	遭早造 操草肏 臊嫂臊	走奏 ③　凑 搜	簪咱赞 餐蚕灿 三伞散
tʂ tʂʻ ʂ	渣闸诈 插茶岔 沙傻厦	遮者这 车扯彻 赊舌社		知直志 尺迟翅 诗史市	斋　债 钗柴 筛洒晒	责泽 策 色谁	招找赵 抄炒 梢稍绍	周肘宙 抽仇臭 收手受	沾斩站 搀产忏 山闪扇
ɭ		耳二							
tɕ tɕʻ ɕ									
k kʻ ŋ x	割嘎 磕卡咔 腌　啊 喝蛤①	革　个 刻可课 　腭愕 　河			该改盖 开凯 哀癌爱 嗐孩害	格给 客剋 **扼** 黑	高搞告 　考靠 熬袄傲 蒿毫号	钩狗够 抠口扣 欧藕 齁侯厚	甘敢赣 刊砍瞰 安俺暗 憨寒汗
Ø	阿				哎唉				

① xɑɹ ～拉，把东西含在嘴里而不咬：
　小月孩好～拉手

② vɔʌ ～号，役使牲口的喊声

③ tsʻəuʌ 形容快：～ə生走唯

磨 məʌ ～悠

测 tsʻəʌ 新

赖 lɛʌ 不～

罪 tseiɹ 得～

扼 ŋeiʌ 老

冒 mɔʌ ～ 手

否 fəu˥ 老

虏 ləuʌ 抓住，逮住：～住你

表四　博山方言声韵调配合表之二

	ə̃	ɑŋ	əŋ	iɑ	iə	i	iɛ	iɔ	iəu
	平上去 声声声 ʌ ˥ ˩	平上去 声声声 ʌ ˥ ˩	平上去 声声声 ʌ ˥ ˩	平上去 声声声 ʌ ˥ ˩	平上去 声声声 ʌ ˥ ˩	平上去 声声声 ʌ ˥ ˩	平上去 声声声 ʌ ˥ ˩	平上去 声声声 ʌ ˥ ˩	平上去 声声声 ʌ ˥ ˩
p p‘ m f v	奔本笨 喷盆喷 闷门闷 分粉奋 温分问	帮榜棒 乓旁胖 牤忙莽 方房放 汪王望	崩甭迸 烹朋碰 蒙盟梦 风冯奉 翁⑦瓮	⑩ ⑪	憋别 撇 蔑　灭	必比闭 批皮屁 眯米蜜		标表摽 飘瓢票 喵苗庙	
t t‘ n l	①　扽 　② 　人认	裆党荡 汤唐烫 囔囊齉 　狼让	灯等邓 熥腾 ⑧能弄 扔冷楞	⑫ 　俩	爹蝶 铁 捏　聂 咧裂列	低敌地 梯体替 妮泥腻 哩李力		刁屌掉 挑条跳 　鸟尿 撂辽料	丢 　扭拗 溜刘六
ts ts‘ s	怎 　参	脏④葬 仓藏⑤ 桑嗓丧	增　憎 噌曾⑨ 僧						
tʂ tʂ‘ ʂ ɭ	针疹阵 深沉衬 伸沈肾	章掌丈 昌场唱 伤赏上	争整政 撑承秤 生绳胜						
tɕ tɕ‘ ɕ				家甲架 恰卡 瞎匣夏	节姐借 切茄窃 歇写谢	机极际 七奇气 西习戏	阶解介 　鞋械	交绞叫 敲乔窍 消晓笑	揪九旧 秋求 休　袖
k k‘ ŋ x	根艮亘 　肯裉 恩③摁 　很恨	刚港杠 康⑥抗 肮昂 夯航绗	庚梗更 坑 亨恒横						
∅				鸭牙压	噎野夜	乙移意	挨矮隘	妖姚耀	优尤又

① tə̃ʌ 重重地往下放：一腚～下

② t‘ə̃˥ 腆，凸出的肚子

③ ŋə̃˥ 你，你们

④ tsɑŋ˥ ～着，赶快

⑤ ts‘ɑŋ˩ 摩擦，接触面积较大：～了一身灰

⑥ k‘ɑŋ˥ 形容说话有力、干脆：这老汉说话～～ə

⑦ vəŋ˥ 响声：～～响

⑧ nəŋʌ ～～起脚来翘起脚来

⑨ ts‘əŋ˩ 摩擦，接触面积较小：～破了皮

⑩ piɑ˩ 枪声

⑪ p‘iaʌ 打巴掌的声音：～一耳巴

⑫ niɑʌ ～～，指母亲，用于表示婉惜、吃惊等口气

奔 pə̃ʌ ～跑

闷 mə̃ʌ ～气

闷 mə̃˩ 愁～

蒙 məŋʌ 猜，碰

曾 ts‘əŋ˥ ～经

撂 liɔʌ 扔掉

表四　博山方言声韵调配合表之三

	iã	iə̃	iaŋ	iŋ	ua	uə	u	uɛ	uei
	平上去 声声声 Ʌ ˥ ˩	平上去 声声声 Ʌ ˥ ˩	平上去 声声声 Ʌ ˥ ˩	平上去 声声声 Ʌ ˥ ˩	平上去 声声声 Ʌ ˥ ˩	平上去 声声声 Ʌ ˥ ˩	平上去 声声声 Ʌ ˥ ˩	平上去 声声声 Ʌ ˥ ˩	平上去 声声声 Ʌ ˥ ˩
p p‘ m f v	边贬变 篇便骗 　棉面	宾　殡 拼品聘 抿民		冰丙病 乒平 　明命			不补布 扑普堡 ①母目 福府父 屋武物		
t t‘ n l	颠点店 天田 蔫年念 　连练	 　林吝	 娘娘 　粮亮	丁顶定 听亭 　柠佞 　灵另		多夺惰 拖驮唾 懦挪糯 烙罗弱	督独杜 秃吐兔 　奴怒 撸如陆		堆　对 推腿退 　雷泪
ts ts‘ s						作昨坐 搓矬错 梭锁	租族做 粗　醋 苏俗素		堆嘴罪 崔　翠 虽随岁
tʂ tʂ‘ ʂ ʅ					抓爪 欻 刷耍	桌浊 戳戳 说所	朱主住 出楚处 叔鼠树	拽跩拽 搋膗踹 衰甩帅	追赘缀 吹垂 摔水睡
tɕ tɕ‘ ɕ	尖减贱 千钱欠 仙贤限	今仅近 亲秦沁 心寻信	江讲匠 枪墙呛 香详向	京井敬 青情庆 星形杏					
k k‘ ŋ x					瓜寡挂 夸垮跨 花华化	锅果过 科可课 豁火贺	姑古故 枯苦库 呼湖户	乖拐怪 　扻快 　淮坏	龟贵鬼 亏葵愧 灰回惠
ø	烟言砚	音引印	央羊样	英影硬					

① muɅ　～出，形容人老实不爱说话

寻　ɕiə̃˥　～死

戳　tʂ‘uəɅ　～ə：图章

戳　tʂ‘uə˥　～开

堆　tueiɅ　尖固～：地名

赘　tʂuei˥　笨重

摔　ʂueiɅ　～ə 瓶ə

表四　博山方言声韵调配合表之四

	uã	uə̃	uɑŋ	uŋ	yə	y	yã	yə̃	yŋ
	平上去 声声声 ˩˦ ˥ ˩	平上去 声声声 ˩˦ ˥ ˩	平上去 声声声 ˩˦ ˥ ˩	平上去 声声声 ˩˦ ˥ ˩	平上去 声声声 ˩˦ ˥ ˩	平上去 声声声 ˩˦ ˥ ˩	平上去 声声声 ˩˦ ˥ ˩	平上去 声声声 ˩˦ ˥ ˩	平上去 声声声 ˩˦ ˥ ˩
p pʻ m f v									
t tʻ n l	端短断 团① 暖 软乱	墩盹盾 吞屯褪 轮论	③	东董洞 通同痛 脓④ 荣弄	 掠略	 女 驴绿		 轮	 龙
ts tsʻ s	钻纂钻 汆攒窜 酸　算	尊 村存寸 孙		宗总纵 匆 淞耸送					
tʂ tʂʻ ʂ ɭ	专转赚 川船钏 闩　涮	准 春唇 ②顺	庄　撞 窗床创 双爽	忠肿众 充虫铳					
tɕ tɕʻ ɕ					脚绝 缺瘸 靴学	足局句 区取去 虚俗絮	捐卷卷 圈泉劝 宣玄楦	君窘俊 皴群 熏巡训	炯粽 倾穷 兄雄
k kʻ ŋ x	关管贯 宽款 欢缓换	闺滚棍 昆捆困 昏魂混	光广逛 筐狂况 荒皇晃	公巩共 空孔控 轰红哄					
ø					约哕月	淤雨玉	渊元院	晕云运	拥永用

① tʻuã˩ 估计：我～着他今天能来　　　　多：太～

② ʂuə̃˥ 听得不愿再听了，带有"烦"的意思：　　　　转 tʂuã˥ ～眼

～得慌、听～了　　　　闺 kuə̃˩˦ ～女

③ tuɑŋ˩˦ 撞钟或打锣声　　　　卷 tɕyã˥ ～起

④ nɑŋ˩ 面和得太稀，或者泥地上泥水太　　　　轮 lyə̃˥ ～班

七　文白异读和新老异读字表

本节排列博山方言常见异读字表(包括文白异读和新老异读),凡字音左上角加星号的,是现在的通常读音。博山方言中还有一部分字存在异读现象,例如单字音是一种读音,在某个词中是另一种读音,象"端"单念 [tuã˨˦],"端午"的"端"音 [tã˨˦] 等等,本表不列入,请参看"同音字表"。

	白	文	老	新
洒	ʂɑ˥	sɑ˥		
蛇	ʂɑ˥	ʂə˥		
割	kɑ˨˦	kə˨˦		
瞌	k'ɑ˨˦	k'uə˨˦ k'ə˨˦	k'uə˨˦	k'ə˨˦
角	tɕiɑ˨˦	tɕyə˨˦		
卡			tɕ'iɑ˨˦	*k'ɑ˨˦
血	ɕiə˨˦	ɕyə˨˦		
隙			ɕiə˨˦	ɕi˨˦
嗽	ʂuə˨˦	ʂəu˨˦		
哥歌	kuə˨˦	kə˨˦		
各鸽	kuə˨˦	kə˨˦		
个	kuə˧˩	kə˧˩		
科棵颗苛	k'uə˨˦	k'ə˨˦		
渴壳咳	k'uə˨˦	k'ə˨˦		
可	k'uə˥	k'ə˥		
课	k'uə˧˩	k'ə˧˩		
河何	xuə˥	xə˥		
厕	sɿ˨˦	tʂ'ei˨˦ ts'ə˨˦	tʂ'ei˨˦	ts'ə˨˦
差参～			tʂ'ʅ˥	ts'ɿ˨˦
卑	pi˨˦	pei˨˦		
拟			*i˥	ni˥
逆			*i˧˩	ni˧˩
抱	pu˧˩	pɔ˧˩		
突			*tu˥	t'u˨˦
做	tsu˧˩	tsuə˧˩		
触			*tʂu˨˦	tʂ'u˨˦
铸	tɕy˧˩	tʂu˧˩		
肃			ɕy˨˦	*su˨˦
俗	ɕy˥	su˥		

	白	文	老	新
在	tɛ˥	tsɛ˧˩		
笔	pei˨˦	pi˨˦		
披	p'ei˨˦	p'i˨˦		
得德	tei˨˦	tə˨˦		
特			t'ei˥	*t'ə˥
侧	tʂei˨˦	tʂ'ei˨˦	*tʂei˨˦	ts'ə˨˦
			*ts'ei˨˦	
泽择	tʂei˥	tsə˥		
策册			tʂ'ei˨˦	ts'ə˨˦
测恻			tʂ'ei˨˦	*ts'ɔ˨˦
谁	ʂei˥	ʂuei˥		
革			kei˨˦	*kə˨˦
格隔嗝	kei˨˦	kə˨˦		
客克刻	k'ei˨˦	k'ə˨˦		
国			kuei˨˦	*kuə˨˦
获			xuei˥	xuə˥
否			fəu˥	*fɔ˥
售	tʂ'əu˥	ʂəu˧˩		
牛	iəu˥	niəu˥		
颤	tʂã˧˩	tʂ'ã˧˩		
参～差			tʂ'ə̃˨˦	*ts'ə̃˨˦
深	tʂ'ə̃˨˦	ʂə̃˨˦		
寻	ɕiə̃˥	ɕyə̃˥		
闰孕	iə̃˧˩	yə̃˧˩		
懂	tuə̃˥	tuŋ˥		
横～竖	xuə̃˥	xəŋ˥	xuŋ˥	
淋	lyə̃˥	liə̃˥		
轮	lyə̃˥	luə̃˥		
娘	niaŋ˨˦	niaŋ˥		

	白	文	老	新		白	文	老	新
弄	nəŋ˧˩	luŋ˧˩			纵			tɕyŋ˧˩	*tsuŋ˧˩
耕	tɕiŋ˨˩˦	kəŋ˨˩˦			粽	tɕyŋ˧˩	tsuŋ˧˩		
凝			*iŋ˥	niŋ˥	倾	tɕ‘yŋ˨˩˦	tɕ‘iŋ˨˩˦		
横蛮~			xuŋ˧˩	*xəŋ˧˩	从	tɕ‘yŋ˥	ts‘uŋ˥		
龙垅	lyŋ˥	luŋ˥			松~树	ɕyŋ˨˩˦	suŋ˨˩˦		

第肆章　博山方言同音字表

凡　例

1．本字表收入单字5100多个，一字多音的按字音计算。排列时先以第叁章第二节的韵母为序，同韵母的再以第叁章第一节的声母为序，同韵母、声母的以第叁章第三节的声调为序。只读轻声的字列在最后。

2．关于新老不同的字有三种情况：一是新的字音已经普遍通行，只有少数人仍保留老的读音，例如“革”，通常读 [kə˨˩˦]，这个音下不做任何记号，而只在老的字音 [kei˨˩˦] 下注“老”；二是虽有新音而未通行，例如“逆”，新的音 [ni˧˩] 下注“新”，老读音 [i˧˩] 不做任何记号，以表示这是通常读法；三是新老两种读音的通行情况差不多，字下分别注出“新、老”。

3．又读音字下注“又”。字下标“═”和“—”的分别表示文读和白读。

4．例词中以“～”号代替本字，例如“瓦～工”就是“瓦瓦工”，“～”代替“瓦”。

5．左上角加星号“*”的字，在同音字表之后附有本字考释。

ɑ

pɑ˨˩˦	巴～不得疤芭吧把～这ə走八扒剥～皮捌
pɑ˥	雹拔跋靶把～柄爸
pɑ˧˩	巴把刀～耙坝霸灞罢鲅
pɑ˧	叭杷枇～
p‘ɑ˨˩˦	趴
p‘ɑ˥	爬耙～ə筢扒～鸡
p‘ɑ˧˩	怕帕
mɑ˨˩˦	妈抹沉下(脸)
mɑ˥	麻痲马码玛蚂～蚁
mɑ˧˩	骂蚂～蚱抹
mɑ˧	蟆蛤～
fɑ˨˩˦	法砝～码发
fɑ˥	乏罚伐筏阀
vɑ˨˩˦	挖洼哇蛙蜗
vɑ˥	瓦佤～族娃
vɑ˧˩	袜瓦～工
tɑ˨˩˦	搭褡答～应哒耷
tɑ˥	打达鞑沓一～纸答～案
tɑ˧˩	大
tɑ˧	瘩疙～
t‘ɑ˨˩˦	他她它塔拓～本塌溻～透哇蹋褟汗～ə榻趿～拉踏～实
t‘ɑ˥	遢
t‘ɑ˧˩	挞
nɑ˥	拿哪
nɑ˧˩	纳呐钠那娜捺
lɑ˨˩˦	拉啦邋喇
lɑ˥	拉～个口ə啦～呱落～下旯旮～
lɑ˧˩	辣腊蜡拉～零食
tsɑ˨˩˦	匝咂
tsɑ˥	杂砸
tsɑ˧˩	咋
tsɑ˧	臜腌～
ts‘ɑ˨˩˦	擦
sɑ˨˩˦	撒飒萨仨卅靸

sɑ˥　洒撒～摸

tʂɑ˨˩˦　咋～呼拃砟扎紮渣楂山～ 挓～挲喳～～叫 踏～步

tʂɑ˥　眨闸铡札轧～钢榨～油炸用油～扎纸～

tʂɑ˩　乍炸～弹咋诈痄吒栅

tʂɑ˧　蚱馇馇～

tʂʻɑ˨˩˦　叉杈差～不多 嚓嚓咔～ 插喳喊～馇

tʂʻɑ˥　查碴茶搽茬叉～火头

tʂʻɑ˩　岔杈树～衩裤～汊河～差～错诧姹

ʂɑ˨˩˦　沙纱鲨裟杀刹煞霎杉

ʂɑ˥　蛇傻洒

ʂɑ˩　啥厦杀锯：～木头沙洗除粮食沙粒

ʂɑ˧　挲挓～

kɑ˨˩˦　割嘎～吧旮～旯生～古 疙纥轧葛角羊～ ə风

kɑ˥　嘎～～ə响尜蛤～蜊

kʻɑ˨˩˦　磕瞌老喀～嚓咖～啡坷～垃揩～油搕

kʻɑ˥　卡新

kʻɑ˩　咔枪声

ŋɑ˨˩˦　啊腌

ŋɑ˩　啊答应声

xɑ˨˩˦　哈喝呵

xɑ˥　合盖：～上一个碗蛤～蟆哈～蓬

xɑ˩　哈～拉：把东西含在嘴里而不咬

ɑ˨˩˦　阿

ɑ˧　啊

iɑ

piɑ˩　□枪声

pʻiɑ˨˩˦　□～一耳巴

niɑ˨˩˦　□～～：母亲，用于表示婉惜、吃惊等口气

liɑ˥　俩

tɕiɑ˨˩˦　加枷笳袈嘉家傢稼夹荚挟浃 袷 颊 铗 佳葭

tɕiɑ˥　甲钾假放～，真～贾角牛～

tɕiɑ˩　架驾价嫁

tɕʻiɑ˨˩˦　掐恰

tɕʻiɑ˥　卡老

ɕiɑ˨˩˦　虾瞎

ɕiɑ˥　匣狎侠狭霞遐暇瑕辖洽

ɕiɑ˩　夏下吓

iɑ˨˩˦　雅鸦鸭押呀讶丫哑咿～

iɑ˥　牙芽蚜玡琅～山衙哑

iɑ˩　压亚氩迓轧

uɑ

tʂuɑ˨˩˦　抓髽

tʂuɑ˥　爪～子、～牙

tʂʻuɑ˨˩˦　欻

ʂuɑ˨˩˦　刷

ʂuɑ˥　耍

kuɑ˨˩˦　瓜呱刮鸹老～剐

kuɑ˥　寡呱啦～栝～芦

kuɑ˩　挂卦褂

kʻuɑ˨˩˦　夸刮～查

kʻuɑ˥　垮侉～拉

kʻuɑ˩　跨挎胯

xuɑ˨˩˦　花哗砉

xuɑ˥　滑猾华铧骅哗喧～划～破

xuɑ˩　化话画划～拳

ə

pə˨˩˦　波玻菠播驳拨博搏膊剥～削饽粕

pə˥　薄礴簸～一～鹁勃渤脖箔钹笸～箩驳

pə˩　薄～荷簸～箕

pə˧　珀

pʻə˨˩˦　坡颇泼

pʻə˥　婆葡～萄□打～：拂拭

pʻə˩　破

pʻə˧　膊胳～

mə˨˩˦　磨～悠摩□～～：小孩称驴子

mə˥　摩～拳蘑魔磨～刀么模～范寞寂～谟摹膜 馍抹

mə˩　末沫茉秣～马莫漠摸没沉～磨石～

fə˥　佛

və˨˩˦　窝莴蜗涡挝恶倭沃握龌斡阿东～、～胶

və˥　我莪俄鹅蛾讹

və˧˩　饿卧

tə˨˩˦　德得

t'ə˥　特

lə˥　惹

lə˧˩　热

tsə˥　择泽

ts'ə˨˩˦　测新恻新侧新 厕策新册新

tʂə˨˩˦　遮蔗折浙哲蜇摺褶赭

tʂə˥　者蛰辙辄鹧～鸪

tʂə˧˩　这柘

tʂ'ə˨˩˦　车

tʂ'ə˥　扯

tʂ'ə˧˩　彻撤坼掣

ʂə˨˩˦　赊摄～影

ʂə˥　舌捨折弄～哇 奢蛇佘

ʂə˧˩　设涉射社赦舍麝

ɭə˥　耳儿尔理

ɭə˧˩　日二而

kə˨˩˦　革嗝隔格歌哥割鸽各

kə˧˩　个

k'ə˨˩˦　克客刻咳壳苛棵颗瞌新科渴

k'ə˥　可

k'ə˧˩　课

ŋə˥　膈遏～制额定～厄扼～杀轭

ŋə˧˩　愕～然

xə˥　河何

iə

piə˨˩˦　憋鳖别又

piə˥　别蹩～脚

p'iə˨˩˦　撇瞥

miə˨˩˦　咩蔑

miə˧˩　灭

tiə˨˩˦　跌爹

tiə˥　迭叠蝶谍碟堞揲蹀

t'iə˨˩˦　铁帖贴

ȵiə˨˩˦　捏～一把汗摄老

ȵiə˧˩　捏聂蹑镊蘖啮镍乜

liə˨˩˦　咧大～～

liə˥　裂断裂：去～三尺布，他俩～了咧～嘴

liə˧˩　列烈冽裂趔劣猎鬣

tɕiə˨˩˦　节疖结诘接揭碣羯

tɕiə˥　杰桀洁姐截劫捷倢睫婕竭孑

tɕiə˧˩　借藉 *褯

tɕ'iə˨˩˦　切伽～蓝且趄躺：～下

tɕ'iə˥　茄

tɕ'iə˧˩　怯妾锲惬箧窃

ɕiə˨˩˦　血些歇蝎楔揳躞屑隙～日，老

ɕiə˥　邪协胁写挟携颉叶～韵斜勰

ɕiə˧˩　谢卸泻泄燮亵

iə˨˩˦　噎掖液腋也野行～爷～～

iə˥　野爷大～耶椰邪莫～冶谒额～颅骨盖

iə˧˩　夜葉业邺页曳孽

uə

tuə˨˩˦　多哆～嗦咄掇

tuə˥　夺朵躲垛城～口 *髑～髅骨度揣～铎

tuə˧˩　惰堕驮～ɔ舵垛麦～剁跺

tuə˧　瘩疙瘩～

t'uə˨˩˦　拖脱托妥庹拓～荒

t'uə˥　驼鸵陀驮椭鼍橐

t'uə˧˩　唾柝

nuə˨˩˦　懦诺

nuə˥　挪

nuə˧˩　糯搦～划

luə˨˩˦　啰～嗦烙～煎饼

luə˥　罗锣箩萝啰俘猡逻骡螺瘰摞裸

luə˧˩　洛骆饹络烙酪落若弱乐快～荦

tsuə˨˩˦　作

tsuə˥　昨凿琢～磨捽～住衣服

tsuə˧˩　坐座左佐祚柞岞做

ts'uə˨˩˦　搓撮

ts'uə˥　挫

ts'uə˧˩　错措厝锉锉

suə˨˩˦　蓑梭唆挲摩～嗦唢

ʂuə˥　索锁琐
suə˧　嗽咳～
tʂuə˨˩˦　捉桌拙～笨酌琢
tʂuə˥　浊镯拙说话很～茁着濯擢
tʂʻuə˨˩˦　戳～ə辍～学绰
tʂʻuə˥　戳～开
ʂuə˨˩˦　说
ʂuə˥　所缩勺～ə芍～药硕灼
ʂuə˧　少多～
kuə˨˩˦　哥歌各阁搁～不住：放不开、用不着　胳郭
　　国鸽括包～锅蛇～蚤戈合～伙葛割～舍
kuə˥　果裹搁～不住：禁不住
kuə˩　过个
kuə˧　疙松～瘩
kʻuə˨˩˦　颗棵科蝌渴扩阔壳咳壳～罗
kʻuə˥　可
kʻuə˩　课锞嗑
xuə˨˩˦　豁霍攉劐郝鹤
xuə˥　河何荷合盒活和～灰、～气核～桃　火伙
　　禾获新纥回～
xuə˩　祸贺货和～伴□两扇门为一～

yə

lyə˥　掠
lyə˩　略
tɕyə˨˩˦　觉感～角脚珏攫爵厥撅噘蹶獗镢
tɕyə˥　绝掘倔崛嚼诀抉决孓橛
tɕʻyə˨˩˦　缺炔确却壳鹊阙阕雀榷撧～断
tɕʻyə˥　瘸
ɕyə˨˩˦　血雪靴削剥～、～皮薛
ɕyə˥　学穴踅
yə˨˩˦　约
yə˥　哕
yə˩　月玥刖钥越樾钺虐疟悦阅药岳乐音～
　　粤轨

ɿ

tsɿ˨˩˦　兹滋孳姿资谘赀髭孜滓梓　只又，他～一
　　个，能给你？
tsɿ˥　子仔籽姊秭紫自～家
tsɿ˩　字恣自～从、～来水
tsʻɿ˨˩˦　呲泚～了一身水差新，参～
tsʻɿ˥　慈磁糍此雌跐瓷祠词辞
tsʻɿ˩　次刺伺疵吹毛求～
sɿ˨˩˦　斯撕嘶私司丝思厕
sɿ˥　死
sɿ˩　肆四泗驷伺饲嗣似姒兕寺赐　耜俟巳
　　祀
sɿ˧　祠马公～：村名

ʅ

tʂʅ˨˩˦　之芝支吱枝肢知蜘织炽职脂指手～甲
　　汁执挚质淄辎稚陟掷植殖
tʂʅ˥　直值止址趾芷旨指侄只纸秩置
tʂʅ˩　志诘痣至窒桎致峙痔治制滞帜
tʂʻʅ˨˩˦　赤哧尺吃耻又，羞～痴魑蚩嗤眵
tʂʻʅ˥　池驰弛迟匙～ə齿茌殖持耻礼义廉～　差
　　老，参～篪
tʂʻʅ˩　翅侈啻敕斥饬
tʂʻʅ˧　匙钥～豉豆～
ʂʅ˨˩˦　师狮施饰诗尸适虱释涩室识失矢湿
ʂʅ˥　史使驶时食蚀实十拾石屎始什
ʂʅ˩　士仕式拭弑轼试市柿世誓势是示视事
　　恃侍逝嗜氏舐
ʂʅ˧　舍邻～家

i

pi˨˩˦　毕哔必彼知己知～卑鄙笔量词：一～帐　滗
　　壁～虱蓖～麻屄
pi˥　鼻匕比妣秕彼～此荸～荠逼
pi˩　敝弊币蔽毙辟避臂壁璧闭蓖箅鄙碧弼
pʻi˨˩˦　批砒纰庇蚍蚂～劈霹噼僻披匹坯搭火～
pʻi˥　皮疲琵枇蚍～蜉毗脾啤痹譬劈～开　罴
　　貔痞苤
pʻi˩　屁
mi˨˩˦　咪眯

mi˥　米迷醚谜靡糜弥漭篾

mi˩　秘泌密蜜幂觅

ti˨˩˦　低牴滴嘀~嗒

ti˥　提~溜，~备：防备敌笛迪狄荻底抵诋砥的~确涤嘀~咕镝嫡籴

ti˩　弟娣第地帝谛蒂缔递棣

t'i˨˩˦　梯堤踢剔

t'i˥　提题啼蹄体绨

t'i˩　涕剃锑替惕倜嚏

ni˨˩˦　妮

ni˥　尼呢毛~泥拟新你

ni˩　腻溺昵泥动词匿逆新

li˨˩˦　哩~流溓拉

li˥　里理鲤浬哩娌厘狸离分~、~婚、~家漓篱犁黎莉梨礼李蠡劙犛

li˩　力历沥雳荔厉励疠砺立粒莅利俐痢例丽隶吏栗离又，~家远唳砾□顺着树枝捋取树叶或花履

li˧　璃玻~

tɕi˨˩˦　几~乎叽饥机讥肌绩积级汲圾基鸡脊激击墼吉咭急寂戟济辑缉棘姬笄稽迹即唧鲫羁已歙用筷子夹

tɕi˥　及极集籍疾嫉蒺挤几虮给供~、~你急着~

tɕi˩　忌纪记季悸妓伎技冀骥既寄计继繫~鞋带祭际济无~于事剂霁荠~菜即顺从

tɕ'i˨˩˦　妻棲凄萋欺七漆期栖戚沏嘁

tɕ'i˥　奇骑旗棋麒齐其脐荠启起岂芪祁亓歧企乞杞

tɕ'i˩　气汽讫迄器弃契泣砌

ɕi˨˩˦　息熄媳西牺希稀夕矽析淅晰悉蟋昔惜锡犀溪吸羲熙奚膝徙嘻玺隙新

ɕi˥　席习喜洗铣畦

ɕi˩　细系戏屑不~

ɕi˧　箕簸~

i˨˩˦　一衣依铱伊咿医乙亦以揖

i˥　夷姨胰怡贻饴宜移疑遗倚椅沂颐仪彝蚁尾~巴拟倪疫

i˩　艺呓亿忆屹义议益溢缢译驿意癔臆易容~、交~逆异役弋抑刈逸肄翼一~霎霎

u

pu˨˩˦　不拨又，~拉、~拢

pu˥　卜补醭*埻~土□~脐：肚脐

pu˩　布佈怖簿部步埠抱不又

p'u˨˩˦　铺~设扑捕噗~嗤

p'u˥　普谱蒲葡脯圃瀑曝蹼菩朴仆

p'u˩　铺店~堡二十里~

mu˨˩˦　□~出：形容人老实不好说话□~搒：小睡

mu˥　某谋模~子亩姥没~有牡母拇姆

mu˩　目苜暮慕墓募幕木沐牟眸睦穆

fu˨˩˦　复腹馥覆福蝠幅辐夫麸肤*铁付

fu˥　府腑俯符腐甫脯辅缚弗拂孚俘浮孵凫讣赴斧釜服伏扶敷负~担芙抚

fu˩　父妇傅富副赋负正~驸附服一~药夫~妇

vu˨˩˦　乌呜钨巫诬屋污侮

vu˥　五伍梧吾捂无芜吴蜈舞毋午武戊

vu˩　勿物悟晤误恶可~务雾杌骛

vu˧　鹉

tu˨˩˦　都~城嘟肚猪~督犊睹笃

tu˥　堵赌读黩牍独毒突妒纛

tu˩　度渡镀杜肚~ə

tu˧　葖花骨~涂糊~

t'u˨˩˦　秃凸突新

t'u˥　土吐~痰徒途涂图屠荼

t'u˩　兔吐~血

nu˥　奴努驽弩农

nu˩　怒

lu˨˩˦　虏□~苏明：黎明撸漉

lu˥　如茹汝乳炉芦卢庐颅掳鲁撸橹卤滷儒蠕孺

lu˩　辱褥录禄碌铩路露鹿麓入陆赂如不~

lu˧　露轱~ɔ辘轱~ə

tsu˨˩˦　租组阻沮

tsu˥ 族祖卒
tsu˧˩ 做
ts'u˨˩˦ 粗促簇蹙
ts'u˧˩ 醋
su˨˩˦ 酥苏速肃新
su˥ 俗
su˧˩ 素嗉诉塑溯夙
tʂu˨˩˦ 朱珠诛株蛛猪诸嘱瞩竹逐触贮老 *箤~ə:瓶塞烛
tʂu˥ 主拄轴妯煮帚
tʂu˧˩ 住注注柱驻蛀著箸铸助祝筑苎杼
tʂu˧ 碡粥粘~
tʂ'u˨˩˦ 初出触新搐~打、~~
tʂ'u˥ 楚础殊畜~牲厨储锄除躇雏
ts'u˧˩ 处~理、~所
ʂu˨˩˦ 梳疏蔬舒输书叔枢淑抒束
ʂu˥ 术述秫孰塾熟署薯曙暑蜀数~——~鼠黍赎属墅
ʂu˧˩ 树恕竖漱~口数~日憷~头
ku˨˩˦ 姑咕牯轱鸪 *跍辜孤菰谷箍蓇馉 ~馇
ku˥ 古估~计股鼓瞽骨脊梁~、鼻梁~
ku˧˩ 固痼锢崮雇顾故估~衣
ku˧ 菇
k'u˨˩˦ 枯酷哭窟
k'u˥ 苦
k'u˧˩ 库裤
xu˨˩˦ 乎呼忽弧互糊~上药戽
xu˥ 胡糊湖煳蝴瑚葫鬍虎核枣~ 狐壶浒囫和~了牌蝠檐蝙~ə
xu˧˩ 户护沪穫收~怙瓠
xu˧ 唬吓~

y

ny˥ 女
ly˥ 吕侣铝闾驴旅屡缕捋~胡子
ly˧˩ 绿碌律虑滤率
tɕy˨˩˦ 拘驹菊鞠居足橘锔~锅车肘胳膊~ə
tɕy˥ 局举矩莒
tɕy˧˩ 巨拒距炬具俱惧椇据锯剧聚句遽铸
tɕ'y˨˩˦ 区岖驱躯曲蛐麯蛆屈朐渠瞿趋駿
tɕ'y˥ 娶取
tɕ'y˧˩ 去趣
ɕy˨˩˦ 虚嘘墟畜~牧 蓄胥婿须鬚粟吁宿 ——~需戌恤栩煦旭肃老吸~铁石
ɕy˥ 徐许俗
ɕy˧˩ 叙序絮绪续
y˨˩˦ 迂这人很~吁吆喝牲口声禺隅愚虞淤宇羽域郁~结熨不~帖
y˥ 于盂俞榆鱼渔余禹雨语予与参~、给~
y˧˩ 愉喻愈芋吁呼~遇 ~见 域狱誉裕浴欲娱预玉育御豫驭寓

ɛ

pɛ˨˩˦ 剖
pɛ˥ 摆别~去
pɛ˧˩ 败拜湃稗伴老~拌和~
p'ɛ˥ 排徘牌
p'ɛ˧˩ 派
mɛ˥ 买埋霾
mɛ˧˩ 卖迈年~
fɛ˥ 烦耐心~
vɛ˨˩˦ 歪弯曲留拐~湾堵~
vɛ˥ 踒碗小~
vɛ˧˩ 外
tɛ˨˩˦ 呆
tɛ˥ 歹逮在~那ə待等待、过:~一会儿
tɛ˧˩ 代袋贷黛玳岱戴待对~怠带大~夫
t'ɛ˨˩˦ 胎
t'ɛ˥ 台抬苔
t'ɛ˧˩ 太汰泰态
t'ɛ˧ 疃乐~：地名
nɛ˥ 乃奶氖迺
nɛ˧˩ 耐奈鼐奶动词
lɛ˨˩˦ 赖不~
lɛ˥ 来莱崃擞~菜：择菜
tsɛ˨˩˦ 灾栽哉再

tsɛ˥　宰崽载三年五～

tsɛ˩　在载～重再又

ts'ɛ˨˩˦　猜

ts'ɛ˥　才材财彩采睬裁残～坏

ts'ɛ˩　菜蔡

sɛ˨˩˦　腮

sɛ˩　赛塞

tʂɛ˨˩˦　斋

tʂɛ˩　债寨擦䌯

tʂ'ɛ˨˩˦　钗差出～侪

tʂ'ɛ˥　柴豺踩

ʂɛ˨˩˦　筛

ʂɛ˥　洒 使某种东西脱离主体：～～水｜鱼～子：鱼下子

ʂɛ˩　晒

kɛ˨˩˦　该赅

kɛ˥　改

kɛ˩　盖概溉丐钙

k'ɛ˨˩˦　开

k'ɛ˥　慨楷凯忾

ŋɛ˨˩˦　哀

ŋɛ˥　癌蔼霭皑

ŋɛ˩　爱艾哎碍

xɛ˨˩˦　咳表示感叹

xɛ˥　孩骇核～心骸海还

xɛ˩　害亥咳汉老～

ɛ˥　哎

ɛ˩　唉哎～呀

iɛ

piɛ˨˩˦　边河涯～

tiɛ˥　点三～水、一～～

niɛ˥　埝地方：这个～

tɕiɛ˨˩˦　皆秸阶街肩挨～尖猛留～

tɕiɛ˥　解柬送～：订婚

tɕiɛ˩　介界届芥疥戒件大～、小～

tɕ'iɛ˨˩˦　签抽～

tɕ'iɛ˥　钱模小～

ɕiɛ˥　鞋谐

ɕiɛ˩　蟹懈澥械解姓

iɛ˨˩˦　挨～肩、～号唉表示意外惊奇的语气

iɛ˥　涯崖矮挨～打埃唉眼不起～冶西～街

iɛ˩　沿炕～、锅～隘

uɛ

tʂuɛ˨˩˦　拽扔掉

tʂuɛ˥　跩

tʂuɛ˩　拽拉

tʂ'uɛ˨˩˦　搋揣

tʂ'uɛ˥　膗

tʂ'uɛ˩　踹

ʂuɛ˨˩˦　衰摔

ʂuɛ˥　甩

ʂuɛ˩　帅率～领蟀

kuɛ˨˩˦　乖掴官大～、小～

kuɛ˥　拐

kuɛ˩　怪

kuɛ˧　蝈咬～

k'uɛ˥　㧟

k'uɛ˩　快筷块会～计侩市～脍

xuɛ˥　怀槐淮徊□～拉：用胳膊挣脱别人的拉扯

yɛ

tɕ'yɛ˨˩˦　圈圆～

yɛ˥　圆包～

yɛ˩　院大杂～、小～

ei

pei˨˩˦　卑碑伯柏泊梁山～百悲北笔杯掰拨

pei˥　白本赔～拨 从预先做好的菜中拨出一部分

pei˩　倍焙背贝钡狈备惫辈被

pei˧　褙隔～

p'ei˨˩˦　拍迫坯呸胚魄披

p'ei˥　培陪赔

p'ei˩　佩配沛辔

mei˨˩˦　*䁅母亲的又称：俺～ 闷气ə ～得～得 ə

mei˥ 每梅霉酶眉楣媚美镁煤媒枚玫门出～
mei˧˩ 妹昧魅寐墨默麦脉谜猜～陌～生
fei˨˩˦ 非匪扉菲啡绯蜚～语诽翡妃飞
fei˥ 肥淝
fei˧˩ 沸痱费吠肺废忿不～：很不满
vei˨˩˦ 煨畏偎威巍
vei˥ 唯维惟帷潍委萎逶痿苇伟违纬围微薇危桅尾为作～伪蔚偎又，～悠：身体靠着什么东西摩擦
vei˧˩ 未味胃渭谓猬位喂卫尉为～什么魏
tei˨˩˦ 得德特～为 ə□～乎
tei˥ □急得～～跳蚪蛤蟆蝌～ ə
tei˧˩ □打个～
tei˧ 堆跕～
t'ei˥ 特老颓
nei˥ 馁
nei˧˩ 内
lei˥ 人丢～离不～
tsei˨˩˦ 则啧
tsei˥ 贼
tsei˧˩ 罪得～
ts'ei˥ 词没有～
ts'ei˧˩ 刺说话带刺
sei˨˩˦ 塞丝豆腐～
sei˧ 荽又
tʂei˨˩˦ 责窄摘昃侧～歪
tʂei˥ 择泽宅翟侄～媳妇
tʂ'ei˨˩˦ 策老册老侧老恻老测老拆厕老
ʂei˨˩˦ 色啬瑟骰穑
ʂei˥ 谁食不吃～
ʂei˧˩ 事啥～
kei˨˩˦ 革老隔嗝格
kei˥ 给
k'ei˨˩˦ 刻客克
k'ei˥ 剋挨～、～他一顿
ŋei˨˩˦ 厄老扼老轭老
xei˨˩˦ 黑

iei

tɕiei˧˩ 劲不得～

uei

tuei˨˩˦ 堆尖固～：地名
tuei˧˩ 队兑对
t'uei˨˩˦ 推忒～热
t'uei˥ 腿
t'uei˧˩ 退煺褪蜕
luei˥ 雷蕾播～台累积～垒罍儡耒磊蕊
luei˧˩ 类累劳～泪肋勒锐瑞睿芮姓
tsuei˨˩˦ 堆
tsuei˥ 嘴
tsuei˧˩ 最醉罪
ts'uei˨˩˦ 崔摧催
ts'uei˧˩ 淬瘁悴粹翠萃脆
suei˨˩˦ 虽尿名词
suei˥ 隋随髓遂隧燧绥
suei˧˩ 岁碎穗祟
suei˧ 荽
tʂuei˨˩˦ 追锥椎
tʂuei˥ 赘笨重
tʂuei˧˩ 赘人～缀坠惴
tʂ'uei˨˩˦ 吹炊
tʂ'uei˥ 垂锤捶陲槌
ʂuei˨˩˦ 摔～ə 瓶 ə
ʂuei˥ 水谁
ʂuei˧˩ 税睡瑞
kuei˨˩˦ 龟归轨规国老硅
kuei˥ 鬼瑰诡癸
kuei˧˩ 桂闺贵柜鳜刽～ə 手跪
k'uei˨˩˦ 亏岿盔
k'uei˥ 傀魁葵睽逵奎
k'uei˧˩ 溃馈愧喟□折起来
xuei˨˩˦ 灰诙咴恢晖辉挥徽
xuei˥ 回蛔茴或惑悔毁划画的线条：倒下～ 魂获
xuei˧˩ 会绘桧秦～烩汇惠慧讳贿诲秽殨～脓

ɔ

pɔ˨˩˦　包苞褒
pɔ˥　保堡宝饱
pɔ˧˩　抱刨~ə鲍*菢趵豹报暴爆
p'ɔ˨˩˦　抛泡不坚实脬尿~
p'ɔ˥　袍刨~土跑庖炮~制咆
p'ɔ˧˩　炮泡~煎饼汤
mɔ˨˩˦　冒~ə手□~ə生：形容不加思索，匆忙从事
mɔ˥　矛茅蟊猫锚卯铆毛
mɔ˧˩　冒帽贸茂貌
fɔ˥　否
vɔ˨˩˦　□~号，役使牲口时的喊声
tɔ˨˩˦　刀叨
tɔ˥　岛捣导祷倒蹈悼
tɔ˧˩　道到倒~水稻盗
t'ɔ˨˩˦　滔韬焘涛掏绦
t'ɔ˥　桃咷逃陶淘讨
t'ɔ˧˩　套
t'ɔ˧　萄
nɔ˨˩˦　孬
nɔ˥　挠~痒痒脑恼瑙
nɔ˧˩　闹
lɔ˨˩˦　唠~~：小孩称猪
lɔ˥　劳唠崂捞痨挠阻~、~乱 娆绕饶扰牢老
　　姥
lɔ˧˩　涝捞~着络罩~ə乐~疃：地名
tsɔ˨˩˦　遭糟
tsɔ˥　澡藻早枣蚤
tsɔ˧˩　噪燥躁灶皂造糙
ts'ɔ˨˩˦　操糙毛毛~~ə
ts'ɔ˥　草曹漕嘈槽
ts'ɔ˧˩　肏
sɔ˨˩˦　骚搔臊
sɔ˥　嫂扫~地缫
sɔ˧˩　臊扫~帚
tʂɔ˨˩˦　召沼招昭朝~夕钊
tʂɔ˥　找
tʂɔ˧˩　照诏赵兆罩肇棹笊
tʂ'ɔ˨˩˦　抄钞吵~~超剿
tʂ'ɔ˥　朝潮嘲炒吵巢
ʂɔ˨˩˦　梢捎烧
ʂɔ˥　少稍勺后脑~ə绍介~
ʂɔ˧˩　少~年哨潲绍邵
kɔ˨˩˦　高膏羔糕睾
kɔ˥　搞稿镐杲
kɔ˧˩　告诰膏~油
k'ɔ˥　考烤拷
k'ɔ˧˩　靠铐犒
ŋɔ˨˩˦　熬~肉
ŋɔ˥　熬嗷螯聱袄鏊翱坳
ŋɔ˧˩　奥澳懊傲拗脾气~
xɔ˨˩˦　蒿薅浩灏
xɔ˥　豪壕嚎毫耗~费号~叫好~坏鹤
xɔ˧˩　号好爱~耗~子□女性之间的招呼

iɔ

piɔ˨˩˦　标膘镖彪飙镳
piɔ˥　表婊裱
piɔ˧˩　鳔摽
p'iɔ˨˩˦　飘漂浮在水上缥~缈
p'iɔ˥　漂~白嫖瞟朴瓢
p'iɔ˧˩　票漂~亮
miɔ˨˩˦　喵猫叫声
miɔ˥　苗描瞄渺缈秒邈藐淼杳~无音信
miɔ˧˩　妙庙
tiɔ˨˩˦　刁叼~着烟凋碉雕貂
tiɔ˥　屌
tiɔ˧˩　吊掉钓调~动、声~
t'iɔ˨˩˦　挑佻
t'iɔ˥　条迢笤~帚窕调~和□~路ə：在路上挑一
　　~：笔划
t'iɔ˧˩　跳眺粜
niɔ˥　鸟袅
niɔ˧˩　尿动词

liɔʌ 撂扔掉
liɔ˥ 了辽燎瞭疗嘹僚缭撩聊寥廖
liɔ˩ 料镣撂放下
tɕiɔʌ 交茭郊胶蛟焦蕉礁骄娇椒教～书 浇缴上～
tɕiɔ˥ 绞饺狡铰搅矫～正缴～枪不杀侥
tɕiɔ˩ 校～对较轿教～育窖觉睡～叫酵
tɕʻiɔʌ 敲跷缲～边鹊野～悄
tɕʻiɔ˥ 乔侨桥荞樵瞧憔巧
tɕʻiɔ˩ 俏峭鞘窍锹撬翘缲下～ə
ɕiɔʌ 肖逍消宵霄硝销萧潇箫嚣枭羞害～
ɕiɔ˥ 小晓
ɕiɔ˩ 效校学～孝笑
iɔʌ 夭妖幺吆要～求腰喓邀窑～广：地名
iɔ˥ 尧摇谣瑶徭窑遥肴淆姚舀咬爻
iɔ˩ 耀曜跃要重～□～地ə：到处哟

əu

pʻəuʌ 剖
fəu˥ 否老
təuʌ 兜
təu˥ 斗升～抖料蚪陡
təu˩ 豆痘逗斗～争都～是窦
tʻəuʌ 偷
tʻəu˥ 头投
tʻəu˩ 透
ləuʌ 虏抓，逮：～住你□～得生：形容扔出去的样子
ləu˥ 柔揉蹂娄楼搂耧髅蝼喽篓笼灯～炉香～ə颅额～骨盖
ləu˩ 肉漏瘘瞜陋露～头
tsəu˥ 走
tsəu˩ 奏揍
tsʻəuʌ □形容快：～ə生走哇
tsʻəu˩ 凑
səuʌ 叟嗖搜馊溲飕艘蒐～集
səu˧ 嗽咳～
tʂəuʌ 周啁掫掀：给你～ə被ə州洲舟诌粥喝～
tʂəu˥ 肘
tʂəu˩ 皱邹绉昼骤纣宙咒胄籀甃
tʂʻəuʌ 抽
tʂʻəu˥ 绸稠惆愁瞅酬仇筹踌丑雠
tʂʻəu˩ 臭
ʂəuʌ 收
ʂəu˥ 手首守
ʂəu˩ 受授寿兽瘦售
ʂəu˧ 舍割～ə势走～
kəuʌ 勾钩沟佝枸篝
kəu˥ 苟狗
kəu˩ 构购够媾遘诟垢彀往上～
kʻəuʌ 抠
kʻəu˥ 口□心眼多
kʻəu˩ 扣叩寇
ŋəuʌ 沤欧呕讴鸥瓯殴怄偶
ŋəu˥ 藕
xəuʌ 齁
xəu˥ 侯喉猴瘊吼
xəu˩ 候后逅厚齁～咸

iəu

tiəuʌ 丢
niəu˥ 扭纽女孙～牛
niəu˩ 拗谬
liəuʌ 溜镏
liəu˥ 硫流琉留瘤溜鼬鬼～滑：狡猾 骝刘柳绺
liəu˩ 馏遛山～子：山沟六漏酒～ə
liəu˧ 榴石～
tɕiəuʌ 纠赳揪啾究鸠
tɕiəu˥ 久灸玖九酒韭
tɕiəu˩ 就臼舅旧救厩柩咎
tɕʻiəuʌ 丘邱蚯秋楸鳅
tɕʻiəu˥ 求球裘囚泅酋遒仇姓
ɕiəuʌ 羞朽修休
ɕiəu˩ 秀锈绣溴嗅袖
iəuʌ 忧优攸悠幽
iəu˥ 由油邮柚釉铀蚰尤犹疣游遊有酉牛友

iəu˩　右佑祐又宥幼诱

iəu˧　鼬黄~

ã

pã˨˦　班斑瘢般搬癍颁扳

pã˥　板版

pã˩　半伴拌绊办瓣扮

p'ã˨˦　攀潘

p'ã˥　盘蟠

p'ã˩　判畔叛盼

mã˥　满瞒蛮馒蔓~茎埋~怨

mã˩　曼慢漫幔熳蔓~草镘

fã˨˦　帆番翻幡

fã˥　凡矾樊反烦繁蕃藩

fã˩　犯范饭贬泛*嬔

vã˨˦　弯湾剜豌

vã˥　完皖玩顽宛婉惋碗晚挽丸绾

vã˩　万蔓腕

tã˨˦　担丹单郸耽眈端~午

tã˥　胆疸

tã˩　旦但担~ə 弹子~惮蛋淡氮诞石一~粮食

t'ã˨˦　贪坍~下来滩摊瘫

t'ã˥　谈痰郯毯谭坛坦檀疃掸~子弹~琴 团糕~ə

t'ã˩　炭碳叹探

nã˥　南喃楠男赧难~易*唵~一口炒面

nã˩　难患~

lã˥　蓝篮览揽缆兰拦栏然燃懒岚冉染阑澜婪漤~柿ə

lã˩　滥烂乱~散岗ə

tsã˨˦　簪

tsã˥　咱攒

tsã˩　暂赞

ts'ã˨˦　参餐

ts'ã˥　蚕残惨䅟惭*錾凿：~磨

ts'ã˩　灿粲

sã˨˦　三

sã˥　伞散~光馓

sã˩　散

tʂã˨˦　占沾粘毡瞻湛~晴ə天

tʂã˥　斩崭展辗盏

tʂã˩　占战站栈蘸湛绽颤

tʂ'ã˨˦　搀掺

tʂ'ã˥　产铲蝉禅婵阐孱潺馋*馋谗缠蟾谄

tʂ'ã˩　忏颤

ʂã˨˦　山衫杉珊删姗苫煽膻

ʂã˥　陕闪阐~明

ʂã˩　蟮鳝膳缮善赡扇擅疝单姓

kã˨˦　甘柑泔干竿肝矸杆

kã˥　赶擀杆秆敢感

kã˩　干~活淦赣

k'ã˨˦　堪勘刊

k'ã˥　坎砍侃刊报~龛

k'ã˩　看~见、~守瞰

ŋã˨˦　安鞍氨桉庵鹌

ŋã˥　俺埯~子*揞

ŋã˩　按案暗岸

xã˨˦　憨酣鼾罕

xã˥　函涵含寒韩喊邯

xã˩　旱捍焊汗汉翰憾撼鼾打~睡

iã

piã˨˦　编煸蝙边鞭

piã˥　扁匾贬

piã˩　辨辩辫偏遍变便方~汴

p'iã˨˦　偏篇翩扁~舟片唱~

p'iã˥　便~宜谝~能

p'iã˩　骗片刀~

p'iã˧　觍觍~

miã˥　绵棉免勉娩冕腼缅觍眠渑□~腰

miã˩　面

tiã˨˦　颠癫掂

tiã˥　典碘点

tiã˩　店惦踮玷殿癜电佃甸钿淀靛奠垫

t'iã˨˦　天添

t'iã˥　甜恬田填舔觍~ə脸

niã˨˩˦ 蔫

niã˥ 粘鲇拈辇撵年捻*～地方

niã˧˩ 念碾

liã˥ 廉镰濂连莲帘联脸

liã˧˩ 怜恋敛殓练炼

liã˧ 嗹

tɕiã˨˩˦ 尖煎笺监兼艰奸肩坚间菅歼又缄

tɕiã˥ 检俭捡减碱柬拣剪简茧

tɕiã˧˩ 建健键腱犍毽间～断、当中～ə 涧贱溅监鉴见舰渐箭荐件剑谏

tɕ'iã˨˩˦ 千歼迁扦钎阡遣谴签籤牵谦铅潜

tɕ'iã˥ 钱浅前钳乾～坤虔荨～麻疹

tɕ'iã˧˩ 欠芡歉嵌黔倩茜堑纤桊槛门石～ə

ɕiã˨˩˦ 掀锨先仙鲜

ɕiã˥ 闲娴衔嫌贤险涎弦咸显

ɕiã˧˩ 现苋陷馅线限献宪县羡霰腺

ɕiã˧ 箱风～

iã˨˩˦ 烟咽胭淹腌阉焉燕～国颜～山宾馆、～山中学

iã˥ 言严岩盐檐阎颜研缘炎芫～荽延～长沿衍兖掩眼演圆团～媳妇：童养媳

iã˧˩ 燕宴晏厌彦谚艳唁咽验砚雁延～安酽院场～焰堰偃

iã˧ 蜒蚰～ *殗叶～、熟～

uã

tuã˨˩˦ 端

tuã˥ 短

tuã˧˩ 段缎锻断

t'uã˥ 团抟疃湍

t'uã˧˩ □估计：我～ə 他今天能来

nuã˥ 暖

luã˥ 栾峦銮鸾孪软卵

luã˧˩ 乱

tsuã˨˩˦ 钻往里～

tsuã˥ 纂鬓

tsuã˧˩ 钻金钢～攥

ts'uã˨˩˦ 撺蹿汆

ts'uã˥ 攒～钱

ts'uã˧˩ 窜篡

suã˨˩˦ 酸

suã˧˩ 算蒜

tʂuã˨˩˦ 专砖

tʂuã˥ 转～眼

tʂuã˧˩ 传～记转～圈赚篆撰

tʂ'uã˨˩˦ 川穿

tʂ'uã˥ 船传～达椽喘

tʂ'uã˧˩ 串一～钏

ʂuã˨˩˦ 闩拴栓□形容快：～ə生又是一年

ʂuã˧˩ 涮

kuã˨˩˦ 官倌棺关观参～冠～ɔ 鳏

kuã˥ 管馆

kuã˧˩ 灌罐贯惯盥观寺～冠～军

k'uã˨˩˦ 宽

k'uã˥ 款

xuã˨˩˦ 欢獾

xuã˥ 还环缓桓寰郇痪 □男性之间的招呼，犹"伙计"

xuã˧˩ 唤焕换涣患浣豢幻

yã

tɕyã˨˩˦ 捐娟鹃

tɕyã˥ 卷～起锩～刃倦

tɕyã˧˩ 卷考～倦眷圈猪～鄄绢

tɕ'yã˨˩˦ 圈圆～

tɕ'yã˥ 泉全痊诠权拳蜷颧犬

tɕ'yã˧˩ 劝券

ɕyã˨˩˦ 宣喧暄轩

ɕyã˥ 玄炫眩旋镟癣选悬

ɕyã˧˩ 楦绚旋～ɔ

yã˨˩˦ 冤渊怨鸢

yã˥ 员圆袁辕猿元园远原源援

yã˧˩ 院阮愿菀～ə 垣

ə̃

pə̃˨˩˦ 奔～跑锛扳～树、～槐花

pə̃˥　本苯

pə̃˩　笨奔投～

pʻə̃˨˦　喷

pʻə̃˥　盆

pʻə̃˩　喷～香、打～盖屋

mə̃˨˦　闷～气

mə̃˥　门□～年，到～

mə̃˩　闷愁～焖

fə̃˨˦　分份月～牌芬纷雰氛焚

fə̃˥　坟粉

fə̃˩　忿份奋粪愤

və̃˨˦　温瘟

və̃˥　文纹蚊紊刎吻闻稳

və̃˩　问璺

tə̃˨˦　□重重地往下放：一腚～下

tə̃˩　*扽用强力拉：～断、～一～

tʻə̃˥　□～着肚子□扑～

lə̃˥　人壬任姓荏仁忍

lə̃˩　任妊饪刃韧仞纫认

tsə̃˥　怎～么

tsʻə̃˥　参～差

tʂə̃˨˦　珍胗针斟真甄砧箴榛臻

tʂə̃˥　诊疹缜□用大的木石等打人：～杀你枕名词

tʂə̃˩　振震镇阵鸩赈枕动词

tʂʻə̃˨˦　深嗔

tʂʻə̃˥　沉忱辰晨陈尘臣岑参老，～差碜

tʂʻə̃˩　衬趁称

ʂə̃˨˦　申伸砷绅参人～糁森身深娠*信赵执～：人名

ʂə̃˥　神审婶瀋沈

ʂə̃˩　渗瘆～人葚椹葚桑～ə 肾慎

ʂə̃˧　辰时～

kə̃˨˦　根跟

kə̃˥　艮发～哏

kə̃˩　亘～古

kʻə̃˨˦　肯啃垦恳

kʻə̃˩　裉上衣腋下处

ŋə̃˨˦　恩

ŋə̃˩　嗯答应声摁

xə̃˥　很狠痕含～ə嘴ə

xə̃˩　恨

iə̃

piə̃˨˦　宾滨傧缤斌彬

piə̃˩　殡鬓

pʻiə̃˨˦　拼姘

pʻiə̃˥　贫频蘋品

pʻiə̃˩　聘

miə̃˨˦　抿～你两扁担

miə̃˥　民岷抿闵悯闽敏皿

liə̃˥　林淋琳霖邻燐鳞麟廪凛檩临蔺

liə̃˩　赁吝躏淋过滤：～灰水

tɕiə̃˨˦　今金襟*衿斤筋

tɕiə̃˥　谨瑾馑禁～不住紧锦巾仅

tɕiə̃˩　尽儘烬近进禁～止劲晋浸妗靳

tɕʻiə̃˨˦　亲钦侵浸～水：泡茶

tɕʻiə̃˥　禽擒秦琴勤芹寝

tɕʻiə̃˩　沁吣

tɕʻiə̃˧　戚亲～

ɕiə̃˨˦　心芯纸～新薪锌辛欣昕馨衅鑫

ɕiə̃˥　寻～短

ɕiə̃˩　信芯灯～囟

iə̃˨˦　因姻茵洇音殷慇阴荫

iə̃˥　引蚓隐瘾银垠龈寅饮尹淫霪吟

iə̃˩　印窨饮～牛胤闰孕纫～针

uə̃

tuə̃˨˦　敦墩礅吨蹲顿量词，一～揍

tuə̃˥　盹懂

tuə̃˩　顿钝炖囤盾遁

tuə̃˧　饨馄～

tʻuə̃˨˦　吞

tʻuə̃˥　屯囤～积豚臀

tʻuə̃˩　褪

luə̃˥　仑岺轮伦沦抡纶论～语

luə̃˩　论润嫩

luə̃˧ 图 图～ə
tsuə̃˩˥ 尊遵樽
ts'uə̃˩˥ 村
ts'uə̃˥ 存
ts'uə̃˩ 寸
suə̃˩˥ 孙荪狲
tʂuə̃˥ 准谆
tʂ'uə̃˩˥ 春椿
tʂ'uə̃˥ 纯莼醇淳唇蠢
tʂ'uə̃˧ 顺孝～鹑鹌～
ʂuə̃˥ □听得不愿再听了，有"烦"的意思：听～了、～ə慌
ʂuə̃˩ 顺舜瞬
kuə̃˩˥ 闺～女
kuə̃˥ 滚磙辊绲～边
kuə̃˩ 棍
k'uə̃˩˥ 昆崑坤
k'uə̃˥ 捆
k'uə̃˩ 困
xuə̃˩˥ 昏婚荤
xuə̃˥ 浑～浊魂横～立、～竖馄茴～香
xuə̃˩ 混

yə̃

lyə̃˥ 淋轮打～ə：旧指磨玻璃器皿的人 轮～班、～ə干
tɕyə̃˩˥ 均钧君军菌津
tɕyə̃˥ 窘
tɕyə̃˩ 俊浚骏竣峻郡
tɕ'yə̃˩˥ 皴清看不～
tɕ'yə̃˥ 群裙捆
ɕyə̃˩˥ 熏薰醺
ɕyə̃˥ 旬荀询徇殉笱循巡损寻～找榫
ɕyə̃˩ 训驯迅讯汛逊勋
yə̃˩˥ 晕
yə̃˥ 云耘匀允陨
yə̃˩ 酝蕴韵孕运熨闰

ɑ̊ŋ

pɑŋ˩˥ 邦帮
pɑŋ˥ 榜膀绑
pɑŋ˩ 谤磅镑傍蚌棒
p'ɑŋ˩˥ 乓
p'ɑŋ˥ 旁滂螃膀～胱磅～礴榜彷～徨庞逄
p'ɑŋ˩ 胖
mɑŋ˩˥ 牤～牛
mɑŋ˦ 忙芒茫硭氓盲莽漭蟒
mɑŋ˩ 莽～撞
fɑŋ˩˥ 方芳*妨坊
fɑŋ˥ 防房倣纺彷仿坊肪访
fɑŋ˩ 放
fɑŋ˧ 缝裁～
vɑŋ˩˥ 汪
vɑŋ˥ 王枉往亡惘魍网
vɑŋ˩ 望旺忘妄
tɑŋ˩˥ 当应～裆铛
tɑŋ˥ 党挡阻～噹咕～ə
tɑŋ˩ 当上～档荡
t'ɑŋ˩˥ 汤嘡蹚～水□动，碰：别～
t'ɑŋ˥ 唐塘搪溏～心糖堂螳膛棠倘躺淌
t'ɑŋ˩ 烫趟
nɑŋ˩˥ 嚷□脏～：脏东西□"那样"的合音：～着
nɑŋ˥ 囊攮曩□很，非常：～苦暖～和
nɑŋ˩ 齉馕
lɑŋ˥ 郎廊啷狼朗壤攘嚷瓤穰
lɑŋ˩ 浪酿让
tsɑŋ˩˥ 脏臧赃
tsɑŋ˥ □～着：赶快
tsɑŋ˩ 葬奘老～客藏脏心～
ts'ɑŋ˩˥ 苍仓沧舱
ts'ɑŋ˥ 藏隐～
ts'ɑŋ˩ □摩擦，接触面积较大：～ə一身灰
sɑŋ˩˥ 桑丧婚～
sɑŋ˥ 嗓搡
sɑŋ˩ 丧～失

tʂaŋ˨˩˦　章樟璋蟑漳彰獐张 □“这样”的合音，太：～大　～多
tʂaŋ˥　掌长生～涨水～船高
tʂaŋ˧˩　丈杖仗帐账胀涨障瘴幛
tʂʻaŋ˨˩˦　昌猖娼鲳
tʂʻaŋ˥　长～短肠场常嫦尝偿敞氅厂
tʂʻaŋ˧˩　唱倡畅怅
tʂʻaŋ˧　尚和～
ʂaŋ˨˩˦　商伤
ʂaŋ˥　赏上～声饷晌垧
ʂaŋ˧˩　上尚绱
kaŋ˨˩˦　刚纲钢缸肛
kaŋ˥　冈岗港
kaŋ˧˩　杠钢～一～刀缰～绳
kʻaŋ˨˩˦　康糠慷
kʻaŋ˥　□形容说话有力：～～的
kʻaŋ˧˩　抗炕扛～活
ŋaŋ˨˩˦　骯
ŋaŋ˥　昂□烧
xaŋ˨˩˦　夯
xaŋ˥　行杭航
xaŋ˧˩　绗
aŋ˧　啊又，你去～？

iaŋ

niaŋ˨˩˦　娘
niaŋ˥　娘
niaŋ˧　梁脊～
liaŋ˥　良粮梁粱两魉量～一～凉
liaŋ˧˩　亮喨谅晾量度～辆
tɕiaŋ˨˩˦　将浆刚疆缰僵薑礓～嚓江豇姜
tɕiaŋ˥　奖蒋讲耩
tɕiaŋ˧˩　匠将大～酱降下～绛犟糨虹
tɕʻiaŋ˨˩˦　枪呛腔锵镪～水戗～风
tɕʻiaŋ˥　墙嫱蔷樯强抢
tɕʻiaŋ˧˩　呛炝～锅戗～住
ɕiaŋ˨˩˦　相互～箱厢湘襄镶香乡
ɕiaŋ˥　详祥翔晌饷降投～想享
ɕiaŋ˧˩　向象像橡相～貌、～面项巷
iaŋ˨˩˦　央秧殃鸯
iaŋ˥　羊洋养痒佯氧蛘杨扬阳仰
iaŋ˧˩　样恙漾

uaŋ

tuaŋ˨˩˦　□撞钟或打锣声
tʂuaŋ˨˩˦　庄装妆椿
tʂuaŋ˧˩　壮状撞
tʂʻuaŋ˨˩˦　窗疮
tʂʻuaŋ˥　床闯
tʂʻuaŋ˧˩　创
ʂuaŋ˨˩˦　双霜孀
ʂuaŋ˥　爽
kuaŋ˨˩˦　光咣～的一声胱膀～
kuaŋ˥　广
kuaŋ˧˩　逛
kʻuaŋ˨˩˦　筐诓夼
kʻuaŋ˥　狂
kʻuaŋ˧˩　矿旷框眶况
xuaŋ˨˩˦　荒慌
xuaŋ˥　黄磺簧潢皇蝗惶隍凰晃幌恍谎
xuaŋ˧˩　晃搌

əŋ

pəŋ˨˩˦　崩嘣绷
pəŋ˥　甭
pəŋ˧˩　迸泵蹦崩～脆
pʻəŋ˨˩˦　烹怦抨嘭
pʻəŋ˥　朋棚硼鹏彭膨蓬篷捧
pʻəŋ˧˩　碰
məŋ˨˩˦　蒙猜，碰：～着哇
məŋ˥　蒙濛檬朦猛锰萌盟蛀
məŋ˧˩　孟梦
fəŋ˨˩˦　风讽枫疯丰封蜂
fəŋ˥　逢缝～衣裳峰锋冯
fəŋ˧˩　奉俸凤缝一条～
vəŋ˨˩˦　翁嗡～～响，声音比较钝

vəŋ˥ □～～响，声音比较尖
vəŋ˩ 瓮
təŋ˧˩ 登蹬噔灯
təŋ˥ 等戥
təŋ˩ 凳澄瞪镫邓
t'əŋ˧˩ 熥鼟□～ə：生活邋遢的人
t'əŋ˥ 疼腾誊藤□～棱：鼻涕流出的样子
nəŋ˧˩ □～～起脚来，翘起脚来
nəŋ˥ 能
nəŋ˩ 弄
ləŋ˧˩ 扔
ləŋ˥ 仍冷
ləŋ˩ 楞愣棱
tsəŋ˧˩ 增赠曾姓
tsəŋ˩ 憎甑缯锃～亮
ts'əŋ˧˩ 噌形容快：鸟～ə生飞哇
ts'əŋ˥ 曾～经层
ts'əŋ˩ □摩擦，接触面积较小：～破了皮
səŋ˧˩ 僧
tʂəŋ˧˩ 争筝睁挣峥铮狰正～月征贞侦蒸
tʂəŋ˥ 整
tʂəŋ˩ 正政怔证症挣～钱铮～亮郑
tʂ'əŋ˧˩ 撑铛称～呼
tʂ'əŋ˥ 澄橙城成诚盛～饭乘承惩呈逞程骋丞拯
tʂ'əŋ˩ 称一杆～掌床～ə
ʂəŋ˧˩ 生牲甥笙*锉升声
ʂəŋ˥ 绳省
ʂəŋ˩ 剩胜圣盛兴～
kəŋ˧˩ 更变～、～改耕庚
kəŋ˥ 羹调～耿哽梗颈脖耳～
kəŋ˩ 更～加
k'əŋ˧˩ 坑吭铿
xəŋ˧˩ 亨哼
xəŋ˥ 恒衡横～幅
xəŋ˩ 横蛮～

iŋ

piŋ˧˩ 兵冰
piŋ˥ 丙炳饼秉禀
piŋ˩ 病柄并併
p'iŋ˧˩ 乒
p'iŋ˥ 平坪评苹萍屏瓶凭
miŋ˥ 名铭酩冥螟瞑溟明鸣
miŋ˩ 命
tiŋ˧˩ 丁叮钉疔
tiŋ˥ 顶鼎
tiŋ˩ 定腚锭钉～住订
t'iŋ˧˩ 听厅蜻～蜓
t'iŋ˥ 廷庭挺艇霆铤亭婷停
t'iŋ˧ 蜓蜻～
niŋ˥ 宁柠拧咛狞凝新
niŋ˩ 佞拧～着脖子
liŋ˥ 铃伶零玲苓龄翎羚岭领灵棂陵凌菱绫
liŋ˩ 另令
tɕiŋ˧˩ 精睛菁京鲸晶旌荆惊更打～、五～天 耕兢经
tɕiŋ˥ 井耕阱景警儆境
tɕiŋ˩ 净静靖竟镜颈茎痉胫径劲竞敬
tɕ'iŋ˧˩ 青清蜻轻氢倾卿
tɕ'iŋ˥ 情晴请顷擎苘
tɕ'iŋ˩ 庆罄磬
ɕiŋ˧˩ 星腥猩兴
ɕiŋ˥ 形型刑邢行～为醒省反～擤
ɕiŋ˩ 性姓兴杏幸
iŋ˧˩ 婴缨樱鹦瘿英鹰莺应～当
iŋ˥ 迎营萤茔盈楹赢凝颖颍蝇影
iŋ˩ 硬映应答～

uŋ

tuŋ˧˩ 东冬*冻
tuŋ˥ 董懂
tuŋ˩ 冻栋动洞
t'uŋ˧˩ 通嗵

t‘uŋ˥ 同铜桐筒茼瞳潼桶捅统彤佟
t‘uŋ˨˩ 痛通三～数
nuŋ˥ 脓浓
nuŋ˨˩ □面和得太稀，泥地上水太多：太～
luŋ˥ 龙垄聋笼拢陇容熔溶蓉荣嵘隆融茸戎绒蛹冗
luŋ˨˩ 弄
tsuŋ˨˩˦ 宗踪综鬃棕
tsuŋ˥ 总
tsuŋ˨˩ 纵粽
ts‘uŋ˨˩˦ 匆葱囱聪从
ts‘uŋ˥ 从
suŋ˨˩˦ 松～软凇
suŋ˥ 耸㞞
suŋ˨˩ 宋送诵颂讼
tʂuŋ˨˩˦ 中当～忠盅衷钟锺终
tʂuŋ˥ 肿种～类
tʂuŋ˨˩ 中考～仲种重轻～众
tʂ‘uŋ˨˩˦ 充冲舂
tʂ‘uŋ˥ 虫重～复崇宠
tʂ‘uŋ˨˩ 冲铳～ə
kuŋ˨˩˦ 工攻功公弓躬宫恭供～销社拱～卒
kuŋ˥ 巩汞拱栱硔～ə：块煤（俗字）
kuŋ˨˩ 共贡供～养
kuŋ˧ 蚣蜈～
k‘uŋ˨˩˦ 空～洞
k‘uŋ˥ 孔恐
k‘uŋ˨˩ 控空～白
xuŋ˨˩˦ 烘哄～动轰薨
xuŋ˥ 红鸿虹弘宏哄洪横～竖
xuŋ˨˩ 哄起～横一～

yŋ

lyŋ˥ 龙垄
tɕyŋ˥ 炯迥
tɕyŋ˨˩ 纵老粽
tɕ‘yŋ˨˩˦ 倾穹
tɕ‘yŋ˥ 穷琼从
ɕyŋ˨˩˦ 松～树凶胸汹匈兄嵩
ɕyŋ˥ 雄熊
yŋ˨˩˦ 拥痈雍臃
yŋ˥ 永泳咏甬勇恿踊涌慵
yŋ˨˩ 用佣

附：本字考释

褯 tɕiə˨˩ 《广韵》祃韵慈夜切："小儿褯"。褯 ə tɕiə˨˩˥ ə˧，尿布。

髑 tuə˥ 《广韵》屋韵徒谷切："髑髅"。髑髅骨 tuə˥˨˦ ləu˧ ku˧，头骨。

垺 pu˥ 《广韵》没韵蒲没切："尘起"。垺土 pu˥˨˦ t‘u˧，指路面上的松土或飞扬的尘土。

铗 fu˨˩˦ 《说文》："莝斫刀也，从金夫声"。博山用为动词，意为把表面的一层切下，例如：把肉皮铗下来。

築 tʂu˨˩˦ 《广雅·释器》築"谓之杵"。《广韵》屋韵张六切："擣也"。築 ə tʂu˨˩˦˧ ə˧，瓶塞；築住 tʂu˨˩˦˧ tʂu˧，塞住；築送 tʂu˨˩˦˨˦ suŋ˧，把财物塞给别人。又，博山"建筑"的"筑"，音 [tʂu˨˩]。

跍 ku˨˩˦ 《广韵》模韵枯胡切："蹲貌"。跍堆 ku˨˩˦˩ tei˧ 蹲。"跍"读 [k]声母。

瓕 mei˨˩˦ 《广韵》支韵武夷切："齐人呼母"。博山又称母亲为瓕，如：俺瓕。又有：老瓕 lɔ˥ mei˨˩˦，犹大娘，伯母。

菢 pɔ˨˩ 《广韵》号韵薄报切："鸟伏卵"。菢小鸡 pɔ˨˩ ɕiɔ˥ tɕi˨˩˦、菢窝 pɔ˨˩ və˨˩˦。

嬔 fã˨˩ 《广韵》愿韵芳万切："息也"。博山方言有"母鸡嬔蛋、蚕妹嬔子、苍蝇嬔蛆"等说法。

鑱 ts‘ã˥ 《说文》："小凿也，从金从斩，斩亦声。"《广韵》咸韵士衔切："小鑱，又才三切"。

博山用才三切的音，鏨磨 ts'ã˥˩˨ mə˨˩，凿磨。

𩎟 tʂ'ã˥ 《广韵》衔韵锄衔切："险也"。过去博山农民穿的一种鞋，前面带钩形，很结实耐穿，称为"𩎟鞋 tʂ'ã˥˨˩ ɕiɛ˥"。

揞 ŋã˥ 《广韵》感韵乌感切："手覆"。博山方言有"揞上点药、出血嗞快用手揞上"等说法。"揞"读 [ŋ]声母。

唵 nã˥ 《广韵》感韵乌感切："手进食也"。博山称用手向嘴里揞食为唵，例如：唵上口炒面。"唵"读 [n]声母。

埝 niã˥ 《广韵》栎韵都念切："下也"。下即下处，博山称地方为 niã˥，有"这个 niã˥、那个 niã˥"等说法，当地写作"埝"。声母读音和反切不合。

殗 iã˧ 《临朐续志》："殜殗，《方言》病而不甚日殜殗（按：《方言》卷二作"殗殜"），俗谓花草枯萎曰殜殗，读为叶奄。博山有"叶殗 iə˨˩ iã˧、熟殗 ʂu˥˨˩ iã˧"等说法，指花草枯萎、发软不挺拔。

扽 tə̃˨˩ 《广韵》慁韵都困切："扽撼"。博山谓用强力拉为扽，例如：从本 ə 上扽下一张纸。"扽"今读开口。

信 ʂə̃˨˩˦ 《集韵》真韵升人切："《说文》屈伸。《经典》作信，通作申"。清代博山诗人赵执信，信读作 [ʂə̃˨˩˦]。

衿 tɕiə̃˨˩˦ 《广韵》侵韵居吟切："衣小带也"。博山用作动词，意为拉着线或绳，例如：你衿 ə 这根绳。

妨 faŋ˨˩˦ 《说文》："害也，从女方声"博山迷信的人称妇女使自己的丈夫或婆家的其他人死亡，例如：婆婆说颜奶奶妨了她男人。

욣 naŋ˨˩ 《方言》卷十："多也"奴动反。博山称人多拥挤为욣。韵母今读 [aŋ]。

鉎 ʂəŋ˨˩˦ 《广韵》庚韵所庚切："铁鉎"。鉎疏 ʂəŋ˨˩˦˨˩ ʂu˧，即铁锈。

冻 tuŋ˨˩˦ 《广韵》东韵德红切："冻凌"。冻冻 tuŋ˨˩˦˨˩ tuŋ˧，冰块。俗写作"冬"。

第伍章　博山音和北京音的比较

一　声母的比较

博山方言声母与北京声母的比较请看表五(第58页)。

博山二十四个声母,比北京多 v ŋ ɭ 三个,没有北京的 ʐ。其主要不同是:

①博山 v 声母,北京是合口呼的零声母。

②博山 ŋ 声母,北京是开口呼的零声母。

③博山 ɭ 声母,北京是零声母的 ər

④博山 l 声母。北京分别读为 ʐ l 两个声母。例如下列几对字,北京前字读 ʐ-, 后字读 l-, 博山都读 l-。

然＝蓝 lã˥	肉＝漏 ləu˩	让＝浪 laŋ˩
入＝陆 lu˩	软＝卵 luã˥	荣＝隆 luŋ˥

⑤博山 tʂ tʂ‘ ʂ 三个声母的小部分字,北京读 ts ts‘ s,常用字有:

博山	北京	例字
tʂ	ts	责侧择泽仄昃邹淄
tʂ‘	ts‘	策册侧测恻厕岑
ʂ	s	色啬涩洒所森缩

博山少量 tʂ‘ 声母字,北京读 ʂ 声母,如:殊售蟮蛐~深顺孝~尚和~。

⑥博山的少数零声母字,北京读 n 声母,如:倪拟牛孽凝逆虐疟

二　韵母的比较

博山方言韵母与北京韵母的比较请看表六(第59—60页)。

博山韵母三十六个,比北京多 iɛ 一个,没有北京的 o ər uəŋ 三个。其主要不同可从音值和音类两方面比较:

音值方面

①博山 ɑ iɑ uɑ 的 ɑ,发音要比北京的 a 明显靠后,例如"喇叭花、假牙"等,后面的主要元音像是从喉咙深处发出来的,声音比较沉。

②博山的 ɛ uɛ 和 ɔ iɔ 四个韵母分别跟北京的 ai uai 和 au iau 相对应。北京的 ai 和 au 都是舌位由低到高变化较大的复合元音,而博山的 ɛ ɔ 动程极为微小,可以记为单元音。

表五　博山与北京声母比较表

博山	北京	例字	例外字博山音（北京音）
p	p	波败别布	粕 pə˧˥ (p‘oᵓ)
p‘	p‘	怕盆批普	
m	m	麻忙米母	
f	f	飞凡福父	
v	ø	外王屋物	
t	t	大淡敌多	提～溜 ti˥(꜁t‘i)　特～为 ə tei˧˥(t‘ɤᵓ)　突 tu˥(꜀t‘u)
t‘	t‘	胎谈天退	堤 t‘i˧˥(꜀ti)
n	n	男年奴女	谬 niəu˩ (miouᵓ)
l	l	来力罗驴	嫩 luə̃˩ (nənᵓ)　遇 lu˩ (yᵓ)　蛹 luŋ˥ (ᶜyŋ)
	ʐ	人柔软如	
ts	ts	子贼租罪	堆 tsuei˧˥ (꜀tuei)
ts‘	ts‘	次蚕粗村	
s	s	寺三苏孙	厕 sɿ ˧˥ (ts‘ɤᵓ)　赐 sɿ˩ (ts‘ɿᵓ)
tʂ	tʂ	直找准浊	踏 tʂɑ˧˥ (t‘aᵓ)　触 tʂu˧˥ (tʂ‘uᵓ)
	ts	责泽	
tʂ‘	tʂ‘	尺茶船窗	剿 tʂ‘ɔ˧˥ (ᶜtɕiau)　深 tʂ‘ə̃˧˥ (꜀ʂən)　殖 tʂ‘ʅ˥ (꜁tʂʅ)
	ts	册测	
ʂ	ʂ	市晒顺水	瑞 ʂuei˩ (ʐueiᵓ)　骰 ʂei˧˥ (꜁t‘ou)　憷～头 ʂu˩ (tʂ‘uᵓ)
	s	色瑟	
ɭ	ø	儿耳二	理不～他 ɭə˥ (ᶜli)　日 ɭə ˩ (ʐʅᵓ)
tɕ	tɕ	借绝旧君	
tɕ‘	tɕ‘	秦取乔劝	
ɕ	ɕ	袖心贤训	畦 ɕi˥ (꜁tɕ‘i)　洽 ɕiɑ˥ (tɕ‘iaᵓ)
k	k	该钢古共	
k‘	k‘	开康枯狂	
ŋ	ø	哀安艾岸	
x	x	黑厚呼皇	
ø	ø	英以云元	淆 iɔ˥ (꜁ɕiɔ)　阮 yã˩ (ᶜʐuan)
	n	牛倪逆虐	

表六 博山与北京韵母比较表

博山	北京	例字	例外字博山音（北京音）
ɑ	a	八大擦哈	雹 pɑ˥ (꜁pau) 坷 k'ɑ ˨˩˦ (꜀k'ɤ) 喝 xɑ ˨˩˦ (꜀xɤ)
	ua	挖瓦袜	
iɑ	ia	俩加下鸭	角 tɕiɑ˨˩˦ (꜂tɕiau)
uɑ	ua	抓刷瓜花	
ə	o	波泼莫佛	薄 pə˥ (꜁pau)
	uo	窝我卧	
	ɤ	特测革饿	理不～他 lə˥ (꜂li)
	ər	儿耳二	
iə	ie	别爹节野	
uə	uo	多昨桌过	凿 tsuə˥ (꜁tsau)
	ɤ	哥科河	
yə	ye	略确学月	脚 tɕyə ˨˩˦ (꜂tɕiau) 药 yə˧˩ (iau꜃)
ɿ	ɿ	兹泚思	厕 sɿ˨˩˦ (ts'ɤ꜃)
ʅ	ʅ	之尺师	涩 ʂʅ˨˩˦ (sɤ꜃)
i	i	毕低计衣	卑 pi˨˩˦ (꜀pei) 履 li˧˩ (꜂ly) 屑不～ ɕi˨˩˦ (꜀ɕie) 篾mi˥(mie꜃)
u	u	布路姑五	抱 pu˧˩ (pau꜃) 做 tsu˧˩ (tsuo꜃) 农 nu˥ (꜁nuŋ) 遇 lu˧˩ (y꜃) 某 mu˥ (꜂mou) 谋 mu˥ (꜁mou) 牟眸 mu˧˩ (꜁mou) 妯轴 tʂu˥(꜁tʂou) 获 xu˧˩ (xuo꜃)
y	y	女吕虚雨	宿一～ ɕy˨˩˦ (꜂ɕiou)
ɛ	ai	拜台灾开	
	uai	歪外	
iɛ	ie	阶鞋	
	ai	矮挨	涯崖 iɛ˥ (꜁ia)
uɛ	uai	帅乖快槐	

博山	北京	例字	例外字博山音（北京音）
ei	ei	飞内贼黑	笔 pei˨˦ (꜂pi) 披坯土～ p'ei˨˦ (꜀p'i) 谁 ʂei˥ (꜁ʂuei) 颓 t'ei˥ (꜁t'uei)
	uei	威委位	
	o	伯迫默	
	ai	白拍麦塞	
	ɤ	择策格客	
uei	uei	队罪吹归	
	ei	雷儡泪肋	（限 l 声母）
ɔ	au	包桃早高	否 fɔ˥ (꜂fou)
iɔ	iau	表鸟交妖	
əu	ou	斗走周够	
iəu	iou	丢刘久友	
ã	an	班单山汉	
	uan	弯晚万	
iã	ian	面联仙烟	缘 iã˥ (꜁yan)
uã	uan	短算川关	
yã	yan	捐劝选远	
ə̃	ən	本忍臣肯	含 xə̃˥ (꜁xan)
	uən	温文问	
iə̃	in	宾林亲因	闰 iə̃˨˩ (ʐuən꜄) 孕 iə̃˨˩ (yn꜄)
uə̃	uən	蹲寸准昆	嫩 luə̃˨˩ (nən꜄) 横 xuə̃˥ (xəŋ꜄) 懂 tuə̃˥ (꜂tuŋ)
yə̃	yn	君群训云	淋 lyə̃˥ (꜁lin) 轮～班 lyə̃˥ (꜁luən) 清看不～ tɕ'yə̃˨˦ (꜀tɕ'iŋ)
ɑŋ	ɑŋ	胖汤仓康	
	uɑŋ	汪王忘	
iɑŋ	iɑŋ	娘良江央	
uɑŋ	uɑŋ	庄双光荒	
əŋ	əŋ	丰灯争庚	贞侦 tʂəŋ˨˦ (꜀tʂən)
	uəŋ	翁瓮	
iŋ	iŋ	冰丁青英	
uŋ	uŋ	冬脓忠工	蛹 luŋ˥ (꜂yŋ)
yŋ	yŋ	炯穷凶用	倾 tɕ'yŋ˨˦ (꜀tɕ'iŋ)

③博山的 ã iã uã yã 和 ə̃ iə̃ uə̃ yə̃ 八个鼻化元音韵,分别跟北京的 an ian uan yan 和 ən in uən yn 八个鼻辅音韵尾的韵母相对应。

音类方面

①博山的 iɛ 韵与 ɛ uɛ 配套,北京没有。iɛ 韵母的字限于 tɕ ɕ Ø 三个声母,凡 tɕ ɕ 声母的字北京读 ie,零声母字北京读 ai(个别字“涯崖”读 ia)。常用字有:

博山	北京	例字
tɕiɛ	tɕie	皆秸阶街解介界芥疥戒届
ɕiɛ	ɕie	鞋蟹懈澥械
iɛ	ai	挨唉矮埃隘

②北京的 o,博山多数读 ə,少数读 ei(参见本节下文第⑦、⑨两条说明)。

③北京的 ər,博山是 ɭə(参见本节下文第⑦条说明)。

④北京的 uəŋ,博山是 əŋ(参见下条说明)。

⑤博山有 v 声母,这个声母除单韵母 u 是合口呼以外,其余都拼开口呼。凡博山 v 声母拼开口呼的音节,北京都是合口呼。请比较:

博山	vɑ	və	vɛ	vei	uã	və̃	vɑŋ	vəŋ	vu
北京	ua	uo	uai	uei	uan	uən	uaŋ	uəŋ	u
例字	瓦	我	歪	位	弯	温	汪	翁	乌

⑥博山 ɑ 韵母的少数字,北京读 ɤ 韵母,例如:

	蛇	割	磕瞌	坷	喝
博山	ʂɑ˥	kɑ˩˥	k‘ɑ˩˥	k‘ɑ˩˥	xɑ˩˥
北京	꜀ʂɤ	꜀kɤ	꜀k‘ɤ	꜀k‘ɤ	꜀xɤ

⑦博山的 ɔ 韵母字,北京读 o uo ɤ ər 四个韵母,其分化以声母为条件,即唇音声母 p p‘ m f 读 o,v 声母多读 uo,卷舌边音声母 ɭ 读 ər,其他声母读 ɤ:

博山声母	北京韵母	例字
p p‘ m f	o	波坡莫佛
v	uo	窝我卧
ɭ	ər	耳二而
其他	ɤ	热哲车舌革克额河

⑧博山的 uə 韵母字,北京多数读 uo,例如“多罗作桌过”等。舌根声母中的一部分北京读 ɤ,常用字有:

博山	北京	例字
kuə	kɤ	哥歌各胳阁搁鸽蛇割~舍疙又个葛戈
k‘uə	k‘ɤ	颗棵科蝌渴又壳苛咳可课嗑
xuə	xɤ	河何荷合盒和~气核~桃贺鹤禾

⑨博山 ei 韵母字,北京读 ei (uei) ɤ ai o 等韵母,在博山 110 个左右 ei 韵母的常用字中(变读韵母未计在内),北京读 ei (uei) 的有60多个,例如“悲非内贼黑威”等,其余分读为 ɤ ai o 三个韵母。读 ɤ ai o 的字列举如下,例字前方括弧是博山方言声母读法。

博山	北京	例字
ei	ɤ	[t] 得德 [tʻ] 特 [ts] 则啧 [tʂ] 责仄昃择泽 [tʂ]策册侧测恻 [ʂ] 色瑟啬穑 [k] 革隔嗝格 [kʻ] 刻克剋客
	ai	[p] 伯柏~树掰白 [pʻ] 拍 [m] 麦脉 [s] 塞 [tʂ] 窄摘宅翟 [tʂʻ] 拆 [ʂ] 色文
	o	[p] 粕 [pʻ] 迫魄 [m] 墨默

⑩博山两个撮口呼韵母 y 和 yŋ 的一小部分字,北京读为合口呼的 u 和uŋ。凡属于这两个韵母不同的字,其声母如果博山是 tɕ和ɕ,北京就是相应的ts(个别 tʂ)和 s。常用字有:

	足	俗	肃	铸	龙	垄	粽纵老	从	松~树
博山	tɕy˨˩˦	ɕy˥	ɕy˨˩˦	tɕy˧˩	lyŋ˥	lyŋ˥	tɕyŋ˧˩	tɕʻyŋ˥	ɕyŋ˨˩˦
北京	꜁tsu	꜁su	suᵓ	tʂuᵓ	꜁luŋ	ᶜluŋ	tsuŋᵓ	꜁tsʻuŋ	꜀suŋ

三 声调的比较

博山方言和北京声调比较请看表七。

表七 博山与北京声调比较表

博山	北京	例字	例外字博山音(北京音)
平声 ˨˩˦	阴平 ˥	沙爹推区八接初届	
	阳平 ˧˥	博节福菊	
	上声 ˨˩˦	法铁骨雪	
	去声 ˥˩	室必速确	
上声 ˥	阳平 ˧˥	爬邪胡驴达协族局	雌 tsʻɿ˥ (꜀tsʻɿ) 巾 tɕiə̃˥ (꜀tɕin),
	上声 ˨˩˦	打写虎吕	自~家 tsɿ˥ (tsɿᵓ) 负 fu˥ (fuᵓ) 篾 mi˥ (mieᵓ)
去声 ˧˩	去声 ˥˩	妹谢沪去袜灭入律	疵吹毛求~ tsʻɿ˧˩ (꜀tsʻɿ) 夫~妇 fu˧˩ (꜀fu)

从表七可以看出博山方言与北京话声调的主要差别如下:

①博山声调三个,比北京少一个阳平。

②博山的平声字,北京除多数也读阴平以外,一少部分读阳平、上声、去声。这部分字主要来源于古清声母入声(参见“博山音和古音的对比”),常用字列举如下,例字前方括弧的音标是北京话韵母。

北京阳平:[a] 答~应察|[ia] 夹~袄|[o] 博膊搏驳伯柏|[uo] 国|[ɤ] 得德则责折哲蛰革隔嗝格阁咳壳|[ie] 节疖结|[ye] 觉厥蹶蕨镢|[ʅ] 职执识|[i] 级吉脊急辑棘即媳|[u] 福蝠幅辐足竹逐烛骨~头|[y] 菊橘

北京上声:[a] 法砝塔撒~种|[ɤ] 渴|[ie] 撇一~铁血|[ye] 雪|[ʅ] 尺|[i] 笔匹徙乙|

[u] 笃嘱瞩骨谷｜ [y] 曲｜ [ai] 百窄｜[ei] 北｜ [iau] 脚角

北京去声：[a] 发头～榻萨飒霎煞～费苦心｜[ia] 恰｜[o] 迫魄｜[uo] 握沃作括包～扩阔｜[ɤ] 侧恻测厕浙策册色啬瑟摄克刻客各虼｜[ye] 却确雀推鹊阕阙宫～｜[ɿ] 质挚室饰适｜[i] 毕必僻鲫｜[u] 不复覆腹促速肃粟触束酷｜[y] 蓄

③博山的上声字，北京读阳平和上声，其中读阳平的比读上声的稍多一些，据粗略统计，在将近1400个博山读上声的常用字中，北京读阳平的约800个。例如以下几组字，博山音完全相同，北京声韵母相同，但声调不同：

博山	麻　＝马 mɑ˥	移　＝椅 i˥	无　＝五 vu˥	鱼　＝雨 y˥
北京	麻꜁ma ≠马 ꜂ma	移꜁i ≠椅 ꜂i	无꜁u≠五 ꜂u	鱼꜁y≠雨 ꜂y

第陆章　博山音和古音的比较

一　声母的比较

古音指以《切韵》系统为代表的中古音系。古音声母系组的分类，以及韵摄的排列，均依中国社会科学院语言研究所编《方言调查字表》（修订本）。

表八　博山音与古音声母比较表

		清				全浊		
						平		仄
帮组		帮	波 ꜀pə	滂	坡 ꜀pʻə	並	婆 ᶜpʻə	步 puᵓ
非组		非	飞 ꜀fei	敷	妃 ꜀fei	奉	肥 ᶜfei	
端组		端	刀 ꜀tɔ	透	掏 ꜀tʻɔ	定	桃 ᶜtʻɔ	道 tɔᵓ
精组	今洪	精	遭 ꜀tsɔ	清	草 ᶜtsʻɔ	从	曹 ᶜtsʻɔ	皂 tsɔᵓ
	今细		焦 ꜀tɕiɔ		悄 tɕʻiɔᵓ		樵 ᶜtɕʻiɔ	就 tɕiəuᵓ
知组		知	知 ꜀tʂʅ	彻	痴 ꜀tʂʻʅ	澄	池 ᶜtʂʻʅ	直 ᶜtʂʅ
庄组		庄	斋 ꜀tʂɛ	初	钗 ꜀tʂʻɛ	崇	锄 ᶜtʂʻu	助 tʂuᵓ
章组		章	支 ꜀tʂʅ	昌	齿 ᶜtʂʻʅ	船	唇 ᶜtʂʻuə̃ 神 ᶜʂə̃	术 ᶜʂu
日组								
见晓组	今洪	见	高 ꜀kɔ	溪	考 ᶜkʻɔ	群	狂 ᶜkʻuɑŋ	共 kuŋᵓ
	今细		交 ꜀tɕiɔ		敲 ꜀tɕʻiɔ		桥 ᶜtɕʻiɔ	旧 tɕiəuᵓ
影组		影	安 ꜀ŋã 烟 ꜀iã 弯 ꜀vã 冤 ꜀yã					

博山音与古音声母的比较请看表八。表中有两处需要单独说明:

①知组澄母“择泽”两字及庄组中北京读 ts tsʻ s 的“辎策所”等字，博山除少数(“阻篡搜”等，详见“例外字”)以外，都读 tʂ tʂʻ ʂ，如“邹责测册瑟缩”，但其中一部分字又有 ts tsʻ s 的文读或新读音，例如“泽” ᶜtʂei ᶜtsə、“册” ꜀tʂʻei ꜀tsʻə 新、“洒” ᶜʂɑ ᶜsɑ 等。

②疑母字洪音开口读 ŋ、合口读 v；细音读零声母，部分齐齿呼的字又有 n 的新读音，例如“牛” ᶜiəu ᶜniəu(新)、“逆” iʾ niʾ (新)、“凝” ᶜiŋ ᶜniŋ (新)，等等。

表八　博山音与古音声母比较表

次浊	清	全浊 平	全浊 仄		
明 麻 ᶜma				帮组	
微 胃 veiʾ				非组	
泥 南 ᶜnã　来 老 ᶜlɔ				端组	
	心 苏 ꜀su	邪 随 ᶜsuei 辞 ᶜtsʻɿ	似 sɿʾ	精组	今洪
	心 西 ꜀ɕi	邪 巡 ᶜɕyə̃ 囚 ᶜtɕʻiəu	绪 ɕyʾ	精组	今细
				知组	
	生 师 ꜀ʂʅ			庄组	
	书 诗 ꜀ʂʅ	禅 时 ᶜʂʅ 成 ᶜtʂʻəŋ	社 ʂəʾ	章组	
日 热 ləʾ　二 ɭəʾ				日组	
疑 艾 ŋɛʾ　瓦 ᶜvɑ	晓 呼 ꜀xu	匣 湖 ᶜxu		见晓组	今洪
疑 硬 iŋʾ　鱼 ᶜy	晓 希 ꜀ɕi	匣 械 ɕiɛʾ		见晓组	今细
云 邮 ᶜiəu 雨 ᶜy 位 veiʾ 荣 ᶜluŋ　以 油 ᶜiəu 余 ᶜy 唯 ᶜvei 锐 lueiʾ				影组	

二 韵母的比较

博山音与古音韵母的比较请看表九（66—73页）。表中有三处需要单独说明：

①果摄一等见系字，博山不论开合都读 -uə（v 声母 -ə），但有不少字又有文读音 -ə，例如“歌” ꜀kuə ꜀kə（开一）、“课” k‘uə꜄ k‘ə꜄（合一）、“河” ꜂xuə ꜂xə（开一）等。

表九 博山音与古音韵母比较表之一

		一等			二等			
		帮系	端系	见系	帮系	泥组	知庄组	见系
果开	例字		多 大	哥				
	博山音		꜀tuə tɑ꜄	꜀kuə ꜀kə				
果合	例字	波	躲	科 讹				
	博山音	꜀pə	꜂tuə	꜀k‘uə꜀k‘ə꜀və				
假开	例字				麻	拿	茶	家
	博山音				꜂mɑ	꜂nɑ	꜂tʂ‘ɑ	꜀tɕiɑ
假合	例字						傻	花
	博山音						꜂ʂɑ	꜀xuɑ
遇合	例字	布 模	土 做	姑				
	博山音	pu꜄ ꜂mə ꜂mu	꜂t‘u tsu꜄ tuə꜄	꜀ku				
蟹开	例字	贝	来	该	埋	奶	斋	街
	博山音	pei꜄	꜂lɛ	꜀kɛ	꜂mɛ	꜂nɛ	꜀tʂɛ	꜀tɕiɛ
蟹合	例字	杯	雷 内	灰 块 外			拽	怪 歪
	博山音	꜀pei	꜂luei nei꜄	꜂xuei k‘uɛ꜄vɛ꜄			tʂuɛ꜄	kuɛ꜄ ꜀vɛ
止开	例字							
	博山音							
止合	例字							
	博山音							

②蟹合二见系另有读 -uɑ、-ɑ 的五字：挂卦 kuɑᵓ、画话 xuɑᵓ、蛙 ꜀vɑ。

③咸摄开口入声三等读 -iə，读 -iɑ 的限于四等：荚颊铗 ꜀tɕiɑ、侠 ᶜɕiɑ。四等字"协"读 ᶜɕiə。

表九　博山音与古音韵母比较表之一

三			四			等			
帮系	端组	泥组	精组	庄组	知章组	日母	见系		
							茄	例字	果开
							ᶜtɕʻiə	博山音	
							瘸	例字	果合
							ᶜtɕʻyə	博山音	
			姐		车	惹	夜	例字	假开
			ᶜtɕiə		꜀tʂʻə	ᶜlə	iəᵓ	博山音	
								例字	假合
								博山音	
府		女	徐	助	书	如	居	例字	遇合
ᶜfu		ᶜny	ᶜɕy	tʂuᵓ	꜀ʂu	ᶜlu	꜀tɕy	博山音	
米	低	泥	西		制		鸡	例字	蟹开
ᶜmi	꜀ti	ᶜni	꜀ɕi		tʂʅᵓ		꜀tɕi	博山音	
肺			岁		税	芮	桂	例字	蟹合
feiᵓ			sueiᵓ		ʂueiᵓ	lueiᵓ	kueiᵓ	博山音	
皮　美	地	李	资	师	支	儿	衣	例字	止开
ᶜpʻi ᶜmei	tiᵓ	ᶜli	꜀tsɿ	꜀ʂʅ	꜀tʂʅ	ᶜɭə	i	博山音	
飞		泪	嘴	帅	瑞	蕊	规　危	例字	止合
꜀fei		lueiᵓ	ᶜtsuei	ʂuɛᵓ	ʂueiᵓ	ᶜluei	꜀kuei ᶜvei	博山音	

表九　博山音与古音韵母比较表之二

		一等			二等			
		帮系	端系	见系	帮系	泥组	知庄组	见系
效开	例字	保	刀	高	包	闹	抄	交　拗
	博山音	ᶜpɔ	꜀tɔ	꜀kɔ	ᶜpɔ	nɔᵓ	ᶜtʂʻɔ	ᶜtɕiɔ　ŋɔᵓ
流开	例字	某　茂	走	欧				
	博山音	ᶜmu　mɔᵓ	ᶜtsəu	꜀ŋəu				
咸舒开	例字		南	甘			站	减
	博山音		ᶜnã	꜀kã			tʂãᵓ	ᶜtɕiã
咸舒合	例字							
	博山音							
深舒开	例字							
	博山音							
山舒开	例字		丹	安	班	赧	山	艰
	博山音		꜀tã	ᶜŋã	꜀pã	ᶜnã	꜀ʂã	꜀tɕiã
山舒合	例字	般	短	官			闩	关　弯
	博山音	꜀pã	ᶜtuã	꜀kuã			꜀ʂuã	꜀kuã　꜀vã
臻舒开	例字		吞	根				
	博山音		꜀tʻuə̃	꜀kə̃				
臻舒合	例字	门	村	昏				
	博山音	ᶜmə̃	꜀tsʻuə̃	꜀xuə̃				
宕舒开	例字	帮	仓	康				
	博山音	꜀paŋ	꜀tsʻaŋ	꜀kʻaŋ				
宕舒合	例字			光　汪				
	博山音			꜀kuaŋ　꜀vaŋ				
江舒开	例字				胖	攮	双	江
	博山音				pʻaŋᵓ	ᶜnaŋ	꜀ʂuaŋ	꜀tɕiaŋ

表九　博山音与古音韵母比较表之二

三		四				等			
帮　系	端组	泥　组	精　组	庄　组	知章组	日　母	见　　系		
苗	条	燎	焦		超	扰	交	例　字	效　开
ᶜmiɔ	ᶜt'iɔ	ᶜliɔ	꜀tɕiɔ		꜀tʂ'ɔ	ᶜlɔ	꜀tɕiɔ	博山音	
浮　否	[丢]	流	秋	皱	周	柔	有	例　字	流　开
ᶜfu ᶜfɔ	꜀tiəu	ᶜliəu	꜀tɕ'iəu	tʂəuᵓ	꜀tʂəu	ᶜləu	ᶜiəu	博山音	
贬		粘	尖		闪	染	严	例　字	咸舒开
ᶜpiã		ᶜniã	꜀tɕiã		ᶜʂã	ᶜlã	ᶜiã	博山音	
凡								例　字	咸舒合
ᶜfã								博山音	
品		林	心	渗	针	任	音	例　字	深舒开
ᶜp'iə̃		ᶜliə̃	꜀ɕiə̃	ʂə̃ᵓ	꜀tʂə̃	lə̃ᵓ	꜀iə̃	博山音	
边	天	年	千		缠	然	坚	例　字	山舒开
꜀piã	꜀t'iã	ᶜniã	꜀tɕ'iã		ᶜtʂ'ã	ᶜlã	꜀tɕiã	博山音	
反		恋	全		专	软	元	例　字	山舒合
ᶜfã		liãᵓ	ᶜtɕ'yã		꜀tʂuã	ᶜluã	ᶜyã	博山音	
民		邻	亲	衬	真	人	斤	例　字	臻舒开
ᶜmiə̃		ᶜliə̃	꜀tɕ'iə̃	tʂ'ə̃ᵓ	꜀tʂə̃	ᶜlə̃	ᵓtɕiə̃	博山音	
文		伦	巡	春		润　闰	均	例　字	臻舒合
ᶜvə̃		ᶜluə̃	ᶜɕyə̃	꜀tʂ'uə̃		luə̃ᵓ iə̃ᵓ yə̃ᵓ	꜀tɕyə̃	博山音	
		良	枪	霜	张	让	央	例　字	宕舒开
		ᶜliaŋ	꜀tɕ'iaŋ	꜀ʂuaŋ	꜀tʂaŋ	laŋᵓ	꜀iaŋ	博山音	
方							狂　王	例　字	宕舒合
꜀faŋ							ᶜk'uaŋ ᶜvaŋ	博山音	
								例　字	江舒开
								博山音	

表九 博山音与古音韵母比较表之三

		一等			二等			
		帮系	端系	见系	帮系	泥组	知庄组	见系
曾舒开	例字	朋	登	恒				
	博山音	ᶜp‘əŋ	꜀təŋ	ᶜxəŋ				
曾舒合	例字			弘				
	博山音			ᶜxuŋ				
梗舒开	例字				孟	冷	生	耕 杏
	博山音				məŋᵓ	ᶜləŋ	꜀ʂəŋ	꜀kəŋ ɕiŋᵓ
梗舒合	例字							轰 横
	博山音							꜀xuŋ xəŋᵓ ᶜxəŋ
通舒合	例字	篷	东	公 翁				
	博山音	ᶜp‘əŋ	꜀tuŋ	꜀kuŋ ꜀vəŋ				
咸入开	例字		杂	磕 合 鸽			插	夹
	博山音		ᶜtsɑ	꜀k‘ɑ ᶜxuə ᶜkuə ꜀kə			꜀tʂ‘ɑ	꜀tɕiɑ
咸入合	例字							
	博山音							
深入开	例字							
	博山音							
山入开	例字		达	割 渴	八		杀	瞎
	博山音		ᶜtɑ	꜀kɑ ꜀kə ꜀k‘uə ꜀k‘ə	꜀pɑ		꜀ʂɑ	꜀ɕiɑ
山入合	例字	拨	夺	活 斡			刷	滑 挖
	博山音	꜀pə	ᶜtuə	ᶜxuə ꜀və			꜀ʂuɑ	ᶜxuɑ ꜀vɑ
臻入开	例字			纥				
	博山音			ᶜxuə				
臻入合	例字	不 饽	突	骨				
	博山音	꜀pu ꜀pə	ᶜtu	꜀ku				

第陆章　博山音和古音的比较　71

表九　博山音与古音韵母比较表之三

三四等									
帮系	端组	泥组	精组	庄组	知章组	日母	见系		
冰		陵	甑		蒸	扔	凝	例字	曾舒开
꜀piŋ		ᶜliŋ	tsəŋᵓ		꜀tʂəŋ	꜀ləŋ	ᶜiŋ	博山音	
								例字	曾舒合
								博山音	
兵		领	精		声		京	例字	梗舒开
꜀piŋ		ᶜliŋ	꜀tɕiŋ		꜀ʂəŋ		꜀tɕiŋ	博山音	
							兄　营	例字	梗舒合
							꜀ɕyŋ　ᶜiŋ	博音山	
风		浓　龙	颂　松~树	崇	忠	绒	宫　穷	例字	通舒合
꜀fəŋ		ᶜnuŋ ᶜlyŋ	suŋᵓ ꜀ɕyŋ	ᶜtʂʻuŋ	꜀tʂuŋ	ᶜluŋ	꜀kuŋ ᶜtɕʻyŋ	博山音	
	跌	聂	接		涉		业　荚	例字	咸入开
	꜀tiə	niəᵓ	꜀tɕiə		ʂəᵓ		iəᵓ　꜀tɕiɑ	博山音	
法								例字	咸入合
꜀fɑ								博山音	
		立	习	涩	十	入	急	例字	深入开
		liᵓ	ᶜɕi	꜀ʂʅ	ᶜʂʅ	luᵓ	꜀tɕi	博山音	
灭	铁	列	节		哲	热	结	例字	山入开
miəᵓ	꜀tʻiə	liəᵓ	꜀tɕiə		꜀tʂə	ləᵓ	꜀tɕiə	博山音	
发		劣	雪		说		月　血	例字	山入合
꜀fɑ		liəᵓ	꜀ɕyə		꜀ʂuə		yəᵓ　꜀ɕiə ꜀ɕyə	博山音	
毕　笔		栗	七	虱　瑟	实	日	一	例字	臻入开
꜀pi　꜀pei ꜀pi		liᵓ	꜀tɕʻi	꜀ʂʅ　꜀ʂei	ᶜʂʅ	ɭəᵓ	꜀i	博山音	
物　佛		律	戌　卒	蟀	出		屈　掘	例字	臻入合
vuᵓ　ᶜfə		lyᵓ	꜀ɕy　ᶜtsu	ʂuεᵓ	꜀tʂʻu		꜀tɕʻy　ᶜtɕyə	博山音	

表九 博山音与古音韵母比较表之四

		一等			二等			
		帮系	端系	见系	帮系	泥组	知庄组	见系
宕入开	例字	薄	凿	各 恶				
	博山音	ᶜpə	ᶜtsuə	꜀kuə ꜀kə ꜀və				
宕入合	例字			郭				
	博山音			꜀kuə				
江入开	例字				剥 朴 雹	荦	桌	学
	博山音				꜀pə ꜀pʻu ᶜpɑ	luəᵓ	꜀tʂuə	ᶜɕyə
曾入开	例字	墨	德	刻				
	博山音	mei	꜀tei ꜀tə	꜀kʻei ꜀kʻə				
曾入合	例字							或 国
	博山音							ᶜxuei ꜀kuə ꜀kuei老
梗入开	例字				麦		责	格
	博山音				meiᵓ		꜀tʂei	꜀kei ꜀kə
梗入合	例字							获
	博山音							ᶜxuei ᶜxuə 新
通入合	例字	木	鹿	屋				
	博山音	muᵓ	luᵓ	꜀vu				

表九　博山音与古音韵母比较表之四

三			四			等			
帮　系	端组	泥　组	精　组	庄　组	知章组	日　母	见　系		
		略	嚼		芍	若	药	例　字	宕入开
		lyəᵓ	ᶜtɕyə		ᶜʂuə	luəᵓ	yəᵓ	博山音	
缚							镬	例　字	宕入合
ᶜfu							꜀tɕyə	博山音	
								例　字	江入开
								博山音	
逼		力	息	测	直		极	例　字	曾入开
꜀pi		liᵓ	꜀ɕi	꜀tʂ‘ei ꜀ts‘ə新	ᶜtʂʅ		ᶜtɕi	博山音	
							域	例　字	曾入合
							yᵓ	博山音	
劈	滴	历	积		石		击	例　字	梗入开
꜀p‘i	꜀ti	liᵓ	꜀tɕi		ᶜʂʅ		꜀tɕi	博山音	
							役	例　字	梗入合
							iᵓ	博山音	
福		陆	足	缩	轴　粥	肉	玉	例　字	通入合
꜀fu		luᵓ	꜀ɕy	ᶜʂuə	ᶜtʂu　꜀tʂu ꜀tʂəu	ləuᵓ	yᵓ	博山音	

三 声调的比较

博山音与古音声调的比较请看表十。表端是今博山平、上、去三个声调，表左是古调类和古声母的清浊条件。

表十 博山音与古音声调比较表

		平声 ʌ	上声 ˥	去声 ˩
平声	清	基 tɕiʌ 杯 peiʌ		
	次浊		泥 ni˥ 梅 mei˥	
	全浊		棋 ɕ‘i˥ 赔 p‘ei˥	
上声	清		己 tɕi˥ 腿 t‘uei˥	
	次浊		你 ni˥ 美 mei˥	
	全浊			技 tɕi˩ 被 pei˩
去声	清			记 tɕi˩ 贝 pei˩
	次浊			腻 ni˩ 妹 mei˩
	全浊			忌 tɕi˩ 备 pei˩
入声	清	激 tɕiʌ 百 peiʌ		
	次浊			溺 ni˩ 麦 mei˩
	全浊		极 tɕi˥ 白 pei˥	

附 古今字音比较表的例外

（一）表八声母例外字：

帮 谱 ˓p‘u｜秘泌 mi˒｜辔 p‘ei˒｜迫 ˛p‘ei

並 佩 p‘ei˒｜ 叛 p‘ã˒｜曝 ˓p‘u｜仆 ˓p‘u

端 嚏 t‘i˒｜堤 ˛t‘i｜鸟 ˓niɔ

定 提~溜 ˓ti｜突 ˛t‘u新｜特 ˛t‘ei老 ˓t‘ə

来 辇 ˓niã｜弄 nəŋ˒

清 竣 tɕyə̃˒

心 棲 ˛tɕ‘i｜伺 ts‘ʅ˒｜粹 ts‘uei˒｜燥 tsɔ˒
｜鞘 tɕ‘iɔ˒

彻 侦 ˛tʂəŋ

庄 阻 ˛tsu｜滓 ˛tsʅ｜簪 ˛tsã

滂 玻 ˛pə｜怖 pu˒｜醭 ˓pu

明 谬 niəu˒｜戊 ˓vu

透 贷 tɛ˒

泥 赁 liə̃˒｜嫩 luə̃˒

精 挫 ts‘uə˒｜蹙 ˛ts‘u｜雀 ˛tɕ‘yə

从 蹲 ˛tuə̃

知 爹 ˛tiə｜嘲 ˓tʂ‘ɔ

澄 瞪 təŋ˒

初 篡 ts‘uã˒

生　搜馊溲飕蒐 ꜀səu

书　弛 ᶜtʂʻʅ｜翅啻tʂʻʅᵓ｜饷 ᶜɕiɑŋ｜舂꜀tʂʻuŋ

见　蜗 ꜀və｜懈 ɕiɛᵓ｜会～计侩脍 kʻuɛᵓ｜愧 kʻueiᵓ｜枭꜀ɕiɔ｜脸 ᶜliã｜讫 ᶜtɕʻi｜昆崑 ꜀kʻuə̃｜矿 kʻuɑŋᵓ

群　鲸 ꜀tɕiŋ

晓　歪 ꜀vɛ｜迄 tɕʻiᵓ｜况 kʻuɑŋ

影　秽 xueiᵓ｜鸢 ꜀niã｜娟 ꜀tɕyã｜唵 ŋã˥｜揞 nã˥

章　颤 tʂʻãᵓ

禅　植殖 ꜀tʂʅ｜慵 ᶜyŋ

溪　墟 ꜀ɕy｜溪 ꜀ɕi｜恢诙 ꜀xuei｜诘 ꜀tɕiə｜隙 ꜀ɕiə旧　꜀ɕi新｜吃 ꜀tʂʻʅ

疑　呆 ꜀tɛ

匣　苛 ꜀kʻuə ꜀kʻə｜肴淆 ᶜiɔ｜舰 tɕiãᵓ｜茎 tɕiŋᵓ 胫 tɕiŋᵓ｜迥 ᶜtɕyŋ

云　彗 xueiᵓ｜汇 xueiᵓ｜雄熊 ᶜɕyŋ

以　捐 ꜀tɕyã｜铅 ꜀tɕʻiã

（二）表九韵母例外字(括号内加注古韵及比较表中的常规读音)：

假摄：　虾 ꜀xɑ　（麻　iɑ）

遇摄：　都 ꜀təu（模　u）｜露～头 ləuᵓ（暮　u）｜错 tsʻuəᵓ（暮　u）｜庐 ᶜlu（鱼 y）｜所 ᶜʂuə（语　u）

蟹摄：　罢 pɑ˧（蟹　ɛ）｜楷 ᶜkʻɛ（骇　iɛ）｜揩～油 ꜀kʻɑ　（皆　iɛ）｜骇　ᶜxɛ（骇　iɛ）｜佳 ꜀tɕiɑ（佳　iɛ）｜谜 meiᵓ（霁　i）｜婿 ꜀ɕy（霁　i）｜坯 搭火～ ꜀pʻi（灰　ei）｜徘 ᶜpʻɛ（灰　ei）｜携 ꜀ɕiə（齐　uei）｜畦ᶜɕi（齐　uei）

止摄：　徙玺 ᶜɕi（纸　ʅ）｜季 tɕiᵓ（至　uei）｜遗 ꜀i（脂　vei）｜尾 ᶜi（尾　vei）

效摄：　艘 ꜀səu（豪　ɔ）

流摄：　剖 ꜀pʻəu（厚　u、ɔ）｜彪 ꜀piɔ（幽　u、ɔ）｜谬 niəuᵓ（幼　u、ɔ）｜廖 liɔᵓ（宥 iəu）｜漱 ʂuᵓ（宥　əu）

咸舒：　赚 tʂuãᵓ（陷　ã）｜杉 ꜀ʂɑ（咸　ã）

深舒：　禀 ᶜpiŋ（寝　iə̃）｜寻 ᶜɕyə̃～找（侵　iə̃）

山舒：　癣 ᶜɕyã（狝　iã）｜轩 ꜀ɕyã（元　iã）｜攒 ᶜtsã　（缓　uã）｜宛婉 ᶜvã　（阮　yã）｜铅 ꜀tɕʻiã 沿 ᶜiã（仙　yã）｜兖 ᶜiã（狝 yã）｜县 ɕiãᵓ（霰　yã）

臻舒：　汛讯 ɕyə̃ᵓ（震　iə̃）｜遵 ꜀tsuə̃（谆　yə̃）｜尹 ᶜiə̃（准　yə̃）｜荤 ꜀xuə̃（文　yə̃）

江舒：　夯 ꜀xɑŋ（江　iɑŋ）

曾舒：　亘 kə̃ᵓ（嶝　əŋ）｜肯 ᶜkʻə̃（等　əŋ）｜称相～ tʂʻə̃ᵓ（证　əŋ）｜孕 iə̃ᵓ（证　iŋ）

梗舒：　牤 ꜀mɑŋ 盲 ᶜmɑŋ（庚　əŋ）｜打 ᶜtɑ（梗端，二等常规无端母）｜蚌　pɑŋᵓ　（耿　əŋ）｜皿 ᶜmiə̃（梗　iŋ）｜聘 pʻiə̃ᵓ（劲　iŋ）｜拼姘 ꜀pʻiə̃　（青　iŋ）｜馨　꜀ɕiə̃　（青　iŋ）｜迥 ᶜtɕyŋ（迥　iŋ）｜矿 kʻuɑŋᵓ（梗　əŋ、uŋ）｜荣 ᶜluŋ（庚　yŋ、iŋ）

通舒：　熥 ꜀tʻəŋ（东　uŋ）｜弄nəŋᵓ（送　uŋ）

深入：　蛰 ᶜtʂə（缉　ʅ）｜给ᶜkei（缉　i）

山入：　薛 ꜀ɕyə（薛　iə）

宕入：　落～下 ꜀lɑ（铎　uə）

江入：　壳 ꜀kʻə ꜀kʻuə ～罗（觉　yə）｜饺 ᶜtɕiɔ（觉　yə）｜握 ꜀və（觉　yə）

梗入：　剧 tɕyᵓ（陌　i）｜硕 ʂuəᵓ（昔　ʅ）｜吃 ꜀tʂʻʅ（锡　i）

通入：　沃 ꜀və（沃　u）

（三）表十声调例外字：

清平读上声　雌 ᶜts'ʅ｜瑰 ᶜkuei｜蕃藩 ᶜfã｜参~差 ᶜts'ã（꜀tʂ'ã老）｜巾 ᶜtɕiã｜羹 ᶜkəŋ

读去声　疵 ts'ʅᵓ｜夫~妇 fuᵓ｜都~来 təuᵓ

次浊平读平声　磨~悠摩 ꜀mə｜爷~~ ꜀iə｜巫诬 ꜀vu｜禺愚隅虞 ꜀y｜霾 ꜀mei｜唠 ꜀lɔ｜撂 ꜀liɔ｜窑~广：地名 ꜀iɔ｜攸悠 ꜀iəu｜鸢 ꜀yã｜抿 ꜀miã｜牤 ꜀maŋ｜娘 ꜀niaŋ｜蒙猜 ꜀məŋ

读去声　而 ləᵓ｜离~家远 liᵓ｜牟眸 muᵓ｜如不~ luᵓ｜娱 yᵓ

全浊平读平声　堤꜀ti｜期 ꜀tɕ'i｜夕 ꜀ɕi｜糊~上药 ꜀xu｜矍渠 ꜀tɕ'y｜涛焘 ꜀t'ɔ｜帆 ꜀fã｜潜 ꜀tɕ'iã｜焚 ꜀fã｜鲸 ꜀tɕiŋ｜从 ꜀ts'uŋ

清上读平声　剐 ꜀kua｜且 ꜀tɕiə｜滓 ꜀tsʅ｜耻羞~ ꜀tʂ'ʅ｜济~南 ꜀tɕi｜己 ꜀tɕi｜睹肚猪~ ꜀tu｜组阻沮 ꜀tsu｜剖 ꜀p'əu

读去声　左 tsuəᵓ｜处~理 tʂ'uᵓ

次浊上读平声　雅哑咿~ ꜀ia｜也 ꜀iə｜眯 ꜀mi｜侮 ꜀vu｜虏 ꜀lu ꜀ləu ~住你｜宇羽 ꜀y｜偶 ꜀ŋəu

读去声　蚂~蚱 maᵓ｜履 liᵓ｜阮 yãᵓ

全浊上读平声　浩灏 ꜀xɔ｜湛 ꜀tʂã

读上声　痞 ᶜp'i｜负~担 ᶜfu

清去读平声　付 ꜀fu｜态 ꜀t'ɛ｜再 ꜀tsɛ｜畏 ꜀vɛ｜片唱~ ꜀p'iã

读上声　爸 ᶜpa｜假放~ ᶜtɕia｜譬 ꜀p'i｜妒蠹 ᶜtu｜赘笨重 ᶜtʂuei

次浊去读平声　懦 ꜀nuə｜赖不~ ꜀lɛ｜闷~气 ꜀mã｜怄 ꜀ŋəu｜晕 ꜀yã

读上声　戊 ᶜvu｜蔺 ᶜliã

全浊去读平声　赠 ꜀tsəŋ

读上声　自 ~家ᶜtsʅ｜悼蹈 ᶜtɔ

清入读上声　答~案 ᶜta｜遢 ᶜt'a｜砸 ᶜtsa｜眨札轧~钢 ᶜtʂa｜甲钾角牛~ ᶜtɕia｜驳 ᶜpə｜彻撤掣 ᶜtʂ'ə｜厄扼轭遏 ᶜŋə｜洁劫孑 ᶜtɕiə｜戳~开 ꜀tʂ'uə｜缩朔灼索 ᶜʂuə｜搁~不住 ᶜkuə｜诀抉决 ᶜtɕyə｜逼 ᶜpi｜的~确镝嫡 ᶜti｜给供~急着~ ᶜtɕi｜乞 ᶜtɕ'i｜弗拂ᶜfu｜卒 ᶜtsu｜骨脊梁~ ᶜku｜蝠檐蝙~ə ᶜxu｜拨从…中~出 ᶜpei｜饺 ᶜtɕiɔ

读去声　压 iaᵓ｜设 ʂəᵓ｜怯妾窃 tɕ'iəᵓ｜屑泄燮亵 ɕiəᵓ｜壁璧碧 piᵓ｜讫迄泣 tɕ'iᵓ｜益 iᵓ

次浊入读平声　抹~下脸 ꜀ma｜拉邋落~下 ꜀la｜蔑 ꜀miə｜捏~一把汗 ꜀niə｜诺 ꜀nuə｜烙꜀luə｜漉 ꜀lu｜域 ꜀y

读上声　抹 ᶜmə｜掠 ᶜlyə｜篾 ᶜmi

全浊入读平声　踏 ꜀tʂa ꜀t'a~实｜植殖 ꜀tʂʅ｜别 ꜀piə(又)｜碣 ꜀tɕiə｜寂 ꜀tɕi｜犊 ꜀tu｜特~为ɔ ꜀tei

读去声　划~拳 xuaᵓ｜涉 ʂəᵓ｜褯 tɕiəᵓ｜硕 ʂuəᵓ｜弼 piᵓ｜剧 tɕyᵓ｜续 ɕyᵓ

第柒章　博山话标音举例

一　语法例句之一

语法例句之一和下文语法例句之二，多数句子都用北京话注释，但少数句子估计读者一看就可以明白，便不加注释。

ʂei˥˧ ia˧? və˥ ʂʅ˧˩ lɔ˥ sã˨˩˦。
谁　呀？我　是　老　三。

lɔ˥˧ sʅ˧˩˥ ə˧? tʻa˨˩˦˧ tʂəŋ˧˩ tɛ˧ xuə˥ i˨˩˦˧ kuə˧˩ pʻəŋ˥˧ iəu˧ ʂuə˨˩˦ xua˧˩˥ lɛ˧。
老　四　ə？　他　　正　在　和　一　个　　朋　　友　　说　　话　　来。

老四呢？他正在跟一个朋友说话呢。

tʻa˨˩˦˩ xɛ˧ mu˥ ʂuə˨˩˦ vã˥˧ aŋ˧?
他　还　没　说　　完　　啊？他还没有说完吗？

xɛ˥˥ mu˥。ɕy˥ tsɛ˧˩ tɛ˥˧ i˧ ʂa˨˩˦˧ ʂa˧ tɕiəu˧˩ ʂuə˨˩˦ vã˥˧ liã˧。
还　　没。　许　再　待　一　霎　霎　就　说　完　哇。还没有。大约再有一会儿就说完了。

tʻa˨˩˦˩ ʂuə˧ tɕiə˨˩˦˩ tʂuə˧ tɕiəu˧˩ tsəu˥, tsa˧˩˥ ə˧ tʂə˧˩ pã˧˩˥ tʻiã˨˩˦˩ liã˧ xɛ˥˥ tɛ˥˧ tɕa˨˩˦˩
他　说　接　着　就　走，　咋　ə　这　半　天　哇　还　在　家

ə˧?

ə？他说马上就走，怎么这半天了还在家里呢？

ni˥˧ ʂaŋ˧˩ na˥˨ ə˧ [tɕʻy˧˩]? və˥˧ ʂaŋ˧ tʂʻəŋ˥˥ li˥。
你　上　哪　ə　[去]？　我　上　城　里。你到哪里去？我到城里去。

tɛ˥˧ na˧˩˥ (niə˧˩˥) ə˧, pu˨˩˦ tɛ˥˧ tʂə˧˩˥ ə˧。
在　那　（乜）　ə，　不　在　这　ə。在那儿，不在这儿。

pu˨˩˦˧ ʂʅ˧˩ naŋ˨˩˦ tsu˧˩, ʂʅ˧˩ tʂaŋ˨˩˦ tsu˧˩。
不　是　那样　做，　是　这样　做。不是那么做，是要这么做的。

tʻuei˨˩˦˥ tuə˨˩˦˩ liã˧, yŋ˧˩˥ pu˧ tʂuə˧ naŋ˨˩˦ tuə˨˩˦, tsʅ˥ tʂə˧˩ ə˧ ɕiə˨˩˦˩ tɕiəu˧ kəu˧˩˥ liã˧。
忒　多　哇，　用　不　着　那样　多，　只　这　ə　些　就　够　哇。

太多了，用不着那么多，只要这么多就够了。

tʂə˧˩˥ kuə˧ ta˧˩, na˧˩˥ (niə˧˩˥) kuə˧ ɕiɔ˥, tʂə˧˩ lia˥ na˥˧ kuə˧˩ xɔ˥˨ tiɛ˧?
这　个　大，　那　（乜）　个　小，　这　俩　哪　个　好　点？

这个大，那个小，这两个哪一个好一点儿呢（向同类的东西，如两筐不同大小的苹果）？

tʂə˨˦ kuə˧ ta˩, na˨˦ (niə˨˦) kuə˧ ɕiɔ˥, tʂə˩ lia˥ na˥˦ kuə˩ xɔ˥˨ t̰iɛ˧?
这一 个 大，那一（乜一） 个 小， 这 俩 哪 个 好 点？

（问单个的东西，如两个不同大小的苹果）

tʂə˩ kuə˩ pi˥ na˩ (niə˩) kuə˧ xɔ˥。
这 个 比 那（乜） 个 好。

tʂə˨˦ kuə˩ pi˥ na˨˦ (niə˨˦) kuə˩ xɔ˥。
这一 个 比 那一（乜一） 个 好。

tʂə˩ faŋ˥˦ ə˧ pu˨˦˧ lu˩ na˩ (niə˩) faŋ˥˦ ə˧ xɔ˥。
这 房 ə 不 如 那（乜） 房 ə 好。这些房子不如那些房子好。（单复数的形式相同，其差别只有靠具体的语言环境才能判断）

tʂə˩ tɕy˩ xua˩ pə˨˦ ʂã˨˦˧ xua˩ tsa˩˥ tʂuə˧ (ə˧) ʂuə˨˦?
这 句 话 博 山 话 咋 着 (ə) 说？这句话用博山话怎么说？

t'a˨˦ tuə˨˦˧ ta˩˥ liã˧?
他 多 大 哇？他今年多大岁数？（“他”不是老人或小孩）

t'a˨˦ tuə˨˦˧ ta˩ niã˥˦ tɕi˧ liã˧ (ʂuei˩˥ su˧ liã˧)?
他 多 大 年 纪 哇 （岁数哇）？（“他”是老年人）

t'a˨˦ tuə˦ ta˩ ɕiɔ˥˨ liã˧?
他 多 大 小 哇？（“他”是小孩儿）

ɕy˥˨ iəu˥ sã˨˦˩ ʂʅ˧ laŋ˩˥ ə˧ suei˩ pa˧。
许 有 三 十 浪 ə 岁 罢。大概有三十来岁吧。

tʂə˩ kuə˧ tuŋ˨˦˩ ɕi˧ [iəu˥] tuə˨˦˧ tʂ'ə̃˥˨ tuŋ˥˨ [a˧]?
这 个 东 西 [有] 多 沉 □ [啊]？这个东西有多重呢？

iəu˥ vu˥˨ ʂʅ˧ tɕiə̃˨˦ tʂ'ə̃˥。
有 五 十 斤 沉。有五十斤重呢。

na˥˦ tuŋ˩˥ liɔ˧ ə˧ pu˨˦?
拿 动 了 ə 不？拿得动吗？

və˥˦ na˥˦ tuŋ˩˥ liɔ˧, t'a˨˦ na˥˦ pu˧ tuŋ˩。
我 拿 动 了，他 拿 不 动。我拿得动，他拿不动。

tʂə̰̃˨˦ pu˧ tɕ'iŋ˨˦˩ k'uɛ˧, tʂ'ə̃˥˦ ə˧ liã˥˦ və˥ təu˨˦ na˥˦ pu˧ tuŋ˩˥ liã˧。
真 不 轻 快， 沉 ə 连 我 都 拿 不 动 哇。

真不轻，重得连我都拿不动了。

ni˥ ʂuə˨˦˩ ə˧ t'iŋ˥˦ xɔ˥, ni˥ xɛ˥˦ xuei˩ ʂuə˨˦˩ t̰iɛ˧ ʂa˥?
你 说 ə 挺 好，你 还 会 说 点 啥？你说得很好，你还会说点儿什么呢？

və˥˦ tsuei˥˦ pə̃˩, və˥ ʂuə˨˦˩ pu˧ kuə˩˥ t'a˧。
我 嘴 笨，我 说 不 过 他。

ʂuə˨˦˩ ə˧ i˨˦˧ piã˩, iəu˩ ʂuə˨˦˩ ə˧ i˨˦˧ piã˩。
说 ə 一 遍，又 说 ə 一 遍。说了一遍，又说了一遍。

tɕ‘iŋ˥˩ ni˥ tsɛ˧˥ ʂuə˧˥˩ i˧˥˧ piã˨˩。
请 你 再 说 一 遍。

pu˧˥ tsɔ˥˩ liã˧, k‘uɛ˨˩ tɕ‘y˨˩ pã˧!
不 早 哇, 快 去 罢! 不早了,快去罢!

tʂə˨˩ xɛ˥ tʂɑŋ˧˥ tsɔ˥。təŋ˥˩ i˧ ʂɑ˧˥˧ ʂɑ˧ tsɛ˧˥ tɕ‘y˨˩˥ pã˧。
这 还 这样 早。 等 一 霎 霎 再 去 罢。现在还很早呢。等一会儿再去罢。

tʂ‘ə˧˥˧ ə˧ fã˨˩ tsɛ˧˥ tɕ‘y˨˩ ɕiŋ˥˧ ə˧ pu˧?
吃 ə 饭 再 去 行 ə 不?吃了饭再去好罢?

mɛ˨˩ mɛ˨˩˥ ə˧ tʂ‘ʅ˧˥, pɛ˥ tɕi˧˥!
慢 慢 ə 吃, 别 急! 慢慢儿的吃啊! 不要急!

tsuə˨˩˥ tʂuə˧ tʂ‘ʅ˧˥ tɕ‘iɑŋ˥˧ tɕ‘i˧ tʂã˨˩˥ tʂuə˧ tʂ‘ʅ˧˥。
坐 着 吃 强 起 站 着 吃。坐着吃比站着吃好些。

tʂɔ˨˩˥ kuə˧ nəŋ˥ tʂ‘ʅ˧˥, nɑ˨˩˥ (niə˨˩˥) kuə˧ pu˧˥ nəŋ˥ tʂ‘ʅ˧˥。
这 个 能 吃, 那 (乜) 个 不 能 吃。这个吃得,那个吃不得。(此句的“这个”、

“那个”、“乜个”亦可分别为“tʂə˧˥ kuə˧ nɑ˧˥ kuə˧ niə˧˥ kuə˧”)

t‘ɑ˧˥ tʂ‘ʅ˧˥˧ ə˧ (liɔ˧) fã˨˩˥ liã˧, ni˥ tʂ‘ʅ˧˥˧ liɔ˧ mu˥?
他 吃 ə (了) 饭 哇, 你 吃 了 没? 他吃了饭了,你吃了饭没有呢?

t‘ɑ˧˥˧ ʂɪŋ˨˩˥ xuei˧ ʂɑŋ˨˩ xɛ˥, və˥˩ mu˥˧ tɕ‘y˨˩ xuei˥。
他 上 回 上 海, 我 没 去 回。他去过上海,我没有去过。

lɛ˥˧ võ˥˧ võ˧ tʂə˨˩ tuə˥˧ xuɑ˧˥ ɕ‘ɑŋ˧˥˧ ə˧ pu˧。
来 闻 闻 这 朵 花 香 ə 不。来闻闻这朵花香不香。

t‘iŋ˥ ɕ‘ɑŋ˧˥, ʂʅ˨˩˥ ə˧ pu˧?
挺 香, 是 ə 不? 香得很,是不是?

tɕi˥˧ və˧ i˧˥ pə̃˥ ʂu˧˥!
给 我 一 本 书!

və˥ tʂə̃˧˥˧ ʂʅ˨˩ mu˥˧ iəu˥ ʂu˧˥!
我 真 是 没 有 书!

ni˥˩ xuə˥˧ t‘ɑ˧ ʂuə˧˥。
你 和 他 说。你告诉他。

xɔ˥ xɔ˥˩ ə˧ tsəu˥! pɛ˥˧ p‘ɔ˥!
好 好 ə 走! 别 跑!好好儿的走! 不要跑!

ɕiɔ˥˩ ɕiə̃˧ pɛ˥ tiɔ˨˩ ɕiɑ˨˩ tɕ‘y˨˩, k‘uə˥ ʂɑŋ˨˩˥ pu˧ lɛ ˥˧ liɔ˧!
小 心 别 掉 下 去, 可 上 不 来 了!

tɛ˨˩˥ fu˧ tɕ‘ɔ˨˩˥ ni˧ tuə˧˥˧ ʂuei˨˩˥ i˧ p‘ã˨˩˥ ə˧。
大 夫 叫 你 多 睡 一 盼 ə。医生叫你多睡一睡。

tʂ‘ʅ˧˥˥ iã˧˥ xuei˥˧ tʂə˥ xɑ˧˥ tʂ‘ɑ˥ təu˧˥˧ pu˧ ɕiŋ˥。
吃 烟 或 者 喝 茶 都 不 行。吸烟或者喝茶都不可以。

iã˨˦, tʂʻɑ˥, və˥˧ təu˨˦˨ pu˧ ɕi˥˨ xuã˧。
烟 茶，我 都 不 喜 欢。烟也好，茶也好，我都不喜欢。

pu˨˦ kuã˥ ni˥˧ tɕʻy˩˦ ə˧ pu˧, fã˥˧ tʂəŋ˩˦ ə˧ və˥˧ ʂʅ˩ tɕʻy˩。
不 管 你 去 ə 不，反 正 ə 我 是 去。不管你去不去，反正我是要去的。

və˥ fei˨˦˧ tɕʻy˩ pu˨˦ ɕiŋ˥。
我 非 去 不 行。我非去不可。

ni˥˧ ʂʅ˩ nɑ˥˨ i˧ niã˥˦ lɛ˥˧ ə˧?
你 是 哪 一 年 来 ə?

və˥˧ ʂʅ˩ tɕʻiã˥˧ niã˧ lɛ˥˧ (ʂɑŋ˩˦) ə˧ pei˨˥ tɕiŋ˨˦。
我 是 前 年 来 （上） ə 北 京。我是前年到的北京。（“来 ə 北京”，说话人说话时在北京；“上 ə 北京”，说话人说话时不在北京。）

tɕiə̃˨˦˨ ʅə˧ kʻɛ˨˦˧ xuei˩ ʂei˥˧ ə˧ tʂu˥˨ ɕi˧?
今 日 开 会 谁 ə 主 席？今天开会谁的主席？

ȵi˥ tei˨˦ tɕʻiŋ˥˨ və˥˧ ə˧ kʻei˨˦。
你 得 请 我 ə 客。你得请我的客。

tʂə˩ ʂʅ˩ tʻɑ˨˦˨ ə˧ ʂu˨˦, nɑ˩ (niə˩) i˨˦ pə̃˥ ʂʅ˩ tʻɑ˨˦˧ kuə˨˦˨ kuə˧ ə˧。
这 是 他 ə 书，那（乜）一 本 是 他 哥 哥 ə。

这是他的书，那一本是他哥哥的。

kã˥˨ ə˧ tsəu˥, kã˥˨ ə˧ ʂuə˨˦。
赶 ə 走，赶 ə 说。一边走，一边说。

kʻã˩ ʂu˨˦˨ ə˧ kʻã˩ ʂu˨˦, kʻã˩ pɔ˩˦ ə˧ kʻã˩ pɔ˩, ɕiə˥˨ tsʅ˩˦ ə˧ ɕiə˥˧ tsʅ˩。
看 书 ə 看 书，看 报 ə 看 报，写 字 ə 写 字。

看书的看书，看报的看报，写字的写字。

yə˩ tsəu˥ yə˩ yã˥, yə˩ ʂuə˨˦˧ yə˩ tuə˨˦。
越 走 越 远，越 说 越 多。

pɑ˥ nɑ˩˦ kuə˧ tuŋ˨˦˨ ɕi˧ tɕi˥˧ və˧ nɑ˥˦ lɛ˧。
把 那 个 东 西 给 我 拿 来。

iəu˥ ɕiə˨˦ niɛ˥˨ ə˧ pɑ˥ tʻɛ˩ iɑŋ˥ tɕiɔ˩ ʅə˩˦ tʻəu˧。
有 些 埝 ə 把 太 阳 叫 日 头。有些地方把太阳叫日头。

ni˥ kuei˩ ɕiŋ˧ ɑ˧? və˥˧ ɕiŋ˩ vɑŋ˥。
你 贵 姓 啊？我 姓 王。

ni˥˧ ɕiŋ˩ vɑŋ˥, və˥ iə˥˧ ɕiŋ˩ vɑŋ˥, tsã˥˦ liɑ˥ təu˨˦˧ ɕiŋ˩ vɑŋ˥。
你 姓 王，我 也 姓 王，咱 俩 都 姓 王。

ni˥ ɕiã˨˦ tɕʻy˩˦ pã˧, ŋã˥ təŋ˥˨ i˧ ʂɑ˨˦˨ ʂɑ˧ tsɛ˨˦ tɕʻy˩。
你 先 去 罢，俺 等 一 霎 霎 再 去。

二　语法例句之二

tsɑ˩˦ tʂuə˧ ['ɔ˥˧] xuã˥, pu˩ lə̃˩˦ ə˧ liã˧?
咋　着　[老]　□，　不　认　ə　唓？怎么的，[老]xuã˥不认得了？（“[老](xuã˥”，男性见面时称呼。）

xɔ˩! lɔ˥˧ ʂʅ˧ tɕiə˥ pu˨˦ lɛ˥˨ liã˧, tɛ˥ tɕiɑ˨˦˨ ə˧ mɑŋ˥˧ ʂɑ˩˦ lɛ˧?
□！老　时　截　不　来　唓，　在　家　ə　忙　啥　来？ xɔ˩！

好些时候不来了，在家里忙什么呀？（xɔ˩，女性见面时的称呼。）

tʂə˩ [ʂʅ˩] ʂei˥˧ ia˧? tʂə˩ ŋã˥˧ ɕyŋ˨˦˨ ti˧ (ti˩˦ ti˧)。
这　[是]　谁　呀？　这　俺　兄　弟　（弟　弟）。这是谁呀？这是我弟弟。

lɛ˥ tɕiɑ˨˦ vã˥˧ i˧ p'ã˩˦ ə˧ pã˧。
来　家　玩　一　盼　ə　罢。到家里来玩一会儿罢。

ŋə̃˥˨ niɑŋ˥˧ lɛ˧? ŋã˥˧ niɑŋ˥ tʂʅ˨˦˨ pu˧ tɔ˧ ʂɑŋ˩ nɑ ˥˨ liã˧。
□　娘　来？俺　娘　知　不　道　上　哪　唓。你母亲呢？我母亲不知道到哪儿去了。

t'ɑ˨˦˨ pu˧ tɕiɔ˩˦ tʂuə̃˧ nəŋ˥˧ lɛ˥, ŋə̃˥˨ pɛ˥ təŋ˥˨ t'ɑ˧ liã˧。
他　不　叫　准　能　来，□　别　等　他　唓。他不一定会来，你别等他了。

ŋã˥˧ lɔ˥ mei˨˦, nə̃˥ tsɑ˩˦ tʂuə˧ (ə˧) xɛ˥˧ mu˥ t'uei˩ ɕiəu˨˦?
俺　老　嬷，　□　咋　着　(ə)　还　没　退　休？

伯母，您怎么还没有退休？（“老嬷”，犹大娘、伯母，前加“俺”显得亲切。）

piə˥˧ pu˧ piə˥˧ ə˧, ɕiã˨˦˧ tɕ'y˩ k'ã˩ k'ã˧ ŋã˥˨ tɕiə̃˩˦ ə˧。
别　不　别　ə，　先　去　看　看　俺　妗　ə。不管怎样，先去看看我舅母。

t'ɑ˨˦ tɕ'y˩˦ ə˧ pu˨˦? ni˥˧ tɕ'y˩ və̃˩˦ t'ɑ˧ və̃˧ (və̃˩˦ və̃˧ t'ɑ˧)。
他　去　ə　不？你　去　问　他　问　（问　问　他）。他去不去？你去问问他。

t'ɑ˨˦ tɕ'y˩˦ liɔ˧ (ə˧) mu˧? ni˥˧ tɕ'y˩ k'ã˩˦ t'ɑ˧ k'ã˧ (k'ã˩˦ k'ã˧ t'ɑ˧)。
他　去　了　(ə)　没？你　去　看　他　看　（看　看　他）。

他去了没有？你去看看他。

və˥˧ tɛ˩ ʂɑŋ˩ tɕi˥˧ mɛ˥˨ tiɛ˧ tuŋ˨˦˨ ɕi˧。
我　待　上　集　买　点　东　西。我要到集上去买点儿东西。

tʂə˩ xu˩ luə˥˧ pei˧ tuə˨˦˨ ə˧ (ʂuə˧) tɕ'iã˥˧ i˨˦ tɕiə̃˨˦?
这　户　萝　贝　多　ə（少）　钱　一　斤？这种萝卜多少钱一斤？

tʂə˩ təu˨˦˨ ʂʅ˧ t'iɔ˨˦˨ ə˧ ʂəŋ˩˦ ɕiɑ˧ ə˧, təu˨˦˨ pu˧ xɔ˥˨ liã˧, p'iã˥˧ i˧ tiɛ˧, və˥ ʂəu˨˦˨
这　都　是　挑　ə　剩　下　ə，　都　不　好　唓，　便　宜　点，我　收

ə˧ ni˥˨ ə˧ ʂʅ˩。
ə　你　ə　市。这都是挑剩下的，都不好了，便宜点儿，我全买了你的。

tʂə˩ y˥ tsɑ˩˦ ə˧ mɛ˩˦ ɑ˧?
这　鱼　咋　ə　卖　啊？这鱼怎么卖啊？

təu˩˧ mɛ˨˩˥ liã˧, iã˧˩˦ ʂã˧ piõ˩˧ kuã˥ pɔ˩˧˦ ə˧ yã˥。
都 卖 唯， 颜 山 宾 馆 包 ə 圆。都卖了，颜山宾馆包的圆。

ni˥˨ ʂʅ˨˩ ɕyə˥˦ ɕi˥˨ ə˧ ʂʅ˨˩ pu˩˧ ɕyə˥˦ ɕi˥? (ni˥ ɕyə˥˦ ɕi˥˨ ə˧ pu˧?)
你 是 学 习 ə 是 不 学 习?（你 学 习 ə 不?）你学习不学习?

tʂə˨˩ k'uɛ˨˩ tiã˨˩ iŋ˥ ni˥˨ k'ã˨˩˥ lɛ˧? mu˥ [k'ã˨˩]。
这 块 电 影 你 看 来? 没 [看]。这部电影你看了吗? 没有。

tʂə˨˩ ʂəŋ˥˨ ə˧ tuə˩˧˨ tʂ'ɑŋ˥˩ tuã˥˨ ɑŋ˧?
这 绳 ə 多 长 短 啊? 这绳子有多长啊?

tʂə˨˩ k'uɛ˨˩ pu˨˩ pu˨˩ tɕ'iɑŋ˥˨ tɕ'i˧ nɑ˩˧ (niə˩˧) k'uɛ˨˩。
这 块 布 不 强 起 那一（乜--）块。这块布不比那块好。

t'ɑ˩˧ pu˩˧˨ tɑ˨˩˥ tɕi˧ ni˥˨ ɑ˧?
他 不 大 起 你 啊?他不比你大啊?

t'ɑ˩˧ pu˩˧˨ tɑ˨˩˥ tɕ'i˧ və˥。(t'ɑ˩˧ pu˩˧˨ pi˥˩ və˥˨ tɑ˨˩。)
他 不 大 起 我。（他 不 比 我 大。）他不比我大。

t'ɑ˩˧ t'uei˨˩˨ suõ˨˩ liã˧, i˩˨ kuə˧ lɔ˥˨ ʂʅ˧ t'əu˥, kuɑŋ˩˧ tʂ'ʅ˩˥ k'uei˩˧。
他 忒 孙 唯， 一 个 老 实 头， 光 吃 亏。

他太懦弱无能了，一个老实人，总是吃亏。（“孙”：形容词。）

tʂə˨˩ vɛ˨˩˥ ʂəŋ˧ tʂə˩˧ lɑŋ˥, ʂʅ˥˦ niã˥ mu˥˦ ʂɑŋ˨˩˥ t'ɑ˧ lɔ˥˨ niɑŋ˥ tɕiɑ˩˧˩ ə˧。
这 外 甥 真 狼， 十 年 没 上 他 姥 娘 家 ə。

这外孙真狠，十年没有到外祖母家。（“狼”：形容词，心恨不讲良心。）

k'ã˨˩ ni˥ lə˨˩˥ ə˧ tʂə˨˩ kuə˧ iɑŋ˨˩, kã˩˧˨ k'uɛ˨˩ ɕi˥˨ pɑ˧ ɕi˥˨ pɑ˧, liɑŋ˥˨ k'uɛ˨˩ liɑŋ˥˨
看 你 热 ə 这 个 样， 赶 快 洗 巴 洗 巴， 凉 快 凉
k'uɛ˨˩。
快。看你热得这样，赶快洗一洗，凉快凉快。

tɑ˥ tɕ'iã˥˨ ʅə˨˩ t'ɑ˩˧˨ tɕiəu˨˩ fɑ˩˥ ʂɔ˩˧。
打 前 日 他 就 发 烧。从前天开始他就发烧。

tʂə˨˩ kõ˩˧˨ tɔ˨˩ vɑŋ˨˩ ɕi˩˧ ʂɑŋ˨˩ tɕi˩˧ nã˥。
这 根 道 望 西 上 济 南。这条路向西到济南。

və˥ kã˨˩ xuə˥、tʂ'ʅ˩˧˨ fã˨˩ təu˩˧ ʂʅ˥ tʂuə˨˩ ʂəu˥, kuɑŋ˩˧ ɕiə˥˨ tsʅ˨˩ ʂʅ˥ iəu˨˩ ʂəu˥。
我 干 活、 吃 饭 都 使 左 手， 光 写 字 使 右 手。

我干活、吃饭都用左手，只有写字用右手。

t'ɑ˩˧ ʂuə˩˧˨ ə˧ xuɑ˨˩ ni˥ tei˩˥ t'iŋ˩˧。
他 说 ə 话 你 得 听。他说的话你得听。

t'ɑ˩˧ liɑ˥ tʂəŋ˨˩ ʂuə˩˧˧ ə˧ xuɑ˨˩˥ lɛ˧。
他 俩 正 说 ə 话 来。他俩正说着话呢。

tʂõ˨˩ põ˥ ʂu˩˧ ɕiə˥˨ ə˧ xɔ˥。
这 本 书 写 ə 好。这本书写得好。

ni˥ ɕiã˨˩ tsəu˥˨ pã˦, və˥ mɛ˥˨ ə˦ ts'ɛ˨ tɕiəu˨ tɕia˨˩˦ tɕ'y˦。
你 先 走 罢，我 买 ə 菜 就 家 去。你先走罢，我买了菜就回家。

tʂə˨ fã˨ fã˨˩ kuə̃˨˩˦ lə˨ fã˨˩ kuə̃˨˩˦ lə˨˥ ə˦，mu˥˦ fa˦ xa˨˩，ɕiã˨˩ kuə˨˩˧ ə˦ niə˨˥ ə˦
这 饭 翻 滚 热 翻 滚 热 ə，没 法 喝，先 搁 ə 乜 ə

liaŋ˥˦ liaŋ˦ pã˦。
凉 凉 罢。这稀饭滚烫的，没法喝，先放在那儿凉一凉罢。

və˥˦ na˨ tsɿ˨ tiã˥˨ lɛ˦?
我 那 字 典 来？我那本字典呢？

niə˨˩ pu˦ tɛ˥˦ niə˨˥ ə˦?
乜 不 在 乜 ə？那不在那儿吗？

三 谚语（俗话）

ɕy˥˦ xua˨
俗 话

（一）

i˨˩ tɕiəu˥ lə˨ tɕiəu˥ pu˨˩˦ tʂ'u˦ ʂəu˥，sã˨˩ tɕiəu˥ sɿ˨ tɕiəu˥ piŋ˨˩˦ ʂaŋ˦ tsəu˥。
一 九 二 九 不 出 手，三 九 四 九 冰 上 走。

vu˥˦ tɕiəu˥ liəu˨ tɕiəu˥，iã˥˦ xuə˥ k'ã˨ liəu˥。
五 九 六 九，沿 河 看 柳。

tɕ'i˨˩ tɕiəu˥ liəu˨˥ ʂɿ˦ sã˨˩，lu˨˥ ʂaŋ˦ ɕiŋ˥˦ lə̃˥ pa˥˦ i˨˥ tã˨˩。
七 九 六 十 三，路 上 行 人 把 衣 单。

tɕiəu˥˦ tɕiəu˥ pa˨˩˦ ʂɿ˦ i˨˩，tɕia˨˩˦ ə˦ tsu˨ fã˨ p'ə˨˩˦ ə˦ tʂ'ɿ˨˩。
九 九 八 十 一，家 ə 做 饭 坡 ə 吃。

tɕiəu˥˦ tɕiəu˥ tɕia˨˩˦ i˦ tɕiəu˥，tɕiŋ˨˩ iəu˥ piã˨ ti˨ tsəu˥。
九 九 加 一 九，耕 牛 遍 地 走。

i˨˩ tʂ'aŋ˥ tʂ'uə̃˨˥ fəŋ˨˩ i˨˩ tʂ'aŋ˥˦ nuã˥，i˨˩ tʂ'aŋ˥ tɕ'iəu˨˩ y˥ i˨˩ tʂ'aŋ˥˦ xã˥。
一 场 春 风 一 场 暖，一 场 秋 雨 一 场 寒。

tʂuə̃˨˩ y˥ kuei˨ lu˥˦ (sɿ˨) iəu˥，yə˨ ɕia˨ yə˨ pu˨˩ tʂ'əu˥。
春 雨 贵 如（似）油，越 下 越 不 愁。

tʂ'uə̃˨˩˦ xã˨ pu˨˩˦ suã˨˦ xã˨，tɕ'iəu˨˩˦ xã˨ tɕiã˥˨ i˦ pã˨。
春 旱 不 算 旱，秋 旱 减 一 半。

iəu˥˦ tɕ'iã˥ nã˥˦ mɛ˥ vu˥˨ yə˦ xã˨，liəu˨ yə˨ liã˥˦ iə̃˦ tʂ'ɿ˨˩ pɔ˥˦ fã˨。
有 钱 难 买 五 月 旱，六 月 连 阴 吃 饱 饭。

tiã˨˩ xuaŋ˥ iəu˥˦ y˥，lə̃˥ xuaŋ˥ iəu˥˦ piŋ˨。
天 黄 有 雨，人 黄 有 病。

t'ɛɹ iɑŋ˥ tɛɹ mɔɹ, tɑɹ y˥ tɕiɑŋʌʋ tɔɹ。
太　阳　戴　帽，大　雨　将　到。

lu˥ʋ ʂã˧ tɛɹ mɔɹ, miɹr xã˧ ʂueiɹ tɕɔɹ; y˥ʋ ʂã˧ tɛɹ mɔɹ, ɕiɑɹ y˥ tʂʅʌʋ tʂɔɹ。
鲁　山①戴　帽，觅　汉　睡　觉；禹　山②戴　帽，下　雨　之　兆。

t'iãʌʟ ʂɑŋ˧ kəuʌʟ kəu˧ yə̃˥, miŋ˥ʋ ʅəɹ ɕiɑɹ mã˥ʋ p'ə̃˥
天　上　钩　钩　云，明　日　下　满　盆。

yə̃˥ʋ ɕiɑŋɹ ɕiʌ, p'eiʌʋ suəʌʟ i˧。
云　向　西，披　蓑　衣。

tsɔ˥ʋ tʂ'ə̃˧ vuɹr lu˧ tɑŋʌʟ ʅə˧ tɕ'iŋ˥, vã˥ʋ ʂɑŋ˧ vuɹr lu˧ tɔɹr pu˧ liɔ˧ miŋ˥。
早　晨　雾　露　当　日　晴，晚　上　雾　露　到　不　了　明。

tʂɔʌ ɕiɑ˥ puʌʟ tʂ'u˧ mə̃˥, vã˥ʋ ɕiɑ˥ ɕiŋ˥ tɕ'iãʌ li˥。
朝　霞　不　出　门，晚　霞　行　千　里。

i˥ʋ iɑŋ˧ ʂɛɹ liɔ˥ʋ tuə̃ɹ, ɕiɑɹ y˥ puʌʋ yŋɹʋ yə̃ɹ。
蚊　蜉　晒　了　囤，下　雨　不　用　问。

tsɔ˥ vɑʌr iə̃ʌ, vã˥ vɑʌ tɕ'iŋ˥, pãɹ iəɹ vɑʌʋ tɕiɔɹ tɔɹr pu˧ liɔ˧ miŋ˥。
早　蛙　阴，晚　蛙　晴，半　夜　蛙　叫　到　不　了　明。

tɕiŋʌ tʂə˥ kuɑʌr fəŋʌ peiʌr t'iãʌʋ xãɹ。
惊　蛰　刮　风　百　天　旱。

liɹ ɕiɑɹ kuɑʌʟ tuŋʌ˫ nã˥, ɕiɑɹ y˥ puʌʋ yŋɹ və̃ɹ ʂə̃˥ʋ ɕiã˧。
立　夏　刮　东　南，下　雨　不　用　问　神　仙。

pɑʌʋ yəɹ tʂ'uʌr iʌ tʂə̃ɹ iʌʋ tʂə̃ɹ, xãɹ tɔɹ lɛ˥ʋ niã˥ vu˥ʋ yə˧ tɕiə̃ɹ。
八　月　初　一　震　一　震，旱　到　来　年　五　月　尽。

（二）

lə̃˥ʋ k'ɔɹ tiɹ iɑŋ˥, tiɹ k'ɔɹ lə̃˥ʋ tʂɑŋ˥。
人　靠　地　养，地　靠　人　长。

tɛɹ tʂ'ʅʌr pəʌʟ pə˧, ni˥ʋ li˧ (ə˧) t'uəʌʟ t'uə˧。
待　吃　饽　饽，泥　里　(ə)　拖　拖。

tʂ'uə̃ʌ tʂəŋʌʋ ʅəɹ, ɕiɑɹ tʂəŋʌ ʂʅ˥, iʌ niã˥ʋ tɑɹ ʂʅɹ puʌ nəŋ˥ʋ tʂ'ʅ˥。
春　争　日，夏　争　时，一　年　大　事　不　能　迟。

sʅɹr yə˧ tɕiə̃ʌ, vu˥ʟ yəɹ˫ iə̃˥, ts'uəɹr kuə˧ ʂʅ˥ kuɑŋʌ mu˥ʋ tʂ'uɹ ɕyə̃˥。
四　月　金，五　月　银，错　过　时　光　没　处　寻。

t'iãʌʋ xãɹ puʌʋ vɑŋɹ tʂ'u˥ʋ tiɹ, y˥ʋ lɔɹ puʌʋ vɑŋɹ tɕiɔʌ yã˥。
天　旱　不　忘　锄　地，雨　涝　不　忘　浇　园。

pei˥ʋ luɹ tsɔ˥, xã˥ʋ luɹ tʂ'ʅ˥, tɕ'iəuʌr fə̃ʌ tʂuŋɹ meiɹr ə˧ tʂəŋɹ tɑŋʌ ʂʅ˥。
白　露　早，寒　露　迟，秋　分　种　麦　ə　正　当　时。

① 鲁山，位于博山区东南部，主峰海拔 1108 米。

② 禹山又名禹王山，是原山的俗称，位于博城西南，主峰海拔 798 米，山顶有夏禹祠。

第柒章 博山话标音举例 85

mei˩˥ ə˧ tiɔ˩˥ liɔ˧ (ə˧) tʻəu˥, ʂu˥˧ ʂu˧ mã˩˥ liɔ˧ (ə˧) iəu˥。
麦 ə 掉 了 (ə) 头， 秋 秋 漫 了 (ə) 牛。

ku˨˩˦ y˥˧ tɕʻiã˥, xɔ˥˧ tʂuŋ˩ miã˥; ku˨˩˦ y˥˧ xəu˩, xɔ˥˧ tʂuŋ˩ təu˩。
谷 雨 前， 好 种 棉； 谷 雨 后， 好 种 豆。

ta˩ ʂu˥˧ tɕʻiã˥, ɕiɔ˥˧ ʂu˥˧ xəu˩, tʂuaŋ˨˩˦ tɕia˧ lɔ˥˧ xɛ˩ tʂuŋ˩ ly˩˥ təu˧。
大 暑 前， 小 暑 后， 庄 稼 老 汉 种 绿 豆。

tɕʻi˨˩˦ yə˧ tʂuŋ˩, pa˨˩˦ yə˧ xua˨˩˦, tɕiəu˥˧ yə˩ tɕʻiɔ˥˧ mei˩ ʂəu˨˩˦ tɔ˩˥ tɕia˨˩˦。
七 月 种， 八 月 花， 九 月 荞 麦 收 到 家。

tʻəu˥˧ fu˥ luə˥˧ pei˧, mə˩ fu˥ tɕʻiɔ˥˧ mei˩。
头 伏 萝 贝， 末 伏 荞 麦。

tɕʻi˨˩˦ ɕy˧ mei˩˥ ə˧ pa˨˩˦ ɕy˧ ku˨˩˦, təu˩˥ ə˧ vã˥˧ liɔ˧ taŋ˨˩˦ ʅə˧ tʂʻu˨˩˦。
七 宿 麦 ə 八 宿 谷， 豆 ə 晚 了 当 日 出。

li˩ tɕʻiəu˨˩˦ tʂei˨˩˦ xua˨˩˦ tɕiɔ˧, pei˥˧ lu˩ ta˥˧ xuə˥˧ tʻɔ˧,
立 秋 摘 花 椒， 白 露 打 核 桃，

ʂuaŋ˨˩˦ tɕiaŋ˩ ɕia˩ ʂʅ˩˥ ə˧, li˩ tuŋ˨˩˦ tʂʻʅ˨˩˦ luã˥˧ tsɔ˧。
霜 降 下 柿 ə，立 冬 吃 软 枣。

liəu˩ yə˩ liəu˩, kʻã˩ ku˨˩˦ ɕiəu˩; tɕʻi˨˩˦ yə˧ tɕʻi˨˩˦, ka˨˩˦ ku˨˩˦ tʂʻʅ˧。
六 月 六， 看 谷 秀； 七 月 七， 割 谷 吃。

tʻiã˨˩˦ xuə˥˧ tiɔ˩ tɕia˨˩˦, naŋ˥˧ kua˧ təu˩˥ tɕia˧ ə˧。
天 河 掉 角， 南 瓜 豆 荚 ə。

mei˩ tɕiaŋ˩ xuaŋ˥˧ tɕʻyã˥ ku˨˩˦ ləu˩ kʻaŋ˨˩˦, təu˩˥ ə˧ tɕiaŋ˩˥ ə˧ ti˩ pʻi˥˧ ʂaŋ˧。
麦 耩 黄 泉 谷 露 糠， 豆 ə 耩 ə 地 皮 上。

tʂʻə˨˩˦ tʂuŋ˩ tɕʻiə˥˧ ə˧ tɕʻiã˥˧ tsɛ˥ tsʻuŋ˨˩˦。
深 种 茄 ə 浅 栽 葱。

təu˩ ə˧ i˨˩˦ kə˧ kə˧, tsʅ˨˩˦ iɔ˩ li˥˧ ə˧ ʂə˨˩˦。
豆 ə 一 根 根， 只 要 犁 ə 深。

iã˨˩˦ pu˧ ʂa˨˩˦ ə˧ pei˥˧ tsʻɛ˧, kã˨˩˦ pu˧ ʂa˨˩˦ ə˧ tsʻuŋ˨˩˦。
淹 不 煞 ə 白 菜， 干 不 煞 ə 葱。

tʂuŋ˩ ti˩ vu˥ tʻa˨˩˦ tɕʻiɔ˥, i˨˩˦ miɔ˥ ʅə˩ fei˥ sã˨˩˦ tʂʻu˥˧ tsʻɔ˥。
种 地 无 他 巧， 一 苗 二 肥 三 锄 草。

tɕʻi˨˩˦ ʂʅ˥ ʅə˩ xaŋ˥ nu˥ vei˥˧ ʂəu˥, pei˨˩˦ mu˥ tʂʅ˨˩˦ tʻiã˥ fə˩ taŋ˨˩˦ ɕiã˨˩˦。
七 十 二 行 农 为 首， 百 亩 之 田 粪 当 先。

luə˥˧ pei˧ pei˥˧ tsʻɛ˩ tsʻuŋ˨˩˦, tuə˨˩˦ yŋ˩ ta˩ fə˩ kuŋ˨˩˦。
萝 贝 白 菜 葱， 多 用 大 粪 攻。

təu˩ piŋ˥ tɕiə˩ ta˩, miã˥˧ piŋ˥ tɕiə˩ tʂʻaŋ˥。
豆 饼 劲 大， 棉 饼 劲 长。

xuei˨˩˦ kuã˥˧ i˧ tɕi˩, fə˩ kuã˥˧ i˧ niã˥。
灰 管 一 季， 粪 管 一 年。

ɕiã˥꜒ t‘u˥ sã˨˩˦ fə̃˨˩˦꜖ li˧˩, tɕia˨˩˦꜔ ə˧ t‘u˥, ti˧˩꜒ ə˧ xu˥。
闲 土 三 分 力，家 ə 土，地 ə 虎。

tʂ‘u˥꜒ tʂ‘uŋ˥ lu˥ tʂ‘u˥꜒ ts‘ɔ˥, i˨˩˦꜖ tiŋ˧˩ iɔ˧˩ tʂ‘ə̃˧˩ tsɔ˥。
除 虫 如 除 草，一 定 要 趁 早。

iaŋ˥꜒ niɔ˥ pu˨˩˦ lu˥ vei˧˩ tɕi˨˩˦, tsɛ˨˩˦꜒ xua˨˩˦ pu˨˩˦ lu˥ tʂuŋ˧˩ ʂu˧˩。
养 鸟 不 如 喂 鸡，栽 花 不 如 种 树。

i˨˩˦꜒ tɕi˨˩˦ ɭə˧˩ kəu˥, sã˨˩˦ mɔ˥ sɿ˧˩ ʂu˥, vu˥꜒ ma˥ liəu˧˩ iaŋ˥,
一 鸡 二 狗，三 猫 四 鼠，五 马 六 羊，

tɕ‘i˨˩˦ lə̃˥ pa˨˩˦꜔ ku˧, tɕiəu˥꜒ kuə˥ ʂʅ˥꜖ ts‘ɛ˧˩, ʂʅ˥ i˨˩˦ miã˥꜖ xua˧,
七 人 八 谷，九 果 十 菜，十 一 棉 花，

ʂʅ˥꜖ ɭə˧˩ t‘iã˥꜖ kua˧。
十 二 甜 瓜。

tɛ˧˩ iɔ˧˩ fu˧˩, tuə˨˩˦꜖ tʂuŋ˧˩꜖ ʂu˧˩。
待 要 富，多 种 树。

t‘ɔ˥ sã˨˩˦ ɕiŋ˧˩ sɿ˧˩ li˥꜒ vu˥꜖ niã˧, ta˧˩ tsɔ˥ taŋ˨˩˦ niã˥ xuã˧˩ ma˥꜖ tɕ‘iã˧。
桃 三 杏 四 梨 五 年，大 枣 当 年 换 麻 钱。

lɔ˧˩ li˥ xã˧˩ tsɔ˥ xuə˥ ʂɔ˨˩˦ t‘ɔ˥。
涝 梨 旱 枣 火 烧 桃。

（三）

ɕy˥꜖ xua˧˩ ʂʅ˧˩ ʂʅ˥꜖ xua˧˩。
俗 话 是 实 话。

i˨˩˦꜒ faŋ˨˩˦ ʂuei˥꜒ t‘u˥ iaŋ˥꜖ i˧ faŋ˨˩˦ lə̃˥。
一 方 水 土 养 一 方 人。

pei˨˩˦ li˥ pu˨˩˦ t‘uŋ˨˩˦꜒ fəŋ˨˩˦, ʂʅ˥꜖ li˧ pu˨˩˦꜒ t‘uŋ˨˩˦ ɕy˥。
百 里 不 通 风，十 里 不 通 俗。

lə̃˥꜖ ɕiə̃˧˩ ʂʅ˥, xuə˥꜖ ɕiə̃˧˩ ɕy˨˩˦。
人 信 实，火 信 虚。

tɕiã˧˩ kuɛ˧˩ pu˨˩˦꜖ kuɛ˧˩, tɕ‘i˥꜖ kuɛ˧˩ tsɿ˧˩ pɛ˧˩。
见 怪 不 怪，其 怪 自 败。

iã˥꜖ vaŋ˧ xɔ˥꜖ tɕiã˧˩, ɕiɔ˥꜒ kuei˥ nã˥꜒ tʂ‘ã˥。
阎 王 好 见，小 鬼 难 缠。

tei˨˩˦꜖ ʂʅ˧˩꜒ ə˧ li˥꜖ mɔ˧ xuã˨˩˦꜖ sɿ˧˩ xu˥, luə˧˩ tɕia˧˩꜒ ə˧ fəŋ˧˩ xuaŋ˥ pu˨˩˦꜔ lu˧ tɕi˨˩˦。
得 势 ə 狸 猫 欢 似 虎，落 架 ə 凤 凰 不 如 鸡。

i˧˩ tei˨˩˦꜔ ə˧ i˧˩ ʂʅ˨˩˦。
易 得 ə 易 失。

ʂʅ˨˩˦꜖ i˧˩ tʂ‘aŋ˥꜖ tsɛ˧˩ (tɛ˥) tei˥꜔ i˧ tʂuŋ˨˩˦。
失 意 常 在 得 意 中。

ta˩ y˥ᐟ tʂʻʅ˧ ɕiɔ˥ʋ y˧, ɕiɔ˥ʋ y˧ tʂʻʅ˧ ɕiaᴧ˪ mi˧, ɕiaᴧ˪ mi˧ tʂʻʅ˧ tsʅᴧ ni˥。
大 鱼 吃 小 鱼，小 鱼 吃 虾 米，虾 米 吃 滓 泥。

xɛ˩ lã˥ lu˥ᐟ xɛ˩ tɕiᴧ。
害 人 如 害 己。

fəŋᴧᐟ pu˧ kua˧, ʂu˩ pu˧ iɔ˥。
风 不 刮，树 不 摇。

xua˩ puᴧᴦ ʂuəᴧ puᴧᴦ tʂʅᴧ, mu˩ puᴧᐟ tsuã˩ puᴧᐟ tʻəu˩。
话 不 说 不 知，木 不 钻 不 透。

xɔ˥ᐟ xua˩ ʂuəᴧᐟ sãᴧ˪ piã˧, tɕiᴧ˪ kəu˧ puᴧᐟ nɛ˩ fã˥。
好 话 说 三 遍，鸡 狗 不 耐 烦。

tãᴧᴦ sʅᴧ puᴧ tʂʻəŋ˥ᐟ ɕiã˩, tu˥ᐟ mu˩ puᴧ tʂʻəŋ˥ᴦ liã˥。
单 丝 不 成 线，独 木 不 成 林。

tʂəŋᴧ˪ ə˧ (tʂuə˧) puᴧ˫ tɕy˧, laŋ˩ᴦ ə˧ (tʂuə˧) iəu˥ʋ y˥。
争 ə （着） 不 足，让 ə （着） 有 余。

ɕiɔ˥ᴦ xuə˥ vu˥ᴦ ʂuei˥ ta˩ xuə˥ᐟ kãᴧ。
小 河 无 水 大 河 干。

tʂʻaŋ˥ᐟ tɕiaŋ˧ iəu˥ᐟ ʅə˩ sʅᴧ vu˥ᐟ ʅə˩, mə˩ taŋᴧ vu˥ᴦ ʂʅ˥ ɕiaŋ˥ iəu˥ʋ ʂʅ˥。
常 将 有 日 思 无 日，莫 当 无 时 想 有 时。

ɕiãᴧᐟ sãᴧ˪ niã˧, tɕiəu˩ sãᴧ˪ niã˧, pu˥ʋ ta˧ pu˥ʋ ta˧ iəu˩ sãᴧ˪ niã˧。
新 三 年，旧 三 年，补 搭 补 搭 又 三 年。

puᴧᐟ iɔ˩ vaŋ˩ tɕiŋ˥ʋ ə˧ saᴧᴦ xueiᴧ ʅə˩ xəu˩ xɛ˥ᐟ iɔ˩ xaᴧ ʂuei˥。
不 要 望 井 ə 撒 灰，日 后 还 要 喝 水。

iəu˥ᐟ ʂə˩ tsʅ˩ lã˥ ɕiaŋᴧ, puᴧᐟ yŋ˩ ta˩ fəŋᴧ iaŋ˥。
有 麝 自 然 香，不 用 大 风 扬。

lã˥ʋ faŋ˥ᐟ ə˧ tɔ˩ᴦ pu˧ tʂʻu˧ pei˥ᐟ pu˧ lɛ˧。
染 房 ə 倒 不 出 白 布 来。

tɕiaᴧ˪ tɕʻyə˧ vəᴧ˪ ə˧ pɔ˩ᴦ pu˧ tʂʻu˧ fəŋ˩ xuaŋ˥ᐟ lɛ˧。
家 雀 窝 ə 拖 不 出 凤 凰 来。

vei˥ᴦ lã˥ puᴧᐟ tsu˩ tɕʻiaŋ˥ tʻəu˥ᴦ tsʻɔ˥, fəŋᴧᴦ tʂʻueiᴧ liaŋ˥ piãᴧ tɔ˥。
为 人 不 做 墙 头 草，风 吹 两 边 倒。

tsʻɛ˥ᴦ mi˥ tʂuã˥ᐟ ɕiaŋ˩, tsəu˥ᐟ lu˩ suã˩ tʂaŋ˩。
财 迷 转 向，走 路 算 帐。

kuaᴧ˪ ə˧ tʻiɔᴧᴦ kuaᴧ, tʻiɔᴧ˪ ə˧ iã˥ xuaᴧ。
瓜 ə 挑 瓜，挑 ə 眼 花。

tʂʻʅᴧᐟ fã˩ ɕiãᴧ xaᴧᴦ tʻaŋᴧ, tɕʻiaŋ˥ᐟ sʅ˩ kʻɛᴧᐟ yə˩ faŋᴧ。
吃 饭 先 喝 汤，强 似 开 药 方。

tuã˩ fã˩ liəu˥ᐟ i˧ kʻəu˥, fã˩ xəu˩ peiᴧᐟ pu˩ tsəu˥, xuə˥ᐟ tɔ˧ tɕiəu˥ʋ ʂʅ˧ tɕiəu˥。
顿 饭 留 一 口，饭 后 百 步 走，活 到 九 十 九。

və˨˦˧ və˧ t'əu˥ tɕiəu˩ ɕiã˥꜓ ts'ɛ˧, yə˩ tʂ'ʅ˨˦ yə˩ t'iã˥꜓ kã˧(kɛ˧)。
窝　窝　头　就　咸　菜，　越　吃　越　甜　甘。

sã˨˦ tʂã˥ pɔ˨˦˧ ə˧ liɑŋ˥ tʂã˥꜓ miã˩。
三　斩　包　ə　两　斩　面。斩：滚

lɔ˥꜔ niɑŋ˧ t'əŋ˥꜓ vɛ˩꜒ ʂəŋ˧, ʂʅ˥꜔ ʂɑ˧ pu˧ iɛ˥ xəŋ˧。
老　娘　疼　外　甥，使　杀　不　唉　哼。使杀：累死

四　歇后语（坎ə）

kã˥꜔ ə˧

坎 ə

ʂɑŋ˩ vu˩꜒ ə˧ tsəu˥꜔ ə˧ li˥꜔ tɕiɑ˧ iɔ˥ —— tɑ˩ mə˩꜒ ə˧ tɕyə˨˦
上　务　ə 走　ə 李　家　窑 —— 大　摸　ə　角①

tʂɔ˩ ɭə˥꜓ ts'uei˩ —— tɑ˥꜔ ts'ɛ˧
赵　尔　萃 —— 打　材②

tɕ'iɔ˥꜓ tɕ'yə˥꜓ ə˧ nɑ˧ t'uei˥—— tɕiəu˩꜒ liɔ˧ tɕiã˨˦
乔　瘸　ə 那　腿 —— 就　了　筋③

ʂɑŋ˩ ɕiɛ˥ pu˨˦ ʂʅ˥ tʂuei˨˦˧ ə˧ —— tʂã˨˦ ɕiŋ˥
绱　鞋　不　使　锥　ə —— 真（针）行

nɑ˥꜓ ə˧ suã˥ p'ã˥꜓ ə˧ iɔ˥ tɕiɛ˨˦ p'ɔ˥ —— tʂɔ˥꜓ tʂɑŋ˩ tɑ˥
拿　ə　算　盘　ə　遥　街　跑 —— 找　仗（账）打

ts'ɛ˥꜓ fɑŋ˧ tiɔ˩꜒ ə˧ tɕiã˥꜔ ə˧ —— kuɑŋ˨˦ luə˩꜒ liɔ˧ (ə˧) tʂ'ʅ˨˦
裁　缝　掉　ə　剪　ə —— 光　落　了　(ə)　吃（尺）

xuɑ˨˦꜒ tɕiɔ˨˦ p'i˥꜓ ə˧ kuã˥ niã˥꜓ tʂu˧ —— mɑ˥꜓ fã˧
花　椒　皮　ə　滚　粘　粥 —— 麻　烦（饭）

pɑ˥꜓ pu˧ tɔ˥꜔ ə˧ kɛ˩ miã˥꜓ t'iɔ˧ —— lã˥꜓ ɕiɔ˥ pei˩ tɑ˩
拔　不　倒　ə　盖　棉　条 —— 人　小　辈（被）大　拔不倒ə：不倒翁

pɑ˨˦ tʂ'ʅ˨˦꜓ pu˩ liə˥꜔ ə˧ liɑŋ˥꜔ ɕiɑ˩꜒ ə˧ —— sʅ˩꜒　tʂ'ʅ˧ i˨˦꜓ k'uɛ˩
八　尺　布　裂　ə　两　下　ə —— 死（四）吃（尺）一　块

ʂu˥꜓ p'ɑŋ˥꜓ ɕiɛ˩꜒ ə˧ —— xuã˥꜓ li˧ tʂuə˧ tsəu˥
属　螃　蟹　ə —— 横　立　着　走

①务ə、李家窑，皆博山村名。务ə位于博城东北，李家窑位于博城正西。此指到务ə而走经李家窑，绕了大弯。

②赵尔萃，清代官僚，于光绪二十八年（公元1902年）到博山经营琉璃业，倒行逆施，巧取豪夺。炉业工人走投无路，被逼在当年腊月初八冲进赵宅将赵尔萃痛打一顿。

③博山一乔姓瘸腿的人。比喻事物已定型，不能改变。

mə˧˩ tɔ˧˩꜒ ə˧ nɑ˧ ly˥ —— t'iŋ˨˩˦꜒ xɑ˨˩˦꜔ xu˧
磨 道 ə 那 驴 —— 听 呵 呼

ly˥꜓ ʂʅ˥꜕ tã˧˩꜒ ə˧ —— vɛ˧˩꜒ miã˧ kuɑŋ˨˩˦
驴 屎 蛋 ə —— 外 面 光

niã˥ ʂʅ˧ ə˧ xuɑŋ˥꜓ li˧˩ —— k'ã˧˩꜒ pu˧ ə˧
年 时 ə 黄 历 —— 看 不 ə

lɔ˥꜓ iəu˥ tiɔ˧˩꜒ ə˧ nɑ˧ k'u˨˩˦ tɕiŋ˥꜕ ə˧ —— iəu˥꜕ li˧˩꜒ tɕ'i˧ mu˥꜓ tʂ'u˧˩ ʂʅ˥
老 牛 掉 ə 那 枯 井 ə —— 有 力 气 没 处 使

xei˨˩˦꜖ lɔ˧ kuɑ˧ p'ɑ˨˩˦꜖ ə˧ nɑ˧ tʂu˨˩˦ tiŋ˧˩꜒ ʂɑŋ˧ —— kuɑŋ˨˩˦꜓ k'ã˧˩꜒ ə˧ lã˥꜓ tɕiɑ˧
黑 老 鸹 趴 ə 那 猪 腚 上 —— 光 看 ə 人 家

xei˨˩˦, k'ã˧˩ pu˧ tɕiã˧ tsʅ˥꜓ tɕiɑ˧ xei˨˩˦
黑，看 不 见 自 家 黑

tsɔ˥꜓ t'ɑŋ˥ niɔ˧˩ suei˨˩˦ —— mu˥꜓ tʂ'u˧˩ tʂ'ɑ˥꜓ t'əu˥꜓ ə˧
澡 堂 尿 尿 —— 没 处 查 头 ə

ɭə˧˩ tɑ˧˩ iə˥꜓ tɕ'y˥ ɕi˨˩˦꜔ fu˧ ə˧ —— mu˥꜓ iəu˥ lɔ˥꜕ tʂei˥꜓ ə˧ ʂei˧˩
二 大 爷 娶 媳 妇 ə —— 没 有 老 侄 ə 事

tʂu˨˩˦ mɑ˥꜓ tɛ˥꜕ ə˧ tʂ'ʅ˨˩˦꜖ ə˧ nɑ˧ lã˥ ʂã˨˩˦ kuə˥ —— mu˥꜓ tʂ'ɑŋ˥꜓ tʂ'u˧ tsʅ˨˩˦ xuə˥꜓
猪 马 呆 ə 吃 ə 那 人 参 果 —— 没 尝 出 滋 和

vei˧˩꜒ lɛ˧
味 来

tʂ'ʅ˨˩˦꜔ liɔ˧ ʂɔ˨˩˦꜖ piŋ˧ xɑ˨˩˦ liɑŋ˥꜓ ʂuei˥ —— tu˧˩꜒ ə˧ iəu˥꜖ liɔ˧ (e˧) ti˥
吃 了 烧 饼 喝 凉 水 —— 肚 ə 有 了 (ə) 底

tɕiŋ˥꜕ ə˧ nɑ˧ xɑ˥꜓ mɑ˧ —— tɕiã˧˩ tuə˨˩˦꜓ tɑ˧˩ ɕiɔ˥꜕ ə˧ tiɛ˧ t'iã˨˩˦
井 ə 那 蛤 蟆 —— 见 多 大 小 ə 点 天

vɛ˥꜓ tsɑŋ˥꜓ iə˧˩꜒ ə˧ ɕiɑ˧˩꜒ ə˧ kuei˧˩ —— mu˥꜓ iəu˥ fɑ˨˩˦
玩 藏 掖 ə 下 ə 跪 —— 没 有 法

iɔ˧˩ fã˧˩꜒ ə˧ ʂuɑ˥꜓ xəu˥꜓ ə˧ —— vã˥ ɕiã˨˩˦ pu˨˩˦꜓ t'uei˧˩
要 饭 ə 耍 猴 ə —— 玩 心 不 退

tʂ'ɑ˥꜓ xu˥ ɕiɑ˧˩꜒ pɔ˨˩˦꜖ ə˧ —— tu˧˩꜒ ə˧ iəu˥ tɔ˧˩꜒ pu˧ tʂ'u˨˩˦꜖ lɛ˧
茶 壶 下 包 ə —— 肚 ə 有 倒 不 出 来

mɛ˧˩ ləu˧˩꜒ ə˧ k'ɑŋ˧˩ p'ɛ˥ fɑŋ˨˩˦ —— xɔ˥꜓ tɑ˧˩꜒ ə˧ tɕiɑ˧˩꜒ ə˧
卖 肉 ə 扛 牌 坊 —— 好 大 ə 架 ə

vɛ˨˩˦ tsuei˥꜕ ə˧ tʂ'uei˨˩˦ lɑ˥꜕ pɑ˧ —— i˨˩˦ ku˥ ɕiə˥꜓ tɕ'i˧˩
歪 嘴 ə 吹 喇 叭 —— 一 股 邪 气

kã˥꜓ piŋ˥꜕ tʂu˧˩꜒ ə˧ tʂ'uei˨˩˦ xuə˥ —— i˨˩˦꜓ tɕ'iɔ˧˩ pu˨˩˦꜒ t'uŋ˨˩˦
擀 饼 柱 ə 吹 火 —— 一 窍 不 通

kəu˥꜓ iɔ˥ ly˥꜓ tuŋ˧˩ piŋ˨˩˦ —— pu˨˩˦꜓ lã˧˩ tʂã˨˩˦ lã˥
狗 咬 吕 洞 宾 —— 不 认 真 人

kəu˥ɤ tɛ˥ lɔ˥ᴠ ʂu˧ —— tuəʌʟ kuã˧ ɕiã˥ɤ ʂei˧
狗 逮 老 鼠 —— 多 管 闲 事

xuɑŋ˥ɤ iəu˧ tɕi˥ tɕiʌɤ pɛ˩ niã˥ —— mu˥ ŋãʌ xɔ˥ ɕiəʌ
黄 鼬 给 鸡 拜 年 —— 没 旁 好 心

lɔ˥ɤ niɑŋ˥ɤ niɑŋ˧ tʂ'ʅʌ ʂʅ˩┌ ə˧ —— lɔ˩┌ tʂuə˧ nɑ˧ luã˥ᴠ xuə˧ ə˧ mə˩
老 娘 娘 吃 柿 ə —— 捞 着 那 软 和 ə 摸

tsɔ˩ vɑŋ˥ɤ iə˥ɤ iə˧ tʂ'ʅʌ t'ɑŋ˥ kuɑʌ —— və̃˥ɤ pɑ˧ tʂuɑʌ
灶 王 爷 爷 吃 糖 瓜 —— 稳 把 抓

tsuei˥ᴠ ʂɑŋ˧ mə˥ɤ ʂʅ˥ɤ xuei˧ —— pei˥ tʂ'ʅʌ
嘴 上 抹 石 灰 —— 白 吃

tãʌ piŋ˥ tɕyã˥ tʂʅʌʟ t'əu˧ —— tsʅ˥ iɔ˥ᴠ tsʅ˥
单 饼 卷 指 头 —— 自 咬 自

vɑŋ˥ɤ pɑ˧ tʂ'ʅʌ tʂ'əŋ˩ t'uə˥ —— t'iəʌ ə˧ ɕiə̃ʌ
王 八 吃 称 砣 —— 铁 ə 心

tɑ˩ niã˥ vu˥ᴠ tɕiŋ˧ niɔ˩┌ ɕiɑ˧ —— t'əu˥ iʌ xuei˥
大 年 五 更 尿 下 —— 头 一 回

ʂʅ˥ᴠ k'ɑŋ˧ lɑŋ˥ tiã˩ tʂuəʌ├ ə˧ t'uei˥ —— iŋ˩ tʂ'əŋʌ
屎 壳 郎 垫 桌 ə 腿 —— 硬 撑

ʂʅ˥ᴠ k'ɑŋ˧ lɑŋ˥ pãʌ┌ tɕiɑʌ —— kuə̃˥ɤ tã˩
屎 壳 郎 搬 家 —— 滚 蛋

t'uʌ├ ə˧ t'əu˥ɤ ʂɑŋ˧ nɑ˧ ʂʅʌ├ ə˧ —— miŋ˥ɤ pɛ˥ᴠ tʂuə˧
秃 ə 头 上 那 虱 ə —— 明 摆 着

vu˥ tɑ˩ lɑŋ˥ p'ã˥ɤ kɑŋ˩┌ ə˧ —— ʂɑŋ˩ ɕiɑ˩ puʌɤ kəu˩ t'əu˥
武 大 郎 盘 杠 ə —— 上 下 不 够 头

mɑ˥ɤ i˥ ʂuãʌ təu˩┌ fu˧ —— t'i˥ɤ ə˧ puʌʟ ə˧ t'i˥
马 尾 拴 豆 腐 —— 提 ə 不 ə 提

tɕ'iãʌ li˥ suŋ˩ və˥ɤ mɔ˥ —— vu˩ tɕ'iŋʌ lə̃˥ɤ li˥ɤ tʂuŋ˩
千 里 送 鹅 毛 —— 物 轻 人 礼 重

五 歌谣（唱）

tʂ'ɑŋ˩
唱

（一）

tuŋʌ kaʌɤ iɑ˧ iɑŋʌ, ɕiʌ kaʌɤ lɑ˧ iɑŋʌ,
东 旮 旯 秧，西 旮 旯 秧，

ʂei˥ tɕia˨˩˦꜖ ə˧ ɕiɔ˥꜒ kəu˥ xɑ˨˩˦꜔ liɔ˧ ŋã˥꜔ nɑ˧ vei˧˩ kəu˥ t'ɑŋ˨˩˦?
谁　家　ə　小　狗　喝　了　俺　那　喂　狗　汤？

i˨˩˦꜔ tã˧˩ k'uɑŋ˨˩˦, liɑŋ˥꜔ tã˧˩ k'uɑŋ˨˩˦,
一　担　筐，　两　担　筐，

tuə˨˩˦꜔ tsã˧ tɔ˧˩꜒ liɔ˧ nɑ˧ vɑŋ˥꜔ tɕia˧ tʂuɑŋ˨˩˦。
多　暂　到　了　那　王　家　庄。

vɑŋ˥꜔ tɕia˧ tʂuɑŋ˨˩˦ iəu˥꜔ kuə˧ lɔ˥꜒ kəu˥,
王　家　庄　有　个　老　狗，

vɑŋ˨˩˦꜖ tʂ'ʅ˧ vɑŋ˨˩˦꜖ tʂ'ʅ˧ iɔ˥꜔ ŋã˧ liɑŋ˥꜒ k'əu˥。
汪　哧　汪　哧　咬　俺　两　口。

pu˨˩˦꜔ tʂ'ʅ˧ vɑŋ˥꜔ tɑ˧ niɑŋ˥꜔ nɑ˧ fɛ˧˩,
不　吃　王　大　娘　那　饭，

pu˨˩˦꜔ xɑ˧ vɑŋ˥꜔ tɑ˧ niɑŋ˥꜔ nɑ˧ tɕiəu˥,
不　喝　王　大　娘　那　酒，

və̃˧˩ vɑŋ˥꜔ tɑ˧ niɑŋ˥ iɔ˧˩ kuə˧˩ xuɑ˨˩˦ li˧˩ kəu˥。
问　王　大　娘　要　个　花　丽　狗。

（二）

ɕiɔ˥ pɑ˨˩˦ kəu˥, tɛ˧˩ liŋ˥꜔ tɑŋ˧,
小　叭　狗，戴　铃　铛，

kɑŋ˨˩˦꜖ lɑŋ˧ kɑŋ˨˩˦꜖ lɑŋ˧ tɔ˧˩ tɕi˥꜔ ʂɑŋ˧。
刚　啷　刚　啷　到　集　上。

mɛ˥ pə˨˩˦꜖ ts'ɛ˧, mɛ˥ pei˥꜔ ts'ɛ˧,
买　菠　菜，买　白　菜，

kɑŋ˨˩˦꜖ lɑŋ˧ kɑŋ˨˩˦꜖ lɑŋ˧ tsɛ˨˩˦ xuei˥꜔ lɛ˧。
刚　啷　刚　啷　再　回　来。

（三）

tuŋ˨˩˦ tɑ˥ luə˥꜒, ɕi˨˩˦ tɑ˥꜔ miã˧˩,
东　打　箩，西　打　面，

tɕ'iŋ˥꜖꜒ ŋã˧ nɑ˧ vɑ˨˩˦꜔ vɑ˧ lɛ˥ tʂ'ʅ˨˩˦꜔ miã˧˩。
请　俺　那　娃　娃　来　吃　面。

ʂɑ˧˩ miã˧˩? tsɑ˥꜔ miã˧˩。
啥　面？　杂　面。

ʂei˥ kã˥꜖꜒ ə˧? lɔ˥꜖꜒ xuŋ˥꜔ iɛ˧。
谁　擀　ə？老　红　眼。

ʂei˥ ʂɔ˨˩˦ xuə˥? t'u˨˩˦꜔ lɔ˧ p'ə˧。
谁　烧　火？秃　老　婆。

tsɑ˧˩ tʂuə˥ ʂɔ˨˩˦? pu˨˩˦꜔ lɑ˧ tʂuə˧。
咋 着 烧? 拨 拉 着。

ʂei˥ t‘uei˨˩˦꜒꜔ mə˧˩? təu˧˩꜒ tʂ‘uŋ˧。
谁 推 磨? 豆 虫。

tsɑ˧˩ tʂuə˥ t‘uei˨˩˦? ku˧˩꜒ yŋ˧。
咋 着 推? 顾 拥。

ʂei˥ tɑ˥꜒꜔ ʂuei˥? mɑ˧˩꜒ tʂɑ˧。
谁 打 水? 蚂 蚱。

tsɑ˧˩ tʂuə˥꜒꜔ tɑ˥? pəŋ˧˩꜒ tɑ˧。
咋 着 打? 蹦 跶。

tiɔ˧˩꜒ ə˧ tɕiŋ˥꜕ ə˧ mu˥꜒꜔ lə̃˥ tɕiəu˧˩꜒ t‘ɑ˧。
掉 ə 井 ə 没 人 救 它。

（四）

ʂɛ˨˩˦, ʂɛ˨˩˦, ʂɛ˨˩˦, ʂɛ˨˩˦ mei˧˩꜒ tɕiɛ˧,
筛，筛，筛，筛 麦 秸，

ni˥ iɔ˧˩ iã˨˩˦꜔꜖ tʂʅ˧ və˥꜒꜔ iɔ˧˩ fə̃˥,
你 要 胭 脂 我 要 粉，

tsã˥ liɑŋ˥꜒꜔ kuə˧˩ tɑ˥꜒꜔ kuə˧˩ liəu˥꜒꜔ li˧ kuə̃˥。
咱 两 个 打 个 琉 璃 滚。

（五）

t‘i˨˩˦꜔꜖ t‘i˨˩˦꜔ tɕyə˨˩˦꜒, p‘ɛ˥ p‘ɛ˥꜕ tɕyə˨˩˦꜒,
踢 踢 脚， 排 排 脚，

iɑ˧˩ iəu˧ xu˥꜒꜔ lu˧ xɛ˥ t‘ɑŋ˥꜕ kuə˥。
压 悠 葫 芦 海 棠 果。

t‘ɑŋ˥꜒꜔ kuə˥ tsu˧˩ tsuei˥, ʂʅ˥꜒꜔ liəu˧ p‘iɔ˨˩˦ t‘uei˥。
棠 果 做 嘴，石 榴 漂 腿。

xuə˥꜒꜔ t‘ɔ˧ pɑŋ˨˩˦, i˨˩˦ liɑŋ˥ t‘ɑŋ˧˩, liɑŋ˥꜒꜔ t‘ɑŋ˧˩ i˨˩˦,
核 桃 帮，一 两 趟，两 趟 一，

t‘ɛ˥꜒꜔ t‘ɛ˥ ɕiɔ˥ tɕyə˨˩˦ tɕiɔ˧˩꜒ ŋã˧ kuə˧˩ tɕ‘y˧˩。
抬 抬 小 脚 叫 俺 过 去。

（六）

p‘ã˧˩ miɔ˥꜒꜔ tʂɑŋ˥
盼 苗 长

ʂu˥꜒꜔ ʂu˧, ʂu˥꜒꜔ ʂu˧, ni˧ tsɑ˧˩ pu˨˩˦ tʂɑŋ˥?
秫 秫，秫 秫，你 咋 不 长?

və˥ pu˨˩˦ ʂʅ˥ fə̃˧˩ tʂ'əu˧˩꜒ ni˧,
我 不 使 粪 臭 你，

iəu˧˩ pu˨˩˦ ʂʅ˥ tʂ'u˥꜒ p'ɑŋ˥。
又 不 使 锄 耪。

kuɑŋ˥꜒ kuɑŋ˥ xuɑ˨˩˦꜓ iə˧˩ ə˧ tɕi˥꜓ ni˧ tʂə˨˩˦꜓ iə̃˨˩˦꜖ liɑŋ˧,
广 广 花 叶 ə 给 你 遮 荫 凉，

tɕ'iŋ˨˩˦꜖ tɕ'iŋ˧ ts'ɛ˧˩ tɕi˥꜓ ni˧ k'uɛ˨˩˦꜒ iɑŋ˥꜕ iɑŋ˧。
青 青 菜 给 你 扢 痒 痒。

ʂu˥꜓ ʂu˧, ʂu˥꜓ ʂu˧, ni˧ tsɑ˧˩ pu˨˩˦ tʂɑŋ˥?
秫 秫，秫 秫，你 咋 不 长?

（七）

tsɑŋ˥꜓ mə˧ tsɑŋ˥꜓ mə˧ iɑ̃˥꜓ ʂei˧,
藏 摸 藏 摸 颜 色。藏摸颜色：捉迷藏

tʂɔ˥꜕ pu˧ xuei˥꜓ lɛ˧ tɑ˥꜕ ni˧ ʂʅ˥꜒ ɕiɛ˥꜒ tei˧。
找 不 回 来 打 你 十 鞋 底。

（八）

tɕiəu˥꜕ p'iŋ˥ tʂ'u˨˩˦꜓ tʂ'u˧˩ tɛ˧˩ pɑ˨˩˦ təu˥, tɑ˥꜒ ʂuei˥ kuɑ̃˧˩꜒ ə˧ tʂ'u˨˩˦꜓ iɔ˨˩˦꜖ kuɑŋ˧。
酒 瓶 出 处 在 八 陡，打 水 罐 ə 出 窑 广。

li˥꜕ tɕia˧ iɔ˥꜓ ʂɑŋ˧ tsu˧˩ tɑ˧˩꜒ vəŋ˧, vu˧˩꜒ ə˧ tʂuɑŋ˨˩˦꜓ nei˧˩ tʂ'u˨˩˦ ts'ʅ˥ kɑŋ˨˩˦。
李 家 窑 上 做 大 瓮，务 ə 庄 内 出 磁 缸。

tɑ̃˨˩˦ p'ə̃˥ pɑ̃˧˩꜒ p'ə̃˧ təu˥꜕ p'ə̃˥꜓ ə˧, t'uei˥꜕ ə˧ tʂ'u˨˩˦꜓ tʂ'u˧ pu˧ i˨˩˦꜒ fɑŋ˨˩˦。
单 盆 半 盆 斗 盆 ə，腿 ə 出 处 不 一 方。

tɑ˧˩ vəŋ˧˩ tɕiəu˥꜕ t'ɑ̃˥ tʂ'əŋ˥꜒ tɕiəu˥꜓ yŋ˧˩, suei˨˩˦ xu˥ tʂ'ɑ˥꜒ xu˥ mɛ˧˩ tɕiɛ˨˩˦꜒ ɕiɑŋ˨˩˦。
大 瓮 酒 坛 盛 酒 用，尿 壶 茶 壶 卖 街 厢。

kuə˨˩˦꜓ tɑ˧˩ vɑ̃˥꜕ ə˧ tɑ˧˩ p'ɑ̃˥꜒ xɔ˥, pei˥꜓ yə˧˩ yə˧˩꜒ ə˧ li˥꜓ vɛ˧˩ kuɑŋ˨˩˦。
郭 大 碗 ə 大 盘 好，白 药 药 ə 里 外 光。

luə˧˩ və̃˧˩ t'ɔ˧˩ p'ə̃˥ tʂ'u˨˩˦ xuə˥꜓ tʂ'u˧˩, y˥꜒ vɑ̃˥ t'uŋ˥ tʂ'u˨˩˦ ʂɑ̃˨˩˦ t'əu˥ tʂuɑŋ˨˩˦。
若 问 套 盆 出 何 处，与 碗 同 出 山 头 庄。

六　谜语(谜)

mei˧˩

谜

tʂ'uŋ˥꜒ tʂ'uŋ˥ tiə˥꜒ tiə˥ tʂə˨˩˦꜖ tʂə˧ tuə˨˩˦, y˥꜒ ʂuei˥ t'iɑ̃˥꜖ li˧ suŋ˧˩ kuə˨˩˦꜖ kuə˧。 **və˥꜓**
重 重 叠 叠 折 折 多，雨 水 天 里 送 哥 哥。 我

pa˥ kuə˩˧˦˨ kuə˧ suŋ˨˩˦ tɔ˧ mə˥˩˦ li˥˨˩ t'əu˧, və˥ tsɛ˨ mə̃˥˩˦ vɛ˨ luei˨ tuə˩˧˦ tuə˩˧

把 哥 哥 送 到 门 里 头，我 在 门 外 泪 多 多

—— sã˥

—— 伞

ɕy˩˧˨ liaŋ˧ liaŋ˧, ɕy˩˧˨ liaŋ˧ liaŋ˧, pi˥˦ ə˧ tʂaŋ˥˦ ə˧ tɕi˩˧˨ niaŋ˧ ʂaŋ˧ —— kuə˩˧ kɛ˨˦

虚 良 良，虚 良 良，鼻 ə 长 ə 脊 梁 上 —— 锅 盖

ə˧

ə

i˩˧˦ kə̃˩˧˦ ɕiã˨, xuei˥˦ lɛ˧ xuei˥˦ tɕ'y˨ tʂa˩˧ pu˩˧˦ tuã˨ —— mə̃˥˦ ʂʅ˧ tɕ'iã˨˦ ə˧

一 根 线，回 来 回 去 踏 不 断 门 石 欠 ə

tuŋ˩˧˦ ʂã˩˧˨ ʂaŋ˧ i˩˧˦ kuə˨ iəu˥, ɕi˩˧˦ ʂã˩˧˨ ʂaŋ˧ i˩˧˦ kuə˨ iəu˥, ti˨˦ ti˧ xei˩˧˨ iə˧ lɛ˥˦

东 山 上 一 个 牛，西 山 上 一 个 牛，第 第 黑 夜 来

p'əŋ˨ t'əu˥ —— mə̃˥˦ tʂ'a˧ kuã˩˧˨ ə˧

碰 头 —— 门 插 关 ə

ni˥ ʂuə˩˧˦ kɛ˨, tsã˥˦ tɕiəu˨ kɛ˨, tɕiə̃˩˧˨ ə˧ pi˥˦ ə˧ vaŋ˨ vɛ˨ tʂuɛ˨ —— fəŋ˩˧˨ ɕiã˧

你 说 盖，咱 就 盖，筋 ə 鼻 ə 望 外 拽 —— 風 箱

ku˩˧˦ tɕi˧ ku˩˧˦ tɕi˧ tʂə̃˩˧ ku˩˧˦ tɕi˧, sʅ˥˨˩ liɔ˧ (ə˧) sã˩˧ niã˥˦ liŋ˥ vu˥˨˩ tɕ'i˧, kã˩˧˨

咕 唧 咕 唧 真 咕 唧，死 了 (ə) 三 年 零 五 七，干

xua˧ tʂ'aŋ˥˦ ə˧ lã˨ tɕiŋ˨˦ liɔ˧, xu˩˧˦ tʂ'ʅ˧ xu˩˧˨ tʂ'ʅ˧ xɛ˥˦ tʂ'uã˥˦ tɕ'i˨ —— ʂuei˥

花 肠 ə 烂 净 了，呼 哧 呼 哧 还 喘 气 —— 水

iã˩˧˦ tɛ˨

烟 袋

ku˩˧ kuɛ˥˦ k'aŋ˨, ku˩˧˨ kuɛ˧ tʂ'uaŋ˥, ku˩˧˨ kuɛ˧ xɛ˥˦ ə˧ ku˩˧˦ kuɛ˧ niaŋ˥, ku˩˧˨ kuɛ˧

孤 拐 炕，孤 拐 床，孤 拐 孩 ə 孤 拐 娘，孤 拐

ləu˥˨˩ ə˧ ku˩˧ kuɛ˥˦ ʂuei˨, ku˩˧˨ kuɛ˧ tʂaŋ˥˨˩ ə˧ ku˩˧˨ kuɛ˧ ʂaŋ˧ —— tɕiaŋ˩˧

搂 ə 孤 拐 睡，孤 拐 长 ə 孤 拐 上 —— 姜

ma˥ vu˩˧˨ ə˧, xuŋ˥ tʂaŋ˨˦ ə˧, li˥˨˩ t'əu˧ tʂu˨˦ tʂuə˧ kuə˧ pei˥˦ p'aŋ˨˦ ə˧ ——

麻 屋 ə，红 帐 ə，里 头 住 着 个 白 胖 ə ——

tʂ'aŋ˥˦ kuə˥

长 果

ɕyŋ˩˧˦ ti˨ tɕ'i˩˧˦ pa˩˧˦ kuə˨, vei˥˦ tʂuə˧ lã˥ kã˩˧˦ tsuə˨ —— suã˨

兄 弟 七 八 个，围 着 栏 杆 坐 —— 蒜

k'ei˩˧˨ k'ei˩˧˦ mu˨, k'a˩˧˨ k'a˩˧˨ mu˨, t'iã˩˧˦ ɕia˨ mu˨˦ tɕiaŋ˧ pu˩˧˦ xuei˨ tsu˨ ——

刻 刻 木，搕 搕 木，天 下 木 匠 不 会 做 ——

xuə˥˦ t'ɔ˧

核 桃

tʂə˨ kuə˧ tuŋ˩˧˨ ɕi˧ tʂə̃˩˧ tɕ'i˥˦ tɕ'iɔ˥, tʂã˨˦ ə˧ pu˩˧˦ lu˨ tsuə˨˦ tʂuə˧ kɔ˩˧ —— kəu˥

这 个 东 西 真 奇 巧，站 ə 不 如 坐 着 高 —— 狗

pə˥˦ pã˧ pə˥˦ pã˧ tuei˨ pə˥˦ pã˧, pə˥˦ pã˧ ti˥˦ ɕia˧ tsʻuə˦ ma˥˦ ɕiã˨ —— tʻuei˦
薄 板 薄 板 对 薄 板，薄 板 底 下 搓 麻 线 —— 推

niã˥˦ tʂuã˥ 拈转：新麦蒸熟搓下放在磨上推成的线状食物
拈 转

七　故事(呱)

kua˥
呱

(一) iã˥ nɛ˥˦ nɛ˧
颜 奶 奶

ɕiã˦˧ ʂa˧, fəŋ˨ xuaŋ˥˦ sã˦ ti˥˦ ɕia˧ tʂu˨˦ tʂuə˧ xu˧ ɕiŋ˨ kuə˦˧ ə˧ lə̃˥˦ tɕia˧,
先 霎，凤 凰 山 底 下 住 着 户 姓 郭 ə 人 家，
lɔ˥˦ liaŋ˥˦ kʻəu˥ iəu˥ i˦ nã˥ i˦ ny˥, tsɔ˥˦ tɕiəu˨ tɕi˥˦ ɭə˥ ʂuə˦˧ ɕia˧ liɔ˧ tɕʻiŋ˦˧
老 两 口 有 一 男 一 女，早 就 给 儿 说 下 了 青
tʂɔu˧ fu˥ iã˥˦ tɕia˧ tʂuaŋ˦˧ ə˧ i˦ mə̃˥ tɕʻiə̃˦˦ ʂʅ˨。mu˥ kuə˨ mə̃˥˦ ə˧ ɕi˦˧ fu˧ tɕiɔ˨
州 府 颜 家 庄 ə 一 门 亲 事。没 过 门 ə 媳 妇 叫
iã˥ və̃˥ tɕiaŋ˦, tɕiəu˨ ʂʅ˨ iã˥ nɛ˥˦ nɛ˧。iã˥ nɛ˥˦ nɛ˧ ʂʅ˥˦ tɕiəu˥˦ suei˨ na˦ niã˥,
颜 文 姜，就 是 颜 奶 奶。颜 奶 奶 十 九 岁 那一 年，
tʻa˧ ny˥˦ ɕy˧ tei˦ liɔ˥ tʂuŋ˨ piŋ˨, iã˥˦ kʻã˨ pu˧ tʂuŋ˦ yŋ˨˦ liã˧。pʻə˥˦ pʻə˧ pa˥˦
她 女 婿 得 了 重 病，眼 看 不 中 用 啦。婆 婆 把
tʻa˧ tɕʻy˨˧ tɕiə̃˨˧ mə̃˥ "tʂʻuŋ˦ ɕi˥"。ʂei˥ tʂʅ˦ "iə̃˥˦ ʂʅ˧ tɕʻy˥˦ tɕiə̃˧ iã˥˦ tɕia˧ ny˥,
她 娶 进 门 "冲 喜"。谁 知 "寅 时 娶 进 颜 家 女，
mɔ˥˦ ʂʅ˧ sʅ˥˦ liɔ˧ kuə˦˧ tɕia˦˧ iaŋ˥。" iã˥ nɛ˥˦ nɛ˧ tɕʻiə̃˥˦ tɕʻiə̃˧ tsu˨˦ liɔ˧ ɕiə˦
卯 时 死 了 郭 家 郎。" 颜 奶 奶 □ □① 做 了 新
ɕi˦˧ fu˧, mu˥ kuə˨ i˦˦ kuə˨ ʂʅ˥˦ ʂə̃˥ tɕiəu˨ tʂʻəŋ˥˦ liɔ˧ kua˥˦ fu˨。pʻə˥˦ pʻə˧ ʂuə˦˧
媳 妇，没 过 一 个 时 辰 就 成 了 寡 妇。婆 婆 说
tʻa˧ ʂʅ˨ sɔ˨ tʂu˧ ɕiŋ˦ faŋ˦ ʂa˧ liɔ˧ tsʅ˥˦ tɕia˧ nã˥˦ lə̃˧。
她 是 扫 帚 星 妨 杀 了 自 家 男 人。

iã˥ nɛ˥˦ nɛ˧ xə̃˥˦ ɕiɔ˨˦ tʂʻuə̃˧, tɛ˥ tɕia˦˧ ə˧ tsʻʅ˨˦ xəu˧ tʻa˦ pʻə˥˦ pʻə˧ y˦˧ y˧
颜 奶 奶 很 孝 顺，在 家 ə 伺 候 她 婆 婆 熨 熨
tʻiə˦˧ tʻiə˧ ə˧。kʻuə˥˦ ʂʅ˨ tʻa˦ pʻu˥˦ pʻə˧ kaŋ˥˦ ə˧ li˨˦ xɛ˧ liã˧, kuaŋ˦ ʂə˦˧ tʻəŋ˧
贴 贴 ə。可 是 她 婆 婆 岗 ə 厉 害 啦，光 折 腾
tʻa˧。ʂa˥˦ xuə˥˦ lu˧ tsaŋ˦ tɕiɔ˨˦ tʻa˧ kã˨ ʂa˧, ʂa˥˦ xuə˥˦ lu˧ tʂuŋ˨ tɕiɔ˨˦ tʻa˧ kã˨
她。啥 活 路 脏 叫 她 干 啥，啥 活 路 重 叫 她 干

① tɕʻiə̃˥˦ tɕʻiə̃˧：早晨。

ʂɑ˧。t'ɑ˨˩˦ p'ə˥˦ p'ə˧ ʂuə˨˩˦，tɕiə̃˧˩ tʂ'u˧ ə˧ ʂuei˥ pu˨˩˦ xɔ˥ xɑ˨˩˦，yã˥˩ tʂ'u˧
啥。她 婆 婆 说，近 处 ə 水 不 好 喝，远 处

tɕ'yã˥˦ ə˧ ʂuei˥˦ xɔ˥，tɕiɔ˧˩ t'ɑ˧ ʂɑŋ˨ yã˥˩ tʂ'u˧ tɕ'yã˥˩ ə˧ tɕ'y˨ tɑ˥˦ ʂuei˥。t'ɑ˨˩˦
泉 ə 水 好，叫 她 上 远 处 泉 ə 去 打 水。她

p'ə˥˦ p'ə˧ p'ɑ˧˩ t'ɑ˧ tɑ˥˦ ʂuei˥ tɛ˧˩ lu˧˩ ʂɑŋ˧ ɕiə˨˩˦ tʂuə˥，tɕiəu˨ tɕi˥˦ t'ɑ˧ tsu˧˩ ə˧
婆 婆 怕 她 打 水 在 路 上 歇 着，就 给 她 做 ə

i˨˩˦˥ tã˨ tɕiã˨˩˦ ti˥ ʂɔ˨˩˦ tɕiɔ˧˩ t'ɑ˧ t'iɔ˨˩˦ ʂuei˥。iã˥ nɛ˥˩ nɛ˧ pu˨˩˦ kuã˥ kuɑ˨˩˦˥ fəŋ˨˩˦ ɕiɑ˨
一 担 尖 底 筲 叫 她 挑 水。颜 奶 奶 不 管 刮 风 下

y˥，t'iã˨˩˦ tʂ'ɑŋ˥ ʅə˨ tɕiəu˥，tɕiəu˨ ʂʅ˥ tʂə˧˩ tã˧ tɕiã˨˩˦ ti˥ ʂɔ˨˩˦ t'iɔ˨˩˦ ʂuei˥。
雨，天 长 日 久，就 使 这 担 尖 底 筲 挑 水。

iəu˥˩ i˧ t'iã˨˩˦，iã˥ nɛ˥˩ nɛ˧ iəu˨ tɕ'y˨ tɑ˥˦ ʂuei˥，tɛ˥˦ lu˧˩ ʂɑŋ˧ p'əŋ˧˩ tɕiã˧ ə˧
有 一 天，颜 奶 奶 又 去 打 水，在 路 上 碰 见 ə

i˨˩˦˥ kuə˨ tɕi˥˦ mɑ˥˩ ə˧。tɕ'i˥˦ mɑ˥˩ ə˧ tɕiəu˨ və̃˧˩ t'ɑ˧："ni˥ tsɑ˨ xɛ˥˦ ʂʅ˥ tɕiã˨˩˦
一 个 骑 马 ə。骑 马 ə 就 问 她："你 咋 还 使 尖

ti˥ ʂɔ˨˩˦ tɑ˥˦ ʂuei˥？" iã˥ nɛ˥˩ nɛ˧ ʂuə˨˩˦："ŋã˥˩ p'ə˧ p'ə˧ p'ɑ˧˩ və˧ lu˧˩ ʂɑŋ˧ ɕiə˨˩˦˧
底 筲 打 水？"颜 奶 奶 说："俺 婆 婆 怕 我 路 上 歇

tʂuə˧，tei˨˩˦ vei˧˩ ə˧ tɕi˥˩ və˧ tsu˧˩ ə˧ tʂə˨ tã˨ tɕiã˨˩˦ ti˥ ʂɔ˨˩˦ tɕiɔ˧˩ və˧ tɑ˥˦ ʂuei˥。"
着，特 为 ə 给 我 做 ə 这 担 尖 底 筲 叫 我 打 水。"

tɕ'i˥˦ mɑ˥˩ ə˧ tɕiəu˨ ʂuə˨˩˦："və˥˦ kã˥˦ lu˨ kã˨˩˦˧ k'uə˧ liɔ˧，xɑ˨˩˦ ni˥ tiɛ˥˦ ʂuei˥ ɕiŋ˥˦
骑 马 ə 就 说："我 赶 路 干 渴 了，喝 你 点 水 行

ə˧ pu˧？" iã˥ nɛ˥˩ nɛ˧ ʂuə˨˩˦："ɕiŋ˥˦ ɑ˧！tɕ'iã˥˦ t'əu˧ tʂə˨ ʂɔ˨˩˦˧ ə˧ ʂuei˥，ŋã˥ p'ə˥˦
ə 不？"颜 奶 奶 说："行 啊！前 头 这 筲 ə 水，俺 婆

p'ə˧ xɑ˨˩˦，xəu˧˩ t'əu˧ ʂɔ˨˩˦˧ ə˧ ʂuei˥，ŋã˥˩ p'ə˥˦ p'ə˧ ʂuə˨˩˦ və˥ fɑŋ˨ p'i˨ ts'ʅ˨˩˦˧ liɔ˧
婆 喝，后 头 筲 ə 水，俺 婆 婆 说 我 放 屁 泚 了

ɑ˧，t'ɑ˨˩˦˧ pu˧ xɑ˨˩˦，və˥ xɑ˨˩˦。ni˥ iɔ˨ xɑ˨˩˦ tɕiəu˨ xɑ˨˩˦ xəu˧˩ t'əu˧ ʂɔ˨˩˦˧ ə˧ ʂuei˥˩ pɑ˧。"
啊，她 不 喝，我 喝。你 要 喝 就 喝 后 头 筲 ə 水 吧。"

tɕ'i˥˦ mɑ˥˩ ə˧ tɕiəu˨ xɑ˨˩˦˧ liɔ˧ xəu˧˩ t'əu˧ ʂɔ˨˩˦˧ ə˧ ʂuei˥。tʂə˨ ʂei˨ kã˥˩ tuŋ˧˩ ə˧
骑 马 ə 就 喝 了 后 头 筲 ə 水。这 事 感 动 ə

tɕ'i˥˦ mɑ˥˩ ə˧。tɕ'i˥˦ mɑ˥˩ ə˧ tɕiəu˨ ʂuə˨˩˦："xɔ˥˩ pɑ˧，və˥ tɕi˥˦ ni˧ i˧ kə̃˨˩˦˥ piã˨˩˦˧
骑 马 ə。骑 马 ə 就 说："好 吧，我 给 你 一 根 鞭

ə˧，ni˥ pɑ˥ t'ɑ˨˩˦ tɑ˨˩˦˧ ə˧ ʂuei˥˩ vəŋ˧ piə˨˩˦˧ ə˧ ʂɑŋ˧，ʂuei˥˩ vəŋ˧ ə˧ ʂuei˥˦ mu˥˦ liɔ˧，
ə，你 把 它 搭 ə 水 瓮 边 ə 上，水 瓮 ə 水 没 了，

ni˥˦ tɕiəu˨ pɑ˥ piã˨˩˦˧ ə˧ ʂɔ˨˩˦ vei˥ t'i˥˦ t'i˧，tɕ'iã˨˩˦˥ vã˨ pɛ˥˦ t'i˥ tuə˨˩˦˧ liɔ˧，tʂɑŋ˨˩˦
你 就 把 鞭 ə 稍 微 提 提，千 万 别 提 多 了，这样

tʂuə˧ ni˥˦ tɕiəu˨ pu˨˩˦˥ yŋ˨ tsɛ˨˩˦ tɑ˥˦ ʂuei˥˩ liã˧。" iã˥ nɛ˥˩ nɛ˧ tɕiə˨˩˦˧ liɔ˧ piã˨˩˦˧ ə˧，
着 你 就 不 用 再 打 水 唡。"颜 奶 奶 接 了 鞭 ə，

xuei˥˦ lɛ˧ tʂɔ˧˩˦ tʂuə˧ tɕʻi˥˦ ma˥˧ ə˧ xua˧˩, pa˧ piã˨˩˦˨ ə˧ ta˨˩˦˨ ə˧ ʂuei˥˧ vəŋ˧˩˦ ʂaŋ˧。
回 来 照 着 骑 马 ə 话，把 鞭 ə 搭 ə 水 瓮 上。

kuə˧˩˦ liɔ˧ tɕi˥ tʻiã˨˩˦, tʻa˧ pʻə˥˦ pʻə˧ tɕiəu˧˩ ʂuə˨˩˦: "tʂə˧˩ kuə˧ lã˥˧ lɔ˧ pʻə˧ lɔ˥ ʂʅ˥˦
过 了 几 天，她 婆 婆 就 说："这 个 懒 老 婆 老 时

tɕiə˥ tsa˧˩ mu˥ kʻã˧˩˦ ə˧ tʻa˧ ta˥˦ ʂuei˥˧ liã˧?" ʂaŋ˧˩ tʂʻu˥˦ vu˧ i˨˩˦˦ kʻã˧˩, ʂuei˥˧ vəŋ˧
截 咋 没 看 ə 她 打 水 唡？"上 厨 屋 一 看，水 瓮

ʂaŋ˧ ta˨˩˦˨ ə˧ i˨˩˦ kã˨˩˦˦ piã˨˩˦˨ ə˧。tʻa˧ pʻə˥˦ pʻə˧ tɕiəu˧˩ ma˧˩: "tʂə˧˩ kuə˧˩ lã˥˧ lɔ˧
上 搭 ə 一 根 鞭 ə。她 婆 婆 就 骂："这 个 懒 老

pʻə˧ pu˨˩˦ ta˥˦ ʂuei˥, xɛ˥˦ pa˧ i˨˩˦˨ kã˧ tsaŋ˨˩˦ piã˨˩˦˨ ə˧ faŋ˧˩˦ ə˧ ʂuei˥˧ vəŋ˧ ʂaŋ˧
婆 不 打 水，还 把 一 根 脏 鞭 ə 放 ə 水 瓮 上

tsu˧˩ ʂa˥?" ʂuə˨˩˦˨ ə˧ tɕiəu˧˩ tʻi˥˦ tɕʻi˥ piã˨˩˦˨ ə˧ i˨˩˦ luã˥。xɔ˥! tuŋ˨˩˦ xɛ˥ xɛ˥˦ iã˥ kʻɛ˨˩˦˨
做 啥？"说 ə 就 提 起 鞭 ə 一 抡。好！东 海 海 眼 开

liɔ˧, xu˨˩˦ xu˨˩˦˨ ə˧ vaŋ˥ ʂaŋ˧˩ mɔ˧˩ ʂuei˥, iã˥ kʻã˧˩ tɕiəu˧˩ tʂʻəŋ˥˦ ə˧ xɛ˥, ʂəŋ˨˩˦ liŋ˥
了，呼 呼 ə 往 上 冒 水，眼 看 就 成 ə 海，生 灵

tɕiəu˧˩ təu˧˩ vã˥˦ liã˧。iã˥ nɛ˥˧ nɛ˧ i˨˩˦˦ kʻã˧˩ ʂʅ˧˩ tʻəu˥ pu˨˩˦ xɔ˥, kã˥ tɕiə̃˥˧ ə˧ i˨˩˦˦
就 都 完 唡。颜 奶 奶 一 看 势 头 不 好，赶 紧 ə 一

tiŋ˧˩ tuə̃˨˩˦˨ ə˧ xɛ˥˦ iã˥˧ ʂaŋ˧, ta˧˩ ku˥˧ ə˧ ʂuei˥ tu˥˧ tʂu˧ liɔ˧ tsʻɛ˥ tɕiəu˧˩˦ liɔ˧ tʂə˧˩
腚 蹲 ə 海 眼 上，大 股 ə 水 堵 住 了，才 救 了 这

faŋ˨˩˦ lə̃˥。
方 人。

tʂə˧˩ xɛ˥˦ iã˥ tɕiəu˧˩ ʂʅ˧˩ ɕiã˧˩ tsɛ˧˩ ə˧ liŋ˥˦ tɕʻyã˥。xəu˧˩ lɛ˥, lə̃˥ tɕiəu˧˩ tsɛ˧˩ liŋ˥˦
这 海 眼 就 是 现 在 ə 灵 泉。后 来，人 就 在 灵

tɕʻyã˥˦ ʂaŋ˧ tɕi˥˦ iã˥ nɛ˥˧ nɛ˧ ɕiəu˨˩˦˨ liɔ˧ i˨˩˦˦ tsuə˧˩˦ miɔ˧˩, tɕiəu˧˩ ʂʅ˧˩ ɕiã˧˩ tsɛ˧˩˦ ə˧
泉 上 给 颜 奶 奶 修 了 一 座 庙，就 是 现 在 ə

ta˧˩ miɔ˧˩。tɕʻyŋ˥ liŋ˥˦ tɕyã˥ tʻaŋ˥˧ tʂʻu˧ lɛ˧ ə˧ ʂuei˥, tɕiəu˧˩ ʂʅ˧˩ ɕiɔ˧˩ fu˧˩ xuə˥。
大 庙①。从 灵 泉 淌 出 来 ə 水，就 是 孝 妇 河。

（二） iã˥˧ ti˧
掩 的

tɛ˥ pə˨˩˦˨ ʂã˧ tʂʻəŋ˥ pei˨˩˦ sʅ˧˩˦ li˧, ɕiɔ˧˩ fu˧˩ xuə˥ iɛ˥ piɛ˨˩˦˨ ʂaŋ˧, iəu˥ i˨˩˦˦ kuə˧˩
在 博 山 城 北 四 里，孝 妇 河 涯 边 上，有 一 个

tʂuaŋ˨˩˦ tɕiɔ˧˩ "iã˥˧ ti˧"。tʂə˧˩ kuə˧˩ tʂuaŋ˨˩˦ miŋ˥ kəu˧˩ kuɛ˧˩˦ ə˧ liã˧, kəŋ˧˩ tɕʻi˥˦ ə˧
庄 叫 "掩 的"。这 个 庄 名 够 怪 ə 唡，更 奇 ə

ʂʅ˧˩: tʂə˧˩ kuə˧ sã˨˩˦ tɕiã˨˩˦ kʻəu˥˧ lə̃˥˦ ə˧ ta˧˩ tʂuaŋ˨˩˦, tsuə˧˩ luə˧˩˦ tɛ˧ i˨˩˦˦ kʻuɛ˧˩ ta˧˩
是：这 个 三 千 口 人 ə 大 庄，座 落 在 一 块 大

①大庙，颜文姜祠的俗称，又名颜神庙、颜奶奶庙，位于凤凰山南麓山头镇西神头村。祠内有宋碑，文曰："齐有孝妇颜文姜，常逾历山险，负汲新泉奉姑之所嗜。一旦，感泉涌室内，派流远注，故目其地曰颜神，水曰孝水，祠曰颜姜之庙。"

xɑ˥˦ mɑ˧ ʂʅ˥˦ ʂɑŋ˧。tʂə˩ k'uɛ˩ xɑ˥˦ mɑ˧ ʂʅ˥ kɔ˨˩˦˨ tʂ'u˧ xuə˥˦ iɛ˥ piɛ˨˩˦ liɑŋ˥˦ mi˧
蛤 蟆 石 上。这 块 蛤 蟆 石 高 出 河 涯 边 两 米

tuə˨˩˦, t'əu˥、pə˥˦ ə˧, pɑ˥˦ ti˩˦ ə˧ ʂə̃˨˩˦˨ tʂ'u˧ lɛ˧, tʂ'ɔ˥˦ tʂ'uə˧ tuŋ˨˩˦ nã˥, ɕiɑŋ˩ ʂʅ˩
多，头、脖 ə，把 地 ə 伸 出 来，朝 着 东 南，像 是

ʂʅ˥˦ ʂʅ˧ k'ei˨˩˦˦ k'ei˧ tɛ˥ k'ã˩˦ tʂuə˧ ɕiɔ˩ fu˩ xuə˥ tʂɑŋ˥˦ ʂuei˥˦ ə˧ pu˧, pu˨˩˦˦ tɕiɔ˩
时 时 刻 刻 在 看 着 孝 妇 河 涨 水 ə 不，不 叫

t'uə˥˦ ə˧ t'ɑ˧ tɕi˨˩˦˦ niɑŋ˧ ʂɑŋ˩˦ ə˧ iã˥˦ ti˧ tsɔ˨˩˦ ʂuei˥ tsɛ˨˩˦。iɔ˩ və̃˩ tʂə˩ kuə˩ ti˩
驮 ə 它 脊 梁 上 ə 掩 的 遭 水 灾。要 问 这 个 地

miŋ˥ xuə˥ xɑ˥˦ mɑ˧ ʂʅ˥˦ ə˧ lɛ˥˦ li˩, nɑ˩ tɕiəu˩ iɔ˧ t'iŋ˨˩˦ və˥ ʂuə˨˩˦˨ ʂuə˧ xɑ˥˦ mɑ˧
名 和 蛤 蟆 石 ə 来 历，那 就 要 听 我 说 说 蛤 蟆

ɕiŋ˨˩˦ xuə˥ pei˥˦ ʂuə˧ ɕiã˨˩˦˨ tsʅ˧ ə˧ ku˩˦ ʂʅ˧。
星 和 白 芍 仙 子 ə 故 事。

ku˥˦ ʂʅ˧ xəu˧, tʂə˩ ə˧ ʂʅ˩ i˨˩˦˦ k'uɛ˩ p'iŋ˥˦ ti˩, iə̃˨˩˦˦ vei˩ tʂ'ɑŋ˥˦ tɕiɔ˩ tɑ˩ ʂuei˥
古 时 候，这 ə 是 一 块 平 地，因 为 常 叫 大 水

iã˨˩˦, tɕiəu˩ tɕiɔ˩ "iã˨˩˦˦ ti˩"。tʂə˩ i˨˩˦ niã˥, iəu˥˦ ɕiŋ˩ tʂɔ˩˦ ə˧ mu˥˦ tsʅ˧ liɑ˥, t'ɔ˥
淹，就 叫 "淹 地"。这 一 年，有 姓 赵 ə 母 子 俩，逃

xuɑŋ˨˩˦ lɛ˥˦ tɔ˩ tʂə˩˦ ə˧, tɕiã˩ ti˩ xɔ˥, tɕiəu˩ k'ɛ˨˩˦˦ xuɑŋ˨˩˦ tʂuŋ˩ ti˩, ŋã˨˩˦˨ ə˧ (liɔ˧)
荒 来 到 这 ə，见 地 好，就 开 荒 种 地，安 ə （了）

tɕiɑ˨˩˦。tʂɔ˩˦ tɑ˧ niɑŋ˧ iəu˥˦ kuə˩ piŋ˩, iɔ˩ ʂʅ˥ pei˥˦ ʂuə˥˦ yə˧ tʂɑ˨˩˦˨ kuə˧, tʂəŋ˩
家。赵 大 娘 有 个 病，要 使 白 芍 药 扎 裹，正

tɕ'iɔ˥, iã˥˦ ʂə̃˧ tʂə̃ŋ˩ ɕy˥˦ tɕiɑ˧ xuɑ˨˩˦ yã˥ iəu˥˦ i˧ k'uə˨˩˦ t'iŋ˥˦ tɑ˩˦ ə˧ ʂuə˥˦ yə˧,
巧，颜 神 镇 徐 家 花 园 有 一 棵 挺 大 ə 芍 药，

tuə˨˩˦ niã˥˦ pu˧ k'ɛ˨˩˦˦ xuɑ˨˩˦, yã˥˦ tʂu˥ ɕy˥˦ və˧ tsuei˥˦ ə˧ pɑ˥ t'ɑ˨˩˦ p'ɔ˥˦ tʂ'u˧ lɛ˧
多 年 不 开 花，园 主 徐 歪 嘴 ə 把 它 刨 出 来

liɔ˨˩˦˨ ə˧ yã˥˦ və˧。tʂɔ˩˦ tɑ˧ niɑŋ˧ ə˧ ɭə˥ tʂɔ˩ tʂu˩˦ ə˧ tɕiã˥˦ ə˧ lɛ˥ tɕiɑ˨˩˦, ts'ɛ˥˦
撂 ə 园 外。赵 大 娘 ə 儿 赵 柱 ə 捡 ə 来 家，才

ɕiɑŋ˥ ʂʅ˥ t'ɑ˨˩˦ tɕi˥˦ niɑŋ˥ ŋɔ˥˦ yə˩ tʂɑ˨˩˦˨ kuə˧ piŋ˩。tʂɔ˩˦ tɑ˧ niɑŋ˧ ʂuə˨˩˦: "tʂə˩ ʂuə˥˦
想 使 它 给 娘 熬 药 扎 裹 病。赵 大 娘 说："这 芍

yə˧ kuɑŋ˨˩˦ tʂɑŋ˥ tʂʅ˨˩˦˦ iə˩ pu˨˩˦ k'ɛ˨˩˦˦ xuɑ˨˩˦, tiŋ˩ ʂʅ˩ iəu˥ iə̃˥˦ tɕ'iŋ˧, tʂu˩˦ ə˧, ni˥˦
药 光 长 枝 叶 不 开 花，定 是 有 隐 情，柱 ə，你

k'uɛ˩ pɑ˥ t'ɑ˨˩˦ tsɛ˨˩˦˨ ə˧ tɕ'yə̃˥˦ ə˧ piɛ˨˩˦˨ ʂɑŋ˧ pã˧!" tɔ˩˦ ə˧ ti˩ ɭə˩ niã˥˦ nɑŋ˥˦
快 把 它 栽 ə 泉 ə 边 上 罢！" 到 ə 第 二 年 暖

xuə˧, ʂuə˥˦ yə˧ k'ɛ˨˩˦˨ tʂ'u˧ kɑŋ˨˩˦˦ xuə˧ tɑ˩ pei˥ xuɑ˨˩˦。tɕi˥˦ niã˥˦ xəu˩, tʂə˩˦ ə˧
和，芍 药 开 出 刚 货 大 白 花。几 年 后，这 ə

tɕiəu˩ piã˩ tʂ'əŋ˥˦ liɔ˧ pei˥˦ ʂuə˥˦ yə˧ xuɑ˨˩˦ yã˥。tʂɔ˩˦ tɑ˧ niɑŋ˧ ə˧ piŋ˩ iə˥˦ ʂʅ˥˦
就 变 成 了 白 芍 药 花 园。赵 大 娘 ə 病 也 使

tʂə˩ xuɑ˦˩ tʂɑ˦˩˨ kuə˧ xɔ˥˩˨ liã˧。
这 花 扎 裹 好 咥。

tʂə˩ i˦˩ ȵiã˥, iã˥˨ ʂə̃˧ tʂə̃˩ i˦˩˨ tɛ˩ lɛ˥˨ ə˧ (liɔ˧) mɑ˩˥ tʂɑ˧, tʂuɑŋ˦˩˨ tɕiɑ˧、xuɑ˦˩
这 一 年，颜 神 镇 一 带 来 ə（了）蚂 蚱， 庄 稼、 花

ts'ɔ˥ təu˦˩˨ tɕiɔ˧ mɑ˩˥ tʂɑ˧ tʂ'ʅ˦˩˨ liã˧, vei˥˨ tu˥ tʂɔ˩˥ tɕiɑ˧ xuɑ˦˩ yã˥ mu˥˨ ʂəu˩ i˦˩
草 都 叫 蚂 蚱 吃 咥，唯 独 赵 家 花 园 没 受 一

tiɛ˥ tsɛ˦˩。xəu˩ lɛ˥, ȵiɑŋ˥˨ liɑ˥ ts'ɛ˥˨ tʂʅ˦˩˨ tɔ˧, iəu˥˨ i˦˩˨ kuə˩ miŋ˥˨ tɕiɔ˩ xɑ˥˨ mɑ˧
点 灾。后 来，娘 俩 才 知 道，有 一 个 名 叫 蛤 蟆

kuə˦˩˨ ə˧ ȵiã˥˨ tɕ'iŋ˦˩˨ ə˧, tʂ'ɑŋ˥˨ lɛ˥˨ k'ã˩ ʂuə˥˨ yə˧ xuɑ˦˩, tʂʅ˦˩˨ pu˧ tɔ˧ t'ɑ˦˩˨ yŋ˩
哥 ə 年 轻 ə，常 来 看 芍 药 花， 知 不 道 他 用

ʂɑ˩ fɑ˦˩˨ ə˧, t'iã˦˩ t'iã˦˩ xei˦˩˨ iə˧ pɑ˥ fei˦˩˨ tɕiə̃˧ xuɑ˦˩ yã˥˨ ə˧ mɑ˩˥ tʂɑ˧ tɛ˥˨ ə˧
啥 法 ə，天 天 黑 夜 把 飞 进 花 园 ə 蚂 蚱 逮 ə

kã˦˩˥ kã˦˩ tɕiŋ˩ tɕiŋ˩。tʂɔ˩ tʂu˩˥ ə˧ xə̃˥˨ kã˥ tɕi˦˩˨ t'ɑ˧, tɕiəu˩ xuə˥˨ t'ɑ˧ tɕiɔ˦˩˨ liɔ˧
干 干 净 净。赵 柱 ə 很 感 激 他，就 和 他 交 了

(ə˧) xɔ˥˨ p'əŋ˥˨ iəu˧。
(ə) 好 朋 友。

tʂə˩ xɑ˥˨ mɑ˧ kuə˦˩ tʂɑŋ˥˨ ɕiɑŋ˩ kɑŋ˥˨ ə˧ nã˥˨ k'ã˩˥ liã˧, ʂə̃˦˩˨ liɑŋ˧ iəu˩ p'ɑŋ˩
这 蛤 蟆 哥 长 相 岗 ə 难 看 咥，身 量 又 胖

iəu˩ iɛ˥, t'əu˥˨ tiŋ˥ t'iŋ˥˨ ɕiɔ˥, i˦˩ ʂuə˦˩˨ xuɑ˩, tsuei˥˨ xuə˥˨ liɑŋ˥˨ kuə˩ ɭə˥˨ tuə˧
又 矮， 头 顶 挺 小，一 说 话， 嘴 和 两 个 耳 朵

tʂ'ɑ˦˩˨ i˧ tiɛ˥˨ tiɛ˧ liã˥˨ tɕ'i˧ lɛ˧ liã˧, iə˥ pu˦˩˨ yã˩ lə̃˥ təu˦˩ tɕiɔ˩˥ t'ɑ˧ xɑ˥˨ mɑ˧
差 一 点 点 连 起 来 咥，也 不 怨 人 都 叫 他 蛤 蟆

kuə˦˩。iəu˥˨ i˧ t'iã˦˩, tʂɔ˩˥ tɑ˧ ȵiɑŋ˧ u˥˨ i˧ tʂuŋ˦˩ xuə˥ xɑ˥˨ mɑ˧ kuə˦˩ ʂuə˦˩˨ tɕ'i˧
哥。有 一 天，赵 大 娘 无 意 中 和 蛤 蟆 哥 说 起

ɕiə̃˦˩˨ ʂʅ˩: "ŋã˥˨ tʂu˩˥ ə˧ ɕyŋ˦˩˨ ti˧ ɭə˩˥ ʂʅ˧ xɔ˥ tɕi˥˨ liã˧, tɔ˩ lu˥ tɕiə̃˦˩ xɛ˥˨ mu˥
心 事："□ 柱 ə 兄 弟 二 十 好 几 咥，到 如 今 还 没

tɕ'y˥˨ ʂɑŋ˧ ɕi˦˩˨ fu˧, və˥ tʂə̃˦˩ tɕi˥˨ ə˧ xuɑŋ˧!" xɑ˥˨ mɑ˧ kuə˦˩ ʂuə˦˩: "ŋã˥˨ mei˩˥
娶 上 媳 妇，我 真 急 ə 慌！" 蛤 蟆 哥 说： "俺 妹

mei˧ tɕiɔ˩ pei˥˨ tɕiə˥, xɛ˥ mu˥˨ iəu˧ p'ə˥˨ p'ə˧ tɕiɑ˧, iɔ˩ nəŋ˥ tɕiɑ˩˥ tɕi˧ tʂu˩˥ ə˧
妹 叫 白 姐，还 没 有 婆 婆 家，要 能 嫁 给 柱 ə

ɕyŋ˦˩˨ ti˧ tsɛ˦˩ xuə˥˨ ʂʅ˧ pu˦˩˨ kuə˩ liã˧。" tʂɔ˩˥ tɑ˧ ȵiɑŋ˧ ɕiə̃˦˩˨ ə˧ ɕiɑŋ˥: "iəu˥˨ ȵi˥
兄 弟 再 合 适 不 过 咥。" 赵 大 娘 心 ə 想： "有 你

tʂɑŋ˦˩ kuə˧ tʂ'əu˥ kuə˦˩˨ kuə˧, nɑ˥˨ xuei˩ iəu˥ tɕyə̃˩ mei˩˥ mei˧?" tɕiəu˩ t'uei˦˩˥
这样 个 丑 哥 哥，哪 会 有 俊 妹 妹?" 就 推

t'uə˦˩ ʂuə˦˩: "ŋã˥˨ ɕyŋ˦˩˨ ti˧ ʂʅ˩ kuə˩ ŋɛ˩ xɔ˥˨ ə˧ lə̃˥, p'ɑ˩˥ t'ɑ˧ pu˦˩ i˦˩˨ tiŋ˩ yã˩
托 说："□ 兄 弟 是 个 爱 好 ə 人，怕 他 不 一 定 愿

i˩, tʂə˩ ʂei˩ tɔ˩ mə̃˧ tsɛ˩ ʂuə˦˩˨ pã˧。" ʂei˥ tʂʅ˦˩ xɑ˥˨ mɑ˧ kuə˦˩ ʂʅ˩ kuə˧ sʅ˥ ɕiə̃˦˩˨
意，这 事 到 □ 再 说 罢。" 谁 知 蛤 蟆 哥 是 个 死 心

iɛ˧ ə˧, taŋʌʟ t'iã˧ tɕiəu√ pa˥ɹ mei√r mei˧ tɛ√r ə˧ tʂɔ√r tɕia˧ lɛ˥ ɕiaŋʌɹ tɕ'iəʌʟ liã˧。
眼 ə，当 天 就 把 妹 妹 带 ə 赵 家 来 相 亲 哇。

niaŋ˥ɹ lia˥ iʌɹ k'ã√, pei˥ɹ tɕiə˥ tʂaŋ˥ʋ ə˧ pi˥ xuo√r ə˧ ʂaŋ√ ə˧ ɕiãʌ ny˥ xɛ˥ɹ tɕyə√。
娘 俩 一 看，白 姐 长 ə 比 画 ə 上 ə 仙 女 还 俊。

iʌɹ və√, ts'ɛ˥ tʂʅʌʟ tɔ˧ t'aʌɹ ʂʅ√ xa˥ɹ ma˧ kuəʌ tʂə√ tɕi˥ʋ niã˧ ts'ɛ˥ tɕiəʌ pɛ√r ə˧
一 问，才 知 道 她 是 蛤 蟆 哥 这 几 年 才 结 拜 ə

kãʌ mei√r mei˧。tʂɔ√ tʂu√r ə˧ tɕiəu√ xuə˥ pei˥ɹ tɕiə˥ tʂ'əŋ˥ɹ ə˧ tɕ'iəʌ。
干 妹 妹。赵 柱 ə 就 和 白 姐 成 ə 亲。

puʌʟ tɕi˧ niã˥, tʂɔ√r tɕia˧ ta√ xuo√ liə˥ɹ mə˥。ɕy˥ɹ vɛ˧ tsuei˥ʋ ə˧ t'iŋʌʟ ʂuə˧
不 几 年，赵 家 大 祸 临 门。徐 歪 嘴 ə 听 说

tʂɔ√r tɕia˧ xuaʌ yã˥ kaŋ˥ʋ ə˧ xɔ˥ɹ k'ã√, tʂaŋ√r ə˧ t'a˧ tɕiə˥ʋ fu˧ ʂʅ√ iã˥ɹ ʂə˧ tʂə√r
赵 家 花 园 岗 ə 好 看，仗 ə 他 姐 夫 是 颜 神 镇

ə˧ ɕyə˥ɹ tɕiã˥ lɔ˥ʋ iə˧, iŋ√ ʂuəʌ tʂɔ√ tʂu√r ə˧ t'əuʌʟ liɔ˧ ɕy˥ɹ tɕia˧ ʂuə˥ɹ yə˧ xuaʌ,
ə 巡 检 老 爷，硬 说 赵 柱 ə 偷 了 徐 家 芍 药 花，

pa˥ t'aʌ iaʌɹ tɕiə√ tɕiãʌɹ y√, tɕ'iaŋ˥ɹ tsəu˥ pei˥ɹ tɕiə˥, pa√ tʂã√r liɔ˧ tʂɔ√r tɕia˧
把 他 押 进 监 狱，抢 走 白 姐，霸 占 了 赵 家

xuaʌ yã˥。tʂɔ√r ta˧ niaŋ˧ k'uʌ⊢ ə˧ sʅ˥ɹ tɕ'y√ xuə˥ɹ lɛ˥, xa˥ɹ ma˧ kuəʌ tɕ'i√r ə˧
花 园。赵 大 娘 哭 ə 死 去 活 来，蛤 蟆 哥 气 ə

lia˥ɹ iã˥ kəŋ√ ku˥ʋ tɕ'i˧ lɛ˥ɹ liã˧。tɕi˥ t'iãʌɹ xəu√, t'aʌ t'iŋʌr ʂuəʌ ʂãʌr tuŋʌ
俩 眼 更 鼓 起 来 哇。几 天 后，他 听 说 山 东

ɕyə˥ɹ fu˧ ta√r lə˧ lɛ˥ iã˥ɹ ʂə˧ tʂə√ ʂʅ√ tʂ'aʌ, tɕiəu√ liã˥ɹ maŋ˥ɹ tɔ√ ɕyə˥ɹ fu˥ ɕiŋ˥ɹ
巡 抚 大 人 来 颜 神 镇 视 察，就 连 忙 到 巡 抚 行

t'ɛ˧ kɔ√ tʂuaŋ√。ɕyə˥ɹ fu˧ ta√r lə˧ ʂʅ√ kuə˧ tɕ'iŋʌr kuãʌ, tʂʅʌɹ tɔ˧ liɔ˧ ʂʅ˥ɹ tɕ'iŋ˥,
台 告 状。巡 抚 大 人 是 个 清 官，知 道 了 实 情，

tɕiəu√ miŋ√ liŋ√ ɕyə˥ɹ tɕiã˥ sʅʌ faŋ√r liɔ˧ (ə˧) tʂɔ√ tʂu√r ə˧, pa˥ xuaʌ yã˥ p'ã√r
就 命 令 巡 检 司 放 了 (ə) 赵 柱 ə，把 花 园 判

tɕi˧ liɔ˧ tʂɔ√r tɕia˧, taŋʌ t'aŋ˥ ta˥ʋ liɔ˧ (ə˧) ɕy˥ɹ vɛ˧ tsuei˥ʋ ə˧ sʅ√r ʂʅ˧ ta√ pã˥。
给 了 赵 家，当 堂 打 了 (ə) 徐 歪 嘴 ə 四 十 大 板。

ɕy˥ɹ vɛ˧ tsuei˥ʋ ə˧ iɔ˥ʋ ia˥ɹ tɕ'iəʌr tʂ'ʅ˥ʋ ə˧ ʂuəʌ: "tʂə√ kuə˧ tʂ'əu˥ puʌɹ pɔ√,
徐 歪 嘴 ə 咬 牙 切 齿 ə 说："这 个 仇 不 报，

və˥ɹ tɕiəu√ puʌɹ ɕiŋ√ ɕy˥。"
我 就 不 姓 徐。"

tʂɔ√ tʂu√r ə˧ tɕiaʌɹ tɕ'y√r xəu˧, ts'ɛ˥ɹ tʂʅʌʟ tɔ˧ pei˥ɹ tɕiə˥ tɛ˥ʟ lu√r ʂaŋ˧ t'iɔ√
赵 柱 ə 家 去 后，才 知 道 白 姐 在 路 上 跳

xuə˥ɹ iɛ˥ sʅ˥ʋ liɔ˧ (liã˧)。tʂə√ xua√ tʂəʌɹ ɕiaŋ√ iʌr ʂəŋʌ kuaʌɹ la˧, pa˥ t'aʌʟ ə˧
河 涯 死 了（哇）。这 话 真 像 一 声 呱 啦，把 他 ə

ɕiəʌ təuʌʟ k'uɛ√ iɔ√ tʂə√ suei√r liã˧ (liɔ˧)。t'aʌr ɕiəʌʟ ə˧ tuəʌ ʂɔ˥ tɕyəʌ⊢ ə˧ iəu˥ɹ
心 都 快 要 震 碎 哇（了）。他 心 ə 多 少 觉 ə 有

tiɛ˥ ŋã˧˥ vei˩˧ ə˧ ʂʅ˩, niaŋ˥˦ xuə˥˦ xɛ˥˦ ə˧ xɛ˥˦ xuə˥˦ tʂuə˧, xua˧˥ yã˥˦ iə˥˨ mu˥˦
点 安 慰 ə 是, 娘 和 孩 ə 还 活 着, 花 园 也 没

xuei˥˦ xuɛ˩。 tʂə˩ ʂʅ˥˦ xəu˧, niaŋ˥˦ lia˥ kəŋ˩ kã˥ tɕi˧˥ xa˥˦ ma˧ kuə˧˥。 ʂei˥˦ tʂʅ˧ tɔ˧,
毁 坏。 这 时 候, 娘 俩 更 感 激 蛤 蟆 哥。 谁 知 道,

xa˥˦ ma˧ kuə˧˥ tsʅ˩ ta˥˨ iŋ˥˦ ə˧ kuã˧˥˧ sʅ˧, tɕiəu˩ pu˧˥ tʂʻɔ˥˦ miã˩˧ liã˧。 tʂɔ˩ tʂu˩˧
蛤 蟆 哥 自 打 赢 ə 官 司, 就 不 朝 面 哇。 赵 柱

ə˧ tʂɔ˥˦ piã˩˧ liɔ˧ (ə˧) iã˥˦ ʂã˧ tʂə̃˩, iə˥˦ mu˥˦ tɕiã˩ tʻa˧˥˧ iŋ˥˨ ə˧。
ə 找 遍 了 (ə) 颜 神 镇, 也 没 见 他 影 ə。

i˧˥ tʻiã˧˥ xəu˩˧ ʂaŋ˧, niaŋ˥˦ lia˥ ʂəu˥˨ tʂuə˧ mu˥˦ nɛ˥ tʂʻʅ˧˥˧ ə˧ xɛ˥˦ ə˧, tɛ˥˦
一 天 后 晌, 娘 俩 守 着 没 奶 吃 ə 孩 ə, 在

vei˩ pei˥˦ tɕiə˥ ʂaŋ˧˥˧ ɕiə̃˧˥, xa˥˦ ma˧ kuə˧˥、 pei˥˦ tɕiə˥ i˧˥ pu˩ mei˩˧ tɕiə̃˧ liɔ˧
为 白 姐 伤 心, 蛤 蟆 哥、 白 姐 一 步 迈 进 了

tɕia˧˥ mə̃˥。 yã˥˦ lɛ˥, pei˥˦ tɕiə˥ tʻiɔ˩ xuə˥˦ iɛ˥˦ xəu˩, ʂuei˥˦ pa˥˨ tʻa˧ tʂʻuŋ˧˥˧ tɔ˧
家 门。 原 来, 白 姐 跳 河 涯 后, 水 把 她 冲 到

liɔ˧ tʂʅ˧˥˧ tʂʻuã˧, tɕiɔ˩ i˧˥ kuə˧ ta˥˨ y˥˦ ə˧ lɔ˥˦ xɛ˩ tɕiəu˩˧ ə˧ ʂaŋ˧ lɛ˧。 xa˥˦ ma˧
了 淄 川, 叫 一 个 打 鱼 ə 老 汉 救 ə 上 来。 蛤 蟆

kuə˧˥ tʂɔ˥˨ tʂuə˧ mei˩˧ mei˧ xəu˩, tɕi˥˦ tʻa˧ tʂa˧˥˧ kuə˧ xɔ˥˨ liɔ˧ ʂaŋ˧˥, tsʻɛ˥ i˧˥
哥 找 着 妹 妹 后, 给 她 扎 裹 好 了 伤, 才 一

tsuei˧˥ xuei˥˦ lɛ˧。
堆 回 来。

tʂə˩ niã˥˦ naŋ˥˨ xuə˧, iã˥˦ ʂə̃˧ tʂə̃˩˧ ə˧ lə̃˥ kuə˧˥˧ xuə˧ tʂuə˧ i˧˥ paŋ˧˥ i˧˥
这 年 暖 和, 颜 神 镇 ə 人 合 伙 着 一 帮 一

paŋ˧˥˧ ə˧ ʂaŋ˩ tʂɔ˩˧ tɕia˧ xua˧˥ yã k'ã˩ pei˥˦ ʂuə˥˦ yə˧ xua˧˥。 ɕy˥˦ vɛ˧ tsuei˥˨ ə˧
帮 ə 上 赵 家 花 园 看 白 芍 药 花。 徐 歪 嘴 ə

tʻiŋ˧˥˧ ə˧ ʂuə˧˥ xəu˩ tɕʻi˩ kəŋ˩ ta˩˧ liã˧, tsa˩˧ tʂuə˧ iə˥˦ mu˥˦ ɕiaŋ˥˨ tʂʻu˧ kuə˧
听 ə 说 后 气 更 大 哇, 咋 着 也 没 想 出 个

pɔ˩ tʂʻəu˥˦ ə˧ fa˧˥˧ ə˧。 iəu˩ kuə˩˧ ə˧ i˧˥ kuə˩ tuə˧˥ yə˩, tʻa˧˥˧ ə˧ tʻuei˥˨ tʻəŋ˥˦
报 仇 ə 法 ə。 又 过 ə 一 个 多 月, 他 ə 腿 疼

piŋ˩ fã˩˧ liã˧, xuə̃˥ ʂə̃˧˥ iəu˩ suã˧˥ iəu˩ tʻəŋ˥, ɕiã˧˥ tɕʻiã˥ ta˥˨ ə˧ sʅ˩˧ ʂʅ˧ ta˩ pã˥˨
病 犯 哇, 浑 身 又 酸 又 疼, 先 前 打 ə 四 十 大 板

ə˧ tiŋ˩ tʂʻuei˥˦ ə˧ iə˥˦ iaŋ˥˨ iaŋ˧ tɕʻi˥˨ lɛ˧。 tʻa˧˥ tʂʅ˧˥˧ tɔ˧ tʂə˩ ʂʅ˩ iɔ˩ ɕia˩ ta˩
ə 腚 锤 ə, 也 痒 痒 起 来。 他 知 道 这 是 要 下 大

y˥˨ liã˧, xuaŋ˥˦ iã˥˦ tʂu˧˥˧ ə˧ i˧˥ tʂuã˩˧ iəu˧, ɕiaŋ˥˨ tʂʻu˧ liɔ˧ pɔ˩ fu˧ tʂɔ˩˧ tɕia˧
雨 哇, 黄 眼 珠 ə 一 转 悠, 想 出 了 报 复 赵 家

ə˧ i˧˥ tʻiɔ˥ tu˥˦ tɕi˩。
ə 一 条 毒 计。

liəu˧˩ yə˧ tʂʻu˨˩˧ sã˨˩˦, ɕia˧˩ tɕʻi˧ lio˥ pʻio˥ pʻə˨˩˦ ta˨ y˥ xəu˧˩ ʂaŋ˧, xa˥˥ ma˧
六月初三，下起了瓢泼大雨。后晌，蛤蟆

kuə˨˩˦ ti˥˥ liəu˧ ə˧ tɕiəu˥˥ ləu˨, lɛ˥˥ to˨ tʂo˧˩ tɕia˧ tsʻɿ˥˥ ɕiŋ˥ yã˥˥ lɛ˥, xa˥˥ ma˧
哥提溜ə酒肉，来到赵家辞行。原来，蛤蟆

kuə˨˩˦ ʂʅ˨ tʻiã˨˩˦ xuə˥˥ ə˧ xa˥˥ ma˧ ɕiŋ˨˩˦, ʂuə˨˩˦˨ lio˧ tɕi˥˥ tɕy˨ “vaŋ˥˥ mu˧ niaŋ˥˥
哥是天河ə蛤蟆星，说了几句“王母娘

niaŋ˧ tʻuei˨˩˦ xə̃˥ ɕiə̃˨˩˦, pu˨˩˧ kɛ˨˩˦ pa˥ iəu˥˥ laŋ˥, tʂʅ˨˩˦ ny˥ yŋ˨ tʻiã˨˩˦ xuə˥ fə̃˨˩˦˨ kʻɛ˧”
娘忒狠心，不该把牛郎、织女用天河分开”

ə˧ xua˨, tɕiəu˨ pa˥ tʻa˨˩˦ piã˨˩˥ to˨ lə̃˥ tɕiã˨˩˦ ʂəu˨ kʻu˥. ɕiã˨ tsɛ˨ tɕʻi˥˥ ɕiã˨ mã˥˥
ə话，就把他贬到人间受苦。现在期限满

liã˧, tɕiə̃˨˩˦ xei˨˩˦˨ iə˧ tsɿ˥˥ ʂʅ˥ tɕiəu˨ io˨ xuei˥ tʻiã˨˩˦˨ ʂaŋ˧. tʂo˧˩ tɕia˧ i˨˩˧ tɕia˨˩˦ lə̃˥,
唻，今黑夜子时就要回天上。赵家一家人，

iəu˨ ko˨˩˥ ɕiŋ˨, iəu˨ pu˨ kuə˨˩˦˨ ʂəu˧ ə˧ tʻa˨˩˦ tsəu˥. xa˥˥ ma˧ kuə˨˩˦ ɕiə̃˨˩˦˨ ə˧ iə˥
又高兴，又不割舍ə他走。蛤蟆哥心ə也

pu˨˩˥ ʂʅ˨ tsɿ˨˩˦˨ vei˧, tʻa˨˩˦ xuə˥ tʂo˧˩ tɕia˧ niaŋ˥˥ lia˥ ʂuə˨˩˦: “ŋã˥˥ mei˨˩ mei˧ ʂʅ˧˩
不是滋味，他和赵家娘俩说：“俺妹妹是

kuə˧ kʻu˥˥ miŋ˨ lə̃˥, ŋə̃˥ tuə˨˩˧ tã˨˩˦ tɛ˧˩ tʻa˧, və˥ tsəu˥˥ iə˥˥ tɕiəu˨ faŋ˧˩ ɕiə̃˨˩˦˨ liã˧.”
个苦命人，□多担待她，我走也就放心唻。”

tʂuã˥˥ liã˥ iəu˨ tuei˨ pei˥˥ tɕiə˥ ʂuə˨˩˦: “ni˥˥ iə˧ pɛ˥ ʂaŋ˨˩˧ ɕiə̃˨˩˦, tsɿ˥˥ io˨ nəŋ˥˥
转脸又对白姐说：“你也别伤心，只要能

vei˨ ɕiaŋ˨˩˧ tɕʻiŋ˨˩˦˨ mə̃˧ tuə˨˩˦ ɕiŋ˥˥ xo˥˥ ʂʅ˨, to˨ mə̃˧ tsuŋ˥˥ xuei˨ iəu˥˥ i˧
为乡亲们多行好事，到□总会有一

tʻiã˨˩˦……”, pei˥˥ tɕiə˥ tɕi˨˩˦ maŋ˥˥ ta˥˥ tuã˧˩ tʻa˨˩˦˨ ə˧ xua˨ ʂuə˨˩˦: “kuə˨˩˦˨ kuə˧ faŋ˨
天……”，白姐急忙打断他的话说：“哥哥放

ɕiə̃˨˩˦˨ pã˧, ŋã˥ tʂuə̃˥˥ tʂo˨ ŋə̃˥˥ ə˧ xua˨ tsu˨.”
心罢，俺准照□ə话做。”

tɛ˧˩ lio˧ i˨˩˦˨ ʂa˧ ʂa˧, tsɿ˥˥ ʂʅ˧ i˥˥ to˨, tʻiã˨˩˦˨ ʂaŋ˧ luə˥˥ ku˥˥ ɕyã˨˩˧ tʻiã˨˩˦, iŋ˥
待了一霎霎，子时已到，天上锣鼓喧天，迎

tɕiə˨˩˦ ɕiŋ˨˩˧ kuã˨˩˦ ʂaŋ˨ lə̃˨. i˨˩˧ tɕia˨˩˦ lə̃˥ kã˥˥ tɕiə̃˥˥ ə˧ tsəu˥˥ tʂʻu˧ tɕia˨˩˦ mə̃˥,
接星官上任。一家人赶紧ə走出家门，

xo˥˥ mu˧ ʂəŋ˨˩˦˨ ə˧ xa˥˥ ma˧ kuə˨˩˦ ta˨ tɕio˨ i˨˩˧ ʂəŋ˨ “xuɛ˧˩ liã˧”! yã˥˥ lɛ˥ ʂʅ˨ ɕy˥˥
好么声ə蛤蟆哥大叫一声“坏唻”！原来是徐

vɛ˧ tsuei˥˥ ə˧ tʂʻə̃˨ ɕia˨ ta˨ y˥˥ ə˧ ʂʅ˥˥ xəu˧, tɛ˥˥ ɕio˨ fu˨ xuə˥ pei˨˩˦ yã˥ kei˨˩˦˨ ə˧,
歪嘴ə趁下大雨ə时候，在孝妇河北园根ə，

xuə̃˥˥ li˧ tʂuə˧ ɕiəu˨˩˦ tɕʻi˥ i˨˩˧ kã˨˩˦ ta˨ ʂʅ˥˥ pa˨, iã˥˥ kʻã˨ ta˨ ʂuei˥ io˨ pa˥ tʂə˧˩ ə˧
横立着修起一根大石坝，眼看大水要把这ə

tɕ'yã˥ iãʌʟ liã˧。xa˥⊦ ma˧ kuəʌ ɭə˩ xua˩ mu˥ ʂuəʌ, iʌ⊦ pu˩ɾ ə˧ t'iɔ˩ɾ tɕiə̃˧ ʂuei˥ʋ
全　淹　哇。蛤　蟆　哥　二　话　没　说，一　步　ə　跳　进　水

ə˧, tsuãʌʟ ə˧ ti˩ɾ ə˧, ʂə̃ʌʟ ə˧ piã˩ɾ ə˧ yə˩ lɛ˥ yə˩⊦ ta˩, iŋ˩ pa˥ ʂʅ˥ tɕi˥ʋ mu˥ tʂɔ˩ɾ
ə，钻　ə　地　ə，身　ə　变　ə　越　来　越　大，硬　把　十　几　亩　赵

tɕia˧ xuaʌ yã˥ kɔʌɾ kɔʌʟ ə˧ t'uə˥⊦ tɕ'i˧, pa˥ʋ xuə˥⊦ ʂuei˧ taŋ˥ʋ ə˧ xuei˥⊦ tɕ'y˧。
家　花　园　高　高　ə　驮　起，把　河　水　挡　ə　回　去。

ʂuei˥⊦ ʂʅ˩ xə̃˥ʋ məŋ˥. tʂ'uŋʌɾ t'aʌ⊦ liɔ˧ peiʌ yã˥ ʂʅ˥⊦ pa˧, pa˥ tʂəŋ˩ tɛ˥ tʂə˩ɾ ə˧
水　势　很　猛，冲　塌　了　北　园　石　坝，把　正　在　这　ə

kuãʌɾ tɕiŋ˥ʋ ə˧ ɕy˥⊦ vɛ˧ tsuei˥ʋ ə˧ tʂaʌ tʂ'əŋ˥⊦ ə˧ ləu˩ piŋ˥, vei˩ɾ liɔ˧ (ə˧) y˥
观　景　ə　徐　歪　嘴　ə　砸　成　ə　肉　饼，喂　了　(ə)　鱼

ɕiaʌ xa˥⊦ ma˧ kuəʌ vu˩ɾ liɔ˧ ʂaŋ˩ t'iãʌʟ ə˧ ʂʅ˥⊦ ʂə̃˧, piã˩ tʂ'əŋ˥⊦ liɔ˧ iʌ⊦ k'uɛ˩
虾。蛤　蟆　哥　误　了　上　天　ə　时　辰，变　成　了　一　块

ta˩ xa˥⊦ ma˧ ʂʅ˥, tɕiəu˩ iʌ tʂʅ˥ t'uə˥⊦ tsuə˧ tʂə˩ k'uɛ˩ ti˩, iã˥ʋ xu˧ tʂuə˧ tʂə˩ɾ ə˧
大　蛤　蟆　石，就　一　直．驮　着　这　块　地，掩　护　着　这　ə

lə̃˥ ta˥ tʂə˩ i˥⊦ xəu˩, yã˥⊦ lɛ˥⊦ ə˧ "iãʌ⊦ ti˩" lia˥⊦ tsʅ˩ tɕiəu˩ ɕiə˥ʋ tʂ'əŋ˧ "iã˥ʋ
人。打　这　以　后，原　来　ə　"淹　地"　俩　字　就　写　成　"掩

ti˧" liã˧。
地"　哇。

ʈʂuã˥⊦ iã˥ sãʌʟ ʂʅ˧ tuəʌ niã˥ kuə˩ɾ tɕ'y˧ liã˧, pei˥⊦ tɕiə˥ iʌɾ ʂaʌʟ ʂa˧ iə˥ʋ
转　眼　三　十　多　年　过　去　哇，白　姐　一　霎　霎　也

mu˥ vaŋ˩ɾ ə˧ xa˥⊦ ma˧ kuəʌʟ ə˧ xua˩, yŋ˩ ʂuə˥⊦ yə˩ tɕi˥ tɕ'iãʌɾ tɕiaʌ⊦ vã˩ xu˩
没　忘　ə　蛤　蟆　哥　ə　话，用　芍　药　给　千　家　万　户

tʂaʌ⊦ kuə˧ piŋ˩, tʂə̃ʌ⊦ ʂʅ˩ yə˩ tɔ˩ piŋ˩ tʂ'u˥, miɔ˩ ʂəu˥ xuei˥ tʂ'uə̃ʌʟ a˧。tʂə˩ i˧
扎　裹　病，真　是　药　到　病　除，妙　手　回　春　啊。这　一

niã˥, iã˥⊦ ʂə̃˧ tʂə̃˩ t'ãʌʟ ʂaŋ˧ iʌ fa˥⊦ ə˧ la˥⊦ li˩。pei˥⊦ tɕiə˥ pa˥ xuaʌ yã˥⊦ ə˧ pei˥⊦
年，颜　神　镇　摊　上　一　伐　ə　拉　痢。白　姐　把　花　园　ə　白

ʂuə˥ na˥⊦ tʂ'u˧ lɛ˧, t'iãʌɾ t'iãʌ tsəu˥ʋ mə̃˥ tʂ'uã˩ xu˩ tɕi˥⊦ lə̃˥ tʂaʌ⊦ kuə˧ piŋ˩。
芍　拿　出　来，天　天　走　门　串　户　给　人　扎　裹　病。

yã˥⊦ ə˧ pei˥⊦ ʂuə˥ tsʅʌ⊦ ʂəŋ˩ɾ ɕia˧ na˩ k'uəʌ lɔ˥ʋ pei˥⊦ ʂuə˧ xuaʌʟ liã˧, pei˥⊦ tɕiə˥
园　ə　白　芍　只　剩　下　那　棵　老　白　芍　花　哇，白　姐

tɕ'iə̃ʌ ʂəu˥ pa˥ʋ t'a˧ p'ɔ˥⊦ tʂ'u˧ lɛ˧, iə˥ təuʌ tɕi˥⊦ liɔ˧ piŋ˩ lə̃˥。tɕ'yã˥⊦ iã˥⊦ ʂə̃˧
亲　手　把　它　刨　出　来，也　都　给　了　病　人。全　颜　神

tʂə̃˩ lə̃˥⊦ ə˧ piŋ˩ təuʌʟ xɔ˥ʋ liã˧, pei˥⊦ tɕiə˥ k'uə˥ iʌɾ t'iãʌ pi˥ iʌɾ t'iãʌ ʂəu˩,
镇　人　ə　病　都　好　哇，白　姐　可　一　天　比　一　天　瘦，

piŋ˩ɾ ə˧ tɕ'iəʌʟ ɕia˧ liɔ˧。liə̃˥⊦ lɔ˥ʋ ə˧ ʂʅ˥, t'aʌ ts'ɛ˥⊦ xuə˥ tɕiaʌʟ ə˧ lə̃˥ ʂuəʌ⊦
病　ə　趄　下　了。临　老　ə　时，她　才　和　家　ə　人　说

tʂ'u˧ liɔ˧ tsʅ˥⊦ tɕia˧ ə˧ ʂə̃ʌ⊦ ʂʅ˩。
出　了　自　家　ə　身　世。

peị˥˧ tɕiə˥ yã˥˧ lɛ˥ ʂʅ˧˩ ˋt'iãʌ kuŋʌ˩ ə˧ pei˥˧ ʂuə˥ ɕiãʌ tsʅ˥, puʌ˥ t'iŋʌ vaŋ˥˧
白 姐 原 来 是 天 宫 ə 白 芍 仙 子，不 听 王

mu˧ niaŋ˥˧ niaŋ˥˧ ə˧ xua˧˩, sʅ˥˧ iə˧ puʌ˧ tɕ'a˧˩˥ tɕi˧ mu˥˨˦ tã˧ vaŋ˥˧ tsʅ˥, ts'ɛ˥˧
母 娘 娘 ə 话，死 也 不 嫁 给 牡 丹 王 子，才

piã˥˨˦ to˧ ɕy˥˧ tɕia˧ xuaʌ yã˥。t'aʌ˧ t'uŋ˧˩ xõ˧˩ ɕy˥˧ vɛ˧ tsuei˥˨˦ ə˧ vei˥˧ lõ˥, iʌ˧
贬 到 徐 家 花 园。她 痛 恨 徐 歪 嘴 ə 为 人，一

p'iã˧˩ xuaʌ iə˥˨˦ pu˧ k'ɛʌ, ts'ɛ˥ tsɔʌ˩ to˧ tɕ'iã˥˧ t'əu˧ ʂuəʌ˩ ə˧ na˧˩ tʂ'aŋ˥ tsɛʌ˧ nã˧˩。
片 花 也 不 开，才 遭 到 前 头 说 ə 那 场 灾 难。

lɔ˥˨˦ ʂuə˥˧ yə˧ p'ɔ˥˧ tʂ'u˧ lɛ˧ xəu˧˩, pei˥˧ tɕiə˥ tsɛʌ˩ iə˧ xuei˥˧ pu˧ liɔ˧ t'iãʌ˥
老 芍 药 刨 出 来 后，白 姐 再 也 回 不 了 天

kuŋʌ˧ liã˧。
宫 啦。

lõ˥˧ mõ˧ vei˧˩˥ liɔ˧ tɕi˧˩ niã˧˩ pei˥˧ ʂuə˥ ɕiãʌ tsʅ˥, tɕiəu˧˩ pa˥ "iã˥˨˦ ti˧˩˥" ə˧ "ti˧˩"
人 们 为 了 纪 念 白 芍 仙 子，就 把"掩 地"ə"地"

iəu˧˩ kɛ˥˨˦ tʂ'əŋ˥˧ "pei˥˧ ʂuə˥" lia˥˧ tsʅ˧˩ xuə˥˧ tɕ'i˧ lɛ˥˧ ə˧ "ti˥"。"iã˥˨˦ ti˧" tʂə˧˩
又 改 成 "白 勺" 俩 字 合 起 来 ə "的"。"掩 的" 这

kuə˧˩ tʂuaŋʌ miŋ˥, tɕiəu˧˩ ʂʅ˧˩ tʂaŋʌ˧ tʂuə˧ lɛ˥˧ ə˧。
个 庄 名，就 是 这样 着 来 ə。

（三） ma˥˧ ɕiŋ˥ tɕiɛʌ
马 行 街

tʂɔ˧˩ tʂʅʌ˥ ʂõʌ ɕiɔ˥˨˦ ʂʅ˥˧ xəu˧, iəu˥˨˦ iʌ˥ t'iãʌ tsɛ˥˧ tsʅ˥˧ tɕia˧ t'iãʌ˧ tɕiŋ˥˨˦ ə˧
赵 执 信①小 时 候，有 一 天 在 自 家 天 井 ə

ʂəu˥˨˦ fu˥˧ tʂuə˧ vu˥˧ t'uŋ˧ ʂu˧˩ tʂuã˧˩˥ iəu˧ ə˧ (tʂuə˧) vã˥。tʂə˧˩ ʂʅ˥˧ xəu˧, t'aʌ˥
手 扶 着 梧 桐 树 转 悠 ə（着）玩。这 时 候，他

tiəʌ˩ tiə˧ tʂəŋ˧˩ ʂaŋ˧˩ ləu˥, tɕiã˧˩ ɭə˥˧ xuə˥˧ xəu˥˧ ə˧ iʌ˧ iaŋ˧˩ iŋ˥˧ fã˧, tɕiəu˧˩ ʂuəʌ:
爹 爹 正 上 楼，见 儿 和 猴 ə 一 样 灵 番，就 说：

"ʂəu˥˨˦ fu˥ vu˥˧ t'uŋ˥ t'uã˥˧ t'uã˥˧ tʂuã˧˩", tʂɔ˧˩ tʂʅʌ˥ ʂõʌ k'ã˧˩˥ ə˧ (liɔ˧) tiəʌ˩ tiə˧
"手 扶 梧 桐 团 团 转"，赵 执 信 看 ə（了）爹 爹

iʌ iã˥, ʂuõ˧˩ tsuei˥ tɕiəu˧˩ ʂuəʌ: "tɕyʌ ts'ʅ˥ ləu˥ t'iʌ pu˧˩ pu˧˩ kɔʌ"。tiəʌ˩ tiə˧ tɕyəʌ˩
一 眼，顺 嘴 就 说："足 跐 楼 梯 步 步 高"。爹 爹 觉

ə˧ (tʂuə˧) ɭə˥˧ xõ˥ ts'uŋʌ miŋ˥, tɕiəu˧˩ tɕ'iŋ˥˨˦ ə˧ (liɔ˧) vei˧ sʅʌ ʂu˥ ɕiãʌ˩ ʂəŋ˧ tɕiɔʌ˩
ə（着）儿 很 聪 明，就 请 ə（了）位 私 塾 先 生 教

t'a˧。
他。

①赵执信（公元1662—1744年），清代博山著名诗人，儿时因作《海棠》诗被誉为神童。

sɿ⅃ ʂu˥ ɕiã⅃⅃ ʂəŋ˧ ʂɿ˩ kuə˧ lɔ˥⅃ ɕiou˩˥ ts'ɛ˧, niã˩ ə˧ ʂu⅃ t'iŋ˥ tuə⅃。t'ɑ⅃ ɕiɑŋ˥
私 塾 先 生 是 个 老 秀 才，唸 ə 书 挺 多。他 想

k'ã˩ k'ã˧ tsɿ˥⅃ tɕiɑ⅃⅃ ə˧ ɕyə˥⅃ ʂəŋ˧ tʂə̃⅃⅃ yŋ˩ kuŋ⅃ niã˩ ʂu⅃⅃ ə˧ pu˧，tɕiou˩ tɕiɔ˩
看 看 自 家 ə 学 生 真 用 功 唸 书 ə 不，就 叫

tʂɔ˩ tʂɿ⅃˥ ʂə̃⅃ vu˥⅃ tɕiŋ˧ t'iã⅃ ʂɑŋ˩ ʂu⅃⅃ fɑŋ˧。ti˩ ʅə˩ tiã⅃ xei⅃⅃ iə˧，kuə˩˥ ə˧ sɿ˩˥
赵 执 信 五 更 天 上 书 房。第 二 天 黑 夜，过 ə 四

tɕiŋ˧，t'iã⅃ xɛ˥ vu⅃⅃ pɑ˧ xei⅃，iou˩ kuɑ⅃ tɕ'i˥⅃ liɔ˧ tɑ˩ fəŋ⅃，tʂɔ˩ tʂɿ⅃˥ ʂə̃⅃ tɑ˥⅃
更，天 还 乌 巴 黑，又 刮 起 了 大 风，赵 执 信 打

tʂuə˧ yŋ˩ pei˥⅃ tʂɿ˥ xu˥⅃ ə˧ təŋ⅃⅃ ləu˧ tsɔ˥⅃ lɛ˥⅃ liã˧。ɕiã⅃⅃ ʂəŋ˧ k'ã˩˥ tɕiã˧ t'iŋ˥
着 用 白 纸 糊 ə 灯 笼 早 来 哇。先 生 看 见 挺

xuã⅃⅃ tɕ'i˧，lɛ˥⅃ liɔ˧ ʂɿ⅃⅃ ɕiŋ˩，tɕiou˩ k'ã˩˥ tʂuə˧ təŋ⅃⅃ ləu˧ ʂuə⅃："təŋ⅃⅃ ləu˧，
欢 喜，来 了 诗 兴，就 看 着 灯 笼 说："灯 笼，

ləŋ˥ təŋ⅃，pei˥⅃ tʂɿ˥，fɑŋ˥ fəŋ⅃。" tʂɔ˩ tʂɿ⅃˥ ʂə̃⅃ tʂ'ɑŋ˥ fã⅃⅃ tʂuə˧ (ə˧) k'ã˩ k'ã˧ piŋ˩
笼 灯，白 纸(芷)，防 风。" 赵 执 信 常 翻 着 (ə) 看 看 病

ɕiã⅃⅃ ʂəŋ˧ tɕi˥ tɕiɑ⅃⅃ ə˧ lə̃˥ tʂɿ˩ piŋ˩˥ ə˧ yə˩⅃ fɑŋ⅃⅃ ə˧，tʂɿ⅃⅃ tɔ˧ ɕiã⅃⅃ ʂəŋ˧ ʂɿ˩
先 生 给 家 ə 人 治 病 ə 药 方 ə，知 道 先 生 是

ŋã˩ xã˥ tʂuŋ⅃⅃ yə˩ miŋ˥⅃ ə˧ xuɑ˩，tɕiɑŋ⅃ ɕiɑŋ˥ tiã˥⅃ p'ə˩，tʂəŋ˩ xɔ˥ tɑ˥⅃ ə˧ (liɔ˧
暗 含 中 药 名 ə 话，刚 想 点 破，正 好 打 ə (了

vu˥⅃ tɕiŋ˧，liŋ˥ tɕi⅃ i⅃⅃ tuŋ˩，t'uə⅃ k'əu˥⅃ ʅə˥ tʂ'u⅃："tɕiŋ⅃ ku˥，ku˥ tɕiŋ⅃，tʂə̃˥⅃
五 更，灵 机 一 动，脱 口 而 出："更 鼓，鼓 更，陈

p'i˥，mu˩ t'uŋ⅃。" ɕiã⅃⅃ ʂəŋ˧ kəŋ˩ xuã⅃⅃ tɕ'i˧。tɑ˥⅃ tʂə˩ tɕiou˩ tɕiɑ⅃˥ ɕiə̃⅃ yŋ˩ i˩˥
皮，木 通。" 先 生 更 欢 喜。打 这 就 加 心 用 意

ə˧ tɕiɔ⅃⅃ t'ɑ˧。
ə 教 他。

tʂɔ˩ tʂɿ⅃˥ ʂə̃⅃ pɑ⅃ tɕiou˥⅃ suei˩ ʂɿ˥，iou˥⅃ i⅃˥ t'iã⅃，tɕiɑ⅃⅃ ə˧ lɛ˥⅃ ə˧ k'ei⅃，
赵 执 信 八 九 岁 时，有 一 天，家 ə 来 ə 客，

tiə⅃⅃ tiə˧ xã˥⅃ ə˧ ɕiã⅃⅃ ʂəŋ˧ tɕ'y˩˥ liɔ˧。tʂɔ˩ tʂɿ⅃˥ ʂə̃⅃ tɛ˥ ʂu⅃⅃ fɑŋ˧ ə˧ fã⅃⅃ ə˧
爹 爹 喊 ə 先 生 去 了。赵 执 信 在 书 房 ə 翻 ə

(tʂuə˧) k'ã˩ ɕiã⅃⅃ ʂəŋ˧ ə˧ ʂu⅃。t'ɑ⅃ k'ã˩˥ tɔ˧ y˥⅃ tɕ'iə̃⅃⅃ ə˧ «tɕ'i˥⅃ ʂəŋ˧» li˥⅃ t'əu˧
(着) 看 先 生 ə 书。他 看 到 于 钦 ə 《齐 乘》 里 头

iəu˥⅃ tɕy˩ xuɑ˩ ʂɿ˩ "tʂɿ⅃ ʂuei˥ tʂ'u⅃ yə˩ iɑŋ˥ ʂã⅃ tuŋ⅃⅃ lu˩"，t'ɑ⅃˥ tʂɿ⅃⅃ tɔ˧ y˥⅃
有 句 话 是"淄 水 出 岳 阳 山 东 麓"，他 知 道 于

tɕ'iə̃⅃⅃ pɑ˧ yə˩ iɑŋ˥ ʂã⅃ xuə˥⅃ yã˥⅃ ʂã˧ xuə̃˩˥ liã˧，nɑ˥⅃ tɕ'i˧ pei⅃ tɕiou˩˥ tɛ˧ ʂu⅃⅃
钦 把 岳 阳 山 和 原 山① 混 哇，拿 起 笔 就 在 书

---

①岳阳山，位于博山城东南，是博山区与淄川区的界山之一；原山即禹王山，山势绵亘200余里。《汉书·地理志》上"泰山郡""莱芜"县下班固自注："原山，淄水所出。"

ʂɑŋ˦ ɕiə˥˨ liɔ˦ pɑ˨˦ iɑ˦ tsɿ˩: "məŋ˩ tʂuŋ˨˦ kuei˥˦ xuɑ˩, i˥˦ vu˩ vu˥˦ tɕʻyŋ˥" lɔ˥
上 写 了 八 个 字："梦 中 鬼 话，贻 误 无 穷。"老

ʂɿ˨˦ xuei˥˦ lɛ˦ kʻã˩˥ tɕiã˦ ə˦ tʻiŋ˥ ʂəŋ˨˦ tɕʻi˩, tɕiəu˩ tʂʻɔ˥˦ tʂɔ˩ tʂʅ˨˥ ʂə̃˨˦: "ɕiɔ˥
师 回 来 看 见 ə 挺 生 气，就 吵 赵 执 信："小

ɕiɔ˥˨ niã˥˦ tɕi˩, tɕiŋ˩ kã˥ ŋɔ˩ ʂɿ˩ pu˨˥ kuŋ˨˦, piã˥˦ lu˩ ɕiã˨˦ ɕiã˥, tʂʻəŋ˥˦ xuə˥ tʻi˥
小 年 纪，竟 敢 傲 世 不 恭，贬 辱 先 贤，成 何 体

tʻuŋ˥!" tʂɑŋ˨˦ tʂuə˦ xɛ˥˦ ɕiŋ˥? tɕiəu˩ ɕiə˥˨ liɔ˦ i˨˦ tɕy˩ ʂɑŋ˩ liã˥, xuə˥˦ tʂɔ˩ tʂʅ˨˥
统！"这样 着 还 行？ 就 写 了 一 句 上 联，和 赵 执

ʂə̃˨˦ ʂuə˨˦: "tuei˩˥ pu˦ ʂɑŋ˦ ɕiɑ˩ liã˥, fɑ˥˦ liɑ˥˨ ʂʅ˥˦ ʂə̃˦ tʂã˩!"
信 说："对 不 上 下 联，罚 俩 时 辰 站！"

lɔ˥ ʂɿ˨˦ ɕiə˥˨ ə˦ ʂɑŋ˩ liã˥˦ ʂɿ˩ "tɕiɑŋ˨˦ xuə˥ xu˥˦ xɛ˥ tɕi˨˦ liəu˥ tɕʻiŋ˨˦", tɕʻi˨˥
老 师 写 ə 上 联 是 "江 河 湖 海 激 流 清"， 七

ə˦ tsɿ˩ təu˨˦ iəu˥ sã˨˦ tiɛ˥˦ ʂuei˥。tʂɔ˩ tʂʅ˨˥ ʂə̃˨˦ i˨˦ tu˩˥ ə˦ vei˥ tɕʻy˨˦, ɕiɑŋ˥: "niã˩
ə 字 都 有 三 点 水。赵 执 信 一 肚 ə 委 屈，想："念

ʂu˨˦ tɕʻyã˥˦ ɕiə̃˩ ʂu˨˦, pu˨˦ lu˩ pu˨˦ niã˩ ʂu˨˦。və˥ tɔ˩ ti˥˦ iəu˥ ʂɑ˥˦ tsʻuə˩?" tʻɑ˨˦
书 全 信 书，不 如 不 唸 书。我 到 底 有 啥 错？" 他

tɕʻy˩ ɕiɑŋ˥˨ piə˥˦ ə˦ liɔ˦, i˨˦ tɑ˩ pʻã˩˥ ə˦ mu˥˦ ɕiɑŋ˥˨ tʂʻu˦ ɕiɑ˩ liã˥˦ lɛ˦。
去 想 别 ə 了，一 大 盼 ə 没 想 出 下 联 来。

tʂɔ˩ tʂʅ˨˥ ʂə̃˨˦ tɕiɑ˨˦ tʂu˩˥ ə˦ iã˥˦ ʂə̃˦ tʂə̃˩˥ ə˦ tuŋ˨˥ pei˨˦ ʂɑŋ˦, tɕiɑ˨˦ ə˦ ʂu˨˦
赵 执 信 家 住 ə 颜 神 镇 ə 东 北 上，家 ə 书

fɑŋ˦ tɕiəu˩ tɛ˥ tuŋ˨˦ miã˩˥ ə˦ iə̃˥˨ yã˥˦ ə˦。yã˥˦ nã˥ tɕiə̃˥˦ kʻɔ˩ i˨˥ kə̃˨˦ tɑ˩ tɔ˩,
房 就 在 东 面 ə 隐 园 ə。园 南 紧 靠 一 根 大 道，

tʂʻɑŋ˥˦ tsəu˥ mɑ˥ tʂʻə˨˦, təu˨˦ tɕiɔ˦ "kuã˨˦ tɔ˩"。tʂə˩ ʂʅ˥˦ xəu˦ tsʻəu˩ tɕʻiɔ˥ iəu˥
常 走 马 车，都 叫 "官 道"。这 时 候 凑 巧 有

mɑ˥ tʂʻə˨˦ pɑ˥ kuã˨˦ tɔ˩ ʂɑŋ˦ tsəu˥。tʂɔ˩ tʂʅ˨˥ ʂə̃˨˦ i˨˥ tʻiŋ˨˦ mɑ˥˨ tʻi˥ ʂəŋ˨˦, li˩ ʂʅ˥
马 车 把 官 道 上 走。赵 执 信 一 听 马 蹄 声，立 时

tɕiəu˩ ɕiɑŋ˥˨ tɕʻi˦ i˨˦ kuə˦ "mɑ˥", tɕiə˨˦ tʂuə˦ tuei˩˥ ʂɑŋ˦ liɔ˦ ɕiɑ˩ liã˥: "tɕʻi˥˦
就 想 起 一 个 "马"，接 着 对 上 了 下 联："骑

tɕi˩ xuɑ˥˦ liəu˥ tɕyə̃˩ sɿ˩ tʂʻəŋ˥。"
骥 骅 骝 骏 驷 骋。"

lɔ˥ ʂɿ˨˦ i˨˦ tu˩˥ ə˦ tɕʻi˩ tɕʻyã˥ ɕiɔ˨˥ liã˦, tʻiŋ˥ kɔ˨˦ ɕiŋ˩, mɑ˥˨ ʂɑŋ˦ mɑ˥˨ ə˦
老 师 一 肚 ə 气 全 消 唓，挺 高 兴，马 上 马 ə

tɕiɔ˩˥ tʻɑ˦ tsuə˩˥ ɕiɑ˦, tsɛ˩ tsɿ˥˨ ɕi˦ kʻã˩˥ kʻã˦ tʂɔ˩ tʂʅ˨˥ ʂə̃˨˥ tɛ˦ «tɕʻi˥˦ ʂəŋ˥˦»
叫 他 坐 下，再 仔 细 看 看 赵 执 信 在 《齐 乘》

ʂɑŋ˦ ɕiə˥˨ ə˦ xuɑ˩, pu˨˥ tɕiə̃˩ pʻei˨˥ ŋã˩ tɕiɔ˩ xɔ˥。ɕiə̃˨˦ ɕiɑŋ˥: "tɕy˨˦ y˥ xã˩ mei˩
上 写 ə 话，不 禁 拍 案 叫 好。心 想："拘 于 翰 墨

tʂə˥, iou˥˦ xuə˥ tɕʻiã˥˧ tʂʻəŋ˥? xou˩ ʂəŋ˨˩˦ kʻuə˥ vei˨˩˦, ʂʅ˥ tɕiə̃˧ tʂʅ˨˩˦˨ tɕʻiã˨˩˦ li˥ tɕy˨˩˦˨
者，有何前程？后生可畏，实今之千里驹

iə˧。” ɕiaŋ˥˦ tɔ˧ tʂə˩˨ ə˧, tʂʻaŋ˥˧ ʂou˧ liɔ˧ i˨˩˦ kʻou˥˧ tɕʻi˩ ʂuə˨˩˦: “tʂʻei˨˩˦ ma˥ tɕʻiã˨˩˦
也。”想到这ə，长收了一口气说：“策马千

li˥˦ ɕiŋ˥, xuə˥ pi˨˩˦ tɕiə̃˥ kaŋ˨˩˦ ʂəŋ˥?” tʂɔ˩ tʂʅ˨˩˦˨ ʂə̃˨˩˦ kʻã˩˨ tɔ˧ lɔ˥ ʂʅ˨˩˦ liaŋ˩ tɕiɛ˥˦
里行，何必紧缰绳？”赵执信看到老师谅解

liɔ˧ tsʅ˥˧ tɕia˧, yã˩˨ tɕʻi˧ iə˧ mu˥˧ liã˧, yŋ˩ ɕiou˩˨ ə˧ mə˥˧ liɔ˧ pa˧ pi˥˧ ə˧ ʂuə:
了自家，怨气也没嗹，用袖ə抹了把鼻ə说：

“tʂʻaŋ˥ tɕiɛ˨˩˦ pə̃˥ tʻã˥˦ tʻu˥, tɕʻiə˥ tʻiŋ˨˩˦ ku˥˧ tiã˥ ʂəŋ˨˩˦。”
“长街本坦途，且听鼓点声。”

xou˩ lɛ˥, tʂɔ˩ tʂʅ˨˩˦˨ ʂə̃˨˩˦ ʂʅ˨˩˦ tʻu˥˧ lia˥˦ ə˧ tʂə˩ kuə˩ ku˩˨ ʂʅ˧ tʂʻuã˥˧ liɔ˧ tʂʻu˧
后来，赵执信师徒俩ə这个故事传了出

tɕʻy˧, xɔ˩ ʂʅ˩˨ ə˧ lə̃˥ tɕiəu˩ pa˥ “kuã˨˩˦˧ tɔ˩” kɛ˥˦ tʂʻəŋ˥ “ma˥˦ ɕiŋ˥ tɕiɛ˨˩˦˨” liã˧。
去，好事ə人就把“官道”改成“马行街”嗹。

（四） liou˥˧ li˧ tɕʻiou˥˧ ə˧ ku˩˨ ʂʅ˧
琉璃球ə故事

miŋ˥˧ tʂʻɔ˥ mə˩ niã˥, tʂʻu˨˩˦ liou˨˩˦˧ li˧ iou˥˦ miŋ˥˧ ə˧ iã˥˧ ʂə̃˧ tʂə̃˩, iou˥˦ i˨˩˦˧
明朝末年，出琉璃有名ə颜神镇，有一

kuə˩ ɕiŋ˩ tʂɔ˩˨ ə˧ tɕiə̃˩˨ ʂʅ˧, tsuə˩˨ liɔ˧ xuə˥ pei˨˩˦ xã˥ tã˨˩˦ iã˩˨ ə˧ tʂʅ˨˩˦˧ ɕiã˩。 tʻa˨˩˦
个姓赵ə进士，坐了河北邯郸县ə知县。他

tsʻɛ˥ ʂaŋ˩ lə̃˩ pu˨˩˦ tɕiou˥, tɕiou˩ pʻəŋ˩˨ ʂaŋ˧ liɔ˧ i˨˩˦˨ tʂuaŋ˨˩˦ nã˥ tuã˩˨ ə˧ kuã˨˩˦˨ sʅ:
才上任不久，就碰上了一桩难断ə官司：

ti˩˨ ɕyŋ˧ lia˥ fə̃˨˩˦˨ tɕia˨˩˦, vã˩ kuã˩ tɕia˨˩˦ tʂʻã˥ tou˨˩˦˨ pu˧ yã˩˨ i˧ iɔ˩, tʂəŋ˨˩˦˨ tʂuə˧
弟兄俩分家，万贯家产都不愿意要，争着

iɔ˩ i˨˩˦˨ kʻuə˨˩˦ tsu˥˦ tʂʻuã˥˧ ə˧ “pɔ˥ tʂu˨˩˦”, ʂuə˨˩˦˨ tʻa˧ ʂʅ˩ lə̃˥ tɕiã˨˩˦ tsuei˩ tʂʅ˥˧
要一颗祖传ə“宝珠”，说它是人间最值

tɕʻiã˥˧ ə˧ pɔ˥˦ pei˧, tɕia˩ tʂʅ˥ liã˥˧ tʂʻəŋ˥。 tʂɔ˩ tʂʅ˨˩˦˧ ɕiã˩ tɕiɔ˩ tʻa˨˩˦˨ mə̃˧ pa˥˧
钱ə宝贝，价值连城。赵知县叫他们把

pɔ˥ tʂu˨˩˦ na˥˦ lɛ˧, tsʅ˥˦ ɕi˧ tiã˨˩˦˨ liaŋ˧ liɔ˥ tiã˨˩˦˨ liaŋ˧, yã˥˧ lɛ˥˧ ʂʅ˩ iã˥˧ ʂə̃˧ tʂə̃˩
宝珠拿来，仔细掂量了掂量，原来是颜神镇

ɕi˨˩˦˨ iɛ˧ tɕiɛ˨˩˦ lu˥˧ tɕiaŋ˩ ə˧ tsu˩˨ ə˧ liou˥˧ li˧ tɕʻiou˥。 tʻa˨˩˦˧ tuei˩ ti˩˨ ɕyŋ˧ lia˥
西冶街炉匠ə做ə琉璃球。他对弟兄俩

ʂuə˨˩˦: “ŋə̃˥˧ lia˥ vei˩˨ ə˧ tʂəŋ˨˩˦ tʂə˩ kuə˧ ɕiɔ˥˦ liou˥˦ li˧ tɕʻiou˥, pu˨˩˦˧ ku˩ ʂou˥
说：“□俩为ə争这个小琉璃球，不顾手

tɕy˨˩˦ tʂʅ˨˩˦ tɕʻiŋ˥, lɛ˥˧ ɕiã˩ ia˥˧ mə̃˧ nɔ˩, pu˨˩˦ tʂʻəŋ˥ tʻi˥˧ tʻuŋ˥。 tʂə˩ kuə˩ xua˨˩˦
足之情，来县衙门闹，不成体统。这个花

tɕʻiəu˥, pə̃˥ kuãʌ ɕiãʌ liəu˥˦ ɕia˧, tɔ˩ mə̃˧ tsʅ˥˦ iəu˥ ŋãʌ˪ pʻɛ˧。ŋə̃˥˦ lia˥ ɕiãʌ
球，本官先留下，到□自有安排。□俩先

tɕiaʌ˪ tɕʻy˧ fə̃ʌɾ tɕiaʌ˪ tʂʻã˧ pã˧。” ti˩ɾ ɕyŋ˧ lia˥ i˥˩ vei˧ ɕiã˩ kuãʌ tʻãʌ tsʻɛ˥,
家去分家产罢。”弟兄俩以为县官贪财，

ɕiaŋ˥˩ tuə˥ tsʅ˥˦ tɕia˧ pɔ˥ tʂuʌ, tɕiəu˩ iʌɾ tsuei˩ xã˥ “yãʌ˪ vaŋ˧”。tʂɔ˩ tʂʅʌ˦ ɕiã˩
想夺自家宝珠，就一堆喊“冤枉”。赵知县

iəu˩ xɔ˥˦ tɕʻi˩, iəu˩ xɔ˥˦ ɕiɔ˩, taŋʌ tʻaŋ˥˦ pa˥ liəu˥˦ li˧ tɕʻiəu˥ tsa˥˦ suei˩, ʂuəʌ:
又好气，又好笑，当堂把琉璃球砸碎，说：

“lia˥˦ yə˩ xəu˩, pə̃˥ kuãʌ iʌ lə̃˥ pʻei˥˦ ŋə̃˧ lia˥ ʂʅ˥˦ ə˧。” ta˩ tʻaŋ˥˦ ʂaŋ˧ ə˧ suei˥˦
“俩月后，本官一人赔□俩十ə。”大堂上ə随

tɕʻyŋ˥, ia˥˦ i˩ tɕʻiŋʌ˪ ə˧ tʂʅ˥˦ təŋ˩ɾ tʂuə˧ iã˥, ŋã˩ ɕiaŋ˥: “ɕiã˩ tʻɛ˩ iə˥˦ ni˥ tɕiəu˩
从、衙役惊ə直瞪着眼，暗想：“县太爷你就

ʂʅ˧ iəu˥ vã˩ kuã˩ tɕiaʌ tʂʻã˥, iə˥˩ nã˥ pʻei˥˦ ə˧ tɕʻi˥ ʅə˩ɾ ʂʅ˧ kʻuəʌ pɔ˥ tʂuʌ。” tʂɔ˩
是有万贯家产，也难赔ə起二十颗宝珠。”赵

tʂʅʌ˦ ɕiã˩ tsʻɛʌ tʻəu˩ɾ liɔ˧ tʻaʌ˪ mə̃˧ ə˧ ɕiə̃ʌɾ sʅʌ, ɕiɔ˩ɾ liɔ˧ ɕiɔ˧ ʂuəʌ. “tʂuʌ˦ vei˩
知县猜透了他们ə心思，笑了笑说：“诸位

pɛ˥ tɕiŋʌɾ xuaŋʌ, i˥˦ xəu˩ pə̃˥ kuãʌ iʌ lə̃˥ suŋ˩ɾ i˧ kʻuəʌ。”
别惊慌，以后本官一人送一颗。”

tʻuei˩ tʻaŋ˥˦ xəu˩, tʂɔ˩ tʂʅʌ˦ ɕiã˩ tɕiəu˩ ta˥˦ faʌ˪ lə̃˥ kã˥˦ kʻuɛ˩ tɔ˩ ia˥˦ ʂə̃˧
退堂后，赵知县就打发人赶快到颜神

tʂə̃ŋ˩ na˥ xuaʌ tɕʻiəu˥。puʌ˦ tɔ˩ lia˥˦ yə˩, tɕʻy˩ɾ ə˧ lə̃˥ tɕiəu˩ tʻueiʌ xuei˥˦ lɛ˧ mã˥
镇拿花球。不到俩月，去ə人就推回来满

mã˥˩ ə˧ iʌ ɕiɔ˥ tʂʻəʌ, kuə˩ kuə˩ pi˥ tsa˥˦ suei˩ɾ ə˧ na˩ iʌ˦ kuə˩ xɛ˥˦ ta˩、xɛ˥˦
满ə一小车，个个比砸碎ə那一个还大、还

xɔ˥˦ kʻã˩。tʂɔ˩ tʂʅʌ˦ ɕiã˩ lu˥˦ ʂu˩ suŋ˩ɾ tɕi˧ liɔ˧ ti˩ɾ ɕyŋ˧ lia˥ xuə˥ suei˥˦ tɕʻyŋ˥、
好看。赵知县如数送给了弟兄俩和随从、

ia˥˦ i˩。
衙役。

tɕi˥˩ niã˥ xəu˩, tʂɔ˩ tʂʅʌ˦ ɕiã˩ ʂəŋʌɾ tɕʻiãʌ, iɔ˩ ʂaŋ˩ ʂãʌɾ ɕiʌ fu˥ lə̃˩。xã˥ tãʌ
几年后，赵知县升迁，要上山西赴任。邯郸

ɕiã˩ɾ ə˧ iʌ˦ ɕiə˧ lə̃˥ təuʌ lɛ˥ suŋ˩ li˥, pɔ˩ taʌ˦ tʻaʌ˪ ə˧ teiʌ˦ tʂəŋ˩。tʂɔ˩ tʂʅʌ˦ ɕiã˩
县ə一些人都来送礼，报答他ə德政。赵知县

tɕʻyã˥˦ təu˧ ɕiə˩ tɕyə˥, fə̃ʌ və̃˥ puʌ˦ iɔ˩。tsuei˩ xəu˩, iəu˥˩ iʌ˦ kuə˧ lɔ˥˩ ʂʅ˥˦
全都谢绝，分文不要。最后，有一个老石

tɕiaŋ˧, pa˥ tɕiaŋʌ tɕʻyŋ˥ ʂãʌ˪ ʂaŋ˧ tsʻɛ˥˩ lɛ˥˩ ə˧ iʌ˦ kʻuɛ˩ tʻiŋ˥˦ tɕʻi˥ tʻiŋ˥˦ xɔ˥˩
匠，把刚从山上采来ə一块挺奇挺好

kʻã˩ɾ ə˧ ta˩ ʂʅ˥˦ tʻəu˧ tʻueiʌ˪ tɕiə̃˧ ɕiã˩ ia˥˦ mə̃˧, xuə˥˦ tʂɔ˩ tʂʅʌ˦ ɕiã˩ ʂuəʌ: “tʂə˩
看ə大石头推进县衙门，和赵知县说：“这

ʂʅ˧ kuɛ˩ pɑ˨˦˥ iə̃˨˦ ʂʅ˥, nəŋ˥ fɑ˨˦˧ tʂ'u˧ pɑ˨˦˦ xu˩ pu˨˦ i˨˦˦ iaŋ˩˥ ə˧ tuŋ˩˥ tɕiŋ˧。tʂu˩
是 块 八 音 石，能 发 出 八 户 不 一 样 ə 动 静。祝

lɔ˥˨ iə˧ tsu˩ kuã˨˦, nəŋ˥˦ xuə˥ t'ɑ˨˦ i˨˦˦ iɑŋ˩, kɔ˨˦˥ kɔ˨˦ li˩˥ tʂuə˧, iã˥ kuã˨˦ liəu˩
老 爷 做 官，能 和 它 一 样，高 高 立 着，眼 观 六

lu˩, ɭə˥ t'iŋ˨˦ pɑ˨˦˥ fɑŋ˨˦, t'i˥ tʂ'ɑ˨˦ miŋ˥˦ tɕ'iŋ˥, tsɔ˩ fu˨˦ i˨˦˥ fɑŋ˨˦。" tʂɔ˩ tʂʅ˨˦˦ ɕiã˩
路，耳 听 八 方，体 察 民 情，造 福 一 方。" 赵 知 县

p'ə˩ li˩ ʂəu˨˦˧ liɔ˧ (ə˧) tʂə˩ tɕiã˩ li˥˦ p'iə̃˥, tʂuŋ˩ tʂuŋ˩ ʂɑŋ˥˨ ə˧ lɔ˥˨ ʂʅ˥˦ tɕiaŋ˧。
破 例 收 了 (ə) 这 件 礼 品，重 重 赏 ə 老 石 匠。

xəu˩ lɛ˥, tʂɔ˩ tʂʅ˨˦˦ ɕiã˩ pɑ˥ tʂə˩ k'uɛ˩ pɑ˨˦˥ iə̃˨˦ ʂʅ˥ yə̃˩ xuei˥ lɔ˥˨ tɕiɑ˧ iã˥˦
后 来，赵 知 县 把 这 块 八 音 石 运 回 老 家 颜

ʂə̃˧ tʂə̃˩ t'ɑ˨˦˦ tɕiəu˩˥ ʂʅ˧ i˥˦ yã˥˦ ə˧ ly˥ tsu˥˦ miɔ˩ iŋ˥˦ miã˩ nɑ˩ k'uɛ˩ tɕiɑ˥ ʂã˨˦
神 镇。它 就 是 怡 园① ə 吕 祖 庙 迎 面 那 块 假 山

ʂʅ˥。
石。

（五） "vu˥˧ yə˩˧ ʂʅ˥˦ sã˧, ʂɑ˨˦˧ ə˧ ɕy˥˦ sã˧"
"五 月 十 三，杀 ə 徐 三"

pə˨˦˦ ʂã˧ ʂʅ˥˦ ə˧ lu˩, iəu˥˨ kuə˧ t'u˥˦ xu˩ tɕiɔ˩ ɕy˥˦ sã˧。tʂə˩ kuə˩ lə̃˥ tɕiã˨˦
博 山 十 字 路②，有 个 屠 户 叫 徐 三。这 个 人 奸

tʂ'ã˥ xuɑ˥˦ lã˥, tɑ˥˦ mɑ˩ tiə˨˦ niɑŋ˥, tɕ'i˨˦˦ fu˩ ɕiɑŋ˨˦ li˥ ɕiɑŋ˨˦˥ tɕ'iə̃˨˦, tɑŋ˨˦˦ ti˩
馋 滑 懒，打 骂 爹 娘，欺 负 乡 里 乡 亲，当 地

lə̃˥ təu˨˦ xə̃˩˥ ə˧ t'ɑ˧ iɔ˥˨ iɑ˥ tɕ'iə˨˦ tʂ'ʅ˥˦ ə˧。i˨˦˥ t'iã˨˦, ɕy˥˦ sã˧ t'ɑ˧ tiə˨˦˧ tiə˧
人 都 恨 ə 他 咬 牙 切 齿 ə。一 天，徐 三 他 爹 爹

tɕ'yã˩ ʂuə˨˦˧ t'ɑ˧ pɛ˥ tsɛ˩ kã˩ xuɛ˩ ʂʅ˩, ʂei˥ tʂʅ˨˦ ɕy˥˦ sã˧ pu˨˦˧ kuɑŋ˧ pu˨˦˥ t'iŋ˨˦, tɔ˩
劝 说 他 别 再 干 坏 事，谁 知 徐 三 不 光 不 听，倒

fã˥˨ pɑ˥˦ t'ɑ˧ tiə˨˦˧ tiə˧ tɑŋ˨˦ tʂ'əŋ˥˦ liɔ˧ tʂ'əu˥˦ lə̃˥, nɑ˥˦ ə˧ tsɛ˥˨ tɔ˨˦˦ ə˧ iɔ˩
反 把 他 爹 爹 当 成 了 仇 人，拿 ə 宰 刀 ə 要

ʂɑ˨˦˧ tɑ˧ tiə˨˦˧ tiə˧。t'ɑ˨˦˥ tiə˨˦˧ tiə˧ tsɑŋ˥˦ tʂuə˧ vɑŋ˩ vɛ˩ p'ɔ˥, ɕy˥˦ sã˧ tɛ˥˦ xəu˩˥
杀 他 爹 爹。他 爹 爹 □ 着③ 望 外 跑，徐 三 在 后

t'əu˧ niã˥ t'ɑ˨˦˥ tiə˨˦˧ tiə˧ pɔ'˥˨ tʂ'u˧ ʂʅ˥˦ ə˧ lu˩ k'əu˥ tʂʅ˥˦ pə̃˩ tɑ˩˥ tɕiɛ˧, k'ã˩˥
头 撵。他 爹 爹 跑 出 十 字 路 口 直 奔 大 街④，看

tɕiã˧ iəu˩ ʂəu˥ ʂʅ˩ kuã˨˦˦ ti˩ miɔ˩, i˨˦ tʂuã˥ vã˨˦ tɕiəu˩ p'ɔ˥˨ ə˧ tɕiə̃˩˥ tɕ'y˧。ɕy˥˦
见 右 手 是 关 帝 庙⑤，一 转 弯 就 跑 ə 进 去。徐

①怡园，博山城东关外的一座园林建筑。

②十字路，博山街道名。"字"音 ə，书面写"字"。

③ tsɑŋ˥˦ 着：赶快。

④大街，博山街道名。

⑤关帝庙，位于十字路与大街之间，又称"报恩寺"。

sã˧ niã˥˩ ʂaŋ˧ lɛ˧, ʂʅ˥ tɔʌ vaŋ˩ t'aʌr tiəʌʟ tiə˧ t'əu˥ᴦ ʂaŋ˧ k'ã˥, tsʅ˥ t'iŋʌ k'aʌr
三　撵　上 来，使 刀 望　他　爹　爹　头　上　砍，只　听　喀

tʂ'aʌʟ ə˧ iʌr ʂəŋʌ, ɕy˥ᴦ sã˧ mu˥ ʂaʌʟ liɔ˧ t'a˧ tiəʌʟ tiə˧, tsʅ˥ᴦ tɕiaʌʟ ə˧ t'əu˥ tɔ˥˩
嚓　ə 一 声，徐 三 没　杀　了 他　爹　爹，自　家 ə 头　倒

tiɔ˩r ɕia˧ lɛ˧ liã˧。t'aʌr tiəʌʟ tiə˧ ɕia˩r ə˧ liɔ˥˩ pu˧ ə˧, xuei˥ᴦ kuə˧ t'əu˥ᴦ lɛ˧ iʌᴦ
掉　下 来 唓。他　爹　爹　吓 ə 了　不 ə，回　过　头　来 一

k'ã˩, yã˥ᴦ lɛ˥ᴦ ʂʅ˩ iʌᴦ kuə˩ niã˥ tɕ'iŋʌ lã˥, i˥˩ tɕ'iã˥, t'aʌ niaŋ˥ tɕiɔ˧ ɕy˥ᴦ sã˧ ʂaʌʟ
看，原　来 是 一　个　年　轻 人，以 前，他　娘　叫　徐 三 杀

liɔ˧, vei˥ᴦ liɔ˥ tɕiəu˩ tsʅ˥ᴦ tɕia˧, ts'ɛ˥ᴦ ʂaʌʟ liɔ˧ ɕy˥ᴦ sã˧。t'aʌr tiəʌʟ tiə˧ p'a˩ liã˥ᴦ
了，为　了　救　自　家，才　杀　了　徐　三。他　爹　爹 怕 连

luei˩ niã˥ tɕ'iŋʌ lã˥ ta˥ᴦ kuãʌʟ sʅ˧, tɕiəu˩ pa˥˩ ɭə˥ᴦ ə˧ ɕiəʌ mə˥˩ ə˧ tʂəuʌr ts'aŋʌʟ
累　年　轻　人 打　官　司，就　把　儿 ə 血　抹 ə 周　仓

ə˧ tɕ'iŋʌ lyŋ˥ iã˩ yə˩ tɔʌʟ ʂaŋ˧, ʂuəʌᴦ ʂʅ˩ kuãʌʟ lɔ˧ iə˥ ɕiã˥ᴦ ʂəŋ˩ ʂaʌʟ liɔ˧ (ə˧)
ə 青　龙 偃 月 刀 上，说　是 关　老 爷 显　圣　杀　了 (ə)

ɕy˥ᴦ sã˧。kuãʌ fu˥ xuə˥ ɕiaŋʌr tɕ'iãʌ ɕiã˩r liɔ˧ tʂə˩ xua˩, kuãʌᴦ ti˩ miɔ˩r ə˧ ɕiaŋʌ
徐 三。官　府　和　乡　亲　信　了 这　话，关　帝　庙　ə 香

xuə˥ tɕiəʌʟ tʂuə˧ tɕiəu˩ ʂəŋ˩r tɕ'i˧ lɛ˧ liã˧, təuʌ lɛ˥ pɔ˩ ta˥ kuãʌʟ lɔ˧ iə˥ᴦ ə˧ ŋãʌ。
火　接　着　就　盛　起 来 唓，都　来 报 答　关　老 爷 ə 恩。

tʂaŋʌ tʂuə˧ "kuãʌᴦ ti˩ miɔ˩" tɕiəu˩ tɕiɔ˩ tʂ'əŋ˥ᴦ liɔ˧ "pɔ˩ ŋãʌᴦ sʅ˩"。
这样　着 "关　帝　庙"　就　叫　成　了　"报 恩　寺"。

tʂə˩ t'iãʌᴦ ʂʅ˩ vu˥ʟ yə˩ᴦ ʂʅ˥ sãʌ, taŋ˩ ti˩ iəu˩ iəu˥ "vu˥ʟ yə˩ᴦ ʂʅ˥ᴦ sã˧, ʂaʌʟ ə˧
这　天　是 五　月　十 三，当 地 又 有 "五　月　十　三，杀　ə

ɕy˥ᴦ sã˧" ə˧ xua˩。
徐　三" ə 话。

第捌章　分类词表

凡　例

1. 本表收入博山方言词语约4 400条，大体按意义分为三十一类。除二十九至三十一三类以外，各类按本项目“汉语方言基本词汇调查表”(1988年)的统一顺序编排。该表共二十八类共约2000条，可供本项目各调查点词汇对照之用。

2. 有些词语并不同类，但是排到一起，是因为意义相关。较多的情况是事物名称中列入与之相关的动作、变化及附属物等，例如动物类列入“嬔蛋”、“菢小鸡”，身体类列入“头屑”、“鼻鼻水”，饮食类列入“馉”、“醭”、“熟腌”，红白大事类列入“宜量”、“觉景”，等等。

3. 意义相同的词列在一起，一般用得多的放在前面。第一条顶格写，其余缩一格另行排列。

4. 每条先写汉字，后标音。例如：

太阳　t‘ɛ˨ iɑŋ˥　　　　耳朵　ɭə˥˧ tuə˦

5. 不易理解或与普通话不同的词语，在标音后加注文释义，多义项的以①②③为序。注文如需再作划定范围之类的说明，说明部分用括号标出。例如：

果木ə　kuə˥˨ mu˦ ə˦　通称水果

扎裹　tʂɑ˧˦ kuə˦　①治疗；②打扮

搊　tʂəu˧　掀(被褥、席子等)

6. 同义词可互作解释者，不另作注。例如：

老鼠　lɔ˥˨ ʂu˦

　猫嚼ə　mɔ˥˦ tɕyə˥˨ ə˦

7. 例句是对释义的重要补充，加在注文后的冒号之后。句中的“～”号代替本条目。两个以上的例句，中间用“｜”号隔开。例如：

二尾巴ə　ɭə˨˥ i˦ pɑ˧˦ ə˦　次等的，水平差的：这是个～大夫

嬔　fã˨　(禽、虫)繁殖：母鸡～蛋｜蚕妹～子｜苍蝇～蛆

8. 条目中圆括号内的字和与之相应的音，表示此字、音和前面的那个字、音是两可的。例如：

周(转)旮旯ə　tʂəu˧˨ (tʂuã˨˨) kɑ˧˦ lɑ˦ ə˦

实际上这是“周旯旮ə”和“转旮旯ə”两种说法。

9. 条目中方括号内的字和与之相应的音，表示此字、音可以有，也可以没有。例如：

[大]白夜　[tɑ˨] pei˥˨ iə˦

实际上这是“白夜”和“大白夜”两种说法。

10．字下加浪线的，表示这是同音代替的字；标音下加浪线的，表示此音特殊。例如：
锅张 ə kuəʌㄴ tʂaŋ˧ ə˧（吃）亏，（受）损失：没想到吃了这么一个～
西冶街 ɕiʌ ieㄱ tɕieʌ 博山街名

一 天文

太阳 t'ɛ˩ iaŋㄱ
老爷爷 lɔㄱ iəㄱ iə˧
太阳 ə t'ɛ˩ iaŋㄱ ə˧ 太阳地儿
阴凉 ə iə̃ʌ liaŋㄱ ə˧ 阴凉儿
月明 yə˩ miŋ˧ 月亮
月明奶奶 yə˩ miŋ˧ nɛㄱ nɛ˧
老母奶奶 lɔㄱ mu˧ nɛㄱ nɛ˧
月明地 ə yə˩ miŋ˧ ti˩ ə˧ 月亮地儿
星 ɕiŋʌ
天河 t'iãʌ xuəㄱ 银河
贼星 tseiㄱ ɕiŋ˧ 流星
扫帚星 sɔ˩ tʂu˧ ɕiŋʌ 彗星
勺星 ʂuəㄱ ɕiŋ˧
云彩 yə̃ㄱ ts'ɛ˧
旋风 ɕyãㄱ fəŋ˧
顶风 tiŋㄱ fəŋ˧
戗风 tɕiaŋʌ fəŋ˧
迎头风 iŋㄱ t'əuㄱ fəŋʌ
顺风 ʂuə̃˩ fəŋ˧
刮风 kuaʌ fəŋʌ
起风 tɕ'iㄱ fəŋʌ （刚开始刮）
煞风 ʂaʌ fəŋʌ 风停
透风 t'əu˩ fəŋʌ
刮拉 kuaʌ la˧ （风）吹：衣裳一～，很快就干哇
打雷 taㄱ lueiㄱ
呱啦 kuaㄱ la˧ ①霹雳 ②能言貌：这人～～真能说
霹雳 p'iʌ li˧ 雷击
雷打了 lueiㄱ taㄱ liɔ˧
呱啦霹雳了 kuaㄱ la˧ p'iʌ li˧ liɔ˧
打闪 taㄱ ʂãㄱ

大雨 ta˩ yㄱ
急雨 tɕiʌ yㄱ
雷阵雨 lueiㄱ tʂə̃˩ yㄱ
毛毛雨 mɔㄱ mɔ˧ yㄱ
下雨哇 ɕia˩ yㄱ liã˧ 下雨了
下哇 ɕia˩ liã˧
不下哇 pu˩ ɕia˩ liã˧
住雨哇 tʂu˩ yㄱ liã˧
雨点 ə yㄱ tiãㄱ ə˧ 雨点儿
淋雨 liə̃ㄱ yㄱ
下雪 ɕia˩ ɕyəʌ
鹅毛大雪 vəㄱ mɔㄱ ta˩ ɕyəʌ
饭巴拉 ə fã˩ pa˧ laʌ ə˧ 雪珠
雪化哇 ɕyəʌ xua˩ liã˧ 雪化了
冰冰 piŋʌ piŋ˧ 冰
冻冻 tuŋʌ tuŋ˧ 冰块
笼嘴 luŋㄱ tsuei˧ 冰锥
上冻 ʂaŋ˩ tuŋ˩
瓦 va˩ 例：～冻｜这屋忒冷哇，住人能～起来
化冻哇 xua˩ tuŋ˩ liã˧ 化冻了
雹子 paㄱ ə˧
露水 lu˩ ʂuei˧
下霜 ɕia˩ ʂuaŋʌ
雾 vu˩
雾露 vu˩ lu˧
下雾 ɕia˩ vu˩
下雾露 ɕia˩ vu˩ lu˧
虹 tɕiaŋ˩
烧云 ʂɔʌ yə̃˧ 霞
缺连 tɕ'yəʌ liã˧ 光圈：太阳上有个～｜风～｜雨～
天 t'iãʌ 也指天气：今日～好
晴天 tɕ'iŋㄱ t'iãʌ
好天 xɔㄱ t'iãʌ

湛晴 ə 天 tʂã˦ tɕ'iŋ˥˩ ə˧ t'iã˦　晴朗的天
阴天 iə˦˩ t'iã˦
连阴天 liã˥˩ iə˧ t'iã˦
天气 t'iã˦˨ tɕ'i˧　特指风雪来临的阴霾天：要下～哇，快把炉 ə 拾掇好
日 ə 食 ʅə˨ ə˧ ʂʅ˥　日食
月 ə 食 yə˨ ə˧ ʂʅ˥　月食
天旱 t'iã˦˩ xã˨
旱哇 xã˨˩ liã˧
涝哇 lɔ˨˩ liã˧　涝了

二　地理

平地 p'iŋ˥˩ ti˨
洼地 va˦˨ ti˧
地 ti˨
耕 ə 地 tɕiŋ˦˨ ə˧ ti˨
菜地 ts'ɛ˨ ti˨
荒地 xuaŋ˦˩ ti˨
好地 xɔ˥˩ ti˧
碱地 tɕiã˥˩ ti˨
山薄地 ʂã˦ pə˥˩ ti˨
空地 k'uŋ˨ ti˨
地头 ti˨ t'əu˥
地边 ti˨ piɛ˦
山顶 ʂã˦ tiŋ˥　山尖儿
高骨碌顶 ə kɔ˦˨ ku˧ lu˧ tiŋ˥˩ ə˧　山岗
山半中腰 ə ʂã˦˨ pã˧ tʂuŋ˦˩ iɔ˦˨ ə˧　山腰
半山腰 ə pã˨ ʂã˦˩ iɔ˦˨ ə˧
山根 ə ʂã˦˩ kei˦˨ ə˧　山根儿
峪 ə y˨˩ ə˧　山谷
山沟 ə ʂã˦˩ kəu˦˨ ə˧
山坡 ə ʂã˦˩ p'ə˦˨ ə˧
光崖 kuaŋ˦˨ lɛ˧　光净的斜坡
河 xuə˥
河涯 xuə˥˩ iɛ˥
河涯边 xuə˥ iɛ˥ piɛ˦　河岸
河坝 xuə˥˩ pa˨　坝
河滩 xuə˥ t'ã˦
湾 vã˦　水坑
小湾 ɕiɔ˥ vã˦　小水坑
水池 ə ʂuei˥˩ tʂ'ʅ˥˩ ə˧　院子里人工修的水池子
池 ə tʂ'ʅ˥˩ ə˧　澡堂里的水池
泉 ə tɕ'yã˥˩ ə˧　泉水
泉眼 tɕ'yã˥˩ iã˥
大水 ta˨ ʂuei˥
发大水 fa˦˩ ta˨ ʂuei˥
山水 ʂã˦ ʂuei˥　山洪
山水头 ə ʂã˦ ʂuei˥˩ t'əu˥˩ ə˧　水头
打水 ta˥˩ ʂuei˥
井 tɕiŋ˥
石头 ʂʅ˥˩ t'əu˧
小石头 ɕiɔ˥˩ ʂʅ˥˩ t'əu˧　小石块
鸭蛋石 ia˦˩ tã˨ ʂʅ˥　鹅卵石
滑龙子 xua˥˩ lyŋ˧ tsʅ˥
石头巴乱 ə ʂʅ˥˩ t'əu˧ pa˦˩ lã˨ ə˧　乱石堆
沙 ʂa˦
沙巴滩 ə ʂa˦˨ pa˧ t'ã˦˨ ə˧　沙滩
坯 p'ei˦　土坯
砖头 tʂuã˦ t'əu˥　（泛称）
砖 tʂuã˦　（整块的）
半头砖 pã˨˩ t'əu˧ tʂuã˦　（半块的）
瓦 va˥
碎瓦 suei˨ va˥
瓦片 ə va˥˩ p'iã˧ ə˧　（稍大的）
瓦碴 ə va˥˩ tʂ'a˧ ə˧　（稍小的）
灰 xuei˦　灰尘
埲土 pu˥˩ t'u˧
罩络 ə tʂɔ˨˩ luə˨ ə˧　屋顶、墙角等处悬挂成串的灰尘
暴 pɔ˨　尘土飞扬
烂泥 lã˨ ni˥

滓泥 tsɿ˧˥ ni˥

石灰 ʂʅ˥˨ xuei˦

水泥 ʂuei˥˨ ni˥

洋灰 iaŋ˥ xuei˧˥ （旧）

土 t'u˥ （干的）泥土

土拉块 t'u˥˨ la˦ k'uɛ˨ 土块

坷垃 k'a˧˥˦ la˦ 地里的土块：砸～

凉水 liaŋ˥˨ ʂuei˥

热水 lə˨ ʂuei˥

温和水 və̃˧˥˩ xuə˦ ʂuei˥ 温水

开水 k'ɛ˧˥ ʂuei˥

泔水 kã˧˥ ʂuei˥

炭 t'ã˨ 煤

木炭 mu˨˩ t'ã˦

碳 ə kuŋ˥˨ ə˦ 块煤

末 ə mə˨˩ ə˦ 特指煤末

渣炭 tʂa˧˥˩ t'ã˦ 一种劣质煤

砟 ə tʂa˧˥˩ ə˦ 一种近似石头的劣质煤

大山[炭] ta˨ ʂã˧˥ [t'ã˨] 火力大的一种煤

小山[炭] ɕiɔ˥ ʂã˧˥ [t'ã˨] 火力小的一种煤

蜂窝煤 fəŋ˧˥˩ və˦ mei˥

搭 ta˧˥˦ xuə˦ 用细煤、黄土加水合成的燃料

搭火坯 ta˧˥ xuə˥ p'i˧˥ 搭火制成坯状，干后备用

烧土 ʂɔ˧˥ t'u˥ 用于合制搭火的粘土

洋油 iaŋ˥˨ iəu˥ 煤油

笼火 luŋ˥˨ xuə˥ 生火

昂 ŋaŋ˥ 烧

着着着 tʂuə˥ tʂuə˥˨ tʂuə˥ 火燃烧一会：木头～再放炭

搭火 ta˧˥ xuə˥ 封火

失火哩 ʂʅ˧˥ xuə˥˨ liã˦ 失火了

着(起)火哩 tʂuə˥˨ (tɕ'i˥˨) xuə˥˨ liã˦

走水哩 tsəu˥˨ ʂuei˥˨ liã˦

火火烛烛 ə xuə˥˨ xuə˦ tʂu˧˥˩ tʂu˦ ə˦ 火烛

锡 ɕi˧˥

吸铁石 ɕy˧˥˦ t'iə˧˥˦ ʂʅ˥ 磁石

锉疏 ʂəŋ˧˥˩ ʂu˦ 金属生的锈

玉 y˨

卫生球 vei˨ ʂəŋ˧˥ tɕ'iəu˥ 樟脑丸

臭蛋 tʂ'əu˨ tã˨

地方 ti˨˩ faŋ˨ （文）

埝 ə niɛ˥˨ ə˦ 例：这是个好～

窝罗罗 və˧˥˩ luə˥˦ luə˥ 小的地方，窝：他住 ə 那点～太窄住哇

坛场 ə tã˥˨ tʂ'aŋ˦ ə˦ 活动的场地：给他划拉了这个～

逛逛 ə kuaŋ˨˩ kuaŋ˦ ə˦ 很小片的地

旮旯 ka˧˥˦ la˦ 角落

哈拉 ə xa˧˥˩ la˦ ə˦

周(转)旮旯 ə tʂəu˧˥˨ (tʂuã˥˨) ka˧˥˩ la˦ ə˦ 周围，一圈：广场开运动会，～都是观众

黑影旮旯 ə xei˧˥˩ iŋ˦ ka˧˥˩ la˦ ə˦ 黑暗的角落

眼眼 iɛ˥˨ iɛ˦ 洞眼，窟窿

城 tʂ'əŋ˥

城市 tʂ'əŋ˥˨ ʂʅ˨

农村 nuŋ˥ ts'uə̃˧˥ 乡村

乡下 ɕiaŋ˧˥˨ ɕia˨

菜园 ts'ɛ˨ yã˥

园 ə yã˥˨ ə˦

集 tɕi˥

赶集 kã˥˨ tɕi˥

胡同 ə xu˥˨ t'uŋ˦ ə˦ 胡同

街 tɕiɛ˧˥

路(道) lu˨ (tɔ˨)

大道 ta˨ tɔ˨ 大路

小道 ɕiɔ˥˨ tɔ˨ 小路

走道 ə tsəu˥˨ tɔ˨˩ ə˦ 行人道：这是根～，不能放车 ə

走路(道) tsəu˥ lu˨ (tɔ˨)

林地 liə̃˥˨ ti˨ 坟茔

林 liə̃˥

老林 lɔ˥˩ liə̃˥　祖坟地

乱散岗 ə lã˩ sã˥ kaŋ˥˩ ə˧　乱葬岗子

舍地 ʂə˥˩ ti˧　义葬地

坟 fə̃˥

碑 pei˨˦

上坟 ʂaŋ˩ fə̃˥　扫墓

附：本地一些地名、街道名及名胜

淄博 tʂʅ˨˦˧ pə˧

博山 pə˨˦˧ ʂã˧

颜神[镇] iã˥˧ ʂə̃˧ [tʂə̃˩]　（旧称）

务 ə vu˩˥ ə˧　五龙村的俗称，属夏家庄镇，位于博城东约三里处

两平 iaŋ˥˩ p'iŋ˧　村名，属山头镇，位于博城东约八里处

神头 ʂə̃˥˧ t'əu˧　村名，属山头镇，位于博城南约二里处

冯八峪 fəŋ˥˧ pɔ˧ y˥　村名，属山头镇，位于博城东

八陡 pa˨˦˧　təu˧　镇名，位于博山区中部偏西

郭庄 kuə˨˦˧ tʂuaŋ˧　乡名，位于博山区东南部

郭庄窝 kuə˨˦˥ tʂuaŋ˨˦˥ və˨˦　郭庄一带的平原，号称博山粮仓

邀兔崖 iɔ˨˦˧ t'u˩ iɛ˥　村名，属郭庄乡

南博山 nã˥ pə˨˦˥ ʂã˨˦　镇名，在博山区东南部

北博山 pei˨˦ p'ə˨˦˥ ʂã˨˦　乡名，在南博山北（"博"字送气限于当地人说）

东陈疃 tuŋ˨˦ tʂ'ə̃˥˧ t'uã˥　村名，属池上乡，位于博山区东部

乐疃 lɔ˩ t'ɛ˧　乡名，位于博城西南约十里处

尖固堆 tɕiã˨˦˩ ku˧ tuei˨˦　村名，属乐疃乡

樵岭前 tɕ'iɔ˥˧ li˧ tɕ'iã˧　村名，属乐疃乡

马公祠 ma˥˩ tɕ'iŋ˧ sʅ˧　村名，属乐疃乡

土门头 t'u˥˩ mə̃˥˧ t'əu˥　村名，属山头乡，位于博城正南约八里处

域城 xu˥˧ tʂ'əŋ˧　位于博城西北四个村子的总名，离博城五至十里，分别以位于其余三个村子的位置而命名，如东域城在南、西、北三村之东。其中北域城是域城镇政府驻地

和尚房 xuə˥˧ tʂ'aŋ˧ faŋ˥　村名，属域城镇

平堵沟 p'iŋ˥˧ ə˧ kəu˨˦　村名，属域城镇

海眼 xɛ˥˩ iɛ˧　村名，有大海眼、小海眼，均属白塔镇

国家庄 kuei˨˦˩ tɕia˧ tʂuaŋ˨˦　村名，属白塔镇

禹王山 y˥˩ vaŋ˧ ʂã˨˦　原山的俗称，位于博山区西部，离博城十余里。又称禹山

孝妇河 ɕiɔ˩ fu˩ xuə˥　淄博市主要河流之一，发源于博山区神头，纵贯博山城

东（西）围 ə tuŋ˨˦ （ɕi˨˦） vei˥˧ ə˧　博山的东城和西城，以孝妇河为界

东（南）（西）（北）关街 tuŋ˨˦˥ （nã˥） （ɕi˨˦˥） （pei˨˦˥） kuã˨˦˥ tɕiɛ˨˦　博城的四条街名

西冶街 ɕi˨˦ iɛ˥ tɕiɛ˨˦

十字路 ʂʅ˥˧ ə˧ lu˩　博城街名

核桃园 ə xuə˥˧ t'iɔ˧ yã˥˧ ə˧　博城胡同名

北亭 ə pei˨˦ t'iŋ˥˧ ə˧　博山名胜，清初诗人赵执信的别墅

怡园 y˥˧ yã˥

大庙 ə ta˩˧ miɔ˩ ə˧　颜文姜祠，在神头村内

颜神庙 iã˥˧ ʂə̃˧ miɔ˩

颜奶奶庙 iã˥ nɛ˥˩ nɛ˧ miɔ˩

炉神庙 lu˥˧ ʂə̃˥˧ （lu˥˧ ʂə̃˧） miɔ˩　初建于明万历年间，位于博城西寨村，是过去炉业同行活动中心

窑神庙 iɔ˥˧ ʂə̃˧ miɔ˩　位于博城北岭村

三　时令 时间

今年 tɕiə̃˨˩˦ niã˥

头年 t‘əu˥ niã˧　去年

　年时 niã˥ ʂʅ˧　例:今年比～热

过年 kuə˩ niã˧　明年

前年 tɕ‘iã˥ᐟ niã˧

大前年 tɑ˩ tɕ‘iã˥ᐟ niã˧

后年 xəu˩Γ niã˧

大后年 tɑ˩ xəu˩Γ niã˧

□年 mə̃˥ᐟ niã˧　往年

年年 niã˥ᐟ niã˧　每年

刚过了年 tɕiɑŋ˨˩˦ kuə˩Γ liɔ˧ niã˥　年初

年底 niã˥ᐠ ti˥

春上 tʂ‘uə̃˨˩˦ᐠ ʂɑŋ˧　春天

夏天 ɕiɑ˩ t‘iã˨˩˦

　暖和 nɑŋ˥ᐟ xuə˧　例:屋到～再修罢｜年时～他来 ə

　暖和天 nɑŋ˥ᐟ xuə˧ t‘iã˨˩˦　(少)

五黄六月 ə vu˥ᐟ xuɑŋ˧ liəu˩Γ yə˧ ə˧　六月天

秋上 tɕ‘iəu˨˩˦ᐠ ʂɑŋ˧　秋天

冬天 tuŋ˨˩˦Γ t‘iã˨˩˦

　冬 ə tuŋ˨˩˦ᐠ ə˧

正月 tʂəŋ˨˩˦ᐠ yə˧

腊月 ə lɑ˩Γ yə˧ ə˧

十头腊月 ə ʂʅ˥ t‘əu˧ lɑ˩ᐟ yə˩ ə˧

闰月 iə̃˩ yə˩

大尽 tɑ˩Γ tɕiə̃˧

小尽 ɕiɔ˥ᐟ tɕiə̃˧

立春 li˩ tʂ‘uə̃˨˩˦

　打春 tɑ˥　tʂ‘uə̃˧　(音同“大春” tɑ˩Γ tʂ‘uə̃˧)

雨水 y˥ᐠ ʂuei˥

惊蛰 tɕiŋ˨˩˦ tʂə˥

春分 tʂ‘uə̃˨˩˦Γ fə̃˨˩˦

清明 tɕ‘iŋ˨˩˦ miŋ˥

谷雨 ku˨˩˦⊢ y˧

立夏 li˩ ɕiɑ˩

小满 ɕiɔ˥ᐠ mã˥

芒种 mɑŋ˥ᐟ tʂuŋ˧

夏至 ɕiɑ˩Γ tʂʅ˧

小暑 ɕiɔ˥ᐠ ʂu˥

大暑 tɑ˩ ʂu˥

立秋 li˩ tɕ‘iəu˨˩˦

处暑 tʂ‘u˩ ʂu˥

白露 pei˥ᐟ lu˩

秋分 tɕ‘iəu˨˩˦Γ fə̃˨˩˦

寒露 xã˥ᐟ lu˩

霜降 ʂuɑŋ˨˩˦ᐟ tɕiɑŋ˩

立冬 li˩ tuŋ˨˩˦

小雪 ɕiɔ˥ ɕyə˨˩˦

大雪 tɑ˩ ɕyə˨˩˦

冬至 tuŋ˨˩˦ᐟ tʂʅ˩

小寒 ɕiɔ˥ᐟ xã˥

大寒 tɑ˩ xã˥

年三十 niã˥ sã˨˩˦ ʂʅ˥　除夕

　腊月三十 lɑ˩Γ yə˧ sã˨˩˦ ʂʅ˥

阳历年 iɑŋ˥ᐟ li˩ niã˥　元旦

大年初一 tɑ˩ niã˥ tʂ‘u˨˩˦ᐠ i˧

年五更 niã˥ vu˥ᐟ　tɕiŋ˧　农历正月初一的五更天

　五更头 ə vu˥ᐟ　tɕiŋ˧ t‘əu˥ᐟ ə˧

过年 kuə˩ niã˥　过新年(春节)

年下 niã˥ᐟ　ɕiɑ˧　过年的时候:火鞭别早放了,留 ə ～放

拜年 pɛ˩ niã˥

守岁钱 ʂəu˥ᐟ　suei˩　tɕ‘iã˥　压岁钱

五马日 vu˥ᐟ　mɑ˧　ɭə˩　农历正月初五,有一天不烧不烙的风俗

正月十五 tʂəŋ˨˩˦ᐠ yə˧ ʂʅ˥ᐟ vu˧　元宵节

二月二 ɭə˩ yə˧ ɭə˩　例:～,龙抬头

六月六 liəu˩Γ yə˧　liəu˩　例:～,晒龙袍｜～,看谷秀

七月七 tɕ‘i˨˩˦ᐠ yə˧ tɕ‘i˨˩˦　七巧日

河灯 xuə˥ təŋ˧˥　七月七日夜放到孝妇河被河水冲走的手扎船形小灯

五月端五 vu˥꜕ yə˧ tã˧˥꜓ vu˧　端阳

七月十五 tɕ'i˧˥꜓ yə˧ ʂʅ˥꜓ vu˧　祭祖的日子

八月十五 pɑ˧˥꜓ yə˧ ʂʅ˥꜓ vu˧　中秋

圆月 yã˥꜓　yə˧　中秋节一家团聚饮酒吃月饼赏月

九月九 tɕiəu˥꜕ yə˧ tɕiəu˥　重阳节

腊八日 lɑ˩꜒ pɑ˧ ɭə˩　农历十二月初八

小尽年 ɕiɔ˥꜕ tɕiə̃˧ niã˥　指腊月二十九是除夕的春节

黄历 xuɑŋ˥꜓ li˧　历书

时候 ʂʅ˥꜓ xəu˧

工夫 kuŋ˧˥꜓　fu˧　例:旧社会那～,连饭都吃不上

空 ə k'uŋ˩꜒　ə˧　时候,光景:这～有两点钟哇

今日 tɕiə̃˧˥꜓ ɭə˧

明日 miŋ˥ ɭə˧

后日 xəu˩ ɭə˧

大后日 tɑ˩ xəu˩ ɭə˧

夜来 iə˩꜒ lɛ˧　昨天

前日 tɕ'iã˥ ɭə˧

大前日 tɑ˩ tɕ'iã˥ ɭə˧

上午(参见"清晨"条)

过晌午 kuə˩꜓ ʂɑŋ˥꜔ vu˥　下午

下半晌 ɕiɑ˩꜒ pã˧ ʂɑŋ˥

清晨 tɕ'iə̃˧˥　tɕ'iə̃˧　早晨,上午:～饭｜明日～十点你来

早晨 tsɔ˥꜕ tʂ'ə̃˧

清 ə tɕ'iə̃˧˥ ə˧　早晨:今～｜明日～

□苏明 lu˧˥꜓ su˧˥꜔ miŋ˥　黎明

晌午 ʂɑŋ˥꜕ vu˧　中午

晌午头 ə ʂɑŋ˥꜕ vu˧ t'əu˥꜓ ə˧　正午

饭时□ fã˩꜓ ʂʅ˧　mə̃˧　吃中饭前后的一段时间

[大]白夜 [tɑ˩] pei˥꜓ iə˧　白天

待(临)黑天 tɛ˩ (liə̃˥) xei˧˥꜒ t'iã˧˥　傍晚儿

临麻□眼 ə liə̃˥꜓ mɑ˧ tʂə˧ iã˥꜕ ə˧　黄昏

合黑 xuə˥꜓ xei˧

下下凉 ɕiɑ˩ ɕiɑ˩ liɑŋ˥　夏季四、五点温度下降:晌午头 ə 当热,你～着再去罢!

[大]黑夜 [tɑ˩] xei˧˥꜔ iə˧　夜晚

后晌 xəu˩꜒ ʂɑŋ˧

晚上 vã˥꜕ ʂɑŋ˧

三更半夜 ə sã˧˥꜓ tɕiŋ˧ pã˩꜒ iə˧ ə˧　三更半夜

半夜 ə pã˩꜓ iə˩ ə˧

半夜 ə □ pã˩ iə˩꜒ ə˧ mə̃˧　半夜的时候

过半夜 kuə˩ pã˩꜒ iə˧　后半夜

年景 niã˥꜔ tɕiŋ˥

年成 niã˥꜓ tʂ'əŋ˧

贱年 tɕiã˩ niã˥　荒年,歉收的年

日子 ɭə˩꜒　ə˧　(两个音节相合,声母ɭ一直贯到第二音节的结尾)

天天 t'iã˧˥꜓ t'iã˧　每天

见天 tɕiã˩ t'iã˧˥

整(成)宿 tʂəŋ˥ (tʂ'əŋ˥) ɕy˧˥　通夜

整(成)黑夜 tʂəŋ˥ (tʂ'əŋ˥) xei˧˥꜓ iə˧

整(成)天 tʂəŋ˥ (tʂ'əŋ˥) t'iã˧˥　整天

一天到晚 i˧˥꜓ t'iã˧ tɔ˩ vã˥

整(成)年 tʂəŋ˥꜔ (tʂ'əŋ˥꜔) niã˥　整年

一年到头 i˧˥꜓ niã˧ tɔ˩ t'əu˥

五冬六夏 vu˥ tuŋ˧˥　liəu˩　ɕiɑ˩　例:他～都在坡 ə 干活

十拉多天 ʂʅ˥꜓ lɑ˧ tuə˧˥꜒ t'iã˧˥　十几天

多咱 tuə˧˥꜓ tsã˩　什么时候

啥时候 ʂɑ˥꜔ ʂʅ˥꜓ xəu˧

那咱霎 nɑ˩꜓ tsã˧ ʂɑ˧　那个时候

老时截 lɔ˥ ʂʅ˧　tɕiə˥　很长时间:我知道这事～哇,你咋还知不道?

多时截 tuə˧˥꜓ ʂʅ˧ tɕiə˥　多久

会 ə xuei˩꜒ ə˧　一段时间:这～身体挺好啊吧?｜他老娘说,秋后叫她娘们来住～

一大后 i˧˥꜓ tɑ˩꜒ xəu˧　以后很长一段时间

一大盼 ə iʌ tɑ p'ãr ə 一大会儿：等了你～哇！

一霎霎 i ʂɑ ʂɑ 一会儿

一半霎 ə iʌ pã ʂɑ ə 短时间：～回不来

四 农事

场院 tʂ'ɑŋ iã

打场 tɑ tʂ'ɑŋ

扬场 iɑŋ tʂ'ɑŋ

上坡 ʂɑŋ p'ə 到地里去干活

耕地 tɕiŋ ti

锄地 tʂ'u ti

抓地 tʂuɑ ti 用镢刨地（参见"二十二·动作"类"抓"）

耙地 pɑ ti

种麦 ə tʂuŋ mei ə

白种 pei tʂuŋ 不施底肥的种植

割麦 ə kɑ mei ə

刨地瓜 p'ɔ ti kuɑ 刨白薯

垛 tuə

柴火垛 tʂ'ɛ xuɑ tuə

[大]粪坑 [tɑ] fə̃ k'əŋ 粪坑

大粪 tɑ fə̃ 人粪

攒粪 tsã fə̃

拾粪 ʂʅ fə̃

沤粪 ŋəu fə̃

送粪 suŋ fə̃

上粪 ʂɑŋ fə̃ 施粪肥

自行车 tsʅ ɕiŋ tʂ'ə

小车 ə ɕiɔ tʂ'ə ə 旧时手推独轮车，车轮木制

大车 tɑ tʂ'ə 旧时有钱人家出客女眷坐的前拉后推的大型独轮车，车轮木制：俺大舅给俺找了个婆婆家，找 ə 哪 ə？找 ə 城里大官家，又有骡 ə 又有马，又有～走娘家

胶轮车 tɕiɔ luə̃ tʂ'ə 现在的手推独轮车，车轮胶制

地排 ə 车 ti p'ɛ ə tʂ'ə 手拉的双胶轮车

牛车 iəu tʂ'ə

毂辘 ə ku lu ə 车轮子（小的）

[车]毂轮 ə [tʂ'ə] ku luə̃ ə

车轴 tʂ'ə tʂəu

套车 t'ɔ tʂ'ə

赶车 kã tʂ'ə

梭头 suə t'əu （牛用） 牛轭

□包 iŋ pɔ （马用）

杈 tʂ'ɑ

笼嘴 luŋ tsuei 牛笼嘴

鼻桊 pi tɕ'iã 牛鼻桊儿

口嚼 ə k'əu tɕyə ə 嚼子

捂眼 ə vu iã ə 捂住牲口眼睛的罩子

农具 nu tɕy

梨 li 步犁

耙 pɑ

麦茬 mei tʂ'ɑ 麦茬儿

仓 ts'ɑŋ 粮仓

茓 ə ɕyə ə 茓子

囤 tuə̃

风车 fəŋ tʂ'ə

水车 ʂuei tʂ'ə

柳罐 liəu kuã 柳条编成的戽斗

碌碡 ly tʂu

磨 mə

磨盘 mə p'ã

磨眼 mə iã

磨屋 mə vu 磨房

錾磨 ts'ã mə

碾 niã

碾台 niã t'ɛ 碾盘

碾棚 niã p'əŋ 碾房

碾管心 niã kuã ɕiə̃ 碾轴

秃拉 t'u lɑ 脱去粮食的皮：～棒槌 |

～麦仁
筛 ə ʂɛ˩˥˩ ə˧ （竹编）
箩 luə˥ （麻织，周圈木制）
布袋 pu˩˧ tɛ˧　棉织的细长形盛粮食用的袋子
麻袋 ma ˥˩ tɛ˧
升 ʂəŋ˩˧
斗 təu˥
耙 ə p'a˥˩ ə˧　钉耙
镐 kɔ˥
镢 tɕyə˩˧
锄 tʂ'u˥　锄头
薅草 xɔ˩˧ ts'ɔ˥
拔草 pa˥˩ ts'ɔ˥
间苗 tɕiã˩ miɔ˥
铡刀 tʂa˥˩ tɔ˧
铡 tʂa˥
镰 liã˥　镰刀
砍刀 k'ã˥˩ tɔ˧
锛 pə̃˩˧　锛子
木锨 mu˩˧ ɕiã˧
锨 ɕiã˩˧　铁锨
簸箕 pə˩˧ tɕ'i˧
沙 ʂa˩　清除粮食中的沙粒，或转动簸箕，使沙粒集中在粮食下面以便清除，或将粮食和水放到瓢内，使粮食随水流入另一容器，剩下沙粒
筐 ə k'uaŋ˩˥˩ ə˧　各种筐子的总称
粪筐 fə̃˩˧ k'uaŋ˧
系筐 ɕi˩˧ k'uaŋ˧　筐身较浅的有三条长系绳的粪筐
抬筐 t'ɛ˥˩ k'uaŋ˧　两人抬的较大圆筐
罗得筐 ə luə˥˩ tei˧ k'uaŋ˩˥˩ ə˧　家用盛土、垃圾等的筐子
篮 ə lã˥˩ ə˧　竹编容器
篼 ə yã˩˧ ə˧　用线绳勒紧柳条编成的元宝形篮子
系 ɕi˩　筐子、篮子的把儿
扁担 piã˥˩ tã˧
挑[担]担 ə t'iɔ˩˧ [tã˩˧] tã˩˧ ə˧　挑挑子
扫帚 sɔ˩˧ tʂu˧
笤帚 t'iɔ˥˩ tʂu˧
鸡毛掸 ə tɕi˩˧ mɔ˥ t'ã˥˩ ə˧　鸡毛掸子
木桩 mu˩ tʂuaŋ˩˧　桩子
橛 ə tɕyə˥˩ ə˧　橛子
椽 ɕyə̃˥　椽子
钉 ə tiŋ˩˥˩ ə˧　铁钉儿
合叶 xuə˥˩ iə˩　铰链
钳 ə tɕ'iã˥˩ ə˧　钳子
镊 ə niə˩˧ ə˧　镊子
锤 ə tʂ'uei˥˩ ə˧　锤子
绳 ə ʂəŋ˥˩ ə˧　绳子
麻经 ə ma˥˩ tɕiŋ˩˥˩ ə˧　用麻搓成的细绳
缰绳 kaŋ˩ ʂəŋ˥
拴着 ʂuã˩˥˩ tʂuə˩
绑[细]着 paŋ˥˩ [tɕ'yə̃˥˩] tʂuə˧
活扣 ə xuə˥˩ k'əu˩˧ ə˧　（打）活结
死扣ə sɿ˥˩ k'əu˩˧ ə˧　（打）死结
农业 nu˥˩ iə˩
付业 fu˩ iə˩
自留地 tsɿ˩ liəu˥˩ ti˩
饲料地 sɿ˩ liɔ˩ ti˩
畦 ɕi˥
垄 lyŋ˥
埯 ə ŋã˥˩ ə˧　点种庄稼时挖的小坑
喂猪 vei˩ tʂu˩˧
喂牛 vei˩ iəu˥
抗旱 k'aŋ˩ xã˩
浇水 tɕiɔ˩˧ ʂuei˥
打井 ta˥˩ tɕiŋ˥
机械化 tɕi˩˧˥ ɕiɛ˩ xua˩
拖拉机 t'uə˩˧ la˩˧ tɕi˩˧
落钩 luə˩˧ kəu˧　水桶脱落绳钩沉到井底：～了筲

五 植物

粮食 liaŋ˥˦ ʂʅ˧

庄稼 tʂuaŋ˨˩˦ tɕia˧

小麦 ɕiɔ˥˦ mei˧˩

麦 ə mei˧˩˥ ə˧ （多）

荞麦 tɕʻiɔ˥˦ mei˧

稻 ə tɔ˧˩˥ ə˧ 稻

大米 ta˧˩ mi˥ 米

小米 ɕiɔ˥˦ mi˥ 小米儿

谷 ku˨˩˦ 未脱壳的小米

棒槌 ə paŋ˧˩˥ tʂʻuei˧ ə˧ 玉米

秫秫 ʂu˥˦ ʂu˧ （博山区中部石马、北博山、崮山等乡的一些地方称玉米）

秕巴 pi˥˨ pa˧ 秕谷（不饱满的粮食粒，不限于谷）

䅟 ə tsʻã˥˨ ə˧ 稗子

好大米 xɔ˥˦ ta˧˩ mi˥ 粳米一类优质大米

糯米 nuə˧˩˥ mi˧

江米 tɕiaŋ˨˩˦ mi˧

秫秫 ʂu˥˦ ʂu˧ 高粱

红秫秫 xuŋ˥˦ ʂu˧ ʂu˧ （博山区中部石马、北博山、崮山等乡的一些地方称高粱）

芝麻 tʂʅ˨˩˦ ma˧

豆 ə tou˧˩˥ ə˧ 黄豆

绿豆 ly˧˩˥ tou˧

黑豆 xei˨˩˦ tou˧

红小豆 xuŋ˥˦ ɕiɔ˥˨ tou˧ 红小豆儿

豌豆 vã˨˩˦ tou˧

豆角 ə tou˧˩˥ tɕia˧ ə˧ 鲜豇豆荚

扁豆 piã˥˨ tou˧

芸豆 yə̃˥˦ tou˧

蚕豆 tsʻã˥˦ tou˧

穗 ə suei˧˩˥ ə˧ ①例：麦～｜谷～。②象穗子下垂的装饰品，用丝线等制成

乌霉 vu˨˩˦ mei˧ 玉米靠根部，高粱头上长的外包白皮的黑色块状物，可食用。

秸 tɕiɛ˨˩˦ （不单用）例：麦～｜棒槌～｜秫～｜豆～

梃 ə tʻiŋ˥˦ ə˧ 花梗；高粱杆最上面的一节

果当 ə kuə˥˦ taŋ˨˩˦ ə˧ 高粱杆的一节

果当穰 ə kuə˥˦ taŋ˧ laŋ˥˦ ə˧ 高粱杆皮里松软的部分

席席篾 ə ɕi˥˦ ɕi˧ mi˥˦ ə˧ 高粱杆上剥下的一条条外皮

地瓜 ti˧˩˥ kua˧ 白薯

地蛋 ti˧˩ tã˧˩ 马铃薯

芋头 y˧˩˥ tʻou˧

山药 ʂã˨˩˦ yə˧

地秧豆 ə ti˧˩˥ iaŋ˧ tou˧˩˥ ə˧ 山药豆

藕 ŋou˥

莲子 liã˥˦ tsʅ˥

莲蓬 liã˥˦ pʻəŋ˧

荷叶 xuə˥˦ iə˧

茄子 tɕʻiə˥˦ ə˧

黄瓜 xuaŋ˥˦ kua˧

丝瓜 sʅ˨˩˦ kua˧

苦瓜 kʻu˥˨ kua˧

南瓜 naŋ˥˦ kua˧

冬瓜 tuŋ˨˩˦ kua˧

葫芦 xu˥˦ lu˧

葱 tsʻuŋ˨˩˦

洋葱 iaŋ˥ tsʻuŋ˨˩˦

圆葱 yã˥ tsʻuŋ˨˩˦

蒜 suã˧˩

蒜毫 ə suã˧˩ xɔ˥˦ ə˧ 蒜苔

青蒜 tɕʻiŋ˨˩˦ suã˧˩

蒜苗 ə suã˧˩ miɔ˥˦ ə˧

韭菜 tɕiəu˥˨ tsʻɛ˧

韭黄 tɕiəu˥˨ xuaŋ˧

韭菜苔 ə tɕiəu˥˦ tsʻɛ˨˩˦ tʻɛ˥˦ ə˧

西红柿 ɕi˨˩˦ xuŋ˥ ʂʅ˧˩

洋柿 ə iaŋ˥˦ ʂʅ˧˩˥ ə˧

姜 tɕiaŋ˨˩˦

秦椒 tɕʻiə̃˥ tɕiɔ˨˩˦ 辣椒

菜椒 ts'ɛ˩ tɕiɔ˨˦ （大而不辣）
　铃铛椒 liŋ˥ʏ taŋ˧ tɕiɔ˨˦
芥末 tɕiɛ˩꜒ mə˧
辣疙瘩 la˩꜒ ka˧ ta˧　盖蓝菜
菠菜 pə˨˦ᴋ ts'ɛ˧
白菜 pei˥ʏ ts'ɛ˧
天津绿 t'iã˨˦ tɕyə̃˨˦ʏ ly˩　一种长形白菜
圆白菜 yã˥ pei˥ʏ ts'ɛ˩　洋白菜
小白菜 ɕiɔ˥ʋ pei˥ʏ ts'ɛ˧
莴苣 və˨˦ᴋ tɕy˧
生菜 ʂəŋ˨˦ᴋ ts'ɛ˧
莙当菜 kuə̃˨˦ taŋ˨˦ʏ ts'ɛ˩　莙荙菜
芹菜 tɕ'iŋ˥ʏ ts'ɛ˧
芫荽 iã˥ʏ sei˧ (suei˧)
茼蒿 t'uŋ˥ʏ xɔ˧
萝贝 luə˥ʏ pei˧　萝卜
糠哇 k'aŋ˨˦ᴋ liã˧　（萝卜）糠了
萝贝干 ə luə˥ʏ pei˧ kã˨˦ᴋ ə˧　萝卜干儿
胡萝贝 xu˥ luə˥ʏ pei˧　胡萝卜
苤拉 p'i˥ʋ la˧　苤蓝
茭白 tɕiɔ˨˦ pei˥
油菜 iəu˥ʏ ts'ɛ˧
菜种 ts'ɛ˩ tʂuŋ˥　菜子
蚂蚱菜 ma˥ʋ tʂa˧ ts'ɛ˩　马齿苋
苦菜 ə k'u˥ʋ ts'ɛ˧ ə˧　一种野菜
曲曲芽 tɕ'y˨˦ᴋ tɕ'y˨˦꜔ ia˥　一种野菜
人行菜 lə̃˥ʏ ɕiŋ˧ ts'ɛ˩　一种野菜
蓬毛尾 p'əŋ˥ʏ mɔ˧ i˥　一种野菜，叶茎针形绿色
擗菜 lɛ˥ʏ ts'ɛ˩　采摘野菜
场院花 tʂ'aŋ˥ʏ iã˩ xua˨˦　向日葵
场院花种 tʂ'aŋ˥ʏ iã˧ xua˨˦ tʂuŋ˥　葵花子儿
棉花 miã˥ʏ xua˧
棉花桃 ə miã˥ʏ xua˧ t'ɔ˥ʏ ə˧　棉桃
麻秆 ma˥꜒ kã˥
麻 ma˥　苎麻
树林 ə ʂu˩ liə̃˥ʏ ə˧　树林
一棵（树） i˨˦꜒ k'uə˨˦ (ʂu˩)
树梢 ə ʂu˩ ʂɔ˨˦ᴋ ə˧　树梢
　树顶 ʂu˩ tiŋ˥
树根 ʂu˩ kə̃˨˦
树叶 ə ʂu˩ iə˩꜒ ə˧　树叶
树杈 ʂu˩ tʂ'a˩
　杈巴由 ə tʂ'a˨˦ᴋ pa˧ iəu˥ʏ ə˧　**树杈，杈子**
种树 tʂuŋ˩ ʂu˩
　栽树 tsɛ˨˦ʏ ʂu˩
杀树 ʂa˨˦ʏ ʂu˩　放树
摘 tʂei˨˦　采（一朵花儿）
花骨蒺 xua˨˦ ku˨˦꜔ tu˧　花骨朵
花瓣 ə xua˨˦ pã˩꜒ ə˧　花瓣儿
心梅 ɕiə̃˨˦ᴋ mei˧　花心，菜心
花心梅 xua˨˦ʏ ɕiə̃˨˦ᴋ mei˧　花蕊
果 ə kuə˥ʋ ə˧　水果
　果木 ə kuə˥ʋ mu˧ ə˧
干果 kã˨˦ kuə˥
松疙瘩 ɕyŋ˨˦ᴋ kuə˨˦꜔ tuə˧　松球
柏树 pei˨˦꜔ ʂu˧
桑树 saŋ˨˦ᴋ ʂu˧
葚 ə ʂə̃˩꜒ ə˧　桑葚儿
香椿树 ɕiaŋ˨˦ tʂ'uə̃˨˦ʏ ʂu˩
香椿芽 ɕiaŋ˨˦ᴋ tʂ'uə̃˨˦꜔ ia˥
榆树 y˥ʏ ʂu˩
榆钱 ə y˥ʏ tɕ'iã˧ ə˧
桃 t'ɔ˥　桃儿
杏 ɕiŋ˩　杏儿
真杏 tʂə̃˨˦ᴋ ɕiŋ˧　仁儿不苦的杏
假杏 tɕia˥ʋ ɕiŋ˧　仁儿发苦的杏
李 ə li˥ʋ ə˧　李子
梨 li˥
苹果 p'iŋ˥꜒ kuə˥
酸果 ə suã˨˦ kuə˥ʋ ə˧　海棠果
蜜果 ə mi˩꜒ kuə˧ ə˧　花红
枇杷 p'i˥ʏ pa˧
柹 ə ʂʅ˩꜒ ə˧　柿子

柿 ə 饼 ʂʅ˧˩ ə˧ piŋ˥ 柿饼儿
石榴 ʂʅ˥꜔꜒ liəu˧
　酸楂 suã˨˩˦꜖ tʂa˧
葡萄 p'ə˥꜔꜒ t'ɔ˧
枣 tsɔ˥
落眼包 lu˧˩ iã˥ pɔ˨˩˦ 未熟掉落的枣
软枣 luã˥꜔꜖ tsɔ˧ 果实比枣小的黑色发软的枣，味甜
酸枣 suã˨˩˦ tsɔ˥ 果实比枣小的枣，味酸甜
柚 ə iəu˧˩꜒ ə˧ 柚子
橘 ə tɕy˨˩˦꜔ ə˧ 橘子
金枣 tɕiə̃˨˩˦ tsɔ˥ 金橘
木瓜 mu˧˩ kua˨˩˦
桂圆 kuei˧˩ yã˥
荔枝 li˧˩ tʂʅ˨˩˦
青果 tɕ'i˨˩˦ kuə˥ 橄榄
虫花瓤 tʂ'uŋ˥ xua˨˩˦ laŋ˥ 被虫子钻进咬过的水果
𩡧 ə tʂɛ˧˩꜒ ə˧ 水果损伤的痕迹
白果 pei˥꜔꜒ kuə˥
栗 ə li˧˩꜒ ə˧ 栗子
核桃 xuə˥꜔꜒ t'ɔ˧
西瓜 ɕi˨˩˦꜖ kua˧
瓜子 kua˨˩˦ tsʅ˥
香瓜 ɕiaŋ˨˩˦꜖ kua˧
甜瓜 t'iã˥꜔꜒ kua˧
面瓜 miã˥꜔꜒ kua˧
荸荠 pi˥꜔꜒ tɕ'i˧
甘蔗 kã˨˩˦꜖ tʂə˧
长果 tʂ'aŋ˥꜒ kuə˥ 落花生
长果仁 tʂ'aŋ˥ kuə˥꜔꜖ lei˥ 花生米
竹 ə tʂu˨˩˦꜔ ə˧ 竹子
笋 ɕyə̃˥ 竹笋
竹竿 tʂu˨˩˦꜔ kã˧
竹批 ə tʂu˨˩˦꜒ p'i˨˩˦꜖ ə˧
桂花 kuei˧˩ xua˨˩˦
菊花 tɕy˨˩˦꜔ xua˧
梅花 mei˥꜔꜒ xua˧

指甲桃 ə tʂʅ˨˩˦꜖ tɕia˧ t'ɔ˥꜔꜒ ə˧ 凤仙花儿
鸡冠花 tɕi˨˩˦꜒ kuã˨˩˦꜒ xua˨˩˦
荷花 xuə˥꜔꜒ xua˧
水仙花 ʂuei˥꜔꜖ ɕiã˧ xua˨˩˦
茉莉花 mə˧˩ li˥ xua˨˩˦
月季 yə˧˩ tɕi˧˩
牡丹 mu˥꜔꜖ tã˧
玫瑰 mei˥꜔꜒ kuei˧
美人蕉 mei˥꜔꜖ lə̃˥ tɕiɔ˨˩˦
花瓣 xua˨˩˦꜔꜒ pã˧˩
含羞草 xã˥ ɕiəu˨˩˦ ts'ɔ˥
苇 ə vei˥꜔꜖ ə˧ 巴茅
莪 ə və˥꜔꜖ ə˧ 香菌（旧称）
　蘑菇 mə˥꜔꜒ ku˧
长虫莪 ə tʂ'aŋ˥꜔꜒ tʂ'uŋ˧ və˥꜔꜖ ə˧ 毒蘑菇
青苔 tɕ'iŋ˨˩˦꜖ t'ɛ˧
蒺藜 tɕi˥꜔꜒ li˧
艾 ŋɛ˧˩
婆婆丁 p'ə˥꜔꜒ p'ə˧ tiŋ˨˩˦ 蒲公英
□孬 kuə˨˩˦꜔ nɔ˧ 碎草烂叶等

六　动物

牲口 ʂəŋ˨˩˦꜖ kəu˧
　头牯 t'əu˥꜔꜒ ku˧
公 ə kuŋ˨˩˦꜖ ə˧ 动物雄性：这个牛是～
母 ə mu˥꜔꜖ ə˧ 动物雌性：这匹马是～
爬牯 p'a˥꜔꜒ ku˧ 公牛
　犍 ə tɕiã˧˩꜒ ə˧
氏牛 ʂʅ˧˩꜒ iəu˧ 母牛
牛 iəu˥ 黄牛
牛犊 ə iəu˥ tu˨˩˦꜔ ə˧
　犊 tu˨˩˦
牛角 iəu˥ tɕia˨˩˦
尾巴 i˥꜔꜖ pa˧
驴 ly˥
　□□ mə˨˩˦꜔ mə˧ （儿语）
叫驴 tɕiɔ˧˩ ly˥ 公驴

草驴 ts‘ɔ˥꜖꜔ ly˥　母驴
骡 ə luə˥꜔꜒ ə˧
狗 kəu˥
牙狗 iɑ˥꜔꜒ kəu˧　公狗
母狗 mu˥꜖꜔ kəu˧
猫 mɔ˥
牙猫 iɑ˥꜔꜒ mɔ˧　郎猫
女猫 ɳy˥꜖꜔ mɔ˧
公猪 kuŋ˧˥꜒꜔ tʂu˧
　子猪 tsɿ˥꜖꜔ tʂu˧
种猪 tʂuŋ˥꜖꜔ tʂu˧
母猪 mu˥꜖꜔ tʂu˧
小猪 ɕiɔ˥ tʂu˧˥　猪崽
唠唠 lɔ˧˥꜔ lɔ˧　猪（儿语）
羊 iɑŋ˥
绵羊 miã˥꜔꜒ iɑŋ˧
臊狐 sɔ˧˥꜒꜔ xu˧　①公羊　②比喻轻薄的男人
羊羔 ə iɑŋ˥ kɔ˧˥꜒꜔ ə˧
鸡 tɕi˧˥
公鸡 kuŋ˧˥꜒꜔ tɕi˧
母鸡 mu˥꜖꜔ tɕi˧
鸡蛋 tɕi˧˥꜔꜒ tã˩
嬔蛋 fã˩ tã˩　下蛋
菢小鸡 pɔ˩ ɕiɔ˥ tɕi˧˥　孵小鸡儿
小鸡 ɕiɔ˥ tɕi˧˥　鸡雏
鸡冠 ə tɕi˧˥꜒ kuã˧˥꜒꜔ ə˧
鸡爪 ə tɕi˧˥꜒꜔ tʂuɑ˥꜖꜔ ə˧
嗉 ə su˩꜒ ə˧
鸭 ə iɑ˧˥꜔ ə˧　鸭
　八八 ə pɑ˧˥ pɑ˧˥꜔ ə˧　①鸭　②小男孩生殖器
　扁嘴 piã˥꜖꜔ tsuei˧
鸭蛋 iɑ˧˥꜔꜒ tã˩
公鸭 ə kuŋ˧˥꜒꜔ iɑ˧ ə˧　公鸭
母鸭 ə mu˥꜖꜔ iɑ˧ ə˧　母鸭（口语不常说）
小鸭 ə ɕiɔ˥ iɑ˧˥꜒꜔ ə˧　小鸭子
鹅 və˥

小鹅 ɕiɔ˥꜖꜔ və˥
骟猪 ʂɑ˩ tʂu˧˥
　择猪 tʂei˥ tʂu˧˥
择鸡 tʂei˥ tɕi˧˥　阉割鸡
老虎 lɔ˥꜔ xu˥
母老虎 mu˥꜖꜔ lɔ˧ xu˥
狮 ə ʂʅ˧˥꜒꜔ ə˧　狮子
猴 ə xəu˥꜔꜒ ə˧　猴子
狗熊 kuə˥꜖꜔ ɕyŋ˥　熊
狼 lɑŋ˥
　大口 tɑ˩꜒ k‘əu˧　（讳称）
　妈虎 mɑ˧˥꜒꜔ xu˧
黄鼬 xuɑŋ˥꜔꜒ iəu˧　黄鼠狼
　老福神 lɔ˥ fu˧˥ ʂə̃˥　一种迷信心理的叫法
　老邻舍家 lɔ˥꜖꜔ liə̃˥꜔꜒ ʂʅ˧ tɕiɑ˧　一种迷信心理的叫法
狐 ə xu˥꜔꜒ ə˧　狐狸
　貔狐 ə p‘i˥꜔꜒ xu˧ ə˧
鹿 lu˩
兔儿 t‘u˩꜒ ə˧
老鼠 lɔ˥꜖꜔ ʂu˧
　猫嚼 ə mɔ˥꜔ tɕyə˥꜔꜒ ə˧
长虫 tʂ‘ɑŋ˥꜔꜒ tʂ‘uŋ˧
鸟 niɔ˥
翅膀 [ə] tʂ‘ʅ˩꜒ pɑŋ˧ [ə˧]
嘴 tsuei˥
黑老鸹 xei˧˥ lɔ˥꜔꜒ kuɑ˧　乌鸦
野鹊 iə˥꜖꜔ tɕ‘yə˧　喜鹊
家雀 ə tɕiɑ˧˥꜒꜔ tɕ‘yə˧ ə˧　麻雀
燕 ə iã˩꜒ ə˧　燕子
雁 iã˩
斑鸠 pã˧˥ tɕiəu˥
鹁鸽 pə˥꜔꜒ kuə˧　鸽子
鹌鹑 ŋã˧˥꜒꜔ tʂ‘uə˧
鹧鸪 tʂə˧˥꜒ ku˧˥
錾大木 ə ts‘ã˧˥꜒꜔ tɑ˧ mu˩꜔꜒ ə˧　啄木鸟
夜猫 ə iə˩꜒ mɔ˧ ə˧　猫头鹰

鹦鹉 iŋ˨˩˦꜖ vu˧
八哥 pɑ˨˩˦꜔ kuə˧
仙鹤 ɕiã˨˩˦ xɔ˥
老鹰 lɔ˥ iŋ˨˩˦
　老雕 lɔ˥ tiɔ˨˩˦
野鸡 iə˥ tɕi˨˩˦
鱼鹰 ə y˥꜔ iŋ˧ ə˧　鸬鹚
檐蝙蝠 ə iã˥꜔ p'iã˧ xu˥꜔ ə˧　蝙蝠
蚕妹 ts'ã˥꜔ mei˧　蚕
家蚕蛹 ə tɕiɑ˨˩˦ ts'ã˥ luŋ˥꜖꜒ ə˧　蚕蛹儿
蚕妹屎 ts'ã˥꜔ mei˧ ʂʅ˥　蚕沙
蜘蛛 ə tʂu˨˩˦꜖ tʂu˧ ə˧　蜘蛛
蚁羊 i˥꜖꜒ iɑŋ˧　蚂蚁
蝼蛄 ləu˥꜔ kəu˧
蛐蟮 tɕ'y˨˩˦꜔ tʂ'ã˧　蚯蚓
滚罗牛 pə˨˩˦꜖ luə˧ iəu˥　蜗牛
屎壳郎 ʂʅ˥꜖꜒ k'ɑŋ˧ lɑŋ˥　蜣螂
蜈蚣 vu˥꜔ kuŋ˧　特指蜈蚣风筝：放～
蚰蜒 iəu˥꜔ iã˧　蜈蚣
草鞋底 ts'ɔ˥꜖꜒ ɕiɛ˥꜔ ti˥　蚰蜒
蝎虎 ə ɕiə˨˩˦꜔ xu˧ ə˧　壁虎
蝎 ə ɕiə˨˩˦꜔ ə˧　蝎子
扫毛架 ə sɔ˥꜖꜒ mɔ˥ tɕiɑ˧˩꜒ ə˧　毛虫
蚜虫 iɑ˥꜔ tʂ'uŋ˧
蜜虫 ə mi˧˩꜒ tʂ'uŋ˧ ə˧　黑色小虫，与小米
　差不多大，多长在槐树叶上
苍蝇 ts'ɑŋ˨˩˦꜖ iŋ˧
绿豆蝇 ly˧˩꜒ təu˧ iŋ˥　绿头苍蝇
麻豆蝇 mɑ˥꜔ təu˧ iŋ˥　大麻苍蝇
蛆 tɕ'y˨˩˦　苍蝇幼虫
蚊 ə vẽ˥꜔ ə˧　蚊子
（蚊子）咬人 iɔ˥꜖꜒ lẽ˥
跟头虫 kẽ˨˩˦꜖ t'əu˧ tʂ'uŋ˥　孑孓
虱 ə ʂʅ˨˩˦꜔ ə˧　虱子
壁虱 pi˨˩˦꜔ ʂʅ˧　羊身上长的一种虱子
臭虫 tʂ'əu˧˩ tʂ'uŋ˥
蛇蚤 kuə˨˩˦꜔ tsɔ˧　①跳蚤　②喻指好找事
　不合群的人

香牛虻 ə ɕiɑŋ˨˩˦ iəu˥ məŋ˥꜔ ə˧　牛虻
促织 ə ts'u˨˩˦꜔ tʂə˧ ə˧　蟋蟀
饭促织 ə fã˧˩꜒ ts'u˧ tʂə˧ ə˧　蟑螂
蚂蚱 mɑ˧˩꜒ tʂɑ˧　蝗虫
步□ ə pu˧˩꜒ niã˧ ə˧　蝗的幼虫
咬蝈 iɔ˥꜖꜒ kuɛ˧　蝈蝈儿
刀螂 tɔ˨˩˦꜖ lɑŋ˧　螳螂
稍欠 ə ʂɔ˨˩˦꜖ tɕ'iã˧ ə˧　蝉
呜嘤哇 ə vu˨˩˦꜖ iŋ˧ vɑ˨˩˦꜔ ə˧　一种蝉，叫声
　近似"呜嘤哇"
蜂 ə fəŋ˨˩˦꜖ ə˧　蜜蜂
马蜂 mɑ˥꜖꜒ fəŋ˧
（蜂）蜇（人） tʂə˨˩˦
毒 ə tu˥꜔ ə˧ 蜂、蝎子等蜇人的毒刺
蜜 mi˧˩　蜂蜜
蜂窝 ə fəŋ˨˩˦꜖ və˧ ə˧
火媒虫 xuə˥꜖ mei˥꜔ tʂ'uŋ˥　萤火虫
臭大 ə tʂ'əu˧˩꜒ tɑ˧ ə˧　臭板虫儿
蝴蝶 xu˥꜔ tiə˧
蛾 ə və˥꜔ ə˧
　扑灯蛾 ə pu˨˩˦꜒ t'uŋ˨˩˦ və˥꜔ ə˧　扑灯蛾
　子
蜻蜓 t'iŋ˨˩˦꜖ t'iŋ˧
瞎撞 ə ɕiɑ˨˩˦ tʂ'uɑŋ˧˩꜒ ə˧　①一种甲虫，黑
　褐色　②比喻乱碰乱撞的人
山水牛 ə ʂã˨˩˦꜖ ʂuei˧ iəu˥꜔ ə˧　一种红褐
　色细长甲虫，有两个长须
千脚虫 tɕ'iã˨˩˦꜖ tɕyə˧ tʂ'uŋ˥　百足虫，黑褐
　色
鲤鱼 li˥꜖꜒ y˥
鲫鱼 tɕi˨˩˦꜔ y˧
草鱼 ts'ɔ˥꜖꜒ y˧
黄花鱼 xuɑŋ˥ xuɑ˨˩˦ y˥
偏口鱼 p'iã˨˩˦꜖ k'əu˧ y˥　比目鱼
鳜鱼 kuei˧˩ y˥
鳞刀鱼 liẽ˥꜔ tɔ˨˩˦꜖ y˧　带鱼
鲇鱼 niã˥꜔ y˧
黑鱼 xei˨˩˦꜔ y˧

乌贼 vu˧˥ tsei˥

八带鱼 pa˧˥˦ tɛ˨˩ y˥　章鱼

鱿鱼 iəu˥˦ y˥

大头鱼 ta˨˩ tʻəu˥˦ y˥　胖头鱼

金鱼 tɕiə̃˧˥ y˥

鱼刺 y˥˦ tsʻɿ˨˩

鱼尿脬 y˥˦ suei˧˥˨ pʻɔ˧

分水 fə̃˧˥˨ ʂuei˧

[鱼]节腮 [y˥] tɕiə˧˥˧ sɛ˧　鱼腮

鱼子 y˥˦ tsɿ˥

鱼苗 y˥˦ miɔ˥

虾 ɕia˧˥

　虾米 ɕia˧˥˨ mi˧（小的）

(鲜)虾仁 ɕia˧˥ lə̃˥

海米 xɛ˥˦ mi˥　(干)虾米

虾子 ɕia˧˥ tsɿ˥

龟 kuei˧˥　乌龟

鳖 piə˧˥

　王八 vaŋ˥˦ pa˧

滓泥垢 ə tsɿ˧˥ ni˥ kəu˨˩˦ ə˧　泥鳅

　泥鳅 ə ni˥˦ tɕʻiəu˧˥˨ ə˧

鳝鱼 ʂã˨˩˦ y˧

螃蟹 pʻaŋ˥˦ ɕiɛ˧

　蟹 ə ɕiɛ˨˩˦ ə˧

大毛螃 ta˨˩ mɔ˥˦ pʻaŋ˥　大的河蟹

石螃蟹 ʂɿ˥ pʻaŋ˥˦ ɕiɛ˧　小螃蟹

蟹黄 ɕiɛ˨˩ xuaŋ˥

青蛙 tɕʻiŋ˧˥˨ va˧

　蛤蟆 xa˥˦ ma˧

蛤蟆蝌蚪 ə xa˥˦ ma˧ kʻuə˧˥˨ tei˧ ə˧　蝌蚪

癞蛤蟆 lɛ˨˩˦ xa˧ ma˧　蟾蜍

马蚍 ma˥ pʻi˧˥　水蛭

蛤拉 ka˧˥˧ la˧　蛤蜊

蛤拉 ka˧˥˧ ɾa˧　螺蛳

虫虫鱼鱼 ə tʂʻuŋ˥˦ tʂʻuŋ˧ y˥˨ y˧ ə˧　泛称虫子之类

七　房屋 器具

(整座)房 ə faŋ˥˦ ə˧　房子

　屋 vu˧˥

独宅独院 tu˥˦ tʂei˥ tu˥˦ yã˨˩　一家单住的房屋

四合套院 sɿ˨˩ xuə˥˦ tʻɔ˧ yã˨˩ (yɛ˨˩)　四合院

海青 xɛ˥˦ tɕʻiŋ˧　屋顶靠屋檐部分是瓦，其余部分是草的一种房子

院 ə yã˨˩˦ ə˧　院子

天井 tʻiã˧˥˨ tɕiŋ˧

影壁 iŋ˥˦ pei˧

屋 vu˧˥　(单间)屋子

上房屋 ʂaŋ˨˩ faŋ˥ vu˧˥　正房

南屋 nã˥˦ vu˧

北屋 pei˧˥˧ vu˧

厅房 tʻiŋ˧˥˨ faŋ˧　老式住宅居于显著地位的房子，一般有三间，有房檐儿

客厅 kʻə˨˩ tʻiŋ˧˥　(新)

炕 kʻaŋ˨˩

厕所 sɿ˧˥ (tsʻə˧˥) ʂuə˥

　茅厕(房) mɔ˥˦ sɿ˧ (faŋ˧)

　栏 lã˥　旧

　栏圈 lã˥˦ tɕyã˧　旧

磨(见"四·农事")

筛箩(见"四·农事")

牛栏(棚) iəu˥˦ lã˧ (pʻəŋ˧)　牛屋

牛槽 iəu˥˦ tsʻɔ˥

猪栏 tʂu˧˥˨ lã˧　猪圈

猪食槽 ə tʂu˧˥ ʂɿ˥˦ tsʻɔ˥˦ ə˧　猪槽

大门 ta˨˩ mə̃˥

后门 xəu˨˩˦ mə̃˧

半门 ə pã˨˩˦ mə̃˧ ə˧　风门

门石槛 ə mə̃˥˦ ʂɿ˧ tɕʻiã˨˩˦ ə˧　门坎儿

门插关 ə mə̃˥˦ tʂʻa˧ kuã˧˥˨ ə˧　门栓

锁 suə˥

钥匙 yəɹ˩˥ tʂʻʅ˧

屋檐 vu˨˦ iã˥ 房檐儿

出厦 tʂu˨˦˩ ʂa˨˩ 房子有较长的房檐伸出

厦檐 ʂa˨˩˥ iã˧ 伸出较长的房檐儿

梁 liaŋ˥

檩 liə̃˥

椽 tʂʻuã˥

柱 ə tʂu˨˩˥ ə˧ 柱子

墙 tɕʻiaŋ˥

坚脚 tɕiã˨˦ tɕyə˧ 墙脚

墙柜橱 ə tɕʻiaŋ˥˦ kuei˨˩ tʂʻu˥˦ ə˧ 壁橱

开门 ə kʻɛ˨˦˩ mə̃˧ ə˧

磕坛 ə kʻa˨˦˩ tʻã˧ ə˧ 墙上放东西的小阁

壮汉 tʂuaŋ˨˩˥ xã˧ 用砖石垒起用于支撑倾斜墙壁的建筑物

台 ə tʻɛ˥˦ ə˧ 台阶儿

虚棚 ɕy˨˦˩ pʻəŋ˧ 顶棚

石虚棚 ʂʅ˥ ɕy˨˦˩ pʻəŋ˧ 在木料、高粱杆上抹泥和石炭做成的天花板

木虚棚 mu˨˩ ɕy˨˦˩ pʻəŋ˧ 用木头做成的天花板

楼 ləu˥ 楼房

楼护梯 ləu˥˦ xu˨˩˥ tʻi˧ 楼梯

楼扶手 ləu˥ fu˥˦ ʂəu˧ 楼梯边的栏杆

扶手 fu˥˦ ʂəu˥ 栏杆

窗户 tʂʻuaŋ˨˦˩ xu˧

窗户台 tʂʻuaŋ˨˦˩ xu˧ tʻɛ˥

阳台 iaŋ˥˦ tʻɛ˥ （新）

平台 pʻiŋ˥˦ tʻɛ˥ 楼顶平台

窝棚 və˨˦˩ pʻəŋ˧ 用杆子、席子等搭起可住人的矮棚子

敞棚 tʂʻaŋ˥˩˦ pʻəŋ˧ 三面有墙一面敞开的建筑物

田地 tʻiã˥˦ ti˨˩ 屋子里的地：小三能把（从）屋 ə～上爬ə天井 ə

滴水 ti˨˦˧ ʂuei˧ 从屋檐滴水落地处到墙脚的地方

雨淋 ə y˥˩˦ liə̃˧ ə˧ 两房之间狭窄的空间，为两房滴雨水的地方

地炉 ti˨˩ lu˥ 建造在房子地面下的取暖设备，在房外生火

壳罗 kʻuə˨˦˩ luə˧ 炉下存灰的地方

箔材 pə˥˦ tsʻɛ˧ 打箔的材料，指高粱杆

窑墼 iɔ˥˦ tɕi˧ ①一种用于铺地的方形建筑材料 ②洗衣瓷板

黄板 ə xuaŋ˥˦ pã˧ ə˧ 建筑用陶板，铺在屋顶檩上

万年灰 vã˨˩ niã˥ xuei˨˦ 石灰、麦糠和泥合成的建筑材料，铺在屋顶瓦下，以防雨、隔热、保暖

泥板 ni˨˩˥ pã˧ 抹子

插巴 tʂʻa˨˦˧ pa˧ 修缮草屋时在屋顶的某些地方插进一些麦秸或黄草

披屋 pʻei˨˦˩ vu˧ 修房时在屋顶再加一层草

床 tʂʻuaŋ˥

罗汉床 luə˥˦ xã˨˩ tʂʻuaŋ˥ 老式大木床，有四条雕刻的粗腿，棕床面上还加藤席

裙板 tɕʻyə˥˦ pã˥ 罗汉床四周的木板，用大漆，上有花纹

三圆腿床 sã˨˦ iã˥ tʻuei˥˩˦ tʂʻuaŋ˧ 比较简单的老式床，没有裙板

棕床面 ə tsuŋ˨˦ tʂʻuaŋ˥ miã˨˩˥ ə˧ 棕绷

大漆 ta˨˩ tɕʻi˨˦ 南方来的熬后才用的漆

小漆 ɕiɔ˥ tɕʻi˨˦ 一般北方油漆

铺床 pʻu˨˦ tʂʻuaŋ˥

蚊帐 və̃˥˦ tʂaŋ˧ 帐子

毯子 tʻɛ˥˩˦ ə˧

被卧 pei˨˩˥ uə˧ 泛称被褥

被 ə pei˨˩˥ ə˧ 单指被子

棉条 miã˥˦ tʻiɔ˧ 单被，被单

被窝 pei˨˩˥ uə˧ 与“被卧”同音

棉花套 ə miã˥˦ xua˧ tʻɔ˨˩˥ ə˧ 棉絮

床单 tʂʻuaŋ˥ tã˨˦（新）

衬单 tʂʻə̃˨˩˥ tã˧（旧）

褥 ə lu˨˩˥ ə˧ 褥子

凉席 ə liaŋ˥ ɕi˥˩ ə˧
豆枕 təu˨˩ tʂə̃˧ 枕头
豆枕套 ə təu˨˩ tʂə̃˧ tʻɔ˨˩ ə˧ 枕套儿
豆枕布 təu˨˩ tʂə̃˧ pu˨ 枕巾
凉枕 ə liaŋ˥ tʂə̃˥˨ ə˧ 夏天用的瓷枕头
婆婆 pʻə˥˩ pʻə˧ 夏天婴儿用的瓷制坐具
尿盆 ə suei˨˦ pʻə̃˥˩ ə˧ 尿盆儿
　恶盆 ə və˨˦ pʻə̃˥˩ ə˧
　尿鳖 ə niɔ˨ piə˨˦˧ ə˧
　夜壶 iə˨ xu˥
汤婆 tʻaŋ˨˦ pʻə˥ 汤壶
烙铁 luə˨˩ tʻiə˧
暖瓶 nuã˥˨ pʻiŋ˧ 暖水瓶(新)
　水壶 ʂuei˥˨ xu˥
温瓶 və̃˨˦ pʻiŋ˥ 瓷制热水瓶
茶壶 tʂʻa˥˩ xu˥ 水壶(烧开水用)
篓壶 ə ləu˥˨ xu˥˩ ə˧ 茶壶(沏茶用)
[洗]脸盆 ə [ɕi˥] liã˥˨ pʻə̃˥˩ ə˧ 脸盆
洗脸水 ɕi˥ liã˥˩ ʂuei˥
香皂 ɕiaŋ˨˦˩ tsɔ˨ (新)
　香胰 ə ɕiaŋ˨˦ i˥˩ ə˧
肥皂 fei˥˩ tsɔ˨
　胰 ə i˥˩ ə˧
　洋胰 ə iaŋ˥ i˥˩ ə˧ (旧称)
猪胰 ə tʂu˨˦ i˥˩ ə˧ 黑肥皂
毛巾 mɔ˥ tɕiə̃˨˦
　手巾 ʂəu˥˨ tɕiə̃˧
　[擦脸]布 ə [tsʻa˨˦˥ liã˧] pu˨˩ ə˧
洗澡盆 ɕi˥ tsɔ˥˨ pʻə̃˥
洗脚盆 ɕi˥ tɕyə˨˦ pʻə̃˥
擦脚布 ə tsʻa˨˦˩ tɕyə˨˦ pu˨˩ ə˧ 擦脚布
箱 ə ɕiaŋ˨˦˥ ə˧ 箱子
　皮箱 pʻi˥ ɕiaŋ˨˦ 多指木制衣箱，包括皮箱
皮箱 pʻi˥ ɕiaŋ˨˦ 手提箱儿
皮包 pʻi˥ pɔ˨˦
衣裳架 ə i˨˦˥ ʂaŋ˧ tɕia˨˩ ə˧ 衣架(立在地上的)

桌 ə tʂuə˨˦˧ ə˧
桌布 ə tʂuə˨˦˩ pu˨˩ ə˧ 桌布
桌围 ə tʂuə˨˦ vei˥˩ ə˧ 桌裙
抽匣 ə tʂʻəu˨˦˥ ɕia˧ ə˧ 抽屉
椅 ə i˥˨ ə˧ 椅子
椅 ə 背 i˥˨ ə˧ pei˨ 椅子背
椅 ə 掌儿 i˥˨ ə˧ tʂʻəŋ˨˩ ə˧ 椅子掌儿
凳 ə təŋ˨˩ ə˧ (长条形)板凳
方杌 ə faŋ˨˦ vu˨˩ ə˧ 方凳儿
圆杌 ə yã˥ vu˨˩ ə˧
杌 ə vu˨˩ ə˧ 通称方的、圆的凳子
板凳 ə pã˥˨ təŋ˨˩ ə˧ 小板凳儿
　小杌 ə ɕiɔ˥˨ vu˨˩ ə˧
交叉 ə tɕiɔ˨˦ tʂʻa˨˦˥ ə˧ 马扎
气灯 tɕʻi˨ təŋ˨˦
洋蜡 iaŋ˥˩ la˨ 烛芯由棉线制成
蜡烛 la˨˩ tʂu˧ 烛芯由苇子制成
洋油灯 iaŋ˥ iəu˥ təŋ˨˦ 洋灯
灯笼 təŋ˨˦˥ ləu˧
厨屋 tʂʻu˥˩ vu˧ 厨房
锅灶 kuə˨˦˩ tsɔ˨ 灶
炉 ə lu˥˩ ə˧
炉旮旯 lu˥ ka˨˦ la˧ 炉台
炉支 lu˥˩ tʂʅ˧ 炉条
锅旮旯 kuə˨˦˥ ka˧ la˧ 炉上坐锅的圆圈
烟 ə iã˨˦˥ ə˧ 锅烟子
烟筒 iã˨˦˥ tʻuŋ˧
烟道 iã˨˦˩ tɔ˨ 造在炕上的排烟设备
大锅 ta˨ kuə˨˦
耳锅 ḷə˥˨ kuə˧ 两边有提耳的小锅
锅盖 ə kuə˨˦ kɛ˨˩ ə˧ 锅盖
风箱 fəŋ˨˦˥ ɕiã˧
火柱(棒) xuə˥˨ tʂu˧ (paŋ˧) 捅火用的铁棍
笊篱 tʂɔ˨˩ li˧
浅 ə tɕʻiã˥˨ ə˧ 筲箕
铲 ə tʂʻã˥˨ ə˧ 锅铲(大的)
　抢 ə tɕʻiaŋ˥˨ ə˧ (小的，炒菜用)

抢锅刀 tɕʻiaŋ˥˨ kuə˧ tɔ˨˦
瓢 pʻiɔ˥
水瓢 ʂuei˥˨ pʻiɔ˥ 大的,葫芦做的
水舀 ə ʂuei˥ iɔ˥˨ ə˧ 铁制
窑货 iɔ˥˦ xuə˧ 瓷器
瓦□ ə va˥˨ ku˥ ə˧ 小陶瓷片
熟药 ʂu˥˦ yə˨˩ 玻璃碎块
白药 pei˥˦ yə˨˩ 釉
[饭]碗 [fã˨˩] vã˥
茶碗 tʂʻɑ˥˦ vã˥
茶盅 tʂʻɑ˥ tʂuŋ˨˦
[大]海碗 [tɑ˨˩] xɛ˥˦ vã˥ 海碗
瓷□ ə tsʻɿ˥ ku˥˨ ə˧ 圆形盛汤用的瓷制器皿
小碟 ə ɕiɔ˥˨ tiə˥˦ ə˧ 茶托儿
盖碗儿 kɛ˨˩ vã˥˦ ə˧
酒盅 ə tɕiəu˥ tʂuŋ˨˦˧ ə˧ 酒杯
盆 ə pʻə̃˥˦ ə˧ 盆儿
盆 pʻə̃˥
单盆 tã˨˦ pʻə̃˥ 单个的盆
套盆 tʻɔ˨˩ pʻə̃˥ 儿个由大到小可以摞在一起的瓷盆,一般是五个
套五盆 ə tʻɔ˨˩ vu˧ pʻə̃˥˦ ə˧
半盆 pã˨˩˦ pʻə̃˧ 一种瓷质洗衣盆
传盘 tʂʻuã˥˦ pʻã˧ 端菜送饭用的长方形大漆木盘
瓶 ə pʻiŋ˥˦ ə˧ 瓶子
築 ə tʂu˨˦˧ ə˧ 瓶塞儿
酒壶 tɕiəu˥˨ xu˥
酒瓶 tɕiəu˥˨ pʻiŋ˥
[酒]嗉 ə [tɕiəu˥˨˥ su˨˩˦ ə˧ 参见“六·动物”
碟 ə tiə˥˦ ə˧ 碟子
勺 ə ʂuə˥˦ ə˧ 勺子
汤匙 tʻɑŋ˨˦ tʂʻɿ˥ 羹匙
筷 ə kʻuɛ˨˩˦ ə˧ 筷子
筷笼 ə kʻuɛ˨˩˦ luŋ˧ ə˧ 筷笼
碗橱 vã˥˨ tʂʻu˥ （少）

菜橱 tsʻɛ˨˩ tʂʻu˥ （多）
抹布 [ə˧] mɑ˨˩˦ pu˧ [ə˧]
拖把 tʻuə˨˦˧ pɑ˧ 墩布
抽打 ə tʂʻu˨˦˧ tɑ˧ ə˧ 木把上绑着布条的掸子
礤床 tsʻɑ˨˦ tʂʻuɑŋ˥
菜攃 ə tsʻɛ˨˩ tsʻɑ˨˦˧ ə˧
菜刀 tsʻɛ˨˩ tɔ˨˦
剁板 tuə˨˩˦ pã˧ 肉墩子(厚的)
菜板 tsʻɛ˨˩ pã˥
面板 miã˨˩ pã˥
筲 ʂɔ˨˦ 水桶(包括铁制、木制)
药研 ə yə˨˩ niã˥˦ ə˧ 研船(铁制研药材用具,船形)
笼 luŋ˥ 蒸笼
箅 ə pi˨˩˦ ə˧ 箅子
盖垫 ə kɛ˨˩˦ tiã˨˩ ə˧ 高粱秸编成的圆形片状用具,可放置馒头、饺子等
炊帚 tʂʻuei˨˦˧ tʂu˧
炊帚枯渣 ə tʂʻuei˨˦˧ tʂu˧ kʻu˨˦˧ tʂʻɑ˧ ə˧ 用秃了的炊帚
笤帚枯渣 ə tʻiɔ˥˦ tʂu˧ kʻu˨˦˧ tʂʻɑ˧ ə˧ 用秃了的笤帚
缸 kɑŋ˨˦ 水缸
罐 ə kuã˨˩˦ ə˧ 瓷制盛水用具
[水]腿 ə [ʂuei˥] tʻuei˥˨ ə˧ 小型盛水瓷缸
泔水缸 kã˨˦ ʂuei˥ kɑŋ˨˦
柴火 tʂʻɛ˥˦ xuə˧ 柴草
刨花儿 pɔ˨˩˦ xuɑ˧ ə˧
火柴 xuə˥˨ tʂʻɛ˧ （新）
洋火 iɑŋ˥˦ xuə˥
促灯 tsʻu˨˦˧ təŋ˧ ə˧(旧)
火镰 xuə˥˨ liã˥ 旧时取火用具
火石 xuə˥˨ ʂɿ˥
纸煤 ə tʂɿ˥˨ mei˥˦ ə˧ 纸煤儿
引柴火 iə̃˥˨ tʂʻɛ˧ xuə˧ 引火用的木柴之类

糨 ə tɕiaŋ˨˩꜒ ə˧ 糨糊
纸壳 ə tʂɿ˥ tɕ'yə˨˦꜔ ə˧ 马粪纸
顶指 ə tiŋ˥꜕꜓ tʂɿ˧ ə˧ 顶针儿
针线笸箩 tʂə̃˨˦꜔꜖ tɕ'iã˧ pə˨˦꜕꜓ luə˧ 针线笸儿
线毂辘 ɕiã˨˩ ku˨˦꜔ lu˧ 线轴儿
针 tʂə̃˨˦
针鼻 ə tʂə̃˨˦ pi˥꜕꜓ ə˧ 针鼻儿
锥 ə tʂuei˨˦꜔ ə˧ 锥子
剪 ə tɕiã˥꜕꜓ ə˧ 剪子
尺 tʂ'ɿ˨˦
搓板 ts'uə˨˦ pã˥ 洗衣板儿
棒槌 paŋ˨˩꜒ tʂ'uei˧
蒲团 ə p'u˥ t'ã˥꜕꜓ ə˧
戳 ə tʂ'uə˨˦꜔ ə˧ 图章
月份牌 yə˨˩ fə̃˨˦ p'ɛ˥
电筒 tiã˨˩ t'uŋ˥
 电棒 ə tiã˨˩ paŋ˨˩꜒ ə˧
拄棒 tʂu˥꜕꜓ paŋ˧ 拐杖
文明棍 və̃˥ miŋ˥꜕꜓ kuə̃˨˩ 手杖
巴棍 ə pa˨˦꜔꜖ kuə̃˧ ə˧ 短木棍
手纸 ʂəu˥꜒ tʂɿ˥
 草纸 ts'ɔ˥꜒ tʂɿ˥
 擦腚纸 ts'a˨˦꜕꜓ tiŋ˨˩ tʂɿ˥

八 人品

男人 nã˥ lə̃˧
 男 ə nã˥꜕꜓ ə˧
 男人家 nã˥ lə̃˧ tɕia˧
女人 ny˥꜕꜓ lə̃˧
 女 ə ny˥꜕꜓ ə˧
 女人家 ny˥꜕꜓ lə̃˧ tɕia˧
二夷 ə ɭə˨˩꜒ i˧ ə˧ 两性人
小孩 ɕiɔ˥꜕꜓ xɛ˥
 孩 ə xɛ˥꜕꜓ ə˧
 孩 ə 家 xɛ˥꜕꜓ ə˧ tɕia˧
孩芽芽 xɛ˥꜒ ia˥꜕꜓ ia˧ 年幼的孩子：这样一点～就不听大人话，大了还了 ə?
蔑嘎嘎 miə˨˦꜔꜖ ka˥꜔ ka˥ 幼儿：学校那些～，才六、七岁
小厮 ɕiɔ˥꜕꜓ sɿ˧
半桩 ə pã˨˩ tʂuaŋ˨˦꜔꜖ ə˧ 未成年的男孩：来了个～孩 ə
闺女 kuə̃˨˦꜔꜖ ny˧ 女孩儿
 闺女家 kuə̃˨˦꜔꜖ ny˧ tɕia˧
 妮 ə ni˨˦꜔꜖ ə˧
老汉 lɔ˥꜕꜓ xɛ˨˩ 老头儿
老娘娘 ə lɔ˥꜕꜓ niaŋ˥꜕꜓ niaŋ˧ ə˧ 老太太
老家 lɔ˥ tɕia˨˦
土豹 ə t'u˥꜕꜓ pɔ˨˩꜒ ə˧ 土包子
 乡下老杆 ɕiaŋ˨˦꜕꜓ ɕia˨˩ lɔ˥꜒ kã˥
免腰 ə miã˥꜕꜓ iɔ˧ ə˧ 指山里人，土包子（参见"十二·衣服穿戴""免腰"条）
山孙 ʂã˨˦꜔꜖ suə̃˧ 旧时对山里人的蔑称
山精 ʂã˨˦꜒ tɕiŋ˨˦ 旧称山里有头脑的人
本家 pə̃˥ tɕia˨˦
 一家 ə i˨˦꜒ tɕia˨˦꜔꜖ ə˧
外路人 vɛ˨˩ lu˨˩ lə̃˥
北来 ə pei˨˦꜔ lɛ˧ ə˧ 指北部黄河沿岸来的人
淄川小辫 tsɿ˨˦꜔꜖ tʂ'uã˧ ɕiɔ˥꜕꜓ piɛ˨˩ 蔑称淄川人进化慢
莱芜黄 lɛ˥꜕꜓ vu˧ xuaŋ˥ 蔑称莱芜人土
 莱芜韭菜 lɛ˥꜕꜓ vu˧ tɕiəu˥꜕꜓ ts'ɛ˧
 （上述三条都是五十年代以前的词，反映当时博山人的优越感）
内行 nei˨˩ xaŋ˥ （名词）
在行 tsɛ˨˩ xaŋ˥ （形容词）
外行 vɛ˨˩ xaŋ˥
二百五 ɭə˨˩꜒ pei˧ vu˥ 半瓶醋
 二哥 ɭə˨˩꜒ kuə˧
 二不溜 ə ɭə˨˩꜒ pu˧ liəu˨˦꜔꜖ ə˧
 二五眼 ɭə˨˩꜒ vu˧ iã˥
外国人 vɛ˨˩ kuə˨˦ lə̃˥
 洋鬼 ə iaŋ˥꜒ kuei˥꜕꜓ ə˧

日本人 lə˧˩ pə̃˥ʟ lə̃˥
三本 sãʌ pə̃˥ 汉奸：～队|××干过～（本条因"日本"音同"二本"而得名）
工作 kuŋʌʟ tsuə˧
事 ʂei˧˩
头项 t'əu˥r ɕiaŋ˧ （旧）例：他小孩找了个～干啥？
活路 xuə˥r lu˧ 活儿，工作
干工 kã˧˩ kuŋʌ 当工人
管家 kuã˥ʟ tɕia˧
伙计 xuə˥r tɕi˧
大师傅 ta˧˩r ʂʅ˧ fu˧ 有手艺的厨师
厨师 tʂ'u˥ ʂʅʌ
做饭 ə tʂu˧˩ fã˧˩r ə˧
饲养员 sʅ˧˩ iaŋ˥r yã˥ （新）
喂牲口 ə vei˧˩ ʂəŋʌr k'əu˧ ə˧
奶母 nɛ˧˩r mu˧ 奶妈
奶 nɛ˧˩ （动词）
做活路 ə tsu˧˩ xuə˥r lu˧˩r ə˧ 旧称仆人
老妈 ə lɔ˥ maʌʟ ə˧ 旧称女仆
丫头 ə iaʌʟ t'əu˥r ə˧ 丫头
工人 kuŋʌ lə̃˥
农民 nu˥r miə̃˥
觅汉 mi˧˩r xã˧
耍手艺 ə ʂua˥ ʂəu˥ʟ i˧ ə˧ 手艺人
瞎保师 ɕiaʌr pɔ˧ ʂʅ˧ 技艺低劣的工匠
雏［学］保师 tʂ'u˥r ［ɕyə˥r］ pɔ˧ ʂʅ˧ 初学某技艺，技术不熟练、经验不丰富的人
买卖人 mɛ˥ʟ mɛ˧ lə̃˥ 商人
小贩 ə ɕiɔ˥ʟ fã˧˩r ə˧
挑担 ə t'iɔʌʟ tã˧ ə˧ 挑着担子经营的小贩
挑八根系 ə t'iɔʌ paʌʟ kə̃˧ ɕi˧˩r ə˧
拨贩 ə pəʌr fã˧ ə˧ 从别人那里拨来货物再出卖的人
贩 ə fã˧˩r ə˧ 从外地贩来货物出卖的人
摆小摊 ə pɛ˥ʟ ɕiɔ˥ t'ãʌʟ ə˧ 摊贩
脚力 tɕyəʌr li˧˩ 脚行
抬轿 ə t'ɛ˥r tɕiɔ˧˩r ə˧ 轿夫
当兵 ə taŋʌr piŋʌʟ ə˧ 军人
警察 tɕiŋ˥ tʂ'aʌ
大夫 tɛ˧˩r fu˧ 医生
先生 ɕiãʌʟ ʂəŋ˧
先生 ɕiãʌʟ ʂəŋ˧ （私塾）教书先生
老师 lɔ˥ ʂʅʌ
老师 lɔ˥ ʂʅʌ （学校）教员
教习 tɕiɔ˧˩r ɕi˧ （旧）
学生 ɕyə˥r ʂəŋ˧
同学 t'uŋ˥r ɕyə˥
看孩 ə k'ã˧˩ xɛ˥r ə˧ 保姆
送信 ə suŋ˧˩ ɕiə̃˧˩r ə˧ 邮递员
暴发户 pɔ˧˩ faʌr xu˧˩
败家子 pɛ˧˩ tɕiaʌ tsʅ˥
要饭 ə iɔ˧˩ fã˧˩˥ ə˧ 乞丐
中人 tʂuŋʌ lə̃˥
经济 tɕiŋʌʟ tɕi˧
佣钱 yŋ˧˩r tɕ'iã˧
手续费 ʂəu˥ʟ ɕy˧ fei˧˩ （新）
老娘婆 lɔ˥ʟ niaŋ˥r p'ə˧ 旧称收生婆
光棍 ə kuaŋʌ kuə̃˧˩r ə˧ 单身汉
老闺女 lɔ˥ʟ kuə̃˧ ny˧ 老姑娘
寡妇［老婆］ kua˥r fu˧˩ ［lɔ˥ʟ p'ə˧］
半货 ə pã˧˩r xuə˧˩ ə˧ 二婚头
犯人 fã˧˩ lə̃˥
衙役 ia˥r i˧
走江湖的 tsəu˥ tɕiaŋʌ xu˥r ə˧
骗 ə p'iã˧˩r ə˧ 骗子
拐 ə kuɛ˥ʟ ə˧ 拐骗财物、人口的人
土匪 t'u˥ feiʌ
短道 tuã˥r tɔ˧˩ 拦路抢劫
短道 ə tuãʌ tɔ˧˩r ə˧ 拦路抢夺别人财物的人
贼 tsei˥
小偷 ɕiɔ˥ t'əuʌ
扒手 p'a˥r ʂəu˧
提头 ə t'i˥ t'əu˥r ə˧

长相 tʂaŋ˥˩ ɕiaŋ˩　相貌
年纪 niã˥˩ tɕi˧
白净 ə pei˥˩ tɕiŋ˩˩ ə˧　皮肤白净的人
细高条 ə ɕi˩ kɔ˧˦ t'iɔ˥˩ ə˧　瘦高个儿
大尿杆 ə ta˩ ʂʅ˧ kã˥˩ ə˧　憎称瘦高个儿
蛮妮 ə mã˥˩ ni˧˦ ə˧　胖墩墩老老实实的女孩儿
人棒槌 ə lə̃˥˩ paŋ˩˩ tʂ'uei˧ ə˧　个子矮小的人，也戏称小孩儿
矬地瓜 ə ts'uə˥˩ ti˧ kua˧˦ ə˧
尖嘴溜猴 tɕiã˧˦ tsuei˧ liəu˥˩ xəu˧　蔑称瘦尖脸的人
脏仙 tsaŋ˧˥ ɕiã˧　很脏的人
二梭 lə˩˩ suə˧　梭子第二，比喻忙人
拔尖 ə pa˥˩ tɕiɛ˧˦ ə˧　拔尖的人
直把拉头 tʂʅ˥˩ pa˧ la˧ t'əu˥　直性子人：他没有拐古心眼 ə，是个～
皮猴 ə p'i˥ xəu˥˩ ə˧　调皮鬼
书鱼 ə ʂu˧˦ y˥˩ ə˧　①书蠹　②书呆子
愣头青 ləŋ˩ t'əu˥˩ tɕ'iŋ˧　行为莽撞的人
雾露头 vu˩˩ lu˧ t'əu˥　莽撞不明事理的人
杨二疯 ə iaŋ˥˩ lə˧ fəŋ˧˦ ə˧　说话行动随便毫无约束的人
犟客 tɕiaŋ˩˩ k'ei˧　固执已见的人
犟橛 ə tɕiaŋ˩ tɕyə˥˩ ə˧
拙骨头 tʂuə˧˦ ku˧ t'əu˥　很扭的人
牛板筋 niəu˥ pã˥˩ tɕiə̃˧　执拗的人
死拗蹄子 sʅ˥ niəu˧ t'i˥˩ ə˧
离巴头 li˩ pa˧ t'əu˥　办事不合规律的人
懦划 ə nuə˧˦ xua˩ ə˧　办事糊涂、粘糊的人
粘粥糕团 ə niã˥˩ tʂu˧ kɔ˧˦ t'ã˧ ə˧　办事粘糊的人
磨神 mə˩ ʂə̃˥　做事很慢的人
烂腚板凳 ə lã˩ tiŋ˩ pã˥˩ təŋ˩˩ ə˧　到别人家坐起来老是不走的人
炕头王 k'aŋ˩ t'əu˥˩ vaŋ˥　在家里厉害的人
家旮旯头 tɕia˧˦ ka˧ la˧ t'əu˥　不愿出头露面的人
死蘑菇 sʅ˥˩ mə˥˩ ku˧　没用的人：这个～，啥事也办不成！
厉害王 li˩ xɛ˩ vaŋ˥　很厉害的人
老狠虎 lɔ˥˩ xə̃˥˩ xu˧　脾气暴躁、态度生硬的人
馋巴巴 ə tʂ'ã˥˩ pa˧ pa˧˦ ə˧　馋嘴的人
穷嘴老鼠 tɕ'yŋ˥˩ tsuei˥ lɔ˥˩ ʂu˧　贪吃不住嘴的人
老抹 ə lɔ˥ mə˥˩ ə˧　善于吃某种食品的人：他是个吃糖～
□ ə t'əŋ˧˦ ə˧　生活邋遢的人
乍古腚眼 ə ka˧˦ ku˧ tiŋ˩ iã˥˩ ə˧　吝啬小气的人
抠 ə k'əu˧˦ ə˧　吝啬好捞取财物的人：这人光好赚便宜，真是个～
讨迷财 tɔ˥˦ mi˥˦ ts'ɛ˥　好捞取财物的人
钩 ə 手 kəu˧˦ ə˧ ʂəu˥
敲 ə [头] tɕ'iɔ˧˦ ə˧ [t'əu˥]　好取巧占便宜的人
把家虎 pa˥ tɕia˧ xu˥　善于持家的人（贬义）：他家闺女是个～
十不足 ʂʅ˥˩ pu˧ tɕy˧　总是不满足的人：你是个～，整天没有高兴的时候
破家舞鬼 p'ə˩ tɕia˧ vu˥˩ kuei˥　破坏家庭财物的人：刚买的小汽车两天就弄坏哇，这孩 ə 真是个～
晕 ə yə̃˧˦ ə˧　游荡不务正业的人：这个～成天在外边吃喝胡搞，不干正事
孙头 suə̃˧ t'əu˥　总是吃亏的懦弱的人
老实头 lɔ˥˩ ʂʅ˧ t'əu˥　老实人
猾头 xua˥˩ t'əu˥　狡猾的人
妒虫 tu˥˩ tʂ'uŋ˥　嫉妒心重的人
拨拨嘴 ə pə˧˦ pə˧ tsuei˥˩ ə˧　随便传话的人
横立巴棍 ə xuŋ˥˩ li˧ pa˧˦ kuə˧ ə˧　集体中好找别扭闹事的人
一流累 i˧ liəu˥˩ luei˥　意见相同的一伙：

他三个～，一直和我别扭着

一把连 ə iʌk pa˧ liã˥ʋ ə˧ 年龄相仿、意气相投、常在一起的一伙：他这～常来找他玩

附：詈语

行 ə xaŋ˥ʋ ə˧ 犹家伙：这～不是好东西

痴狗 ə tʂʻʅʌk kəu˧ ə˧ 傻瓜，骂不懂事的孩子

赖皮虎 lɛʋr pʻi˧ xu˧ 骂好哭耍赖的孩子

石猴 ə ʂʅ˥ʋ xəu˧ ə˧ 小猴子

石蚂蚱 ə ʂʅ˥ʋ ma˧ tʂa˧ ə˧ 小蚂蚱

王八孩 vaŋ˥ʋ pa˧ xɛ˥ 犹王八蛋

鳖造 ə piəʌ tsɔʋr ə˧

[好]贼骨头 [xɔ˥ʋ] tsei˥ʋ ku˧ tʻəu˧ 犹坏蛋、坏东西

丧客 ʂaŋʋr kʻei˧ 骂态度生硬专好斥责别人的人

酸屎 ʂuãʌ ʂʅ˥ 骂自恃清高、不实在不随和的人：这人是块～，和咱不一样

狗得塞 kəu˥ʋ tei˧ sei˧ 骂举止轻率不稳重的人

狗食 kəu˥r ʂʅ˥ 骂不成器的人

杂碎 tsa˥r sueiʋ ①煮熟切碎供食用的牛羊等的内脏 ②骂没出息的人

瞎才 ɕiaʌk tsʻɛ˧ 骂无用的人

瞎包 ɕiaʌk pɔ˧

死干干 ə sʅ˥k kãʌr kãʌk ə˧ 骂无能无用的人，脓包：这人真是个～

死熊 sʅ˥ʋ ɕyŋ˧ 例：这块～啥也干不了

熊和尚 ɕyŋ˥r xuə˧ tʂʻaŋ˧ 软弱无能的人

吃才 tʂʻʅʌk tsʻɛ˧ 犹饭桶

吃货 tʂʻʅʌk xuə˧

馋熊 tʂʻã˥r ɕyŋ˥ 骂馋嘴的人

懒熊 lã˥ʋ ɕyŋ˥ 犹懒虫

脏样 tsaŋʌr iaŋʋ 骂人样子难看：你弄～给谁看？

痞叉 pʻi˥ʋ tʂʻa˧ 骂女孩

[小]臭屄 [ɕiɔ˥] tɕʻəuʋ piʌ 骂女人

浪货 laŋʋr xuə˧ 骂放浪的妇女

[大][小]浪屄 [taʋ] [ɕiɔ˥] laŋʋ piʌ

扫帚星 sɔ˥r tʂu˥ ɕiŋʌ 骂败坏家庭的女人

丧门神 saŋʋ mə˥r ʂə˧ 犹灾星

殃神 iaŋʌ ʂə˥

藏客 tsaŋʋr kʻei˧ 骂年令较大、好多管闲事令人讨厌的人

老舅 ə lɔ˥r tɕiouʋr ə˧ 骂老年男子

下水 ɕiaʋr ʂuei˧ ①食用的牲畜内脏 ②骂下流的人

下三栏 ɕiaʋ sãʌr lãʋ 骂下流的人

狼熊 laŋ˥r ɕyŋ˥ 骂忘恩负义的人

狼骨头 laŋ˥ ku˧ tʻəu˧

肏你家前 tsʻɔʋ ŋə˥ tɕiaʌ tɕʻiã˥ （男人的骂人话）

肏你小闺女 tsʻɔʋ ŋə˥ ɕiɔ˥ kuəʌk ny˧ （男人的骂人话）

看你吃饱了撑 ə 难受 ə kʻãʋr ni˧ (ŋə˧) tʂʻʅʌ pɔ˥ʋ liɔ˧ tʂʻəŋʌk ə˧ nã˥r ʂouʋr ə˧

九 亲属

爸爸 pa˥r pa˧

爹爹 tiəʌk tiə˧

爹 tiəʌ

妈 maʌ

娘 niaŋ˥ （niaŋʌ 音拉长，表示更亲切）

嬷 meiʌ （博山城里此称有戏谑味；博山区山头、八陡等地以南的地方则是母亲的通称）

大爷 taʋ iə˥ 伯父

大爸爸 taʋ pa˥r pa˧ 大伯父

大娘 taʋ niaŋ˥ 伯母

老嬷 iɔ˥ meiʌ （新近在男性青年中通行起来的对年老长辈妇女的称呼，表示亲切，套近乎）例：～，最近身体好啊吧！

叔 ʂu˨˦　叔父
婶 ə ʂə̃˥꜒꜔ ə˧　叔母
爷爷 iə˨˦꜓꜖ iə˧　祖父
奶奶 nɛ˥꜒꜔ nɛ˧　祖母
老爷爷 lɔ˥ iə˨˦꜓꜖ iə˧　曾祖父
老奶奶 lɔ˥ nɛ˥꜒꜔ nɛ˧　曾祖母
老爷 lɔ˥꜒꜔ iə˧　外祖父
老娘 lɔ˥꜒꜔ niaŋ˧　外祖父
外甥 vɛ˨˩꜒ ʂəŋ˧　①外孙　②外甥
外甥闺女 vɛ˨˩꜒ ʂəŋ˧ kuə̃˨˦꜔꜒ ny˧　①外孙女　②外甥女儿
儿 ə ɭə˥꜔꜒ ə˧　儿子
儿媳妇 ɭə˥ ɕi˨˦꜔ fu˧ [ə˧]
　媳妇 ə ɕi˨˦꜔ fu˧ ə˧
闺女 kuə̃˨˦꜓꜖ ny˧　女儿(参见"八・人品・女孩儿")
大儿 ta˨˩ ɭə˥　大儿子
小儿 ɕiɔ˥꜒꜔ ɭə˥　小儿子
　老生 ə lɔ˥꜒꜔ ʂəŋ˧ ə˧
老生闺女 lɔ˥꜒꜔ ʂəŋ˧ kuə̃˨˦꜓꜖ ny˧　小女儿
丈人 tʂaŋ˨˩꜒ lə̃˧　岳父
　丈母爷 tʂaŋ˨˩꜒ mu˧ iə˥
丈母娘 tʂaŋ˨˩꜒ mu˧ niaŋ˥　岳母
女婿 ny˥꜒꜔ ɕy˧
孙 ə suə̃˨˦꜓꜖ ə˧　孙子
孙○媳妇 suə̃˨˦꜓꜖ ə˧ ɕi˨˦꜔ fu˧　孙媳妇
孙女 ə suə̃˨˦꜓꜖ niəu˧ ə˧　孙女
孙女女婿 suə̃˨˦꜓꜖ niəu˧ ny˥꜒꜔ ɕy˧　孙女婿
舅 tɕiəu˨˩
妗 ə tɕiə̃˨˩꜒ ə˧　舅母
姑 ku˨˦
姨 i˥
大姨 ta˨˩ i˥　阿姨，称无亲属关系的长辈妇女
姑夫 ku˨˦꜓꜖ fu˧
姨夫 i˥꜔꜒ fu˧
弟兄 ti˨˩꜒ ɕyŋ˧
姊妹 tsɿ˥꜒꜔ mei˧　兄弟姊妹：我～六个，四男两女
　姊妹们 tsɿ˥꜒꜔ mə̃˧ mə̃˧
哥哥 kuə˨˦꜓꜖ kuə˧
兄弟 ɕyŋ˨˦꜓꜖ ti˧ (ɕyŋ˨˦꜔꜒ ti˨˩)　弟弟
嫂 ə sɔ˥꜒꜔ ə˧
弟妇 ti˨˩ fu˧
姐姐 tɕiə˥꜒꜔ tɕiə˧
妹妹 mei˨˩꜒ mei˧
姐夫 tɕiə˥꜒꜔ fu˧
妹夫 mei˨˩꜒ fu˧
堂兄弟 t'aŋ˥ ɕyŋ˨˦꜔꜒ ti˨˩
　叔伯兄弟 ʂu˨˦꜓꜖ pei˧ ɕyŋ˨˦꜔꜒ ti˨˩
叔伯哥哥 ʂu˨˦ pei˨˦꜒ kuə˨˦꜓꜖ kuə˧　堂兄
叔伯兄弟 ʂu˨˦ pei˨˦꜒ ɕyŋ˨˦꜓꜖ ti˧　堂弟
堂姊妹 t'aŋ˥ tsɿ˥꜔꜒ mei˨˩
　叔伯姊妹们 ʂu˨˦꜓꜖ pei˧ tsɿ˥꜒꜔ mə̃˧ mə̃˧
叔伯姐姐 ʂu˨˦꜓꜖ pei˧ tɕiə˥꜒꜔ tɕiə˧　堂姐
叔伯妹妹 ʂu˨˦꜓꜖ pei˧ mei˨˩꜒ mei˧　堂妹
表兄弟 piɔ˥ ɕyŋ˨˦꜔꜒ ti˨˩
表哥 piɔ˥ kuə˨˦
表弟 piɔ˥꜔꜒ ti˨˩
表姊妹 piɔ˥ tsɿ˥꜔꜒ mei˨˩
表姐姐 piɔ˥ tɕiə˥꜒꜔ tɕiə˧　表姐
表妹 piɔ˥꜔꜒ mei˨˩
男人 nã˥ lə̃˧　夫
老婆 iɔ˥꜒꜔ p'ə˥　妻
　媳妇 ə ɕi˨˦꜔ fu˧ ə˧　年轻人称
　家 ə tɕia˨˦꜓꜖ ə˧　例：俺～身体不大好
家下 tɕia˨˦꜔꜒ ɕia˨˩　家属，妻子
小 ɕiɔ˥　小老婆
公公 kuŋ˨˦꜓꜖ kuŋ˧
婆婆 p'ə˥꜔꜒ p'ə˧
老婆婆 lɔ˥꜒꜔ p'ə˥꜔꜒ p'ə˧　丈夫的祖母
大伯 ta˨˩꜒ pei˧　大伯子
小叔 ə ɕiɔ˥꜒꜔ ʂu˧ ə˧　小叔子
大姑 ə ta˨˩꜔꜒ ku˨˦꜓꜖ ə˧　大姑子
小姑 ə ɕiɔ˥ ku˨˦꜓꜖ ə˧　小姑子
舅 ə tɕiəu˨˩꜒ ə˧　内兄弟

大舅 ə tɑ˨ tɕiəu˨˦ ə˧ 内兄
小舅 ə ɕiɔ˥˩ tɕiəu˨˦ ə˧ 内弟
大姨 ə tɑ˨ i˥˩ ə˧ 大姨子
小姨 ə ɕiɔ˥˩ i˥˩ ə˧ 小姨子
侄 tʂei˥
侄媳妇 tʂei˥ ɕi˨˦ fu˧
侄女 tʂʅ˥˩ ny˧
内侄 nei˨ tʂʅ˥
表侄 piɔ˥˩ tʂʅ˥
内侄女 nei˨ tʂʅ˥˩ ny˧
表侄女 piɔ˥˩ tʂʅ˥˩ ny˧
连襟 liã˥˩ tɕiə̃˧ 多用于郑重的场合或知识阶层
两乔 ə liɑŋ˥˩ tɕʻiɔ˥˩ ə˧ 例：他仨是～啊！
长辈 tʂɑŋ˥˩ pei˨
上辈 ʂɑŋ˨ pei˨
晚辈 vã˥˩ pei˨
下辈 ɕiɑ˨˦ pei˧
年小 ə niã˥˩ ɕiɔ˥˩ ə˧ 指子侄辈、晚辈
平辈 pʻiŋ˥˩ pei˨
亲家 tɕʻiə̃˨˦ tɕiɑ˧
男亲家 nã˥˩ tɕʻiə̃˨˦ tɕiɑ˧
女亲家 ny˥˩ tɕʻiə̃˨˦ tɕiɑ˧ 亲家母
亲家婆 tɕʻiə̃˨˦ tɕiɑ˧ pʻə˥
亲戚 tɕʻiə̃˨˦ tɕʻiə̃˧
后娘 xəu˨ niɑŋ˥ 继母
后老 xəu˨ lɔ˥ 继父
带羔 ə tɛ˨˦ kɔ˧ ə˧ 带犊儿（蔑称）
带 ə 来 ə tɛ˨˦ ə˧ lɛ˥˩ ə˧
团圆媳妇 ə tʻuã˥˩ iã˧ ɕi˨˦ fu˧ ə˧ 童养媳
替头 tʻi˨˦ tʻəu˧ 女子婚后死去，娘家人称死者丈夫的继室为～××：～姐姐｜～姑
干姊妹 kã˨ tsʅ˥ mei˨
干兄弟 kã˨ ɕyŋ˨˦ ti˨

十 身体

身 ə ʂə̃˨˦ ə˧ 身体
头 tʻəu˥
门人头 mə̃˥˩ lə̃˧ tʻəu˥ 奔儿头
光悠头 kuɑŋ˨˦ iəu˧ tʻəu˥ 亮光头
头顶 tʻəu˥˩ tiŋ˥
后脑勺 ə xəu˨ nɔ˥˩ ʂɔ˥˩ ə˧ 后脑勺儿
髑髅骨 tuə˥˩ ləu˧ ku˧ 头骨
脖 ə pə˥˩ ə˧ 脖子
馋沟 tʂʻã˥˩ kəu˧ 后脑窝子
脖儿梗 pə˥˩ ɭə˧ kəŋ˨ 脖子的后面部分
头发 tʻəu˥˩ fɑ˧
掉 ə 头发 tiɔ˨˦ ə˧ tʻəu˥˩ fɑ˧ 脱头发
肤皮 fu˨˦ pʻi˧ 头屑（包括身上脱落的碎屑）
额颅骨盖 iə˥˩ ləu˧ ku˨˩ kɛ˨ 额
头囟印 ə tʻəu˥ ɕiə̃˥˩ iə̃˨ ə˧ 囟脑门儿
鬓角 piə̃˨˦ tɕyə˧
三关脉 sã˨ kuã˨˩ mei˨ 太阳穴
脸 liã˥
丢人 tiəu˨ lei˥
颧骨 tɕʻyã˥ ku˨
腮骨桩 ə sɛ˨˦ ku˧ tʂuɑŋ˨˦ ə˧
酒窝 tɕiəu˥˩ və˧
人中 lə̃˥ tʂuŋ˨
腮帮 ə sɛ˨˦ pɑŋ˨˦ ə˧ 腮帮子
腮 sɛ˨
眼 iã˥ 眼睛
眼眶 ə iã˥˩ kʻuɑŋ˨˦ ə˧ 眼眶子
睛珠 ə iã˥ tʂu˨˦ ə˧ 眼珠儿
白眼珠 ə pei˥ iã˥˩ tʂu˨˦ ə˧ 白眼珠儿
黑眼珠 ə xei˨ iã˥˩ tʂu˨˦ ə˧ 黑眼珠儿
瞳仁 tʻuŋ˥˩ lə̃˥
眼角 ə iã˥˩ tɕiɑ˨˦ ə˧ 眼梢
眼圈 ə iã˥˩ tɕʻyã˨˦ ə˧ 眼圈儿
[眼]泪 [iã˥˩] luei˨

眵 tʂʻʅ˨˦ 眼眵
 眵疙巴 tʂʻʅ˨˦˦ ka˧ pa˧
眼皮 iã˥˩ pʻi˥
单眼皮 tã˨˦ iã˥˧ pʻi˥
双眼皮 ʂuaŋ˨˦ iã˥˧ pʻi˥
眼汁毛 iã˥˦ tʂʅ˨˦˧ mɔ˥ 眼毛
眉毛 mei˥˧ mɔ˥
皱眉头 tʂəu˩ mei˥˧ tʻəu˥
鼻 ə pi˥˧ ə˧ 鼻子
鼻涕 pi˥˧ tʻi˩
 鼻鼻 pi˥˧ pi˧
 鼻 ə pi˥˧ ə˧ （参见上条）
 鼻鼻水 pi˥ pi˥˩ ʂuei˥ （清水鼻涕）
鼻疙渣 pi˥˧ ka˧ tʂa˧ 干鼻涕
鼻窟窿 pi˥˧ ku˧ luŋ˧
鼻孔眼 ə pi˥˧ kʻuŋ˧ iɛ˥˩ ə˧
 鼻窟窿眼 ə pi˥˧ kʻu˧ luŋ˧ iɛ˥˩ ə˧
鼻 ə 毛 pi˥˧ ə˧ mɔ˥ 鼻毛
鼻 ə 尖 pi˥˧ ə˧ tɕiɛ˨˦ 鼻尖
鼻尖 ə pi˥ tɕiã˨˦˦ ə˧
鼻 ə 尖 pi˥˧ ə˧ tɕiã˨˦ 嗅觉灵敏
鼻梁骨 pi˥ liaŋ˥˧ ku˥ 鼻梁儿
鼻翅 ə pi˥ tʂʻʅ˨˩˦ ə˧ 鼻翅儿
酒糟鼻 ə tɕiəu˥ tsɔ˨˦ pi˥˧ ə˧ 酒糟鼻子
嘴 tsuei˥
嘴唇 tsuei˥˩ tʂʻuə̃˥
唾沫 tʻuə˨˩˦ mə˧
 斜涎 ɕiə˥˧ ɕiã˧
唾沫星儿 tʻuə˨˩˦ mə˧ ɕiŋ˨˦˦ ə˧
食腥气 ʂʅ˥ ɕiŋ˨˦˧ tɕʻi˩ 口里嗝出的气味
舌头 ʂə˥˧ tʻəu˧
牙 ia˥
 牙齿 ia˥˧ tʂʻʅ˥
门牙 mə̃˥˧ ia˥
牙塞 ia˥˧ sei˧ 牙花子(牙屎)
牙花 ə ia˥˧ xua˨˦˦ ə˧ 牙床
虫牙 tʂʻuŋ˥˧ ia˥
耳朵 lə˥˩ tuə˧

耳朵眼 lə˥˩ tuə˧ iɛ˥
耳碎 lə˥˩ suei˧ 耳屎
耳背(听不清) lə˥˩ pei˩
 耳朵沉 lə˥˩ tuə˧ tʂʻə̃˥
下巴骨 ɕia˨˩˦ pa˧ ku˨˦ 下巴
嗓 ə saŋ˥˩ ə˧ 嗓子
 胡咙 xu˥˧ luŋ˧
活通眼 ə xuə˥˧ tʻuŋ˧ iã˥˩ ə˧ 嗓子口
食嗓 ʂʅ˥˧ saŋ˧ 食道
气嗓 tɕʻi˨˩˦ saŋ˧ 气管
叫嗓 ə tɕiɔ˩ saŋ˥˩ ə˧ 喊嗓子
胡 ə xu˥˧ ə˧ 胡子
仁丹胡 ə lə̃˥ tã˨˦ xu˥˧ ə˧
 两撇胡 liaŋ˥ pʻiə˨˦ xu˥ （多）
 八字胡 ə pa˨˦˧ tsʅ˩ xu˥˧ ə˧
旋 ə ɕyã˨˩˦ ə˧ 头发旋儿
指文 tʂʅ˥˩ və̃˥ 胭纹
手印 ʂəu˥˧ iə̃˩ 指印
斗(胭纹) təu˥
簸箕(胭纹) pə˨˩˦ tɕi˧
汗毛 xã˩ mɔ˥ 寒毛
寒毛孔 xã˥ mɔ˥˧ kʻuŋ˥
肩膀 tɕiã˨˦˦ paŋ˧
溜肩 liəu˨˩˦ tɕiã˧ 溜肩膀儿
脊梁 tɕi˨˦˧ niaŋ˧ (liaŋ˧)
脊梁骨 tɕi˨˦˧ niaŋ˧ ku˥ 脊骨
腰 iɔ˨˦
胳膊 kuə˨˦˧ pʻə˧
胳膊肘 ə kuə˨˦˧ pʻə˧ tɕy˨˦˧ ə˧ 胳膊肘儿
夹□窝 ə tɕia˨˦ tʂəŋ˥ və˨˦˦ ə˧ 夹肢窝
□□ kuə˥˧ tʂʻʅ˧ 膈肢(动词)
手脖 ə ʂəu˥˩ pə˧ ə˧ 手腕
左手 tsuə˩ ʂəu˥
右手 iəu˩ ʂəu˥
手指头 ʂəu˥ tʂʅ˥˩ tʻəu˧ 手指
骨节 ku˨˦˧ tɕiə˧ （指头)关节
指头缝 ə tʂʅ˥˩ tʻəu˧ fəŋ˨˩˦ ə˧ 手指缝儿
冈 ə kaŋ˥˩ ə˧ 手趼子(包括脚上起的趼

子）
大拇指 tɑ˅˥ mu˦ tʂʅ˨˦
大门指头 tɑ˅˥ mə̃˦ tʂʅ˦ t'əu˦
食指 ʂʅ˥ tʂʅ˨˦
二门指头 ɭə˅˥ mə̃˦ tʂʅ˦ t'əu˦
中指 tʂuŋ˨˦˩ tʂʅ˦
中门指头 tʂuŋ˨˦˩ mə̃˦ tʂʅ˦ t'əu˦
无名指 vu˥ miŋ˥ tʂʅ˨˦
四门指头 sʅ˅˥ mə̃˦ tʂʅ˦ t'əu˦
小拇指 ɕiɔ˥˩ mu˥ tʂʅ˨˦
小门指头 ɕiɔ˥˩ mə̃˦ tʂʅ˦ t'əu˦
蜜指头 mi˅˥ tʂʅ˨˦˩ t'əu˦ 小孩儿含在嘴里的自己的手指：小刚好吃～
指甲 tʂʅ˨˦˩ tɕiɑ˦
指甲盖 ə tʂʅ˨˦˩ tɕiɑ˦ kɛ˅˥ ə˦
指甲深 ə tʂʅ˨˦ tɕiɑ˥ ʂə̃˨˦˩ ə˦ 指甲盖和指尖肉间的夹缝
指头肚 ə tʂʅ˨˦˩ t'əu˦ tu˅˥ ə˦ 指头肚儿
拳头 tɕ'yã˥˩ t'əu˦
槌头 tʂ'uei˥˩ t'əu˦
手掌 ə ʂəu˥ tʂɑŋ˥˩ ə˦
耳巴 ə ɭə˥˩ pɑ˦ ə˦
耳巴 ə ɭə˥˩ pɑ˦ ə˦ 巴掌：打一～
手心 ʂəu˥ ɕiə̃˨˦
手背 ʂəu˥˩ pei˅
手面 ə ʂəu˥˩ miã˅˥ ə˦
心口窝 ə ɕiə̃˨˦ k'əu˥ və˨˦˩ ə˦ 心口儿
胸脯 ə ɕyŋ˨˦ p'u˥˩ ə˦ 胸脯
胸膛 ɕyŋ˨˦˩ t'ɑŋ˦
肋骨 luei˅ ku˨˦ 肋条
肋之骨 luei˅˥ tʂʅ˦ ku˨˦
肋叉 luei˅˥ tʂ'ɑ˦
妈妈 mɑ˨˦˩ mɑ˦ 乳房
妈妈水 ə mɑ˨˦˩ mɑ˦ ʂuei˥˩ ə˦ 乳汁
肚子 tu˅˥ ə˦
小肚 ə ɕiɔ˥˩ tu˅˥ ə˦ 小肚子
□脐 pu˥˩ tɕ'i˦ 肚脐眼
□脐眼 ə pu˥˩ tɕ'i˦ iã˥˩ ə˦

腿 t'uei˥
大腿 tɑ˅ t'uei˥
大腿根 tɑ˅ t'uei˥ kei˨˦
小腿 ə ɕiɔ˥˩ t'uei˦ ə˦ 小腿
干腿 ə kã˨˦˩ t'uei˦ ə˦
腿肚 ə t'uei˥˩ tu˅˥ ə˦ 腿肚子
直骨 tʂʅ˥˩ ku˦ 胫面骨
波罗盖 pə˨˦ luə˥ kɛ˅ 膝盖
腿曲盘 ə t'uei˥ tɕ'y˨˦ p'ã˥˩ ə˦ 膝盖的后面部分
胯骨 k'uɑ˅˥ ku˦
腿哈拉 t'uei˥˩ xɑ˦ lɑ˦ 胯下
腚 tiŋ˅ 屁股
腚眼 ə tiŋ˅ iã˥˩ ə˦ 肛门
腚锤 ə tiŋ˅ tʂ'uei˥˩ ə˦ 屁股蛋儿
腚沟 tiŋ˅ kəu˨˦ 屁股沟儿
腚巴骨 tiŋ˅˥ pɑ˦ ku˥ 尾骨
屌 tiɔ˥ 男阴
鸭 ə iɑ˨˦˩ ə˦
小鸡 ɕiɔ˥ tɕi˨˦ 鸡鸡（赤子阴）
八八 ə pɑ˨˦˩ pɑ˦ ə˦
小鸭鸭 ɕiɔ˥ iɑ˨˦˩ iɑ˦
小球蛋 ɕiɔ˥˩ tɕ'iəu˥ tã˅
小巴巴 ɕiɔ˥ pɑ˨˦˩ pɑ˦
屄 pi˨˦ 女阴
肏 ts'ɔ˅ 交合
同房 t'uŋ˥˩ fɑŋ˥
做嘴 tsu˅ tsuei˥ 接吻
脚脖子 tɕyə˨˦ pə˥˩ ə˦
脚拐骨 ə tɕyə˨˦ kuɛ˥ ku˨˦˩ ə˦ 踝子骨
脚 tɕyə˨˦
脚巴丫 ə tɕyə˨˦˩ pɑ˦ iɑ˨˦˩ ə˦
光 ə 脚 kuɑŋ˨˦˩ ə˦ tɕyə˨˦ 赤脚
脚面 ə tɕyə˨˦ miã˅˥ ə˦ 脚背
脚地掌 ə tɕyə˨˦˥ ti˅ tʂɑŋ˥˩ ə˦ 脚掌
脚心 ə tɕyə˨˦˥ ɕiə̃˨˦˩ ə˦ 脚心儿
脚趾头 tɕyə˨˦˩ tʂʅ˦ t'əu˦
脚趾甲盖 ə tɕyə˨˦˥ tʂʅ˥˩ tɕiɑ˦ kɛ˅˥ ə˦

　脚趾甲
脚后跟 tɕyə˩˧ xəu˧˩꜒ kə̃˧　脚跟儿
脚孤拐 tɕyə˩˧꜓ ku˩˧꜖ kuɛ˧
脚软筋 tɕyə˩˧꜒ luã˥꜖ tɕiə̃˧
脚印 ə tɕyə˩˧ iə̃˧˩꜒ ə˧　脚印儿
鸡眼(一种脚病) tɕi˩˧ iã˥
痣 ə tʂʅ˧˩꜒ ə˧　痣(黑点子)
　记 tɕi˧˩ (大片的)
骨头 ku˩˧꜔ t'əu˧
骨棒 ku˩˧꜓ pɑŋ˧˩　身体骨架:这孩 ə 不胖,～大
骨模 ə ku˩˧꜓ mə˧ ə˧　①身材、身架(多指男性青少年):你看他这个～多大小!②煎鱼时掉下的干碎鱼渣:鱼～
滑栏 ə xuɑ˥꜓ lã˧ ə˧　关节
筋 tɕiə̃˩˧
辫 ə piã˧˩꜒ ə˧　辫子
鬏 tsuã˥
刘海 liəu˥꜒ xɛ˥
皮肤 p'i˥꜓ fu˧
　皮槽 p'i˥꜓ ts'ɔ˧　例:～好(皮肤不易感染或生疮)｜～孬(皮肤容易感染或生疮)
毛尾 mɔ˥꜓ i˧　毛:两根～
溻 t'ɑ˩˧　①汗湿透(衣服等):出虚汗,被 ə 都～咗　②把凉了的煎饼放在正摊着的煎饼上,使之变热发软:～煎饼
埲捋[□] pu˥꜓ ly˧ tɕy˧　①用手在身上搓起的成条泥垢　②细布条或线燃烧冒烟的味道

十一　病痛　医疗

病咗 piŋ˧˩꜒ liã˧　病了
　不好受 pu˧˩ xɔ˥ ʂəu˧˩
　不熨贴 pu˧˩ y˩˧꜔ t'iə˧
　不济 pu˩˧꜓ tɕi˧˩　①不舒服,有病:他这几天～　②不好:你嫌吃 ə～?
头疼摸脉 t'əu˥꜒ t'əŋ˥ mə˩˧꜓ mei˧˩　泛指轻微的病
拉肚 ə lɑ˩˧ tu˧˩꜒ ə˧　泻肚
　泻肚 ə ɕiə˧˩ tu˧˩꜒ ə˧
拉痢 lɑ˩˧꜓ li˧˩
发烧 fɑ˩˧꜒ ʂɔ˩˧
害冷 xɛ˧˩ ləŋ˥　发冷
起鸡皮疙瘩 tɕ'i˥ tɕ'i˩˧꜖ p'i˧ kɑ˩˧꜔ tɑ˧
伤风 ʂɑŋ˩˧꜒ fəŋ˩˧
　感冒 kã˥ mɔ˧˩
　冻着咗 tuŋ˧˩꜓ tʂuə˧ liã˧
打□喷 tɑ˧ tɛ˧˩꜒ p'ə̃˧　打喷嚏
咳嗽 k'uə˩˧꜔ suə˧
喘 tʂ'uã　气喘
热着咗 lə˧˩꜒ tʂuə˧ liã˧　中暑
护夏 xu˧˩ ɕiɑ˧˩
上火 ʂɑŋ˧˩ xuə˥
积食 tɕi˩˧ ʂʅ˥　积滞
肚 ə 疼 tu˧˩꜒ ə˧ t'əŋ˥　肚疼
心口疼 ɕiə̃˩˧꜖ k'əu˧ t'əŋ˥　胸口疼(胃疼)
晕 yə˩˧　头晕
晕车 yə̃˩˧꜒ tʂ'ə˩˧
晕船 yə̃˩˧ tʂ'uã˥
头疼 t'əu˥꜒ t'əŋ˥
恶心 və˩˧꜔ ɕiə̃˧
　恶映 və˩˧꜔ iŋ˧　①恶心　②厌恶:我看到这种人,心 ə 就～ ə 慌!
劚心 li˥꜓ ɕiə̃˧　烧心
劚拉 li˥꜓ li˧　胃里不舒服的感觉:我吃 ə 韭菜,肚里～ə 慌
吐咗 t'u˧˩꜒ liã˧　吐了
　哕 yə˥
痨病 lɔ˥꜓ piŋ˧˩　通称结核病和气管炎
细病 ɕi˧˩ piŋ˧˩　旧多指妇女患结核病等
　乔病 tɕ'iɔ˥꜓ piŋ˧˩
疝气 ʂã˩˧꜖ tɕ'i˧
掉腚 tiɔ˧˩ tiŋ˧˩　脱肛
掉茄 ə tiɔ˧˩ tɕ'iə˥꜓ ə˧　子宫脱垂

发脾寒 fɑ˨˩˦ p‘i˥˨˩˦ xã˧ 发疟子
霍乱 xuə˥˨˩˦ luã˧˩
生疹 ə ʂəŋ˨˩˦˥ tʂə̃˥˨˩˦ ə˧ 出麻疹
生水痘 ə ʂəŋ˨˩˦˥ ʂuei˥˨˩˦ təu˧˩˥ ə˧ 出水痘
出斑 ə tʂ‘u˨˩˦˥ pã˨˩˦˩ ə˧ （出）痘
种斑 ə tʂuŋ˧˩ pã˨˩˦˩ ə˧ 种痘
瘟疫 və˨˩˦ i˥ 特指伤寒
一伐 ə i˨˩˦ fɑ˥˨˩˦ ə˧ 流行病：俺一家都感冒哇，这～岗 ə 重哇｜他摊上～哇，又拉又哕
大麻疯 tɑ˧˩˥ mɑ˧ fəŋ˨˩˦ 麻疯病
痄腮 tʂɑ˧˩˥ sɛ˧
黄病 xuɑŋ˥˨˩˦ piŋ˧˩ 黄疸
羊角 ə 风 iɑŋ˥˨˩˦ kɑ˨˩˦˩ ə˧ fəŋ˨˩˦ 羊角风
憷惊 tʂ‘u˥ tɕiŋ˨˩˦ 惊风
抽风 tʂ‘əu˨˩˦˥ fəŋ˨˩˦
转腿肚 ə tʂuã˧˩ t‘uei˧ tu˧˩˥ ə˧ 腿抽筋
掉 ə 滑栏 tiɔ˧˩˥ ə˧ xuɑ˥˨˩˦ lã˧ 脱臼
中风 tʂuŋ˧˩ fəŋ˨˩˦
压皮虎 ə iɑ˨˩˦˩ p‘i˧ xu˥˨˩˦ ə˧ 梦魇
火晕 xuə˥˨˩˦ yə̃˧
半身不遂 pã˧˩ ʂə̃˨˩˦ pu˨˩˦ suei˥
　瘫痪 t‘ã˨˩˦ xuã˧
瘫巴 t‘ã˨˩˦˩ pɑ˧ 下身瘫痪的人
长疮 tʂɑŋ˥ tʂ‘uɑŋ˨˩˦ 生疮
长疔 tʂɑŋ˥ tiŋ˨˩˦
化脓 xuɑ˧˩ nuŋ˥ 溃脓
恶发 və˨˩˦˧ fɑ˧ ①疮疖红肿化脓 ②比喻暴怒：有一回我把他戳～了
扒些 pɑ˨˩˦˩ ɕiə˧ 嘴张开或伤口裂开：他ə嘴～着｜小孩 ə 头磕破哇，口ə～着
溯 ʂɔ˧˩ 皮肤着水受冻后出现许多小裂口：～了手｜～了脸
开刀 k‘ɛ˨˩˦˥ tɔ˨˩˦
贴膏药 t‘iə˨˩˦˥ kɔ˨˩˦˩ yə˧
结疤 tɕiə˨˩˦˥ pɑ˨˩˦ 结痂
　结疙渣 tɕiə˨˩˦˥ kɑ˨˩˦˩ tʂɑ˧
火疙渣 xuə˥˨˩˦ kɑ˧ tʂɑ˧
疙渣 ə kɑ˨˩˦˩ tʂɑ˧ ə˧ ①疤：疮～ ②食物烤了后表面焦黄发硬的部分
磨眼 mə˥˨˩˦ iã˧ 鸡眼
摔（跌）伤 ʂuei˨˩˦˥ （tiə˨˩˦˥） ʂɑŋ˨˩˦
刺[了]个口子 lɑ˥˨˩˦ [liɔ˧] kə˧ k‘əu˥˨˩˦ ə˧
驴唇（鞭打后皮上起的伤痕） ly˥˨˩˦ tʂ‘uə̃˧
疤 pɑ˨˩˦
　疤拉 pɑ˨˩˦˩ lɑ˧
　疮疤 tʂ‘uɑŋ˨˩˦˥ pɑ˨˩˦
捽疤 tsuə˥˨˩˦ pɑ˧ 收缩起来结的疤
疙瘩 ə kɑ˨˩˦˧ tɑ˧ ə˧ 身上起的疮：头上磕了个～｜身上起了个～
木疙瘩 ə mu˧˩˥ kɑ˧ tɑ˧ ə˧ 皮肤被蚊子叮咬后起的疙瘩
□里疙瘩 tɕ‘i˨˩˦˩ li˧ kɑ˨˩˦˧ tɑ˧ 肿起的淋巴结
瘰里疙瘩 luə˥˨˩˦ li˧ kɑ˨˩˦˧ tɑ˧ 脖子上肿起的淋巴结
秃搪 t‘u˨˩˦˧ lu˧ 皮肤损伤而皱起：烫～了皮
痔疮 tʂʅ˧˩˥ tʂ‘uɑŋ˧
疥 tɕiɛ˧˩ 疥疮
癣 ɕyã˥
热疙瘩 ə lə˧˩˥ kɑ˧ tɑ˧ ə˧ 痱子
汗斑 xã˧˩ pã˨˩˦
盐沓晃 iã˥˨˩˦ kɑ˧ lɑ˧ 汗、尿干了后留在布上的痕迹
瘊 ə xəu˥˨˩˦ ə˧ 瘊子
痦 vu˧˩˥ ə˧ 痦子
[黑]雀 ə [xei˨˩˦] tɕ‘yə˨˩˦˧ ə˧ 雀儿斑
粉刺 fə̃˥˨˩˦ ts‘ɿ˧˩
狐臭气 xu˥˨˩˦ tʂ‘əu˧˩˥ tɕ‘i˧˩
嘴臭 tsuei˥˨˩˦ tʂ‘əu˧˩ 口臭
瘿脖 ə iŋ˨˩˦ pə˥˨˩˦ ə˧ 甲状腺肿大等病症
六指 ə liəu˧˩˥ tʂʅ˧ ə˧ 六指儿
左撇 ə tsuə˧˩ p‘iə˨˩˦˩ ə˧ 左撇子
瘸巴 tɕ‘yə˥˨˩˦ pɑ˧ 瘸子
踮达 tiã˨˩˦˩ tɑ˧ 腿脚有病，走路踮脚：他走

起路来一～一～ə
罗锅 luə˥⊬ kuə⊣　驼背，驼背的人
锅腰 ə kuəʌᴋ iɔ⊣ ə⊣
秃(巴)顶 t'uʌ (paʌ) tiŋ˥　秃头
秃 ə t'uʌ⊦ ə⊣　秃子
秃厮 t'uʌᴋ sɿ⊣
麻 ə ma˥⊬ ə⊣　麻子
瞎斯 ɕiaʌ⊦ sɿ⊣　瞎子
聋 ə luŋ˥⊬ ə⊣　聋子
聋汉 luŋ˥⊬ xɛ⊣
耳朵背 lə˥⊬ tuə⊣ pei˩　耳背
哑巴 ia˥⊬ pa⊣
结拉巴 tɕiəʌᴋ la⊣ pa⊣　结巴
臭鼻 ə tʂ'əu˩⊬ pi⊣ ə⊣　嗅觉不灵
齉鼻 ə naŋ˥⊬ pi⊣ ə⊣　齉鼻
公鸭嗓 ə kuŋʌᴋ ia⊣ saŋ˥⊬ ə⊣　公鸭嗓子
一个眼 iʌ⊬ kuə˩ iã˥　一只眼儿
近视眼 tɕiə̃˩ ʂɿ˩ iã˥
远视眼 yã˥ ʂɿ˥⊢ iã˥
[老]花眼 [lɔ˥] xuaʌ iã˥
铃铛眼 liŋ˥⊬ taŋ⊣ iã˥　鼓眼泡儿
斗眼 ə təu˩ᴦ iɛ⊣ ə⊣　斗眼儿
疤眼 ə paʌᴋ iɛ⊣ ə⊣　疤眼儿
怕光 p'a˩ kuaŋʌ
雀瞽 tɕ'yəʌᴋ ku⊣　夜盲症
豁嘴 ə xuəʌᴋ tsuei⊣ ə⊣　豁唇子
豁 ə xuəʌᴋ ə⊣
豁鼻 ə xuəʌ pi˥⊬ ə⊣
塌鼻 ə t'aʌ pi˥⊬ ə⊣　（程度重）
扒鼻 ə p'aʌ pi˥⊬ ə⊣　（程度轻）
豁牙 ə xuəʌᴋ ia⊣ ə⊣　豁牙子
龇牙 ə ts'ɿʌᴋ ia⊣ ə⊣　牙齿外突的人
没牙卡 ə mu˥⊢ iã˥ k'a˥⊬ ə⊣　掉了牙的人
老婆嘴 lɔ˥⊬ p'ə⊣ tsuei˥　老公嘴儿（成人不生须的）
白公 pei˥⊬ kuŋ⊣　生来毛发皆白的人
嘲巴 tʂ'ɔ˥⊬ pa⊣　傻子
傻瓜 ʂa˥⊬ kua⊣

迷人 mi˥⊬ lə̃⊣　疯子
残坏 ts'ɛ˥⊬ xuɛ⊣　残废：他～连
刨燥 p'ɔ˥⊬ tsɔ˩　病人心里烦燥、心慌
请先生 tɕ'iŋ˥ ɕiãʌᴋ ʂəŋ⊣　请医生
请大夫 tɕ'iŋ˥ tɛ˩ᴦ fu⊣　（今）
扎裹 tʂaʌ⊦ kuə⊣　①治疗：～病｜～好咗 ②打扮：～起来真好看！
看病 k'ã˩ piŋ˩　诊病
见轻 tɕiã˩ tɕ'iŋʌ　病轻了
轻快 tɕ'iŋʌᴋ k'uɛ⊣
病好咗 piŋ˩ xɔ˥⊬ liã⊣　病全好了
不行咗 pu˩ ɕiŋ˥⊢· liã⊣　病危
打不住桩 ta˥⊬ pu⊣ tʂu⊣ tʂuaŋʌ　病得人坐立不住（一般是得急病）
号脉 xɔ˩ mei˩　（老）
试脉 ʂɿ˩ mei˩
开方 ə k'ɛʌᴦ faŋʌᴋ ə⊣　开药方
一服药 iʌ⊬ fu˩ yə˩　一剂药
药引 ə yə˩ iə̃˥⊬ ə⊣　药引子
药锅 ə yə˩ kuəʌᴋ ə⊣　药罐子
熬药 ŋɔ˥⊬ yə˩　煎药
拿药 na˥⊬ yə˩　抓药（中药）
买药 mɛ˥⊬ yə˩　配药（西药）
拿药 na˥⊬ yə˩
熬药 ŋɔʌ⊬ yə˩　煎煎
（中）药铺 yə˩ p'u˩　（旧）
洋药房 iaŋ˥⊬ yə˩ faŋ˥　药房（旧）
药店 yə˩ tiã˩　（今通称中、西药店）
偏方 p'iãʌᴦ faŋʌ
发[出]汗 faʌ⊬ [tʂ'uʌ⊬] xã˩　表汗
去风 tɕ'y˩ fəŋʌ　除风
败火 pɛ˩ xuə˥　去火
去湿 tɕ'y˩ ʂɿʌ
解毒 tɕiɛ˥⊬ tu˥　败毒
消食 ɕiɔʌ ʂɿ˥
针灸 tʂə̃ʌ tɕiəu˥　扎针
拔罐 ə pa˥⊬ kuã˩ᴦ ə⊣　拔火罐子
上药 ʂaŋ˩ yə˩　敷药

揞 ŋã˥　上药，捂上：头磕破唻，得～上点药｜出血唻，快使手～住

膏药(中药) kɔ˨˦ yə˧

一贴 i˨˦ t'iə˧　一张(膏药)

药膏(西药) yə˨ kɔ˨

抹药膏 mə˨˩ yə˧ kɔ˨　搽药膏

糊 xu˨　①把药物抹在患外　②用巴掌打：～他两耳巴　③靠，碰：别～看我！

掐巴 tɕ'ia˨˦ pa˧　用指甲按或用指头捏以治病：你头疼，找个人～～就好了

着 tʂuə˥　传染：这病～人

呼得 xu˨˦ tei˧　人病危喘气的样子：王大爷还有口气，还～

迷糊 mi˥˦ xu˧　①昏迷　②迷路

还心 xuã˥˦ ɕiə̃˧　苏醒

虚和 ɕy˨˦ xuə˧　有一点病就表现得很重的样子

跌窝 tiə˨˦ və˧　婴儿因疾病或营养不良而严重影响身体发育：这孩 ə 七岁了还这么矮，是小霎～了

鸡钉 tɕi˨˦ tiŋ˧　固定原样不变，不生长也不移动：这孩 ə 这么矮，和～了是 ə｜你～乜 ə 唻？喊不喊 ə 不挪窝

痒痒 iaŋ˥˩ iaŋ˧　痒

刺挠 tʂ'ʅ˨˩ nɔ˧　①身上发痒的感觉：浑身～　②讽刺：你别～人！

搁 kuə˥　物体顶着部分肌肉，感到难受：鞋 ə 有沙，～ə 慌

使 ʂʅ˥　疲劳，累：干一天活，真～ə 慌

咹哼 iɛ˥ xəŋ˧　犹呻吟：老娘疼外甥，使杀不～

□着 vɛ˥˩ tʂuə˧　硬挨，拖延：旧社会没钱扎裹病，就得～

十二　衣服　穿戴

衣裳 i˨˦ ʂaŋ˧　衣服

首饰 ʂəu˥˩ ʂʅ˧

细密 ɕi˨˩ mi˧　泛称小巧珍贵的东西，一般指金银首饰

大褂 ə ta˨ kua˨˩ ə˧　长衫

马褂 ə ma˥˦ kua˨˩ ə˧　马褂儿

大褂 ə ta˨ kua˨˩ ə˧　旗袍(女装)

大袄 ta˨ ŋɔ˥　棉袍

棉袄 miã˥˦ ŋɔ˥

皮袄 p'i˥˦ ŋɔ˥

中式 ə tʂuŋ˨˦ ʂʅ˨ ə˧　中装：～褂 ə

龟拉盖 kuei˨˦ la˧ kɛ˨　比喻过短的衣服

西服 ɕi˨ fu˥

大衣 ta˨ i˨

大氅 ta˨ tʂ'aŋ˥ (旧)

衬衣 tʂ'ə̃˨ i˨

大襟 ta˨ tɕiə̃˨

底襟 ə ti˥˩ tɕiə˧ ə˧　小襟

对襟 tuei˨˩ tɕiə̃˧

衣裳下边 i˨˦ ʂaŋ˧ ɕia˨˩ piɛ˧　下摆

下缲 ə ɕia˨ tɕ'iɔ˨˩ ə˧　衣服下摆的边

领 ə liŋ˥˩ ə˧　领子

袖 ə ɕiəu˨˩ ə˧　袖子

贴边 t'iə˨˩ piɛ˨

布袋 ə pu˨˩ tɛ˧ ə˧　兜儿

口袋 k'əu˥˩ tɛ˧

裤 k'u˨　裤子

半裤 ə pã˨˦ k'u˨ ə˧　短裤

豁裆裤 xuə˨ taŋ˨˩ k'u˨　开裆裤

割裆裤 ka˨ taŋ˨˩ ku˨　漫裆裤

裤裆 k'u˨ taŋ˨

裤腰 k'u˨ iɔ˨

免腰 miã˥˩ iɔ˧　①旧式裤子的大宽腰，穿时前部要折起(方言称"免")起一块　②比喻土气：～ə

扎腰带 ə tʂa˨˩ iɔ˨ tɛ˨˩ ə˧　裤腰带

裤腿 k'u˨ t'uei˥

背心 pei˨ ɕiə̃˨　针织的

坎肩 k'ã˥ tɕiã˨　夹的、棉的

衬衣 tʂ'ə̃˨ i˨　内衣(新)

套褂ə t'ɔ˨˦ kuɑ˨ ə˧
套裤ə t'ɔ˨˦ k'u˨ ə˧　内裤
衬裙 tʂ'ə̃˨ tɕ'yə̃˥
汗衫 xə̃˨ ʂã˦　针织圆领衫
马夹ə mɑ˥ tɕiɑ˦˨ ə˧　用布缝制的无领短袖上衣
帽垫ə mɔ˨ tiã˨˩ ə˧　瓜皮帽
帽ə mɔ˨˩ ə˧
草帽ə ts'ɔ˥˦ mɔ˨˩ ə˧　草帽
制服 tʂʅ˨ fu˥
军帽 tɕyə̃˦˦ mɔ˨
帽檐 mɔ˨ iã˥
裹腿 kuə˥˩ t'uei˧
扎腿带ə tʂɑ˦ t'uei˥ tɛ˨˩ ə˧　老人用
扣ə k'əu˨˩ ə˧　扣子
扣鼻ə k'əu˨ pi˥˦ ə˧　扣鼻儿
围裙 vei˥˦ tɕ'yə̃˧　围腰
裙ə tɕ'yə̃˥˦ ə˧　裙子
袜带ə vɑ˨ tɛ˨˩ ə˧　袜带
兜兜ə təu˦˨ təu˧ ə˧　涎布
脖[圆]疙拉 pə˥˦ [yã˥˦] kɑ˧ lɑ˧
鼻鼻ə pei˥˦ pei˧ ə˧　给小儿擦鼻涕的布
褯ə tɕiə˨˥ ə˧　尿布
鞋 ɕiɛ˥
拖[靸]鞋 t'uə˦ [sɑ˦] ɕiɛ˥
棉鞋 miã˥˦ ɕiɛ˥
靴ə ɕyə˦˨ ə˧（俗称）
皮鞋 p'i˥˦ ɕiɛ˥
鞔鞋 tʂ'ã˥˩ ɕiɛ˥　过去农民穿的一种布鞋，前面带钩形，很结实
趴古古ə鞋 p'ɑ˦˨ ku˧ ku˧ ə˧ ɕiɛ˥　过去多是农家小孩穿的一种鞋，鞋前当中有一条皮，结实耐穿
垫底ə tiã˨˦ ti˧ ə˧　旧时老年妇女穿的双层鞋外面的一层
鞋底 ɕiɛ˥˦ ti˥
鞋ə底 ɕiɛ˥˦ ə˧ ti˥　"底"又音 tei˥，但只用于用鞋底打人时的量词：打你十～

鞋帮ə ɕiɛ˥˦ pɑŋ˦˨ ə˧　鞋帮儿
鞋楦 ɕiɛ˥˦ ɕyã˨
鞋拔子 ɕiɛ˥˦ pɑ˥˦ ə˧
鞋带ə ɕiɛ˥˦ tɛ˨˩ ə˧
袜ə vɑ˨˩ ə˧　袜子
小布ə ɕiɔ˥˩ pu˨˩ ə˧　手帕
汗巾 xã˨ tɕiã˦
围巾 vei˥ tɕiã˦
围脖 vei˥˦ pə˥
手套ə ʂəu˥˩ t'ɔ˨ ə˧　手套
眼镜ə iã˥˩ tɕiŋ˨˩ ə˧　眼镜
望远镜 vɑŋ˨ yã˥˦ tɕiŋ˨
钱包 tɕ'iã˥ pɔ˦
扇ə ʂã˨˩ ə˧　扇子
蒲扇 p'u˥˦ ʂã˧
手表 ʂəu˥˦ piɔ˥
镯ə tʂuə˥˦ ə˧　镯子
戒指 tɕiɛ˨˩ tʂʅ˧
戒镏ə tɕiɛ˨ liəu˦˨ ə˧
项链 ɕiɑŋ˨ liã˨
百岁锁 pei˦˨ suei˧ suə˥　百家锁
耳剜ə ɭə˥˩ vã˧ ə˧　耳挖子
别针 piə˥˦ tʂə̃˧
簪ə tsã˦˨ ə˧　簪子
坠ə tʂuei˨˩ ə˧　耳环
珠珠ə tʂu˦˨ tʂu˧ ə˧　琉璃珠，可串成各种饰物
花球 xuɑ˦ tɕ'iəu˥　琉璃球
胭脂 iã˦˨ tʂʅ˧
粉 fə̃˥
裹脚 kuə˥˩ tɕyə˧　旧时妇女缠脚的布
伞 sã˥
布伞 pu˨ sã˥
蓑衣 suə˦˨ i˧
雨衣 y˥ i˦
胶鞋 tɕiɔ˦ ɕiɛ˥　雨鞋
呱打板ə kuɑ˦˨ tɑ˧ pã˥˩ ə˧　木屐
□拉ə tɕ'i˦˨ lɑ˧ ə˧　布条

铺衬 p'uʌʌ tʂ'ə̃ɪ 零碎布
隔褙 kuəʌɪ peiɪ
壳 ə tɕ'yə ʌɪ əɪ
呢 ə ni꜒ əɪ 呢子
卡其 tɕ'ia꜒ tɕ'iɪ
绵 ə miã꜒ əɪ 丝绵
做衣裳 tsu˨ iʌ ʂaŋɪ 做衣服
量衣裳 liaŋ꜒ iʌ ʂaŋɪ 量衣服
熨衣裳 yə̃˨ iʌ ʂaŋɪ 熨衣服
纫针 iə˨ tʂə̃ʌ 穿针
[线]疤 ə [ɕiã˨] paʌ əɪ 针脚：你缭那～密一点
缭贴边 liɔ꜒ t'iəʌ piɛʌ
鼓缝 ə ku꜒ fəŋ˨ əɪ 绷缝儿
缲边 tɕ'iɔʌ piɛʌ
绗 xaŋ˨
绞拉 tɕiɔ꜒ laɪ 一种大针脚交叉缝的缝纫方法
做被 ə tsu˨ pei˨ əɪ 做被子
补补丁 pu꜒ pu꜒ tiŋɪ 打补丁
粘鞋帮 ə tʂãʌ ɕiɛ꜒ paŋʌ əɪ 鞔鞋帮儿
拉鞋底 la˨ ɕiɛ꜒ ti꜒ 纳鞋底
钉扣 ə tiŋʌ k'ou˨ əɪ 钉扣子
绣(插)花 ɕiou˨ (tʂ'aʌ) xuaʌ

十三 饮食

饭食 fã˨ ʂʅɪ
吃□□ tʂ'ʅʌ ta꜒ mei˨ 吃的东西：有啥～？
食 ʂei꜒ 食物（含轻微语气）：原当不 ə（难怪）不吃饭唻，还是肚 ə 早有了～｜小家雀会吃～唻！
食 ʂʅ꜒ 动物吃的东西，饲料：鸡～｜狗～｜鱼～
啥喝 ʂa˨ xaɪ 统称喝的东西，包括稀饭和汤
清晨饭 tɕ'iə̃ʌ tɕ'iə̃ʌ fã˨ 早饭
早晨饭 tsɔ꜒ tʂ'ə̃ɪ fã˨

晌午饭 ʂaŋ꜒ vuɪ fã˨ 午饭
后晌饭 xəu˨ ʂaŋɪ fã˨ 晚饭
打尖 ta꜒ tɕiãʌ 途中吃饭
零食(嘴) liŋ꜒ ʂʅ꜒ (tsuei꜒)
夜饭 iə˨ fã˨ 消夜
[大米]干饭 [ta˨ mi꜒] kãʌ fã˨ 米饭
剩饭 ʂəŋ˨ fã˨
煳唓 xu꜒ liãɪ （饭）煳了
酸唓 suãʌ liãɪ （饭）馊了
[锅]疙渣 [kuəʌ] kaʌ tʂaɪ 锅巴
[白]面 [pei꜒] miã˨ 面粉（用"面"较多）
面[条] miã˨ [t'iɔ꜒] 面条儿（用"面"较多）
挂面 kua˨ miã˨
包 ə pɔʌ əɪ ①饺子 ②包子
下包 ə ɕia˨ pɔʌ əɪ 饺子（区别于蒸的包子）
(包 ə)馅儿 (pɔʌ əɪ) ɕiã˨ əɪ
馄饨 xuə̃꜒ tuə̃ɪ
元宵 yã꜒ ɕiɔʌ
粽 ə tɕyŋ˨ əɪ 粽子
月饼 yə˨ piŋ꜒
糊涂 xu꜒ tuɪ ①小米面、玉米面、高粱面等做成的稀粥 ②人不明事理，认识模糊混乱
粥 tʂəuʌ 小米或玉米等和水后在磨上磨过制成的稀饭
粘粥 niã꜒ tʂuɪ （与上条"粥"韵母不同）
馉馇 kuʌ tʂaɪ 煮的面疙瘩
饽饽 pəʌ pəɪ 馒头
馍馍 mə꜒ məɪ （手揉制的，圆形）
馃 ə tɕyã꜒ əɪ （刀切的，长方形）
水煎火烧 ʂuei꜒ ɕiaɪ xuə꜒ ʂɔɪ 水煎包
锅贴 kuəʌ t'iəɪ
火烧 xuə꜒ ʂɔɪ （烙双面）
烧饼 ʂɔʌ piŋɪ （烙单面，带芝麻）
锅饼 kuəʌ piŋɪ 一种又大又厚又硬的烙饼
单饼 tãʌ piŋ꜒ 一种用面烙成的薄饼

窝窝[头] və˧˥˧ və˧ [t'əu˥]
干粮 kã˧˥˧ liaŋ˧
(下饭的)菜 ts'ɛ˩
吃素 tʂ'ʅ˧˥˦ su˩
吃腥 tʂ'ʅ˧˥ ɕiŋ˧˥ 吃荤
[青]菜 [tɕ'iŋ˧˥˦] ts'ɛ˩ (以单说"菜"为多)
咸菜总称 ɕiã˥˦ ts'ɛ˩
地环 ə ti˩ xuã˥˦ ə˧ 一种葫芦形的小咸菜,很脆
小菜(非正式菜总称) ɕiɔ˥˦ ts'ɛ˩ (口语一般不说)
豆腐 təu˩˥ fu˧
腐竹 fu˩ tʂu˧˥
豆腐干 ə təu˩˥ fu˧ kã˧˥˧ ə˧ 豆腐干儿
炸豆腐 tʂa˩ təu˩˥ fu˧ 豆腐泡儿
豆腐脑 ə təu˩˥ fu˧ nɔ˥˨ ə˧ 豆腐脑儿
豆汁 ə təu˩ tʂʅ˧˥˧ ə˧ 豆浆
豆腐乳 təu˩ fu˩ lu˥ 酱豆腐
细粉 ɕi˩ fə̃˥ 粉丝儿(粗、细不分)
凉粉 liaŋ˥˦ fə̃˧
冰棍 piŋ˧˥˦ kuə̃˩ (低级的,不含奶油等,较硬)
冰糕 piŋ˧˥ kɔ˧˥ (高级的,含奶油等,较软)
油条 iəu˥˦ t'iɔ˥
香油果 ə ɕiaŋ˧˥ iəu˥ kuə˥˨ ə˧
鸡蛋糕 tɕi˧˥˦ tã˩ kɔ˧˥ 蛋糕
藕粉 ŋəu˥˦ fə̃˥
石榴蘸 ə ʂʅ˥˦ liəu˧ tʂã˩˥ ə˧ 糖葫芦
味 vei˩ 味道
滋味 tsʅ˧˥˧ vei˧
味 vei˩ 气儿:一个臭~|这个~好闻。
颜色 iã˥˦ ʂei˧
香油 ɕiaŋ˧˥ iəu˥ 芝麻油
大油 ta˩ iəu˥ 猪油
脂罗索 tʂʅ˧˥˧ ləu˧ suə˧ 猪油渣
盐 iã˥
酱油 tɕiaŋ˩ iəu˥
麻汁 ma˥˦ tʂʅ˧ 芝麻酱
甜酱 t'iã˥˦ tɕiaŋ˧ 甜面酱
豆瓣酱 təu˩ pã˩ tɕiaŋ˩
秦椒酱 tɕ'iŋ˥ tɕiɔ˧˥˦ tɕiaŋ˩ 辣酱
醋 ts'u˩
忌讳 tɕi˩˥ xuei˧
黄酒 xuaŋ˥˦ tɕiəu˥ 料酒
红糖 xuŋ˥˦ t'aŋ˥
白糖 pei˥˦ t'aŋ˥
冰糖 piŋ˧˥ t'aŋ˥
糖瓜糖 t'aŋ˥˦ kua˧ t'aŋ˥ 麦芽糖
作料 tsuə˧˥˦ liɔ˩
八角 pa˧˥˧ tɕyə˧ 八角茴香
茴香 xuə̃˥˦ ɕiaŋ˧
花椒 xua˧˥˧ tɕiɔ˧
胡椒面 ə xu˥ tɕiɔ˧˥ miã˩˥ ə˧ 胡椒面儿
豆豉 təu˩˥ tʂ'ʅ˧
生粉 ʂəŋ˧˥ fə̃˥ 芡粉
木耳 mu˩ ɭə˥
银耳 iə˥˦ ɭə˥
金针 tɕiə̃˧˥ tʂə̃˧˥
黄花菜 xuaŋ˥ xua˧˥˦ ts'ɛ˩
海参 xɛ˥˨ ʂə̃˧
海带 xɛ˩˦ tɛ˩
海蛰 xɛ˥˨ tʂə˧
肘 ə tʂəu˥˨ ə˧ 肘子
猪蹄 ə tʂu˧˥ t'i˥˦ ə˧ 蹄子
里脊 li˥˨ tɕi˧
猪脑 ə tʂu˧˥ nɔ˥˨ ə˧
下水 ɕia˩˥ ʂuei˧ 猪牛羊的内脏
肺 fei˩
肠 ə tʂ'aŋ˥˦ ə˧ 肠子
牛肚 ə iəu˥ tu˥˨ ə˧ 牛肚子
肝 kã˧˥
腰 ə iɔ˧˥˧ ə˧ 腰子
鸡杂 tɕi˧˥ tsa˥
鸡盒 ə tɕi˧˥ xuə˥˦ ə˧ 鸡肫
鸡内金 tɕi˧˥˦ nei˩ tɕiə̃˧˥ 鸡肫皮

猪血 tʂuʌ⊦ ɕiə˧
鸡血 tɕiʌ⊦ ɕiə˧
鸡蛋 tɕiʌ⊬ tã˨
炒鸡蛋 tʂ'ɔ˥ tɕiʌ⊬ tã˨
煎鸡蛋 tɕiãʌ tɕiʌ⊬ tã˨ 荷包蛋
荷包鸡蛋 xuə˥⊬ pɔ˧ tɕiʌ⊬ tã˨ 卧鸡子儿(水煮的)
煮鸡蛋 tʂu˥ tɕiʌ⊬ tã˨ 煮鸡子儿(连壳的)
炖鸡蛋 tuə̃˨ tɕiʌ⊬ tã˨ 蒸鸡子儿
变蛋 piã˨ tã˧ 松花蛋
咸鸡蛋 ɕiã˥ tɕiʌ⊬ tã˨
[香]肠 ə [ɕiaŋʌ] tʂ'aŋ˥⊬ ə˧ 香肠
鸡蛋汤 tɕiʌ⊬ tãŋ˨ t'aŋʌ
[白]酒 [pei˥⊬] tɕiəu˥
甜酒 t'iã˥⊬ tɕiəu˥
茶水 tʂ'a˥⊬ ʂuei˥ (沏好的)茶
茶叶 tʂ'a˥⊬ iə˨
茶 tʂ'a˥
开水 k'ɛʌ ʂuei˥
浸水 tɕ'iə̃˨ ʂuei˥ 泡茶
烟 iãʌ (今称)
烟卷 iãʌ tɕyɛ˥
烟灰 iãʌ⌈ xueiʌ
水烟袋 ʂuei˥⊬ iã˧ tɛ˨
烟袋 iãʌ⊬ tɛ˨
烟袋油 ə iãʌ⊬ tɛ˨ iəu˥⊬ ə˧ 烟袋油子
做饭(一般) tsu˨ fã˨
择菜 tʂei˥⊬ ts'ɛ˨
做菜(一般) tsu˨ ts'ɛ˨
做汤 tsu˨ t'aŋʌ
淘米 t'ɔ˥⊬ mi˥
和面 xuə˥⊬ miã˨
搋面 tʂ'uɛ˥⊬ miã˨
圈面 tɕ'yã˨⊬ miã˨ 揉面团
擀面 kã˥⊬ miã˨ 擀面条
拉面 laʌ⊦ miã˧ 抻面条
蒸馍馍 tʂəŋʌ mə˥⊬ mə˧ 蒸馒头
馏馍馍 liəu˨ mə˥⊬ mə˧ 把凉了的熟馒头蒸热
燲 t'əŋʌ ①放在炉台上烤:~饽饽|~地瓜 ②(把某人某事)暂置一边不予理睬:先~着他,过儿个月再说
滚 kuə̃˥ 例:~稀饭|~粘粥
熬 ŋɔ˥
因 tɕ'əu˥ 用火焖煮:~干饭|~糕
斩 tʂ'ã˥ ①滚水中加凉水使落滚:三~包 ə 两~面 ②人说话不得体或发脾气时进行制止:他在乜 ə 骂人,得~他!
发面 faʌ⊬ miã˨ (动宾)
发面 faʌ⊦ miã˧ 发了的面
面引 ə miã˨ iə̃˥⊬ ə˧ 面肥
面醭 miã˨ pu˥ 做面食时用的干面粉
剂 ə tɕi˨⌈ ə˧ 和好揉好准备擀面或包水饺面块
麻□ ma˥⊬ ʂə˧ 豆饼
醭 pu˥ 食物长的白色霉
扑□ p'uʌ t'ə˧ 罗卜煮熟的气味
脂脂 tʂʅʌ⊦ tʂʅ˧ 食油或含油食品日久变质的味道
略 lyə˨ 蔬菜在开水里一煮:芹菜滚锅一~
拔 pa˥ 滚热的东西突然放进凉水中
骨嘟 kuʌ⊦ tu˧ (象声词)煮:肉放在慢火上大~
窟嚓 k'uʌ⊦ tʂ'a˧ (象声词)熬:白菜~肉
熟腌 ʂu˥⊬ iã˧ 把鸡蛋先煮熟了再放在咸水里腌
粉 fə̃˥ 米浸潮使质地变松:今日~上黄米
丝 ʂʅʌ 把豆子煮熟,使发霉以作其他食品:~豆 ə
溻乎 t'aʌ⊦ xu˧ 刚摊的煎饼或刚烙的饼因热粘到一起:这煎饼都~住哇
铺拉 p'uʌ⊦ la˧ ①摊煎饼出现一些破碎:这煎饼不好摊,光~ ②皮肤生疮疖由少数几个到成为一片:你看他头上的疮~满哇

第捌章　分类词表　145

攫连 tɕyə˧˥˥˧ liã˧　粥类等凉了后表面凝结的一层

嘎巴 kɑ˧˥˥˧ pɑ˧　附着在器物上干了的粥等：衣裳上有块～

附：本地酒席及常见吃食名

席地 ɕi˥˨˦ ti˧　酒席

四四 ə 席 sɿ˨˩ sɿ˨˩ ə˧ ɕi˥　上等酒席名，一席包括四盘、四行件、四大件等菜肴

大件 tɑ˨˩ tɕiɛ˧　酒席上用大盘盛的菜，隆重的酒席有四个

行件 ɕiŋ˥˨˦ tɕiɛ˧　酒席上用中盘盛的菜

豆腐箱 ə təu˨˩ fu˧ ɕiɑŋ˧˥˥˧ ə˧　炸过的长方块豆腐，挖空加馅制成的形似箱子的一种菜

烧肉 ʂɔ˧˥˨˦ ləu˨˩　一种宽约5厘米、长约20厘米的长条形大块烤肉，烤前要在花椒盐水中浸泡

炒八宝 tʂʻɔ˥ pɑ˧˥ pɔ˥　用肉、黄瓜、豆腐、鸡蛋、香菜等八种原料炒成的菜

酥鱼锅 ə su˧˥ y˥ kuə˧˥˥˧ ə˧　将海带、白菜、肉、鱼、鸡、藕等放进沙锅，用酱油、醋、大葱、姜等调料熬八至十小时而成的菜

辣汤 lɑ˨˩ tʻɑŋ˧˥　面粉和水做成疙瘩，加粉条、豆腐、菠菜或白菜、胡椒面等制成的带咸、辣味的羹

油粉 iəu˥˨˦ fə̃˧　用绿豆浆加适量面粉及粉条、豆腐、花生、香菜等制成的一种带咸、酸味的羹，近似济南的“甜沫”

连浆 ə liã˥˨˦ tɕiɑŋ˧ ə˧　磨过的豆子加少量酸浆和蔬菜做成的食物

渣豆腐 tʂɑ˧˥˥˧ təu˧ fu˧　磨过的豆子加大量蔬菜制成的食物，山东一些地方称“小豆腐”

茶汤 tʂʻɑ˥˨˦ tʻɑŋ˧　小米浸泡后晾成半干碾成细面，用开水冲（或用锅煮）成的粥类食品

煎饼 tɕiã˧˥˥˧ piŋ˧

煎饼汤 tɕiã˧˥ piŋ˥ tʻɑŋ˧˥　开水泡的煎饼

对冲 ə tuei˨˩˨˦ tʂʻuŋ˧˥˥˧ ə˧　做煎饼时为了易摊，在生粮里加上的部分熟粮

磨糊 ə 水 mə˥˨˦ xuə˧ ə˧ ʂuei˥　磨煎饼糊时的刷磨水

糕团 ə kɔ˧˥˥˧ tʻã˧ ə˧　用粘米制成的一种团状食品

糖瓜 tʻɑŋ˥ kuɑ˧˥　麦芽糖吹成的象苹果大小的食品，常用于过小年送灶神上天

拈转 niã˥˩ tʂuã˧　新麦蒸熟搓下麦粒放在磨上摊成的一种线状食品

十四　红白大事

公事 kuŋ˧˥˨˦ ʂɿ˨˩　婚事或丧事：红～｜白～

红公事 xuŋ˥ kuŋ˧˥˨˦ ʂɿ˨˩　婚事

提亲 tʻi˥ tɕʻiə̃˧˥　做媒

介绍 tɕiɛ˨˩ ʂɔ˥　（新）

说媳妇 ʂuə˧˥ ɕi˧˥˧ fu˧　给男的介绍配偶

说婆婆家 ʂuə˧˥ pʻə˥˨˦ pʻə˧ tɕiɑ˧　找婆家

倒提媒 tɔ˨˩ tʻi˥˧ mei˥　女方向男方提亲

媒人 mei˥˨˦ lə̃˧

介绍人 tɕiɛ˨˩ ʂɔ˨˩ lə̃˥　（新）

结婚 tɕiə˧˥˥ xuə̃˧˥　（新）

成亲 tʂʻəŋ˥ tɕʻiə̃˧˥

（男子）娶媳妇 tɕʻy˥ ɕi˧˥˧ fu˧

（女子）出嫁 tʂʻu˧˥˨˦ tɕiɑ˨˩

出阁 tʂʻu˧˥˥ kuə˧˥

过门 kuə˨˩ mə̃˥

男家 nã˥˨˦ tɕiɑ˧

女家 ny˥˨˧ tɕiɑ˧

对象 tuei˨˩ ɕiɑŋ˨˩

打发闺女 tɑ˥˨˧ fɑ˧ kuə̃˧˥˥˧ ny˧　（父母）聘姑娘

相 ɕiɑŋ˧˥　相看

般配 pã˧˥˨˦ pʻei˨˩　男女结合相配

宜量 i˥˨˦ liɑŋ˧　般配，合适：他俩个结婚不～｜这人不～好（不适合用好态度对待）

合尧相 xuə˥ iɔ˥˧ ɕiaŋ˧　合适，相称：他俩在一块挺～
定婚 tiŋ˩ xuə̃˨˦　（新）
　送柬 suŋ˩ tɕiɛ˥
柬 tɕiɛ˥　定婚书
好日 ə xɔ˥˧ ḷə˩˨ ə˧　喜期
看(查)日 ə k‘ã˩ (tʂ‘ɑ˥) ḷə˩˨ ə˧　选定结婚日期
送日 ə suŋ˩ ḷə˩˨ ə˧　把选好的日子由媒人送到女方
盒 ə 钱 xuə˥˧ ə˧ tɕ‘iã˥　送日子时送到女方的一笔钱
大娶 tɑ˩　tɕ‘y˥　白天迎娶，有乐队、仪仗等
小娶 ɕiɔ˥˧ tɕ‘y˥　夜间迎娶，一般在十二点后，现在通行
喜酒 ɕi˥˧ tɕiəu˥
搬圆房 pã˨˦ iã˥˧ faŋ˧　过嫁妆
嫁妆 tɕiɑ˩˨ tʂuaŋ˧
[花]轿 [xuɑ˨˦˧] tɕiɔ˩
顿性 ə tuə̃˩ ɕiŋ˩˨ ə˧　花轿快到家门时，男方故意将大门关上，让新娘在轿内等候时辰
拜天地 pɛ˩ t‘iã˨˦˧ ti˩　拜堂
新女婿 ɕiə̃˨˦ ny˥˧ ɕy˧　新郎
新媳妇 ɕiə̃˨˦ ɕi˨˦˧ fu˧　新娘
新媳妇屋 ɕiə̃˨˦ ɕi˨˦˧ fu˧ vu˨˦　新房
合婚酒 xuə˥ xuə̃˨˦ tɕiəu˥　交杯酒
坐庐帐 tsuə˩ lu˥˧ tʂaŋ˩　旧时新娘结婚后要坐在床(或炕)上两日，不吃喝
叉(燃)火头 tʂ‘ɑ˥ (lã˥) xuə˥˧ t‘əu˧　娶亲或过年时点燃叉起的木头以示庆贺
送油 suŋ˩ iəu˥　旧时习俗：结婚第二天，新娘的两个兄弟给新娘送来梳头油之类的化妆品；今只保留两个兄弟作客的习惯，不送梳头油了
油客 iəu˥˧ k‘ei˧　以送梳头油为名到男方作客的新娘的两个兄弟
回门 xuei˥˧ mə̃˥
改嫁 kɛ˥˧ tɕiɑ˧　再醮
续弦(从男方说) ɕy˩ ɕyã˥
填房(从女方说) t‘iã˥˧ faŋ˧
上头 ʂaŋ˩ t‘əu˥　童养媳结婚
娃娃亲 vɑ˨˦ vɑ˨˦˨ tɕ‘iə̃˨˦　幼年定亲
有喜啦 iəu˥ ɕi˥˧ liã˧　有孕了
　有喜 iəu˥˧ ɕi˥
　重身 tʂ‘uŋ˥ ʂə̃˨˦
孕妇 yə̃˩ fu˩
小月 ɕiɔ˥˧ yə˧　小产
收生 ʂəu˨˦˨ ʂəŋ˨˦
　接生 tɕiə˨˦˨ ʂəŋ˨˦　（新）
胎盘 t‘ɛ˨˦ p‘ã˥　（新）
　衣 i˨˦
　衣巴脑 ə i˨˦˧ pɑ˧ nɔ˧ ə˧　（蔑）
坐月 ə tsuə˩ yə˩˨ ə˧　坐月子
月 ə yə˩˨ ə˧　做月子，生产：你媳妇～了没？
拾孩 ə ʂʅ˥ xɛ˥˧ ə˧　①生孩子　②接生
开怀 k‘ɛ˨˦ xuɛ˥　妇女生第一胎：桂英结婚三年了还没有～
娩卧 miã˥˧ və˩　分娩
觉景 tɕyə˨˦ tɕiŋ˥　多指妇女临产的感觉
落草 luə˩ ts‘ɔ˥　指孩子下生
快性 k‘uɛ˩˨ ɕiŋ˧　多指妇女生产顺利
粥米 tʂu˨˦˧ mi˧　娘家送来慰问产妇的食品
满月 mã˥˧ yə˧
百岁 pei˨˦˧ suei˩　孩子生下一百天
双生 ə ʂuaŋ˨˦˧ ʂəŋ˨˦˧ ə˧　双胞胎
　一对巴 i˨˦ tuei˩˨ pɑ˧
背生子 pei˩ ʂəŋ˨˦ tsʅ˥　遗腹子
私孩 ə sʅ˨˦˧ xɛ˧ ə˧　私生子
挨肩 iɛ˨˦˨ tɕiɛ˨˦　兄弟姐妹排行相连，年龄相隔不大
过房 kuə˩˨ faŋ˧　过继
吃妈妈 tʂ‘ʅ˨˦˨ mɑ˨˦˧ mɑ˧　吃奶
断奶 tuã˩ nɛ˥
妈妈头 ə mɑ˨˦˧ mɑ˧ t‘əu˥˧ ə˧　奶头

尿下 niɔ˩꜒ ɕiɑ˧　（小孩子)尿床
认生 ləŋ˩ ʂəŋ˨˦
　眼生 iã˥꜒꜖ ʂəŋ˧
休 ɕiəu˨˦　旧时男人离弃妻子
跑了 p'ɔ˥꜒꜖ liɔ˧　旧指妇女从夫家出走
生日 ʂəŋ˨˦꜔꜖ ɭə˧　寿辰
做生日 tʂu˩ ʂəŋ˨˦꜔꜖ ɭə˧　做寿
祝寿 tʂu˩ ʂəu˩　庆寿
老寿星 lɔ˥꜒꜖ ʂəu˩꜒ ɕiŋ˧　寿星
白公事 pei˥ kuŋ˨˦꜒꜖ ʂʅ˩　丧事
孝ə ɕiɔ˩꜒ ə˧　长辈去世后办丧事期间的晚辈
孝子 ɕiɔ˩ tsɿ˥　孝顺的儿子（对照上条）
急孝ə tɕi˨˦ ɕiɔ˩꜒ ə˧　死者子女（对照第一条词义）
母族家 mu˥꜒꜖ tsu˧ tɕiɑ˧　妇女去世，娘家来吊唁的亲属
守头 ʂəu˥꜒꜖ t'əu˧　死者的亲戚给死者女儿的一点钱
死了 sɿ˥꜒꜖ liɔ˧
　老了 lɔ˥꜒꜖ liɔ˧
　不在睑 pu˩ tsɛ˩꜒ liã˧
倒头 tɔ˥꜒꜖ t'əu˧　断气身亡
倒头饭 tɔ˥꜒꜖ t'əu˧ fã˩　人一咽气就做一碗小米饭，供在死者灵前
浆水 tɕiɑŋ˨˦ ʂuei˥　做倒头饭的汤，盛在罐子里，第二天向外送出
净面 tɕiŋ˩ miã˩　用棉絮蘸酒为死者擦脸
报丧 pɔ˩ sɑŋ˨˦
棺材 kuã˨˦꜔꜖ ts'ɛ˧
　寿器 ʂəu˩ tɕ'i˩
　寿活路 ʂəu˩꜒ xuə˧ lu˧
棺衣 kuã˨˦꜒ i˨˦　死者女儿做的套在棺材外面的罩子，顶子黄色，周围红色，底下绿色
入殓 lu˩ liã˩
殓棺 liã˩ kuã˨˦　盖棺
守灵 ʂəu˥꜒ liŋ˥
出殃 tʂ'u˨˦꜒ iɑŋ˨˦　接煞
七日 tɕ'i˨˦꜔ ɭə˧　做七
五七 vu˥꜒꜖ tɕ'i˧　人死后35天，子女要去上坟
百日 pei˨˦꜔ ɭə˧　人死后100天，子女要去上坟
守孝 ʂəu˥꜒꜖ ɕiɔ˩
带孝 tɛ˩ ɕiɔ˩
塌头 t'ɑ˨˦꜔ t'əu˧　妇女顶在头上的孝布
出殡 tʂ'u˨˦꜒꜖ piə̃˩
起灵 tɕ'i˥꜒꜖ liŋ˧　将棺材从屋里抬出
哀杖 ŋɛ˨˦꜒꜖ tʂɑŋ˩　哭丧棒，用向日葵杆子做成
送殡 suŋ˩ piə̃˩
纸扎 tʂʅ˥꜒ tʂɑ˥
金银锞ə tɕiə̃˨˦ iə̃˥ k'uə˩꜒ ə˧　纸锞
暖墓 nuã˥꜒꜖ mu˩　亡者亲属到坟内设火煎糕
煎糕 tɕiã˥ kɔ˨˦　到坟内煎制黄米粘糕
顶包打瓦 tiŋ˥ pɔ˨˦ tɑ˥꜒ vɑ˥　用热馒头填满罐子，出殡时放到坟里
冥器 miŋ˥꜒꜖ tɕ'i˩　放到坟里的随葬品，如小碗、小壶等日用品
上吊 ʂɑŋ˩ tiɔ˩
寻短(死) ɕiə̃˥꜒ tuã˥ (sɿ˥)　自杀
骨灰 ku˨˦꜒ xuei˨˦
骨灰盒ə ku˨˦꜒ xuci˨˦ xuə˥꜒꜖ ə˧
骨殖 ku˨˦꜔ ʂʅ˧　尸骨
照应 tʂɔ˩ iŋ˩　对婚丧事资助：～公事

十五　迷信

天老爷 t'iã˨˦꜔꜖ lɔ˥꜔ iə˥　老天爷
王母娘娘 vɑŋ˥꜒꜖ mu˧ ȵiɑŋ˥꜒꜖ niɑŋ˧
灶王爷 tɔ˩ vɑŋ˥꜒ iə˥
佛 fə˥
　佛爷 fə˥꜒꜖ iə˧
菩萨 p'u˥꜒꜖ sɑ˧（泛称）
观音[菩萨] kuã˨˦꜔꜖ iə̃˧ [p'u˥꜒꜖ sɑ˧]

磕坛ə k'ɑ˧˦ t'ã˥˦ ə˧ 佛龛
供桌ə kuŋ˧˥ tʂuə˧ ə˧ 香桌
上供 ʂaŋ˧ kuŋ˧
蜡台 lɑ˧ t'ɛ˥ 烛台
蜡 lɑ˧ 蜡烛
摩（波）豁鱼ə mə˧˦ (iə˧˦) xuə˧ y˥˦ ə˧ 木鱼
香 ɕiɑŋ˨˦（通称）
挂香 kuɑ˧ ɕiɑŋ˨˦
盘香 p'ã˥˦ ɕiɑŋ˧
香炉ə ɕiɑŋ˨˦ ləu˧ ə˧ 香炉
烧香 ʂɔ˨˥ ɕiɑŋ˨˦
香妈妈 ɕiɑŋ˨˦ mɑ˧ mɑ˧ 来自各地烧香的妇女
求签 tɕiəu˥ tɕ'iã˨˦
庙会 miɔ˧ xuei˧
赶会 kã˥˦ xuei˧ 赶庙会
和尚 xuə˥˦ tʂ'ɑŋ˧
姑ə ku˨˦ ə˧ 尼姑
道士 tɔ˧˥ ʂʅ˧
仙家 ɕiã˨˦ tɕiɑ˧ 仙人，神仙
土地庙 t'u˥˦ ti˧˦ miɔ˧
土地爷爷 t'u˥˨ ti˧ iə˥˦ iə˧
关帝庙 kuã˨˦ ti˧˦ miɔ˧
关老爷 kuã˨ lɔ˥˨ iə˧
城隍庙 tʂ'əŋ˥ xuɑŋ˦ miɔ˧
城隍老爷 tʂ'əŋ˥˦ xuɑŋ˧ lɔ˥˨ iə˧
阎王爷 iã˥˦ vɑŋ˧ iə˥ 阎王
判官 p'ã˧ xuã˨˦
白无常 pei˥˦ vu˥˦ tʂ'ɑŋ˧
黑无常 xei˨˦ vu˥˦ tʂ'ɑŋ˥
小鬼 ɕiɔ˥˦ kuei˥ 阎王不在家，～就挖挲
屈死鬼 tɕ'y˨˦ ʂʅ˥˦ kuei˥
吊死鬼 tiɔ˧ ʂʅ˥˦ kuei˥
狐狸精 xu˥˦ li˧ tɕiŋ˨˦
蛤蟆精 xɑ˥˦ mɑ˧ tɕiŋ˨˦
祠堂 ts'ʅ˥˦ t'ɑŋ˥
　家庙 tɕiɑ˨˦ miɔ˧ 赵家～

算卦 suã˧ kuɑ˧
算卦ə suã˧ kuɑ˧˥ ə˧ 算卦的
相面ə ɕiɑŋ˧ miã˧˥ ə˧ 看相的
神婆ə ʂə̃˥˦ p'ə˧ ə˧ 巫婆
　神妈妈 ʂə̃˥˦ mɑ˧ mɑ˧
神汉 ʂə̃˥˦ xã˧
下神 ɕiɑ˧ ʂə̃˥
驾箕ə tɕiɑ˧ tɕi˨˦ ə˧ ①扶箕的人 ②扶箕
扶鸾 fu˥˦ luã˥ ①扶箕 ②借指双方吵架，第三者对一方的劝慰
许愿 ɕy˥˦ yã˧
还愿 xuã˥˦ yã˧
时气不济 ʂʅ˥˦ tɕ'i˧ pu˧ tɕi˧ 迂鬼怪而生病
愿慰 yã˧˥ vei˧ 拿一杯水在神像前燃着的香上边旋转边祷告，然后把香灰弄到杯里，让患病的人喝香灰水治病：小孩病唓，上灶王爷那里给他～～
神水 ʂə̃˥˦ ʂuei˥ 迷信认为可治病的水
来生 lɛ˥ ʂəŋ˨˦
　再ə辈ə tsɛ˧ ə˧ pei˧˥ ə˧ 下辈子
今ə辈ə tɕiə̃˨˦ ə˧ pei˧˥ ə˧ 这辈子
那ə辈ə nɑ˧ ə˧ pei˧˥ ə˧ 前辈子：我～该你！
妨 fɑŋ˨˦ 迷信称妇女使丈夫或婆家其他人死亡：这扫帚星～了自家男人
迎灵 iŋ˥˦ liŋ˥ 夫妻的一方原先已亡故，另一方死去办丧事时，要把先死一方灵魂接回的仪式
灵楼ə liŋ˥ ləu˥˦ ə˧ 出殡前放在房前用纸扎成的庙楼，供亲友祭奠，出殡时烧化
冥径 miŋ˥ tɕiŋ˨˦ 六尺红缎子，用金粉写上死者姓名、年令、职位等
烧马 ʂɔ˨˦ mɑ˥ 子女烧纸马送死者灵魂上西天
指路 tʂʅ˥˦ lu˧ 一般由长子站在凳子上执幡高喊："××（如爹爹）你上马啊，走西

方路!"
钱粮 tɕʻiã˥˧ liaŋ˥　人死后烧黄裱纸
打狗饼 ə ta˥˧ kəu˥ piŋ˥˨ ə˧　用面粉做的小饼,穿起来放在死人袖子里,一般多大岁数多少个,供死人灵魂打狗用

十六　讼事

打官司 ta˥ kuã˨˦ sɿ˧
告状 kɔ˨ tʂuaŋ˨
呈 ə tʂʻəŋ˥˨ ə˧　状子
过堂 kuə˨ tʻaŋ˥
　开庭 kʻɛ˦ tʻiŋ˥　(新)
法庭 fa˦ tʻiŋ˥　(新)
判刑 pʻã˨ ɕiŋ˥
枪毙哇 tɕʻiaŋ˦ pi˨˩ liã˧　枪毙了
押起来 ia˦˧ tɕʻi˧ lɛ˧　抓起来
保 pɔ˥　作保,保释
保人 pɔ˥˨ lə̃˧　作保的人
坐牢 tsuə˨ lɔ˥
探监 tʻã˨ tɕiã˦
治划 tʂɿ˨˩ xua˧　惩治,打击
抵偿 ti˥˧ tʂʻaŋ˥　偿命:打死人就得~
摁手印 ŋə̃˨ ʂəu˥˧ iə̃˨　画押
租 ə tsu˦˧ ə˧　地租
文书 və̃˥˨ ʂu˧　地契
牌照 pʻɛ˥˨ tʂɔ˧　(新)
印 iə̃˨
县官 ɕiã˨ kuã˦
　县太爷 ɕiã˨ tʻɛ˨ iə˥
　县长 ɕiã˨ tʂaŋ˥　(新)
师爷 ʂɿ˦ iə˥　(旧)
衙役 ia˥˨ i˧　(旧)
衙门 ia˥˨ mə̃˧　(旧)
呵道 ə xuə˦ tɔ˨˩ ə˧　旧时官吏或神像抬出时在前面高喊开道的人
匿名信 ni˨ miŋ˥˨ ɕiə̃˨

十七　日常生活

起来 tɕʻi˥˨ lɛ˧　起床
穿衣裳 tʂʻuã˦˩ i˦˧ ʂaŋ˧
歇带 ɕiə˦˧ tɛ˧　敞着怀:别~ə怀,扣上扣ə
洗脸 ɕi˥˧ liã˥　用手撩起水洗脸,然后用干毛巾擦
　抹脸 ma˦ liã˥　用毛巾擦洗脸
沐拉 mu˨ la˧　粗略地洗(脸或手):我~了一把脸
漱嘴 ʂu˦ tsuei˥　漱口
刷牙 ʂua˦ ia˥
梳头 ʂu˦ tʻəu˥
梳辫 ə ʂu˦ piã˨˩ ə˧　梳辫子
挽鬏 vã˥˧ tsuã˥　挽鬏儿
铰指甲 tɕiɔ˥ tʂɿ˦˧ tɕia˧　剪指甲
刮胡 ə kua˦ xu˥˨ ə˧　刮胡子
掏耳碎 tʻɔ˦ ḷə˥˨ suei˧　掏耳朵
上班 ʂaŋ˨ pã˦
下班 ɕia˨ pã˦
歇班 ɕiə˦˩ pã˦
轮班 lyə̃˥ pã˦
轮着 lyə̃˥˨ tʂuə˧　例:~干
出门 tʂʻu˦ mei˥　出远门
　出去了 tʂʻu˦˧ tɕʻy˧ liã˧　(不远)
回来哇 xuei˥˨ lɛ˧ liã˧　回家了
来家 lɛ˥ tɕia˦
玩 vã˥　游玩
走走 tsəu˥˧ tsəu˧　散散步
游泳 iəu˥˧ yŋ˥
　洗澡 ɕi˥˧ tsɔ˥
扎猛 ə tʂa˦ məŋ˥˨ ə˧　潜水
饥困哇 tɕi˦˧ kʻuə̃˧ liã˧　饿了
打饥困 ta˥˨ tɕi˦˧ kʻuə̃˧　充饥:吃糖不~
嘴没有滋味 tsuei˥˨ mu˥˧ iəu˥ tsɿ˦˧ vei˧　嘴没有味儿

吃清晨饭 tʂʻʅ˨˩˦ tɕʻiə̃˨˩˦˨˩ tɕʻiə̃˧ fã˧˩　吃早点

吃晌午饭 tʂʻʅ˨˩˦˥ ʂaŋ˥˨˩ vu˧ fã˧˩　吃午饭

吃后晌饭 tʂʻʅ˨˩˦ xəu˧˩˥ ʂaŋ˧ fã˧˩　吃晚饭

拉零食 la˧˩ liŋ˥˥ ʂʅ˥　吃零食

嗑 kʻuə˧˩　用上下门牙咬带壳的东西：～瓜子

开饭 kʻɛ˨˩˦˨˦ fã˧˩

端饭 tuã˨˩˦˨˦ fã˧˩

舀饭 iɔ˥˨˦ fã˧˩　盛饭

吃饭 tʂʻʅ˨˩˦˨˦ fã˧˩

㧟菜 tɕi˨˩˦˨˦ tsʻɛ˧˩　夹菜

舀汤 iɔ˥ tʻaŋ˨˩˦

使筷 ə ʂʅ˥˨˦ kʻuɛ˧˩˥ ə˧　用筷子

肉不烂 ləu˧˩ pu˨˩˦˨˦ lã˧˩

饭夹生 fã˧˩ tɕia˨˩˦˨˩ ʂəŋ˧　饭生

夹生饭 tɕia˨˩˦ ʂəŋ˨˩˦˨˦ fã˧˩

咬不动 iɔ˥˨˩ pu˧ tuŋ˧˩

噎着咗 iə˨˩˦˨˦ tʂuə˧ liã˧　（吃饭）噎住了

打嗝得 ta˥ kei˨˩˦˨˦ tei˧　打嗝

撑 ə 慌 tʂʻəŋ˨˩˦˨˩ ə˧ xuaŋ˧　（吃得太多）撑得很

喂住咗 vei˧˩ tʂu˧˩ liã˧　吃的东西多，不想再吃了：过年割了十斤肉，把他老两口～

享 ə 慌 tɕiaŋ˥˨˩ ə˧ xuaŋ˧　吃东西后肚子涨饱的感觉：我吃了豆腐粉条包 ə 就觉 ə 肚 ə～

续磨 ɕy˧˩˥ mə˧　吃饱后还在吃：你吃饱了还～啥？

攮丧 naŋ˥˨˦ saŋ˧　迅速往嘴里塞食物（贬义）：他一天不着屋 ə 顶，来家～上一口就走咗

蜜留 mi˧˩˥ liəu˧　把粘在筷子或手指上的东西咂净

漱拉 ʂu˧˩˥ la˧　把东西含在嘴里，只尝滋味不咀嚼

哈拉 xa˧˩˥ la˧　含着：小孩把你的肩膀～湿咗

干咂 kã˨˩˦ tsa˥　光吃干粮不喝稀的：晌午～了一个馍馍，没喝一口水

不咂 pu˨˩˦˨˩ tsa˧　⑴咂嘴的样子　⑵尝：你～～啥滋味

挑件 tʻiɔ˨˩˦˨˩ tɕiɛ˧　挑食：他爹爹好伺侯，吃饭不～

口淡 kʻəu˥˨˩ tã˧　想吃咸一点的东西：你～啊，吃这样些咸菜！

神活 ʂə̃˥˥ xuə˥　形容人吃东西少：你一天只吃一个馍馍，～啊？

小茬饭 ɕiɔ˥˨˩ tʂʻa˧ fɛ˧　小饭量（贬义）

喝茶 xa˨˩˦ tʂʻa˥

干渴 kã˨˩˦˨˩ kʻuə˧　渴

喝扒水 xa˨˩˦˨˦ pʻa˨˩˦˨˩ ʂuei˧　扒着喝河里的水

胀饱 tʂaŋ˧˩˥ pɔ˧　喝水过多觉得饱胀

喝酒 xa˨˩˦ tɕiəu˥

则拉 tsei˨˩˦˨˦ la˧（戏称）

吃烟 tʂʻʅ˨˩˦˥ iã˨˩˦　吸烟

洗手 ɕi˥˥ ʂəu˥

洗澡 ɕi˥˨˦ tsɔ˥

洗澡洗 ɕi˥˨˦ tsɔ˥˨˩ ɕi˧

洗光腚 ə ɕi˥ kuaŋ˨˩˦˨˩ tiŋ˧ ə˧　给孩子洗澡

擦擦 tsʻa˨˩˦˨˩ tsʻa˧　擦身

摆 pɛ˥　清洗（衣物）

摆摆 pɛ˥˨˦ pɛ˧　投投

洗巴 ɕi˥˨˩ pa˧　洗：～干净了睡觉去

洗一水 ɕi˥˨˩ i˧ ʂuei˥　洗一次

尿尿 niɔ˧˩ suei˨˩˦　小便

拉屎 la˨˩˦ ʂʅ˥　大便

凉快凉快 liaŋ˥˨˦ kʻuɛ˧ liaŋ˥˨˦ kʻuɛ˧　乘凉

晒太阳 ʂɛ˧˩ tʻɛ˧˩ iaŋ˥

晒晒 ʂɛ˧˩ ʂɛ˧　晒一晒

晒 ə 晒 ʂɛ˧˩˥ ə˧ ʂɛ˧

晾晾 liaŋ˧˩ liaŋ˧

晾 ə 晾 liaŋ˧˩˥ ə˧ liaŋ˧

烤火 kʻɔ˥˥ xuə˥

点灯 tiã˥ təŋ˨˩˦

　开灯 k'ɛ˨˦꜓ təŋ˨˦ （电灯）
关灯 kuɛ˨˦꜓ təŋ˨˦ （电灯）
　吹灯 tʂ'uei˨˦꜓ təŋ˨˦
歇歇 ɕiə˨˦꜔ ɕiə˧ 休息休息（短时间）
歇着 ɕiə˨˦꜔ tʂuə˧ 休息
打盹 tɑ˥꜕ tuə̃˥ 打盹儿
打个盹 tɑ˥꜖ kuə˨˩ tuə̃˥ 小睡：我先～，今日太累哇
　□掳 mu˨˦꜔ lu˧ 我打个～就起来
打哈欠 tɑ˥ xɑ˨˦꜕ ɕiə˧
困哇 k'uə̃˨˩꜓ liã˧ 困了
困ə慌 k'uə̃˨˩꜓ ə˧ xuɑŋ˧ 很困
铺床 p'u˨˦ tʂ'uɑŋ˥
脱衣裳 t'uə˨˦꜓ i˨˦꜕ ʂɑŋ˧ 脱衣服
脱鞋 t'uə˨˦ ɕiɛ˥
趄下 tɕ'iə˨˦꜖ ɕiɑ˧ 躺下
趄趄 tɕ'iə˨˦꜓ tɕ'iə˧ 躺躺
困着哇 k'uə̃˨˩꜓ tʂuə˧ liã˧ 睡着了
打呼噜 tɑ˥ xu˨˦꜕ lu˧ 打呼
　打鼾睡 tɑ˥꜖ xã˨˩꜓ ʂuei˧
睡不着 ʂuei˨˩ pu˧ tʂuə˥
睡午觉 ʂuei˨˩ vu˥ tɕiɔ˨˩
　睡晌觉 ʂuei˨˩ ʂɑŋ˥꜖ tɕiɔ˧ （旧）
仰嘎着牙睡 iɑŋ˥꜖ kɑ˧ tʂuə˧ iɑ˥ ʂuei˨˩ 仰面睡
仰嘎 iɑŋ˥꜖ kɑ˧ 仰面躺着：他～ə躺在床上
侧楞着睡 tʂei˨˦꜕ ləŋ˧ tʂuə˧ ʂuei˨˩ 侧着睡
侧歪 tʂei˨˦꜔ vɛ˧ 侧身躺着：在床上～着
趴着睡 p'ɑ˨˦꜕ tʂuə˧ ʂuei˨˩ 俯睡
窝盘 və˨˦꜕ p'ã˧ 弯曲身体卧着：～在那ə
倒二窝 tɔ˥꜖ ɭə˨˩꜓ və˧ 早晨起床后接着又睡下
打连班 tɑ˥꜖ liã˥꜖ pã˧ 午睡接着晚上睡觉
暗宿 ŋã˨˩ ɕy˨˦ 不吃晚饭便睡觉直到天亮：他夜来～哇，今日清晨起来吃那么多
落枕 luə˨˩ tʂə̃˥
转ə腿肚ə tʂuã˨˩꜓ ə˧ t'uei˥꜖ tu˨˩꜓ ə˧ 腿肚转筋了
做梦 tsu˨˩ məŋ˨˩
说睡话 ʂuə˨˦ ʂuei˨˩꜓ xuɑ˧ 说梦话
招ə压皮虎ə tʂɔ˨˦꜕ ə˧ iɑ˨˦ p'i˥ xu˥꜖ ə˧ 魇住了
莽撞 mɑŋ˥ tʂuɑŋ˧ ①鲁莽冒失 ②睡着觉时迷迷糊糊起来做的如夜游一类动作：睡～哇！
熬夜 ŋɔ˥꜖ iə˨˩
打夜作 tɑ˥ iə˨˩꜓ tsuə˧ 开夜车
操扯 ts'ɔ˨˦꜕ tʂ'ə˧ 操持
动弹 tuŋ˨˩꜓ t'ã˧ ①活动：打ə他不能～哇 ②干活
开钱 k'ɛ˨˦ tɕ'iã˥ 发工资
找磨 tʂɔ˥꜖ mə˧ 额外收入：过年了，每人还可能～两个
占磨 tʂã˨˦꜕ mə˧ 占取（好处）我自家有钱，不去～他们
扒撸 pɑ˨˦꜕ lu˧ 尽量占有：老王舍命不舍钱，能～着哇！｜小红整天～这点学习
占乎 tʂã˨˦꜕ xu˧ 占用：他一个人～ə三间房ə
讨换 t'ɔ˥꜖ xuã˨˩ 设法得来：这些东西没处～
渗 ʂə̃˨˩ 比喻没有收入，把积攒的钱慢慢化光：手里有几个钱，天长日久，搁不住～
计溜 tɕi˨˩꜓ liəu˧ 有计划分成几次（用），节约：花钱不能大手大脚，要～ə花
剅剅 pɛ˨˦꜔ pɛ˧ 胡乱处置，糟蹋：几个钱，他胡～哇
分散 fə̃˨˦꜖ sã˨˩ 散发，分发：几个钱，他都～了
　纷扬 fə̃˥꜖ iɑŋ˧
支架 tʂʅ˨˦꜕ tɕiɑ˧ 等着处理某事：他还不来，这么些人在～着
为[行]作 vei˥꜖ [ɕiŋ˥꜖] tsuə˧ 行事，作为：他～ə并不好
正干 tʂəŋ˨˩ kã˨˩ 循规蹈矩地生活、劳动：小

王不～

晕 yə̃⊿ 比喻游荡不务正业，旧社会指吃喝嫖赌等：这人到处～，不干正事

作 tsuə⊿ 作孽，干坏事：这人真能～！

作登 tsuə⊿⊦ təŋ⊣

作索 tsuə⊿⊦ suə⊣ ①糟蹋，毁坏：小刚把玩具都～哇 ②侮辱，蹂躏：××叫人～了

作践 tsuə⊿⊦ tɕiã⊣ 糟蹋，毁坏：谁把花都～哇？

反 fã˥ ①小孩大声喧闹：他几个整天在家～ ②争相做某件事而搞得乱哄哄：百货商店来了好布，买ə人买～哇！｜一家人找孩ə找～哇

淘登 t'ɔ˥⊦ təŋ⊣ 小孩哭闹向大人要这要那：这孩ə真～人！

踢蹬 t'i⊿⊦ təŋ⊣ ①小孩乱摸乱爬地调皮玩耍：你好生生ə，别～哇 ②挥霍，败坏：家ə点东西，全叫他～光哇

踢乎 t'i⊿⊦ xu⊣ 同"踢蹬"①

巧骄 tɕ'iɔ˥⊬ tɕiɔ⊣ 多指小孩玩耍巧弄花样：不要～，一会摔着就好哇

戳置 tʂ'uə˥⊦ tʂʅ⊣ 惹，挑逗：他好～他妹妹

跟脚 kə̃⊿⊦ tɕyə⊣ ①大人外出，小孩跟着不肯离开：这孩ə好～ ②鞋子大小合适，便于走路：这鞋太大，不～

打累赘 tɑ˥⊬ luei˥⊬ tʂuei⊣ 拖在后面不走：别人都走哇，就是他在后面～

出溜 tʂ'u⊿⊦ liəu⊣ 不按规定私自离去：会场上ə人～了十拉个

出产 tʂ'u⊿⊦ tʂ'ã˥ 借指培养教育：这个人～不出个好孩ə来

拨调 pə⊿⊦ t'iɔ⊣ 教育，指导：小李若有个人～～他，将来准有出息

顾路 ku⌋⌈ lu⊣ （全面）照顾：家ə这么些人，收入又少，真是～不过来｜这么些事，他咋ə～过来？

搅过 tɕiɔ˥⊬ kuə⊣ 常与"不过来"连用，含有应付各方面开消的意思：我挣百十元钱，家ə好几口人，简直～不过来

拉巴 lɑ⌋⌈ pɑ⊣ ①抚养：你娘把你姊妹三人～起来不容易 ②扶助，提拔：他当干部是老区长一手～起来ə

铺排 p'u⊿⊦ p'ɛ⊣ 安排：有点事老李满～开了

掂对 tiã⊿⊦ tuei⊣ 斟酌：这事我家去再～～

定规 tiŋ⌋ kuei⊿ 商量确定：你和他～好，晌午头ə动身

定夺 tiŋ⌋ tuə˥ 考虑决定：这事你～～咋ə办！

捞着 lɔ⌋⌈ tʂuə⊣ 有时间，有闲空：多咱～，上我家去玩

试合 ʂʅ⌋⌈ xuə⊣ 试试：你不信咱～～

戳星 tʂ'uə˥ ɕiŋ⊿ 做事偷工胡弄人：净～，这样ə东西能用吗？

赖得 lɛ⌋ tei⊣ 懒惰拖拉：我一直～ə没去

磨滑 mə˥⌈ xuɑ˥ 偷懒：干活不能～

招 tʂɔ⊿ 承受：这么冷，～不了！

得劲 tei⊿⊦ tɕiei⊣ 顺手，能使上劲

不得劲 pu⌋ tei⊿⊦ tɕiei⊣ 不顺手，使不上劲：这张锨忒笨，我使着～

锈锈杀 ɕiəu⌋⊬ ɕiəu⌋ ʂɑ⊣ 因长时间不做某事，能力减弱：成年ə不劳动，以前能挑百十斤，现在～哇，连60斤也挑不动哇

落作 luə⌋ tsuə⊿ 年底开始做过年菜

全火 tɕ'yã˥⊦ xuə˥ （不断地）往炉内放柴草：～摊煎饼

没事哇 mu˥ ʂei⌋⌈ liã⊣ 没有事了

没有价 mu⊣ iəu˥⊬ tɕiɑ⊣ 没有，多用于回答别人问有没有某种东西

拉倒 lɑ⊿ tɔ˥ 算了：他不去就～，别再说哇

呆 tɛ˥ 材料不能整用，浪费了剩余部分：一丈布做一件衣裳，就～了布

呆泼 tɛ˥⊬ p'ə⊣

轧惹ə玩 kɑ⊿⊦ lə⊣ ə⊣ vã˥ 闹着玩

毛吵 mɔ˥˩ tʂ'ɔ˧ 动手闹着玩：别～，看再恼了

打秧 ta˥ iaŋ˨ 开玩笑：这人好～

打秧了嘴 ta˥ iaŋ˨ liɔ˥˩ tsuei˥ 习惯于说些油滑开玩笑的话：这孩ə学ə～，不长出息

打哈哈 ta˥˩ xa˨˩ xa˧ 开玩笑：大家在一块玩玩，打个哈哈就是了

拉冒ə la˥˩ mɔ˨ ə˧ 鸣汽笛或拉警报

玩玩 vã˥ vã˧

十八 交际

出客 tʂ'u˨˩ k'ei˨ 走亲戚，作客：穿了一身新衣裳，待～啊？

当客 taŋ˨˩ k'ei˨

送礼 suŋ˨ li˥

不送唯 pu˨˩ suŋ˨ liã˧ 不送了

慢点走 mã˨˩ tiɛ˧ tsəu˥

谢谢 ɕiə˨ ɕiə˨

多谢 tuə˨˩ ɕiə˨

道吧 tɔ˨˩ pa˧ 道谢：这事你得～～人家

不要紧 pu˨ iɔ˨ tɕiã˥ 没关系

不客气 pu˨ k'ei˨˩ tɕ'i˨

格外 kei˨˩ vɛ˨ 见外，出格：你净～，来这ə还用买东西吗？

茶食 tʂ'a˥˩ ʂʅ˥ 茶点

点心 tiã˥˩ ɕiə˧

倒水 tɔ˨ ʂuei˥ 倒茶

摆酒席 pɛ˥ tɕiəu˥˩ ɕi˧ 置酒席

一桌席 i˨˩ tʂuə˨ ɕi˥ 一桌酒席

请帖 tɕ'iŋ˥ t'iə˨

就座 tɕiəu˨ tsuə˨ 入席

上菜 ʂaŋ˨ ts'ɛ˨

倒酒 tɔ˨ tɕiəu˥ 斟酒

干了 kã˨ liɔ˥ 干杯

干唯 kã˨˩ liã˧ （已喝干）

拉呱 la˥˩ kua˥ 谈天（参见"二十一 游戏"）

答应 ta˨˩ iŋ˧ 搭碴儿

不说话 pu˨ ʂuə˨˩ xua˨

不做声 pu˨˩ tsu˨ ʂəŋ˧

哄 xuŋ˥ 骗（人）

和…说 xuə˥ … ʂuə˨ 告诉：我和你说

抬杠 t'ɛ˥˩ kaŋ˨

吵嘴 tʂ'ɔ˥˩ tsuei˥ 吵架

打仗 ta˥˩ tʂaŋ˨ ①打架 ②吵架（参见"俗语·打饥荒"）

骂 ma˨

叨咕 tɔ˨˩ ku˧

喊 xã˥ 例：～他来

叫 tɕiɔ˨

碰着 p'əŋ˨˩ tʂuə˧ 遇见

遇 lu˨ 碰上，遇上：～上这种人，简直没办法！

看 k'ã˨ 拜望

毂扳 kəu˨˩ pã˧ 巴结攀附

舔腚 t'iã˥˩ tiŋ˨ 拍马屁

看ə起 k'ã˨˩ ə˧ tɕ'i˥ 看得起

合伙 kuə˨˩ xuə˧ ①合伙：他俩～买了一台手扶拖拉机 ②邀约：吃了饭我去～你｜～～大帮，几个小孩不打仗

不答应 pu˨˩ ta˨˩ iŋ˨

撵出去 niã˥˩ tʂ'u˧ tɕ'y˧

不和 pu˨ xuə˥ （他们两人）不和

不对付 pu˨ tuei˨˩ fu˧

冤家 yã˨˩ tɕia˧

[死]对头 [sʅ˥˩] tuei˨˩ t'əu˧

[气]不忿 [tɕ'i˨] pu˨˩ fã˨ 不忿儿

插嘴 tʂ'a˨ tsuei˥

打岔 ta˥˩ tʂ'a˨

掺言 tʂ'ã˨ iã˥ 插嘴，参与讨论：他们的事，咱可不～

挑刺 t'ɔ˨˩ ts'ei˨ 吹毛求疵

做作 tsu˨ tsuə˨

拿捏 na˥˩ niə˧

摆架ə pɛ˥˦ tɕia˨˥ ə˧ 摆架子

装傻 tʂuaŋ˨˦ ʂa˥

装蒜 tʂuaŋ˨˦ suã˨

丢人 tiou˨˦ lei˥

为巴 vei˥˦ pa˧ 与人相处,人事关系:他在村ə～ə不孬,挺有威信

得罪 tei˨˦ tsuei˨

纠葛 tɕiou˨˦ kuə˧ 邀约,纠集:老张一直～,要上北京去玩

齐合 tɕʻi˥˦ xuə˧ 联合:咱～起来教训教训他

路齐 lu˨ tɕʻi˥ 集合,碰头:明日六点到大桥上～

散伙 sã˨ xuə˥ 解散,拉倒

玩蛋ə vã˥ tã˨˥ ə˧ 犹滚蛋

拥撮 yŋ˨˦ tsʻuə˧ 耸恿,催促:好歹把他～走哇|他不来,好几个人～着才来哇

戳 tʂʻuə˥ 耸恿,挑逗:这一定是有人～着他出来闹事|别把小孩～哭了

唆即 suə˨˦ tɕi˧ 唆使:他直来～我,叫去打扑克

唆弄 suə˨˦ luŋ˧ 拨弄,唆使(贬义):别把电视机～坏了|他那一伙ə整天来～他出去玩

攉弄 xuə˨˦ luŋ˧ ①挑拨,拉弄:他到处～,无事生非|这些闹事ə人,都是他～来ə ②扰乱:他～ə一家人不得安

啦钩 la˥˦ kəu˧ 交谈,联系:他们两个～上哇

惹置 lə˥˦ tʂʅ˧ 招惹:别～小孩哭!

戳置 tʂʻuə˥˦ tʂʅ˧ 怂恿:他好～狗咬人

轧惹 ka˨˦ lə˧ 惹:谁～你来?

对豁 tuei˨˥ xuə˧ ①对付:他俩～你自家 ②顶嘴:一点小事他俩就～起来

胡弄 xu˥˦ luŋ˨ ①欺骗,应付:你别～我! ②将就:不能太认真了,～着过罢!

舞弄 vu˥˦ luŋ˧ 应付,哄骗:这是～人!

二侮 ɭə˨˥ vu˧ 欺侮:你怎么～你兄弟?

掐亏 tɕʻia˨˥ kʻuei˨˦ 给人亏吃:这个人很毒,光好～给人吃

难缠 nã˥˦ tʂʻã˥ 难以对付:这人～,要躲着他

提备 ti˥˦ pei˧ 准备,防备:这人很坏:要～ə他

朝 tʂʻɔ˥ 对付:他来我～ə他!

照 tʂɔ˨ 抵挡:他力气大,我～不住他!

贼打 tsei˥˦ ta˥ 双方无原则的争吵打架

折腾 tʂə˨˦ tʻəŋ˧ 折磨,摧残:婆婆～儿媳妇

答理 ta˨˦ ɭə˧

不答理 pu˨ ta˨˦ ɭə˧ 不理睬:我～他。

理不着 ɭə˥˦ pu˧ tʂuə˥

待承 tɛ˨˥ tʂʻəŋ˧ 对待,招待:你～他很不错

帮衬 paŋ˨˦ tsʻuə̃˨ 帮助:有点事,大家～着才行!

抬帮 tʻɛ˥˦ paŋ˧ 互相帮助:修房ə全靠弟兄们～着

致事 tʂʅ˨ ʂʅ˨ 肯为别人办事:这人挺～

知情 tʂʅ˨˦ tɕʻiŋ˥ 领情:你对我ə帮助,我～

填还 tʻiã˥˦ xuã˧ 无条件、无限量地有利于人,报答:这个鸡～,一天一个蛋

担待 tã˨˦ tɛ˨ 原谅

义和 i˨˥ xuə˧ 团结和睦:我家可～啦!

即 tɕi˨˦ 依从,同意:～着你|～你

济着 tɕi˨˥ tʂuə˧ 依着:什么事她都～他

由服 iəu˥˦ fu˧ 由,依从:啥事我都～着他!

服就 fu˥˦ tɕiəu˨

让服 laŋ˨˥ fu˧ 让:哥哥要～着弟弟

无笼 vu˥˦ luŋ˧ 比喻不受拘束,无原则迁就:你越～他越厉害,到□(到时候)就没法管哇!(参见"三十一·俗语·无笼馍馍大起笼")

带理 tɛ˨˥ li˧ 影响,连累:腿上长ə个东西,岗～ə慌来 走路也不方便|兄弟偷东

西抓起来哇，～他哥哥抬不起头来

擎受 tɕʻiŋ˥˨ ʂəu˩　承受，继承：这些圆房（木器家具）是～老一辈ə

築送 tʂu˩˥˧ suŋ˧　把钱物塞给别人

对擞ə tuei˩ pʻiə˩˥˧ ə˧　思想一致，气味相投：他俩真～

对付 tuei˩˦ fu˧　合得来：他两个不～｜他两口ə挺～

上前 ʂɑŋ˩ tɕʻiã˥　帮助一方争理打架：你不用怕他，我给你～！

装藏 tʂuɑŋ˩˥˨ tsɑŋ˧　（骂别人）多管闲事：你别～，这事没有你！

找算 tʂɔ˥˨ suã˧　报复：你得罪了他，他准～你

找支应ə tʂɔ˥˨ tʂʅ˧ iŋ˩ ə˧　找借口

扯粘［哟］ tʂʻə˥˨ niã˧ [yə˧]　拖延：他这病～老时截哇！｜问题一直～到这也不解决

粘扯 niã˥˨ tʂʻə˧　为计较小事纠缠：他～起来没有完事哇！

草鸡 tsʻɔ˥˨ tɕi˧　①耍赖，不认帐：一块作游戏，输了不能～　②认输：一场病把我治～哇｜干了一天活，累～哇！

嗔量 tʂʻə̃˩˥˨ liɑŋ˧　对别人言行表示不满：你这么说话，人家心ə准～

急慌 tɕi˩˥˧ xuɑŋ˧　催促：别～我！

混央 xuə̃˩˦ iɑŋ˧　扰乱别人，使人精力不能集中：我在学习，别～我

照晃 tʂɔ˩˦ xuɑŋ˧　虚应一下，到那ə打个～就回来哇

调猴 tiɔ˩ xəu˥　故意藏来藏去不见对方：不用和我～，这回可逮住你哇

短下 tuã˥˨ ɕiɑ˧　夺下：三本书他都要拿走，叫我～了一本

轮 lyə̃˥　轮流：值日～着干

附：言说

开腔 kʻɛ˩˥˦ tɕʻiɑŋ˩˥　说话，发言

嘎吱 kɑ˥˨ tʂʅ˧　借指说话：这人很能～

啰啰 luə˩˥˧ luə˧　说：他～不清｜这人挺能～

啰哩（叽） luə˩˥˧ li˧ (tɕi˧)　说：他来～了半天

胡啰啰 xu˥ luə˥˧ luə˥　胡说：你满嘴～

呱哩 kuɑ˩˥˧ li˧　形容能说：这人～～很能说

咋呼 tʂɑ˩˥˨ xu˧　大声叫嚷：你听，这是哪里～？｜别～哇，赶快学习！

砸牙 tsɑ˥˧ iɑ˥　胡扯：他们在闲～

没啥说 mu˥˨ ʂɑ˩ ʂuə˩˥　犹胡说：你这是～

说抓话 ʂuə˩˥˦ tʂuɑ˩˥˨ xuɑ˧　说毫无根据的话：他这是～，不用听

倒尿话 tɔ˥˨ suŋ˥˨ xuɑ˧　说不该说的傻话

说混话 ʂuə˩˥ xuə̃˩˦ xuɑ˧　说话时打岔

翻扬 fã˩˥˨ iɑŋ˧　吵闹：那个老婆来好～哇

呜嘎 vu˩˥˧ kɑ˧　①大声吵嚷：那天不知谁惹ə他哇，他好～哇！　②啼哭声：他～～ə哭开了

呲牙 tsʻʅ˩˥ iɑ˥　借指吵嘴

呲ə牙 tsʻʅ˩˥˨ ə˧ iɑ˥　笑开了，表示高兴：这孩ə给他个苹果就～

吵喝 tʂʻɔ˩˥˧ xuə˧　吵嚷

扒数 pɑ˩˥˨ ʂu˧　批评，数落：叫他娘好～一顿

丧哏 sɑŋ˩ kə̃˥　斥责

呲 tsʻʅ˩˥　斥责：叫人家～出来

呲打 tsʻʅ˩˥˨ tɑ˧　说顺话不挨～

□摔 tə̃˩˥˨ ʂuei˧　发脾气斥责人：～人

噘 tɕyə˥　大骂：叫我～了一顿

咒么 tʂəu˩˦ mə˧　诅咒

叨叨 tɔ˩˥˨ tɔ˧　说话，传话：他～起来没有完。｜这人到处乱～

俗叨叨 ɕy˥˨ tɔ˧ tɔ˧　叨唠：你尽～

叨唠 tɔ˩˥˨ lɔ˧　多指小孩问这问那很能说

俗叨唠 ɕy˥ tɔ˩˥ lɔ˥　老俗套的话：净些～，没有意思

咕囔 ku˩˥˨ nɑŋ˧　多指老年妇女对不满意

的事情没完没了的叨唠

哄法 xuŋ˥˅ fa˧ 用好言劝诱：好好～着老人，可叫他给你看ə这两个孩ə

戳哄 tʂ'uəʌ꜔ xuŋ˧ 哄骗：不要叫人家～了

诈 tʂa˩ 用假话试探，让对方吐露真情：有什么事，小孩一～就出来了

套弄 t'ɔ˩꜒ luŋ˧ 套(话)：孩ə嘴里掏实话，～～他ə孩ə就能知道这事ə底细

啦咕 la˥˅ ku˧ 交谈，商量：你和他～～

喳咕 tʂ'aʌ꜔ ku˧ 低声交谈：你两个在～啥？

嘀咕 ti˥˅ ku˧ ①小声说话，私下里说：你俩在～什么？②心里不安：我刚教书时，一想到上课，心ə就～

数拉 ʂu˥˅ la˧ 一个一个地述说：过年过节，王大娘就～她ə几个孩ə

数算 ʂu˥˅ suã˧

谝 p'iã˥ 夸耀，显示：他尽～他儿学习好｜他穿上新衣裳总好出来～

夸吧 k'uaʌᴋ pa˧ 夸奖

刚将 kaŋʌ tɕiaŋ˧ 议论纷纷：他们在乱～｜好几个人～了半天，也没有结果

背违 pei˩ vei˥ 表示相反的意见，违背：父亲批评他，他从不～

扒瞎话 paʌ ɕiaʌ꜔ xua˧ ①撒谎 ②讲故事

拨拨 pəʌ꜔ pə˧ 随便传话：～嘴ə｜这人到处乱～

告诉 kɔ˩꜒ suŋ˧ 说人坏话：他尽背后～人｜老娘娘ə好向别人～儿媳妇

扒拉 paʌ꜔ la˧ 强词夺理：一说说他，他就～起来没有完

磨牙 mə˥꜔ ia˥ 无意义的争辩，徒费口舌：别和他～唪，他根本不讲理

□淡话 kã˩꜒ tã˧ xua˩ 带有讽刺意义的话，例如人问："这人在家ə干啥？"答："在家ə给他爹爹做儿。"后一句就是～

倒脏 tɔ˩꜒ tsaŋ˧ 挖苦，埋怨：你不要～人！

中听 tʂuŋʌ꜒ t'iŋʌ 指说话好听：他说话不～

咬舌 iɔ˥˅ ʂə˥ 说话咬字不清

拽文 tʂuɛʌ võ˥ 说话咬文嚼字：这个老汉一说话总是之乎者也好～

撇腔 p'iəʌ꜒ tɕ'iaŋʌ 说外地话：老李～

十九 商业

字号 tsɿ˩ xɔ˩ 商号

招牌 tʂɔʌ p'ɛ˥

贴ə t'iəʌ꜔ ə˧ 招贴：四城门上贴～

开铺ə k'ɛʌ p'u˩꜒ ə˧ 开铺子

门头 mõ˥꜔ t'əu˥ 铺面

摆摊ə pɛ˥ t'ãʌᴋ ə˧ 摆摊子

跑买卖 p'ɔ˥ mɛ˥˅ mɛ˧

做买卖 tsu˩ mɛ˥˅ mɛ˧

小计ə买卖 ɕiɔ˥˅ tɕi˩꜒ ə˧ mɛ˥˅ mɛ˧ 小本生意

开市 k'ɛʌ˅ ʂʅ˩ 开张

歇业 ɕiəʌ꜔ iə˧ 关张

关门 kuãʌ mõ˥

倒闭 tɔ˥˅ pi˩ 旧指商店、企业因亏本停业

趴蛋 p'aʌ˅ tã˩

下门 ɕia˩ mõ˥ 开门(营业)

上门 ʂaŋ˩ mõ˥ 关门

盘货 p'ã˥˅ xuə˧

柜台 kuei˩ t'ɛ˥

帐房 tʂaŋ˩ faŋ˥

掌柜ə tʂaŋ˥˅ kuei˩꜒ ə˧ 老板

东家 tuŋʌᴋ tɕia˧

女掌柜ə ny˥꜔ tʂaŋ˥˅ kuei˩꜒ ə˧ 女老板

店员 tiã˩ yã˥ （新）

伙计 xuə˥˅ tɕi˧

学徒 ɕyə˥꜔ t'u˥ 旧指工厂徒工

小伙计 ɕiɔ˥꜔ xuə˥˅ tɕi˩ 商店里的学徒

顾客 ku˩ k'eiʌ

买东西ə mɛ˥˅ tuŋʌᴋ ɕi˧ ə˧

老主户 lɔ˥ tʂu˥˧ xu˧ 老主顾
要价 iɔ˨˩ tɕiɑ˨˩
还价 xuã˥˦ tɕiɑ
贵 kuei˨˩
便宜 p'iã˥˦ i˧
葛结 kuə˧˥˧ tɕiə˧ 买卖双方在价钱上协商迁就：你两下ə～～，这付ə买卖就成嗟
包圆 pɔ˧˥ yã˥ 全部买下
收市 ʂəu˧˥˦ ʂʅ˨˩ 买下全部剩余货物
赊账 ʂə˧˥˦ tʂɑŋ˨˩ 欠帐
要账 iɔ˨˩ tʂɑŋ˨˩
逼靠 pi˧˥˦ k'ɔ˨˩ 催要，催逼：才上了两天学，就来家～大人买钢笔
烂账 lã˨˩ tʂɑŋ˨˩ 要不来的账
背装货 pei˨˩ tʂuɑŋ˧˥˦ xuə˨˩ 不合时宜的货物：～卖不出去
拣巴残 tɕiã˥˧ pu˧ ts'ã˥ 挑剩下的残品：人家都拣过若干遍嗟，光剩下些～嗟
水牌ə ʂuei˥˧ p'ɛ˥˦ ə˧ 水牌
算盘ə suã˨˩ p'ã˥˦ ə˧ 算盘
天平 t'iã˧˥˧ p'iŋ˧
戥ə təŋ˥˧ ə˧ 戥子
秤 tʂ'əŋ˨˩
（用秤）称称 tʂ'ə˨˩˥ tʂ'ə˧
（称物时）秤高 tʂ'əŋ˨˩ kɔ˧˥
（称物时）秤低 tʂ'əŋ˨˩ ti˧˥
刮ə kuɑ˧˥˧ ə˧ 平斗斛的木片
开支 k'ɛ˧˥˥ tʂʅ˧˥
　开消 k'ɛ˧˥˥ ɕiɔ˧˥
　绞裹 tɕiɔ˥˧ kuə˧
本钱 pə˥˧ tɕ'iã˧
老本 lɔ˥˦ pei˥
利钱 li˨˩ tɕ'iã˧ 利息
　利 li˨˩
走运 tsəu˥˦ yə˨˩
　运气好 yə˨˩ tɕ'i˨˩ xɔ˥
买卖好 mɛ˥˧ mɛ˧ xɔ˥
买卖不好 mɛ˥˧ mɛ˧ pu˧˥ xɔ˥ 生意清淡
该 kɛ˧˥ 欠：～账
赚钱 tʂuã˨˩ tɕ'iã˥
赔本 p'ei˥˦ pə˥ (pei˥)
银元 iə˥˦ yã˥
　大头 tɑ˨˩ t'əu˥
一块钱 i˧˥˦ k'uɛ˨˩ tɕ'iã˥
一毛钱 i˧˥˧ mɔ˥˧ tɕ'iã˥
一张票ə i˧˥˥ tʂɑŋ˧˥ p'iɔ˨˩˥ ə˧ 一张钞票
一个铜元 i˧˥˦ kuə˨˩ t'uŋ˥˦ yã˥ 一个铜子儿
一个小银元 i˧˥˦ kuə˨˩ ɕiɔ˥˧ iə˥˦ yã˥ 一个硬币
赁房ə liə˥˦ fɑŋ˥˦ ə˧ 赁房子
典房ə tiã˥˧ fɑŋ˥˦ ə˧ 典房子
当铺 tɑŋ˨˩ p'u˨˩
小铺ə ɕiɔ˥˧ p'u˨˩˥ ə˧ 小的杂货店
饭铺ə fã˨˩ p'u˨˩˥ ə˧ 饭馆
　馆ə kuã˥˧ ə˧
下馆ə ɕiɑ˨˩ kuã˥˧ ə˧ 下馆子
馆菜 kuã˥˧ ts'ɛ˧ 饭馆里做的菜，认为是很好的
跑堂ə p'ɔ˥˦ t'ɑŋ˥˦ ə˧ 堂倌儿
旅馆 ly˥˦ kuã˥ （新）
　客栈 k'ə˧˥˦ tʂ'ã˨˩ （高级的，"客"不读k'ei˧˥）
　店 tiã˨˩ （低级的）
油坊 iəu˥˦ fɑŋ˧
锢露锅ə ku˨˩˥ lu˧ kuə˧˥˧ ə˧ 锢露锅的
　锢露ə ku˨˩˦ lu˨˩ ə˧
锔碗 tɕy˧˥ vã˥
锔缸 tɕy˧˥˥ kɑŋ˧˥
焊铁壶ə xã˨˩ t'iə˧˥ xu˥˦ ə˧ 焊铁壶的
木匠 mu˨˩˥ tɕiɑŋ˧
杀 ʂɑ˨˩ 锯：～木头｜～?锯！（按："杀"、"啥"同音，"杀"、"锯"同义；"杀人"的"杀"音ʂɑ˧˥）
瓦匠 vɑ˨˩˥ tɕiɑŋ˧
　泥瓦匠 ni˥ vɑ˨˩˥ tɕiɑŋ˧

麻刀 ma˥˦ tɔ˧
铁匠 t'iə˨˩˦˦ tɕiaŋ˧˩
裁缝 ts'ɛ˥˦ faŋ˧ (fəŋ˧)
缝纫社 fəŋ˥ lə̃˥˦ ʂə˧˩
　裁坊 ts'ɛ˥˦ faŋ˧ （旧）
理发员 li˥ fa˨˩˦ yã˥ （今）
　剃头ə t'i˧˩ t'əu˥˦ ə˧
　剃头匠ə t'i˧˩ t'əu˥ tɕiaŋ˧˩˥ ə˧
理发店（铺） li˥ fa˨˩˦˦ tiã˧˩ (p'u˧˩)
　剃头铺ə t'i˧˩ t'əu˥ p'u˧˩˥ ə˧
剃头刀ə t'i˧˩ t'əu˥ tɔ˨˩˦˨ ə˧　剃刀儿
推ə t'uei˨˩˦˨ ə˧　推子
理发 li˥ fa˨˩˦
　剃头 t'i˧˩ t'əu˥
刮脸 kua˨˩˦ liã˥　修面
刮胡ə kua˨˩˦ xu˥˦ ə˧　剃胡子
屠户 t'u˥˦ xu˧˩
宰刀ə tsɛ˥˩ tɔ˨˩˦˦ ə˧　屠刀
杀猪 ʂa˨˩˦˥ tʂu˨˩˦
肉铺 ləu˧˩ p'u˧˩
割肉 ka˨˩˦˦ ləu˧˩　买肉
打油 ta˥˩ iəu˥　买油
货郎 xuə˧˩˧ laŋ˧
做炉 tsu˧˩ lu˥　旧指生产琉璃的手工业：他家ə～
头艺 t'əu˥˦ i˧˩　旧称煤矿上负责生产技术的人
串钱 tʂ'uã˧˩ tɕ'iã˥　把整钱换成零钱
找茬 tʂɔ˥˩ tʂ'a˧　找买主：要卖箱ə，不好～
踹给 tʂ'uɛ˧˩˥ tɕi˧　硬卖给：老范～ə我一块布
圆成 yã˥˦ tʂ'əŋ˧　中间人使买卖双方成交

二十　文化 教育

学校 ɕyə˥˦ ɕiɔ˧˩
　书房 ʂu˨˩˦˨ faŋ˧
第一· ti˧˩ i˨˩˦　头名儿
坐红椅ə tsuə˧˩ xuŋ˥˦ i˥˩ ə˧　末名
文凭 və̃˥˦ p'iŋ˥
私塾 tʅ˨˩˦ ʂu˥
上学 ʂaŋ˧˩ ɕyə˥
　上书房 ʂaŋ˧˩ ʂu˨˩˦˨ faŋ˧
放学 faŋ˧˩ ɕyə˥
念书 niã˧˩ ʂu˨˩˦　读书
背书 pei˧˩ ʂu˨˩˦
作文本ə tsuə˨˩˦ və̃˥ pə̃˥˩ ə˧　作文簿
大仿 ta˧˩ faŋ˥　习字本
本ə pə̃˥˩ ə˧　本子
勾了 kəu˨˩˦˨ liɔ˧　涂了
写背字 ɕiə˥˦ pei˧˩ tsʅ˧　写白字
掉字 tiɔ˧˩ tsʅ˧˩
　落字 la˥˦ tsʅ˧˩
铅笔 tɕ'iã˨˩˦˥ pei˨˩˦
橡皮 ɕiaŋ˧˩ p'i˥
铅笔刀ə tɕ'iã˨˩˦ pei˨˩˦˥ tɔ˨˩˦˨ ə˧　铅笔刀
转刀ə tʂuã˥˦ tɔ˨˩˦˨ ə˧　转笔刀
刀ə tʂ'ʅ˨˩˦˧ ə˧　刀子
钢笔 kaŋ˨˩˦˧ pei˧　自来水笔
毛笔 mɔ˥ pei˨˩˦
笔帽ə pei˨˩˦ mɔ˧˩˥ ə˧　笔帽儿
笔筒 pei˨˩˦ t'uŋ˥
砚台 iã˧˩˥ t'ɛ˧
研墨 iã˥˦ mei˧˩
墨盒ə mei˧˩ xuə˥˦ ə˧　墨盒儿
墨汁ə mei˧˩ tʂʅ˨˩˦˧ ə˧　墨汁（毛笔用的）
蘸笔 tʂã˧˩ pei˨˩˦　掭笔
墨水 mei˧˩ ʂuei˥　墨水儿（钢笔用的）
教室 tɕiɔ˧˩ ʂʅ˨˩˦　课堂
讲台 tɕiaŋ˥˩ t'ɛ˥
黑板 xei˨˩˦ pã˥
粉笔 fə̃˥ pei˨˩˦
黑板擦ə xei˨˩˦ pã˥ ts'a˨˩˦˨ ə˧　板擦儿
笔记 pei˨˩˦˦ tɕi˧˩　笔记本
点名册ə tiã˥˩ miŋ˥ tʂ'ei˨˩˦˨ ə˧　点名册

上课 ʂɑŋ˨ k'uə˨
  上班 ʂɑŋ˨ pã˧
下课 ɕiɑ˨ k'uə˨
  下班 ɕiɑ˨ pã˧
考试 k'ɔ˥˦ ʂʅ˨
一点 i˧ tiɛ˥
点一个点 tiã˥˩ i˧ kuə˧ tiɛ˥
一横 i˧˦ xuŋ˨
一竖 i˧˦ ʂu˨ 一直
一撇 i˧˥ p'iə˧
一个之角 i˧˦ kuə˨ tʂʅ˧˨ tɕyə˧ 一捺
一勾 i˧˥ kəu˧
一挑 i˧ t'iɔ˥ （音同"条"）
一笔 i˧˥ pei˧ 一画
偏旁 p'iã˧ p'ɑŋ˥ 偏旁儿
单地人 tã˧˦ ti˨ lõ˥ 立人儿（亻）
双地人 ʂuɑŋ˧˦ ti˨ lõ˥ 双立人儿（彳）
框郎 k'uɑŋ˨˥ lɑŋ˧ 四框栏儿（囗）
宝盖 pɔ˥˦ kɛ˨ 宝盖儿（宀）
  家头 tɕiɑ˧ t'əu˥ （旧）
竖心 ʂu˨˥ ɕiõ˧ 竖心旁（忄）
犬犹 tɕ'yã˥˦ iəu˥ 反犬旁（犭）
单大耳 tã˧˦ tɑ˨ ḷə˥ 单耳刀儿（卩）
[双]大耳 [ʂuɑŋ˧˦] tɑ˨ ḷə˥ 双耳刀儿（阝）
反文 fã˥˩ võ˥ 斜文旁（攵）
侧王 tʂei˧˦ vɑŋ˧ 斜玉儿（王）
挑土 t'iɔ˧˨ t'u˧ 提土旁（土）
竹头ə tʂu˧˨ t'əu˧ ə˧ 竹字头儿（⺮）
火ə旁 xuə˥˩ ə˧ p'ɑŋ˥ 火字旁（火）
四点（灬）sʅ˨ tiɛ˥
三点水（氵）sã˧ tiɛ˥˦ ʂuei˥
两点水（冫）liɑŋ˥˦ tiɛ˥˩ ʂuei˥
病框郎 piŋ˨˥ k'uɑŋ˧ lɑŋ˧ 病旁儿（疒）
走之ə tsəu˥˩ tʂʅ˧ ə˧ 走之儿（辶）
绞丝旁（纟）tɕiɔ˥ sʅ˧ p'ɑŋ˥
  乱丝 luã˨˥ sʅ˧ （旧）
提手 t'i˥˦ ʂəu˥ 提手旁（扌）
草头 ts'ɔ˥˩ t'əu˧ 草字头（艹）
点（·）tiɛ˥
划 xuei˥
倒下划 tɔ˨ ɕiɑ˨ xuei˥ 笔顺错乱
戒尺 tɕiɛ˨˥ tʂ'ʅ˧
  板ə pã˥˩ ə˧
打板ə tɑ˥ pã˥˩ ə˧ 打手心儿
罚站 fɑ˥˦ tʂã˨
逃学 t'ɔ˥˦ ɕyə˥
请假 tɕ'iŋ˥˦ tɕiɑ˥
出恭签 tʂ'u˧˦ kuŋ˨ tɕ'iã˧ 旧时挂在书房中的签,学生上厕所时拿着
降班 tɕiɑŋ˨ pã˧ 留级

二十一 游戏

拔不倒ə pɑ˥˦ pu˧ tɔ˥˩ ə˧ 不倒翁
玩艺 vã˥˦ i˧ 玩具
弹弹 tɛ˨˥ tɛ˧ 儿童玩的小琉璃球
花球 xuɑ˧ tɕ'iəu˥ 琉璃球
咕哨ə ku˧ tɑŋ˥˦ ə˧ 一种用琉璃吹制成的能吹出"咕哨咕哨"声音的玩具
风筝 fəŋ˧˨ tʂəŋ˧
蜈蚣 vu˥˦ kuŋ˧ 特指蜈蚣风筝:放～
捉迷藏 tʂuə˧ mi˥˦ ts'ɑŋ˥
藏摸颜色 ts'ɑŋ˥˦ mə˧ iã˥˦ ʂei˧ 藏老蒙儿:藏摸藏摸颜色,找不回来打你十鞋底
瞧巴 tɕ'iɔ˥ pɑ˧ 反复从隐蔽处突然露出头来逗人(多为小儿)笑
拔河 pɑ˥˦ xuə˥
拔骨碌ə pɑ˥ ku˧˨ lu˧ ə˧ 摔跤
滑溜槽 xuɑ˥˦ liəu˧ ts'ɔ˧ 小孩打滑的冰地、倾斜的长石块、滑梯等
行野 ɕiŋ˥ iə˧ 远足
过家家 kuə˨ tɕiɑ˧˨ tɕiɑ˧ 小孩模仿大人过日子的游戏
踢毽ə t'i˧˨ tɕiã˨˥ ə˧ 踢毽子
抓土捍ə tʂuɑ˧ t'u˥ kã˥˩ ə˧ 抓子儿
弹弹弹 t'ã˥˦ tɛ˨˥ tɛ˧ 弹球儿

打飘ə taᒣ p'iɔ˨˦ ə˧ 打水飘儿
跳房ə t'ɔ˨ faŋ˥˦ ə˧ 跳房子
跳方 t'ɔ˨ faŋ˨˦
翻老牛槽 fã˨˦ lɔ˥˦ iəu˥˦ ts'ɔᒣ 一种两个人交互用手套着线圈玩的游戏
划拳 xua˨ tɕ'yãᒣ 豁拳
猜灯谜 ts'ɛ˨˦ təŋ˨˦ mei˨
谜 mei˨
扒谜 pa˨˦ mei˨ 出谜语：我扒个谜你猜猜
猜谜 ts'ɛ˨˦ mei˨
猜不方 ts'ɛ˨˦ pu˧ faŋ˨˦ 猜不着
猜方哇 ts'ɛ˨˦ faŋ˧ liã˧ 猜着了
答开 ta˨˦ k'ɛ˧ 猜谜时提示谜底所属的类：啥～？家俱～
呱 kuaᒣ 故事
拉呱 laᒣ˦ kuaᒣ ①讲故事 ②交谈
扒瞎话 pa˨˦ ɕia˨˦ xua˧ ①讲故事：俺在这儿～②撒谎：你尽在～，根本没有这回事！
下棋 ɕia˨ tɕ'iᒣ
象棋 ɕiaŋ˨ tɕ'iᒣ
老将 lɔ˥˦ tɕiaŋ˨
老帅 lɔ˥˦ ʂuɛ˨
士 ʂʅ˨
相 ɕiaŋ˨
象 ɕiaŋ˨
车 tɕy˨˦
马 maᒣ
炮 p'ɔ˨
卒 tsuᒣ
小卒ə ɕiɔ˥˦ tsu˥˦ ə˧
拱卒 kuŋ˨˦ tsuᒣ
支士 tʂʅ˨˦ ʂʅ˨
落士 luə˨ ʂʅ˨
飞相 fei˨˦ ɕiaŋ˨
落相 luə˨ ɕiaŋ˨
将 tɕiaŋ˨˦
将军 tɕiaŋ˨˦ tɕyã˨˦
将杀哇 tɕiaŋ˨˦ ʂa˧ liã˧ 将死了
围棋 vei˥˦ tɕ'iᒣ
和哇 xuə˥˦ liã˧ 和了
和棋 xuə˥˦ tɕ'i˧
玩狮豹 vãᒣ ʂʅ˨˦ pɔ˧ 舞狮子
狮豹 ʂʅ˨˦ pɔ˧ 狮子舞
高跷 kɔ˨˦ tɕ'iɔ˨˦
踩高跷 tʂ'ɛᒣ kɔ˨˦ tɕ'iɔ˧
秧歌 iaŋ˨˦ kuə˧
玩[龙]灯 vãᒣ [lyŋᒣ] təŋ˨
车ə灯 tʂ'ə˨˦ ə˧ təŋ˨˦ （正月十五玩的）一种车子花灯
百鸟朝凤 pei˨ niɔᒣ tʂ'ɔ˥˦ fəŋ˨ （正月十五玩的）一种由人操演的鸟灯
扮玩ə pã˨ vã˥˦ ə˧ 总称正月十五时踩高跷、耍龙灯、玩旱船等活动
玩十五 vãᒣ ʂʅ˥˦ vu˧
猪马呆ə tʂu˨˦ maᒣ tɛ˥˦ ə˧ 猪八戒
撮古儡ə ts'uə˨˦ ku˧ luei˥˦ ə˧ 傀儡戏
京戏 tɕiŋ˨˦ ɕi˨
周姑ə tʂəu˨˦ ku˨˦ ə˧ 五音戏，当地喜闻乐见的剧种
戏台 ɕi˨ t'ɛᒣ
戏子 ɕi˨ tsʅᒣ （旧）
唱戏ə tʂ'aŋ˨ ɕi˨˦ ə˧ （旧）
演员 iã˥˦ yãᒣ
翻跟头 fã˨˦ kã˨˦ t'əu˧
打旁列 ta˥˦ p'aŋ˥˦ liə˧ 侧滚翻
连着打旁列 liã˥˦ tʂuə˧ ta˥˦ p'aŋ˥˦ liə˨ 打车轮子
拿大顶 na˥˦ ta˨ tiŋᒣ 拿顶
变戏法 piã˨ ɕi˨ fa˨˦
玩藏掖 vãᒣ tsaŋ˥˦ iə˧ 在街头演出小型杂技、魔术等
玩藏掖ə vãᒣ ts'aŋ˥˦ iə˧ ə˧ 民间杂技演员
说书 ʂuə˨˦ ʂu˨˦
唱 tʂ'aŋ˨ ①歌唱（动词） ②歌谣（名词）

唱唱 tʂʻaŋ˨˩ tʂʻaŋ˨˩ （动宾）

唱唱ə tʂʻaŋ˨˩ tʂʻaŋ˨˩꜒ ə˧ 唱歌的人

吹 tʂʻuei˩˧ ～喇叭

拉 la˩˧ ～胡琴

弹 tʻã˥ ～钢琴

爆仗 pɔ˨˩꜒ tʂaŋ˧ 炮仗(大的)

火鞭 xuə˥ piã˩˧ 成串的小鞭炮

放爆仗 faŋ˨˩ pɔ˨˩꜒ tʂaŋ˧ 放炮仗

放火鞭 faŋ˨˩ xuə˥ piã˩˧

两响 liaŋ˥꜒ ɕiaŋ˥ 二踢脚

放花 faŋ˨˩ xua˩˧ 放焰火

牌九 pʻɛ˥꜒ tɕiəu˥

骨牌 ku˩˧ pʻɛ˥

麻将 ma˥꜓ tɕiaŋ˨˩

掷色ə tʂʅ˥ ʂɛ˩˧꜔ ə˧ 掷色子

压宝 ia˩˧ pɔ˥

头家 tʻəu˥꜓ tɕia˧ 游戏时最先进行的人

二家 ɭə˨˩꜒ tɕia˧ 游戏时第二个进行的人

末家 mə˨˩꜒ tɕia˧ 游戏时最后进行的人:他是头家,你是二家,我是～

赶会 kã˥꜓ xuei˨˩ 旧称赶庙会

二十二　动作

摇头 iɔ˥꜒ tʻəu˥

点头 tiã˥꜖ tʻəu˥

抬头 tʻɛ˥꜒ tʻəu˥

低头 ti˩˧ tʻəu˥

回头 xuei˥꜒ tʻəu˥

折勾 tʂə˩˧꜔ kəu˧ 头向后仰: 老王患脑溢血,头往后一～就没还魂

张嘴 tʂaŋ˩˧ tsuei˥

歪歪嘴角ə vɛ˩˧꜓ vɛ˧ tsuei˥ tɕia˥꜓ ə˧ 动嘴说话:咱怕惹出事来,不敢～

闭住嘴 pi˨˩꜒ tʂu˧ tsuei˥

歪嘴 vɛ˩˧ tsuei˥ 呶嘴

噘嘴 tɕyə˩˧ tsuei˥

扭过脸ə niəu˥꜖ kuə˧ liã˥꜖ ə˧ 转过脸去

别列 piə˩˧꜔ liə˧ 扭转(脸): 他见了我就～过脸去

抹 ma˩˧ ①沉下(脸):～下脸来 ②丢了,去掉:不能给你～了面ə｜～了这个零头

挂搭 kua˨˩꜒ ta˧ 沉着(脸):他整天～着脸,就象欠他两石胡椒粒是ə

睁眼 tʂəŋ˩˧ iã˥

瞪眼 təŋ˨˩ iã˥

吹胡ə瞪眼 tʂʻuei˩˧ xu˥꜓ ə˧ təŋ˨˩ iã˥ 吹胡子瞪眼睛

合上眼 xuə˥꜓ ʂaŋ˧ iã˥ 合上眼睛

挤眼 tɕi˥꜒ iã˥

眼珠ə乱转 iã˥ tʂu˩˧꜓ ə˧ luã˨˩ tʂuã˨˩ 转眼珠子

淌泪 tʻaŋ˥꜓ luei˨˩ 流眼泪

抹萨 ma˩˧꜔ sa˧ 眨(眼):一～眼ə工夫,就看不见他哇

瞭 liɔ˨˩ 看:我出去～～

郭睬 kuə˩˧꜓ tsʻɛ˧ 看见: 你～我ə钢笔来没?

□□ ɕy˥꜓ xuei˧ 看见; 注意到: 你～老王没?

瞜候 ləu˨˩꜒ xəu˧ 寻找着看:你～什么?

撒摸 sa˥꜓ mə˧ 东看西看地寻找:你～啥?

抽寻 tʂʻəu˩˧꜓ ɕyə̃˧ 悄悄地寻视: 小偷都是先～好了再来偷

三棱 sã˩˧꜓ ləŋ˧ 斜瞪着(眼):他～着眼

白挤 pei˥꜓ tɕi˧ 用白眼珠看人:他好～人

耷拉着耳朵 ta˩˧꜓ la˧ tʂuə˧ ɭə˥꜖ tuə˧

支绷起耳朵来听 tʂʅ˩˧꜓ pəŋ˧ tɕʻi˧ ɭə˥꜖ tuə˧ lɛ˧ tʻiŋ˩˧ 支棱起耳朵听

听醒 tʻiŋ˩˧꜓ ɕiŋ˧ 从旁听着:～着点,来了好布可买点

举手 tɕy˥꜒ ʂəu˥

摆手 pɛ˥꜒ ʂəu˥

撒手 sa˩˧ ʂəu˥

伸手 ʂə̃˩˧ ʂəu˥

下手 ɕia˨˩ ʂəu˥ 动手(开始)

动手 tuŋ˩ ʂəu˥　只许动口，不许～

拍手 p'eiʌ ʂəu˥

倒背着手 tɔ˩ pei˩꜒ tʂuə˧ ʂəu˥　背着手

抱着胳膊 pɔ˩꜒ tʂuə˧ kuəʌ꜔ p'ə˧　叉着手 两手交叉在胸前

松手 suŋʌ ʂəu˥

抄手 tʂ'ɔʌ ʂəu˥　袖手

拨拉 puʌ꜔ la˧

□ pei˥　拨动（饭菜等）：小孩～上点菜到一边吃

□拉 pei˥ν la˧　反复拨动（饭菜等）：把菜～～，叫它凉凉

扒拉 paʌ꜔ la˧　①用手扒动：他在～沙玩　②拨，分：把东西早给他们～，就不闹别扭唓

扒查 paʌ꜔ tʂ'a˧　①扒开　②指抚养：～起个孩ə来不容易

拌拉 pã˩꜒ la˧　搅拌：把喂牲口ə草料～匀

拌和 pã˩꜒ xuə˧　①搅拌：芹菜已加了材料，～～就行　②比喻搬弄是非：这矛盾就是他在里头～ə

和拌 xuə˩꜒ pɛ˧　①小孩把东西弄得乱七八糟：你看你把饭菜～了一桌ə　②比喻搅乱，挑拨：小组ə矛盾，就是他～ə

捂住 vu˥ν tʂu˧

摩弄 mə˥ν luŋ˧　摩挱

把屎 pa˥꜒ ʂʅ˥　把持小儿双腿，使之排便

把尿 pa˥ sueiʌ

使把 ʂʅ˥꜒ pa˥　小孩能在大人把他时排泄大小便：这孩ə～，一把就尿

打直势 ta˥ν tʂʅ˥꜒ ʂʅ˧　打寒噤，多指婴儿撒尿前身体实然一颤

即纽 tɕiʌ꜔ niəu˧　不自然地流出少量的尿或稀粪汁：这孩ə好～下

扶着 fu˥꜒ tʂuə˧

招乎 tʂɔʌk xu˧　①搀扶：路不好走，～着你奶奶　②照料：兄弟厂来参观，要有个人～～

招揽 tʂɔʌ lã˥　照顾，看管：我上了班，他奶奶～着孩ə

架拉 tɕia˩꜒ la˧　①搀着　②两脚分开站着：这小孩～着尿尿

将 tɕiaŋʌ　牵领：～着孩ə

网 vaŋ˥　带（孩子）

攥起槌头 tsuã˩꜒ tɕ'i˧ tʂ'uei˥꜒ t'əu˧　攥起拳头

夯 xaŋʌ　用拳打

砸 tsa˥　打：不听说就得挨～！

梭 suəʌ　打：我～你！

掇 tuəʌ　①打：你再说，我～你！②塑：小孩在～泥娃娃

搡 saŋ˥　推：～了他一个跟头

采 ts'ɛ˥　揪：一把～住了他ə领ə

搓悠 ts'uəʌk iəu˧　搓揉

抠 k'əuʌ　掏：～鼻ə

抠索 k'əuʌk suə˧　抠取：他娘那一点钱，他也～来花唓

抠查 k'əuʌk tʂ'a˧

夹拉 tɕiaʌ꜔ la˧　夹着：～ə皮包走唓

搊 tʂəuʌ　掀（席子、被褥等）

抹划 mə˥ν xua˧　抹：你看你脸上～ə，赶快洗洗

米划 mi˥ν xua˧　比划：小高说起话来，两只手不住ə～

拉和 la˩꜒ xuə˧　乱拿东西：俺整天来～你

划拉 xua˥꜒ la˧　聚拢，收取：～起地上的粮食来！

蘸乎 tʂã˩꜒ xu˧　沾取：把菜汤～～吃了

掏约 t'ɔʌk yə˧　不住地掏：口袋布不结实，很快就～烂唓

捣约 tɔ˥ν yə˧　不住地捣：这孩ə怎么～人！

拽 tʂuɛ˩　拉：把绳ə～紧

拽 tʂuɛʌ　扔掉：拿ə啥？～了吧，好脏！

拉 la˩　①用力牵引使之向自己移动：～他一把　②把食物等衔走：黄鼬～鸡　③使分开：～仗

扽 tə̃˩　用强力拉：～断｜从本ə上～下一张纸
锛 pə̃˨˦　扳：～闸｜～倒他
衿 tɕiə̃˨˦　拉着（线、绳）：你～ə这根线
掰 pei˨˦　用手把物品折断：～棒槌｜树枝一～两半截
撸 lu˨˦　①捋　②打：我～你！　③批评：叫他～了一顿　④降职、撤职：一～到底
□ li˩　顺着树枝捋取树叶或花：～槐花
招 tʂɔ˨˦　碰、动：只能看，别～着
刮查 k'uɑ˨˦˧ tʂ'ɑ˧　①用东西刮：做饭煳了锅，要把锅～～　②比喻搜刮：旧社会，政府就知道～老百姓
刻查 k'ei˨˦˧ tʂ'ɑ˧　①用指甲刻：～～身上的嘎巴　②比喻吝啬：这家人家挺～，不掉东西
剜悠 vã˨˦˨ iəu˧　①用刀子等挖　②用手指旋转着点划人
捂悠 vu˨˦˨ iəu˧　用手指或工具用力旋转着按：使锥ə～上个眼眼
撼悠 xã˩˥ iəu˧　撼动：刚种上的树别～它
圈悠 tɕ'yã˨˦˨ iəu˧　①圈起来：把院ə使树枝～起来　②量词：我围着城转了一～
抟悠 t'uã˥˧ iəu˧　用手掌把物品揉或圆形：他把信～哇！
窝悠 və˨˦˨ iəu˧　把纸等弄成团子
缠悠 tʂ'ã˥˧ iəu˧　用线、绳等缠起来
蜷悠 tɕ'yã˥˨˦ iəu˧　蜷曲，弄折：纸不要～了
擓郎 xuə˨˦˨ lɑŋ˧　搅动：小孩好～水玩
搋 tʂ'uɛ˨˦　用手压：～面
敧 tɕi˨˦　用筷子夹：～菜
铁 fu˨˦　把表面的一层割下来：把肉皮～下来
□拉 xuɛ˥˨˦ lɑ˧　用胳膊摆脱别人的拉扯：他和别人打仗，谁拉他，他～谁
搉 k'uɛ˥　用指甲搔痒
点划 tiã˥˨˦ xuɑ˧　用手指指着人：他一边～ə一边骂
掐捏 tɕ'iɑ˨˦˧ niə˧　用指甲掐人：这孩ə好～人
勾翅 kəu˨˦˧ tʂ'ʅ˩　抓人的腋下等怕痒处：他最怕～
巴弹ə pɑ˨˦˨ tã˧ ə˧　大姆指用力压住中指指甲，又猛然松开以弹人
凿骨顶 tsuə˥˧ ku˧ tiŋ˥　用屈起突出的中指敲打别人头部
欻 tʂ'uɑ˨˦　①刺：～破窗户纸哇　②抢夺：他一把～走哇
篷 p'əŋ˥　用土或别的东西盖上：再～上一层土｜阳台溯雨，咱把它～起来
合 xɑ˥　盖：～上一个盆
築住 tʂu˨˦˧ tʂu˧　塞住瓶塞
掇打 tuə˨˦˨ tɑ˧　粗略地垒：一个炉ə一会就～起来哇
□ ts'ã˥　凿：～磨
捽 tsuə˥　①揪：～住他ə领ə　②用针线把小孔缝住　③收缩：吓ə心一～一～ə
捽古 tsuə˥˨˦ ku˧　同"捽"③
摽 piɔ˩　①把铁丝、绳子等绞紧。　②紧跟，竞争：小王和小李两人～ə干活
摆 pɛ˥　洗多指最后用清水漂洗：～衣裳｜衣裳我洗完哇，光落了～哇
淘漉 t'ɔ˥˧ lu˧　淘洗：这些米可～干净哇
撩漉 liɔ˥˧ lu˧　撩起水来：还不赶快洗，水都～凉哇！
铺撒 p'u˨˦˧ sɑ˧　把洗净晒干的衣物弄平叠好：把裤ə～～
免 miã˥　把衣服、被子等的一部分折起来：～进一块去｜～腰
揳 ɕiə˨˦　把钉子、楔子等捶打到物体里面
搽 tʂɛ˩　把两件东西钉在一起：～驴蹄ə
跺脚 tuə˩ tɕyə˨˦
踮起脚 tiã˩ tɕ'i˥ tɕyə˨˦　踮脚
抬腿 t'ɛ˥˧ t'uei˥　跷腿
蹬腿 tɕ'yã˥˧ t'uei˥

摇腿 iɔ˥˧ tʻuei˥　抖腿

踢腿 tʻi˨˦ tʻuei˥

踩 tʂʻɛ˥　踏

驱拉 tɕʻy˨˦˧ la˧　用脚擦地，将东西踢开：把它～一边

排 pʻɛ˥　①踢：一脚就把他～倒啵　②穿上新鞋踏一踏、走一走，使鞋合于脚的形状：～～这双鞋

□□ nəŋ˨˦˨ nəŋ˧　翘起脚跟，使前掌着地：我～起脚来也看不见

蹬摇 təŋ˨˦˨ iɔ˧　①双腿蹬动　②比喻劳动、活动：～一天，使ə慌啵

倒褪 tɔ˨˩ tʻuə̃˧　倒着走

倒达 tɔ˨˩ ta˧　脚在鞋里向后倒

坐跟 tsuə˨˩ kə̃˧　把鞋后跟踩得不挺了：这孩ə穿鞋好～

靸得 sa˨˦˨ tei˧　把鞋后跟踩在脚底下：把鞋提上，别～着！

绊拉 pã˨˩ la˧　绊脚：地上乱七八糟ə，走起路来真～ə慌！

虾腰 ɕia˨˩ iɔ˨˦　弯腰

　锅腰 kuə˨˩ iɔ˨˦　例：一～就拾起来

打舒身 ta˥ ʂu˨˦˨ ʂə̃˧　伸腰

撅腚 tɕyə˨˦˧ tiŋ˧　撅屁股

抓 tʂua˨˦　①刨、翻（见"四·农事"）　②撅起：～起腚来　③理睬（含轻漫意）：不～他！

□ tʻə̃˥　挺：～ə肚ə｜用大肚ə～人

捶背 tʂʻuei˥˧ pei˨˩

擤（鼻涕）ɕiŋ˥（pi˥˧ ə˧）

抽鼻ə tʂʻəu˨˦ pi˥˧ ə˧　吸溜鼻涕

抽进去啵 tʂʻəu˨˦˨ tɕiə̃˧ tɕʻy˧ liã˧　鼻涕吸进去了

打带喷 ta˥ tɛ˨˩ pʻə̃˧　打嚏喷

嗝气 kei˨˦˧ tɕʻi˨˩　打饱嗝儿

打嗝得 ta˥ kei˨˦˧ tei˧　打冷嗝儿

打牙巴骨ə ta˥˧ ia˥˧ pa˧ ku˨˦˨ ə˧　因寒冷等原因上下牙连续碰撞

打得得 ta˥ tei˨˦˨ tei˧　人受惊受寒打哆嗦

跍堆 ku˨˦˨ tei˧　①蹲　②土堆：土～

猴势 xəu˥˧ ʂʅ˧　象猴子蹲：你们一个一个～这ə干啥？

骨搐 ku˨˦˧ tʂʻu˧　四肢收缩起来：他在炕上～着

张倒 tʂaŋ˨˦˨ tɔ˧　摔了

张 tʂaŋ˨˦　向前或向后倒下：杆ə要埋结实，别叫它～了

仰不踏 iaŋ˥˧ pu˧ tʂa˨˦　仰面踤倒：摔了个～

仰嘎牙 iaŋ˥˨ ka˥˧ ia˥　仰面朝天：一锤头ə打他个～

哈蓬 xa˥˧ pʻəŋ˧　向前趴倒：好生拦着你兄弟，别叫他～过去了

趴哈 pʻa˨˦˨ xa˧　趴着：老实实ə～着罢！

打躺躺 ta˥ tʻaŋ˥˧ tʻaŋ˧　小儿扒着玩

扒勾 pa˨˦˨ kəu˧　弯着身子向前靠着：这几个孩ə～ə桌ə上干啥？｜他好～炕边上睡觉

爬起来 pʻa˥˧ tɕʻi˧ lɛ˧

站 tʂã˨˩

挪 nuə˥　移动：～棵花｜往里～～

挪窝 nuə˥ və˨˦　移动位置，换个地方：这里人多，咱挪挪窝罢：｜小孩拉屎要挪挪窝

蹿 tsʻuã˨˦　①逃跑，走掉：敌人～啵　②喷射：鼻口～血

蹿棚ə tsʻuã˨˦ tʂa˨˩ ə˧　走开，跑掉：小王～啵！

跩拉 tʂuɛ˥˧ la˧　扭动：他走路一～一～，还和扭秧歌是ə

跩悠 tʂuɛ˥˧ iəu˧　身子摇晃：他不听劝，一拉一～

跩晃 tʂuɛ˥˧ xuaŋ˧　晃动，摇晃：这个大胖ə，一走一～

偎悠 vei˥˧ iəu˧　身体靠着什么东西摩擦：你看你～ə这一腚土！｜别把床～脏了

挨合 iɛ˨˦˨ xuə˧　靠着，挤一挤：咱～ə坐｜

咱～～坐坐

窜 tsʻuã˨˩　向上移动：他睡着了好往上～

骑拉（哈） tɕʻi˥˧ lɑ˧ （xɑ˧）　骑着

打提留 tɑ˥˧ ti˨˦˨ liəu˧　手抓住什么东西，身子垂下来：这孩ə好攀ə大人肩膀～

打踅摸 tɑ˥˨ ɕyə˥˧ mə˧　打转：他来这ə打了个踅摸就走咗

拧磨 niŋ˥˧ mə˧　①扭转着：他一阵～ə肚ə疼　②比喻孩子缠着大人闹：这孩ə真～人！

舞扎 vu˥˨ tʂɑ˧　动手动脚：他俩正好好ə，咋～开咗？

背搭 pei˨˩˧ tɑ˧　背：～ə背包｜～ə手

督悠 tu˨˦˧ iəu˧　①弄绉弄乱（多指床上）：你看这床上～ə　②折磨：别～自家咗

扬翻 iɑŋ˥˧ fã˧　扬得乱七八糟：你看屋ə～ə多么乱

拾翻 ʂʅ˥˧ fã˧　翻动，翻寻：我～了半天，也没找着

沾 tʂã˥　弄脏

固沾 ku˨˩˧ tʂã˧　沾上（泥浆等）：小孩好到泥水里去～～

固拉 ku˨˩˧ lɑ˧　沾上（尘土等）：你看你～ə这一身！

空 kʻuŋ˨˩　①腾出来，使空：开头～两格｜把瓶ə水～干　②没有占用的时间或空间：抽～来玩｜前边有～啊不？

淋 liã˥　过滤：～灰水

曝 tɕʻi˨˦　湿的东西慢慢吸干：这孩ə尿ə裤ə，还没换就～干咗！

齐磨 tɕʻi˥˧ mə˧　修剪使整齐：左边的头发再～～就行咗

放 fɑŋ˨˩

搁ə kuə˨˦˧ ə˧　放到：～乜ə｜～过去，谁管老百姓ə困难！

撂 liɔ˨˩　放下，搁下：～担ə

撂 liɔ˨˦　扔，抛：～石头

掴 kuɛ˨˦　①放：你先把书包～教室ə，我就去拿　②扔，撂：把树枝～了罢，看扎ə手！

磕 kʻɑ˨˦　①碰：不小心～了一下　②把东西倒掉：～了炉灰

搀 tʂʻã˨˦　对：酒里～水

拾掇 ʂʅ˥˧ tuə˧　①收拾，整理：～屋ə　②旧指对人用刑

搬登 pã˨˦˨ təŋ˧　搬动

倒登 tɔ˨˩ təŋ˧　倒动：家ə乜点可用ə东西，都叫他～出去咗

打扫 tɑ˥˨ sɔ˧

□弄 pʻə˥˧ luŋ˧　用手拂拭：～～座位上ə土

打□ tɑ˥˨ pʻə˧　拍打身上尘土：～～身上ə灰

扑拉 pʻu˨˦˦ lɑ˧　用手拂拭：他觉ə难受，两手在心口窝直～｜你身上一个虫ə，赶快～下来

搐打 tʂʻu˨˦˧ tɑ˧　用掸子打掉身上尘土

得忽 tei˨˦˧ xu˧　①抖搂衣被等，使附着的脏东西落下　②摆脱：大家选我当组长，怎么也～不下来

磕打 kʻɑ˨˦˧ tɑ˧　磕碰，使附着物掉下：～～筐ə土　｜比喻受锻炼：现在年轻人没经过～

打磨 tɑ˥˨ mə˧　磨擦使光滑

呱打 kuɑ˨˦˨ tɑ˧　拍打：～～小红，叫她赶快睡着

挑 tʻiɔ˨˦　选择

提溜起来 ti˥˧ liəu˧ tɕʻi˥˨ lɛ˧　提起

拾起来 ʂʅ˥˧ tɕʻi˧ lɛ˧　捡起来

擦了 tsʻɑ˨˦˧ liɔ˧　擦掉

胡拉 xu˥˧ lɑ˧　把东西弄掉：把桌上ə骨头～了

捅 tʻuŋ˥　倒掉（水）：～了这盆水

压 iɑ˨˦　倒：洗菜ə水我～咗｜～灰（倒垃圾）

擓 xuə˨˦　泼（水）：～水

劐 xuə˨˦　剖开：～膛

掉了 tiɔ˧˩ liɔ˦ 丢了

忘ə vaŋ˧˩˨˦ ə˦ 遗落(在某处)：钢笔～同学家来

找着唑 tʂɔ˥˨˦ tʂuə˦ liã˦ 找着了

(把东西)藏(起来) ts'ɑŋ˥

(人)藏 ts'ɑŋ˥

闪 ʂã˥ ①躲：他来，你就～出去 ②剩：都走唑，就～下他自家唑

寻 ɕiə̃˥ 找(死)：～死｜～短

摞起来 luə˥˨˦ tɕ'i˦ lɛ˦ 码起来

知道 tʂʅ˨˩˦˨ tɔ˦

知不道 tʂʅ˨˩˦˨ pu˦ tɔ˧˩ 不知道

待 tɛ˧˩ 要，想：他不～吃｜我～家去

屑 ɕi˧˩ 认为值得(做)：不～去

懂ə唑 tuə̃˥˨˦ ə˦ liã˦ 懂了

会唑 xuei˧˩˨˦ liã˦ 会了

认ə lə̃˧˩˨˦ ə˦ 认得

不认ə pu˨˩˦ lə̃˧˩˨˦ ə˦ 不认得

扒不开吗 pa˨˩˦˨ pu˦ k'ɛ˨˩˦ ma˥ 分不清面貌：他家ə人，咱不熟，～

撮底 ts'uə˨˩˦ ti˥ 了解底细：他家我很～，都是老实人

认(字) lə̃˧˩

想想 ɕiaŋ˥ ɕiaŋ˦ 寻思寻思

顿魂 tuə̃˧˩˨˦ xuə̃˦ 思考，想：这个题挺难，我得～～才能明白

酌乎 tʂuə˥˨˦ xu˦ 考虑，斟酌：这事我再～～

思想 sʅ˨˩˦˨ ɕiaŋ˦ 想，思念：小宝不再～吃奶唑

觉模 tɕyə˨˩˦˨ mə˦ 感觉，觉得：自己～ə不离

冒闷 mɔ˧˩˨˦ mə̃˦ 理解：他说ə话，当时我没～过来

抹不开 mə˥˨˦ pu˦ k'ɛ˨˩˦ 想不开：他心细，有点事好～。

估模 ku˥˨˦ mə˥ 估量

米量 mi˥˨˦ liaŋ˦ 比量，大致量一量：你～～这根绳ə有多长短

出主意 tʂ'u˨˩˦ tʂu˥˨˦ i˧˩ 想主意

拿主意 na˥ tʂu˥˨˦ i˧˩

看准 k'ã˧˩ tʂuə̃˥ 料定

信 ɕiə̃˧˩ 相信

疑心 i˥ ɕiə̃˨˩˦ 怀疑

小心 ɕiɔ˥˨˦ ɕiə̃˦

留心 liəu˥ ɕiə̃˨˩˦

模量 mu˥˨˦ liaŋ˦ 小心：你～ə点！

[害]怕 [xɛ˧˩] p'a˧˩

吓了一跳 ɕia˧˩˨˦ liɔ˦ i˨˩˦˨˦ t'iɔ˧˩ 吃惊

着急 tʂuə˥˨˦ tɕi˥

急眼 tɕi˥˨˦ iã˥ 十分着急：他好～，别和他开玩笑

急刨 tɕi˥˨˦ p'i˦ 急躁，着急：别～｜两个都病唑，真～人！

惦记 tiã˧˩ tɕi˧˩ 挂念

挂心 kua˧˩ ɕiə̃˨˩˦

挂挂着 kua˧˩˨˦ kua˦ tʂuə˦ 挂念着

上心 ʂaŋ˧˩ ɕiə̃˨˩˦ 放在心上，注意：托他点事，他很～

放心 faŋ˧˩ ɕiə̃˨˩˦

盼着 p'ã˧˩˨˦ tʂuə˦ 盼望

盼盼着 p'ã˧˩˨˦ p'ã˦ tʂuə˦

巴不得 pa˨˩˦˨ pu˦ tei˥

想着 ɕiaŋ˥˨˦ tʂuə˦ 记着(不要忘)

忘唑 vaŋ˧˩˨˦ liã˦ 忘记了

想起来唑 ɕiaŋ˥˨˦ tɕ'i˦ lɛ˦ liã˦ 想起来了

眼红 iã˥˨˦ xuŋ˦

讨厌 t'ɔ˥˨˦ iã˧˩

恨 xə̃˧˩ 憎恶

偏心 p'iã˨˩˦˨˦ ɕiə̃˨˩˦

忌妒 tɕi˧˩˨˦ tu˧˩

肚闷 tu˧˩˨˦ mə̃˦ 憋气

鳖瞅 piə˨˩˦˨ tʂ'əu˦ (说别人)生闷气不说话：事情过去唑，别在那ə～唑

鳖瞅蛋 piə˨˩˦ tʂ'əu˥˨˦ tã˧˩ 鳖看着蛋孵子，比喻生闷气发呆

囚鬼 tɕ'iəu˥˦ kuei˥　闹情绪，闷着不做声（多指小孩）：这孩 ə 好～

窝憋 və˨˦˦ piə˧　空气不流通，憋气：他住 ə 地方地势洼，真～人！

生气 ʂəŋ˨˦˦ tɕ'i˩

拿邪 nɑ˥˦ ɕiə˥　因某种原因而生气：老张好～，别惹他！

发脾气 fɑ˨˦ p'i˥˦ tɕ'i˩

使厉害 ʂʅ˥ li˩˦ xɛ˧

发邪 fɑ˨˦ ɕiə˥　发脾气，闹别扭：这孩 ə 又～哇！

使拙骨 ʂʅ˥ tʂuə˨˦˧ ku˧　发拗：他在～

疼 t'əŋ˥　①爱惜：～钱｜～东西　②疼爱：～孙 ə

割舍 ə kuə˨˦˧ ʂəu˧　ə˧　舍得：这书太贵，我不～买

乍 tʂɑ˩　娇惯：这孩 ə 好哭好闹，都是他奶奶～ ə 他！

乍呆 tʂɑ˩˦ tɛ˧　娇惯，溺爱：这孩 ə 不听说，～ ə 慌！

糊逼 xu˨˦˧ pi˧　依靠：孩 ə 还是～着娘好

贴乎 t'iə˨˦˧ xu˧　贴靠：他父母去世哇，就～着婶 ə

喜欢 ɕi˥˨˦ xuã˧

高兴 kɔ˨˦˦ ɕiŋ˩

欢喜 xuã˨˦˦ tɕ'i˧　弄了个不～｜我们去看了看老人，他挺～

自在 tsʅ˩˦ tsɛ˧　舒畅，高兴

恣 tsʅ˩　得意

向 ɕiaŋ˩

偏偏 p'iã˨˦˦ p'iã˧　～他小儿

觉慌 tɕyə˨˦˧ xuɑŋ˧　心虚：老张一说丢了东西，他就～

懒头 ʂu˩ t'əu˥　打懒：我见了他就～

害羞 xɛ˩ ɕiɔ˨˦

改肠 kɛ˥˨˦ tʂ'ɑŋ˥　改变了原来的想法：二奶奶这几年～，不和那暂一样哇

懊患 ŋɔ˩˨˦ xuã˧　后悔：孩 ə 死哇，～当初没抓紧给孩 ə 扎裹病

翻煳 fã˨˦ xu˥　反悔：一言为定，谁也不能～

二乎 ɭə˩˦ xu˧　犹豫：办事要果断，不能～

二思 ɭə˩˦ sʅ˧　犹豫，踌躇：别～哇，快去罢！

值过 tʂʅ˥˦ kuə˧　合算，值得：跑十来里路去看场电影不～

不犯如 pu˩ fã˩ lu˥　犯不上，不值得：和这种人吵～

打督磨 tɑ˥˦ tu˨˦˧ mə˧　因生气或遇到困难，转来转去不知如何是好：他气 ə～

张精 tʂɑŋ˨˦˦ tɕiŋ˧　逞能：你看他多么～ ə 慌！

长受气 tʂ'ɑŋ˥˦ ʂəu˩˦ tɕi˩　叹气：老汉心 ə 不痛快，光在那 ə ～

舞求 vu˥˨˦ tɕ'iəu˧　钻研：这个题他半天也没～出来

搁不住 kuə˥ pu˧ tʂu˧　禁不住：这孩 ə 胆小，～吓唬

搁不住 kuə˨˦ pu˧ tʂu˧　①放不住：书架上～一个箱 ə　②不值得，用不着：这点活～三个人干

掉向 tiɔ˩ ɕiaŋ˩　迷失方向：我来这 ə 好～

不投心眼 pu˨˦ t'əu˥ ɕiõ˨˦ iɛ˥　不合心：给他买了件衣裳，～就大吵一通

二十三　位置

上头 ʂɑŋ˩˦ t'əu˧　上面

直上 tʂʅ˥˦ ʂɑŋ˧　上头，位置高的地方：～就是博山公园

下头 ɕiɑ˩˦ t'əu˧　下面

底底下 ti˥ ti˥˨˦ ɕiɑ˧　最底下：上头三层楼是住房，～一层是门市部

左边 tsuə˩ piã˨˦

右边 iəu˩ piã˨˦

当中间 ə tɑŋ˨˦˦ tʂuŋ˨˦ tɕiã˩˦ ə˧　中间

半中腰 ə pã˩ tʂuŋ˨˩˦꜓ iɔ˨˩˦꜖ ə˧ 半腰：山～有座疗养院

里头 li˥꜓ t'əu˧ 里面

里边 li˥꜓ piɛ˧

外头 vɛ˩꜒ t'əu˧ 外面

外边 vɛ˩꜒ piɛ˧ (vɛ˩ piɛ˨˩˦)

前头 tɕ'iã˥꜓ t'əu˧ 前边

头里 t'əu˥꜓ li˧ 他在我～｜你～走罢！

后头 xəu˩꜒ t'əu˧ 后边

旁边 p'ɑŋ˥ piɛ˨˩˦

一半搭 ə i˨˩˦꜓ pã˩ tɑ˨˩˦ ə˧ 小孩上～，别在这 ə 碍事

半边 pã˩ piə˨˩˦ ①一边：学校东～是操场 ②半个，一半：西瓜一割两～

附近 fu˩꜒ tɕiə̃˧

一溜 i˨˩˦꜓ liəu˩ 一带，一条：这～是过去的城墙

跟前 kei˨˩˦꜖ tɕ'iã˧

迎面 iŋ˥꜓ miã˩ 对面

哪 ə nɑ˥꜓ ə˧ 什么地方

啥埝 ə ʂɑ˥ niã˥꜓ ə˧

地上 ti˩꜒ ʂɑŋ˧

半悬空 ə pã˩ ɕyã˥꜓ k'uŋ˨˩˦꜖ ə˧ 半空中：～来了一片云彩

掉 ə 地上哇 tiɔ˩꜒ ə˧ ti˩꜒ ʂɑŋ˧ liã˧ 掉在地上了

东边 tuŋ˨˩˦꜒ piɛ˨˩˦

东面 ə tuŋ˨˩˦ miã˩꜒ ə˧

西边 ɕi˨˩˦꜒ piɛ˨˩˦

西面 ə ɕi˨˩˦ miã˩꜒ ə˧

望里走 vɑŋ˩ li˥꜖ tsəu˥

望回走 vɑŋ˩ xuei˥꜓ tsəu˥

望外走 vɑŋ˩ vɛ˩ tsəu˥

床底下 tʂ'uɑŋ˥꜓ ti˥꜓ ɕia˧

楼底下 ləu˥꜓ ti˥꜓ ɕiɑ˧

脚底下 tɕyə˨˩˦꜔ ti˧ ɕiɑ˧

背地后 ə pei˩ ti˩ xəu˩꜒ ə˧ 背后：不要～说人坏话

高处 kɔ˨˩˦꜖ tʂ'u˧ 高的地方

低处 ti˨˩˦꜖ tʂ'u˧ 低的地方

矮处 iɛ˥꜓ tʂ'u˧ 矮的地方

以前 i˥꜓ tɕ'iã˥

先霎 ɕiã˨˩˦꜖ ʂɑ˧ ～这 ə 交通可不方便哇

那咱 nɑ꜓꜒ tsã˧ 以前，那时候：～和现在不一样

过去 kuə˩ tɕ'y˩ 以往

上头 ʂɑŋ˩꜒ t'əu˧ 以上

下头 ɕiɑ˩꜒ t'əu˧ 以下

后来 xəu˩ lɛ˥

以后 i˥꜓ xəu˩

往后 vɑŋ˥꜓ xəu˩

今后 tɕiə̃˨˩˦꜓ xəu˩

到□ tɔ˩ mə̃˥ 以后，到时候：这事～再说罢！

二十四 代词

我 və˥

俺 ŋã˥

你 ni˥

□ ŋə̃˥ 个别人音 [ŋei˥]

他 t'ɑ˨˩˦

俺 ŋã˥ 我们

咱 tsã˥ 咱们

□ ŋə̃˥ 你们

他们 t'ɑ˨˩˦꜖ mə̃˧

我 ə və˥꜓ ə˧ 我的

你 ə ni˥꜓ ə˧ 你的

他 ə t'a˨˩˦ ə˧ 他的

别 ə piə˥꜓ ə˧ 别的

人家 lə̃˥꜓ tɕiɑ˧

自家 tsɿ˩꜒ tɕiɑ˧ 自己

大伙 ə tɑ˩ xuə˥꜓ ə˧ 大家

谁 ʂei˥

这个 tʂə˩ kuə˧

那个 nɑ˩ kuə˧

哪个 nɑ˥˧ kuə˩

这些 tʂə˩ ɕiə˧˥

那些 nɑ˩ ɕiə˧˥

　乜些 niə˩ ɕiə˧˥

哪些 nɑ˥ ɕiə˧˥

这 ə tʂə˩˥ ə˧　这里

那 ə nɑ˩˥ ə˧　那里

　乜 ə niə˩˥ ə˧

哪 ə nɑ˥˨ ə˧　哪里

这边 tʂə˩ piɛ˧˥ (piã˧˥)

那边 nɑ˩ piɛ˧˥ (piã˧˥)

　乜边 niə˩ piɛ˧˥ (piã˧˥)

这样 ə tʂɑŋ˧˥（合音）ə˧　这么：～好

这样 tʂɑŋ˧˥（合音）这样：～做？

那样 ə nŋɑ˧˥（合音）ə˧　那么、那样：～好｜～做

咋 tsɑ˩　怎么：你～，想 ə 打仗？

不咋 pu˧˥˧ tsɑ˩　不怎么，不要紧：伤着 ə 没？～

咋着 tsɑ˩˥ tʂuə˧　怎样：～做？

咋来 tsɑ˩˥ lɛ˧　怎么啦：你～，吵啥？

咋着来 tsɑ˩˥ tʂuə˧ lɛ˧　怎么着啦：你～，哭啥？

咋 ə［着］办 tsɑ˩˥ ə˧ [tʂuə˧] pã˩　怎么办

这样着 tʂɑŋ˧˥（合音）tʂuə˧　这么着：这件事不能～办

那样着 nɑŋ˧˥（合音）tʂuə˧　那么着：～不行！

这个着 tʂə˩˥ kuə˧ tʂuə˧　（弄成）这样子（遗憾的口气）：你看～！

为啥 vei˩ ʂɑ˥　为什么？

啥 ʂɑ˥　什么？

乜个 niə˩ kuə˧

这人们 tʂə˩ lə̃˥˧ mə̃˧　我（含有自己了不起的意思）：～不怕你！｜～不是好惹的！

那人们 nɑ˩ lə̃˥˧ mə̃˧　那人，那些人（略带诙谐义）

乜人们 niə˩ lə̃˥˧ mə̃˧

这户齿 tʂə˩ xu˩˥ tʂʻʅ˧　憎称这一类人：你～就得挨打！

乜户齿 niə˩ xu˩˥ tʂʻʅ˧　憎称那一类人：我还没见回你～来（多当面说，没有"那户齿"）

二十五　形容词

好 xɔ˥

　强 tɕʻiɑŋ˥　他学 ə～起我

敢 ə 好 kã˥˧ ə˧ xɔ˥　敢情好：你能去一趟，那～！

不孬 pu˧˥˩˥ nɔ˧˥　不错（颇好）

不赖 pu˩ lɛ˧˥　好，指人有能力，有水平：这人真～

不离 pu˩ lei˥　①挺好：小宋学习～　②差不多：我家二斤干粮～能吃一天

坏 xuɛ˩

　孬 nɔ˧˥

　次毛 tsʻʅ˧˥˧ mɔ˧

次 tsʻʅ˩　差：人头儿很～｜东西很～

拉豹 ə lɑ˧˥ pɔ˩˥ ə˧　次等，差：弟兄几个没有一个～

凑合（付）tsʻəu˩˥ xuə˧ (fu˧)

　将就 tɕiɑŋ˧˥˧ tɕiəu˩

大 tɑ˩

大 ə tɑ˩˥ ə˧　大的

大老闷 tɑ˩ lɔ˥ mə̃˧˥　很大：人家那孩 ə 先（已经）～哇

小 ɕiɔ˥

小的（ə）ɕiɔ˥˧ tei˧ (ə˧)　跟"大 ə"相对：你那～几岁哇？

石 ʂʅ˥　小：～疙瘩 ə｜～猴 ə｜～螃蟹｜～虮 ə（小调皮孩子）

好看 xɔ˥˧ kʻã˩

漂亮 pʻiɔ˩˥ liɑŋ˧

出息 tʂʻu˧˥˧ ɕi˧　多指小孩长得好：这孩 ə

长 ə 真～｜他 ə 孩 ə 都不～

丑 tʂ'əu˥

难看 nã˥˦ k'ã˧˩

要紧 iɔ˧˩ tɕiə̃˥

热闹 lə˧˩˩ nɔ˧

齉 naŋ˧˩ 人多，拥挤：大集上人太～哇，简直走不动

结实 tɕiə˨˩˦˨ ʂʅ˧

干净 kã˨˩˦˨ tɕiŋ˧

脏 tsaŋ˨˩˦

邋遢 la˨˩˦ t'a˥

窝囊 və˨˩˦˨ naŋ˧ ①脏 ②心里别扭不痛快

窝蔫 və˨˩˦˨ niã˧ 肮脏杂乱

□棱 t'əŋ˨˩˦˨ ləŋ˧ 鼻涕流出的样子

咸 ɕiã˥

淡 tã˧˩

甜 t'iã˥

酸 suã˨˩˦

苦 k'u˥

辣 la˧˩

香 ɕiaŋ˨˩˦

糊弄 xu˨˩˦˨ luŋ˧ 蒜臭味

薄 pə˥ 稀：粥太～哇

稠 tʂ'əu˥ 粥太～哇

稠乎 tʂ'əu˥˦ xu˧ 这粘粥很～

稀 ɕi˨˩˦ （头发）稀少

密 mi˧˩ 稠密：麦 ə 长 ə～

厚 xəu˧˩ 头发长 ə～

夹密 tɕia˨˩˦˧ mi˧ 细密：这块布挺～

分散 fə̃˨˩˦˦ sã˧ 散在各处，不集中：大家住 ə 很～

纷扬 fə̃˥˦ iaŋ˧ ①雪花飞扬 ②比喻人多杂乱：这些孩 ə 真～ə 慌！

□ nuŋ˧˩ 地面等过湿：路忒～哇，不能走！｜面和 ə 忒～哇

拉茬 la˥˦ tʂ'a˧ 表面粗糙，不光滑：你手 ə 长 ə 老茧，一摸挺～ə 慌

酽 iã˥ 茶～

肥 fei˥ （指动物）

胖 p'aŋ˧˩ （指人）

埋汰 mɛ˥˦ t'ɛ˧ 形容人体胖而无力：这孩 ə 挺～，随他爹爹

铺塌 p'u˨˩˦˨ t'a˧ 身体矮胖肌肉松弛的样子：老潘身 ə～

膗 tʂ'uɛ˥ 多指孕妇体粗

敦实 tuə̃˨˩˦˨ ʂʅ˧ 矮壮有力的样子

泼实 p'ə˨˩˦˧ ʂʅ˧ 多指小孩儿长的结实

瘦 ʂəu˧˩ （指人，与"胖"相对）

瘦 ʂəu˧˩ （指肉，与"肥"相对）

筋骨 tɕiə̃˨˩˦˧ ku˧ 瘦而有力的样子

寒肩 xã˥˦ tɕiã˧ 瘦弱矮小：他长 ə 挺～，他哥哥比他高，比他壮

四称 sʅ˧˩ tʂ'ə̃˧˩ 体形匀称：这小伙 ə 长 ə～

爽 ʂuaŋ˥ 形容头发粗而硬

好受 xɔ˥˦ ʂəu˧˩ 舒服

难过 nã˥˦ kuə˧˩

难受 nã˥˦ ʂəu˧˩

不好受 pu˨˩˦ xɔ˥˦ ʂəu˧˩

腌臜 ŋa˨˩˦˨ tsa˧ 后悔，不痛快

麻烦 ma˥˦ fã˧

啰唆 luə˥˦ suə˧

挠头 nɔ˥˦ t'əu˥ 事情麻烦，难办：这事真～！

利济 li˧˩˩ tɕi˧ 省事：多花几个钱有啥关系，图个～

靦覥 miã˥˦ p'iã˧

害羞 xɛ˧˩ ɕiɔ˨˩˦

听说 t'iŋ˨˩˦˩ ʂuə˨˩˦ 乖：小孩儿真～

皮 p'i˥ 顽皮

琐 suə˥ 调皮：这孩 ə 很～

调蛋 tiɔ˧˩˩ tã˧ 调皮捣蛋：这孩 ə～，不好好上学，光出去玩。

淘气 t'ɔ˥˦ tɕ'i˧

诈 tʂa˧˩ 放肆（多指小孩）

（这小伙子）真行 tʂə̃˨˩˦ ɕiŋ˥

（那个家伙）不行 pu⊿ ɕiŋ˥
都 təu˨ （音同"豆"）全部
一点点 i⊿ tiɛ˥˩ tiɛ˧ 一点儿
嘲 tʂ'ɔ˥ 傻：这个人有点～
尿 suŋ˥ 傻，呆：小赵忒～啦｜装～！
痴 tʂ'ʅ⊿ 傻，笨
精 tɕiŋ⊿
鬼 kuei˥
聪明 ts'uŋ⊿ miŋ˥
巧 tɕ'iɔ˥ 灵巧
糊涂 xu˥˩ tu˧
倒蔑 tɔ˨ miə˧ 迷糊，比前退步：我越活越～啦
倒粘 tɔ˨ niã˥ 一句话或一件事颠来倒去说几遍，糊涂：这老娘娘 ə 真～ ə 谎！
笨 pə̃˨ 蠢
死心眼 ə sʅ˥ ɕiə̃⊿ iã˥˩ ə˧ 死心眼儿
迂懦 y⊿˧ nuə˧ 软弱无能：他二叔～，光受别人 ə 气
孬种 nɔ˥˩ tʂuŋ˥
没出息 mu˥ tʂ'u⊿˧ ɕi˧
乍古 ka⊿˧ ku˧ 吝啬
吝啬鬼（参见"人品·乍古腚眼 ə"）
小气 ɕiɔ˥˩ tɕ'i˨ 走亲戚要多带点东西，别忒～了
大手 ta˨ ʂəu˥ 他化钱真～！
大方［样］ta˨ faŋ˧［iaŋ˧］这闺女挺～
小作 ɕiɔ˥˩ tsuə˧ 不大方：这闺女见了生人一点也不～
自本 tsʅ˥˩ pə̃˧ 形容人稳重不浮躁，有涵养：小王年龄不大，可很～
疯 fəŋ⊿ 女孩子举止不稳重，不文静：～闺女｜天这么晚啦，你还在外面～！
浪 laŋ˨ 淫荡：～货！
□ k'əu˥ 心眼多：这孩 ə 忒～，大人都没有他心眼多
质 tʂʅ⊿ （脾气）倔：他～着啦，不听别人劝
捉古 tʂuə⊿˧ ku˧ （小孩）拗：这孩 ə 好使～，谁说他都不听
愣 ləŋ˨ 鲁莽冒失：小张挺～，好和人打仗。
诌 tʂəu˨ （脾气）倔，孤辟
尊拘 tsuə̃⊿˧ tɕy˧ 拘束，自重：老高很～，不占别人便宜
杂忌 tsa˥˩ tɕi˧ 某些老人脾气怪，难伺侯
丧 saŋ˨ 态度生硬：这老汉真～！
酸 suã⊿ 形容人自恃清高，不随和：这人挺～
烧 ʂɔ⊿ 因某种原因忘乎所以，显示自己：这人～ ə 慌！
烧包 ʂɔ⊿˥ pɔ⊿ 这人挺～
咬玩 ə iɔ˥˩ vã˥˩ ə˧ 得意炫耀（多形容小孩）：买个小汽车，叫这个看那个看，～他知不道咋着好啦！
傲得 ŋɔ˨ tei˧ 盛气凌人的样子：他发财～ə 慌｜人家当了厂长，～起来啦！
促狭 ts'u⊿˧ ɕia˧ 狠毒：敌人可～啦！
狼 laŋ˥ 借喻忘恩负义：这个外甥忒～啦，十年没上姥娘 ə 家门
没良心 mu˨ liaŋ˥ ɕiə̃⊿
舅 ə 气 tɕiəu˨˥ ə˧ tɕ'i˧ 指人装模作样，好打官腔等（骂人话）：这人挺～！
光棍 kuaŋ⊿˧ kuə̃˧ 形容一点亏不吃、稍不如意就大吵大闹的脾性：这人挺～，千万别惹他！
强梁 tɕ'iaŋ˥˩ liaŋ˧ 形容无理强占别人财物的行为：这孩 ə 真～，拿 ə 人家 ə 小汽车跑啦！
赊留 ʂə⊿˧ liə˧ 言语随便，举止轻浮：这人挺～，没有正词
力巴 li˨˥ pa˧ 办事外行，不符合规律：放心罢，这人办事不～
老邦 lɔ˥˩ paŋ˧ 老练：张师傅很～，办事不会错
扔腾 ləŋ⊿˧ t'əŋ˧ 不实干的样子：你～着这根腰，不象个干活 ə
山 ʂã⊿ 土气：他打扮 ə 忒～啦，就和农村

ə 人穿 ə 是 ə

奸馋 tɕiã˩˥ tʂã˦ 光想吃好东西：他挺～，一口孬 ə 不想吃

啃淡 k'ə̃˥ tã˩ 嘴里无味，发馋：老时截没吃肉哇，挺～ ə 慌

腻口 ni˩ k'əu˥ 食物过于油腻

清口 tɕ'iŋ˩ k'əu˥ 食物清淡可口

紧称 tɕiə̃˥˩ tʂ'ə̃˦ 穿着、行为干净利落：大哥可～哇，事情说办就办，从不拖拖拉拉

麻利 ma˥˩ li˦ 迅速，快：张师傅干活很～。

扫利 sɔ˩˥ li˦ 行动迅速：～着点，别耽误了事！

拉磨 la˥˩ mə˦ 拖拉，磨蹭：这人忒～，三天哇书还没拿来

柱壮 tʂu˩˥ tʂuaŋ˦ 心里觉得踏实，有依靠：俺娘长病，大哥一回来，我心 ə 就～哇

耐心烦 nɛ˩ ɕiə̃˩ fɛ˥ 有耐心，不烦躁：老张可～哇，从不烦气

心焦 ɕiə̃˩˥ tɕiɔ˦ 心烦，发脾气：不知为啥，他一来家就～

急烤（煎） tɕi˩˧ k'ɔ˦ (tɕiã˦) 因麻烦、困难而烦躁：这孩 ə 又哭又闹，真～人！

谈见 t'ã˥˩ tɕiã˦ 可怜：两个孩 ə 早早死了爹娘，真～人！

感耻 kã˥˩ tʂ'ʅ˦ 恶心，讨厌：蛤蟆挺～人。

寒疹 xã˥˩ ʂə̃˦ 看了令人害怕：长虫真～人！

操操 ts'ɔ˩˥ ts'ɔ˦ 不满意：人家嘴 ə 不说，心 ə 可～

深量 tʂ'ə̃˩˥ liaŋ˦ 不满意：你说小刚不好，他娘也是～

气实 tɕ'i˩˥ ʂʅ˦ 觉得应该，一点不客气：别忒～了，这不是在你家 ə！

硬实 iŋ˩ ʂʅ˥ 觉得应该，态度强硬：你忒～哇，拿了人家 ə东西就走

不着调 pu˩ tʂuə˥˩ tiɔ˩ 形容情况乱，不踏实：心 ə 麻麻烦烦 ə，觉 ə～

寒碜 xã˥˩ tʂ'ə̃˦ 不体面，寒酸：走亲戚拿乜么点东西，真～人！

点心 tiã˥˩ ɕiə̃˦ 因数量少而使人瞧不起：这么一点，真～人！

下面 ɕia˩˥ miã˦ 丢面子，不光彩：去给他赔礼，忒～哇！

打要 ta˥ iɔ˩ 被重视，起作用：小王在厂里挺～，几年就当了科长

年轻 niã˥ tɕ'iŋ˩

年老 niã˥˧ lɔ˥

年纪大 niã˥˩ tɕi˦ ta˩

岁数大 suei˩˥ ʂu˦ ta˩

（菜类、肉类）老 lɔ˥

（菜类、肉类）嫩 luə̃˩

艮 kə̃˥ ①食物硬而不脆，韧 ②说话生硬，性格执拗：这人真～，一句话就咽杀人！

筋道 tɕiə̃˩˥ tɔ˦ 食物有嚼头：麦 ə 煎饼吃起来挺～

软和 luã˥˩ xuə˦ （食物）松泛

面 miã˩ ①某些食物纤维少而柔软：甜瓜有 ə～，有 ə 脆 ②比喻性格软弱：他是个老～，他兄弟性 ə 就急

胎 t'ɛ˩ 质地软：这豆腐忒～哇｜这孩 ə 挺～，一点也不结实

囫囵 ə xu˥˩ luə̃˦ ə˦ 整：鸡蛋吃～的

浑 xuə̃˥ ～身是汗

鼓 ku˥ 凸

洼 va˩ 凹

凉快 liaŋ˥˩ k'uɛ˦

镇 tʂə̃˩ （屋里）冷湿：这屋 ə 很～，不生炉 ə 不行

炽 tʂʅ˩ 夏天在靠近阳光处感到炽热：在墙根 ə ～ ə 慌，还是来屋 ə 凉快

蝎 ɕiə˩ 被火烤的感觉：在炉前做花球，火真～ ə 慌！

背静 pei˩ tɕiŋ˩

活动 xuə˥˩ tuŋ˦ 活络，不稳固

支空 tʂʅ˨˩˦ k'uŋ˧　东西放得不实，中间有空隙：这些箱 ə 子要放好，别～ ə 放

地道 ti˨˩˥ tɔ˧　我说 ə 是～ ə 博山话

整齐 tʂəŋ˥˨˦ tɕ'i˧

板整 pã˥˨˦ tʂəŋ˧　整齐，干净：张大娘可～哇，整天干干净净 ə

随心 suei˥ ɕiə̃˨˦　趁心

晚 vã˥

早 tsɔ˥

素静 su˨˩˥ tɕiŋ˧　清静，安闲：孩 ə 都大哇，你倒～哇！｜走歪门斜道是自找不～

清容 tɕ'iŋ˨˦ luŋ˥　清闲：我一个人在家，多～

掉 ə 腚 tiɔ˨˩˥ tiŋ˨˩　形容忙或穷：忙～｜穷～

出 ə 忙 tʂ'u˨˦˥ ə˧ maŋ˥　乐于助人：张大哥～，邻舍百家有啥事，他都跑 ə 头 ə

够够 ə kəu˨˩ kəu˨˩˥ ə˧　超过限度，感到厌烦：他伺侯了几年病人，真是～哇

悬 ɕyã˥　危险：差一点割着手，真～！

了不 ə liɔ˥˨˦ pu˨˦˧ ə˧　不得了，超出平常，严重，厉害：他恣 ə～｜～哇，孩 ə 掉到河涯 ə 哇｜这人可～，别惹他！

煞实 ʂa˨˦˧ ʂʅ˧　严实，厉害：又刮风又下雪，这天真～

各别 kuə˨˦˥ piə˧　特殊，和一般不同：老徐就是～，和大伙 ə 弄不到一堆

团团 t'uã˥˨ t'uã˧　圆：他胖成个～ ə，就和磨盘 ə 是 ə

弯弯 vã˨˦˥ vã˧　弯曲不直

插插 tʂ'a˨˦˧ tʂ'a˧　错乱：这两笔账知不道咋着弄～哇

糟烂 tsɔ˨˦˥ lã˧　腐朽：～木头，烧火都不着

大共远远 ta˨˩ kuŋ˨˩˥ yã˥˨˦ yã˧　很远

附：生动形式

（一）"AB"式

正当 tʂəŋ˨˩˧ taŋ˧　位置正：这张桌 ə 放 ə 不～，得再搬搬

老巴 lɔ˥˨˦ pa˧　结实，稳当：要拴～，不要叫它掉下来了

干巴 kã˨˦˥ pa˧　干硬：～馍馍咬不动

干索 kã˨˦˥ suə˧　干，跟"湿"相对：路上挺～哇，走吧

曝索 tɕ'i˨˦˧ suə˧　湿了的东西将干未干：刚下过雨，等道～了再走罢！

白生 pei˥˨ ʂəŋ˧　（皮肤）白晰：这孩 ə 挺～

黄赖 xuaŋ˥˨ lɛ˧　食物烤烙成黄色

宽快 k'uã˨˦˥ k'uɛ˧　宽敞：这房 ə 挺～，有七八十个平方

窄住 tʂei˨˦˧ tʂu˧　①狭窄：三口人住一间房，忒～哇　②生活不宽裕：家 ə 人口多，收入少，日 ə 过 ə 挺～

活翻 xuə˥˨ fã˧　灵活，有活动余地：他做买卖，手底下～指手头有余钱

光悠 kuaŋ˨˦˥ iəu˧　光滑：～头｜这块石头挺～

胎乎 t'ɛ˨˦˥ xu˧　质地软：这床被 ə 很～｜豆腐脑吃起来挺～

暄和（得） ɕyã˨˦˥ xuə˧ （tei˧）　（衣被）松软：被 ə 真～

斜溜 ɕiə˥˨ liəu˧　斜：这条线画～哇

斜棱 ɕiə˥˨ ləŋ˧　（眼）歪斜：～ə 眼（含有怒意）

侧棱 tʂei˨˦˧ ləŋ˧　向一边斜：～ ə 身 ə 才能过去

立棱 li˨˩˥ ləŋ˧　歪斜地放立：～ə 放容易倒了，要放正当

直立 tʂʅ˥˨ li˧　直，不弯曲：这杆 ə 很～

横立 xuə̃˥˨ li˧　①横，与"竖"相对　②小孩好哭闹：这孩 ə 真～

垮拉 k'ua˥˨ la˧　结构松散不紧凑：他写 ə 字有个毛病，很～，不紧凑

齐截 tɕ'i˥˨ tɕiə˧　整齐：学生水平不～

挺托 t'iŋ˥˨˦ t'uə˧　①挺实，有力：小明走路～哇！②得力：这事得有个～人才行！

平分 p'iŋ˥˨ fã˦ 平整：这根道很～

粗拉 ts'u˨˦ la˦ 粗糙，粗野：～活｜这人挺～，不细致

细发 ɕi˨˥ fa˦ 细致，精细：这活路作 ə 很～｜小米面挺～，不粗

灵翻 liŋ˥˨ fã˦ 灵巧，聪明：这孩 ə 一学就会，很～

实落 ʂʅ˥˨ luə˦ 实在，不客气：你这人不～，咋不吃呢？

直实 tʂʅ˥˨ ʂʅ˦ 正直实在；他很～，有一说一，有二说二

急刚 tɕi˨˦ kaŋ˦ 脾气急躁：他脾气～，没说几句话，就和人吵起来唑

琐乎 suə˥˨ xu˦ 某些老人好挑剔，难伺候：这老汉真～，为点小事就发脾气

安雅 ŋã˨˦ ia˦ 安静，娴雅：这闺女～，一点不疯

文范 xə̃˥˨ fã˦ 文静：这人挺～，一看就知道是个念书 ə

赖呆 lɛ˨˦ tɛ˦ 赖，差：他弟兄四 ə，没有一个～ ə

烦气 fã˥˨ tɕ'i˦ 烦：别和我说话，我心 ə 挺～

厌气 iã˨ tɕ'i˦ 厌恶：他在那ə故作姿态，看了真～人

勤力 tɕ'iə̃˨˦ li˦ 勤快

腻外 ni˨˥ vɛ˦ 进行缓慢，使人厌烦：这事三次都没办成，真～人！

忙和 maŋ˨˦ xuə˦ 忙碌：孩 ə 成亲，一家人真～ə 慌

忙接 maŋ˨˦ tɕiə˦ 家 ə 来了几个人，真～ə 慌

熟化 ʂu˥˨ xua˦ 熟识：我和他很～，有事可以找他

近便 tɕiə̃˨˥ miã˦ 近：到电影院很～，十分钟就到

全还 tɕ'yã˨˦ xuã˦ 齐全：百货公司 ə 东西挺～，啥都有

凉快（参见本节"59"条）

暖和 naŋ˥˨ xuə˦

娇香 tɕiɔ˨˦ ɕiaŋ˦ 娇气易损：这户花很～，又怕涝又怕晒。

（二）"BA"式

通红 t'uŋ˨ xuŋ˥

焦绿 tɕiɔ˨˦ ly˨

焦蓝 tɕiɔ˨ lã˥

焦黄 tɕiɔ˨ xuaŋ˥

乌黑 vu˨˥ xei˨

煞白 ʂa˨ pei˥

甘甜 kã˨ t'iã˥

齁咸 xəu˨ ɕiã˥

焦酸 tɕiɔ˨˥ suã˨

囊苦 naŋ˥˨ k'u˥

囊辣 naŋ˥˨ la˨

喷香 p'ə̃˨˥ ɕiaŋ˨

囊臭 naŋ˥˨ tʂ'əu˨

焦酥 ɕiɔ˨˥ su˨

焦粘 ɕiɔ˨ niã˥

崩硬 pəŋ˨ iŋ˨

崩脆 pəŋ˨ ts'uei˨

崩直 pəŋ˨ tʂʅ˥

铮明 tʂəŋ˨ miŋ˥

铮亮 tʂəŋ˨ liaŋ˨

湛清 tʂã˨ tɕ'iŋ˨

稀碎 ɕi˨˦ suei˨

冰凉 piŋ˨ liaŋ˥

风旺 fəŋ˨˦ vaŋ˨

风快 fəŋ˨˦ k'uɛ˨

精瘦 tɕiŋ˨˦ ʂəu˨

出滑 tʂ'u˨ xua˥

（三）"BCA"式

涕（滴）溜圆 t'i˨（ti˨）liəu˦ yã˥ 很圆

老共远 lɔ˥˨ kuŋ˨ yã˥ 很远：到那 ə 还～

出溜滑 tʂ'u˨˦ liəu˨˦ xua˥ 很滑：雪化唑，路上～

稀乎烂 ɕi˨˦ xu˦ lã˨ 很烂：面条煮 ə～

老厚狭 lɔ˥ʏ xəu˩ ɕia˥ 很厚：～一本书

猛溜尖 məŋ˥ʏ liəu˥ tɕiɛʌ 很尖利：锥ə磨ə～

拉巴涩 la˥ʏ pa˧ ʂʅʌ 很涩：柿ə不漤，～不能吃

真巴凉 tʂəʌᴋ pa˧ liaŋ˥ 很凉：粘粥～不能喝

翻滚热 fãʌ kuə˥ lə˩ 滚烫，这孩ə身上～，可能着凉嗹

（四）"大AA"、"精AA"式

大高高 ta˩ kɔʌᴋ kɔ˧

大长长 ta˩ tʂ'aŋ˥ʏ tʂ'aŋ˧

大厚厚 ta˩ xəu˩ᴦ xəu˧

大宽宽 ta˩ k'uãʌᴋ k'uã˧

大粗粗 ta˩ ts'uʌᴋ ts'u˧

大深深 ta˩ tʂ'əʌᴋ tʂ'ə˧

精矮矮 tɕiŋʌᴦ iɛ˥ʋ iɛ˧

精短短 tɕiŋʌᴦ tuã˥ʋ tuã˧

精薄薄 tɕiŋʌ pə˥ʏ pə˧

精窄窄 tɕiŋʌᴦ tʂeiʌ⊢ tʂei˧

精细细 tɕiŋʌ ɕi˩ᴦ ɕi˧

精浅浅 tɕiŋʌᴦ tɕ'iã˥ʋ tɕ'iã˧

（五）"ABBə"式（其中"AABə"一条）

小巧巧 ə ɕiɔ˥ᴋ tɕ'iɔ˥ʏ tɕ'iɔ˥ᴋ ə˧ 小而灵巧：二六型自行车～挺方便

黄赖赖 ə xuaŋ˥ᴋ lɛ˩ʏ lɛ˩ ə˧ 食物烤、烙成黄色

清虚虚 ə tɕ'iŋʌᴋ ɕyʌʏ ɕyʌᴋ ə˧ 淡青色或清绿色：公园ə～，真好看！

白花花 ə pei˥ᴋ xuaʌʏ xuaʌᴋ ə˧ 白白的

黑乎乎 ə xeiʌᴋ xuʌʏ xuʌᴋ ə˧

光悠悠 ə kuaŋʌᴋ iəuʌʏ iəuʌᴋ ə˧ 光滑

慢厢厢 ə mã˩ ɕiaŋʌʏ ɕiaŋʌᴋ ə˧ 慢慢的

慢慢厢 ə mã˩ mã˩ʏ ɕiaŋʌᴋ ə˧ （"AABə"）

平分分 ə p'iŋ˥ᴋ fəʌʏ fəʌᴋ ə˧ 很平整

齐楚楚 ə tɕ'i˥ᴋ tʂ'u˥ʏ tʂ'u˥ᴋ ə˧ 很整齐

齐欻欻 ə tɕ'i˥ᴋ tʂ'uaʌʏ tʂ'uaʌᴋ ə˧

齐双双 ə tɕ'i˥ᴋ ʂuaŋʌʏ ʂuaŋʌᴋ ə˧

麻利利 ə ma˥ʏ li˧ li˩ ə˧ 快，利索点儿：人家都走嗹，你～

利索索 ə li˩ suə˥ʏ suə˥ᴋ ə˧

扫利利 ə sɔ˩ li˩ʏ li˩ ə˧ 别蘑菇嗹，～！

大呜呜 ə ta˩ vuʌʏ vuʌᴋ ə˧ 大胆，大力：～干，别怕这怕那｜有理就～干，怕啥？

大样样 ə ta˩ iaŋ˩ᴦ iaŋ˧ ə˧ 大大方方的

死直直 ə sʅ˥ʋ tʂʅ˧ tʂʅ˥ʏ ə˧ 死板不灵活：不能～等着，要找上他问问是怎么一回事。

死迫迫 ə sʅ˥ᴋ p'eiʌʏ p'eiʌᴋ ə˧ 死死的，不活动：他～摔到了沟ə

大咧咧 ə ta˩ liə˩ʏ liə˩ ə˧ 言行随便，满不在意：老张～，什么事都不在乎。

咸泽泽 ə ɕã˥ᴋ tʂei˥ʏ tʂei˥ᴋ ə˧ 咸咸的

淡丝丝 ə tã˩ seiʌʏ seiʌᴋ ə˧ 淡淡的，只有很少的咸味

甜丝丝 ə t'iã˥ᴋ seiʌʏ seiʌᴋ ə˧ 甜甜的

酸溜溜 ə suãʌᴋ liəuʌʏ liəuʌᴋ ə˧

辣滋滋 ə la˩ tsʅʌʏ tsʅʌᴋ ə˧ 稍有辣味

辣蒿蒿 ə la˩ xɔʌʏ xɔʌᴋ ə˧ 不正常的辣味

筋拽拽 ə tɕiəʌᴋ tʂuɛʌʏ tʂuɛʌᴋ ə˧ 食物柔韧筋道

甜勾勾 ə t'iã˥ᴦ kəuʌʏ kəuʌᴋ ə˧ 不应有的甜味

滑溜溜 ə xua˥ᴋ liəuʌʏ liəuʌᴋ ə˧

散叟叟 ə sã˥ᴋ səuʌʏ səuʌᴋ ə˧ 食物吃起来松散不粘：冷煎饼～挺好吃

木涨涨 ə mu˩ tʂaŋ˩ʏ tʂaŋ˩ ə˧ 发木发涨的感觉：夜ə没睡好，头觉ə～

麻溲溲 ə ma˥ᴋ səuʌʏ səuʌᴋ ə˧ 轻微的麻木的感觉：吃ə薄荷糖肚ə都～

香喷喷 ə ɕiaŋʌᴋ p'ə˩ʏ p'ə˩ ə˧

臭哄哄 ə tʂ'əu˩ xuŋʌʏ xuŋʌᴋ ə˧

富态态 ə fu˩ t'ɛ˩ʏ t'ɛ˩ ə˧ 老人体胖：赵

奶奶～，是有福 ə 样 ə

瘦溜溜 ə ʂou˧ liəu˨˦ liəu˨˥ ə˦ 瘦瘦的

胖乎乎 ə p'ɑŋ˩ xu˨˦ xu˨˥ ə˦

安稳稳 ə ŋã˨˥ vẽ˥˦ vẽ˥˥ ə˦ 性格安静

节声声 ə tɕiə˨˥ ʂəŋ˨˦ ʂəŋ˨˥ ə˦ 悄悄的，住声

（六）"ABCə" 式

二尾巴 ə ɭə˧˥ i˦ pɑ˨˥ ə˦ 次等的，水平差的：这是个～大夫

软古囔 ə luã˥˦ ku˥ nɑŋ˨˥ ə˦ 湿软的样子

紫母英 ə tsʅ˥˦ mu˥ iŋ˨˥ ə˦ 发紫色：这块布～

蓝麻萨 ə lã˥˥ mɑ˥˦ sɑ˨˥ ə˦ 淡蓝色

白扯列 ə pei˥˥ tʂ'ə˥˦ liə˨˥ ə˦ 物品发白或褪了色：衣裳洗 ə～啦，换件新 ə

黑出溜 ə xei˨˥ tʂ'u˨˦ liəu˨˥ ə˦ 形容人肤色黑

空打涝 ə k'uŋ˨˥ tɑ˥˦ lɔ˨˥ ə˦ 空荡荡：我早晨光喝了点粘粥，现在觉 ə 肚 ə～

暄扑弄 ə ɕyã˨˥ p'u˨˦ luŋ˧ ə˦ 暄，松软

几孤零 ə tɕi˨˥ ku˨˦ liŋ˥˦ ə˦ 孤零零：那 ə 是一大块平地，～有一间屋

齐割得 ə tɕ'i˥˥ kɑ˨˦ tei˨˥ ə˦ 断裂面很齐：这块石头～掉下来啦！

齐乎拉 ə tɕ'i˥˥ xu˨˦ lɑ˨˥ ə˦ 一齐：～都来啦！

崩拉星 ə pəŋ˧ lɑ˨˦ ɕiŋ˨˥ ə˦ 零零星星的：～下了几个雨点

薄忽拉 ə pə˥˦ xu˦ lɑ˨˥ ə˦ 稀饭等稀薄的样子：我喜欢喝点～粘粥

破噜苏 ə p'ə˧ lu˥˦ ʂu˨˥ ə˦ 衣服破烂的样子：浑身～，就和要饭 ə 是 ə

一闷头 ə i˨˥ mẽ˦ t'əu˥˦ ə˦ 专心致志：他就知道～学习

酸之赖 ə suã˨˥ tʂʅ˨˦ lɛ˧ ə˦ 形容人自恃高，不随和

松耷驰 ə suŋ˨˥ tɑ˨˦ tʂ'ʅ˥˥ ə˦ 松懈不紧张：这人～，不象干活 ə 样

忙蹀躞 ə mɑŋ˥˥ tiə˥˦ ɕiə˨˥ ə˦ 忙碌的样子：他整天～，一霎霎都不闲着

火不即 ə xuə˥˥ pu˨˦ tɕi˨˥ ə˦ 发火的样子：他～走啦

气闷很 ə tɕ'i˧ mẽ˨˦ xẽ˥˥ ə˦ 生气的样子：你～，谁惹你来？

甜莫索 ə t'iã˥˥ mu˥˦ suə˨˥ ə˦ 形容为讨好对方表现出来的神色：他～，光说好听 ə

一股注 ə i˨˥ ku˦ tʂu˧˥ ə˦ 许多人一起走的样子：～进来十拉个人

咸过腥 ə ɕiã˥˥ kuə˨˦ ɕiŋ˨˥ ə˦ 咸腥味

甜莫西 ə t'iã˥˥ mə˥˦ ɕi˨˥ ə˦ 甜丝丝的：这户药吃起来～

苦底溜 ə k'u˥ ti˦ liəu˨˥ ə˦ 苦味：这菜有个～味

热乎拉 ə lə˧ xu˨˦ lɑ˨˥ ə˦ （心里）热乎乎：一说唱歌、跳舞，他心 ə 就～

木嘎支 ə mu˧ kɑ˥˦ tʂʅ˨˥ ə˦ ①发木发涨的感觉：我 ə 手叫虫 ə 咬 ə 一口，～ ②比喻听不进别人的话：这人～，怎么说他也不入耳

肉古纳 ə ləu˧ ku˥˦ nɑ˧ ə˦ 摸一把有许多肉的感觉：小王身上摸一摸～

不起眼 ə pu˧ tɕ'i˥ iɛ˥˦ ə˦ 看不上眼：～点东西，不用这么客气！

矬古差 ə ts'uə˥˥ ku˥˦ tʂ'ɑ˨˥ ə˦ 粗矮的样子

长乎拉 ə tʂ'ɑŋ˥˦ xu˦ lɑ˦ ə˦ 长形的（脸）

壁虱眼 ə pi˧ ʂʅ˨ iɛ˥˦ ə˦ 很少一点：这～够谁吃的？

差和半 ə tʂ'ɑ˧˥ xuə˦ pã˧˥ ə˦ （穿的鞋）一样一只不成双

（七）"AABBə"式（其中"ABCCə"二条）

旮旮拉拉 ə kɑ˨˥ kɑ˦ lɑ˥˥ lɑ˦ ə˦ 角角落落，所有的角落：～都找啦！

林林冈冈 ə liã˥ᴋ liã˥ʏ kaŋ˥ᴋ kaŋ˧ ə˧　络绎不绝：上大庙赶会 ə～

满满当当 ə mã˥r mã˥ taŋʌᴋ taŋ˧ ə˧　满满的：～坐了一屋人

鼓鼓囊囊 ə ku˥ʋ ku˧ naŋ˥ʏ naŋ˧ ə˧

毛毛穰穰 ə mɔ˥ʏ mɔ˧ laŋ˥ᴋ laŋ˧ ə˧　有绒毛的样子：棉袄上粘了些棉花，～赶快扫扫

得得忽忽 ə teiʌ⊢ tei˧ xuʌ⊢ xu˧ ə˧　绸缎衣服穿在身上不断抖动的样子

毛毛糙糙 ə mɔ˥ʏ mɔ˧ ts'ɔʌᴋ ts'ɔ˧ ə˧　粗心，不细致：这人～，一点不仔细

二二哥哥 ə ɭəɹr ɭə˧ kuəʌᴋ kuə˧ ə˧　胡涂，头脑不清楚：这人～，就和半吊 ə 是 ə

迷迷央央 ə mi˥ʏ mi˧ iaŋʌᴋ iaŋ˧ ə˧　轻微的精神病人神智不清的样子：这人整天～，自家还能顾路自家

阿阿噗噗 ə ŋaʌᴋ ŋa˧ p'uʌᴋ p'u˧ ə˧　说话吞吞吐吐：他～，这里头一定有鬼

木木出出 ə mu˩ mu˧ tʂ'uʌᴋ tʂ'u˧ ə˧　木讷：小石～，见了人没有一句话

文文范范 ə vã˥ʏ vã˧ fã˩ fã˧ ə˧　文静的样子

南南瓜瓜 ə naŋ˥ʏ naŋ˧ kuaʌᴋ kua˧ ə˧　人体肥胖臃肿的样子：他挺胖，再穿上棉袄，显ə～

磕磕绊绊 ə k'aʌᴋ k'a˧ pã˩ʏ pã˩ ə˧　①道路高低不平不好走：这根路～，真难走！②比喻不顺畅：他念 ə 不熟，～

懈懈晃晃 ə ɕiɛ˩r ɕiɛ˧ xuaŋ˩ xuaŋ˧ ə˧　松动不牢固：这块石头晃当咗，站上去～，怪吓人

巴巴结结 ə paʌᴋ pa˧ tɕiəʌ⊢ tɕiə˧ ə˧　勉强，吃力：他～弄了个初中毕业

嘻嘻里里 ə ɕiʌᴋ ɕi˧ li˥ᴋ li˧ ə˧　笑嘻嘻和蔼的样子：这孩 ə ～挺老实

耳耳蒙蒙 ə ɭə˥ʟ ɭə˧ məŋ˥ᴋ məŋ˧ ə˧　仿佛听见(说)：我～听说有这回事

奶奶甘甘 ə nɛ˥ʋ nɛ˧ kɛʌᴋ kɛ˧ ə˧　形容故作娇柔的腔调：小赵～，和个大闺女是 ə

娘娘们们 ə niaŋ˥ʏ niaŋ˧ mei˥ᴋ mei˧ ə˧　男人行动似女性

丝丝拉拉 ə sɿʌᴋ sɿ˧ laʌᴋ la˧ ə˧　①犹豫不决的样子：他～拿不定主意　②断断续续

离离苟苟 ə li˥ li˧ kəuʌᴋ kəu˧ ə˧　直瞪着眼东张西望的样子：你～找谁啊？

嘀嘀咕咕 ə ti˥ ti˧ kuʌᴋ ku˧ ə˧

腾腾火火 ə t'əŋ˥ᴋ t'əŋ˧ xuə˥ᴋ xuə˧ ə˧　日子兴旺发达：现在过 ə～，可兴旺啦！

般般样样 ə pãʌᴋ pã˧ iaŋ˩r iaŋ˧ ə˧　一样一样的：过年老王都是～做下好多菜

冷冷哈哈 ə ləŋ˥ʋ ləŋ˧ xaʌᴋ xa˧ ə˧　很冷：天～，伸不出手来。

凄凄凉凉 ə tɕ'iʌᴋ tɕ'i˧ liaŋ˥ᴋ liaŋ˧ ə˧　①凄凉冷落　②肚子轻微地疼，有发凉的感觉：肚 ə～痛

烦烦气气 ə fã˥ʏ fã˧ tɕ'i˩ tɕ'i˧ ə˧　心烦：这几天～不痛快

毛毛约约 ə mɔ˥ʏ mɔ˧ yəʌᴋ yə˧ ə˧　①(心里)发毛的感觉　我一听家 ə 闹矛盾，心 ə 就～　②急、慌的样子：他进来～，没站下、没坐下就走咗

狗狗支支 ə kəu˥ʋ kəu˧ tʂɿʌᴋ tʂɿ˧ ə˧　人干瘦的样子

白醭生生 ə pei˥ʏ pu˧ ʂəŋʌᴋ ʂəŋ˧ ə˧　戏称人脸上搽了粉：小燕～，就和掉 ə 面缸 ə 是 ə (“ABCCə”，下条同)

尿支绷绷 ə suŋ˥ʏ tʂɿ˧ pəŋʌʏ pəŋʌᴋ ə˧　不了解情况地一心去做某件事：小王已经结婚咗，他还～给他介绍对象

(八)“AABCə”式

弯弯八斜 ə vã˥ᴋ vã˧ paʌᴋ ɕia˧ ə˧　弯曲不直：这根铁丝～

丝丝唧唧 ə sɿ˨˦ sɿ˧ laŋ˥ tɕi˨˦ ə˧ 形容物体中杂有丝状物：这地瓜不好，～

施施拉块 ə ʂɿ˨˦ ʂɿ˧ la˨˦ k'uɛ˧ ə˧ 做作不自然：他～，叫人挺难受

揸揸达悠 ə tʂ'u˨˦ tʂ'u˧ ta˥˦ iəu˧ ə˧ 长得小，不丰满：这孩 ə～，十五岁了还这样 ə 矮

鼻鼻楞腾 ə pi˥˦ pi˧ ləŋ˩ t'əŋ˧ ə˧ 鼻涕流出的样子：孩 ə 感冒哩，～，还发烧呢！

小小不然 ə ɕiɔ˥ ɕiɔ˧ pu˩ lã˥˦ ə˧ 小的，轻微的（病）：头疼摸脉，～，不用上医院

轻轻而易 ə tɕ'iŋ˨˦ tɕ'iŋ˧ ɭə˩ i˩˥ ə˧ 轻易：这老先生～不出来，出来准有事

奸奸巴悠 ə tɕiã˨˦ tɕiã˧ pa˨˦ iəu˧ ə˧ 自私、取巧：他～，不能靠他帮忙

（九）“ABABə”式（其中“ABACə”三条）

海湃海湃 ə xɛ˥˦ pɛ˧ xɛ˥˦ pɛ˧ ə˧ 非常多：路 ə 上人～

邦郎邦郎 ə paŋ˨˦ laŋ˧ paŋ˨˦ laŋ˧ ə˧ 冰结得很硬的样子：缸 ə 水冻 ə～

滴溜滴溜 ə ti˨˦ liəu˧ ti˨˦ liəu˧ ə˧ 转得快：叫人家耍 ə～转

浮流浮流 ə fu˥˦ liəu˧ fu˥˦ liəu˧ ə˧ 水满的样子：～一缸水

呼得呼得 ə xu˨˦ tei˧ xu˨˦ tei˧ ə˧ 一起一落的样子：火～着｜～还有一口气

纷扬纷扬 ə fã˨˦ iaŋ˧ fã˨˦ iaŋ˧ ə˧ 纷纷扬扬：雪～下着

趿楞趿楞 ə t'a˨˦ ləŋ˧ t'a˨˦ ləŋ˧ ə˧ 靴、鞋过大穿着走路不跟脚的样子：这双鞋忒大，～，明年穿就行了

呜嘎呜嘎 ə vu˨˦ ka˧ vu˨˦ ka˧ ə˧ 大声吵嚷、啼哭的声音：他～哭了好一会

蹀躞蹀躞 ə tiə˥˦ ɕiə˧ tiə˥˦ ɕiə˧ ə˧ 小步走路的样子

嘎得嘎得 ə ka˨˦ tei˧ ka˨˦ tei˧ ə˧ 骑骡马的走路声：小东骑着木马～挺恣！

拽晃拽晃 ə tʂuɛ˨˦ xuaŋ˧ tʂuɛ˨˦ xuaŋ˧ ə˧ 摇摆晃动的样子：使劲～筛筛，才能筛干净

楞登楞登 ə ləŋ˩ təŋ˧ ləŋ˩ təŋ˧ ə˧ 形容走路快而有力：这老汉七十岁哩，走起路来还是～

乍悠乍悠 ə tʂa˩˥ iəu˧ tʂa˩ iəu˧ ə˧ 小脚女人走路的样子

撅得撅得 ə tɕyə˨˦ tei˧ tɕyə˨˦ tei˧ ə˧ 走路快的样子：他走起路来～可快哩

□搭□搭 ə ma˨˦ ta˧ ma˨˦ ta˧ ə˧ 小孩儿吃饭快的样子：他～霎霎吃了一个火烧

闷扽闷扽 ə mõ˩ tõ˧ mõ˩ tõ˧ ə˧ 小孩儿大口吃饭的样子：小虎一会～吃了个饽饽

窝□窝□ ə və˨˦ ɕyə˧ və˨˦ ɕyə˧ ə˧ 吞食的样子：一个馍馍～吃上哇

溻哈溻哈 ə t'a˨˦ xa˧ t'a˨˦ xa˧ ə˧ 汗流浃背的样子：澡堂 ə 工人～，真辛苦！

没搭没搭 ə mu˥ ta˧ mu˥˦ ta˧ ə˧ 没趣的样子：他叫他娘说了一顿，～走哇

噼势噼势 ə p'i˨˦ ʂɿ˧ p'i˨˦ ʂɿ˧ ə˧ 形容小孩受了批评，眼睛一眨一眨不作声的样子：爸爸说小刚，人家光～听着

呜得呜得 ə vu˨˦ tei˧ vu˨˦ tei˧ ə˧ 生气的样子：你～，是为了啥？

闷得闷得 ə mei˩ tei˧ mei˩ tei˧ ə˧ 生闷气的样子：他气 ə～

崩愣崩愣 ə pəŋ˨˦ ləŋ˧ pəŋ˨˦ ləŋ˧ ə˧ 不服输、不驯服的样子：他～不听招呼

傲得傲得 ə ŋɔ˩ tei˧ ŋɔ˩ tei˧ ə˧ 地位提高，得势的样子：人家这霎 ə 当了经理，～还看见咱了？

伙列伙列 ə xuə˥˦ liə˧ xuə˥˦ liə˧ ə˧ 许多人一起走的样子：～就和赶大集是 ə

合伙合伙 ə kuə˨˦ xuə˧ kuə˨˦ xuə˧ ə˧ 用于谚语“～一大帮，三个小孩不打仗”

刚将刚将 ə kaŋ˨˦ tɕiaŋ˧ kaŋ˨˦ tɕiaŋ˧ ə˧

挤满的样子: ～一屋人

滋拉滋拉 ə tsɿ˩˥˥ la˧ tsɿ˩˥˥ la˧ ə˧ 形容有烧灼感的疼痛

疯张疯势 ə fəŋ˩˥˥ tʂaŋ˥˧ fəŋ˩˥˥ ʂʅ˧ ə˧ 女孩儿举止不稳重,不文静的样子 ("ABACə", 下两条同)

急脸急齿 ə tɕi˥ liã˧ tɕi˥˥ tʂ'ʅ˧ ə˧ 因着急而脸上难看的样子: 有话慢慢说,～干啥?

直硬直实 ə tʂʅ˥˧ iŋ˩ tʂʅ˥˥ ʂʅ˧ ə˧ 自以为理直气壮: 他还～站在人前,谁还不知道他那一套! ｜他来这 ə 还～,又不是他 ə 家!

(十) "ABCDə" 式

巧二古冬 ə tɕ'iɔ˥˥ ɭə˧ ku˥˥ tuŋ˧ ə˧ 特别的,不常见的: 他起了个～笔名, 都知不道是啥意思

没好拉歹 ə mu˥˧ xɔ˥ la˩ tɛ˥˩ ə˧ 不识好歹: 他净～吃,长了病哇

次毛大褂 ə ts'ɿ˩ mɔ˧ ta˩ kua˩˥ ə˧ 差, 不好

老婆式代 ə lɔ˥˩ p'ə˥ ʂʅ˩˧ tɛ˩ ə˧ 行动似女性

腌二不臜 ə ŋa˩˥˥ ɭə˧ pu˩ tsa˧ ə˧ 犹腌臜

脏囊不瞎 ə tsaŋ˩˥˥ naŋ˧ pu˩ ɕia˧ ə˧ 很脏

浓粘窟嚓 ə nuŋ˥ niã˧ k'u˩˧ tʂ'a˧ ə˧ 道路泥泞的样子: 路上～很难走

灰不楞噌 ə xuei˩˥˥ pu˧ ləŋ˥˧ ts'əŋ˩˥˥ ə˧ 发灰色

花里胡哨 ə xua˩˥˥ li˧ xu˥˧ ʂɔ˧ ə˧ 颜色错杂: 测验色盲 ə 图纸～,很容易看错

胡之狗由 ə xu˥ tʂʅ˧ kəu˥˥ iəu˧ ə˧ 胡乱, 随便: 这次题目很难,我一点也不会, ～写了点

歪三戡扭 ə vɛ˩˥ sã˩˥ tɕiə˥ niəu˥˩ ə˧ 歪歪斜斜

黑灯瞎火 ə xei˩˥˥ təŋ˧ ɕia˩˥˥ xu˧ ə˧ 黑暗没有灯光

半截拉块 ə pã˩ tɕiə˧ la˩˥˥ k'uɛ˩˥ ə˧ 半块半块的: 光剩下～哇,没有好 ə

半片糊拉 ə pã˩˥ p'iã˧ xu˥˧ la˧ ə˧ 吃饭要细嚼,不能～往下嚥

滴溜当郎 ə ti˩˥˥ liəu˥˧ taŋ˩˥˥ laŋ˧ ə˧ 挂满的样子: ～结了满满一树苹果

提溜嘟噜 ə ti˥ liəu˧ tu˩˥˥ lu˧ ə˧ 形容大大小小的东西拿得很多: ～拿 ə 一些东西

曲溜拐弯 ə tɕ'y˩˥˥ liəu˧ kuɛ˥ vɛ˩˥˥ ə˧ 弯弯曲曲: 小胡同道 ə～真难找!

稀溜懈晃 ə ɕi˩˥ liəu˧ ɕiɛ˩ xuaŋ˧ ə˧ ①形容物体破旧晃动: 这桌 ə ～不能用哇 ②比喻人松侉不踏实

漓流漉拉 ə li˥˥ liəu˧ lu˩˥˥ la˧ ə˧ 液体断续挥洒的样子: ～洒了一地

叽溜咕噜 ə tɕi˩˥˥ liəu˧ ku˩˥˥ lu˧ ə˧ 物体滚动的样子: 他～滚下了堰

油脂麻花 ə iəu˥ tʂʅ˧ ma˥˥ xua˧ ə˧ 沾满油的样子,他浑身～,就和卖肉是 ə

毛尾得乎 ə mɔ˥ i˧ tei˩˥˥ xu˧ ə˧ 带有毛的样子: 这鸡～,咋 ə 吃?

哈二乎西 ə xa˩˧ ɭə˩ xu˩˥˥ ɕi˧ ə˧ 马马虎虎: 这人～,办事一点也不认真

浮皮□痒 ə fu˥˧ p'i˧ ts'aŋ˩ iaŋ˥˩ ə˧ 浮皮潦草,不深入: 好的文章要背过, ～看看不行

正理归结 ə tʂəŋ˩˥ li˧ kuei˩˥˥ tɕiə˧ ə˧ 郑重的, 按照规矩的: 咱们～, 不要开玩笑

痴而光唧 ə tʂ'ʅ˩˥˥ ɭə˧ kuaŋ˩˥˥ tɕi˧ ə˧ 傻乎乎的

尿而瓜唧(达) ə suŋ˥ ɭə˧ kua˩˥˥ tɕi˧ (ta˧) ə˧ 呆笨不懂事: 这孩 ə～,和个傻瓜是 ə

愚而大支 ə y˩˥˥ ɭə˧ ta˩ tʂʅ˧ ə˧ 反应不灵敏,迟钝: 这孩 ə～,一点活路也看不见

老实巴脚 ə lɔ˥˩ ʂʅ˧ pa˨˦ tɕyə˧ ə˧ 老老实实

提头果领 ə tʻi˥˩ tʻəu˥ kuə˥˩ liŋ˥˩ ə˧ 领头，带领：就是你～领着一帮人在闹腾

挑三和四 ə tʻiɔ˨˩ sã˨ xuə˥˩ sʅ˩˥ ə˧ 搬弄是非，挑拨离间：这个人好～搞不团结

昌乎扰天 ə tʂʻaŋ˨˦ xu˧ lɔ˥ tʻiã˨˦ ə˧ 大声哭喊的样子。

嘶牙来嘴 ə sʅ˨˦ ia˥˦ lɛ˥ tsuei˥˩ ə˧ 吵吵嚷嚷：整天～干啥？

哭天抹泪 ə kʻu˨˦ tʻiã˧ ma˨ luei˧ ə˧ 哭哭啼啼的

眼泪扑撒 ə iã˥˦ luei˧ pʻu˨˦ sa˧ ə˧ 眼泪汪汪的

吆二喝三 ə iɔ˨˦ ɭə˧ xuə˨˦ ʂã˧ ə˧ 大声喊叫

说话言语 ə ʂuə˨˦ xua˧ iã˥˩ y˧ ə˧ 说话：老人喜欢跟前有个人～，不孤单 ə 慌

扬疯挖毛 ə iaŋ˥ fəŋ˨ tʂa˨ mɔ˥˩ ə˧ 轻浮不稳重：小孙～，我不喜欢这户人

夹二马萨 ə tɕia˨˦ ɭə˧ ma˥˦ sa˧ ə˧ 不光彩离去的样子，犹灰溜溜：他叫主任批评一顿，～走唓

低三下四 ə ti˨˩ sã˨ ɕia˨ sʅ˩˥ ə˧

瞎打马虎 ə ɕia˨˦ ta˧ ma˥˦ xu˧ ə˧ 眼睛看不见，不管用：你～，长 ə 眼做啥来？

聋三拐四 ə luŋ˥ sã˨ kuɛ˥˩ sʅ˩˥ ə˧ 耳朵听不清：老太太耳朵不行唓，～

急毛现促 ə tɕi˨˦ mɔ˧ ɕiã˥˩ tsʻu˨˦ ə˧ 匆匆忙忙：他来家住了半天，后晌就～走唓

屁不在腚 ə pʻi˨ pu˧ tɛ˨˩ tiŋ˨˩ ə˧ ①形容忙得不可开交：他忙 ə ～ ②形容十分恐惧：他吓 ə ～

慌忙失索 ə xuaŋ˨˦ maŋ˧ ʂʅ˨˦ suə˧ ə˧ 慌忙的样子：你～，有啥急事啊？

提溜舞旋 ə ti˨˦ liəu˧ vu˥˦ ɕyã˧ ə˧ 手脚乱动东西的样子：这孩 ə ～在干啥？

跟头骨碌 ə kə̃˨˦ tʻəu˧ ku˨˦ lu˧ ə˧ ①走路跌跌撞撞的样子 ②比喻生活过得困难：日子又不宽裕，整天～，也就是好歹 ə 过

七溜出拉 ə tɕʻi˨˦ liəu˧ tʂʻu˨˦ la˧ ə˧ 形容快：一碗面条，～吃唓｜瑛瑛～几笔就画了一幅画

血糊淋拉 ə ɕiə˨˦ xu˧ liə̃˥˦ la˧ ə˧ 血肉模糊、鲜血下滴的样子

熟头麻花 ə ʂu˥ tʻəu˧ ma˥˦ xua˧ ə˧ 面熟又不敢确认：这个人我～，他姓啥？

急溜绝连 ə tɕi˨˦ liəu˧ tɕyə˥˦ liã˧ ə˧ 坐立不安的样子：他心 ə 有事，～坐也不是，站也不是

稀溜哈呼 ə ɕi˨˩ liəu˨ xa˨˦ xu˧ ə˧ 随随便便，马马虎虎：小李～，一点不认真

急溜得乎 ə tɕi˨˦ liəu˧ tei˨˧ xu˧ ə˧ 不稳重的样子

急溜得塞 ə tɕi˨˦ liəu˧ tei˨˦ sei˧ ə˧

愣二呱唧 ə ləŋ˨ ɭə˧ kua˨˦ tɕi˧ ə˧ 鲁莽粗野的样子：这人～，好和人打架

批溜撇扯 ə pʻi˨ liəu˥ pʻiə˨˦ tʂʻə˧ ə˧ ①嘴里不说正经话：他～，嘴 ə 没有正词 ②歪邪，不正当：他写ə字～，一点不工整

叽溜爪啦 ə tɕi˨˩ liəu˧ tʂua˨˦ la˧ ə˧ 形容外地人说话的声音听不清或听不懂

皮而嘎支 ə pʻi˥ ɭə˧ ka˨˦ tʂʅ˧ ə˧ 对批评教育听不进，不在乎：这孩 ə ～，学习也不好

大模式样 ə ta˨˩ mu˧ ʂʅ˨˦ iaŋ˧ ə˧ 大模大样：他～，就瞧不起咱

待答不理 ə tɛ˨ ta˨ pu˨ li˥˩ ə˧ 对人态度冷淡，待理不理的样子：我上他家去，他～

眵迷垢眼 ə tʂʻʅ˨˦ mi˧ kəu˨˩ iã˧ ə˧ 没有眼色，看不见活：～，干啥也不行？

冷打慢吹 ə ləŋ˥˦ ta˥ mã˨ tʂʻuei˨˦ ə˧ 冷漠的样子：她～，和人没有点热乎意思

费事八古ə feiɿ ʂʅɿ paʌʟ ku˧ ə˧　很费事：你父母～把你养大了，不容易！

水草淡气ə ʂuei˥r tsʻɔ˥ tãɿr tɕʻi˧ ə˧　清淡无味

温凉不展ə vəʌ liaŋ˥ puɿ tʂã˥ʟ ə˧　水刚温而不热：水～喝了要生病

酸木浪即ə suãʌk mu˧ laŋɿ tɕi˧ ə˧　①身体有发酸的感觉：浑身～不好受　②形容人自恃清高不随和

五大三粗ə vu˥r taɿ sãʌr tsʻuʌk ə˧　形容人体高大粗壮：足球队员个个是～

平头正脸ə pʻiŋ˥r tʻəu˥ tʂəŋɿ liã˥ʟ ə˧　脸长得平正：小顺ə长ə～

薄皮良姜ə pə˥r pʻi˧ liaŋ˥r tɕiaŋ˧ ə˧　形容人脸瘦弱：这闺女看上去～，不是很壮ə样ə

痨病糠郎ə lɔ˥r piŋ˧ kʻaŋʌk laŋ˧ ə˧　多年患气管炎或肺结核病的人：他爷爷是个～，一到冬ə就咳嗽不能出门

按时巴节ə ŋãɿ ʂʅ˥r paʌk tɕiə˧ ə˧　按时：我～给俺娘寄钱

三连不动ə sãʌ liã˥ puʌr tuŋɿr ə˧　动不动：小王～就和人吵起来。

二十六　副词

将 tɕiaŋʌ　刚：我～来，没赶上送他

才将 tsʻɛ˥ tɕiaŋʌ　他～还在这ə

将才 tɕiaŋʌ tsʻɛ˥　他～走哇

将好 tɕiaŋʌ xɔ˥　刚好

正好 tʂəŋɿ xɔ˥

正 tʂəŋɿ　我穿这件衣裳～合适

碰巧 pʻəŋɿ tɕʻiɔ˥

凑巧 tsʻəuɿ tɕʻiɔ˥

光 kuaŋʌ　净：～吃米，不吃面

有点 iəu˥r tiɛ˥　有点儿：天～冷

有ə iəu˥ʟ ə˧　有的：～人不来

有些 iəu˥ʟ ɕiə˧

恐怕 pʻəŋ˥r pʻaɿ

也许 iə˥ʟ ɕy˥

当(备)不住 taŋɿr (peiɿr) pu˧ tʂuɿ　可能：他～已经走哇

不着 puʌr tʂuə˧　要不然，如果不是：头几天我正长病，～，就和他们一块上北京哇｜～张大夫，这孩ə病就耽误哇｜～你和我说，这事我还知不道

到好 tɔɿ xɔ˥　可能：～上课哇，准迟到哇

不格 puɿ keiʌ　可能：甲说，这事很可能是小王捣ə鬼；乙答，～是他！

不叫准 puɿ tɕiɔɿ tʂuə˥　不一定：他～能来，你别等他哇

差点 tʂʻaʌ tiɛ˥　差点儿

差一忽忽 tʂʻaʌk i˧ xuʌr xu˧　差一点：～就叫车ə碰着

秋起 tɕʻiəuʌk tɕʻi˧　差一点，几乎：他恼ə了不ə，～没哭出来

不大离 puɿ taɿ lei˥　差不多：三块钱～能买二斤糖

麻化 ma˥r xua˧　将近：一个帽ə～十块钱！

流流 liəu˥r liəu˥　整整：～玩ə一天！

非…不 feiʌ … puʌ　我非去不行

趁早 tʂʻəʌ tsɔ˥

早晚 tsɔ˥r vã˥　随时

眼看 iã˥r kãɿ

亏ə kʻueiʌk ə˧　幸亏

一堆 iʌr tsueiʌ　一块儿：咱～走｜俺住ə～

自家 tsʅ˥r tɕia˧　一个人：我～去

顺便 ʂuəɿ piãɿ

故意ə kuɿ iɿr ə˧　故意

特为ə teiʌ veiɿr ə˧　我不是～碰你

成心 tʂʻəŋ˥ ɕiəʌ

到底 tɔɿ ti˥

根本 kəʌ mə˥ (pə˥)

压根 iaʌr keiʌ

实在 ʂʅ˥r tsɛɿ

共言 kuŋ˨ iã˥ 一共：我～两块钱，咋能借给他三块？

别 pɛ˥ 不要

白 pei˥ ①不要钱：～吃｜～看 ②空：～跑一趟，没见着人

偏 p'iã˩ 你不叫我去，我～去！

胡 xu˥ ～搞｜～来｜～说｜（不说"胡吃"）

乱 luã˨ ～搞｜～来｜～说｜～吃

先 ɕiã˩ 你～走吧，我过一霎霎就来

起先 tɕ'i˥ ɕiã˩ 原先：他～不知道，后来才听人说的

如外 lu˥˦ vɛ˨ 另外：每人一支钢笔，～给了一支铅笔

各则 kuə˩˦ tsei˧ 另外，单独：这些～放着，不要和乜些搀了

遥堤ə iɔ˥˦ t'i˨ ə˧ 到处：小孩不能～跑，容易碰着、跌着

但ə tã˨ ə˧ 能，只要可以：～不去就不去

但ə得 tã˨ ə˧ tei˥

贪慌ə t'ã˩˦ xuaŋ˧ ə˧ 只顾：我～写字，也没看见你来

几梶 tɕi˥˦ kuã˧ 无论：你～说啥，他也不听

怨不ə yã˨˩ pu˧ ə˧ 难怪：～他不来

尽着 tɕiə̃˨˩ tʂuə˧ 老是，总：他～不走

着实ə tʂuə˥ ʂʅ˥˦ ə˧ 实在，十分：他ə两个孩ə～不听说｜别吕ə～满了

真果ə tʂəŋ˩˦ kuə˥˦ ə˧ 真的：～不骗你！

敢ə[是] kã˥˦ ə˧ [ʂʅ˨] 敢情：甲，他在班上能考前三名；乙，～

格外 kei˩˦ vɛ˨ 很，特别：这朵花～红

忒 t'uei˩ 太：今日～冷喹

怪 k'uɛ 挺：今日～冷｜我～使ə慌喹

精 tɕiŋ˩ 很：纸～薄｜面粉～细｜～瘦

焦 tɕiɔ˩ 很：～酸｜～黄｜～酥

崩 pəŋ˨ 很：～硬｜～脆｜～直

享 ɕiaŋ˥ 很：～大喹！

囊 naŋ˥ 很：～脏｜～臭｜～苦｜～股味

极 tɕi˥ 挺：大孩ə在瓷厂干工，～好！

挺 t'iŋ˥ 很：～好

岗 kaŋ˥ 很：这块布～好喹！

涕溜 t'i˩ (ti˩) liəu˧ 很：～圆

慌 xuaŋ˧ 表示程度深，难以忍受（前面加ə用作补语）：我真急ə～｜真使（累）ə～

一派 i˩˦ p'ɛ˨ 一段，一会：咱再干～罢！

一下手 i˩˦ ɕia˨ ʂəu˥ 一开始：～他俩就不和

打喷ə ta˥˦ p'ə̃˩˦ ə˧ 正在：他～学习

先 ɕiã˩ 先，已经：我～去，你后去｜他的孩ə～五岁喹

挤ə tɕi˥˦ ə˧ 原来，已经：～就不够喹，你还要拿！｜他～生气喹，你还惹他！

□ mə̃˩ 以前的：～回（前儿回）｜～天｜～年（往年）

当 taŋ˩ 正：晌午头ə～热，你别走喹！

迭不ə tiə˥˦ pu˧ ə˧ 来不及，忙不过来：他正忙着，～去

□着 tsaŋ˥˦ tʂuə˧ 赶快：～走罢，快到时候喹

转个花花 tʂuã˥˦ kuə˧ xua˩˦ xua˧ 过一会儿：学了几个字，～就忘喹

打[个]□ ta˥˦ (kuə˧) tei˨ 稍停一会儿：～我就去

盼ə p'ã˨˩ ə˧ 一会儿：说～话｜待～（等一会儿）

拢过 luŋ˥˦ kuə˧ 得空：～上俺家ə玩

直命ə tʂʅ˥˦ miŋ˨˩ ə˧ 一直，经常：老师～说，他就是不听

晃晃 xuaŋ˨ xuaŋ˧ 常常，往往：他～来晚喹

末底了 mə˨ ti˥˦ liɔ˥ 最后：他跑了个～

陆续ə ly˨ ɕy˥˦ ə˧ 陆续：有点活，我好～干完

乍立ə tʂa˨ li˨˩ ə˧ 猛然：～割麦ə，真使ə慌！

反正ə fã˥˩ tʂəŋ˦ ə˦　反正，横竖

高低 kɔ˧˦ ti˦　怎么也：你说破嘴，他～不听

贵贱 kuei˨ tɕiã˨　无论如何：他那ə我是～不去

纯言 tʂʻuə̃˥˩ iã˥　仅仅：～五毛钱，算了罢，用不着生气

一共笼总 i˧˨ kuŋ˨ luŋ˥˩ tsuŋ˥　一共：那个商店～才八个人

不 pu˧　表示否定：好ə不(好不好)？

没 mu˥　没有：他～休息｜有ə～(有没有)？

□ paŋ˥　(“不昂”合音，用于反问)不啊：这～(这不是吗)？

甭 pəŋ˥　不用：你～想！

甭ə价 pəŋ˥˨ ə˦ tɕia˦　不用，不用那样：～送，我自家去罢！｜你～，我非打你不行！

不咋 pu˧˨ tsa˨　不要紧：～哩，我ə病快好哩

附：生动形式

(一)“ABə生”式

吱溜ə生 tʂʅ˧˩ liəu˧ ə˦ ʂəŋ˦　犹吱溜一下，表示走得快：～就知不道他上哪哩

招乎ə生 tʂɔ˧˩ xu˧ ə˦ ʂəŋ˦　时间快：～又是一个星期

得拉ə生 tei˧˩ la˧ ə˦ ʂəŋ˦　得拉一下(跳上)：他～跳上了台

特乎ə生 tʻei˧˩ xu˧ ə˦ ʂəŋ˦　面发得快或身体某部突然肿起的样子：在暖和屋里，面～就发起来哩｜头碰了一下，～起了一个疙瘩

皮松ə生 pʻi˥ suŋ˧ ə˦ ʂəŋ˦　事情办得虎头蛇尾，不了了之：以前这事说ə挺严重，结果～没事哩

夯哧ə生 xaŋ˧˩ tʂʻʅ˧ ə˦ ʂəŋ˦　夯赤一下(训斥)：你不用调皮，叫你爹爹～就好哩！

嗝拉ə生 kei˧˩ la˧ ə˦ ʂəŋ˦　嗝拉一下(嗝气)

阔得ə生 kʻuə˧˩ tei˧ ə˦ ʂəŋ˦　突然受惊心跳：他一开门，吓ə我心ə～

(二)“ABCə”式

冒不巧ə mɔ˨ pu˦ tɕʻiɔ˥˩ ə˦　突然，没想到：他～来哩

豪么声ə xɔ˥˨ mə˦ ʂəŋ˧˦ ə˦　忽然：正上着课，你咋～走了？

猛起立ə məŋ˥˨ tɕʻi˦ li˨ ə˦　猛然：～碰一下，格外疼

猛古丁ə məŋ˥˨ ku˦ tiŋ˧˦ ə˦　他～给了我这一下ə

一憋气ə i˧ piə˧˨ tɕʻi˨ ə˦　一口气：～走ə十里路

竭(夹)二五ə tɕiə˥˨ (tɕia˧˨) ḷə˨ vu˥˩ ə˦　竭力：他感冒哩还～望外跑

迭不当ə tiə˥˨ pu˦ taŋ˨˩ ə˦　来不及，忙不过来：他～去

大约模ə ta˨ yə˨ mu˥˨ ə˦　大约，大概：～来了三十来个人

怨当不ə yã˨˨ taŋ˨˩ pu˦ ə˦　怨不得，难怪：～不吃饭了，还是肚ə早有了食

生各支ə ʂəŋ˧˦ kuə˧˨ tʂʅ˧˦ ə˦　活生生地：他～把那狗砸杀了

(三)“ABAə”式

现打现ə ɕiã˨ ta˥˩ ɕiã˨˩ ə˦　当时，马上：不服从指挥，～就找难看

马上马ə ma˥˩ ʂaŋ˦ ma˥˩ ə˦　马上，立刻：他～就来

别不别ə piə˥˨ pa˦ piə˥˨ ə˦　不管怎样：～先去看看程老师

直打直ə tʂʅ˥ ta˥˩ tʂʅ˥˨ ə˦　直着：把(从)这ə～定就到哩

实打实ə ʂʅ˥ ta˥˩ ʂʅ˥˨ ə˦　实来实去：你不要有顾虑，～说

(四)“AAə”式

嗵嗵ə tʻuŋ˧˩ tʻuŋ˧ ə˦　说话声音宏亮，走路脚步有力：这老汉说话～｜这老娘娘ə挺壮实，走起路来～

滴滴ə ti˧˩ ti˧ ə˦　飞快转动的样子：轮ə

～转

瞪瞪ə təŋ˨˩˦˦ təŋ˨˩˦ ə˧　坚实的样子：～装了一麻袋｜门关ə～｜老刘走起路来～

得得ə tei˨˩˦˦ tei˨˩˦ ə˧　焦急的样子：他急ə～跳

北北ə pei˨˩˦˦ pei˨˩˦ ə˧　就是，硬是：大伙劝他一个月拿20元赡养费，他～不拿

二十七　次动词、连词、助词、语气词、叹词

叫 tɕiɔ˧˩　被：书叫他拿走嗹！

把 pɑ˥ ～门关上

对 tuei˧˩　你～他好，他就～你好

对着 tuei˧˩˦ tsuə˧ (ə˧)　他～我笑

朝着 tʂʻɔ˥˦ tʂuə˧ (ə˧)

上 ʂɑŋ˧˩　到：～哪ə去？～北京去

到 tɔ˧˩　～哪天为止

ə˧ 到：扔～水里，走～院里

在 tɛ˥　～学校ə看书

打 tɑ˥　从：～张店来｜～前日我就发烧

把 pɑ˨˩˦　从：～这儿走(地)

从 tɕʻyŋ˥　从：～明天起(时)

照 tʂɔ˧˩　～这样做就好

使 ʂʅ˥　用：你～毛笔写！

顺着 ʂuə̃˧˩ tʂuə˧　～这条大路一直走

给 tɕi˥　替：你～我写封信

和 xuə˥　这个～那个一样，这个不～那个一样

向 ɕiɑŋ˧˩　～他打听一下

问 və̃˧˩　～他借一本书

和 xuə˥　向，对：我～你说句话

递 ti˧˩　我～你说

望 vɑŋ˧˩　朝，向：你～西走几步就是他家｜～地ə撒粪｜～锅ə舀水（从水缸里舀水倒到锅里）

叫 tɕiɔ˧˩　让：～他走罢！

达ə tɑ˥˦ ə˧　到，了：放～乜ə｜寄～去｜送～去

条 tʻiɔ˥　在(路)上：带上干粮～路ə吃

把……叫 pɑ˥ … tɕiɔ˧˩　管……叫：有些埝ə(地方)把地瓜叫蕃薯

把……当 pɑ˥ … tɑŋ˨˩˦　拿……当：你别把他当小孩ə！

从小 tɕʻyŋ˥˦ ɕiɔ˥　他～就用功

赶ə……赶ə…… kã˥˦ ə˧ …… kã˥˦ ə˧　一边……一边……：他～吃～说

哪怕 nã˥˦ pʻã˧˩　考不上大学，～考个中专也行

或是 xuei˧˩˦ ʂʅ˧　还是：你去～不去，要说明白

和 xuə˥　我～他是同学

ə˧　①的：这是我ə笔｜香喷喷ə一盘菜　②地：要好好ə学习　③得：这朵花开ə通红　④着：你看～我　⑤了：吃ə饭嗹

着 tʂuə˧　同"ə④"

了 liɔ˧　同"ə⑤"

生 ʂəŋ˧　用于语尾，含有"……的样子"、"……一下"的意思：阔得ə～｜皮松ə～

是ə ʂʅ˧˩˦ ə˧　似的：这小伙ə真有劲，就和牛～

下意ə ɕiɑ˧˩˦ i˧˩ ə˧　忍心，敢：汽车撞死了人，我真不～看｜我不～吃豆虫

啊 ɑ˧ (ɑŋ˧)　①表示赞叹：这个电影真好看～！　②表示疑问：你去～？

罢 pɑ˧ (pã˧)　你快点走～！

吧咋 pɑ˨˩˦˨ tsɑ˧　表示催促的语气：洗～｜吃～

来 lɛ˧　呢：小陈～？｜说这话，才是不懂人话～！

嗹 liã˧　表示完成，在句末有成句作用：下雨～｜我学会～｜吃ə饭～

啊 ŋɑ˧˩　答应声：甲说，这事你得去一趟，乙答，～

哎 ɛ˥　招呼声

□ xɔ˧˩　女性之间招呼声：～，你听见了没？

□ xuã˥　男性之间招呼声：你上哪，～？｜～，～，你过来！

老□ lɔ˥˩ xuã˥　例：咋着～，不认ə哇？

嗳呀 ɛ˩˥ ia˧　赞叹声：～人家说ə真对啊！

啧 xɛ˩　表示婉惜：～，这是咋着弄的！

哟 iɔ˩　表示惊讶：～，先（已经）十点钟哇！

夯吗 xaŋ˨˩ ma˥　表示叮咛、催促：过午好好学习，～！｜快走罢，～！

唉 ɛ˩　叹气声：～，真倒霉！

咕噔 ku˨˩ təŋ˧　大口喝水声

缺嗤 tɕʻyə˨˩ tʂʻʅ˧　抽泣声：他在那儿～～ə哭

二十八　数词、量词

一个 i˨˩ kuə˩

两个 liaŋ˥˩ kuə˩

　俩 lia˥

三个 sã˨˩ kuə˩

　仨 sa˨

四个 sʅ˩ kuə˩

　四ə sʅ˩˥ ə˧

五个 vu˥˩ kuə˩

　五ə vu˥˩ ə˧

六个 liəu˩ kuə˩

　六ə liəu˩˥ ə˧

七个 tɕʻi˨˩ kuə˩

　七ə tɕʻi˨˩ ə˧

八个 pa˨˩ kuə˩

　八ə pa˨˩ ə˧

九个 tɕiəu˥˩ kuə˩

　九ə tɕiəu˥˩ ə˧

十个 ʂʅ˥˩ kuə˩

　十ə ʂʅ˥ ə˧　（"十"此处不变调）

上下 ʂaŋ˩ ɕia˩　用在数词后，表示大致是这个数：五十～｜七百～

多 tuə˨　用在整数后表示有零数：四十～岁

浪[ə] laŋ˩ [ə˧]　用在一些数词或量词后表示概数：四十～天｜三百～人｜五块～钱

拉 la˥　用在数词十后，表示概数：十～天

左右 tʂuə˥ iəu˩

停ə tʻiŋ˥˩ ə˧　表示分数：三～（三分之一）｜五～（五分之一）｜四～里头三～（四分之三）

页ə iə˩ ə˧　表示倍数：三～（三倍）｜五～（五倍）

　些 ɕiə˨　我ə书有他三～｜大碗能盛小碗两～

十拉个 ʂʅ˥˩ la˥ kuə˩　十个左右

十拉多个 ʂʅ˥˩ la˧ tuə˨˩ kuə˧　十多个

百十个 pei˨ ʂʅ˥˩ kuə˩　一百来个

千数个 tɕʻiã˨ ʂu˥˩ kuə˩　一千来个

万数个 vã˩˥ ʂu˧ kuə˧　一万来个

月数 yə˩ ʂu˧　个把月

　个数月 kuə˩˥ ʂu˧ yə˩

年数 niã˥˩ ʂu˧　年把，一年左右

成千 tʂʻəŋ˥ tɕʻiã˨

上万 ʂaŋ˩ vã˩

一些 i˨˥ ɕiə˨　多，不少：俺还有～哇，吃不了

岗货 kaŋ˥˩ xuə˧　很多：集上～人哇，挤不动！

　享货 ɕiaŋ˥˩ xuə˩

　享多 ɕiaŋ˥˩ tuə˨

多少 tuə˨˩ ʂuə˧　来ə～人？

丁点点 tiŋ˨ tiɛ˥˩ tiɛ˧　①很少：不用很多，～就行②很小：这个馍馍～，哪ə够二两？

一把 i˨ pa˥　～椅子｜～壶｜～刀｜～剪ə

一本 i˨ pã˥　～书

一笔 i˨˥ pi˨　（"笔"此处不读 pei˨）～款｜～账｜～钱

一匹 i˨ pʻi˥　～马

一封 i˨˥ fəŋ˨　～信

一服 i˨˩ fu˩　～药

一道 i˨˩ tɔ˩　～题｜～印ə

一盘 i˨ pʻã˥　～菜

一抬 i˩ t'ɛ˥　一顶：～轿
一锭　i˩˫ tiŋ˩　～墨（又见"一块"）
一服ə i˩ fu˥˫ ə˧　一档子：～事
一朵 i˩ tuə˥　～花｜～玫瑰
一顿 i˩˫ tuə̃˩　～饭｜～打｜～骂
一条 i˩ t'iɔ˥　～命
一辆 i˩˫ liaŋ˩　～车
一瓮 i˩˫ vəŋ　～油
一筲 i˩˥ ʂɔ˩　～水
一柱 i˩˫ tʂu˩　～香
一封 i˩˥ fəŋ˩　～挂面
一绺 i˩ liəu˥　～线
一支 i˩˥ tʂʅ˩　～花｜～毛笔
一只 i˩˥ tʂʅ˩　～手｜～鞋
一盏 i˩ tʂã˥　～灯
一张 i˩˥ tʂaŋ˩　～桌ə｜～纸
一桌 i˩˫ tʂuə˧　～酒席｜～客
一场 i˩ tʂ'aŋ˥　～雨｜～病｜～大祸｜～戏
一出 i˩˥ tʂ'u˩　～戏
一床 i˩ tʂ'uaŋ˥　条：～被ə｜～毯ə
一货 i˩˫ xuə˩　～蚊帐｜～门（两扇门）
一领 i˩ liŋ˥　～席
一身 i˩˥ ʂə̃˩　～棉衣｜～制服
一杆 i˩ kã˥　～枪｜～秤｜～旗
一根 i˩˥ kə̃˩　～头发｜～毛｜～棍ə｜～筷ə｜～绳ə｜～线｜～腿｜～板凳｜～道｜～路｜～河涯｜～长虫
一棵 i˩˥ k'uə˩　～树｜～白菜｜～玫瑰花
一颗 i˩˥ k'uə˩　～珠ə
一块 i˥˫ k'uɛ˩　～砖｜～石头｜～布｜～表｜～手巾｜～肉｜～墨｜～地｜～戏｜～电影（"块"又用于对一个人的憎称：这～狗食！）
一口 i˩ k'əu˥　～锅｜～气｜～饭｜～气
一口 i˩ k'əu˥　～人
两口ə liaŋ˥ k'əu˥˫ ə˧
一架 i˩˫ tɕia˩　～飞机
一间 i˩˥ tɕiã˩　～屋ə｜～房

一座 i˩˫ tsuə˩　一所：～房｜ə、～宅ə
一堵 i˩˫ tu˩　～墙
一件 i˩˫ tɕiã˩　～衣裳｜～事
一行 i˩ xaŋ˥　～字｜～树
一篇 i˩˫ p'iã˩　～文章｜～稿ə
一页 i˩˫ iə˩　～书
一节 i˩˪ tɕiə˧　～竹ə
一节骨 i˩˥ tɕiə˩˪ ku˧　～甘蔗
一段 i˩˫ tuã˩　～文章｜～故事｜～路
一片 i˩˫ p'iã˩　～好心｜～雪
一片 i˩˫ p'iã˩　～肉｜～姜
一层 i˩ ts'əŋ˥　～纸｜～布｜～砂
一股 i˩ ku˥　～香味｜～臭气
一畦 i˩ ɕi˥　～菜
一座 i˩˫ tsuə˩　～桥｜～山｜～塔
一眼 i˩ iã˥　～井
一桩 i˩˥ tʂuaŋ˩　～事
一把 i˩ pa˥　～米｜～土｜～萝贝｜～椅ə
一包 i˩˥ pɔ˩　～药｜～长果
一卷 i˩ tɕyã˥　～纸｜～行李
一捆 i˩ tɕ'yə̃˥　～麦秸 ～草｜～菜 ～萝贝
一担 i˩˫ tã˩　～谷ə｜～米
一排 i˩ p'ɛ˥　～桌ə｜～椅ə｜～座位
一溜 i˩˫ liəu˩
一挂 i˩˫ kua˩　～火鞭
一句 i˩˫ tɕy˩　～话
一位 i˩˫ vei˩　～客人｜～同志
一双 i˩˥ ʂuaŋ˩　～鞋｜～袜ə｜～筷ə
一对 i˩˫ tuei˩　～花瓶 ～夫妇
一副 i˩˫ fu˩　～眼镜｜～手套｜～镯ə｜～牌｜～对ə
一套 i˩˫ t'ɔ˩　～书｜～家具｜～方法
这户 tʂə˩ xuə˩　这宗：～人｜～事｜～东西
户ə xu˩˥ ə˧　种，类：这～｜那～｜这一～五毛一斤
付ə fu˩˥ ə˧　桩，件：一～事
老一套 lɔ˥ i˩˫ t'ɔ˩
老样ə lɔ˥˫ iaŋ˩˥ ə˧

一伙ə iɅ xuə˥ʮ ə˧

一帮 iɅΓ paŋɅ

帮 paŋɅ 群:一～羊｜一大～学生

一批 iɅΓ p‘iɅ

一拨ə iɅ꜔ pə˧ ə˧

一窝 iɅΓ vəɅ ～蜂｜～狗｜～猫

一嘟噜 iɅ˦ tu˧ lu˧ ～葡萄

铺ə p‘uɅ˦ ə˧ 堆(专指收割后放成堆的庄稼):一～麦ə

蒲弄 p‘u˥ʮ luŋ˧ 丛:一～花｜一～草

一拖拉 iɅʮ t‘uəɅ˦ la˧ 连在一块的大大小小的东西:～猪下水

一耷拉ə iɅ˦ ta˧ laɅ˦ ə˧ 一片(地方):这～是市场

趟郎ə t‘aŋ˨ laŋ˧ ə˧ 行、串:来了一大～人

搿打 tuəɅ ta˥ 一小摊:一～浆糊

拉溜 la˥ʮ liəu˧ 排,行:一～五间屋

摞 luə˥ 一大～书

一培 iɅ p‘ei˥ 一～纸

起 tɕ‘i˥ 层:二～楼

陛 ɕiŋ˨ 层:三～台ə 台阶｜两～砖

对巴 tueiɅΓ pa˧ 成对的(人):一～双胞胎｜这～挺般配

一拃 iɅΓ tʂaɅ 大姆指与中指张开的长度:“一～不如四指近”(谚语,比喻一家人或亲戚关系比一般人密切)

一庹 iɅΓ t‘uəɅ 两臂平伸两手伸直的长度

一掐 iɅΓ tɕ‘iaɅ 大拇指和中指、食指相对握着中间的容量:～韭菜

一停ə iɅ t‘iŋ˥ʮ ə˧ 三停儿去了一停儿(参见“停ə”条)

一趟 iɅʮ t‘aŋ˨ 走～｜去～｜来～

一下 iɅʮ ɕia˨ 打～｜看～｜敲～

一口 iɅ k‘əu˥ 吃～｜唱～｜尝～

一盼ə iɅʮ p‘ãɅΓ ə˧ 一会儿:谈～｜坐～｜歇～

一阵 iɅʮ tʂə̃˨ 下～雨｜刮～风

一场 iɅ tʂ‘aŋ˥ 闹～

一面 iɅʮ miã˨ 见～

一下 iɅʮ ɕia˧ 打～

末ə mə˨ ə˧ 次:他来了三～哇

和 xuə˨ 遍,次:头～(中药煎第一次)｜洗三～

一伙 iɅ xuə˥ 较长一段时间:这种布挺结实,能穿～

一崩ə iɅʮ pəŋɅ˦ ə˧ 一段时间:他好长～没来哇!

包 pɔɅ 例:一～闲情｜一～劲

一撇ə iɅΓ p‘iəɅ˦ ə˧ 半斗:两～一斗｜～粮食

升花ə ʂəŋɅ˦ xua˧ ə˧ ①某种容器的容量:这种碗,一～二斤重｜瓶ə还有半～酱油 ②动作次数:使棍ə打ə他三～

一个 iɅʮ kuə˧ ～人｜～牲口｜～牛｜～猪｜～鸡｜～鱼｜～客｜～嘴｜～船｜～机器｜～缸｜～镜ə｜～棺材｜～炸弹｜～裤ə｜～帽ə｜～句ə｜～米粒

附:干支

甲 tɕia˥

乙 iɅ

丙 piŋ˥

丁 tiŋɅ

戊 vu˥

己 tɕiɅ

庚 kəŋɅ

辛 ɕiə̃Ʌ

壬 lə̃˥

癸 kuei˥

子 tsɿ˥

丑 tʂ‘əu˥

寅 iə̃˥

卯 mɔ˥

辰 tʂ‘ə̃˥

巳 sɿ˨

午 vu˥
未 vei˨
申 ʂə̃˦
酉 iou˥
戌 ɕy˦
亥 xɛ˨

二十九 一般名词

住家户 tʂu˨ tɕia˦˨ xu˨ 居民
邻舍家 liə̃˥˨ ʂʅ˧ tɕia˧ 邻居
家面头 tɕia˦˩ miã˧ t'ou˧ 家庭里
老伙 ə lɔ˥ xuə˥˨ ə˧ 指弟兄们没有分家的大家庭
不离 ə 家 pu˨ lei˥˨ ə˧ tɕia˧ 多指有地位或有钱的人家：这都是当地～
当家 ə taŋ˦˨ tɕia˦˩ ə˧ 当家的，家长
排行 p'ɛ˥˨ xaŋ˥ （兄弟姐妹）依长幼排列次序
福上 fu˦˩ ʂaŋ˧ 先天：他脸上这块红记是～带下来 ə
走势 tsou˥ ʂou˧ 走路的姿势：他 ə～和他爹爹一个样
架把 tɕia˨ pa˥ 架势：他干起活来，～和他师父一样
文书 və̃˥˨ ʂu˧ 旧指契约
大把 ta˨ pa˥ 为人处世的基本原则：这人说话行事不离～
人活 lə̃˥˨ xuə˥ 做人的道理，人情（常跟"懂"、"不懂"连用）：他娘有病，他一点也不管，真不懂～
武艺 vu˥˨ i˧ 本事，办法：他除了发脾气，别 ə 没有啥～
主心骨 tʂu˥ ɕiə̃˦˩ ku˧ 主见，主意：这人没有～
则 tsei˦ 标准，尺寸：你画个～，我比着干｜要买席，得先量个～
头睹 t'ou˥ tu˦ 头绪：那件事到现在还没有点～
认细 lə̃˨ ɕi˨ 辨认的标志：我 ə 衬衣有～，布袋上有块蓝墨水
影干 ə iŋ˥˨ kã˦˩ ə˧ 痕迹
动静 tuŋ˨˦ tɕiŋ˧ 声音：你～小点｜这是啥～？
腔口 tɕ'iaŋ˦ k'ou˥ 腔调
言语 iã˥˨ y˧ 话语（与高连用）：他说话没有高～（高声的话）
俗话 ɕy˥˨ xua˨ 谚语、熟语等
颜色 iã˥˨ ʂei˧
眼色 iã˥˨ ʂei˧ 见机行事的能力：这小孩有～，看见我扫地，就把簸箕拿来唓
宛钻 vã˦˩ tsuã˧ 钻研精神：这孩 ə 有点～
挠头 ə nɔ˥ t'ou˥˨ ə˧ 难办的事：碰上～唓，简直没办法！
故故 ku˨˦ ku˧ （作了）错事，（闯下）祸：这孩 ə 在外面做了～，来家不敢说
饥荒 tɕi˦˩ xuaŋ˧ ①乱子：惹～｜打～（打架，闹别扭） ②债：拉～（欠债）
闪失 ʂã˥ ʂʅ˦ 意外的失误：这人很老干，在外边不会有～
黑锅星 ə xei˦˩ kuə˧ ɕiŋ˦˩ ə˧ 黑斑点，比喻过失等：他要求人很严，不能有一点～
毛窍 mɔ˥˨ tɕ'iɔ˧ 犹问题，破绽：这事他看出～来唓
窍 tɕ'iɔ˨ 原因：他整天不说话，知不道啥～
原因 yã˥ iə̃˦
事 ʂei˨ 事情，工作
教忌 tɕiɔ˨˦ tɕi˧ 禁忌，忌讳：人家有个～，闺女不到娘家过年
盼头 p'ã˨˦ t'ou˧ 希望：有～
扑手 p'u˦˩ ʂou˧ 依靠：家 ə 有个老人，是俺 ə 个～啊！
日守人 ʅə˨ ʂou˥˨ lə̃˥ 日常守留在家的人

不过节 pu˨ kuə˨˩ tɕiə˧ 小矛盾：他俩有点～

藏掖 ts'ɑŋ˥˩ iə˨ 怕人知道的技巧：这里头也没有啥～

催 ə ts'uei˨˦ ə˧ 加速事物变化的因素：小王爹爹去世，就是小王加了～，要不死不 ə 这么快！

空 ə k'uŋ˨˩ ə˧ 可乘之机：钻～

喀节每 k'ɑ˨˦ tɕiə˨˦ mei˥ 节骨眼：正说到～上，他倒走哇！

临门门 liə̃˥˩ mei˧ mei˥ 事到临近：考试到了～才看书，咋能行？

当 ə tɑŋ˨˦ ə˧ 特定的时候：这个～，他也快该来哇

半路地 ə pã˨ lu˨ ti˨˩ ə˧ 中途：王老师原来教语文，～改行教历史

火口 xuə˥˩ k'əu˧ 火候：炒菜要看～

麸皮头 ə fu˨˦ p'i˧ t'əu˥˩ ə˧ 表面的一层：～落上了灰，不要哇

下半截 ɕiɑ˨˩ pã˧ tɕiə˥ 物体的下半部，也指人的下半身

压悠 iɑ˨ iəu˥ 两个胖圆体相连，中间有较细的部分：～葫芦｜小孩胳膊胖 ə 那～

锅张 ə knə˨˦ tʂɑŋ˧ ə˧ （吃）亏，（受）损失：没想到吃了这么一个～

相应 ɕiɑŋ˨˩ iŋ˨ 好处，便宜：这个人一点亏不吃，光好赚点～

营生 iŋ˥˩ ʂəŋ˧ 东西：这是啥～？

东西 tuŋ˨˦ ɕi˧

滞货 tʂʅ˨˩ xuə˧ 不能用的东西，累赘：买 ə 日光灯光好坏，简直成了～

杂巴拉 tsɑ˥˩ pɑ˧ lɑ˥ 杂碎的东西

脏囊 tsɑŋ˨˦ nɑŋ˧ 脏东西：把肉上的～洗净

香核桃 ɕiɑŋ˨˦ xuə˧ t'ɔ˧ 被人看重喜爱的东西

针线 tʂə̃˨˦ tɕ'iã˧ 指缝纫、绣花等活计

三十　自然状态及变化

在 tɛ˥ 存在：～家 ə

随 suei˥ 象：他 ə 模样～他娘

顾拥 ku˨˩ yŋ˧ 蠕动：豆虫～～ ə 走｜他胖 ə ～不动哇！

直站 tʂʅ˥˩ tʂã˨ 动物如人立：动物园 ə 狗熊好直站起来向人要东西吃

撒欢 sɑ˨˩ xuã˨ 动物或小孩兴奋蹦跳：小猫在～

倒沫 tɔ˨˩ mə˧ 牛羊反刍

闻孙 və̃˥˩ suə̃˧ 多指动物用鼻子嗅：狗见了生人好～

跃 iɔ˨ ①形容牲口不驯服：～骡 ə ②借喻人强暴难对付：老宋很～，可不好惹

打食 tɑ˥˩ ʂei˥ 鸟兽外出觅食：小鸟在窝 ə 等着，老鸟出去～

餐 ts'ã˨ 啄：～大木 ə（啄木鸟）｜小鸡～米

踩鸡 tʂ'ɛ˥ tɕi˨ 鸡交配

嬎 fã˨ （禽、虫）繁殖：母鸡～蛋｜蚕妹～子｜苍蝇～蛆

布嬎 pu˨˩ fã˧ ①苍蝇等到处繁殖 ②借以蔑称女人生子多：你看这个老婆能～ɔ 不！

菢窝 pɔ˨ və˨ 禽孵蛋：母鸡～

出飞 tʂ'u˨˦ fei˧ 鸟类从卵内孵出：家雀 ə ～哇

洒 ʂɛ˥ 游鱼产子：鱼～子

将 tɕiɑŋ˨ 牲畜生产：～牛｜～狗

嘘 ɕy˨ ①蛇等动物伤人或吸食其他小动物：长虫～人｜蛤蟆一张嘴，把小虫～进去哇 ②锅里的热气烫伤人：不要叫热气～着！

鳖堵 piə˨˦ tu˧ ①多指雏鸡因病不叫不食 ②骂人不讲话：你一声不吭，～哇？

拨拢 pu˨˦ luŋ˧ 鱼蛇等左右摇摆的样子：

市场上 ə 鱼买来家还直～

扑拢 p'uɹ˦ luŋ˧ ①翻滚抖动：刚杀的鸡～一阵就不动咾 ②比喻为达到某种目的所进行的活动：这人很能～｜他在这ə～不开

苍 ts'ɑŋ˩ 鱼游，鸟飞迅猛：这户鱼很～｜老雕可～咾！

败 pɛ˩ （花）谢

叶殗 iə˩ iã˧ （植物）枯萎

熟殗 ʂu˥˦ iã˧ 因搓揉等原因使某些东西变得发软：花别光拿 ə 它，都快～咾

还阳 xuã˥˦ iɑŋ˥ 多指植物枯萎后又茂盛起来

支生 tʂʅ˩˦ ʂəŋ˧ 水生生的，茂盛：你看这花多～！

全气 tɕ'yã˥˦ tɕ'i˧ 蒸气满了锅和蒸笼：这锅馍馍～咾，快熟咾

风花 fəŋ˩˦ xuɑ˧ 食物干裂：馍馍～咾，待客不好看

丝孬 sʅ˩˦ nɔ˧ 食物发馊发霉，掰开象有丝的样子

溏心 t'ɑŋ˥˦ ɕiə̃˧ ①蛋煮过或腌过后蛋黄没有完全凝固 ②外衣里面没有穿贴身的内衣：～着穿棉袄多冷啊！

澥离 ɕiɛ˩˥ li˧ 粥类因搅动或加水变稀

沙 ʂɑ˩ 有的水果放得时间长了变得面而不脆：海棠果～了才好吃

麻溜 mɑ˥˦ liəu˧ 纺织品经纬线松散：这件衣裳都～咾，你还穿啊？

揰 tʂ'u˩ 收缩：这块布一见水～了三寸

梭落 suə˩˦ luə˧ 衣裳太长，拖到地上：裤腿脚忒长，～ə 地上咾

搦划 nuə˩˥ xuɑ˧ ①弄满（糊状物）：稀饭撒咾，～了一桌 ə ②借指人头脑不清，办事糊涂：这人很～

泚 ts'ʅ˩ 水溅起：～了一身水

滋洇 tsʅ˩˦ iə̃˧ ①水慢慢渗透 ②比喻生活过得很仔细很舒适：这人很～

漉拉 lu˩˦ lɑ˧ 液体断续挥洒：你提 ə 水～了一地

过空 kuə˩˥ k'uŋ˧ 专指煤矿下边被水淹

昂 ŋɑŋ˥ 燃烧：小孩玩火～了衣裳

囚烟 tɕ'iəu˥ iã˩ 柴、煤燃烧不充分，只冒烟：烧湿木头光～不着火

倒追 tɔ˩˥ p'ei˧ 烟囱倒烟

懈晃 ɕiɛ˩˥ xuɑŋ˧ 松动，不牢固：这张桌 ə～咾，得修修｜这块石头晃当咾，别站 ə 上头，看掉下来跌着。

散架 sã˥˩ tɕia˧ 一个整体散开，多指人疲惫无力：我浑身酸疼，就和散 ə 架是 ə

活得 xuə˥˦ tei˧ 本来牢固的东西活动了：我有一个牙～了

冒 mɔ˩ ①脱落，松开：扣 ə 要系紧，不要～了｜一～手，打了个碗 ②超出，越过：起～了五更｜坐汽车坐～了站

哗啦 xuɑ˩˦ lɑ˧ （物体）散开：这张桌 ə～咾，没法再用

当郎 tɑŋ˩˦ lɑŋ˧ ①物体向下垂挂着 ②比喻凑付着干某种工作：念书不念书的，先在那 ə～着罢

支绷 tʂʅ˩˦ pəŋ˧ 竖起：～起耳朵来听

直别 tʂʅ˥˦ piə˧ 僵直：手冻～咾

塌拉 t'ɑ˩˦ lɑ˧ 陶器有了裂缝，敲打时发出的声音：这盆～咾，拿时要小心

撅得 tɕyə˩˦ tei˧ 撅起，翘起：担 ə 前头重后头轻，后头就～起来咾

挓挲 tʂɑ˩˦ ʂɑ˧ ①（手、头发、树枝等）张开：～ə手 ②比喻不守规矩，行动放肆：再～，就要挨打咾

瓦古 vɑ˥˩ ku˧ ①形成弧形：脚～着上坡才不溜 ②比喻委屈：心里觉ə～ə慌！

转悠 tʂuã˩˥ iəu˧ 转动：这轮 ə 不～咾

落 luə˩ 剩下，余下：我已写完，光～了校对咾

落 lɑ˥ ①遗漏：这 ə ～了两个字 ②落在

后面：赛跑我～了他半圈｜～下了三节课

沿 ə（着）iã˥˩˨ ə˧（tʂuə˧） 碰着，遇着：～天好，拿出去晒晒

沿忙 ə iã˥˩˨ maŋ˥˩˨ ə˧ 趁，有机会：你～上济南，上我家去玩

架 tɕia˨˩ 相差：他兄弟俩～ə 三岁｜这两张桌 ə～ə 十块钱

架差 tɕia˨˩˥ tʂ'a˧

大差 ta˨˩˥ tʂ'a˧ 差，缺：我不～这几块钱。

差和 tʂ'a˨˩˥ xuə˧ 双方的东西互相弄错：咱两个 ə 钢笔～哇

插和 tʂ'a˧˥˧ xuə˧ 各有所主的相似物品混在一起分不清：他仨 ə 铁锨～一堆知不道谁是谁 ə 哇

搀和 tʂ'ã˧˥˧ xuə˧ 两种以上物品混在一起：大米和小米别～了

沾乎 tʂã˧˥˧ xu˧ 沾连：我和他还～ə 点亲戚

瓢偏 p'iɔ˥˩˨ p'iã˧ 木板变形：这块板一干就～哇

走捷 tsəu˥˩˨ tɕiə˧ ①木器变形：这张桌 ə～哇 ②比喻小孩哭闹蛮缠：你看你～这个样，人家笑话你哇！

三十一 俗语

拿不成块 na˥˩˨ pu˧ tʂ'əŋ˥˩˨ k'uɛ˨˩ 小孩儿发脾气，不听哄劝：他～哇，别答理他！

拉崖头 la˨˩ iɛ˥˩˥ t'əu˥ 比喻挑着生活重担：他三个孩 ə，年纪都小，正是～ə 时候

打坠骨碌 ta˥˩˨ tʂuei˨˩˥ ku˧ lu˧ 用手拉着别人：他～不走

装门面 tʂuaŋ˧˥ mə̃˥˩˨ miã˧ 使表面好看：这孩 ə 长 ə 很出息，挺～

仿七仿八 faŋ˥˩˨ tɕ'i˧ faŋ˧ pa˧ 相仿，差不多：他两个年纪～

就了筋 tɕiəu˨˩˥ liɔ˧ tɕiə̃˧˥ 已经定型不能改变：乔瘸那腿，～

五花六 ə 枣 vu˥ xua˧˥ liəu˨˩˥ ə˧ tsɔ˥ 乱花钱：一个月工资，他～半个月就光哇

白搭一支腊 pei˥ ta˧˥ i˧˥˥ tʂʅ˧˥˨ la˨˩ 白搭，白费力气：和他谈～，他又不懂道理

拾下脚 ʂʅ˥ ɕia˨˩˥ tɕyə˧ 做下手：我给他～

磕 ə 筐 ə k'a˧˥˦ ə˧ k'uaŋ˧˥˦ ə˧ 全部倒出，没有了：他就会拉这三个呱，拉完就～哇

没有门 mu˨˩ iəu˥˩˨ mə̃˥ 没门儿

没有词 mu˨˩ iəu˥˩˨ ts'ei˥ 没有实际内容：这人～（没水平）｜这块电影～（没意思）

不搁汤水 pu˨˩ kuə˥ t'aŋ˧˥˦ ʂuei˧ 经受不起碰撞：这人忒娇气，～

无搞而不干 vu˥˩˥ kɔ˥ ɭə˨˩ pu˧ kã˨˩ 不干正事，专干坏事：这人～，什么坏事他都干

戳尿窝窝 tʂ'uə˥ niɔ˨˩˥ və˧˥˦ və˧ 小孩玩尿和泥，比喻不干正事：你净在那儿～

伤天理 ʂaŋ˨˩ t'iã˧˥ li˥ 伤天害理

下 ə 班 ə ɕia˨˩˥ ə˧ pã˧˥˦ ə˧ 旧指破产、没落：他家早就～哇

炸了营 tʂa˨˩˥ liɔ˧ iŋ˥ 因受惊，人四处乱逃

倒大粪 tɔ˨˩ ta˨˩˥ fə̃˧ 比喻说过若干遍的话一再重复

有一搭无一搭 iəu˥ i˧ ta˧˥ vu˥ i˧ ta˧˥ 无所谓：这次进城是～，并没有打算一定买东西

胡弄穷 xu˥ luŋ˧ tɕ'yŋ˥ 勉强凑合：屋漏哇，先～弄领席 ə 盖盖再说

依碗碗就碗碗 i˧˥˦ vɛ˧ vɛ˧ tɕiəu˨˩˥ vɛ˧ vɛ˧ 比喻得过且过：他身体不好，～，懒 ə 动弹

胡诌八裂 ə xu˥ tʂəu˧˥ pa˧˥˥ liə˥˩˨ ə˧ 胡扯

撇腔卖乖 p'iə˧˥˥ tɕ'iaŋ˧˥ mɛ˨˩ kuɛ˥ 说外

地话(贬义): 老王～ə,咱听不上来

做话说话 tsu˨˩ xuɑ˨˩ ʂuə˨˩˥ xuɑ˨˩ 先假设一种说法,再接着这种说法说下去,以应付对方

没话搭拉话 mu˥˩˦ xuɑ˨˩ tɑ˨˩˦ lɑ˧ xuɑ˧ 没话找话: 他净在这 ə～, 十点钟唑,还不快走!

卖膏药 mɛ˧˥˩˦ kɔ˨˩˦ yə˧ 吹嘘自夸: 老张又在～唑,还是说他 ə 过五关斩六将,谁屑听他 ə?

打犟磨眼 tɑ˥˩˨ tɕiɑŋ˨˩˥ mə˧ iã˧ 抬杆,犟嘴: 你这不是～吗?

满嘴 ə 哆油罐 ə mã˥ tsuei˥˩˨ ə˧ tuə˨˩ iəu˥˩˦ kuã˨˩ ə˧ 说些不讲理的话

捣古老婆舌头 tɔ˥˩˨ ku˧ lɔ˥˩˨ p'ə˧ ʂə˥˩˦ t'əu˧ 拨弄是非: 这个人好～

捣古地瓜 tɔ˥˩˨ ku˧ ti˨˩˥ kuɑ˧

绑成把 ə pɑŋ˥˩˨ tʂ'əŋ˧ pɑ˨˩ ə˧ 比喻几个人结合在一起: 他们三人～和我闹别扭

嚼舌根 tɕyə˥ ʂə˥˩˦ kə̃˧ 胡说: 根本没有的事,你是～

随葫芦打淌淌 suei˥˩˦ xu˧ lu˧ tɑ˥ t'ɑŋ˥˩˨ t'ɑŋ˧ 随大流: 他没有主心骨,好～

混大伙 xuə̃˨˩ tɑ˨˩ xuə˥ 扰乱别人: 俺玩 ə 好好 ə,他跑来～

支晃照晃 tʂʅ˨˩˦ xuɑŋ˧ tʂɔ˨˩˥ xuɑŋ˧ 摆个样子应付: 他净～,就没有铺下身 ə干

护局 ə xu˨˩ tɕy˥˩˦ ə˧ 祖护人: 他娘好～

扒不开脚丫 ə pɑ˨˩ pu˧ k'ɛ˨˩ tɕyə˨˩˦ iɑ˨˩˦ ə˧ 形容关系密切: 小王、小李好 ə～

散摊 ə sã˨˩ t'ã˨˩˦ ə˧ 犹散伙

做假搭 tsu˨˩ tɕiɑ˥˦ tɑ˥ 两人商量好,一个人采取一种行动,另一人采取相应行动以应付第三者: 你们两～欺骗领导可不行!

砸疙瘩 tsɑ˥ kɑ˧ tɑ˧ 比喻结冤: 闹矛盾: 两口 ə 谁和谁～是一定 ə 唑

要邦着 iɔ˨˩˥ pɑŋ˧ tʂuə˧ 别愣着,抵捂着:我有个啥意见,他总是和我～

打煳翻 tɑ˥˩˨ xu˥˩˦ fã˧ 反悔: 你别～,咱按说 ə 办

翻了煳,煳了翻 fã˨˩˦ liɔ˧ xu˥, xu˥˩˦ liɔ˧ fã˨˩ 多次反悔: 你别～,给人添麻烦

遇上架 ə lu˨˩˥ ʂɑŋ˧ tɕiɑ˨˩ ə˧ 碰到了强硬的对手: 这人不讲理, 那天～,人家差一点打 ə 他

抓 ə 玉领 ə tʂuɑ˨˩˦ ə˧ y˨˩ liŋ˥˩˨ ə˧ 扭打: 他俩～唑,赶快给他们拉开

打麻缠 tɑ˥˩˨ mɑ˥˩˦ tʂ'ã˧ 找别扭,闹纠纷: 最近生产小组 ə～

打饥荒 tɑ˥˩˦ tɕi˨˩˦ xuɑŋ˧ 吵架: 他家 ə 在～,快去给他们拉拉

惹下饥荒唑 lɔ˥˩˦ ɕiɑ˨˩ tɕi˨˩˦ xuɑŋ˧ liã˧ 惹麻烦了(往往是由于自己无理)

出了股 ə tʂ'u˨˩˦ liɔ˧ ku˥˩˨ ə˧ 出岔子: 没想到这事中间又～

背黑锅 pei˨˩ xei˨˩˥ kuə˨˩ 比喻担着莫须有的罪名

胡打六更 xu˥˦ tɑ˥ liəu˨˩˥ tɕiŋ˧ 不按规矩,胡乱来: 这个人～尽胡闹

不照头 pu˨˩˦ tʂɔ˨˩ t'uə˥ 说话行事不按规矩,不合习惯: 那样大唑,尽干些～ə事

话树 ə xuɑ˨˩˥ ʂu˧ ə˧ 把柄: 他做 ə 那些笑话事,叫人家当了～

不是个福 pu˨˩˦ ʂʅ˨˩˥ kuə˧ fu˨˩ 告诫某种做法有危险: 玩刀 ə 可～,看割着手

拉不出驴棚来 lɑ˨˩˦ pu˧ tʂ'u˧ ly˥ p'əŋ˥˩˦ lɛ˧ 比喻不好出面: 他就是不好见人,咋也～

死狗撮不上南墙 sʅ˥˦ kəu˥ ts'uə˨˩˦ pu˧ ʂɑŋ˧ nã˥˦ tɕ'iɑŋ˥ 比喻人不能成事: 这块死熊,～

汉 ə 头老婆腚 xã˨˩˥ ə˧ t'əu˥ lɔ˥˩˨ p'ə˧ tiŋ˨˩ 男人作些女人事(参见"二十五,形容词,老婆式呆 ə")

腌神咸菜 iã˨˩ ʂə̃˥˩˦ ɕiã˧ ts'ɛ˧ 比喻临阵磨

刀,急于求成：要开这机器得经过培训,想着～,学几天就干可不行：｜你总不学习，期末考试你腌腌神咸菜也比不学强啊！

长神病 tʂɑŋ˥˩ ʂə̃˥˧ piŋ˧ 突然来的疾病：我刚才还好好 ə,这一阵又打代喷,又淌泪,还和～是 ə

有银 ə 化不了钱 iəu˥˩ iə̃˥˧ ə˧ xuɑ˩ pu˨˦˧ liɔ˧ tɕ‘iã˥ 不怕花钱多

敢吃敢下 kã˥˩ tʂ‘ʅ˧ kã˥˧ ɕiɑ˩ 敢作敢当

扒不开吗 pɑ˨˦˨ pu˧ k‘ɛ˨˦ mɑ˥ 分不清面貌：他家也些人,咱不熟,～

择鸡骗狗 tʂei˥ tɕi˨˦ ʂã˩ kəu˥ 形容江湖兽医不登大雅之堂

打 ə 破头血 tɑ˥˩ ə˧ p‘ə˩ t‘əu˥ ɕiə˨˦ 从中阻挠使事情办不成：他俩谈恋爱一直挺好,就是她娘不愿意,给她～

多大小 ə 荷叶包多大小 ə 粽 ə tuə˨˦˧ tɑ˩ ɕiɔ˥˩ ə˧ xuə˥˧ iə˩ pɔ˨˦ tuə˨˦˧ tɑ˩ ɕiɔ˥˩ ə˧ tɕyŋ˨˩˦ ə˧ 比喻有多大力量办多大事情

捞不着兔 ə 扒狗吃 lɔ˥ pu˨˦˨ tʂuə˧ t‘u˨˩˦ ə˧ pɑ˨˦ kəu˥ tʂ‘ʅ˨˦ 比喻迁怒于人：你生他 ə 气去找他,别～,找我 ə 事

无笼馍馍(饽饽)大起笼 vu˥˧ luŋ˧ mə˥˧ mə˧ (pə˨˦˨ pə˧) tɑ˨˩˦ tɕ‘i˧ luŋ˥ 没有蒸笼蒸出来的馒头比蒸笼还大，比喻越迁就就越无法无天

三窝两旮旯 sã˨˦˨ və˧ liɑŋ˥ k‘ɑ˨˦˨ lɑ˧ 外人评论某个家庭成员复杂，一般是妇女改嫁时带着前夫的孩子、重新结合后又生的,还有后夫前妻生的：他们家 ə 没法弄,～,很复杂！

打开天窗说亮话 tɑ˥˩ k‘ɛ˧ t‘iã˨˦˨ tʂ‘uɑŋ˧ ʂuə˨˦ liɑŋ˨˩˦ xuɑ˧

东挪西转不 ə tuŋ˨˦ nuə˥ ɕi˨˦ tʂuã˥ pu˧ ə˧ 形容势单力薄难以应付：老人病哇,孩 ə 又小,我简直～

撕毛采耳朵 sɿ˨˦ mɔ˥ ts‘ɛ˥ ɭə˥˩ tuə˧ 打架时相互撕打的样子：他俩～ ə 打起来哇！

贼鬼溜滑 tsei˥ kuei˥˩ liəu˥˧ xuɑ˥ 狡猾：这人～,光想赚便宜

劙狗画魂 li˥˧ kəu˥ xuɑ˩ xuei˥ 好使不正当心眼：他～ə,鬼点 ə 不少

鬼吹灯 kuei˥ tʂ‘uei˨˦˧ təŋ˨˦ 鬼把戏：他净弄些～骗人

手粘不着角 ʂəu˥˩ niã˧ pu˧ tʂuə˧ tɕiɑ˨˦ 不住手地乱动东西：这孩 ə～,好乱动东西

倒三不着两 tɔ˩ sã˨˦ pu˧ tʂuə˥˧ liɑŋ˥ 颠倒错乱,迷糊：老高～ə,和掉 ə 魂是 ə

尿腚尿裤 suei˨˦˧ tiŋ˩ niɔ˩ k‘u˩ 狼狈不堪：他弄 ə ～,这一步挺困难

急眉拉渣眼 tɕi˥ mei˧ lɑ˨˦˨ tʂɑ˧ iã˧ 着急、生气的样子：没说上三句话,就～,还用着了吗？

吹胡 ə 瞪眼 tʂ‘uei˨˦ xu˥˧ ə˧ təŋ˩ iã˧ 发脾气的样子：你别～,谁怕你！

六神不得安 liəu˩ ʂə̃˥ pu˧ tei˥ ŋã˨˦ 忙乱不安宁：孩 ə 病哇,忙 ə 我是～

没人拉样 mu˥˧ lə̃˥ lɑ˨˦˧ iɑŋ˩ 行动不成样子(多指小孩儿调皮)：别～,人家可笑话哇！

急溜扎煞 tɕi˨˦˨ liəu˧ tʂɑ˨˦˨ ʂɑ˧ 言语举动不稳重的样子

贫嘴呱哒舌 p‘iə̃˥˧ tsuei˥ kuɑ˨˦˨ tɑ˧ ʂə˥ 说话随便不严肃

胖大魁肥 p‘ɑŋ˩ tɑ˩ k‘uei˨˦ fei˥ 胖大的样子

尖鼻 ə 拉眼 tɕiã˨˦ pi˥˧ ə˧ lɑ˨˦˨ iɛ˧ 脸瘦鼻尖的样子(多形容容貌姣好)

一治不治 i˨˦˧ tʂʅ˩ pu˨˦˧ tʂʅ˩ 水平太差,没有能力做某件事：这班上学习～ə 有两个人｜这件事我是～

严丝合缝 iã˥ sɿ˨˦ xuə˥˧ fəŋ˧ 两种物体结

合十分严密

差里罗三 tʂʻɑ˨˦ li˧ luə˥ sã˩˧ 差错很多：账目他弄了个～

没的好嗟 mu˥˨ ti˧ xɔ˥˧ liã˧ 好得不能再好了

插上一杠 ə tʂʻɑ˩˧˨ ʂɑŋ˧ i˧ kɑŋ˨˦ ə˧ 多指在一件事情里，突然有别人插入：我们正说 ə 好好 ə，他又来～

坐腊 tsuə˨ lɑ˨ 陷入为难的境地：这事我可～嗟！

坐憋 ə tsuə˨ piə˩˧˨ ə˧

拾干鱼 ʂʅ˥ kã˩˧ y˥ 比喻坐享其成：他光想～，赚便宜

招口舌 tʂɔ˩˧˨ kʻəu˥˨ ʂə˥ 遭受到因说话引起的误会或纠纷：我本来没说小王 ə 坏话，他硬说我说嗟，这不是～吗？

长脸 ə tʂʻɑŋ˥˨ liã˥˨ ə˧ 比喻碰壁：这事我弄了个～

糊弄局 xu˥˨ luŋ˧ tɕy˥ 敷衍、糊弄人的事情：你这是～，说不过去

巧目羊角 tɕʻiɔ˥˨ mu˧ iɑŋ˥ tɕiɑ˩˧ 所谓灵巧的东西，新花样：你净弄些～，我不希罕！

后　记

从1981年5月2日开始记音的第一天算起，我对博山方言的调查研究工作已持续了整整九个半年头。在整理完这份报告的时候，首先想起的是一个个给予我许多帮助的同志。

刘聿鑫同志实际上不仅仅是发音人。他不但提供了许多词汇、语法、记音的材料，而且在词义解释、语法初稿的写作等方面都付出了大量的劳动。程洪远老师除发音以外，也曾热情地帮助联系进行新老对比、地域差异的调查。日本朋友太田斋参加了1981年5月到1982年上半年的调查，仔细核对过第一次整理的同音字表和词汇。淄博籍的张云衡、张维用、刘心明三位同志认真地审阅过部分初稿，对词目用字、词义解释、记音等都提出过很好的意见。傅根清、扈长举、刘祥柏帮助抄写了部分初稿和定稿。此外，贾春华同志也提供了许多语言素材。

还要谢谢博山区地方史志办公室的李洪林、杨长瀛同志，博山区教育局的刘革武、云鹏等同志，淄博师范的领导和师生。他们有的帮助联系发音人，有的为某些特点的调查发了音，有的提供了便于了解博山的资料，有的参加了介绍博山方言特点和差异的座谈。

为了调查博山的方言，这些年我读了一些关于博山的书，接触到了许多博山的人，了解了博山的山川历史、民俗风尚，自然而然地对博山产生了深厚的感情。谨以此报告献给博山的父老乡亲，衷心祝愿孝妇河水长清，博山琉璃更放异彩！

钱曾怡　记于1990年11月11日